La dimension humaine
des organisations

Nicole Côté, Laurent Bélanger, Jocelyn Jacques

La dimension humaine des organisations

Ce manuel a été élaboré en collaboration avec les responsables du programme Gestion des affaires de

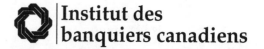

Institut des
banquiers canadiens

Données de catalogage avant publication (Canada)

Côté, Nicole, 1946-

La dimension humaine des organisations

Publ. antérieurement sous les titres: Les aspects humains de l'organisation, 1979; Individu, groupe et organisation, 1986.

Comprend des réf. bibliogr. et un index.

ISBN 2-89105-480-6

1. Psychologie du travail. 2. Sociologie industrielle. 3. Comportement organisationnel. 4. Changement organisationnel. 5. Gestion du stress. I. Bélanger, Laurent, 1934- . II. Jacques, Jocelyn. III. Titre. IV. Titre: Les aspects humains de l'organisation. V. Titre: Individu, groupe et organisation.

HD38.A85 2001 658.3'001'9 C94-097261-6

Tableau de la couverture: *Personnes attendant le feu vert*
Œuvre de **Mo Harvey**

Monique Harvey est née à Montréal en 1950. Elle s'adonne au dessin et à la peinture depuis plus de 12 ans.

Dès la première exposition au Festival International des Arts au Palais des Congrès de Montréal, tous les tableaux qu'elle y expose sont vendus. Déjà, plusieurs galeries lui proposent de la représenter. La peinture est devenue, depuis, pour elle un mode de vie.

Après seulement cinq ans en galerie et plusieurs participations à des expositions collectives, le Musée Marc-Aurèle Fortin consacre une rétrospective à ses œuvres en 1989:

« À chaque toile qu'elle rêve et improvise, c'est un espace qu'elle construit à travers des distorsions et disproportions qui créent leur propre harmonie, c'est un ordre magnifique qu'elle épanouit dans l'apparente pagaille qui meuble souvent ses compositions. »

Guy Robert, historien de l'art

Monique Harvey est représentée par la galerie Bernard Larocque, à Rimouski, par Mme Francine Chicoine, courtière en œuvres d'art de Baie-Comeau, ainsi que par la galerie Lydia Monaro à Montréal.

Consultez notre site
www.groupemorin.com
vous y trouverez du matériel complémentaire pour plusieurs de nos ouvrages.

Gaëtan Morin Éditeur ltée
171, boul. de Mortagne, Boucherville (Québec), Canada J4B 6G4
Tél.: (450) 449-2369

Nous reconnaissons l'aide financière du gouvernement du Canada par l'entremise du Programme d'aide au développement de l'industrie de l'édition (PADIÉ) pour nos activités d'édition.

Photographies: Caroline Léger

La photographie de la page 70 a été reproduite avec l'autorisation de la Bourse de Montréal.

La photographie de la page 126 a été reproduite avec l'autorisation de la CSN.

Imprimé au Canada 5 6 7 8 9 0 1 2 3 4   10 09 08 07 06 05 04 03 02 01

Dépôt légal 1er trimestre 1994 – Bibliothèque nationale du Québec – Bibliothèque nationale du Canada

AVANT-PROPOS

Dans la nature, dans la vie des organismes vivants, on observe des cycles. Des phénomènes apparaissent, s'intensifient puis décroissent, disparaissent et font place à d'autres événements.

Je me souviens avoir entendu dans mon enfance que la peau d'une personne se régénère tous les sept ans. En serait-il ainsi pour les livres? *Les aspects humains des organisations* fut édité en 1979, et révisé sept ans plus tard sous la forme de *Individu, groupe et organisation*. La troisième version arrive en 1993. Son titre, *La dimension humaine des organisations*, se rapproche sensiblement de celui de l'ouvrage d'origine. Jocelyn Jacques, Laurent Bélanger et moi-même avons voulu non seulement rafraîchir les versions précédentes, mais leur donner plus de cohérence et de substance.

Notre création collective veut offrir à ceux et à celles qui s'intéressent au monde organisationnel un condensé des recherches et des concepts les plus pertinents à la compréhension du comportement et du vécu des personnes dans les milieux de travail. Dans le contexte actuel d'explosion des techniques d'information et des télécommunications, et à l'heure de la mondialisation des marchés, on se rend compte que la valeur ajoutée d'une entreprise parmi les autres est souvent reliée à l'excellence dont celle-ci fait preuve dans les aspects les plus «mous», notamment la motivation du personnel, la créativité, le climat de travail, le leadership, la loyauté, l'adaptabilité et le sens de l'éthique. Ces thèmes constituent l'objet même du présent ouvrage. Ils sont traités en seize chapitres, dont les deux premiers présentent la discipline du «comportement organisationnel» et les principales approches qui l'ont marquée. Les chapitres trois à huit concernent l'individu, sa carrière, sa vision des choses, ses valeurs et sa motivation. Les chapitres suivants portent sur le groupe et tous les phénomènes qui s'y rattachent: leadership, pouvoir, prise de décisions, communication. Enfin, les deux derniers chapitres traitent de la dynamique de l'organisation.

La réalisation de *La dimension humaine des organisations* fut possible grâce à nos efforts et à la synergie qui s'est créée entre nous, grâce aussi à la collaboration soutenue de nos assistantes France Busque (Université Laval) et Hélène Castonguay (Psycho-Logic inc.). Nous sommes également tributaires de nos précédents coauteurs, Jean-Louis Bergeron et Harry Abravanel, ce dernier malheureusement décédé, dont nous nous sommes inspirés dans plusieurs chapitres, ainsi que Charles Benabou pour la pertinence de ses commentaires et suggestions. Nous les remercions toutes et tous chaleureusement.

Nous espérons que notre livre sera une ressource valable pour les personnes qui le consulteront. Si le sentiment du lecteur rejoint celui qu'éprouve l'auteur en écrivant son livre, je puis sans hésitation vous prédire une lecture stimulante, harmonieuse et agréable.

Nicole Côté, présidente
Psycho-Logic inc.

Avertissement

Dans cet ouvrage, le masculin est utilisé comme représentant des deux sexes, sans discrimination à l'égard des hommes et des femmes et dans le seul but d'alléger le texte.

TABLE DES MATIÈRES

1

LE COMPORTEMENT
ORGANISATIONNEL

1

LE DOMAINE
DU COMPORTEMENT
ORGANISATIONNEL

Laurent Bélanger

1.1 DÉFINITION DU DOMAINE

De tout temps, on s'est interrogé sur les raisons qui incitent les personnes à se comporter comme elles le font, autant dans leur vie quotidienne que dans leur vie professionnelle. Qu'est-ce qui fait courir un tel ? Qu'est-ce qui me pousse à agir ? Quelles sont les raisons qui incitent les gens à consacrer peu ou beaucoup d'énergie à la poursuite d'un objectif quelconque, à l'accomplissement de telle ou telle activité ? À la limite, chaque discipline du champ des sciences humaines, que ce soit la psychologie, la sociologie, l'économie, la science politique ou l'anthropologie, essaie d'apporter une réponse à ces questions en cherchant à déterminer, à l'intérieur de leur objet d'étude respectif, les facteurs qui peuvent décrire et expliquer toute conduite orientée ou intentionnelle, c'est-à-dire toute conduite qui tend vers la réalisation de désirs, de besoins plus ou moins explicites ou articulés.

Cependant, chacune de ces disciplines, à cause de sa perspective volontairement limitée, ne peut à elle seule rendre compte de l'ensemble des variables qui servent à décrire ce qu'il est convenu d'appeler l'aspect humain des organisations. La psychologie s'intéresse plus particulièrement aux variables d'ordre personnel quand elle cherche à décrire, à expliquer, voire à prédire la conduite individuelle. La psychologie sociale (ou psycho-sociologie) accorde une grande importance aux phénomènes d'interaction sociale et d'influence interpersonnelle, tandis que la sociologie, plus précisément la sociologie des organisations, renvoie à des explications où interagissent des variables comme la structure, la culture et la technologie.

Dans la même foulée, le comportement organisationnel, depuis quelques décennies, apparaît comme une «discipline charnière» dont le corpus de concepts et de propositions empiète sur l'une ou l'autre des disciplines traditionnelles. En reconnaissant le caractère de prime abord impré-visible ou irrationnel du comportement, cette discipline cherche à comprendre et à expliquer les conduites des individus et des groupes auxquels ceux-ci appartiennent, pourvu que ces conduites présentent une facette observable ou un caractère de récurrence (tendance à se reproduire, à se maintenir). Dès lors, on peut formuler simplement que l'objet du comportement organisationnel est **la description et l'explication des comportements individuels et de groupe dans les organisations qui sont des lieux de travail.** En d'autres termes, les enseignements tirés des différentes disciplines qui traitent de la conduite humaine sont retenus pour autant qu'ils fournissent de bonnes descriptions, voire de bonnes explications aux comportements d'une personne qui joue un rôle dans une organisation. Les caractéristiques des personnes et des groupes ne constituent pas les seules contributions à l'explication des comportements, d'autres en sont également, qui caractérisent les contextes organisationnels interne et externe, c'est-à-dire l'environnement socio-culturel, économique et politique. Le salarié qui, par exemple, a la possibilité de produire plus en pensant gagner plus d'argent, se verra contrecarré dans la poursuite de cet objectif s'il appartient à un groupe qui a décidé au préalable d'une norme de rendement à ne pas dépasser sous peine d'exclusion, ou encore s'il croit que la direction de l'entreprise peut réviser à la hausse les quantités exigées pour atteindre un taux de salaire donné.

Cet exemple nous permet déjà d'entrevoir le jeu des catégories de variables annoncées plus haut, en particulier leur caractère d'interdépendance : de fait, l'objectif poursuivi par un individu (désir de gagner davantage) est de l'ordre des facteurs psychologiques, alors que la norme et les pressions exercées en vue de la faire respecter sont de l'ordre des phénomènes de groupe. L'objectif de réduction des coûts ou d'accroissement de l'efficacité mis de l'avant par la direction supérieure est d'ordre organisationnel, dans un contexte économique qu'on peut supposer fort concurrentiel.

1.2 LE POSTULAT DE BASE ET LES DÉTERMINANTS DU COMPORTEMENT

1.2.1 Énoncé du postulat

Si le comportement organisationnel peut à la rigueur s'accommoder d'une définition relativement simple, il n'en est pas de même lorsqu'on veut accéder à une vision globale et intégrée de l'ensemble des déterminants de la conduite des individus et des groupes dans leur milieu de travail. Il s'agit là d'une entreprise plutôt difficile, lorsque l'on considère la multiplicité des variables et leur caractère d'interdépendance. Cependant, nous proposons ici un modèle, qui se veut une représentation visuelle du jeu de ces variables, fondé sur un postulat très connu et diffusé dans le domaine de l'analyse des organisations. Ce postulat emprunté à Kert Lewin (1951) s'exprime de la façon suivante :

$$C = \P\ (P \times E)$$

La lettre « C » est le comportement, c'est-à-dire l'ensemble des gestes observables et des activités accomplis par un individu dans un milieu donné.

La lettre « P » représente la personnalité d'un individu : ce terme peut emprunter une multitude de définitions selon la discipline à laquelle on se réfère en sciences humaines. En attendant de préciser cette notion dans un chapitre subséquent, nous définissons la personnalité comme la configuration de propriétés physiques (biologiques), psychologiques (émotives) et cognitives (intellectuelles) qui concourent à établir et à maintenir un équilibre intérieur chez l'individu, tout en facilitant son adaptation aux conditions de l'environnement.

La lettre « E » représente l'environnement (interne et externe), c'est-à-dire l'ensemble des déterminants contextuels qui sont autant de variables qui découlent de la nature des groupes au sein d'une organisation, et de la nature même de l'organisation dans un contexte donné.

1.2.2 Le groupe dans l'organisation

Un groupe comprend un nombre restreint d'individus qui accomplissent des activités similaires ou différenciées et qui, à cette fin, se trouvent dans une situation de relations directes auxquelles le temps confère un caractère de continuité et de stabilité. Comme nous le verrons plus loin dans le chapitre 9 portant sur les groupes, il existe à l'intérieur des organisations des rapports de type formel et de type informel. Les rapports formels constituent un réseau de relations prévues et coordonnées consciemment, voire prescrites. Ils ont un caractère rationnel ou découlent de la nécessité de respecter les voies officielles de communication. Par exemple, le contremaître ou le chef de service qui s'adresse à ses subordonnés pour exiger d'eux d'effectuer un travail selon des normes approuvées par la direction appartient à un groupe formel. Par contre, les rapports sociaux, qui sont fondés sur les affinités ou l'antipathie et qui se nouent spontanément dans le cadre d'un travail sont de l'ordre des rapports informels.

1.2.3 La structure de l'organisation

Lorsque l'on traite de l'organisation, on s'en tient habituellement à la dimension structurelle, et on la définit comme étant **une mosaïque d'activités différenciées, interdépendantes et consciemment coordonnées en vue de la réalisation d'un ou de plusieurs objectifs.** Évidemment, cette vision ignore provisoirement le regroupement des personnes qui accomplissent ces tâches ou activités, à différents niveaux et selon leurs capacités, et s'attache plutôt à décrire la dimension bureaucratique de l'organisation. Nécessairement, une organisation mettant à contribution une multitude d'individus revêt les caractéristiques de la bureaucratie, notamment l'efficacité, la division poussée des fonctions et des tâches, la hiérarchie de l'autorité que vient légitimer la nécessité de coordonner ces activités, outre une réglementation précise qui dicte les comportements à adopter ou à éviter afin d'assurer l'ordre, la stabilité, la continuité et une certaine uniformité des conduites. On reconnaît aussi la bureaucratie à ses défauts : la lourdeur, la lenteur, le caractère formaliste ou impersonnel qui accentue la distance entre les collègues de travail, de même qu'entre les supérieurs hiérarchiques et leurs subordonnés. Dans l'entreprise syndiquée, la présence d'une convention collective, reconnaissant les droits des partenaires en présence (employeur et syndicat) et assurant une égalité juridique à ceux qui y sont assujettis, vient accentuer le caractère bureaucratique des organisations, car elle prévoit des règles relatives à l'embauche, à la formation, à l'affectation, à la rémunération et aux avantages sociaux.

L'organisation représente plus qu'une structure formelle. Elle constitue **un regroupement de personnes affectées à des tâches différenciées et consciemment coordonnées, utilisant des ressources financières, matérielles et informatives dans la poursuite d'objectifs comme la production de biens et de services pour un marché ou une clientèle.** Dans cette définition, nous trouvons l'éventail des variables susceptibles d'influencer directement ou indirectement les conduites à adopter au sein d'une organisation.

1.2.4 La culture

En plus de faire appel à un groupement de personnes rassemblées au sein d'une structure hiérarchique, la dimension culturelle constitue également une variable importante du contexte interne.

Les organisations se démarquent les unes des autres non seulement par la nature de leurs produits, la qualité de leurs services, leur technique ou la composition de leur effectif, mais également par l'ensemble des valeurs, des croyances, des symboles, des mythes et des traditions qui leur donnent une certaine identité, une image qu'elles tentent de projeter vers l'extérieur. Cet ensemble de valeurs et de croyances, que nous appelons la «culture d'une organisation» (voir à la page 36 la définition et l'encadré 2.7), est sous-jacent aux stratégies, aux politiques et aux objectifs de l'organisation, et tend à échapper à l'observation directe. Toutefois, les individus assimilent inconsciemment ces valeurs et croyances, et celles-ci influencent leur comportement. Citons par exemple le cas de l'entreprise McDonald, qui a fait de la propreté dans ses établissements le mot d'ordre de l'organisation, à un point tel que cette préoccupation est présente chez les employés et se reflète dans leur comportement. Un exemple plus général est celui des organisations qui insistent sur l'efficacité et la rentabilité, mais qui se soucient peu de la satisfaction et du développement de leurs employés. Elles risquent alors de connaître des problèmes sur le plan humain (absentéisme, taux de roulement élevé, conflits de travail) plus graves que les organisations qui tentent de maintenir un certain équilibre entre les exigences de rentabilité et les conditions de travail susceptibles d'engendrer un certain degré de satisfaction chez les individus.

D'autres déterminants d'ordre contextuel renvoient aux caractéristiques du milieu duquel l'organisation puise les ressources nécessaires à la fabrication de produits ou à la fourniture de services pour un marché bien précis. Les dimensions du milieu qui méritent une attention particulière sont énumérées ci-dessous.

1.2.5 Le marché

La demande de biens ou de services, alliée à une conjoncture économique favorable ou non, influence la stabilité d'emploi que l'organisation souhaite offrir à son personnel. Par exemple, une baisse de la demande des services offerts peut se traduire par une réduction éventuelle de l'effectif, ce qui a pour effet de perturber la stabilité de l'emploi et d'engendrer une certaine anxiété chez le personnel. Ce climat d'incertitude peut se répercuter sur le rendement des individus et des groupes au sein de l'organisation.

1.2.6 La technologie

La variable «technologie» et les conséquences qu'elle peut avoir sur la nature et le contenu du travail, sur le degré d'aliénation (absence de pouvoir, valorisation de soi impossible, sentiment d'isolement social et de perte d'identité) ainsi que sur les structures des organisations sociales n'ont pas échappé à l'observation des chercheurs qui s'intéressent à l'aspect humain des organisations. Cette préoccupation est constante dans toute la documentation qui aborde les aspects humains de l'organisation depuis le début des années 50. À titre d'exemple, mentionnons les études de Blauner (1964) sur les différentes techniques utilisées dans les entreprises (procédé unitaire, procédé en série, procédé en continu), où l'auteur établit un lien entre ces technologies et un certain degré d'aliénation au travail. Également, les travaux de Woodward (1965), et de Burns et Stalker (1961) sur la relation entre différentes technologies et la configuration des structures organisationnelles démontrent que les entreprises qui utilisent un procédé unitaire ou continu présentent une certaine souplesse sur le plan structurel, alors que les entreprises qui appliquent les principes de la production en série épousent les caractéristiques structurelles de la bureaucratie.

À l'heure actuelle, on assiste, dans les usines et les bureaux, à une prolifération d'innovations technologiques en matière de traitement, de conservation et de production de données qui contribuent au perfectionnement de techniques comme la robotique, la bureaucratique, la télématique, etc. Cette pénétration rapide de la technologie nouvelle commande une attention particulière aux conséquences sur l'emploi, le contenu du travail et la qualité de la vie au travail en général. Même si ces dernières sont loin d'être connues, on peut imaginer l'effort que doit déployer le personnel en place dans le but d'acquérir les connaissances et les habiletés nécessaires pour s'adapter à ces technologies. L'individu voit son milieu de travail modifié par l'utilisation d'un éventail de symboles abstraits et de langages nouveaux, et par l'introduction de nouvelles formes de répartition et de contrôle du travail. Cette situation esquissée à grands traits engendrera des problèmes humains d'adaptation : nous assisterons à l'effritement de solidarités anciennes pour voir apparaître de nouvelles alliances. Si la technologie moderne débouche sur de nouvelles formes d'organisation du travail qui favorisent une plus grande autonomie individuelle et un désir de participation accru, les relations interpersonnelles se bonifieront et favoriseront des relations de travail significatives, satisfaisantes, voire enrichissantes. Par contre, l'introduction massive et rapide de nouvelles technologies, sans égard aux personnes touchées, accentuera chez ces dernières une volonté de résistance au changement, amplifiera leur sentiment d'isolement social et engendrera une dépersonnalisation des relations humaines.

1.2.7 La culture de la société

Toute société, qu'elle soit tribale, rurale, industrialisée ou post-industrialisée, est dominée par un système de valeurs et de croyances véhiculé par diverses institutions, plus particulièrement, par la famille et l'école. En référence à ces institutions, nous parlerons d'une culture québécoise ou nord-américaine qui vient alimenter la culture véhiculée dans les organisations de travail. Par exemple, nous savons que le mode de gestion dans les entreprises japonaises du secteur privé, où les dirigeants insistent sur l'intérêt collectif (réalisation d'une œuvre collective, obligation de faire passer l'intérêt personnel après celui de la collectivité), diffère passablement du mode de gestion nord-américain, où la concurrence et l'excellence individuelle sont mises de l'avant. Il va de soi que ces différences culturelles ont des répercussions sur les organisations de travail.

1.3 LES DÉTERMINANTS INDIVIDUELS, COLLECTIFS ET CONTEXTUELS

1.3.1 Présentation d'un modèle des déterminants

Après avoir répertorié succinctement les principaux déterminants ou facteurs d'ordre sociologique, psychologique et psycho-sociologique qui facilitent la description et l'explication des conduites humaines, il est possible de donner une représentation visuelle du modèle à la figure 1.1.

1.3.2 Explication des liens entre les variables et mise en garde

La figure 1.1 retient uniquement les grandes catégories de variables qui servent à décrire et à expliquer la conduite des individus et des groupes, ainsi que le degré de satisfaction qu'ils éprouvent en adoptant un comportement quelconque. La personne, le groupe et l'organisation constituent les trois volets d'une même fenêtre qui s'ouvre sur l'univers organisationnel. Toute explication du comportement individuel qui s'en tient uniquement aux variables d'un seul volet, par exemple celui qui a trait aux caractéristiques de la personne, risque d'être incomplète, ou du moins peu satisfaisante. Prenons, par exemple, le cas d'un gestionnaire qui s'explique difficilement le faible niveau de rendement chez un groupe d'opérateurs. Peu familier avec la dimension humaine des organisations, il déduira tout simplement que certains individus sont d'un naturel paresseux et qu'ils ont pris l'habitude de se traîner les pieds. Le faible niveau de rendement serait donc attribuable à des caractéristiques inhérentes aux personnes. Un gestionnaire plus avisé reconnaîtra qu'il s'agit là d'un phénomène de groupe, soit la présence de normes de production que des salariés ont élaborées de façon informelle et qu'ils se chargent de faire respecter par des moyens efficaces. On peut aussi trouver une explication d'ordre organisationnel à l'effet que la direction supérieure de l'entreprise valorise la rentabilité à court terme sans se soucier de la sécurité d'emploi de son personnel. Dans ce contexte, il est compréhensible qu'un groupe de salariés pratiquent une forme de freinage, non pas par paresse, mais plutôt pour éviter une mise à pied imminente.

Il en va de même de la compréhension des problèmes d'absentéisme et de roulement du personnel. Un taux élevé d'absentéisme peut être attribuable à des facteurs personnels, dont l'état de santé, les habiletés et les aspirations professionnelles; il peut aussi relever d'une norme qui prévaut à un moment donné dans un groupe ou un secteur d'une usine ou d'un bureau quant à la présence au travail qu'il s'agit alors d'assurer à tour de rôle. Le fait de quitter une entreprise (roulement externe) peut être attribuable à des attitudes individuelles défavorables à l'endroit du travail et des conditions d'exécution, ou à des facteurs d'ordre organisationnel, notamment le niveau des salaires et l'introduction d'une technologie nouvelle.

On croit donc que l'explication de la conduite humaine repose rarement sur un facteur unique, mais plutôt sur un ensemble de facteurs qui à un moment donné, sont en étroite interdépendance et produisent un effet. Chercher à isoler le facteur qui constituerait la raison unique et véritable demeure une aventure qui intéresse surtout les chercheurs. Pour sa part, le gestionnaire doit souvent faire appel à plus d'une explication et sa démarche déborde du champ d'une discipline en particulier. À ce sujet, Tannenbaum et Seashore (1967) relatent une expérience conduite par Rensis Likert dans 31 départements d'une grande entreprise industrielle. Likert répartit les départements en trois groupes selon le niveau de productivité, et demanda aux employés d'évaluer la part d'influence que chaque niveau hiérarchique (de la direction générale aux employés, en passant par les chefs de service)

FIGURE 1.1
Facteurs qui rendent compte des comportements humains et des interrelations

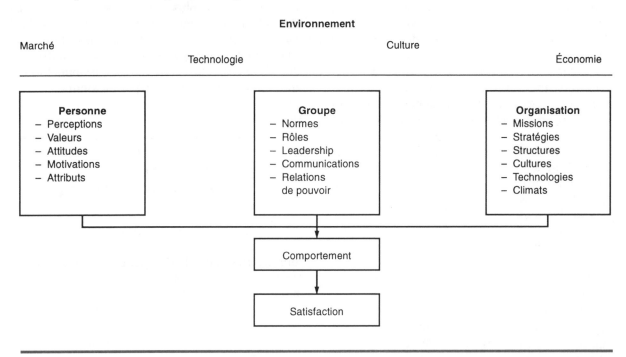

exerçait sur le fonctionnement de leur département. Dans les départements où les employés exerçaient plus de contrôle ou d'influence sur leur travail, on constata un niveau d'efficacité plus élevé. En des termes plus actuels, il serait juste d'affirmer qu'une organisation fortement décentralisée qui cherche à responsabiliser diverses catégories de personnel sera, dans certaines conditions, plus efficace qu'une organisation où les décisions sont prises au sommet de la hiérarchie et où les personnes d'autres niveaux ne constituent que des relais, des exécutants. En attribuant les différences de rendement à une variable structurelle comme celle de la répartition du pouvoir de décision, on tient alors une explication plus subtile que celle qu'on propose habituellement et qui est d'ordre individuel (différences des connaissances, des habiletés).

1.4 LE COMPORTEMENT EST-IL LE RÉSULTAT D'UN CHOIX ?

Les individus deviennent membres d'une organisation pour y apporter une contribution moyennant une rémunération. Cet échange permet la réalisation de certains objectifs personnels, dont gagner un revenu et accomplir une activité qui satisfait aux goûts et aux intérêts de la personne. Étant donné la présence de multiples facteurs d'ordre psychologique et socio-psychologique au moment où l'individu s'apprête à adopter un comportement quelconque au travail, lui est-il encore possible d'exercer un choix ? Existe-t-il une possibilité d'adapter son comportement de façon à répondre aux exigences de l'organisation qui l'emploie et à celles des autres personnes en présence? La réponse à ces deux questions demeure affirmative même aujourd'hui, en dépit des efforts accomplis en vue de rationaliser le travail et de lui conférer ainsi un caractère répétitif et routinier. Cet effort ne parviendra jamais à éliminer totalement la nécessité de prendre des décisions en cours d'exécution du travail. De fait, les recherches sur l'organisation du travail démontrent que l'on peut rarement réduire ce dernier à des gestes uniques, rapidement appris. Au contraire, toute définition de fonction contient des zones grises qui sont autant d'occasions pour l'individu d'exercer un choix; de plus, même si les organigrammes représentent les échanges à maintenir entre les individus, ils ne peuvent englober toute la réalité des interactions quotidiennes sur les lieux du travail. Enfin, la direction de l'entreprise n'est pas toujours en mesure de préciser ce qu'elle entend par un niveau de rendement acceptable chez un employé de bureau, un cadre de premier niveau ou un professionnel d'un service-conseil.

Sur ce point, Jacques Bélanger (1991) a effectué des études dans quelques entreprises britanniques et québécoises, et y a décelé des formes d'autonomie ouvrière particulièrement accentuées. Selon lui, «la gestion du personnel revêt une grande importance à cause du caractère indéterminé de la prestation du travail. Une fois que les conditions générales d'emploi ont été fixées, les normes de production, notamment celles relatives au volume et à la quantité du travail effectué, demeurent indéterminées. Puisque la simple contrainte ou la coercition sont le plus souvent improductives de nos jours, la documentation fait état de diverses formes de contrôle social qui tendent à susciter le consentement des salariés, afin qu'ils appliquent volontairement leurs ressources créatrices à l'activité de production».

De ces observations, on doit retenir que les travailleurs ne sont ni aliénés, ni dépourvus de ressources. Le comportement qu'ils adoptent est fonction des objectifs personnels qu'ils poursuivent tout en cherchant à satisfaire aux exigences de l'organisation relativement à l'ordre, à la discipline, à la productivité et à l'efficacité globale. Les groupes, qu'ils soient formels ou informels, ne sont pas non plus dépourvus de ressources. Dans le jeu de leurs contacts quotidiens, les membres d'un groupe élaborent des choix ou des stratégies qui assurent leur survie à titre de groupe, et qui permettent une certaine forme d'exutoire aux pressions qu'ils subissent.

1.5 LA CONTRIBUTION DES DISCIPLINES DES SCIENCES HUMAINES

En se référant au modèle des déterminants du comportement que nous avons présenté plus haut, il est possible, par un jeu de superposition, de repérer la contribution des principales disciplines des sciences humaines (figure 1.2), notamment la psychologie, la psycho-sociologie et la sociologie des organisations, à l'évolution de la discipline charnière que nous appelons «comportement organisationnel».

1.5.1 L'apport de la psychologie

L'apport de la psychologie se manifeste avant tout dans la description et l'explication du comportement individuel relié au niveau de rendement au travail, et au degré de satisfaction que la personne en retire. En effet, avec le temps, les termes «satisfaction» et «rendement individuel» sont devenus deux préoccupations importantes de la psychologie du travail. Si l'on tient pour acquis que les personnes possèdent les connaissances, les habiletés et les moyens matériels nécessaires à l'accomplissement d'un travail, l'énergie et l'effort qu'elles y consacreront dépendront en grande partie de leur motivation, c'est-à-dire de l'ensemble des besoins qu'elles cherchent à satisfaire et des attentes qu'elles veulent combler.

FIGURE 1.2
Reformulation du modèle des déterminants du comportement humain par la détermination des principales disciplines qui s'y intéressent

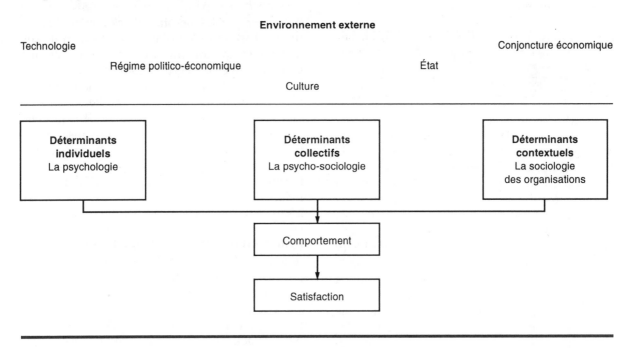

De nos jours, en raison du contexte culturel et économique que l'on connaît, et plus précisément du caractère concurrentiel de la production dans le contexte de la mondialisation de l'économie, le terme «motivation» cède la place à un terme beaucoup plus englobant : la «mobilisation», c'est-à-dire les diverses tentatives de responsabiliser les personnes face à leur travail et à la survie même des entreprises. On propose alors un ensemble de valeurs à partager par des personnes engagées dans la poursuite d'objectifs communs. Différentes écoles de pensée témoignent de l'intérêt de la psychologie du travail pour ces phénomènes de motivation et de mobilisation, notamment le behaviorisme et le mouvement du potentiel humain (école humaniste), qui ont le plus marqué le monde du travail.

Le behaviorisme

Cette école s'intéresse aux comportements observables qu'elle cherche à expliquer en mettant en relation des événements qui ont cours dans l'environnement immédiat de la personne. L'individu adopte le comportement approprié selon la nature du stimulus et de la récompense offerte. La récompense obtenue par suite du déploiement d'une énergie ou d'un effort en vue de reproduire un comportement procurera à l'individu un certain degré de satisfaction. Si la satisfaction ainsi obtenue est jugée trop faible ou négative (frustration), le comportement ne sera pas maintenu.

Dans cette perspective, tout comportement est la suite des conséquences qu'il engendre : il constitue une réponse de l'organisme à un stimulus et a pour but l'obtention d'une récompense qui crée un état de satisfaction. Cette définition du comportement peut être représentée symboliquement de la manière suivante :

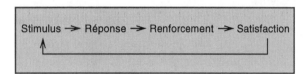

Cette vision de la personne et du comportement s'accommode très bien des principes du taylorisme ou de l'organisation scientifique du travail. Grâce à ce raisonnement, nous sommes en présence du principe de l'automaticité du comportement, à savoir que si nous maîtrisons la récompense qui correspond à un stimulus donné, la personne posera le geste ou aura le comportement que nous attendons d'elle. Taylor (1971) se rapproche donc à son insu de ce mode de raisonnement. En tenant pour acquis que la personne ne répond qu'à des incitations d'ordre économique, il s'agit alors de susciter chez elle des motivations pécuniaires afin qu'elle pose les gestes que nous voulons qu'elle pose, et uniquement ceux-là. Cependant, ce mode de raisonnement, qui suppose l'universalité des besoins économiques chez l'individu, nous renseigne peu sur la manière dont cet individu peut satisfaire ses besoins, de sorte que le comportement demeure encore difficilement prévisible.

Le mouvement du «potentiel humain»

Au début des années 50, Maslow (1954) propose une vision nettement différente de la motivation personnelle, tandis que les théories behavioristes et psychanalytiques bénéficient d'une large diffusion et prêtent à de nombreuses applications. Maslow reconnaît chez l'individu la présence de cinq besoins fondamentaux :

– besoins physiologiques ;
– besoins de sécurité ;
– besoins d'appartenance (ou d'amour) ;

– besoins d'estime de soi et de considération ;
– besoins d'actualisation de soi (ou de réalisation).

On peut présenter l'ordre d'importance d'apparition de ces besoins par une échelle ou une hiérarchie, où les besoins physiologiques occupent la base et les besoins d'actualisation de soi, le sommet. Maslow introduit ainsi un troisième courant de pensée en psychologie qu'on appelle le «courant humaniste» ou la «troisième force», par opposition aux courants freudiens et behavioristes. Ceux qui se sont intéressés à la motivation au travail dans un contexte organisationnel se sont vite rendu compte que la théorie des besoins humains s'applique bien à ce milieu, qu'elle facilite la compréhension du comportement humain et la création de conditions de travail aptes à satisfaire ces besoins. La théorie des besoins a été reprise par les idées de Vroom et Yetton (1973), et de Lawler et Porter (1968) qui ont procédé à une redéfinition de la motivation au travail, cette fois relative aux attentes. Très simplifié, le raisonnement est le suivant : un individu canalisera son énergie qui se traduira par un effort et par un rendement, pourvu qu'il anticipe une récompense à laquelle il attache une certaine valeur. En plus d'imaginer une récompense ou une rémunération quelconque, l'individu doit percevoir un lien entre l'effort qu'il lui faut fournir et la récompense. La psychologie de l'anticipation représente donc beaucoup plus un pari sur l'avenir qu'elle ne porte sur des expériences heureuses ou malheureuses vécues dans le passé.

Le courant du potentiel humain utilise donc fondamentalement l'expérience de l'individu (le vécu, pour reprendre un terme populaire) et les ressources psychologiques dont celui-ci dispose à un moment donné pour expliquer le comportement, alors que le behaviorisme adopte plutôt une explication de caractère déterministe en faisant du comportement le résultat des conséquences qui en découlent (*behavior is function of its consequences*). D'autres écoles de pensée en psychologie s'intéressent également à la conduite humaine, mais leurs concepts et leurs généralisations n'ont pas été acceptés par la majorité. Mentionnons l'école freudienne, par exemple, qui prend comme point de départ des principaux déterminants de la conduite humaine les facteurs qui sont de l'ordre de l'inconscient, des pulsions. Il est possible que l'influence de cette école soit plus sensible à l'avenir, puisqu'on s'intéresse à l'inconscient individuel et collectif dans l'explication du fonctionnement des organisations actuelles. Une description plus détaillée des trois écoles de pensée que nous venons de mentionner sera faite au chapitre 3, «La personnalité».

1.5.2 L'apport de la psycho-sociologie des organisations

La psycho-sociologie des organisations se donne comme objet d'étude les phénomènes d'interaction sociale : ce qui se passe lorsque deux ou plusieurs personnes, tout en accomplissant leurs tâches respectives, travaillent ensemble, entretiennent des rapports directs ou des échanges qui sont nécessaires à la réalisation de ces tâches. La présence de l'autre ou des autres apporte à la situation de travail un caractère social. Le travailleur à sa machine n'est pas un être isolé : il doit prendre contact avec d'autres non seulement pour accroître l'efficacité de son activité de travail, mais également pour satisfaire le besoin de se trouver parmi des personnes avec lesquelles il entretient des affinités.

Sans anticiper sur les chapitres qui traitent des phénomènes de groupe et de leurs manifestations dans l'entreprise, nous signalons la contribution originale des premières recherches faites sur le sujet. En s'intéressant aux conditions d'ambiance physique du travail pour connaître l'influence possible que celles-ci exercent sur le rendement individuel, les chercheurs ont mis au jour un volet de la réalité sociale en définissant un éventail de facteurs qu'on qualifiera d'ordre psycho-social, ou de l'ordre des processus d'interaction sociale.

De ces nombreux facteurs, le leadership, plus particulièrement l'étude de l'influence d'un style plutôt que d'un autre sur la productivité et la satisfaction, a fait l'objet d'une abondance de travaux de recherche. Le chapitre 11 du présent ouvrage est consacré à l'étude de ce facteur.

Un deuxième facteur intimement lié au premier est celui de la communication interpersonnelle. De fait, une grande partie de l'influence qu'on peut exercer sur l'autre pour l'inciter à adopter un comportement quelconque provient d'une habileté à communiquer verbalement et par écrit. La communication consiste à transmettre un message dans un langage compréhensible à celui qui en est le récepteur, et à s'assurer qu'un tel message a été effectivement compris. La communication organisationnelle et interpersonnelle demeure une préoccupation actuelle dans les organisations, à l'heure où ces dernières cherchent à faire participer leur personnel à la prise de décisions importantes.

L'appartenance ou non à un groupe constitue pour l'individu une source d'identité personnelle. Les valeurs partagées par les membres, les perceptions et les attitudes communes au groupe, les objectifs poursuivis sont autant de possibilités pour une personne de se situer par rapport à d'autres. Par exemple, il est possible de constater qu'un groupe d'ouvriers d'entretien n'a pas les mêmes normes et les mêmes comportements qu'un groupe d'opérateurs. Parfois, tout en travaillant au sein d'une même entreprise, certains groupes s'opposent à d'autres, et les uns affichent un sentiment de supériorité envers les autres.

Dans la même foulée, le degré de cohésion d'un groupe est une réalité dont doit tenir compte la gestion des organisations. Tout en reconnaissant leur état d'interdépendance dans la réalisation d'un objectif commun, les membres d'un groupe vivent des conflits à propos des moyens à prendre pour atteindre ces objectifs, du partage des ressources rares allouées, et des conflits de personnalité. L'étude des phénomènes de groupe demeure d'actualité au moment où l'on cherche à accroître la compétitivité des entreprises en faisant appel au travail d'équipe à tous les niveaux. L'apprentissage du travail d'équipe fera l'objet d'un intérêt renouvelé au cours de la prochaine décennie, et les connaissances sur la structure et le fonctionnement des groupes viendront appuyer cette forme d'apprentissage.

1.5.3   L'apport de la sociologie

La sociologie, plus particulièrement la sociologie du travail et des organisations, s'intéresse également à l'étude du comportement des individus et des groupes, mais à titre de membres ou d'acteurs d'une société donnée. Le fait que ces individus et ces groupes détiennent un statut et jouent un rôle dans la société intéresse le sociologue. La diversité des faits sociaux et de la réalité sociale impose un certain découpage de la discipline. C'est pourquoi le travail et la manière de le concevoir et de l'organiser deviennent un objet d'intérêt pour la sociologie. On parle alors de sociologie du travail.

À l'intérieur même de cette division de la sociologie, une autre dimension a aussi revêtu de l'importance avec le temps : le fait que le travail, du moins celui qui est rémunéré, s'accomplit habituellement à l'intérieur des organisations.

En s'intéressant aux organisations, la sociologie cherche à décrire et à comprendre le comportement des individus et des groupes en tant qu'acteurs au sein de ces ensembles sociaux complexes qui ont pour mission la production de biens et de services. En tant qu'acteurs, les individus et les groupes ont des objectifs ou des intérêts différents de ceux de l'organisation, lesquels ils cherchent à défendre ou à promouvoir. À titre individuel ou collectif, les enjeux sont souvent considérables, surtout au moment où la structure existante du pouvoir de décision est remise en cause. Dans ce cas, les acteurs élaborent leur stratégie respective de façon soit à maintenir leur source d'influence, soit à l'élargir.

La sociologie des organisations retient ainsi, dans sa tentative d'explications du comportement, des facteurs comme la structure, la culture, la technologie, la forme dominante d'organisation du travail, pour ne citer que les plus importants.

Les facteurs d'explication du comportement

La structure formelle et la structure informelle

Il s'agit de deux réalités qui se chevauchent ou se superposent. Comme nous l'avons vu au sujet des groupes, la structure formelle renvoie à l'aménagement des rapports formels au sein des organisations de travail. On cherche alors à répondre aux questions suivantes : qui fait quoi et qui relève de qui ? Cette dimension repose plus précisément sur la distribution des tâches et de l'autorité nécessaire pour les assumer. La dimension informelle relève plutôt de l'articulation spontanée des relations ou des échanges entre les membres d'un groupe ou d'une organisation.

La culture

À l'intérieur d'une même organisation, l'existence d'un noyau de croyances, de valeurs ou de représentations de la réalité, partagées par un nombre suffisant, nous permet de conclure à l'existence d'une culture organisationnelle. Cependant, il faut aussi être attentif aux phénomènes de sous-culture, c'est-à-dire les croyances, les valeurs, les représentations et les symboles qui sont particuliers à un service, à une catégorie socio-professionnelle, à un groupe, etc. Cette réalité, qui tend à échapper à l'observation directe, est néanmoins présente et permet de trouver des explications à certains types de comportements particuliers.

L'organisation du travail

Au cours de l'évolution de la société industrielle, qui a vu la production artisanale passer à la production en série et ultérieurement, à la production continue, le mode d'organisation du travail est demeuré une préoccupation constante pour les sociologues du travail et des organisations. L'avènement du taylorisme comme forme dominante d'organisation du travail dans les ateliers et les usines, et ensuite dans les services, a provoqué la disparition graduelle du caractère artisanal et valorisant du travail, qui a fait place à un effort de rationalisation, lequel a réduit le travail à des gestes précis, mesurés, appris rapidement et dépourvus de signification. Il s'agit là des termes précis qui servent encore de nos jours à la contestation du travail de type tayloriste et à l'apparition d'initiatives pour y substituer des formes nouvelles qui font davantage appel à l'intelligence qu'à la dextérité manuelle des personnes. Le travail s'enrichit donc en s'inspirant des concepts et des généralisations soit de la théorie des facteurs intrinsèques ou extrinsèques d'une tâche, soit d'une conception socio-technique de l'aménagement du travail dans les usines et les bureaux. Un exemple de ce revirement important relativement aux concepts et aux pratiques en matière d'organisation du travail nous est fourni par Philippe Bernoux (1985) dans l'encadré 1.1.

CONCLUSION

Le comportement organisationnel, selon les éclairages respectifs de la psychologie, de la psychologie sociale et de la sociologie, revêt, comme nous pouvons le constater, un caractère interdisciplinaire. Il s'agit alors d'un ensemble de concepts et de généralisations qui cherchent à décrire et à expliquer les conduites individuelles et collectives au sein des organisations de travail. Cette discipline, au confluent de multiples apports, connaît actuellement un regain de popularité, qui s'explique en grande partie par la nécessité pour nos entreprises d'être plus concurrentielles sur la

---

ENCADRÉ 1.1
Le cas Rhône Poulenc Textile (du taylorisme aux groupes autonomes)

La nouvelle organisation

La nouvelle organisation se caractérisait par l'attribution d'une plus grande autonomie aux ouvriers dans la plupart des domaines. Une partie du travail était attribuée à un groupe d'ouvriers avec mission de le faire selon les plans de production, mais en s'organisant eux-mêmes. L'encadrement proposait une sorte de contrat aux groupes autonomes.

Ces groupes, de quatre à six personnes, devaient prendre en charge l'ensemble des tâches. Il s'agissait de :

— la manutention : chercher et préparer les chariots et les supports, donc contrôle et répartition de ceux-ci sur les machines ;
— l'entretien : remplacement des organes usés mais par intervention sur panne ;
— le contrôle : surveillance des standards techniques (température, vitesse, contrôle, qualité des bobines) ;
— la répartition et l'organisation. Les groupes prennent en charge une partie des tâches réservées autrefois à la maîtrise. Il s'agit surtout de la répartition du travail entre les opérateurs du groupe, de la planification des heures de lancement des machines et de l'appel à l'entretien en cas de panne. La coordination de l'action des quatre équipes et la discipline demeurent des tâches de la maîtrise. Les ouvriers des groupes autonomes rédigent eux-mêmes les bons d'intervention pour l'entretien en cas de panne et font certains graphiques de production.

Source : BERNOUX, P., *La sociologie des organisations*, Paris, © Éditions du Seuil, coll. Points, 1985, p. 215–216.

scène mondiale. Tant les directions supérieures d'entreprises que les chefs syndicaux parviennent à cette constatation.

On tente actuellement, du moins en ce qui a trait aux relations du travail, de mettre davantage l'accent sur la collaboration et la concertation que sur les antagonismes traditionnels et systématiques. Dans cette optique, on veut mobiliser les personnes et mettre à profit leur intelligence et leur savoir-faire dans la poursuite d'objectifs économiques et sociaux. À cette fin, une bonne compréhension du comportement humain au sein des organisations devient un atout précieux. Cependant, une telle compréhension ne saurait s'obtenir sans un apprentissage du mode de raisonnement propre à cette discipline nouvelle. En effet, l'explication du comportement observé ne peut être complète si l'on néglige l'un des trois volets intimement liés du monde du travail : l'individu, le groupe et l'organisation.

QUESTIONS

1. À quelle discipline des sciences du comportement renvoient les facteurs suivants : besoins, valeurs, perceptions, attitudes ?

2. Quelle caractéristique d'un groupe est la plus susceptible d'influencer le comportement d'une personne ?

3. Est-il juste d'affirmer qu'une personne qui se voit affectée à un travail routinier et répétitif n'a pas l'occasion d'exercer un choix ? Justifiez votre réponse.

4. Commentez l'affirmation suivante : « Le comportement d'un individu est avant tout une réaction à un stimulus donné et le résultat d'un choix. »

RÉFÉRENCES BIBLIOGRAPHIQUES

BÉLANGER, J., « La production sociale des normes de production : monographies d'entreprises en Grande-Bretagne et au Québec », *Sociologie et société*, vol. XXIII, nº 2, 1991.

BERNOUX, P., *La sociologie des organisations*, Paris, Éditions du Seuil, coll. Points, 1985.

BLAUNER, R., *Alienation and Freedom : The Factory Worker and his Industry*, Chicago, Ill., Chigago University Press, 1964.

BURNS, T. et STALKER, G.M., *The Management of Innovation*, Londres, Tavistock Institute, 1961.

LAWLER, E.E. et PORTER, L.W., *Managerial Attitudes and Performance*, Toronto, General Publishing Co., 1968.

LEWIN, K., *Field Theory in Social Sciences*, New York, Harper and Row, 1951.

MASLOW, A., *Motivation and Personality*, New York, Harper and Row, 1954.

TANNENBAUM, A.S. et SEASHORE, S.F., *Psychologie sociale de l'organisation industrielle*, Paris, Édition Hommes et Techniques, 1967.

TAYLOR, F. W., *La direction scientifique des entreprises*, Paris, Dunod, 1971.

VROOM, V.H. et YETTON, P.Q., *Leadership and Decision Making*, Pittsburgh, Penn., University of Pittsburgh Press, 1973.

WOODWARD, J., *Industrial Organization, Theory and Practice*, Londres, Oxford University Press, 1965.

2

L'ORGANISATION ET L'INDIVIDU : UNE SYMBIOSE DIFFICILE

Laurent Bélanger

LA RÉPARTITION DES RESPONSABILITÉS

La direction nouvellement élue de l'association étudiante du département des relations industrielles de la Faculté des sciences sociales tient sa première réunion en vue de préciser les objectifs de l'année en cours et de répartir les principales responsabilités. En plus de coordonner les activités au sein de la direction et d'en animer les réunions, le président verra à faire connaître le point de vue des étudiants aux diverses instances du département de la faculté et de l'université. Il se chargera aussi des relations avec les autres associations étudiantes. Un vice-président vérifiera l'utilisation des fonds et la comptabilité, et l'autre se chargera de superviser le travail des différents comités. Le secrétaire veillera à la rédaction des procès-verbaux des réunions et en assurera le suivi.

Après avoir effectué un premier partage des responsabilités, les membres réalisent qu'on doit également assurer la bonne marche d'une foule d'activités, notamment l'organisation du bal des finissants, la transmission de l'information aux étudiants, la publication du journal et d'un album, la gestion du service-café, l'organisation du festival, l'initiation des nouveaux, la tenue de journées d'études ou de colloques. En voyant cette liste, le président est momentanément désemparé et n'a d'autre choix que de rappeler à ses condisciples «qu'il faudra s'organiser sérieusement». Cette réflexion du président nous invite à nous demander si une organisation consiste uniquement en une répartition logique de responsabilités.

INTRODUCTION

Pendant longtemps, on a conçu l'organisation, qu'il s'agisse d'une entreprise manufacturière ou de services, d'un parti politique, d'une secte religieuse ou d'une association étudiante, comme étant «un rassemblement de personnes qui accomplissent des activités différenciées et coordonnées par une hiérarchie, en vue de la réalisation d'objectifs communs». De nos jours, par suite de l'élaboration et de la diffusion d'un éventail de modèles organisationnels, cette définition de la structure (l'aménagement rationnel des rapports entre les membres), ou des personnes (leurs perceptions, leurs valeurs, leurs motivations, leurs besoins et leur comportement réel), réussit difficilement à rendre compte de la réalité organisationnelle qu'elle veut décrire. À cette fin, il faut introduire de nouveaux concepts qui représentent les caractéristiques importantes, notamment les objectifs, les stratégies, la culture, la technique utilisée ainsi que les variables externes reliées au contexte économique, technique, politique et culturel. Tout en retenant les enseignements qui ont marqué l'évolution de la théorisation en matière d'analyse des organisations, nous faisons état, au présent chapitre, des développements récents tant sur le plan des représentations nouvelles des organisations que sur celui des rapports à créer et à maintenir entre celles-ci et leur milieu.

Le cheminement que nous empruntons consiste à répertorier et à décrire ces différentes représentations, en commençant par les plus connues, issues de l'application des principes classiques d'organisation et du taylorisme. On reconnaîtra alors les représentations de type mécaniste. En nous appuyant sur ce type, nous décrirons les réactions qu'il a suscitées et que l'on retrouve dans les enseignements de l'école des relations humaines ainsi que dans les critiques adressées au modèle bureaucratique. Par la suite, nous aborderons les modèles fondés sur les notions de systèmes et d'environnement, le courant français de l'analyse stratégique qui considère les organisations comme des lieux de pouvoir et le courant plutôt politique qui envisage les organisations comme des régimes de gouvernement. Enfin, nous terminerons avec une vision issue du courant culturel de l'analyse des organisations.

La plupart de ces représentations se réfèrent de façon plus ou moins explicite à une vision de la personne humaine. D'autres renvoient aux techniques dominantes et aux formes d'organisation du travail qui ont cours à un moment donné : technique artisanale (production en lots), technique de chaînes de montage et d'assemblage, technique des procédés en continu. Nous traitons donc en parallèle les différentes représentations existantes des organisations, la vision de la personne, la technique dominante et les formes d'organisation du travail selon le cheminement décrit ci-dessus.

2.1   LA VISION MÉCANISTE

En vertu de la vision «mécaniste», l'organisation apparaît comme une immense machine : une entité complexe composée de rouages et de pièces qui s'imbriquent parfaitement les unes dans les autres. Chaque élément contribue à atteindre la fin (ou les fins) pour laquelle la machine a été conçue. Nous percevons alors l'image d'un agencement rationnel de pièces articulées qui constituent un tout, à l'exemple d'une horloge, d'une automobile. Ainsi, dans le cas d'un parti politique qui brigue les suffrages, on fera allusion à l'efficacité de la «machine électorale». Une entreprise apparaîtra comme un ensemble de machines, disposées dans une séquence qui permet la transformation d'une matière première en un produit fini. Dans ce contexte, les postes de travail d'exécution seront conçus de façon à obtenir du titulaire ou de l'occupant un comportement «machinal», c'est-à-dire une attitude qui s'apparente à une routine, à une séquence de gestes simples dont l'apprentissage est de très courte durée.

2.1.1   Le taylorisme : la vision mécaniste des ateliers et des usines

Au début du siècle, suite aux travaux d'Adam Smith et de Charles Babbage sur les avantages de la spécialisation ou de la division du travail, un ingénieur du nom de Frédéric W. Taylor s'est intéressé activement à l'organisation du travail dans les ateliers et les usines dans le but d'en dégager le caractère scientifique. Devant l'inefficacité des méthodes de travail artisanales de l'époque, l'ingénieur Taylor voulut proposer une solution de rechange. Il codifia les gestes posés par les travailleurs dans l'exercice de leurs fonctions, puis les représenta sous forme de concept afin de les ramener à l'un, à l'autre, ou à l'ensemble des principes suivants (Gareth Morgan, 1989) :

— Faire passer toute la responsabilité de l'organisation du travail du travailleur au dirigeant : les dirigeants devront assumer toute la réflexion de la planification et de la conception du travail et ne laisseront au travailleur que l'exécution de la tâche.
— Avoir recours à des méthodes scientifiques pour déterminer la méthode la plus efficace d'exécution du travail ; préparer, dans cette optique, la tâche de l'ouvrier en indiquant la façon exacte de l'accomplir.
— Choisir la personne la plus compétente pour accomplir la tâche ainsi définie.
— Former l'ouvrier à travailler de façon efficace.
— Surveiller le rendement du travailleur pour s'assurer qu'il utilise les méthodes appropriées et que les résultats souhaités s'ensuivent.

L'application de ces principes consiste donc à décomposer une tâche artisanale complexe en ses éléments les plus simples, à éliminer ceux qui ne contribuent en rien aux résultats finaux et à retenir les autres en les replaçant dans une séquence d'accomplissement optimal de la tâche. Cette vision s'appuie sur une conception implicite de la personne humaine qui apparaît comme un prolongement de la machine, réduite à utiliser une habileté très particulière, acquise en un laps de temps très court.

De plus, en concevant un mode de rémunération qui varie selon le rendement, Taylor tient pour acquis que la personne au travail est motivée presque uniquement par l'argent. Par ailleurs, la technique qui admet l'application intensive des principes d'organisation scientifique du travail est surtout celle de la chaîne de montage ou d'assemblage propre à la production de masse (produit standardisé). Le recours à cette technique fait que l'on retrouve sous un même toit une multitude de travailleurs qui accomplissent, l'un après l'autre, des tâches répétitives qui ne comportent qu'un minimum de gestes. Pour mieux comprendre la contribution de Taylor (1957), nous présentons un extrait de son ouvrage principal où l'on saisit bien la distinction entre le travail de conception et le travail d'exécution (encadré 2.1).

À l'époque de Taylor, on délaisse le travail d'exécution pour aborder celui de l'administration et de la gestion, ce qui engendre des théoriciens de la gestion du nom de Fayol, de Gulick Urwick et d'autres qui élaborent les principes d'établissement des structures formelles des organisations. Nous en traiterons plus longuement dans le chapitre 5, consacré à la structure des organisations.

Toutefois, nous retenons ici le nom de Max Weber dont les travaux traitent de la bureaucratie considérée comme un type idéal d'organisation, qui s'inscrit dans une vision dite mécaniste des organisations.

2.1.2 Weber : la bureaucratie

Afin de présenter Weber et de se rapprocher de son texte original, nous reproduisons, à l'encadré 2.2, un exemple de reformulation effectuée par Philippe Bernoux (1985).

ENCADRÉ 2.1
La distinction entre le travail de conception et le travail d'exécution

(…) Mais maintenant il nous faut dire que l'une des premières caractéristiques d'un homme qui est capable de faire le métier de manutentionnaire de gueuses de fonte est qu'il est si peu intelligent et si flegmatique qu'on peut le comparer, en ce qui concerne son aptitude mentale, plutôt à un bœuf qu'à toute autre chose. L'homme qui a un esprit vif et intelligent est, pour cette raison même, inapte à exercer ce métier en raison de la terrible monotonie d'une tâche de ce genre. En conséquence, l'homme qui est le plus qualifié pour manutentionner des gueuses de fonte est incapable de comprendre la science réelle du mode d'exécution de ce genre de travail. Il est si peu intelligent que, par exemple, il ne comprend pas le mot « pourcentage » et, en conséquence, il doit être entraîné par un homme plus intelligent que lui-même pour qu'il acquière l'habitude de travailler en concordance avec les lois de cette science avant de pouvoir accomplir son travail avec succès.

L'auteur a la certitude d'avoir mis en lumière le fait que, même dans le cas de la forme la plus élémentaire du travail qui soit connue, il existe une science et que, quand l'homme le plus qualifié pour accomplir ce genre de travail a été convenablement choisi, quand la science de la méthode d'exécution du travail a été mise au point et quand l'ouvrier convenablement choisi a été entraîné à travailler en appliquant cette méthode scientifique, alors les résultats obtenus doivent nécessairement être considérablement plus grands que ceux qui sont possibles dans le système « de l'initiative et des stimulants ».

Source : TAYLOR, F. W., *La Direction scientifique des entreprises*, Paris, Verviers, coll. Marabout, 1957, p. 124–125.

Après avoir établi les distinctions bien connues entre les différents types de domination légitime (ou d'autorité) rationnelle, traditionnelle et charismatique, Weber (1963, 1967) décrit les caractéristiques d'une organisation qui apporterait une solution efficace aux problèmes de coordination des multiples activités propres aux organisations complexes. Pour être efficace, une organisation doit répondre à des exigences de contrôle, c'est-à-dire s'assurer la fidélité et l'uniformité des comportements de ses membres (Weber, 1967). Ces effets attendus et recherchés seront produits si l'organisation présente les sept caractéristiques suivantes :

1. Un ensemble de règles qui régissent le comportement approprié au travail.
2. Un ensemble de procédures de travail uniformisées (modules opératoires).
3. Une division rigide du travail où les fonctions et les tâches sont décrites de façon minutieuse et où le niveau de rendement prévu est précisé.
4. Une hiérarchie conçue a priori.
5. La séparation des décisions d'ordre administratif de celles à caractère politique.
6. La dépersonnalisation des relations en faisant de la position détenue, et non de la personne, la base de toute interaction sociale.
7. La sélection et la promotion selon la compétence technique évaluée par des tests ou des procédures impersonnelles.

Les raisonnements implicites qui relient la variable dépendante du modèle (c'est-à-dire l'uniformité du comportement) aux variables indépendantes, soit les caractéristiques structurelles et procédurales de l'organisation, pourraient s'énoncer de la manière suivante. La fidélité et

---

ENCADRÉ 2.2
La bureaucratie selon Max Weber

Il arrive que l'on confonde organisation et bureaucratie. Si on a donné plus haut la définition classique des organisations, nous nous référerons à Max Weber pour celle de la bureaucratie.

Avant d'en donner les caractéristiques, notons qu'elles se déduisent d'un type de légitimité légale-rationnelle ou bureaucratique. Max Weber part de la question du fondement de la «domination», c'est-à-dire de l'acceptation, par les sujets, du pouvoir de celui qui les domine. Il distingue la légitimité de type traditionnel, la légitimité de type légal-rationnel ou bureaucratique, la légitimité charismatique.

La seconde caractérise la société industrielle. L'autorité s'y impose «en vertu de la légalité, en vertu de la croyance en la validité d'un statut légal et d'une compétence positive fondées sur des règles établies rationnellement».

À ce type de légitimité correspond une forme d'organisation que Max Weber appelle bureaucratie et qui se caractérise par la distinction précise entre la propriété privée et la propriété de l'organisation :

- l'individu n'est pas propriétaire de sa fonction et il ne peut la transmettre ;
- la bureaucratie fonctionne selon les règles et refuse toute acception de personne comme tout cas particulier ;
- les postes sont rigoureusement définis ;
- à la définition des postes correspond la spécialisation des fonctions et des compétences de l'individu qui les remplit ;
- une organisation bureaucratique est organisée comme une hiérarchie ;
- une bureaucratie emploie des fonctionnaires, c'est-à-dire des spécialistes à plein temps qui y font carrière.

Source : BERNOUX, P., *La sociologie des organisations*, Paris, © Éditions du Seuil, 1985, p. 121.

l'uniformité du comportement sont assurées dans la mesure où l'on intensifie la présence de chacune des caractéristiques organisationnelles énumérées.

En d'autres termes, l'uniformité du comportement est assurée pourvu qu'un ensemble de règles encadre le comportement à adopter, qu'un ensemble de procédures de travail uniformisées prévale, et ainsi de suite. On reconnaîtra là un raisonnement linéaire de type «X est fonction de Y», dans lequel Y comprend plusieurs volets. L'organisation bureaucratique apparaît ainsi comme un système social clos qui se suffit à lui-même, qui fonctionne dans un vide social et qui réussit difficilement à corriger ses propres erreurs, vu l'absence de véritables mécanismes de rétroaction.

Quelle place fait-on à la personne humaine dans un univers organisationnel aussi mécanique? L'uniformité des comportements s'obtiendra en grande partie grâce à la loyauté, à la docilité et au détachement *sine ira et studio* pour reprendre l'expression de Weber, c'est-à-dire sans colère et avec discipline. Quant à l'exécution du travail, on exigera du bureaucrate une certaine automaticité du comportement, car la fonction définie avec précision constitue pour la personne un stimulus qui sera suivi de la réponse appropriée, en autant que les incitations (récompenses-punitions) à cette fin sont adéquates.

2.2 LES RÉACTIONS À UNE VISION MÉCANISTE

2.2.1 L'école des relations humaines

En considérant la bureaucratie comme un type idéal d'organisation et une structure rationnelle d'action, Weber s'est plutôt attardé à la dimension formelle des organisations, c'est-à-dire à l'aménagement rationnel et prescrit des rapports ou des échanges entre les fonctions par le lien de la hiérarchie. Cet aspect réussit difficilement à rendre compte de la vie réelle des organisations. En délaissant cette dimension structurelle formelle pour s'intéresser presque uniquement aux attitudes et aux comportements des individus et des groupes, Elton Mayo et ses disciples débouchent sur une vision plus large des organisations, où surgissent des comportements imprévus et inattendus qui renvoient à des normes ou à des valeurs échappant à la dimension formelle d'une organisation. La récurrence de ces comportements et la structure des interactions sociales qui en permettent l'émergence forment ce qu'il est convenu d'appeler «l'organisation informelle».

Préoccupée avant tout des liens qui existaient entre les conditions physiques de travail, l'efficacité et le rendement des travailleurs, l'équipe de recherche, sans problématique précise, procéda à deux grandes séries d'observations. La première mettait en cause six ouvrières préposées à l'assemblage des relais téléphoniques. Cette expérience, qui s'est déroulée en 13 phases distinctes, portait sur des modifications apportées aux conditions de travail, notamment les pauses, les horaires et la journée de travail. On découvrit alors que ces modifications n'affectaient pas sensiblement le niveau de rendement : la production continuait à augmenter même après un retour aux conditions originales. Par la suite, les chercheurs ont attribué ce phénomène d'accroissement du rendement au facteur «humain», c'est-à-dire au climat social de travail qui régnait chez les ouvrières tout au long de l'expérience.

Pierre Badin (1958) décrit ces phases dans l'encadré 2.3.

La deuxième série d'observations (celle du Bank Wiring Observation Room) livra beaucoup plus de renseignements sur la réalité de l'organisation informelle. Elle mettait en cause 14 ouvriers exerçant des fonctions de câbleur, de soudeur et d'inspecteur. Au cours des observations, les ouvriers ont établi un réseau fort complexe de rapports sociaux qui ont permis l'émergence d'une norme de rendement acceptable, mais différente de celle envisagée par la direction de l'entreprise. Quelques membres du groupe se chargeaient de faire respecter la norme en créant une pression sociale chez celui dont le comportement présentait une déviation.

De telles expériences ont permis d'établir l'importance du groupe de travail dans l'explication du comportement des membres qui le composent. En tentant de s'adapter aux exigences de l'organisation formelle, le groupe de travail en est venu à élaborer des normes différentes de celles prescrites par la direction et à s'engager dans des comportements imprévus et non prescrits au départ. À ce moment-là, l'élaboration de nouvelles normes n'a pas été interprétée comme étant une tentative chez les ouvriers

---

ENCADRÉ 2.3
Treize phases distinctes portant sur des modifications apportées aux conditions de travail

Phases préliminaires

1. Les ouvrières occupent un atelier ordinaire soumis au régime normal (semaine de 48 h réparties sur six jours). Elles participent à une rémunération collective s'appliquant à une centaine de salariés.
2. Elles sont transférées dans la salle de test où l'on maintient les conditions précédentes. Le rendement individuel est inférieur à 2 500 relais par semaine.
3. On instaure un salaire d'équipe aux pièces. Le rendement s'accroît.

Pauses intercalaires

4. On introduit deux pauses, de 5 minutes chacune, l'une à 10 h, l'autre à 14 h. Le rendement est en hausse.
5. Les pauses sont portées à 10 minutes chacune. Le rendement s'élève sensiblement.
6. Six pauses de 5 minutes. Les ouvrières disent que le rythme du travail est rompu. Le rendement diminue légèrement.
7. Les pauses sont ramenées à deux : un quart d'heure à 9 h 30, dix minutes à 14 h 30. La première comporte une collation fournie par l'entreprise. Le rendement reprend sa progression, sauf en ce qui concerne deux ouvrières dont l'esprit de coopération est jugé insuffisant ; celles-ci

sont remplacées au début de la huitième période.

Réduction de la journée et de la semaine de travail

8. Les conditions précédentes étant maintenues, les ouvrières quittent leur travail à 16 h 30 au lieu de 17 h. Le rendement est en hausse.
9. La fin de la journée de travail est fixée à 16 h. Le rendement (hebdomadaire) est stationnaire.
10. Rétablissement de la cessation du travail à 17 h. Le rendement s'accroît fortement (2 800), mais les ouvrières se plaignent de la fatigue.
11. Le travail du samedi matin est suspendu, et le rendement se maintient au même niveau.

Phase du grand éclaircissement

12. On revient aux conditions de la troisième période. Pas de pauses, pas de collation, semaine de 48 h réparties sur six jours. Le rendement dépasse 2 900.
13. On établit les pauses instituées lors de la septième période. Le matin, l'entreprise ne fournit plus qu'une boisson chaude. Le rendement atteint un maximum de 3 000.

Source : BADIN, P., « Elton Mayo et les débuts de la psycho-sociologie industrielle », *Revue de l'Action populaire*, 1958, p. 683.

d'obtenir une plus grande autonomie d'exécution du travail, mais plutôt comme la conséquence d'une mauvaise communication entre les ouvriers et la direction, car cette dernière ne réussissait pas à faire connaître précisément la norme qu'elle entendait faire respecter. Par ailleurs, les recherches ont également permis d'élargir la conception qu'on se faisait alors de la motivation de la personne au travail. À une vision de l'homme économique motivé presque uniquement par des considérations d'ordre matériel s'est substituée graduellement une vision de l'homme social. Dans cette perspective, le besoin d'appartenance sociale à un groupe était plus important que des besoins d'ordre physique et économique.

2.2.2   Le courant des dysfonctions bureaucratiques

Le modèle de bureaucratie conçu par Weber fait de l'organisation une entité intégrée dont chacune des composantes n'a de légitimité que par la contribution qu'elle apporte à la réalisation des objectifs de l'ensemble. Toute action d'une composante qui favorise la réalisation de l'objectif de l'unité est désignée «fonctionnelle». À l'inverse, est considéré comme dysfonctionnel tout comportement d'une partie qui vient contrecarrer la réalisation de l'objectif commun. Par leurs travaux, des auteurs tels que Merton, Selznick et Gouldner, qui ont adopté comme point de départ le modèle de Weber, ont mis en évidence l'aspect informel des organisations en faisant ressortir la nature et l'importance de certaines dysfonctions inhérentes au modèle bureaucratique.

De manière simplifiée, le raisonnement de Merton (1949), reformulé par March et Simon (1964), prend comme point de départ toutes les caractéristiques de l'organisation formelle postulées par Weber. Il fait la démonstration que les exigences de contrôle, ou la volonté de s'assurer la fidélité ou l'uniformité des comportements à des fins d'efficacité administrative engendrent, sur le plan informel, une série d'attitudes et de

comportements qui se manifestent par une réaction en chaîne chez les membres de l'organisation. Nous soulignons ici les attitudes les plus importantes.

La présence et l'internalisation de règles impersonnelles créent chez les individus un phénomène de «déplacement des buts». Les règles et les procédures acquièrent une valeur en elles-mêmes, à tel point que le résultat de l'action devient moins important.

L'internalisation des règles amoindrit la recherche de solutions nouvelles ou imprévues à un problème quelconque, réduit la concurrence entre collègues et permet de développer chez eux un «esprit de corps». Cet esprit de corps se manifeste par une position de défense contre des attaques de l'extérieur.

Pour illustrer à quel résultat peut mener la stricte reconnaissance des limites de l'autorité et l'internalisation des règles, Merton (1949) reprend un extrait d'un événement relaté par Thurman Arnold (encadré 2.4).

À son tour, la réaction collective de défense crée un fossé entre les membres de l'organisation et la clientèle.

L'abandon de la recherche de solutions nouvelles devant des situations imprévues engendre également des tensions avec les clients qui n'entrent pas dans des catégories prédéfinies. Devant ce fait, le bureaucrate cherche à se défendre et fait preuve alors d'une attitude arrogante à l'endroit de la clientèle.

L'insatisfaction de la clientèle peut se manifester par des plaintes contre l'administration et inciter cette dernière à resserrer les règles. On débouche ainsi sur le cercle vicieux bureaucratique qui sera défini comme tel ultérieurement par M. Crozier, dans son ouvrage *Le phénomène bureaucratique*.

Chez Selznick, le point de départ du cercle vicieux est différent de celui de Merton. L'exigence de contrôle sera satisfaite, en partie, par une forme de délégation de pouvoir. Cette dernière suppose une certaine division du travail et, par conséquent, l'apparition de spécialités ou de

---

ENCADRÉ 2.4
Le cas du pilote Bernt Balchen

« Selon une décision du ministère du Travail, Bernt Balchen (...) ne peut obtenir ses documents de citoyenneté américaine. Balchen, natif de Norvège, a fait sa demande en 1927. On considère qu'il n'a pas rempli la condition nécessaire, soit d'avoir résidé cinq années consécutives en territoire américain. En effet, l'expédition antarctique Byrd l'obligea à quitter le territoire, bien qu'il fût sur un navire battant pavillon américain et qu'il fût un membre inestimable d'une expédition américaine dans une région appelée la « Petite Amérique », revendiquée par les Américains en raison du fait que ceux-ci l'ont explorée.

Le Bureau de naturalisation explique qu'il ne peut se fonder sur l'hypothèse que la Petite Amérique est territoire américain. Ce serait empiéter sur des questions internationales sur lesquelles il n'a aucune autorité. Ainsi, en ce qui concerne le Bureau, Balchen était hors du territoire américain et, d'un point de vue technique, n'a pas satisfait aux conditions prévues par la loi sur la naturalisation. »

Source : Traduit de MERTON, R. K., *Social Theory and Social Structure,* Glencoe, Ill., The Free Press, 1949, p. 201.

---

compétences différenciées, et le regroupement de celles-ci dans des unités administratives spécialisées. Un phénomène inattendu, soit la sous-optimisation des objectifs de l'organisation, peut se produire : les membres de l'unité spécialisée cherchent à réaliser les objectifs propres à l'unité sans égard à ceux de l'organisation dans son ensemble. Ce phénomène s'intensifie d'autant plus qu'il est facile de définir des objectifs opérationnels, c'est-à-dire quantifiables et mesurables pour l'unité spécialisée, alors qu'il est plus difficile de le faire pour l'ensemble de l'organisation. Par exemple, il est reconnu qu'il est plus simple de définir les objectifs quantifiables des services opérationnels que des services de soutien, et que de l'organisation dans son ensemble. Cette difficulté place les services de soutien dans une situation où ceux-ci doivent constamment justifier leur existence.

Chez Gouldner, les règles impersonnelles qui assurent le contrôle sur le comportement et les activités des membres d'une organisation précisent un niveau minimal de conduites acceptables, ce qui peut créer un écart entre les objectifs visés par l'organisation et le degré de réalisation de ces derniers. Cet écart incite à accroître la supervision, ce qui accentue la présence de l'autorité qui, finalement, peut se manifester par un resserrement des règles impersonnelles.

Ce sont là autant de situations de dysfonctionnement relatées par ces auteurs et qui permettent de mieux appréhender non seulement la dynamique des organisations, mais aussi les limites du modèle mécaniste qui place les organisations au rang d'immenses machines aux rouages complexes et impersonnels.

2.3 LA VISION ORGANICISTE

Le modèle mécaniste des organisations, qu'il s'agisse du volet administratif ou de la structuration des tâches dans les ateliers et les usines, s'inscrit dans la recherche d'un *one best way,* c'est-à-dire la recherche du type d'organisation le plus performant et le plus efficace, peu importe la personnalité des individus qui la composent ou la nature plus ou moins stable du contexte économique, social et culturel dans lequel elle fonctionne. En revanche, la vision organiciste recherche un type d'organisation qui serait adapté à des personnes et à des contextes différents.

2.3.1   Les postulats d'une vision organiciste

Voici deux postulats de la vision organiciste :

1. Concevoir les personnes et les organisations comme des systèmes vivants.
2. Concevoir les organisations comme des organismes sociaux ouverts.

Le premier postulat de la vision organiciste consiste à concevoir les organisations et les personnes comme des organismes vivants, c'est-à-dire des entités composées de parties interdépendantes qui transigent avec un environnement pour assurer leur survie et leur croissance. Il s'agit de systèmes ou d'ensembles qui s'imbriquent et constituent ainsi des ensembles plus grands et plus complexes.

Dans cette vision intégrée, on reconnaît la personne humaine et les organisations comme deux entités ayant chacune des besoins à satisfaire. Du côté de la personne, la notion de motivation s'élargit pour dépasser, surtout grâce à la théorie de Maslow, les besoins physiques, économiques et d'appartenance sociale. Les besoins d'estime et d'actualisation de soi revêtent une plus grande importance car ils sont susceptibles d'être partiellement satisfaits par la contribution que la personne apporte à l'organisation qui l'emploie. L'organisation a également des besoins ou exigences à satisfaire pour survivre et offrir des biens ou services de qualité de manière rentable, s'il s'agit d'une entreprise à la recherche de profits ou de valeur ajoutée à la matière première utilisée. Ce postulat entraîne donc la recherche d'un équilibre entre, d'une part, les besoins de développement de la personne et, d'autre part, les exigences de survie de l'organisation.

Le deuxième postulat de la conception organiciste des organisations consiste à considérer ces dernières comme des systèmes sociaux ouverts. La notion de système est empruntée à la cybernétique (nouvelle science de la régulation), où les composantes sont définies comme des frontières, des intrants (ressources), des activités de transformation, des extrants (résultats) et, enfin, de la rétroaction ou de l'information en retour (figure 2.1). L'idée d'ouverture d'un système social implique que ce dernier utilise des renseignements tirés du milieu pour effectuer des corrections dans chacune de ses composantes. La figure 2.1 donne une représentation visuelle de la notion de système ouvert.

Par ses postulats fondamentaux, la vision organiciste s'apparente donc à l'approche système dans l'étude des organisations. Cette approche recouvre un ensemble de concepts qui aident à mieux comprendre la dynamique des organisations à l'œuvre dans différents milieux.

Le premier concept de l'approche système est celui d'**ouverture**, c'est-à-dire le fait pour un système d'interagir continuellement avec l'environnement pour assurer sa survie, son équilibre et sa croissance, alors que le système clos ou fermé renvoie à une vision mécanique de la réalité sociale.

Un deuxième concept important est celui d'**homéostasie** (de *homéo* « semblable », et *stasie* « position »), c'est-à-dire qu'un système ouvert, en transigeant avec son environnement, réussit à conserver une identité qui lui est propre. Par exemple, il est reconnu qu'une organisation se développe en continuité avec son histoire et ses valeurs, tout en s'adaptant aux exigences nouvelles d'un environnement changeant. En cherchant à maintenir un équilibre relativement

FIGURE 2.1
La cybernétique, une nouvelle science de la régulation

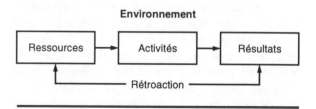

stable, les organisations ne sont donc pas pour autant imperméables au changement.

Un troisième concept est celui de l'**entropie**, c'est-à-dire qu'un système contient en lui-même le germe de sa propre disparition. Tel serait le cas des organisations qui consacrent plus d'énergie à leur maintien, sous forme de ressources, qu'elles n'en produisent ou en distribuent dans l'environnement sous forme de produits. Un système vivant de la sorte a tendance à s'épuiser ou à se dégrader puisqu'il crée une rupture avec son environnement immédiat.

Un quatrième concept, complémentaire des deux précédents, est celui de **rétroaction négative**, c'est-à-dire la capacité inhérente à un système de faire échec à l'entropie en effectuant les corrections qui s'imposent après avoir constaté l'existence de déviations, ou encore à la suite de modifications des exigences de l'environnement.

Un cinquième concept est celui de la **variété requise**, c'est-à-dire qu'un système doit présenter une certaine souplesse relativement à la différenciation et à l'intégration de ses composantes en vue de réagir aux modifications de l'environnement et aux nouvelles possibilités qu'il offre.

Pour illustrer la dynamique de ces concepts, nous tenons à reproduire (encadré 2.5) un passage de Fritjof Capra (1983) traitant d'une vision systémique de la santé, qui peut facilement s'appliquer à la «santé» des organisations.

Énumérons finalement sans les décrire d'autres principes qui ont trait à la **structuration**, à l'**évolution d'un système**, à l'**équifinalité** et à la **variété des milieux**. Ces principes permettent également de bien comprendre la dynamique des systèmes ouverts.

2.3.2 La vision organiciste et les systèmes socio-techniques

S'inscrivant dans une perspective de systèmes ouverts, les chercheurs Trist et Bamforth (1951) du Tavistock Institute of Human Relations (Londres) ont effectué, il y a trente ans, des travaux importants sur les relations entre différentes formes d'organisation du travail et la nature de la technique utilisée pour extraire le minerai d'une mine de charbon. La direction de la mine sous observation avait décidé de rationaliser la production en substituant à la technique artisanale (production en lots qui fait appel à des groupes de travail bien définis par la nature du métier) une technique d'extraction de longue taille, se prévalant

---

ENCADRÉ 2.5
Une vision systémique de la santé

La vision systémique de la santé se fonde sur la vision systémique de la vie. Les organismes vivants, ainsi que nous l'avons vu, sont des systèmes auto-organisés qui présentent un degré de stabilité élevé. La vision systémique est essentiellement dynamique et se caractérise par des fluctuations continues, multiples et interdépendantes. Pour être sain, un tel système doit être souple et disposer d'un éventail étendu de choix d'interaction avec son environnement. La souplesse d'un système dépend du nombre de variables dont les limites fluctuent: plus l'organisme est dynamique, plus la souplesse est grande. Quelle que soit la nature de la souplesse — physique, mentale, sociale, technique ou économique —, il est indispensable que le système soit en mesure de s'adapter aux changements environnementaux. Une perte de souplesse signifie une perte de santé.

Source: CAPRA, F., «Le temps du changement», *Science, société et nouvelle culture*, Monaco, Éditions du Rocher, 1983, p. 306.

ainsi de l'application des principes du taylorisme et de la chaîne d'assemblage. L'introduction de la technique d'essai fut suivie d'une baisse de productivité et d'un accroissement de l'absentéisme chez les mineurs, jusqu'à ce qu'on apporte une modification à l'organisation du travail qui permit aux mineurs de se retrouver dans des groupes où ils pouvaient de nouveau échanger entre eux et prêter à leur travail une signification différente. Les chercheurs ont donc constaté que la technique ne constituait pas une variable aussi déterminante qu'on le croyait en matière d'organisation du travail, c'est-à-dire qu'à un type de technique donné pouvaient correspondre diverses formes d'organisation du travail.

Les chercheurs et leurs collègues ont élaboré ce qu'on a convenu d'appeler la théorie des «systèmes socio-techniques». Un des postulats fondamentaux de la théorie réside dans une affirmation de caractère plutôt normatif, à savoir qu'une organisation, pour être efficace et engendrer un certain niveau de satisfaction chez ses membres, doit atteindre un état d'optimisation conjointe des exigences techniques d'une part, et des besoins individuels et collectifs, d'autre part.

La description des exigences techniques tient compte de l'interdépendance entre la technique et la nature des produits à fabriquer ou des services à fournir, les turbulences plus ou moins accusées du milieu externe ainsi que la nature de l'organisation du travail et des tâches à accomplir. Les auteurs sont parvenus à proposer une analyse détaillée des procédés de fabrication pour en saisir toutes les variations, et à en confier le contrôle et la correction aux groupes naturels de travail. En redonnant aux individus un peu plus d'autonomie et de contrôle sur le déroulement des activités de production, on cherchait du même coup à créer des conditions susceptibles de satisfaire à leurs besoins d'appartenance, de considération et de réalisation de soi. L'idée d'optimisation conjointe a donc été réalisée dans les pays du nord de l'Europe et d'Amérique du Nord par la mise en place de groupes semi-autonomes de production, notamment au sein de l'entreprise

Générale Électrique du Canada, à son usine de Bromont au Québec.

L'approche des systèmes socio-techniques vise à réduire l'incompatibilité entre les exigences des organisations formelles et les caractéristiques des personnes en quête de réalisation. À cette fin, elle propose une conception du travail (des postes ou des fonctions) qui fait appel à un registre assez étendu de connaissances et d'habiletés chez les travailleurs et travailleuses œuvrant en usines et dans des bureaux.

2.3.3 La vision organiciste et les organisations contingentes

La théorie de la contingence, qui a son origine dans les travaux de Burns et Stalker (1966) en Angleterre, suivis de ceux de Lawrence et Lorsch (1968) aux États-Unis, établit le principe de la variabilité des structures organisationnelles en fonction du type d'environnement technique, juridique, économique et socio-culturel dans lesquels les organisations baignent. En vertu de cette théorie, il n'existe pas de structure organisationnelle idéale, mais plutôt des structures adaptées au contexte. On cesse ainsi de chercher le type idéal ou le *one best way* en matière de structuration des entreprises.

Burns et Stalker (1966), après avoir observé une vingtaine d'entreprises, décrivent différents types d'environnement. En raison du développement plus ou moins stable des connaissances techniques utilisées dans la fabrication du produit, ils concluent que les structures dites «mécanistes» (celles que nous avons décrites plus haut) conviennent à un environnement stable, alors que les structures flexibles ou organicistes (systèmes ouverts) s'allient plus efficacement à un environnement dynamique changeant (tableau 2.1). Pour mieux saisir l'apport des deux auteurs, nous plaçons en parallèle les caractéristiques principales des deux types de structures.

Dans la même foulée, Lawrence et Lorsch (1968) élaborent leur théorie de la relativité (ou contingence) des structures organisationnelles

TABLEAU 2.1
Les structures dites «mécanistes» et «organicistes»

Structure mécaniste (environnement stable)	Structure organiciste (environnement dynamique)
Une division poussée du travail qui fragmente des activités complexes pour les ramener à des tâches étroitement spécialisées.	Les tâches sont conçues et décrites de façon à établir un lien entre elles et l'ensemble de l'activité de l'organisation.
Le caractère abstrait des tâches brouille le lien entre celles-ci et l'activité globale de l'organisation.	Les tâches sont continuellement redéfinies à la faveur des échanges entre les membres de l'organisation.
La coordination des tâches spécialisées s'accomplit par la minutie de la supervision.	Les titulaires des fonctions sont capables d'une certaine forme d'autocoordination et d'autorégulation.
Il existe une définition précise des droits et obligations inhérents à chaque rôle.	Les responsabilités assumées peuvent dépasser ce que prévoit la description d'une fonction.
La communication se fait par la voie hiérarchique: l'accent est mis sur la communication verticale.	La communication latérale revêt plus d'importance et l'organisation a tendance à se constituer en réseaux.
L'information nécessaire à l'accomplissement du travail est centralisée au sommet de la hiérarchie.	L'information nécessaire à l'accomplissement du travail ou à la prise de décisions est adéquatement acheminée vers la base de la hiérarchie.
L'accent est mis sur la loyauté envers l'organisation et l'obéissance à une autorité «informelle».	L'engagement vis-à-vis de la tâche l'emporte sur les exigences de loyauté à l'égard des supérieurs.
L'abondance de règles et de procédures détaillées encadrant l'exécution du travail laisse peu ou pas d'initiative au titulaire de la fonction.	Un minimum de règles et de procédures laisse une certaine marge de manœuvre aux titulaires des fonctions.

Source: Traduit de BURNS, T. et STALKER, G. W., *The Management of Innovation* (2e éd.), Londres, Tavistock Institute, 1966.

en mettant de l'avant deux nouveaux principes d'élaboration des structures, à savoir la différenciation et l'intégration. Ces principes sont fondés sur des observations effectuées dans une dizaine d'entreprises de secteurs industriels différents: le plastique, un secteur très concurrentiel, l'emballage, où la demande est stable, les conserves alimentaires, à mi-chemin entre les deux précédentes quant à la stabilité de l'environnement en matière d'application des connaissances scientifiques, de marchés et de changements techniques.

Les auteurs concluent que dans un environnement instable et imprévisible, le degré de différenciation est au maximum (la départementalisation interne et les liens qu'entretient chaque département ou unité administrative avec l'un ou l'autre des segments de l'environnement), en l'occurrence dans le secteur du plastique. Un degré moindre de différenciation se manifeste dans les entreprises du secteur alimentaire et, enfin, on observe un faible degré de différenciation dans les entreprises d'emballage. Par ailleurs, plus les entreprises accusent un degré élevé de différenciation des composantes, plus la tâche d'intégration devient importante et les mécanismes à cette fin, nombreux.

Ces travaux de recherche nous permettent de saisir les effets et les limites de certaines tentatives de mobilisation des travailleurs et des travailleuses en vue d'un effort de production : certaines stratégies conviennent mieux à des organisations souples, marquées par un haut niveau de différenciation interne, alors que d'autres seraient plus efficaces dans les organisations d'un secteur stable, prévisible, qui comporte peu de défis et de possibilités de développement. Les organisations les plus performantes ne seraient pas nécessairement celles qui renvoient à un profil culturel et structurel en particulier, mais bien celles qui manifesteraient un degré de différenciation et d'intégration qui s'accommode bien de la nature stable ou instable de l'environnement.

2.3.4   L'organisation comme lieu de pouvoir

Sans négliger l'importance des relations contingentes entre l'organisation et l'environnement, l'école française de sociologie des organisations, menée par Crozier (1964), Crozier et Friedberg (1977) et Sainsaulieu (1987), postule une autonomie relative des individus et des groupes qui composent l'organisation, de sorte que cette dernière peut être observée et étudiée comme un phénomène autonome et concret. L'idée d'autonomie relative des personnes et des groupes suppose que ces derniers disposent d'une certaine latitude d'orientation de leur conduite, de façon à exercer une influence ou à se soustraire à une totale dépendance envers les autres. Ainsi, en simplifiant à l'extrême, on réussit à percevoir les organisations comme un terrain propice à l'exercice des relations de pouvoir qui s'inscrivent dans une certaine logique de « rationalité limitée » : les individus et les groupes vont orienter leur conduite de façon à préserver leur marge de liberté personnelle, tout en coopérant à la réalisation d'un objectif commun. Le schéma qui suit reproduit l'émergence de relations de pouvoir dans un contexte bureaucratique (figure 2.2), telle qu'imaginée par Crozier (1964).

FIGURE 2.2
Présentation schématique du modèle bureaucratique

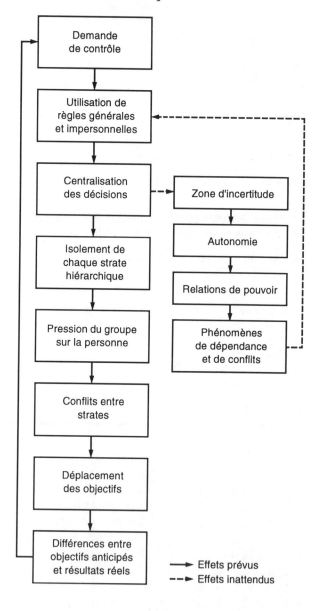

Source : CROZIER, M., *Le phénomène bureaucratique*, Paris, Éditions du Seuil, 1964.

Une mise en garde s'impose lorsqu'on juxtapose la notion d'organisation informelle tirée des enseignements de l'école des relations humaines, et la notion d'organisation informelle qui provient de la sociologie de l'organisation d'inspiration française. La première s'inscrit en marge de l'organisation formelle (dimension bureaucratique) et constitue le produit des interactions sociales fondées sur l'affectivité et les affinités entre les personnes et les groupes. La seconde reconnaît également au départ l'existence de l'organisation formelle à titre de structure d'autorité et surtout de contrainte, qui encadre les acteurs autonomes et concrets que sont les personnes et les groupes. Cependant, l'organisation informelle correspond à l'organisation réelle, c'est-à-dire à une structure sociale qui provient des interactions ou des échanges entre les personnes et les groupes lors de l'aménagement quotidien ou de l'articulation de leurs relations de pouvoir. L'organisation n'est plus uniquement le produit d'une logique des sentiments ou de l'affectivité, mais la conséquence de l'exercice d'une rationalité limitée, étant donné les contraintes existantes dans une situation réelle donnée.

L'aménagement quotidien des relations de pouvoir auquel nous venons de faire allusion serait impossible sans postuler la liberté relative des acteurs. Philippe Bernoux (1985) fait également de cette liberté relative un des postulats de l'analyse stratégique (encadré 2.6).

Pour faciliter la compréhension de la vision « à la française » des organisations comme lieu de pouvoir, nous reprenons ici les principes, les concepts et les raisonnements élaborés par ce courant d'analyse organisationnelle.

Le mode de raisonnement propre à cette école s'est articulé autour d'une observation relevée dans des travaux antérieurs portant sur l'organisation formelle et la bureaucratie, à savoir l'utilisation intensive d'une réglementation impersonnelle qui décrit les conduites à adopter, l'attribution de l'autorité et les voies officielles de communication. Malgré leur grand nombre, les règles impersonnelles ne peuvent réussir à encadrer toutes les situations ni à apporter une solution adéquate à tous les problèmes de fonctionnement. Lorsqu'elles échouent, le problème est reporté au niveau d'activité supérieur. On constate alors une centralisation très poussée de la prise de décisions, où les décideurs, s'éloignant des situations concrètes, risquent de donner dans l'arbitraire. Pour se prémunir contre l'arbitraire, les individus, à différents niveaux d'autorité, auront

---

ENCADRÉ 2.6
La liberté relative : un des postulats de l'analyse stratégique.

Dans une organisation, tout acteur garde une possibilité de jeu autonome, qu'il utilise toujours plus ou moins. Cette affirmation est au centre de l'analyse stratégique. Elle est vraie de toutes les situations, même (…) des institutions totalitaires comme les prisons ou même les camps de concentration. Enfermé dans un camp nazi en 1938 et 1939 (il put en sortir grâce à des appuis de très haut niveau), Bruno Bettelheim, pour expliquer ce qui lui a permis de survivre dans cette situation extrême, note que « la survie dépendait souvent de la capacité de l'individu à préserver une certaine initiative, à demeurer maître de quelques aspects importants de sa vie en dépit d'un environnement assez écrasant (…). S'assurer, face à une adversité extrême, une zone de liberté d'action et de liberté de pensée, si insignifiante fût-elle (…) »

Source : BERNOUX, P., *La sociologie des organisations*, Paris, Éditions du Seuil, 1985, p. 121.

tendance à développer une mentalité propre à leur niveau, à laquelle ils enjoindront leurs collègues et leurs subordonnés de se conformer. Pour empêcher un niveau (strate) donné d'adopter des conduites imprévues, la direction supérieure de l'organisation édictera de nouvelles règles impersonnelles, fermant ainsi la boucle des interactions. Comment, dans un tel contexte, rendra-t-on compte du jeu des relations de pouvoir qui se développent, se maintiennent ou encore se transforment ?

Le point de départ de la compréhension de l'organisation réelle réside dans la présence de « zones d'incertitude » qui émanent de l'impossibilité de prévoir ou d'encadrer tous les comportements par des règles abstraites et impersonnelles. Contrairement à ce que laissait croire la logique tayloriste du *one best way*, il est impossible de décrire avec précision et a priori toutes les actions ou les tâches à accomplir, et les conduites à adopter dans l'accomplissement d'un travail collectif. Par conséquent, on crée des champs d'actions possibles permettant l'autonomie relative des individus et des groupes qui participent à la réalisation d'un objectif commun ou qui sont engagés dans une action collective. Si l'exercice d'une telle autonomie est possible, il faut s'attendre à ce que celle-ci se manifeste dans l'articulation des relations de pouvoir. Chaque individu ou chaque groupe en présence cherchera à influencer le comportement d'autres individus ou groupes, tout en évitant d'établir une dépendance étroite envers eux. Finalement, les relations de pouvoir accentuent à leur tour les situations conflictuelles qu'on peut partiellement résorber en élaborant de nouvelles règles en vue d'encadrer la conduite des personnes et le jeu de leurs relations à l'avenir.

L'organisation devient ainsi la scène de l'exercice des jeux d'influence. Une première notion, celle d'**acteur**, devient donc un concept clé du fonctionnement de l'organisation réelle. Si nous avons utilisé jusqu'ici les concepts d'individus et de groupes, il ne faut pas en déduire que le concept d'acteur est ainsi restreint, car il recou-

vre non seulement les individus et les groupes, mais peut aussi s'étendre à une catégorie socio-professionnelle, ou à l'ensemble des individus qui se situent à un niveau d'autorité ou à une strate en particulier. La direction supérieure d'une organisation et l'institution syndicale, dans un milieu qui a recours à cette dernière, constituent aussi des acteurs importants.

Comme nous l'avons déjà indiqué, le deuxième concept clé de la théorie est celui du **pouvoir** et de ses sources. La notion de pouvoir retenue par Crozier (1964) et ses collaborateurs renvoie à celle de Robert Dahl (1957), qui l'avait empruntée à Weber (Boudon et Bourricaud, 1984) : « Le pouvoir de A sur B est la capacité de A d'obtenir que B fasse quelque chose qu'il n'aurait pas fait sans l'intervention de A. » Cette définition, comme le fait remarquer Bernoux (1985), revêt un caractère un peu fataliste, en ce sens que B serait passablement dépourvu face à A, ou complètement à sa merci. Bernoux reprend cette notion en la redéfinissant comme étant « la capacité de A d'obtenir que, dans sa relation avec B, les termes de l'échange lui soient favorables ». Une telle définition, comme l'indique Bernoux « efface le caractère d'automatisme de la première. Il n'est jamais vrai que le supérieur, par le seul fait qu'il soit supérieur, puisse obtenir ce qu'il veut. Il doit préparer le terrain, manœuvrer, adopter un comportement stratégique pour y parvenir ».

Un concept également important, qui est intimement relié à celui du pouvoir et qui en rend l'exercice possible, est celui que nous avons introduit plus haut, soit le concept de **zone d'incertitude**, c'est-à-dire la marge de manœuvre laissée à l'acteur social, étant donné que les règles impersonnelles ne sont pas en mesure de solutionner tous les problèmes inhérents à la structure et au fonctionnement d'une organisation. Les acteurs qui aménagent leurs échanges et leurs interactions vont chercher à préserver ou à accroître leur marge de manœuvre, ce qui rend leur conduite d'autant plus imprévisible. Outre les zones d'incertitude, des auteurs ont précisé d'autres sources de pouvoir : l'expertise reconnue, les sanctions, les récompenses, le recours à la force physique ou économique, l'information, etc.

Enfin, le dernier concept clé que nous utilisons pour expliquer le mode de raisonnement propre à cette école est celui de **système concret d'action**. L'organisation est perçue comme un système concret d'action, qu'on reconnaît aux caractéristiques suivantes (Crozier et Freidberg, 1977) :

— une structuration des rapports humains qui va au-delà de ceux prévus ou exigés par la dimension formelle d'une organisation ;

— une certaine récurrence ou permanence des rapports assurée par des mécanismes de régulation mis au point par les acteurs, soit les individus et les groupes à l'emploi de l'organisation ;

— dans le cadre de la définition des fonctions et des moyens de les remplir, les acteurs assument des responsabilités sur le plan de la réalisation des buts ou de la mission prévue de l'organisation. Par exemple, des employés d'un même service échangent des tâches entre eux et leur chef tolère ce type d'arrangements qui n'est pas prévu dans la description existante des fonctions. Voilà un exemple d'une multitude d'arrangements quotidiens qui émanent des interactions entre les individus et les groupes et qui permettent aux organisations de fonctionner efficacement là où l'unique référence à une réglementation impersonnelle ne suffirait pas.

2.3.5 L'organisation comme lieu de conflit

En décrivant les organisations comme des lieux de pouvoir, il serait injuste de négliger le fait qu'elles sont également des lieux de conflit. Bien entendu, dans l'aménagement quotidien de leurs rapports, les individus et les groupes ont des intérêts divergents qu'ils essaient de faire valoir, et leur comportement donne alors lieu à des oppositions ou à des alliances. Par conséquent, la présence d'intérêts divergents et la possession de

sources différentes de pouvoir entraînent des possibilités de conflit. Devant cette réalité, les gestionnaires des organisations peuvent adopter l'un ou l'autre des comportements suivants : l'évitement, le compromis, la soumission, la concession ou encore la collaboration. Une multitude d'auteurs ont déjà traité longuement de ce sujet. Soulignons entre autres Gareth Morgan (1989), qui traite de la «métaphore des politiques» ou des organisations comme régime de gouvernement.

2.3.6 L'organisation comme lieu de culture

À la multitude des sources de pouvoir déterminées plus haut, il faut ajouter celle de la culture des acteurs en présence dans un contexte social. En effet, aussi étrange que cela puisse paraître, la culture confère aux acteurs un atout supplémentaire dans l'aménagement des rapports sociaux, si bien que dans ses échanges, une collectivité restreinte peut jouir d'un avantage sur d'autres. Cette capacité relationnelle, en plus des autres sources de pouvoir, rend compte de l'importance de la culture pour un sous-groupe ou une catégorie sociale particulière. En délaissant les acteurs pour s'intéresser plutôt à l'ensemble humain plus important qu'ils constituent, on utilise alors la notion de «culture organisationnelle» ou de «culture d'entreprise», tirée des travaux de certains anthropologues qui définissent la culture comme l'ensemble des croyances, des coutumes et des comportements propres à un groupement d'individus occupant un territoire ou une aire géographique particulière.

À ce sujet, nous reproduisons à l'encadré 2.7 un extrait d'un texte de Maurice Thèvenet (1988).

On se plaît à citer le cas d'entreprises japonaises qui présentent un meilleur rendement sur le plan financier et sur celui de la qualité du produit que les entreprises américaines ou autres œuvrant dans le même secteur industriel, par exemple dans le domaine de la fabrication des

---

ENCADRÉ 2.7
L'importance de la culture au sein d'une entreprise

La culture d'entreprise se limite-t-elle aux bizarreries apparentes, comme la culture anglaise à la conduite à gauche, ou la culture française à la baguette de pain ? Ces bizarreries sont, de plus, à géométrie variable. Le Papou et l'Européen ne s'étonneront pas des mêmes choses en visitant Hyde Park ; comme le postulant, l'instituteur ou l'ancien directeur commercial ne se surprendront pas des mêmes étrangetés d'une société.

La culture est cette personnalité, cet ensemble de visions communes, d'évidences partagées dans l'entreprise ; elle ne se cache pas forcément dans les têtes, elle est dans les procédures, les modes de prise de décisions ;

elle dépasse les quelques signes les plus apparents comme le logo, l'aménagement des bureaux, en servant de cadre de valeurs aux comportements de chacun. L'« entreprenaute » devra disposer de son propre « guide bleu » qui l'aidera à atteindre l'essentiel tel qu'il apparaît en deçà des curiosités.

Il paraît que les salariés d'un grand constructeur d'informatique portent des chemises blanches à manches courtes. À qui cela sert-il de le savoir sinon aux vendeurs de chemises ? Les caractères profonds de la culture sont opérationnels car ils aident à comprendre pourquoi l'entreprise fonctionne d'une certaine manière.

Source : THÈVENET, M., « Voyage d'un *entreprenaute* dans la tribu », dans « Le culte de l'entreprise », numéro spécial de la revue *Autrement,* septembre 1988, p. 42–43

---

automobiles. La dimension culturelle des organisations demeure une réalité difficile à circonscrire, étant donné la multitude de définitions qu'on a accolées à la notion de « culture d'entreprise » ou de « culture organisationnelle ».

On peut définir la culture comme **un ensemble de représentations de la réalité, de croyances, de significations et de valeurs qui sont partagées par un ensemble humain et qui encadrent efficacement les décisions que prennent ces personnes, ainsi que les comportements qu'elles adoptent.** Ces représentations ou significations se traduisent de façon concrète dans la dimension observable de la culture, c'est-à-dire par des objets, des slogans, des logos, des pratiques (rituels, cérémonies, notamment). La présence d'un système de représentations mentales ou de significations communes à un ensemble humain ne permet pas pour autant de postuler une homogénéité de culture. Il faut aussi tenir compte de ces critères, c'est-à-dire d'une culture propre soit à une catégorie socio-professionnelle, soit à un niveau d'autorité, soit à

une strate ou encore à un groupe. C'est ainsi qu'on fait référence à la culture des dirigeants, à celle du personnel d'encadrement, des spécialistes, des opérationnels et à la culture des ateliers qui comprend l'ouvrier d'entretien et l'ouvrier de production (Sainsaulieu, 1987).

Par conséquent, un ensemble humain est constamment imprégné de représentations et de significations qui en constituent la culture. Ces représentations simplifient la vie quotidienne en fournissant un répertoire de solutions aux divers problèmes rencontrés. En revanche, elles réduisent d'autant les occasions où l'individu peut faire preuve d'imagination et de créativité, en présence de situations inusitées.

Le système de valeurs qu'il est possible d'inférer à partir des représentations et des significations partagées par un groupe demeure identifiable parce qu'il régularise les échanges à titre de substitut partiel à la réglementation existante qui devient ainsi désuète. À ce sujet, citons les propos de M. Crozier : « Si on ne peut plus gouverner par les règles ou par les ordres, la seule façon de maintenir le minimum de contraintes indispensables à la coordination des efforts, c'est de s'appuyer sur la culture que sécrète tout groupe humain ayant une communauté d'objectifs.» Nous reprendrons, dans un chapitre subséquent, l'étude de la culture organisationnelle dans des perspectives opérationnelles et de changements organisationnels.

2.3.7 Autres représentations des organisations

Les notions de «culture organisationnelle» de «machine» ou d'«organisme» sont très utiles pour appréhender la nature et le fonctionnement des grandes organisations modernes. Cependant, elles ne réussissent pas à épuiser la réalité complexe du phénomène social qu'est une organisation dans un environnement donné. À ce sujet, Gareth Morgan (1989) propose d'autres «concepts» qu'il appelle «métaphores». Selon lui, l'organisation peut être envisagée sous l'angle:

– d'un cerveau humain, et il fait ressortir la capacité de ce dernier d'apprendre, de s'autoréguler;

– d'une prison d'ordre psychique, c'est-à-dire l'enfermement des individus et des groupes dans des modes d'explication de la réalité qui sont sans fondement;

– d'un système autoproducteur, soit la capacité d'une organisation de maintenir une certaine identité dans ses transactions avec l'environnement;

– d'un instrument de domination, c'est-à-dire que la grande organisation, en particulier la société multinationale, tout en offrant de l'emploi à des masses de travailleurs, pratique une certaine forme de domination de l'environnement physique lorsqu'elle s'adonne à une exploitation outrancière des ressources sans se préoccuper de leur renouvellement. Cette image de l'organisation comme instrument de domination constituait également une préoccupation de première heure chez Max Weber, qui en distinguait trois types: la domination charismatique, la domination traditionnelle et la domination légale-rationnelle.

Sans poursuivre plus avant la description de chacun de ces modèles ou de ces images de la réalité organisationnelle, il faut quand même souligner que les concepts se chevauchent lorsqu'on cherche à traduire la réalité d'une organisation tant dans sa dimension formelle qu'informelle. Pour le moment, nous ne disposons pas d'une théorie unique ou d'une métaphore qui rende justice au phénomène organisationnel dans toutes les subtilités de ses composantes et de son ensemble. Cependant, dans les chapitres qui suivent, nous abordons différentes facettes de l'organisation qui jettent, chacune à sa manière, un éclairage sur le comportement des individus et des groupes qui la composent, tout en traitant également de la structure et du fonctionnement.

QUESTIONS

1. En considérant les organisations de travail uniquement comme des ensembles humains, on ne réussit pas à rendre compte adéquatement de leur complexité. Commentez cette affirmation.

2. Quelles sont les caractéristiques principales d'une organisation bureaucratique?

3. Une organisation bureaucratique est-elle nécessairement inefficace?

4. En vous appuyant sur les caractéristiques des systèmes sociaux, tracez le profil d'une organisation qui afficherait un degré élevé de souplesse.

5. En s'appuyant sur le modèle de Michel Crozier, peut-on conclure que la multiplication des règles impersonnelles empêche toute expression d'autonomie chez les membres d'une organisation?

6. Démontrez qu'un type de modèle organisationnel est plus perméable au changement qu'un autre.

RÉFÉRENCES BIBLIOGRAPHIQUES

BADIN, P., «Elton Mayo et les débuts de la psycho-sociologie industrielle», *Revue de l'Action populaire*, 1958.

BERNOUX, P., *La sociologie des organisations*, Paris, Éditions du Seuil, 1985.

BOUDON, R. et BOURRICAUD, F., *Dictionnaire critique de la sociologie*, P.U.F., 1984.

BURNS, T. et STALKER, G. W., *The Management of Innovation* (2e éd.), Londres, Tavistock Institute, 1966.

CAPRA, F., *Le temps du changement*, Science, société et nouvelle culture, Monaco, Éditions du Rocher, 1983.

CROZIER, M., *Le phénomène bureaucratique*, Paris, Seuil, 1964.

CROZIER, M. et FRIEDBERG, E., *L'acteur et le système*, Paris, Seuil, 1977.

DAHL, R. A., «The Concept of Power», *Behavioral Science*, vol. 2, 1957.

LAWRENCE, P. R. et LORSCH, J. W., *Adapter les structures de l'entreprise: intégration et différenciation*, Paris, Les Éditions d'Organisation, 1968.

MARCH, J. G. et SIMON, H. A., *Les organisations: problèmes psycho-sociologiques*, Paris, Les éditions d'organisation, 1964. La reformulation des diverses conceptions de la bureaucratie que nous avons effectuée s'inspire de cet ouvrage.

MERTON, R. K., *Social Theory and Social Structure*, Glencoe, The Free Press, 1949.

MORGAN, G., *Images de l'organisation*, Québec, Presses de l'Université Laval, Éditions Eska, 1989.

SAINSAULIEU, R., *Sociologie des entreprises et des organisations*, Paris, Presses de la Fondation Nationale des Sciences Politiques, 1987.

TAYLOR, F. W., *La Direction scientifique des entreprises*, Paris, Verviers, coll. Marabout, 1957.

THÈVENET, M., «Voyage d'un "entreprenaute" dans la tribu», dans «Le culte de l'entreprise», numéro spécial de la revue *Autrement*, septembre 1988.

TRIST, E. L. et BAMFORTH, K. W., «Some Social and Psychological Consequences of the Long-Wall Method of Coal-Getting», *Human Relations*, 1951.

WEBER, M., *Le Savant et Le Politique*, Paris, UGE-Plon, 1963.

WEBER, M., «Économie et Société», dans H. Mendras, *Éléments de sociologie*, Paris, Coll. «U», 1967.

PARTIE

2

L'INDIVIDU

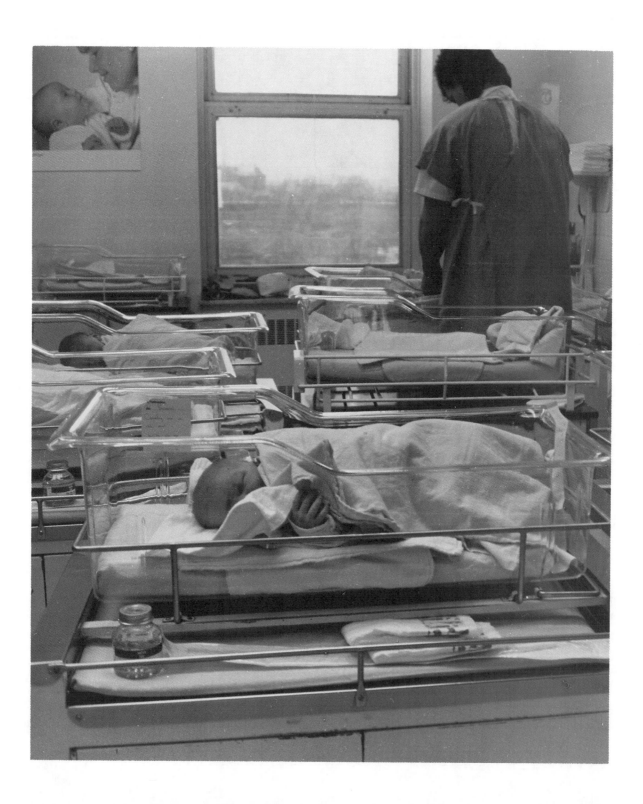

3

LA PERSONNALITÉ

Nicole Côté

LA PASSION DES PATRONS

On le disait froid, plutôt austère et conformiste. Eh bien, non, le patron québécois est un passionné qui ne compte pas ses heures, dialogue avec ses employés et n'oublie ni son conjoint ni ses enfants.

«Jean de Granpré, président du conseil d'administration de BCE, regrette, au crépuscule de sa carrière, de ne pas avoir consacré assez de temps à sa famille. C'est du moins ce qu'il nous déclarait lors d'une récente entrevue. Il se demandait, d'autre part, comment il aurait atteint le sommet de la plus grande société canadienne s'il n'avait pu compter sur le soutien constant de son épouse qui a pris en charge les obligations familiales. Pas toujours facile, la vie des patrons. Arrivés au bureau ou à l'usine vers huit heures le matin, ils n'en ressortent souvent que 12 heures plus tard. Une étude du centre de la PME de l'Université du Québec à Hull, menée auprès de 441 hommes d'affaires, affirme que 61 p. 100 d'entre eux travaillent plus de 50 heures par semaine, et que 37 p. 100 accumulent 60 heures ou plus. Et ce, au moment où la semaine de 35 heures devient la norme... Comment ces PDG peuvent-ils suivre sérieusement les études de leurs enfants ou consacrer du temps à leur conjoint? Sans compter que les spécialistes recommandent aux gestionnaires et entrepreneurs de se réserver des loisirs et de bonnes heures de sommeil. La quadrature du cercle quoi! Y aurait-il de la graine de surhomme ou de surfemme chez ces gens-là?»

Cet article de Pierre Duhamel (1988) suscite en effet des réflexions bien intéressantes sur l'adaptation de l'individu au monde du travail. D'une part, il soulève la nécessité de considérer les conditions nécessaires au bon fonctionnement et au développement des personnes au sein des organisations. Or, toute personne, quelle que soit sa position dans l'entreprise, est un être humain à part entière. D'autre part, il ramène la question des différences individuelles : certaines personnes sont plus douées, plus passionnées que d'autres, et d'autres encore s'intéressent qui aux mathématiques, qui aux arts, qui aux sports. L'objet du présent chapitre est d'explorer les différents aspects de ces problématiques et de décrire comment l'organisation devient un lieu d'apprentissage pour l'individu qui s'y adapte.

Source: Résumé de l'article de Pierre Duhamel, *Revue Commerce*, décembre 1988, p. 69–74.

INTRODUCTION

La méthode systémique définit l'organisation comme une entité constituée afin de réaliser une mission particulière et d'atteindre des objectifs définis dans le cadre de cette mission.

L'organisation n'a toutefois pas d'existence en dehors des individus qui la composent. Elle est un regroupement de personnes intéressées à atteindre des objectifs particuliers, chez lesquelles se trouve tout le potentiel nécessaire à l'accomplissement de la mission.

Il arrive couramment que les besoins de l'individu et de l'organisation soient présentés comme s'il s'agissait de deux phénomènes opposés. Sur le plan strictement théorique comme sur le plan de la réalité quotidienne et concrète, «cette polarisation est aussi "indéfendable" que ne le serait le fait d'opposer les besoins des neurones aux besoins du cerveau» (Côté, 1985b).

Karl Pribram, célèbre théoricien du fonctionnement du cerveau, et le physicien David Bohm ont tenté d'utiliser un modèle dynamique et multidimensionnel pour expliquer le fonctionnement du cerveau. Selon eux, «le cerveau est un hologramme qui interprète un univers holographique» (Wilber, 1982). C'est dire que chaque neurone contient le cerveau sous forme condensée, et que les neurones et le cerveau sont des réalités indissociables et intercommunicantes.

Le paradigme holographique est très intéressant parce qu'il peut expliquer le fonctionnement des systèmes vivants imbriqués l'un dans l'autre. Si on l'applique à la relation individu-organisation, il devient évident qu'on ne peut toucher le fonctionnement de l'individu sans influencer instantanément celui de l'organisation, et vice versa.

Bref, l'individu et l'organisation «ne sont pas unis par un lien de cause à effet, mais par une relation d'identité et de simultanéité» (Côté, 1985a). Ainsi, pour bien comprendre le fonctionnement des entreprises, il faut d'abord et avant tout connaître la cellule première de l'organisation : l'individu.

La connaissance d'un individu requiert deux types d'approches. La première est une approche qu'on pourrait qualifier d'universelle, qui consiste à bien saisir les modes de fonctionnement ainsi que les processus d'apprentissage et de développement que partagent tous les êtres humains. La seconde approche est plus personnalisée et axée sur la prise de conscience de ce que l'individu possède d'unique : sa personnalité. Pour comprendre le comportement organisationnel, il sera donc intéressant de décrire le fonctionnement et le développement de la personne, d'une part, et les répercussions des différences individuelles sur l'adaptation au travail, d'autre part.

3.1 LE FONCTIONNEMENT DE LA PERSONNE

Dans son volume *Pattern and Growth in Personality*, Gordon Allport (1961) propose, après avoir analysé une cinquantaine de définitions de la personnalité, la définition suivante : «La personnalité est l'organisation dynamique à l'intérieur de l'individu des systèmes psychophysiques qui déterminent son adaptation unique à son milieu.»

Sans nécessairement prétendre à une définition universelle, nous pouvons dire que la personnalité désigne tous les traits relativement stables d'une personne et toutes les caractéristiques ou dispositions personnelles qui font qu'une personne agira avec une certaine cohérence. Ces traits peuvent être propres à l'individu, communs à un groupe de référence ou à l'espèce humaine tout entière, mais la structure en est différente chez chacun, ce qui compose le caractère unique de chaque individu.

3.1.1 Trois grandes écoles de pensée

Parmi les grandes écoles de pensée qui ont marqué la psychologie, les théories qui ont le plus influencé l'évolution de la science du comportement et qui suscitent encore le plus d'intérêt sont la psychanalyse, le behaviorisme et la psychologie humaniste. Il est intéressant de connaître les perspectives de départ, les concepts fondamentaux, la conception de la nature de l'homme, de la mésadaptation, de la thérapie et de la société que préconise chaque école de pensée.

La pensée psychanalytique

La psychanalyse propose une théorie de la personnalité qui découle d'une pratique psychothérapeutique. Bien que plusieurs théoriciens soient associés à l'élaboration de cette théorie, elle est surtout assimilée au nom de son fondateur, Sigmund Freud.

Perspectives de départ

Freud n'était pas un expérimentaliste, mais un médecin pratiquant la psychothérapie. Il a donc établi les bases de sa théorie en induisant un modèle du comportement à partir de ses expériences cliniques, de l'analyse de son propre inconscient, de l'étude de la documentation et de l'histoire du monde. Il a ensuite élaboré son modèle en se penchant sur l'étude de cas individuels et en tentant de dégager des constantes dans le comportement de ses patients afin de les relier aux concepts fondamentaux de sa théorie.

Concepts fondamentaux

La psychanalyse est une science qui étudie essentiellement la structure et le développement de la personnalité. Selon Freud, la personnalité est une structure psychique complexe dont l'énergie émane de deux instincts fondamentaux : l'**instinct de vie** (pulsions sexuelles) et l'**instinct de mort** (pulsions agressives). À la naissance, l'organisme est totalement gouverné par deux processus inconscients : le **principe de constance**, qui l'amène à maintenir les tensions au niveau le plus faible possible, et le **principe du plaisir** qui le pousse à rechercher constamment le plaisir (la satisfaction de ses besoins) et à éviter le déplaisir (la frustration, la douleur). À mesure qu'il se développe et qu'il échange avec son milieu, l'organisme subit progressivement l'emprise du **principe de la réalité**, grâce auquel il adapte sa recherche de plaisir aux conditions imposées par le monde extérieur.

La substitution du principe de réalité au principe du plaisir s'effectue à la faveur du développement des fonctions conscientes d'adaptation à la réalité et se traduit par l'apparition de comportements de plus en plus articulés. Toutefois, au cours de cette évolution, une grande partie des pulsions reste inconsciente ou est refoulée dans l'inconscient à cause des pressions sociales. C'est ainsi qu'il subsiste chez tout individu trois niveaux de conscience : l'**inconscient**, qui est constitué des éléments psychiques échappant à la conscience, le **préconscient**, dont les éléments ne sont pas conscients mais accessibles moyennant un effort de concentration, et le **conscient,** qui correspond à tout ce qui est immédiatement disponible à la conscience. Les trois niveaux de conscience ne sont pas des catégories absolues mais des points sur un continuum qui passe d'une perception claire, présente et maîtrisée par l'individu à ce qui est profondément enfoui dans sa personnalité et qui l'influence

continuellement sans qu'il n'en soit conscient (Freud, 1959).

Pour décrire la structure de la personnalité, Freud a conceptualisé trois ensembles de forces psychiques : le ça, le moi et le surmoi (Freud, 1965).

Le **ça** est le réservoir inconscient des ressources psychiques de la personne. Il est constitué de l'héritage instinctuel de l'individu et fournit l'énergie à la personnalité. Le principe du plaisir le dirige, il recherche uniquement la satisfaction des instincts sans aucune considération morale ou logique.

Le **moi** est le système conscient qui gouverne les deux autres instances de la personnalité en interagissant avec le monde extérieur. Il est mû par le principe de réalité : il cherche à satisfaire aux demandes du **ça** en exploitant le monde extérieur et en essayant de s'adapter à des contraintes.

Le **surmoi** est l'instance morale de la personnalité : il résulte de l'introjection des exigences des parents et de la culture. Il fonctionne selon le principe de perfection.

Quand le **moi** contrôle les autres instances de la personnalité, la personne s'adapte à son environnement. Les besoins agressifs et sexuels cherchent à émerger et sont satisfaits de façon saine et acceptable. Le **moi** a pour but de favoriser la croissance de la personnalité. Lorsque celle-ci fait face à des bouleversements, il utilise des mécanismes de défense destinés à réduire la tension et à éviter les dangers psychiques. Les principaux mécanismes de défense qui remplissent cette fonction sont le refoulement, la formation réactionnelle, la négation, la projection, la rationalisation, la régression et la sublimation. Ces mécanismes aident le **moi** à se protéger contre l'anxiété en falsifiant la réalité. Ils sont utiles, mais s'ils interviennent trop souvent, ils peuvent affecter gravement le bon fonctionnement de la personne.

Freud croit que la structure de base de la personnalité s'établit dès les six premières années de la vie. Il a été le premier à affirmer que la personnalité de l'adulte est le résultat de ce qui lui est arrivé dans son enfance et son adolescence. Selon lui, les six premières années de la formation de l'enfant se caractérisent par des stades bien précis qu'il définit selon la préoccupation qu'a l'enfant d'une zone érogène de son corps : les stades oral, anal et phallique.

À chaque stade, la libido, ou énergie psychique, s'attache à des besoins précis qui, s'ils ne sont pas satisfaits, peuvent causer des fixations et diminuer la somme d'énergie nécessaire à l'amorce du stade subséquent. Ainsi, il peut arriver qu'un adulte n'atteigne jamais la maturité si son énergie reste investie à des stades antérieurs de développement.

Conception de la nature humaine

Freud a une conception de l'homme nettement pessimiste. Il définit l'enfant comme étant un pervers polymorphe, c'est-à-dire essentiellement mauvais (Freud, 1959). En raison de ses forces inconscientes qui exigent une satisfaction égoïste, l'homme ne peut survivre que si la société inhibe ses énergies ou les réoriente. Finalement, le problème n'est jamais résolu puisque le processus de socialisation contredit continuellement les instincts de l'homme.

Conception du comportement mésadapté et de la thérapie

Freud conçoit la névrose comme un problème qui a ses sources dans la dynamique interne de l'individu. La mésadaptation découle de l'interaction vitale entre la nature de l'homme et son milieu «civilisé». La thérapie psychanalytique consiste en l'analyse des racines inconscientes des problèmes et vise à rendre l'individu capable d'adapter ses impulsions internes à la réalité extérieure.

Conception de la société

La théorie psychanalytique s'attarde longuement à décrire les conflits constants entre l'homme naturel et la société. Selon Freud (1971), la fonction des parents, des éducateurs et des agents culturels est d'inhiber les instincts de l'homme et d'offrir des avenues constructives à la sublimation de ces derniers. La société a donc un devoir de contrôle dont dépendent la survie et le développement de la civilisation.

Applications au comportement organisationnel

La psychanalyse a contribué à expliciter plusieurs aspects du comportement organisationnel, notamment la créativité, l'insatisfaction, la dynamique des relations interpersonnelles et du développement des groupes, et les phénomènes de leadership et d'influence.

Freud croit que certaines étapes du processus de créativité sont inconscientes et font appel à la sublimation d'instincts primitifs. Ainsi, les mécanismes de défense peuvent expliquer l'inhibition de l'expression de la créativité.

Les psychanalystes croient que certains comportements comme la rationalisation, les oublis et les maladresses sont des réactions à la frustration, à l'anxiété et aux conflits intérieurs de l'individu. Éric Berne (1971), considéré comme un vulgarisateur de la psychanalyse, interprète plusieurs comportements tels l'absentéisme, les retards répétés, l'agression et la soumission excessive comme des scènes que les personnes jouent. Afin d'expliquer la dynamique des relations interpersonnelles, l'analyse transactionnelle a puisé ses hypothèses fondamentales dans la conception freudienne de la structure de la personnalité. Berne (1971) propose trois états de la personnalité, l'enfant, le parent et l'adulte, qui correspondent au **ça**, au **moi** et au **surmoi**. À partir de ces états, il explique comment les individus entrent en relation les uns avec les autres, vivent des conflits et se manipulent mutuellement.

Quant au développement des groupes, Freud prétend que tout groupe se cimente grâce à la création de liens affectifs très forts. Lorsqu'un membre du groupe est accepté comme chef, il devient une figure d'identification pour les autres. La théorie psychanalytique peut aider à expliquer les phénomènes de cohésion à l'intérieur des groupes et de concurrence entre ces derniers.

Enfin, la psychanalyse a contribué à l'analyse des phénomènes d'émergence du leadership, des relations des individus avec l'autorité et des styles autoritaires d'influence.

La pensée behavioriste

Le behaviorisme moderne, issu des travaux de Watson et de Pavlov, est assimilé principalement au nom de Burrhus Frederic Skinner.

Perspectives de départ

Skinner n'est pas un théoricien au sens habituel du terme. Selon lui, la théorie n'est utile que si elle représente formellement des données recueillies et analysées scientifiquement. Il emploie donc une méthode expérimentale très stricte et insiste sur la nécessité d'utiliser des définitions opérationnelles pour déterminer précisément la relation de cause à effet entre les facteurs environnementaux et les comportements observables qu'ils entraînent. La plupart de ses recherches ont d'abord été effectuées en laboratoire avec des animaux. Il a ensuite appliqué ses principes à l'étude systématique du comportement humain.

Selon Skinner, seule l'observation des événements (stimuli) et des comportements qui en résultent (réponses) peut expliquer comment un individu fonctionne. Sa démarche ne laisse aucune place à des concepts aussi vagues et abstraits que « l'instinct », « le choix individuel » ou « l'autonomie ». Le comportement de l'homme est déterminé par des événements passés et présents qui se sont produits dans le milieu auquel il appartient. Skinner (1967) ne nie pas l'importance de l'hérédité, mais il affirme la primauté du milieu, car c'est lui qui régit les processus d'adaptation et de développement.

Concepts fondamentaux

Skinner distingue deux types de comportement : le comportement répondant et le comportement opérant.

Le **comportement répondant** est un comportement précis qui est causé par un stimulus précis. Il s'agit en quelque sorte d'un comportement réflexe dans lequel le stimulus précède la réponse. Par exemple, la vue de la nourriture stimule la salivation. Pavlov et Watson ont démontré, il y a fort longtemps, que le comportement répondant peut être conditionné, c'est-à-dire qu'un stimulus originellement neutre peut entraîner un comportement après avoir été associé au stimulus précis qui provoque le comportement. Ce principe a été énoncé par suite d'une expérience célèbre au cours de laquelle Pavlov a réussi à faire saliver un chien au simple son d'une cloche, après avoir associé maintes fois ce son à la présentation de nourriture.

Skinner accepte les principes du comportement répondant. Toutefois, les comportements humains les plus significatifs et les plus complexes ne sont pas, selon lui, les réponses réflexes à des stimuli précis, mais les réponses émises par l'organisme qui entraînent des conséquences.

Le **comportement opérant** est un comportement qui produit des effets sur le milieu ; il est le propre des organismes actifs. Les conséquences avantageuses du **comportement opérant** sont des récompenses ou renforcements : si un comportement est récompensé (ou renforcé), les probabilités qu'il réapparaisse à l'avenir augmentent. Ainsi, au cours de son développement, l'enfant manifeste une multitude de comportements dont certains sont renforcés par ses parents. Ces comportements renforcés constituent éventuellement un répertoire de réponses conditionnées qui contribue à former la personnalité. Les comportements qui ne sont pas renforcés ou auxquels les parents ne prêtent pas attention ne tendent pas à se reproduire. De même, si un comportement qui a déjà été renforcé ne produit plus de résultat, il tend à devenir de moins en moins fréquent.

Cette diminution de fréquence est appelée processus d'extinction. Par exemple, un enfant qui a été conditionné à être poli peut devenir plus agressif en vieillissant parce que dans son groupe d'amis, la politesse n'est pas récompensée.

Il existe deux types de renforcement : le **renforcement positif** (création d'une situation agréable ou obtention d'un bien) et le **renforcement négatif** (retrait d'un stimulus désagréable). Les deux types augmentent la probabilité de réapparition du comportement. Toutefois, Skinner favorise le renforcement positif, car les conditions sont plus propices lorsque le comportement de la personne lui permet de gagner quelque chose que lorsqu'elle doit éviter une situation pénible.

La **punition** est un autre moyen de maîtriser le comportement. Il y a punition lorsqu'une réponse est suivie d'une conséquence désagréable ou du retrait d'un renforcement positif. La punition entraîne la suppression du comportement. Bien qu'on y ait souvent recours afin de contrôler les gens, Skinner croit que la punition constitue une mauvaise façon de supprimer les comportements indésirables parce qu'elle peut produire des effets secondaires néfastes. De plus, elle n'est pas toujours efficace, car ses effets sont souvent temporaires.

En se fondant sur ces principes fondamentaux, Skinner (1969) a fait de nombreuses recherches sur l'utilisation rationnelle des renforcements dans l'élaboration progressive des comportements. Par exemple, il a analysé les conséquences des intervalles fixes et variables dans la représentation des stimuli sur le conditionnement, ainsi que l'effet des renforcements continus et intermittents sur le maintien des réponses. Ses études sur les différents programmes de renforcement constituent d'ailleurs une de ses principales contributions à la psychologie.

Conception de la nature humaine

Skinner considère que les êtres humains fonctionnent comme des machines, de façon ordonnée et prédéterminée. Bien qu'il admette que chaque personne possède un héritage biologique, il insiste sur le fait que l'organisme humain est programmé par son milieu, et que ses propriétés fondamentales ne sont ni bonnes ni mauvaises. Il rejette toute notion de moi « autonome » qui peut choisir sa destinée et agir librement et spontanément. Tous les aspects du comportement humain (même les émotions) sont contrôlés de l'extérieur par le milieu. Nous sommes ce que l'histoire de nos conditionnements successifs et notre situation présente nous dictent. Notre personnalité est donc le répertoire des réponses que nous avons apprises.

Conception du comportement mésadapté et de la thérapie

Skinner perçoit le comportement mésadapté comme étant le résultat de conditions adverses ou de punitions excessives. Comme toujours, il ne considère que le niveau comportemental et les aspects objectifs de la mésadaptation. La thérapie qu'il préconise consiste à apprendre aux sujets des comportements de rechange adaptés, qui peuvent être acquis par renforcement, extinction ou maîtrise des contingences de renforcement de la vie quotidienne.

Conception de la société

Puisque la société régit le comportement de ses membres, son rôle premier est d'organiser des contingences de renforcement planifiées systématiquement, de façon à maximiser les chances de survie de l'espèce (Skinner, 1972). À cet effet, Skinner favorise le renforcement positif des comportements désirés plutôt que l'utilisation de la punition et du contrôle aversif. Selon lui, la fonction première de la société est d'assumer sa responsabilité de contrôle. Ceux qui adoptent des valeurs de liberté et de dignité oublient le fait que le comportement est toujours influencé par le milieu : ils ne font que jeter la confusion en supposant que les êtres humains peuvent agir en dehors des principes du conditionnement.

Application au comportement organisationnel

La théorie behavioriste a servi à expliquer presque tous les aspects du comportement organisationnel, plus particulièrement, la productivité, l'apprentissage, le leadership et les conflits. Ainsi, les concepts de conditionnement et de programmes de renforcement ont permis de décrire comment des variations de renforcement peuvent influencer la productivité, surtout lorsqu'il s'agit de tâches routinières.

Par ailleurs, le modèle behavioriste étant en quelque sorte une théorie de l'apprentissage, il offre des éléments de solution à certains problèmes reliés à la motivation, à la formation du personnel et à la supervision.

En matière de leadership, les behavioristes émettent l'hypothèse que le facteur du conditionnement réciproque détermine les comportements de leadership : c'est dire que le groupe peut influencer le leader autant que le leader influence le groupe.

Enfin, selon Skinner, les conflits entre les groupes sont difficiles à résoudre parce que les membres des groupes s'approuvent lorsqu'ils démontrent de la loyauté envers leur propre groupe et qu'ils expriment de l'hostilité envers les autres groupes. Cette hypothèse est fort utile à la compréhension des relations intergroupes.

La pensée humaniste

Le modèle humaniste est le dernier-né des grands courants théoriques en psychologie. Il a été créé en réaction contre le déterminisme outré des autres théories. Il s'est fortement inspiré de la philosophie existentialiste qui tente d'exprimer comment l'individu peut combattre les éléments dépersonnalisants de son milieu en se structurant une identité et en recherchant un sens à sa vie.

Bien que plusieurs auteurs aient contribué à la naissance et à l'évolution de la psychologie humaniste, Carl Rogers est celui que l'on reconnaît comme le fondateur du mouvement pour le développement du potentiel humain.

Perspectives de départ

La théorie de Rogers découle directement d'une longue expérience clinique et de recherches effectuées dans divers milieux scolaires. Rogers croit que la connaissance de l'être humain nécessite la poursuite de trois avenues. Bien que la méthode objective et quantitative constitue un bon moyen d'étudier le comportement, la connaissance subjective (connaissance de soi) et la connaissance empathique (compréhension des états subjectifs des autres) sont tout aussi importantes. Seule l'interaction de ces trois perspectives peut assurer une connaissance adéquate des phénomènes humains.

Rogers considère l'homme comme un être qui fonctionne consciemment, et il tente de comprendre les expériences subjectives de celui-ci. Il utilise souvent les résultats de recherches en laboratoire à l'appui de ses affirmations sur le comportement humain, mais il refuse de les placer sur le « piédestal de la respectabilité scientifique ». Selon lui, l'objet de la psychologie est « la personne totale », et on doit tenter de la comprendre dans un contexte multidimensionnel.

Concepts fondamentaux

Rogers (1951) définit le comportement comme étant « l'effort intentionnel de l'organisme pour satisfaire ses besoins comme il les expérimente dans la réalité telle qu'il la perçoit ».

Cette définition est purement phénoménologique car elle suppose que la réalité n'est pas un ensemble objectif de stimuli, mais bien la perception subjective que la personne a de cette réalité. Elle est existentialiste parce qu'elle insiste sur le fait que le comportement est intentionnel et découle d'un choix que fait l'individu. L'**expérience personnelle** est donc considérée comme une donnée valable en psychologie. Le terme « expérience » inclut non seulement les connaissances et les perceptions, il englobe également le vécu émotif et affectif. Par «expérience», Rogers entend en fait tout ce qui se passe dans l'organisme et qui est susceptible de devenir conscient. L'expérience est le cadre de référence de la personne et n'est connue que d'elle-même.

La théorie rogérienne de la personnalité repose sur deux concepts fondamentaux : l'organisme et le *self*, ou concept de soi.

L'**organisme** est le lieu psychologique où se produit toute expérience. Il est un système organisé qui englobe toutes les dimensions de la personne (physique, émotive, intellectuelle). Toute modification d'une des parties touche les autres composantes.

Le *self* ou **concept de soi** est une structure psychologique qui se développe à mesure que l'enfant fait la différence entre lui-même et les autres. Il est composé des perceptions que la personne a d'elle-même et de ses relations avec son milieu, et inclut les valeurs attachées à ses perceptions.

À la base, l'organisme a une forte tendance à se maintenir en vie et à se développer selon sa nature et son potentiel héréditaire : il s'agit de la **tendance à l'actualisation**. Bien qu'il existe une grande variété de besoins, ceux-ci sont tous soumis à cette tendance de l'organisme.

Dès la naissance, l'organisme subit de fortes influences de la part du milieu, principalement de son milieu social. Les réponses spontanées de l'enfant à diverses situations sont évaluées par ses parents. Et parce que l'enfant reçoit des évaluations positives et négatives, il apprend à reconnaître des sentiments et des comportements qui sont «bons» (approuvés) et d'autres qui sont «mauvais» (désapprouvés). À mesure que se forme le concept de soi, les «mauvais» sentiments et les comportements sont exclus de l'image que la personne se fait d'elle-même, même s'ils sont toujours valides pour l'organisme. Autrement dit, l'enfant apprend à être ce que les autres veulent qu'il soit au lieu d'être ce qu'il est. Il manque alors de **congruence**, c'est-à-dire qu'il n'y a pas de lien réel entre ce qu'il est et ce qu'il manifeste. Lorsque cette brèche se produit, elle engendre des comportements défensifs, des distorsions dans la perception de la réalité et des difficultés dans les relations interpersonnelles. Par exemple, la personne qui apprend à ne pas accepter ses besoins sexuels ou son agressivité en vient à exclure ces comportements de son expérience, à les nier et même à se sentir hostile envers les personnes qui les manifestent. Elle est constamment menacée et anxieuse.

Lorsque l'enfant se sent compris de ses parents et accepté sans condition, il apprend à admettre intégralement ses expériences sensorielles et affectives. Il apprend à s'accepter tel qu'il est et à inclure toutes ses dimensions dans son concept de soi. Il y a alors congruence, c'est-à-dire concordance entre ce qu'il est et ce qu'il manifeste. Il accepte ses besoins sans anxiété et fonctionne librement. Par conséquent, il devient plus souple et plus compréhensif envers les autres.

Les besoins d'**acceptation inconditionnelle** et d'estime de soi s'apprennent au cours du développement de l'individu et deviennent des conditions essentielles à son bon fonctionnement.

Rogers (1968) offre une description de la personne qui se développe pleinement. La personne actualisée est consciente de son expérience et est ouverte à tout, autant à ses émotions négatives que positives. Étant ouverte, elle peut répondre de façon adaptée à une grande variété de situations et vivre une vie riche et en souplesse. Elle a confiance en son propre organisme dans sa totalité. Par conséquent, elle est plus encline à faire confiance aux possibilités des autres et à respecter leur intégrité. Elle est libre, créatrice, prend des risques et mène une vie enrichissante, excitante, satisfaisante et significative.

Conception de la nature humaine

Rogers affirme que les êtres humains sont fondamentalement bons, dignes de confiance et naturellement orientés vers la croissance et l'actualisation de leur potentiel. Il est optimiste quant aux caractéristiques inhérentes à l'homme et certain que la liberté de se développer en conformité avec soi se traduit par des comportements bénéfiques aux autres. Ce n'est que lorsque l'individu voit sa nature aliénée qu'il devient nocif pour lui-même et pour la société.

Conception de la mésadaptation et de la thérapie

Selon Rogers, la mésadaptation résulte de l'interruption du processus d'actualisation de soi. Au départ, l'individu est sain, c'est-à-dire orienté vers la conscience de son expérience et l'établissement de bonnes relations avec les autres. Il en vient à mal se sentir ou à mal se comporter si sa nature fondamentale est corrompue par des influences sociales néfastes. L'influence la plus destructrice est l'acceptation conditionnelle de la part de personnes significatives (surtout les parents).

La thérapie rogérienne est fondée sur la création d'une atmosphère d'acceptation inconditionnelle et de compréhension empathique. Cette atmosphère contribue à diminuer le besoin de se défendre chez le client, et lui permet d'explorer librement ses sentiments et son expérience interne. Rogers s'adresse aux capacités conscientes de la personne et vise à amener son client à prendre conscience de lui-même «ici et maintenant», à s'accepter et à exercer de nouveaux choix relativement à son milieu.

Conception de la société

Selon la pensée humaniste, la société est généralement trop restrictive et trop statique. Les êtres humains sont destinés à s'épanouir comme individus et comme membres de la société, mais les parents, les éducateurs et les employeurs déforment leur destinée en leur imposant des valeurs établies par d'autres, et en les forçant à y adhérer.

La société devrait constituer un monde souple et mobile plutôt que de se confiner à des structures rigides et statiques. Elle laisserait ainsi à ses membres la liberté d'expérimenter différentes solutions de rechange et permettrait l'erreur

sans la condamner. Elle deviendrait plus «naturelle», plus souple, plus créatrice.

Application au comportement organisationnel

La pensée humaniste (Rogers, 1977) a eu une influence considérable sur les théories de la gestion. Parmi les aspects du comportement organisationnel qu'elle a aidé à approfondir, mentionnons les styles de gestion, la motivation, la communication et les processus de groupe.

Les humanistes ont démontré à quel point la conception qu'a le gestionnaire de la nature humaine influence son style de gestion, et comment ce dernier oriente à son tour le comportement des employés.

En ce qui concerne la motivation, la théorie de la hiérarchie des besoins proposée par Abraham Maslow (1954) a suscité et suscite encore beaucoup de recherches sur les facteurs de satisfaction et de motivation au travail.

Les notions d'acceptation inconditionnelle d'autrui et d'empathie ont par ailleurs inspiré de nombreux chercheurs intéressés aux processus de communication efficace et aux obstacles à celle-ci.

Enfin, les psychologues humanistes ont beaucoup écrit sur la dynamique des groupes et posé des hypothèses intéressantes sur les facteurs qui influencent le climat d'apprentissage à l'intérieur des groupes de travail.

3.1.2   Vers un modèle de fonctionnement de la personne

Depuis les débuts de la psychologie, les modèles du fonctionnement de la personne qui se sont succédé ont intégré progressivement des éléments de plus en plus nombreux de la réalité humaine. L'évolution chronologique des théories du fonctionnement de la personne a été marquée par trois générations de psychologues.

La première génération correspond au behaviorisme comme nous l'avons décrit plus haut. Le modèle ci-dessous décrit le fonctionnement de l'individu comme étant une réponse de l'organisme à son milieu. Les behavioristes, dans leurs recherches scientifiques sur les comportements, ont limité l'objet de la psychologie aux comportements observables et mesurables.

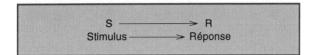

Puis, un groupe de chercheurs allemands, les psychologues de la forme (ou Gestalt), ont proposé un modèle explicatif un peu plus complexe. Par suite de recherches sur la perception, les gestaltistes ont affirmé que l'organisme ne fait pas que réagir au milieu, mais qu'il organise ses perceptions selon des lois bien précises. Ils ont donc intégré les processus internes d'organisation des stimuli à la description du fonctionnement de la personne. En proposant le modèle ci-dessous, ils ont considéré les phénomènes qui échappent à l'observation directe et aux mesures comme étant l'objet de la psychologie. Il se sont toutefois limités aux processus cognitifs. Il s'agit du modèle dont se rapproche le plus la psychanalyse.

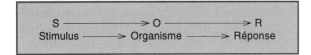

La troisième génération de théories correspond à une synthèse originale effectuée par Frederick Perls, un psychanalyste dissident associé au mouvement humaniste. Perls a appliqué le modèle gestaltiste à l'étude de la motivation. Son modèle de fonctionnement, présenté ci-après, considère l'expérience émotionnelle et physique comme une donnée valable en psychologie. Rogers avait déjà établi ce principe en proposant son modèle humaniste. Perls a eu le mérite d'expliquer les différentes étapes du processus d'échange de l'organisme avec son milieu.

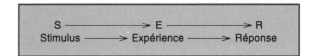

Le cycle de l'expérience

Selon Perls et ses collaborateurs (1951), un individu est «un organisme dans un champ-environnement». Il constitue un système ouvert, vivant, et ses principales caractéristiques sont :

- d'avoir continuellement des besoins qu'il hiérarchise lui-même selon ses priorités de survie ;
- d'être capable de se développer, d'apprendre et d'être autodidacte.

Pour survivre et croître, l'organisme doit se nourrir et satisfaire ses besoins en communiquant avec un milieu sur lequel il peut agir.

Ce processus d'échange de l'organisme avec son milieu est appelé le cycle de l'expérience (Zinker, 1977).

Toute expérience a comme point de départ une sensation, c'est-à-dire une modification de l'équilibre interne de l'organisme provoquée soit par une stimulation du milieu, soit par une demande de l'organisme. Si cette information circule librement et atteint la conscience, l'individu devient «conscient», c'est-à-dire axé sur la modification de son équilibre et capable de déterminer ce qui se passe. Le processus de «conscientisation» consiste essentiellement à prendre conscience d'un besoin ; dès que celui-ci devient clair, l'organisme mobilise son énergie. Cette mobilisation pousse rapidement la personne à poser une action (ou une série de gestes) qui, si elle est bien orientée, l'amène à communiquer de façon satisfaisante avec son milieu. Puis vient le retrait. L'organisme se retrouve en équilibre jusqu'à ce qu'un autre besoin se manifeste et marque le début d'un nouveau cycle.

Lorsque le cycle de l'expérience se déroule harmonieusement, l'individu est satisfait et son besoin disparaît. Par contre, lorsque ce cycle est interrompu, le besoin ne disparaît pas et rejoint les autres besoins inassouvis de l'organisme. Cette accumulation ronge peu à peu l'énergie de la personne qui devient moins alerte et donc moins capable de s'adapter aux situations qui surviennent par la suite.

Applications au comportement organisationnel

Si le bon déroulement du processus de satisfaction des besoins provoque des effets bienfaisants chez la personne, il présente aussi des avantages pour le système social dont cette dernière fait partie. En effet, plus l'individu satisfait ses besoins, plus il s'actualise. À mesure qu'il croît, il devient plus autonome, oriente ses apprentissages, devient capable d'apprendre par lui-même et passe de la dépendance à l'interdépendance. En devenant plus original et plus créateur, cet individu contribue à enrichir et à mettre en valeur son milieu. Ce processus d'échange de gagnant à gagnant est d'ailleurs celui que préconisent Herman et Korenich, (1977), promoteurs de «management» authentique. En effet, plus l'individu devient lui-même et s'actualise dans son milieu de travail, plus il dispose d'énergie et donc, du pouvoir de faire avancer les choses. Sa relation avec son organisation est dynamique, réelle, vigoureuse et chaleureuse.

Les deux hémisphères cérébraux

Dans le cycle de l'expérience, l'étape la plus difficile à décrire est celle de la conscientisation. Il semble bien qu'une quatrième génération de psychologues réussira à expliquer le phénomène de la prise de conscience.

```
S ─────────────→ C ─────────────→ R
Stimulus ──────→ Conscience ─────→ Réponse
```

La nouvelle psychologie transpersonnelle (Tart, 1975), grâce à ses recherches sur les états de conscience, commence à apporter des éléments d'explication au phénomène de la conscience qui

sont intéressants, mais dont la nouveauté et le changement de paradigme qu'ils supposent dérangent quelque peu.

Dans une perspective plus «scientifique», parmi les recherches récentes sur les processus mentaux, celles qui ont le plus soulevé l'intérêt portent sur les différences de fonctionnement entre les deux hémisphères cérébraux (Ornstein, 1977).

Il y a une vingtaine d'années, les psychobiologistes ont démontré que les deux hémisphères cérébraux ont des structures et des modes de fonctionnement différents, auxquels correspondent deux types de conscience.

Le processus de conscience associé à l'hémisphère gauche est analytique, rationnel, logique, linéaire et verbal. Celui qui est relié à l'hémisphère droit est global, intuitif, imaginatif, synthétique et non verbal. Bien que les deux hémisphères fonctionnent simultanément et soient étroitement reliés, on peut conclure que celui de gauche sert à analyser les pressions du milieu, alors que celui de droite synthétise les besoins de l'organisme.

La conscientisation résulte du fonctionnement équilibré des deux hémisphères cérébraux, de la synthèse de deux procédés de traitement de l'information. S'il y a déséquilibre entre les deux, le cerveau prend de mauvaises décisions et déclenche le système d'action de façon inadéquate. Pour comprendre ce phénomène, comparons les deux hémisphères à deux chevaux qui tirent parallèlement une même voiture. Si l'un d'eux tire plus fort et avance plus vite que l'autre, la voiture suivra difficilement.

On peut déterminer deux types de fonctionnement selon la prédominance de l'un ou l'autre des deux hémisphères.

Les personnes dont l'hémisphère gauche prédomine accordent trop d'importance aux exigences de leur milieu et ne se préoccupent pas suffisamment de leurs besoins personnels. Elles manifestent un excellent esprit analytique mais globalisent difficilement. De ce fait, il leur faut beaucoup d'information avant de réussir à prendre une décision. Comme elles ne décident pas en fonction d'elles-mêmes, elles mobilisent difficilement leur énergie pour agir, éprouvent peu de satisfaction personnelle et manquent de créativité.

À l'inverse, les personnes dont l'hémisphère droit prédomine sont trop centrées sur leurs besoins et décodent mal les données du milieu. Elles sont facilement envahies par leurs émotions et ont tendance à décider impulsivement. Leurs débordements d'énergie sont souvent difficiles à supporter pour les autres. Au moment de l'action, elles manifestent trop de créativité : elles manquent de bon sens et ne réussissent finalement pas à trouver les éléments aptes à répondre à leurs besoins (Côté, 1983).

Pour prendre de «bonnes» décisions, être motivé et agir efficacement, l'individu doit être capable de fonctionner équitablement selon deux modes différents. Il doit être à la fois rationnel et émotif, logique et intuitif, verbal et imaginatif. Sur le plan comportemental, on constate que les personnes équilibrées sont réceptives et attentives à leur milieu. Elles définissent facilement leurs besoins, ont l'esprit clair et présent. Elles sont vivantes, énergiques, calmes et manifestent rarement des tensions ou de la fatigue. Leurs actions sont bien orientées et ont des incidences sur leur milieu. Subjectivement, elles ressentent de la satisfaction et trouvent leur vie intéressante.

Applications au comportement organisationnel

Henry Mintzberg (1976), dans son article *Planning on the Left Side and Managing on the Right*, indique que même si plusieurs techniques de planification et de gestion sont séquentielles et systématiques, la plupart des gestionnaires font appel à des processus plus intuitifs, plus globaux dans l'administration des organisations. Ainsi, la communication verbale, la prise de décisions, les relations informelles, le leadership et la formulation de stratégies font appel au cerveau droit. Il conclut que la formation des gestionnaires

devrait comporter des éléments qui sollicitent les deux hémisphères cérébraux : l'implicite et l'explicite, l'ambiguïté et la rigueur, l'analyse et l'intuition.

3.2 LE DÉVELOPPEMENT DE LA PERSONNE

De nos jours, les psychologues spécialistes du développement de la personne adoptent une position qui se situe entre la théorie déterministe de Freud, et celle de certains humanistes qui considèrent que la personnalité de l'individu se développe indépendamment de ses expériences antérieures et est susceptible de s'actualiser tout au long de sa vie. Les spécialistes contemporains affirment que les expériences passées ont une influence importante sur le développement de la personne, mais que celle-ci n'est pas absolument permanente. Ils décrivent donc des étapes ultérieures à la formation de la personnalité de l'enfant et font ressortir les éléments dynamiques de la croissance personnelle de l'adulte.

3.2.1 Les étapes du développement de la personne

Bien que le déterminisme de Freud ait été contesté, sa conception des premiers stades de développement prévaut encore. Ses successeurs ont observé qu'après les stades oral, anal et phallique, la période de latence et la puberté, d'autres crises de développement peuvent être déterminées chez la majorité des individus.

La théorie d'Erik Erikson

Erik Erikson (1968) a défini huit stades de développement. Bien que sa théorie se fonde sur les stades psychosexuels freudiens, il s'est davantage intéressé aux aspects psychosociaux que biologiques des périodes de la vie. Il conçoit le développement humain comme une série de conflits que la personne doit résoudre. Chaque conflit émerge à un moment de la croissance où le milieu présente des demandes précises à l'individu. Cette confrontation avec le milieu constitue une crise qui entraîne un changement de perspective de la part de la personne, un choix entre deux façons d'envisager la vie. S'il en résulte un choix adapté aux nouvelles exigences de la situation, le développement se poursuit et la personne dispose de l'énergie nécessaire pour aborder le stade suivant. Si l'individu fait un mauvais choix, il se crée un problème, gaspille son énergie et sa force est amoindrie pour affronter la crise suivante.

Le tableau 3.1 résume les différentes étapes du développement telles que décrites par Erikson. Il indique également l'âge moyen qui correspond à chaque stade, ainsi que les choix positifs et négatifs qui peuvent en résulter.

À chacune de ces huit étapes de la vie correspond en quelque sorte une crise d'identité. Bien que les périodes de passage d'une étape à l'autre soient empreintes de grande vulnérabilité, elles offrent la possibilité de développer de nouvelles forces et constituent des expériences très riches.

La théorie de Gail Sheehy

Plus récemment, Gail Sheehy (1978) a proposé une nouvelle description du développement qui constitue une extension des travaux d'Erikson. Consciente des lacunes de l'élaboration de la pensée d'Erikson sur le développement de l'adulte, elle a entrepris une analyse de la documentation à ce sujet et effectué une série d'entrevues très détaillées auprès d'adultes de tout âge. Elle en a conclu que le développement des adultes traverse cinq crises, qu'elle appelle des « passages ».

Le déracinement (18-22 ans)

Cette période correspond au moment où l'individu quitte ses parents et commence à vivre son indépendance financière, émotive et sociale. Le jeune adulte éprouve alors de nombreuses craintes et incertitudes, mais garde souvent une façade de confiance en prenant ouvertement des risques. Il s'agit d'une crise d'identité importante, et ceux qui ne réussissent pas à quitter leur famille d'origine à cet âge pour devenir des individus indépendants devront de toute façon le faire plus tard. Comme Erikson, Sheehy affirme en

TABLEAU 3.1
Les huit étapes du développement de la personne selon Erikson

Stade	Âge	Choix	
		Positif	Négatif
1. Oral-sensoriel	0 – 1 an	Confiance	Méfiance
2. Musculaire-anal	1 – 3 ans	Autonomie	Honte et doute
3. Locomoteur-génital	3 – 5 ans	Initiative	Culpabilité
4. Latence	5 – 11 ans	Activité	Infériorité
5. Adolescence	11 – 18 ans	Identité	Confusion des rôles
6. Début de l'âge adulte	18 – 35 ans	Intimité	Isolement
7. Âge adulte	35 – 50 ans	Généralisation	Stagnation
8. Maturité	50 ans et plus	Intégrité du moi	Désespoir

Source : Traduit et adapté de ERIKSON, E.H., *Childhood and Society* (2e éd.), New York, Norton, 1968.

effet que chaque crise doit être résolue : si on les évite, elles resurgiront plus tard, à un moment où les décisions seront plus difficiles à prendre.

Les élans de la vingtaine (22-28 ans)

La vingtaine est la période où des choix importants s'exercent sur les plans affectif et professionnel. D'une part, l'individu est porté à s'engager profondément dans une relation affective et dans une carrière ; d'autre part, il sent le besoin d'explorer, d'expérimenter et de se garder des portes de sortie. Cette période est remplie d'espoir, d'énergie et d'idéalisme, et à la fois, teintée d'illusions : le jeune adulte est dans un état d'angoisse parce qu'il est convaincu que ses choix sont irrévocables.

Le passage des trente ans (28-32 ans)

À l'approche de la trentaine, une nouvelle crise surgit. L'individu sent le besoin de rompre avec la routine, de réviser ses engagements le cas échéant, c'est-à-dire de les approfondir, de les modifier ou d'y mettre fin tout simplement (la plupart des divorces se produisent à cette époque). S'il ne s'est pas engagé auparavant, il se sent pressé de le faire. Au cours de cette période tumultueuse, les orientations changent et les rêves se transforment en objectifs plus réalistes.

La décennie de la dernière chance (35-45 ans)

À compter de 35 ans, l'individu constate qu'il vieillit, qu'il a au moins la moitié de sa vie derrière lui. Il se sent forcé de réviser ses valeurs, ses buts et de décider comment il orientera ses énergies à l'avenir. Cette période est cruciale et déterminante, car il s'agit du moment ou jamais de faire fructifier ses talents, de produire. Sheehy remarque que cette crise se vit différemment selon le sexe et que les cheminements de l'homme et de la femme qui ont adopté des rôles traditionnels ne sont généralement pas parallèles. Ils sont décalés dans le temps.

Le renouveau ou la résignation (45 ans et plus)

Après 45 ans, l'adulte se stabilise. Cette stabilité peut être dynamique et enrichissante si l'individu donne un sens nouveau à sa vie et continue de se développer. Par contre, s'il n'a pas eu le courage de faire face à ses crises antérieures et n'effectue pas les choix qui s'imposent pour enfin les résoudre, cette période peut devenir celle de la résignation, de l'inertie et du défaitisme qui amènent un vieillissement précoce.

La théorie de Daniel J. Levinson

Daniel J. Levinson (1978) décrit lui aussi les étapes de la vie adulte (tableau 3.2) en insistant plus précisément que Gail Sheehy sur les transitions, lesquelles peuvent avoir un effet significatif sur la relation qu'entretient une personne avec son organisation. Il définit quatre transitions majeures qui correspondent globalement au début de la vingtaine, de la trentaine, de la quarantaine et de la soixantaine. Le tableau 3.2 présente l'ensemble des étapes du développement de la personne tel qu'il le conçoit.

3.2.2 La dynamique de la croissance personnelle

La connaissance des étapes du développement de la personne suppose que l'on comprend bien les principes qui sous-tendent le processus de croissance personnelle, ainsi que les conditions essentielles à la réalisation de celle-ci.

Les lois de la croissance

La plupart des spécialistes de la croissance personnelle s'entendent pour affirmer que :

- le développement de l'individu se constitue de stades qui représentent des crises à résoudre ;
- chaque crise doit être résolue par des choix positifs, sinon l'individu dispose de moins d'énergie pour faire face aux crises subséquentes ;

TABLEAU 3.2
Les étapes du développement de l'adulte selon Levinson

Âge	Étape	Période
65 ans et plus	La vieillesse	La fin de l'âge adulte
60 – 65 ans	La transition vers la vieillesse	
45 – 60 ans	L'âge mûr (ici les liens avec l'âge sont moins définis)	L'âge mûr
41 – 45 ans	La transition vers l'âge mûr	
33 – 41 ans	L'établissement de sa propre personnalité	Le début de l'âge adulte
29 – 33 ans	La transition de la trentaine	
22 – 28 ans	Généralisation, l'entrée dans le monde adulte	
17 – 22 ans	La transition du jeune adulte	
0 – 17 ans	L'enfance et l'adolescence	Avant l'âge adulte

Source : Traduit et adapté de LEVINSON, D.J., *The Seasons of a Man's Life*, New York, Alfred A. Knopt, 1978.

— au cours de sa vie, la personne évolue de la dépendance à l'autonomie et à une conscience accrue d'elle-même ;

— chaque crise d'identité soulève l'anxiété et la vulnérabilité d'une part, et d'autre part, des possibilités créatrices et des énergies nouvelles ;

— les individus qui se développent continuellement à la faveur des différents passages de la vie se construisent des personnalités saines, riches et socialement adaptées. Ceux qui s'arrêtent en cours de route se structurent des personnalités rigides, peu adaptées.

Bref, la croissance personnelle est un processus mouvant qui s'effectue selon des cycles précis et dure toute la vie. On ne peut donc jamais considérer que la maturité soit acquise une fois pour toutes. Tant que l'individu est vivant, il continue d'évoluer, de se remettre en question et de se fixer des objectifs pour aller plus loin.

Quant au sens du développement, on constate qu'à la faveur de ses multiples transformations, l'organisme passe de la dépendance à l'indépendance. Ce cheminement est loin d'être linéaire. En effet, il s'entrecoupe de périodes de contre-dépendance (à l'adolescence, par exemple) et se caractérise par de multiples paradoxes. Ainsi, plus l'adulte acquiert son autonomie, plus il devient interdépendant, c'est-à-dire capable d'échanger et de communiquer de façon significative avec ceux qui l'entourent.

Finalement, parmi tous ces phénomènes complexes et dynamiques, la tendance qui se manifeste avec le plus de constance et de fiabilité est la tendance à l'actualisation de soi. Comme le disait si bien Maslow (1954) : « Ce que l'homme peut faire, il doit le faire : c'est le besoin d'actualisation de soi. Cette tendance est un désir de devenir de plus en plus ce que l'homme est capable de devenir. » C'est dire que chaque personne est unique et que sa motivation première est de réaliser son potentiel et de faire fructifier ses talents. Pour satisfaire ce besoin, elle doit assumer la responsabilité de se connaître et de devenir ce qu'elle doit devenir.

La responsabilité du développement

Lorsqu'on tente d'appliquer à l'expérience organisationnelle les connaissances relatives au fonctionnement et au développement des personnes, plusieurs questions surgissent : Qui est responsable de la croissance personnelle des membres de l'organisation ? L'individu ? L'organisation ? Quelles conditions doit-on fournir aux individus pour que leur emploi contribue à leur développement personnel ?

À l'heure actuelle, le fait que les organisations peuvent vraiment influencer l'évolution de leurs membres et qu'elles doivent fournir des conditions favorables à l'apprentissage et à l'épanouissement personnel de ces derniers ne présente plus l'ombre d'un doute. Peters et Waterman (1983) l'ont largement démontré dans leur célèbre ouvrage, *Le Prix de l'excellence.*

Il existe deux attitudes opposées à l'égard de la responsabilité de l'individu face à son propre développement. La première consiste à s'imaginer que si l'organisation ne fournit pas à l'individu des conditions maximales de survie, de sécurité et d'apprentissage, il lui est impossible de devenir un être motivé, productif et épanoui. En prétendant que «tout se joue avant six ans» ou que tout est déterminé par la classe sociale à laquelle la personne appartient, de nombreux psychologues et sociologues ont contribué à perpétuer cette mentalité de dépendance qui laisse à l'individu le choix de se résigner à son sort, de consulter son astrologue ou de se joindre à d'autres pour réclamer des droits, se lamenter et protester.

Pourtant, les découvertes les plus récentes en psychologie démontrent que «chaque individu porte en lui le germe de sa réussite et que sauf dans des conditions de privation et de traumatisme extrêmes, il est capable d'en arriver à programmer sa vie plutôt qu'à être programmé par les événements» (Côté, 1985a). Sans nier l'influence de l'organisation, l'attitude active entraîne que la responsabilité ultime de la croissance personnelle incombe à l'individu lui-même. Il semble bien que cette attitude soit la seule qui rende justice à l'immense potentiel de l'être humain et qui soit compatible avec des valeurs comme le pouvoir et la liberté individuelle.

Il a été démontré plus haut que l'individu qui fonctionne le mieux et qui se développe le plus harmonieusement est celui qui réussit à satisfaire ses besoins. Comme la satisfaction repose sur la relation que l'individu entretient avec

son milieu, il lui importe donc de poser des conditions de base. D'une part, il lui faut compter sur lui-même, s'assumer ; d'autre part, il lui faut aller chercher dans le milieu les ressources nécessaires à sa survie et à sa croissance. Il doit être en mesure de se créer un réseau de soutien interpersonnel.

Le soutien personnel

Se soutenir personnellement consiste à trouver les conditions qui permettent de se sentir à l'aise et d'exploiter ses propres ressources au maximum, un peu comme l'enseigne le sport : pour produire un bon effet ou pour donner un rendement précis, il faut savoir bien se préparer, s'entraîner. Dans le domaine intellectuel, la situation est similaire. Il existe des moyens de tirer profit des situations qui se présentent :

— respirer, au sens propre comme au sens figuré ;
— bien se positionner avant d'entreprendre quoi que ce soit, s'assurer de son équilibre et de son confort ;
— être présent à ce qui se passe, se donner la peine de voir, d'entendre, de sentir, de ressentir ;
— définir et respecter ses limites ;
— vérifier ses perceptions auprès des autres ;
— s'accepter tel que l'on est ;
— faire des efforts, investir de l'énergie.

Le soutien interpersonnel

La satisfaction des besoins individuels nécessite presque toujours un certain concours du milieu et, plus particulièrement, du milieu humain. Jusqu'à un certain point, notre existence est fonction de celle des autres. Ainsi, pour satisfaire nos besoins sociaux, il nous faut la compagnie d'autres personnes, mais la satisfaction de nos besoins de solitude exige que les autres respectent notre isolement par moments.

De plus, un grand nombre de fonctions sociales et professionnelles nécessitent une relation complémentaire avec d'autres personnes : on ne devient professeur que lorsqu'on a des étudiants, et bon patron que lorsqu'on obtient une certaine collaboration de ses employés.

Ainsi, les personnes présentes dans le milieu d'un individu contribuent à la satisfaction de ses besoins. On parle alors de soutien interpersonnel.

Il existe divers types de soutien interpersonnel :

— des modèles ;
— des compagnons d'activité ;
— des gens qui nous reconnaissent ;
— des gens qui nous défient ;
— des amis intimes ;
— des membres de la famille ;
— des personnes-ressources, des consultants ;
— des agents de référence (Côté, 1987).

Pour construire et maintenir son réseau interpersonnel, il faut adopter certaines attitudes, notamment :

— savoir utiliser les ressources existantes ;
— être capable d'attirer l'aide (afficher des besoins, ne pas feindre d'être au-dessus de tout) ;
— demander le soutien dont on a besoin ;
— mobiliser le soutien : demander directement et fermement ce qu'on veut, insister si nécessaire ;
— voir le soutien lorsqu'il est offert ;
— savoir recevoir l'aide, prendre ce que les autres donnent ;
— remercier.

Chacun a donc besoin de s'entourer de personnes qui l'appuieront et l'enrichiront tout au long de son développement. Plus le réseau de soutien interpersonnel est diversifié, plus il est solide et enrichissant. En effet, ceux qui dépendent d'une seule personne pour satisfaire leurs besoins affectifs, intellectuels, physiques et sociaux deviennent dangereusement dépendants de cette personne et ont tendance à l'exploiter honteusement. Ceux qui disposent de nombreuses ressources sont moins dépendants et ont plus de chance d'obtenir ce qu'ils veulent.

La contribution de l'organisation

Le développement d'un individu étant « personnel », toute mesure qui encourage la personnalisation des communications, l'initiative personnelle et l'individualisation sera favorable à l'évolution et à la croissance des membres de l'organisation. De nombreux ouvrages portent sur les conditions de travail optimales à offrir à des employés, mais il semble que la contribution de l'organisation au développement des personnes ne dépasse pas la création de conditions favorables à la prise en charge de chaque individu par lui-même. Lorsque ces conditions sont remplies, la personne doit assumer sa progression. À notre avis, aucune politique ne peut remplacer la décision et l'action individuelles. Le meilleur moyen dont dispose le gestionnaire pour inciter les gens à se développer est l'exemplarité. En effet, s'il devient un personnage épanoui et d'envergure, le gestionnaire est en mesure d'exercer une influence bienfaisante sur ceux qui dépendent de lui. C'est dire que la gestion des autres commence par la gestion de soi.

3.3   LES DIFFÉRENCES INDIVIDUELLES

L'une des grandes préoccupations des gestionnaires est de bien choisir leurs collaborateurs, afin d'être en mesure de leur confier des tâches qui leur conviennent d'une part, et de les encadrer adéquatement d'autre part. L'importance des différences individuelles devient alors manifeste.

3.3.1   Les sources des différences individuelles

Parmi les multiples facteurs qui contribuent au développement de la personnalité, les plus importants sont : l'hérédité, la culture, la famille, l'appartenance à des groupes et l'expérience vécue (Hellriegel et coll., 1989).

L'hérédité

Lors des premières recherches sur la personnalité, les psychologues se sont demandé si la personnalité d'un individu est déterminée par l'hérédité ou par le milieu. En d'autres mots, la personnalité est-elle innée ou est-elle uniquement le résultat de l'interaction de l'individu avec son milieu ?

La pensée actuelle à l'égard de ces questions est la suivante :

— l'hérédité détermine le potentiel et les limites de l'individu. Par exemple, il est évident que malgré tout le temps, les ressources et les efforts qu'on y investirait, on ne pourrait amener une personne atteinte de trisomie à effectuer des opérations mentales complexes, ni entraîner une personne souffrant d'une insuffisance cardiaque congénitale à devenir championne olympique à la course ;

— le milieu détermine le niveau de développement du potentiel héréditaire, jouant ainsi un rôle critique dans la formation de la personnalité (Pervin, 1984). De multiples études ont démontré que, chez les humains, la plupart des comportements sont appris, notamment les comportements sociaux, affectifs, intellectuels, physiques. Le milieu doit fournir les conditions d'apprentissage et les stimulations adéquates tout au long du processus de croissance de l'enfant, sinon son potentiel risque de ne jamais s'actualiser. Les études effectuées sur les pseudo-débiles (enfants qui deviennent arriérés faute de conditions affectives suffisantes) sont assez concluantes à ce sujet ;

— l'influence relative de l'hérédité et du milieu varie selon les différentes dimensions de la personnalité. Certaines caractéristiques, comme la couleur des yeux, sont irrémédiablement héréditaires. D'autres comme la sociabilité subissent davantage l'influence du milieu ;

— on a longtemps considéré le milieu comme étant le protagoniste de la formation de la personnalité, mais une recherche récente (Holden, 1987) sur les jumeaux indique que les déterminants génétiques sont tout aussi, sinon plus, importants.

La culture

Les anthropologues (Levine, 1982) ont clairement démontré l'influence de la culture sur la formation de la personnalité. La culture définit de quelle façon chacun doit jouer son rôle afin d'assurer la survie de la société. Ainsi, on remarque des différences dans la socialisation des enfants selon le sexe. On s'attend également à ce que les gens se comportent différemment selon leur âge. Finalement, chaque culture renforce des comportements précis : par exemple, en Amérique du Nord, on favorise la compétitivité et l'indépendance alors qu'au Japon, on récompense la coopération et l'esprit d'équipe.

Toutefois, même si la culture détermine des modes de comportement, cela n'empêche pas l'émergence de différences individuelles à l'intérieur d'une même culture. Par exemple, bien que la majorité des Occidentaux partagent l'éthique protestante du travail, on observe que certains groupes et individus n'adhèrent pas à ces valeurs. Il serait donc hasardeux d'estimer que la culture influence tous les individus à part égale.

La famille

Le premier véhicule de socialisation est la famille immédiate et étendue. L'influence des parents se communique de trois manières :

1. Par osmose ou imitation : l'enfant s'identifie au parent qui lui sert de modèle.
2. Par réciprocité : le comportement du parent en certaines situations provoque des réactions complémentaires chez l'enfant.
3. Par conditionnement : les parents encouragent ou punissent certains comportements (Levine, 1982).

L'appartenance à des groupes

En plus d'appartenir à sa famille, l'individu se joint à plusieurs groupes au cours de son existence : des groupes sportifs, des communautés sociales et culturelles, des équipes de travail et des groupes d'amis. Ces associations successives façonnent et marquent la personnalité à tel point qu'on peut en déduire certains comportements bien particuliers. Par exemple, on peut penser qu'un ex-champion olympique sera discipliné, qu'un ancien Jésuite aura le sens de la stratégie, qu'un diplômé de telle ou telle école sera snob.

Les expériences vécues

Chacun sait que les expériences vécues, bonnes ou mauvaises, marquent la personnalité et influencent l'estime de soi, les valeurs, les attitudes et les attentes de l'individu. Ainsi, un grand succès favorise la confiance en soi alors qu'un traumatisme suscite la peur et la tendance à se protéger.

3.3.2　Les répercussions des différences individuelles

Il existe un lien entre certaines dimensions de la personnalité et le comportement organisationnel. En effet, lorsqu'on connaît certaines caractéristiques d'une personne, on peut prédire ses attitudes et son comportement en milieu de travail.

Le sens des responsabilités et la maturité

Certains individus se sentent facilement responsables des événements qui se produisent dans leur milieu alors que d'autres ont tendance à croire que ce qui leur arrive est imputable à la chance, à la fatalité ou à d'autres personnes. Ceux qui ont un «lieu de contrôle» interne ont tendance à se maîtriser plus aisément et à s'engager davantage sur les plans politique et social

que ceux dont le lieu de contrôle est externe. En outre, ils sont moins influençables que ces derniers et ont tendance à rechercher davantage le pouvoir et l'influence (Schermerhorn et coll., 1988).

Ceci concorde avec la théorie de la maturation de Chris Argyris (1957) selon laquelle les individus qui ont plus de maturité ont moins besoin de supervision, et fonctionnent mieux dans des postes où ils disposent d'un certain pouvoir ou d'une certaine indépendance. Pour eux, une position subalterne peut être difficile à tenir.

Le style de résolution de problèmes

Le système Myers Briggs (1980) décrit la personnalité selon plusieurs dimensions :

— introversion — extraversion ;
— sensation — intuition ;
— pensée — sentiment ;
— jugement — perception.

Il comprend seize types de personnalité, qui ont servi de fondement à des recherches révélant, par exemple, que les personnes qui utilisent leurs sens pour recueillir de l'information sont ordonnées, aiment la routine et ont le souci du détail, alors que les personnes intuitives aiment résoudre de nouveaux problèmes et détestent la routine. Les individus qui se fient à leurs sentiments pour évaluer les situations tendent à être conformistes et essaient d'accommoder les autres : ils préfèrent éviter les confrontations. Quant à ceux qui se fient à leur raison, ils sont peu ou pas émotifs, et utilisent leur intellect pour régler les problèmes.

La connaissance des différents styles de personnalité permet de porter un jugement éclairé sur le poste qu'une personne peut occuper.

Le machiavélisme et l'autoritarisme

On qualifie de machiavélique un individu pragmatique qui maintient une distance émotionnelle entre lui-même et les autres et qui croit que la fin justifie les moyens. L'individu machiavélique est plus manipulateur, plus persuasif, gagne plus souvent et est moins facile à manipuler que les autres. Il est à son meilleur dans des situations de face à face qui laissent place à l'improvisation et permettent une certaine latitude. Il s'adapte bien à des emplois qui, comme la vente, demandent de solides aptitudes à la négociation et qui procurent des récompenses immédiates (Christie et Geis, 1970).

Quant aux personnes autoritaires, elles font peu confiance aux autres, sont rigides et aiment le pouvoir. Elles préfèrent elles-mêmes des supérieurs directifs et structurés. Leur rendement à titre de gestionnaires souffre du fait qu'elles ne recherchent pas suffisamment d'information avant de décider et qu'elles ne croient pas en la gestion participative. Finalement, elles utilisent les titres et les symboles pour affirmer leur position de pouvoir (White et Bednar, 1986).

Le style décisionnel

Deux facteurs influencent le style décisionnel : la propension au risque et la complexité cognitive (White et Bednar, 1986).

Certains individus se sentent bien quand ils prennent des risques alors que d'autres pas. Les personnes aimant le risque sont généralement plus rapides que celles qui le redoutent. Dans la première catégorie, on rencontrera souvent des policiers, des pompiers, des militaires ou des gens qui n'ont pas le temps d'analyser avant d'agir. Par ailleurs, la complexité cognitive représente la capacité qu'a un individu d'acquérir et d'intégrer l'information. La personne dont la complexité cognitive se situe à un niveau élevé est plus à même de cerner les différents intrants qui proviennent du milieu et d'en comprendre les relations, parce qu'elle prend le temps de les analyser. Par contre, l'individu dont la complexité cognitive est moindre prend des décisions plus rapidement et est plus apte à appliquer ses solutions. Il est le « pratico-pratique » de l'organisation.

L'estime de soi

Les individus qui ont une haute estime d'eux-mêmes prendront plus de risques dans le choix de leur carrière, seront plus attirés par les postes de direction et choisiront plus aisément des emplois non traditionnels que les personnes dont l'estime de soi est faible.

En recherche d'emploi, les gens qui ont une haute opinion d'eux-mêmes sont évalués plus favorablement, sont plus satisfaits dans leur recherche, reçoivent plus d'offres d'emploi et acceptent plus facilement un emploi avant d'avoir obtenu leur diplôme que les personnes dont l'estime de soi est faible (Ellis et Taylor, 1983).

L'estime de soi est proportionnelle à l'affirmation de soi, à l'indépendance, à la créativité, aux bonnes relations interpersonnelles et à l'atteinte des buts élevés.

3.3.3 La personnalité et l'adaptation au travail

Jumeler les caractéristiques de la personnalité aux exigences d'un emploi est devenu un sujet du plus haut intérêt pour les chercheurs modernes. Cet engouement va de pair avec la tendance actuelle à créer des milieux de travail qui correspondent aux besoins de l'individu. Les avantages prévus de cette approche consistent à augmenter la satisfaction et la motivation au travail, et par conséquent, la productivité. Parmi les facteurs qui conditionnent l'adaptation au milieu de travail, les plus importants sont la manière dont l'individu perçoit le travail dans sa vie et ses intérêts professionnels.

L'orientation face au travail

Certaines personnes voient leur travail comme un moyen de satisfaire des besoins d'ordre extra-professionnel, alors que d'autres recherchent un travail qui leur procure une satisfaction intrinsèque. Les premières ont une orientation instrumentale face à leur organisation. Les secondes sont plus engagées, ambitieuses et désireuses de s'exprimer dans leur vie professionnelle. Elles seront plus productives si on les place dans un contexte de défi personnel, alors que les premières seront plus à l'aise dans un milieu calme, sécurisant, prévisible (O'Reilly, 1977).

La personnalité vocationnelle

De toutes les théories sur l'adaptation personnelle et professionnelle, la plus connue est celle de John Holland (1973).

Son modèle, fondé sur les six personnalités vocationnelles, démontre que la satisfaction au travail et la propension à quitter son emploi dépendent du degré auquel la personnalité de l'individu s'adapte aux exigences du milieu professionnel.

Ces six styles de personnalité sont les types :

- réaliste ;
- investigateur ;
- artistique ;
- social ;
- entreprenant ;
- conventionnel.

Ils seront décrits ultérieurement, dans le chapitre qui porte sur la planification de carrière. Selon Holland, la satisfaction est au maximum et le roulement de personnel, au minimum lorsque la personnalité s'harmonise avec le type de travail. Par exemple, les personnalités sociales devraient s'épanouir pleinement dans un travail à caractère social. Une personne réaliste se sentira plus à l'aise dans un travail concret que dans un travail de recherche. À compter du moment où une personne n'a pas à lutter contre ses tendances profondes, elle a plus d'énergie à consacrer à son travail. Les points principaux de sa théorie sont les suivants :

- il existe des différences intrinsèques de personnalité entre les individus ;
- il y a des emplois différents ;
- les personnes qui occupent un emploi correspondant à leurs tendances naturelles devraient

être plus satisfaites et donc moins portées à quitter le travail que celles qui ne sentent pas cette compatibilité.

On parle de concordance *(fit)* organisationnelle quand il y a mariage heureux entre les attributs d'un individu et les exigences de sa tâche. Les caractéristiques personnelles de l'individu prédisent la variation de son rendement dans une proportion de 30 à 50 p. 100 (Campbell et coll., 1970), l'autre facteur étant le milieu organisationnel comme tel. Que faire alors lorsqu'une des deux variables bouge, par exemple, quand des changements techniques rapides et constants redessinent de façon soudaine tout le milieu d'un individu et le forcent à s'adapter ? Lors de changements de cet ordre, la concordance organisationnelle qui existait lors du recrutement peut s'estomper ; c'est pourquoi il importe que l'organisation clarifie ses programmes et communique ses intentions ou ses nouvelles valeurs aux employés. En outre, elle doit offrir une variété de programmes de formation de manière à établir ou à maintenir la compétence de ses membres. Enfin, elle doit imaginer des moyens de récompenser les employés qui partagent les valeurs qu'elle considère essentielles à la réussite.

3.3.4 L'organisation : un lieu d'apprentissage

Pour qu'un individu fonctionne bien dans une organisation, il ne suffit pas de le placer au bon endroit. Il faut le former, l'encourager à se perfectionner et à corriger son tir si nécessaire. Il faut que l'organisation devienne pour tous ses membres un lieu d'apprentissage.

La théorie de l'apprentissage social et cognitif

On associe souvent Albert Bandura (1977), un Canadien de naissance, à la théorie de l'apprentissage social. Parce qu'il a surtout insisté sur l'aspect cognitif de la personnalité, on a arbitrairement rebaptisé sa théorie «théorie de l'apprentissage social et cognitif».

Bandura s'est penché sur l'importance de l'observation et de l'imitation des autres dans l'apprentissage. Contrairement à Skinner, il a accordé beaucoup d'importance aux capacités cognitives de l'individu, et moins au milieu. Il a insisté sur le fait qu'une personne peut être renforcée simplement en voyant une autre être récompensée pour un geste qu'elle pose. Il a introduit le concept de détermination réciproque entre le milieu, la personne et les composantes internes de son comportement.

Alors que Skinner avance qu'il n'y a aucun apprentissage sans renforcement, Bandura affirme qu'il n'y a aucun renforcement sans intervention cognitive. Selon lui, le renforcement facilite l'apprentissage, mais il n'est pas essentiel. Le simple fait d'observer un modèle qui est renforcé suffit. L'apprentissage est donc favorisé par le renforcement direct ou par les expériences d'observation.

Chaque geste posé par une personne a des conséquences, et ces dernières constituent des sources d'information. En voyant les effets de ses actions, l'individu puise des renseignements qui l'aideront dans ses actions subséquentes. Les conséquences, si elles sont avantageuses, agiront comme des motivateurs. Symboliquement, l'individu pourra anticiper les résultats d'actions semblables.

La modélisation (*modeling*) est la deuxième source d'information, donc d'apprentissage. Elle est plus efficace que l'expérience directe car elle évite les innombrables comportements qui amènent une punition ou un renforcement négatif. Les individus choisissent leurs modèles chez les gens compétents dont le statut est élevé et qui ont du pouvoir. Les caractéristiques de celui qui observe modifient la probabilité de l'apprentissage. Une personne qui n'a ni pouvoir, ni habiletés particulières, ni statut aura davantage tendance à chercher un modèle. Enfin, les conséquences du comportement imité ont une influence sur la modélisation. Plus la personne valorise le comportement observé, mieux celui-ci sera appris. Plus

le comportement aura été récompensé, plus vite il sera appris (Bandura et coll., 1977; Bandura, 1982).

Pour bien profiter de l'apprentissage par imitation, il faut:

- être attentif;
- utiliser des techniques de rétention (répétition symbolique par exemple);
- reproduire le comportement;
- être motivé à adopter le comportement imité.

L'anticipation active et guide le comportement, alors que les conséquences le maintiennent une fois qu'il a été activé. Ces conséquences sont le renforcement extérieur, le renforcement observé et le renforcement intrinsèque.

Enfin, quant au déterminisme réciproque, qui postule l'interaction du milieu, du comportement et de la personne, l'efficacité personnelle met en jeu le facteur «personne», puisqu'elle représente l'attente d'un individu à l'égard de ses capacités de poser ou non le geste qui produira l'effet désiré. Selon Bandura et Adams (1977), le sentiment d'efficacité personnelle provient de quatre sources:

1. Les prestations antérieures.
2. Les expériences observées.
3. La persuasion verbale.
4. L'éveil émotionnel (peur ou hâte).

La source la plus influente est la prestation antérieure (Biran et Wilson, 1981). L'efficacité personnelle ne contrôle pas le comportement, mais elle l'influence beaucoup. On peut prédire le succès ou l'échec en combinant le sentiment d'efficacité personnelle avec les possibilités offertes par le milieu, comme le démontre le tableau 3.3.

Critique de la théorie d'apprentissage social et cognitif

Comme la plupart des théories de la personnalité, la théorie de l'apprentissage social n'explique pas tout de l'activité humaine. Le concept de déterminisme réciproque ne nous renseigne pas

TABLEAU 3.3
Exemple d'efficacité personnelle

Sentiment d'efficacité personnelle	Milieu	Résultat
élevé	favorable	succès
élevé	défavorable	intensification de l'effort en vue de changer le milieu
faible	favorable	dépression devant la réussite des autres dans ce qui semble trop difficile pour soi
faible	défavorable	échec, abandon ou révolte

beaucoup sur la variable très importante qu'est la personne, sinon que ses processus cognitifs sont des éléments centraux du comportement. Mais la cognition est-elle un processus conscient? Que faire de l'inconscient? Toutes ces questions restent sans réponse.

Par contre, le concept du déterminisme réciproque donne à la théorie de Bandura la souplesse qui manquait à Skinner. La théorie de Bandura a occasionné beaucoup de recherches, elle a donc une valeur heuristique. La façon très méticuleuse dont chaque concept a été énoncé permet de poser une infinité d'hypothèses.

Application de la théorie de l'apprentissage à l'organisation

Si l'on résume l'essentiel des théories de Skinner et de Bandura, on peut dégager trois conditions essentielles à l'apprentissage d'une tâche :

1. L'employé doit savoir qu'il est en situation d'apprentissage et être motivé à apprendre.
2. Il doit être capable de faire des liens, c'est-à-dire d'associer le comportement désiré à une situation précise, comme savoir qu'il faut forcer la vente quand on sent que le client est prêt, mais mettre la pédale douce dans le cas contraire.
3. Il doit recevoir une certaine forme de récompense pour son apprentissage.

Jusqu'à maintenant, les tentatives d'application des théories de l'apprentissage au monde du travail se sont fondées sur les techniques classiques de modification du comportement.

Les principales applications sont l'utilisation systématique de sanctions et de récompenses, la gestion des contingences comportementales et le parrainage (*mentoring*).

L'utilisation systématique de sanctions et de récompenses

Produit de la théorie du conditionnement opérant, la modification du comportement a pour but de remplacer un comportement indésirable ou non conforme par un comportement plus adéquat. On élimine le comportement indésirable et l'on comble le vide ainsi créé en faisant l'apprentissage d'un nouveau comportement. Ceci laisse supposer que tous les renforcements utilisés dans le système de compensations organisationnelles (reconnaissance, privilèges, compensations financières ou autres) sont soit retenus, soit accordés en fonction de la dite modification du comportement.

La gestion des contingences comportementales (BCM)

Luthans et Kreitner (1975) ont mis au point une stratégie de changement organisationnel fondée sur la prémisse que le comportement est fonction de ses conséquences.

Cette stratégie qu'ils appellent «management de la contingence behaviorale» (BCM) se fait en cinq étapes (encadré 3.1).

Le parrainage

Le parrainage consiste à fournir un mentor à une personne qui a un bon potentiel. Le plus souvent, le mentor choisit la personne qu'il formera.

Cette relation informelle d'accompagnement est une forme d'apprentissage social par osmose, par imitation ou par «modélisation». Il s'agit d'une application très efficace de la théorie de Bandura.

CONCLUSION

Peters et Waterman (1983) ont déterminé les principales sources de productivité des entreprises américaines les plus performantes. Ils placent

---

ENCADRÉ 3.1   Les étapes du BCM

1. Repérage des comportements cibles (à modifier ou à intensifier)

Le BCM n'est pas axé que sur les éléments négatifs à changer, mais aussi sur les comportements qui améliorent le rendement. Le but visé est d'atteindre les objectifs de l'organisation. Cette étape est essentielle et demande beaucoup d'attention de la part du gestionnaire. Premièrement, le comportement doit être observable, car il faudra mesurer les changements désirés lors d'étapes subséquentes. Deuxièmement, il doit être observé dans la situation où il est «critique». Troisièmement, les problèmes rencontrés doivent être définis concrètement.

2. Mesure du comportement

Le gestionnaire doit connaître la fréquence du comportement critique et utiliser celle-ci comme mesure de base depuis laquelle il observera les changements. Marr et Means (1980) suggèrent quatre techniques : le gestionnaire peut compter la fréquence de façon continue, il peut se fixer des intervalles d'observation (toutes les 15 minutes) et vérifier si le comportement se produit à ce moment-là, ou encore il peut, suivant le principe des intervalles, prendre des mesures sur des périodes de temps échantillonnées, enfin, il peut coter le comportement qualitativement (pauvre, moyen,

fort) et ce, indépendamment des autres techniques de mesure ou en conjonction avec celles-ci.

3. Analyse fonctionnelle du comportement

Le gestionnaire doit comprendre la relation de cause à effet du comportement observé.

4. Élaboration d'une stratégie organisationnelle

En utilisant les principes de la théorie de l'apprentissage, le gestionnaire doit appliquer les techniques de renforcement positif d'après un programme préétabli parmi les quatre choix possibles :

- proportion constante : le renforcement est donné après un nombre déterminé de réponses non renforcées ;
- à intervalle fixe : le renforcement suit la première réponse faite après une période de temps fixe, mesurée depuis le dernier renforcement ;
- proportion variable : le nombre de réponses intercalées entre les renforcements varie d'un renforcement à l'autre ;
- à intervalle variable : l'intervalle de temps entre les renforcements est choisi de façon aléatoire.

Dans certains cas, le gestionnaire devra utiliser le façonnement, c'est-à-dire renforcer les approximations jusqu'à l'atteinte du comportement désiré, ou encore la modélisation, c'est-à-dire exposer l'individu à une autre personne qui manifeste le comportement désiré et qui en retire des bénéfices.

5. Mesure de l'effet du BCM

Après toutes ces étapes, le gestionnaire doit vérifier si les résultats ont été atteints et s'ils persistent, sinon il doit recommencer le processus.

Source : Traduit et adapté de LUTHANS, F. et KREITNER, R., *Organizational Behavior Modification*, Glenview, Scott Foresman Company, 1975, p.69-83.

au premier rang l'attention portée aux personnes qui composent l'organisation. Cette «attention» consiste à la fois en une écoute respectueuse et attentive des employés et en une attitude confiante à leur endroit, fondée sur la certitude qu'ils sont des adultes à part entière et qu'ils préfèrent se comporter comme tels.

Selon ces auteurs, cette manière d'agir avec les gens permet à des personnes ordinaires d'atteindre des résultats extraordinaires. Les entreprises où les employés ont une certaine emprise sur leur destinée et où l'on souligne les caractéristiques positives de chacun obtiennent un rendement supérieur de leurs employés.

Cependant, il ne faut pas croire, comme on le fait dans de nombreuses entreprises, qu'appliquer une ou deux techniques «éprouvées», comme la gestion par objectifs ou les cercles de qualité, garantit l'atteinte de tels résultats. Une attitude résolument orientée vers les ressources humaines de l'entreprise se doit d'être plus globale. Il s'agit, en fait, d'un ensemble de valeurs fondamentales, dont la présence se fait sentir tant dans la structure et les procédures que dans les styles de gestion des dirigeants. Les valeurs fondamentales de ces derniers doivent transcender les techniques de gestion. Le contraire serait catastrophique.

Si l'on admet que la bataille de la productivité passe par une meilleure utilisation des ressources humaines dans l'organisation, on admet du même coup que les gestionnaires doivent améliorer leur connaissance des composantes et

du fonctionnement de la personnalité humaine, et ce pour plusieurs raisons.

La conception qu'a une personne de la nature humaine influence grandement sa compréhension des autres, de même que ses réactions à leurs comportements. Il importe donc que le gestionnaire, qui se trouve en interaction fréquente avec d'autres personnes, soit bien au fait du fonctionnement des personnes, de leurs possibilités et de leurs limites. De plus, le gestionnaire doit utiliser, dans ses relations avec les autres, l'outil très important qu'est sa personnalité. Aussi, celui qui veut être à l'aise et productif dans un poste de gestion a-t-il besoin non seulement d'acquérir des connaissances sur la personnalité humaine en général, mais également de bien se connaître lui-même.

Dans les organisations occidentales, des ressources humaines spécialisées et des techniques très complexes sont généralement à la disposition de tous. Il n'est pourtant pas rare que les projets les mieux planifiés et les systèmes les mieux organisés échappent à l'emprise de ceux qui les conçoivent et les dirigent. Lorsqu'on analyse ces échecs, on constate qu'ils découlent bien plus souvent de problèmes humains que d'erreurs scientifiques.

Finalement, lorsqu'on replace les organisations dans l'univers social qui les entoure, on se trouve non seulement devant des problèmes de surpopulation, de menace nucléaire, mais aussi de désespoir dans certaines couches sociales, de baisse de la productivité globale de l'économie, notamment. La misère humaine que reflètent ces problèmes, et que ceux-ci provoquent, constitue une toile de fond dont les dirigeants de notre société et de nos organisations doivent tenir compte de plus en plus dans leurs décisions.

À ce sujet, Abraham Maslow (1957) disait : «Si nous améliorons la nature humaine, nous améliorons tout, parce que nous éliminons les principales causes des désordres du monde.» Il en va de même de nos organisations qui, comme les systèmes politiques, ont été créées par des humains, pour des humains, et se maintiennent par des humains.

QUESTIONS

1. Parmi les théories psychanalytique, behavioriste et humaniste, laquelle insiste le plus sur :
   a) l'importance de l'hérédité dans la détermination du comportement ?
   b) l'activité mentale consciente ?
   c) le rôle déterminant du milieu dans la formation de la personnalité ?
2. Freud croit que la personnalité est substantiellement déterminée avant l'âge de 6 ans. À partir de votre expérience personnelle, élaborez deux arguments qui vont dans le sens de cette hypothèse et deux autres qui la contredisent.
3. En vous référant aux principes du conditionnement opérant, trouvez trois méthodes autres que la punition que peuvent utiliser les parents pour faire disparaître des comportements indésirables chez leurs enfants.
4. Comment un gestionnaire peut-il favoriser l'actualisation de soi chez ses employés ?
5. Réfléchissez à votre propre conception de la nature de l'homme et de la société, et décrivez au moyen d'exemples concrets comment cette conception influence votre comportement dans votre milieu de travail.

RÉFÉRENCES BIBLIOGRAPHIQUES

ALLPORT, G., *Pattern and Growth in Personality*, New York, Holt, Rinehart and Winston, 1961.

ARGYRIS, C., *Personality and Organization*, New York, Harper and Row, 1957.

BANDURA, A., *Social Learning Theory*, Englewood Cliffs, New York, Prentice-Hall, 1977.

BANDURA, A., «Model of Causality in Social Learning Theory», article présenté à l'assemblée de l'association japonaise de psychologie, Tokyo, juillet 1982.

BANDURA, A. et ADAMS, N.E., «Analysis of Self-Efficacy Theory of Behavioral Change», *Cognitive Therapy and Research 1*, 1977.

BANDURA, A., ADAMS, N.E. et BEYER, J., « Cognitive Processes Mediating Behavioral Change », *Journal of Personality and Social Psychology*, 35, 1977.

BERNE, E., *Analyse transactionnelle et psychothérapie*, Paris, Payot, 1971.

BERNE, E., *Des jeux et des hommes*, Paris, Stock, 1976.

BIRAN, M. et WILSON, G.T., « Cognitive versus Behavioral Methods in the Treatment of Phobic Disorders : a Self-Efficacy Analysis », *Journal of Consulting and Clinical Psychology*, 49, 1981.

CAMPBELL, J.P., DUNETTE, M.O., LAWLER, E.E. III et WEICK, K.E., *Managerial Behavior, Performance and Effectiveness*, New York, McGraw-Hill, 1970.

CHRISTIE, R. et GEIS, R.L. *Studies in Machiavelianism*, New York, Academic Press, 1970.

CÔTÉ, N., « La formation des futurs leaders : de l'ordinateur à E.T. », dans DUFRESNE, J. et JACQUES, J., *Crise et Leadership*, Montréal, Boréal Express, 1983.

CÔTÉ, N., « Réussir sa vie, une entreprise fascinante », *Fermières*, avril-mai 1985.

CÔTÉ, N., « Regard nouveau sur les stratégies d'intervention dans les organisations », *L'Analyste*, vol. II., automne 1985.

CÔTÉ, N., « Combattre la solitude », *Fermières*, décembre-janvier 1987.

DUHAMEL P., *Revue Commerce*, décembre 1988.

ELLIS, R.A. et TAYLOR, M.S., « Role of Self-Esteem within the Job Search Process », *Journal of Applied Psychology*, 68, 1983.

ERIKSON, E.H., *Childhood and Society* (2e éd.), New York, Norton, 1968.

FREUD, S., *Introduction à la psychanalyse*, Paris, Payot, 1959.

FREUD, S., *Essais de psychanalyse*, Paris, Payot, 1965.

FREUD, S., *Malaise dans la civilisation*, Paris, P.U.F., 1971.

HELLRIEGEL, D., SLOCUM, J.W. et WOODMAN R.W., *Organizational Behavior*, (5e éd.), St. Paul, West Publishing Company, 1989.

HERMAN, S.M. et KORENICH, M., *Authentic Management : a Gestalt Orientation to Organization and their Development*, Reading, Addison-Wesley, 1977.

HOLDEN, C., « The Genetic of Personality », *Science*, août 1987.

HOLLAND, J.L., *Making Vocational Choices : A Theory of Careers*, Englewood Cliffs, N. J., Prentice-Hall, 1973.

LEVINE, R.A., *Culture, Behavior and Personality*, (2e éd.), New York, Aldine, 1982.

LEVINSON, D.J., *The Seasons of a Man's Life*, New York, Alfred A. Knopt, 1978.

LUTHANS, F. et KREITNER, R., *Organizational Behavior Modification*, Glenview, Scott, Foresman, 1975.

MARR, J.N. et MEANS, B.L., *Behavior Management Manual*, Fayetteville, Arkansas Rehabilitation Services, 1980.

MASLOW, A., *Motivation and Personality*, New York, Harper and Row, 1954.

MASLOW, A., « A Philosophy of Psychology : The Need for a Mature Science of Human Nature », *Main Currents in Modern Thought*, vol. 13, 1957.

MINTZBERG, H., « Planning on the Left Side and Managing on the Right », *Harvard Business Review*, juillet-août 1976.

MYERS BRIGGS, I., *Gifts Differing*, Consulting Psychologists Press Inc., 1980.

O'REILLY, C.A. III, « Personality-Job Fit : Implications for Individual Attitudes and Performance », *Organizational Behavior and Human Performance*, février 1977.

ORNSTEIN, R.E., *The Psychology of Consciousness*, New York, Harcourt, 1977.

PERLS, F.S., HEFFERLINE, R.F. et GOODMAN, P., *Gestalt Therapy : Excitement and Growth in the Human Personality*, New York, Dell Publishing Co., 1951.

PERVIN, L.A., *Current Controversies and Issues in Personality*, (2e éd.), New York, John Wiley & Sons, 1984.

PETERS, T.I. et WATERMAN, R.H., *Le Prix de l'excellence*, Paris, Inter-Éditions, 1983.

ROGERS, C.R., *Client Therapy, Its Current Practice, Implications and Theory*, Boston, Houghton Mifflin, 1951.

ROGERS, C.R., *Le développement de la personne*, Paris, Dunod, 1968.

ROGERS, C.R., *Personal Power*, New York, Delacorte Press, 1977.

SCHERMERHORN, J.R., JAMES, G. et OSBORN, R.N., *Managing Organizational Behavior*, (3e éd.), New York, John Wiley & Sons, 1988.

SHEEHY, G., *Passages : les crises prévisibles de l'âge adulte*, Montréal, Presses Select Ltée, 1978.

SKINNER, B.F., *Science and Human Behavior*, New York, Free Press, 1967.

SKINNER, B.F., *Contingencies of Reinforcement : A theoretical Analysis*, New York, Appleton-Century-Crofts, 1969.

SKINNER, B.F., *Par delà la liberté et la dignité*, Paris, Laffont, 1972.

TART, C.P., *Transpersonal Psychologies*, New York, Harper and Row, 1975.

WHITE, D. et BEDNAR, A., *Organizational Behavior : Understanding and Managing People at Work*, Newton, Allyn and Bacon, 1986.

WILBER, K., *The Holographic Paradigm and Other Paradoxes*, Boulder, Col., Shambala Publications Inc., 1982.

ZINKER, J., *Creative Process in Gestalt Therapy*, New York, Brunner/Mazel, 1977.

4

LA GESTION DU STRESS ET LA PLANIFICATION DE CARRIÈRE

Nicole Côté

UN ÉQUILIBRE VITAL

Une enquête internationale, menée par Priority Management auprès de 1 000 hommes d'affaires américains, britanniques, canadiens, australiens et néo-zélandais qui détiennent tous un poste de responsabilité, a démontré que 26 p. 100 des cadres interrogés passent plus de cinq semaines par année en voyage d'affaires, mais que 62 p. 100 d'entre eux disposent de quinze jours ou moins de vacances avec leur famille. Bien que 52 p. 100 déclarent passer au moins une heure par jour avec leurs enfants, 27 p. 100 avouent leur consacrer moins de quinze minutes. M. Daniel Stamp, président de Priority Management, une société de formation, prône l'équilibre et adhère aux principes qu'il professe. Il travaille de 8 h à 17 h 30 et rentre ensuite rejoindre sa famille : « Être équilibré, dit-il, n'entraîne pas de perte de revenu... c'est plutôt le contraire » (*Le Devoir*, 1989).

(...) Laurent Joffrin, journaliste au *Nouvel Observateur*, fait remarquer que les Églises se sont effacées, les partis ont perdu leur lustre, les intellectuels se sont tus. Triomphante, l'entreprise est devenue le principal fournisseur de mythes des sociétés développées. À l'excellence au travail, idée maîtresse de l'individualisme professionnel, répond l'excellence dans la vie familiale, dans le sport, dans la culture ou l'enseignement, idée force de l'individualisme (Jean-Pierre Nicaise, Le Devoir, 1990).

INTRODUCTION

Au cours des années 60, lorsqu'une entreprise embauchait un employé, elle s'attendait implicitement à ce qu'il lui sacrifie son bien-être personnel. Il allait de soi que l'employé devait subordonner sa vie familiale à sa carrière et adopter sans trop discuter les coutumes de l'organisation.

Mais dans les années 70, le discours s'est modifié. Les recherches sur le stress et le « burn out » viennent bouleverser le monde des affaires. La personne en elle-même devient le nouveau centre d'intérêt, et le travail n'est plus la seule raison d'être. Les recherches ont sensibilisé les cadres au fait qu'une personne n'est pas une machine, un être à compartiments, mais bien un organisme vivant et intégré.

Les années 80 confirment l'émergence des valeurs qui favorisent l'autonomie et l'expression de la personne. On ressent vraiment le besoin d'agir et de vivre en conformité avec ses aspirations et on amène parfois ses valeurs personnelles au travail, même si cela doit entraîner certains écarts relativement aux modèles sociaux classiques.

On peut expliquer le phénomène de transformation des valeurs des entreprises par une recrudescence de l'individualisme, mais le simple bon sens amène les gestionnaires des ressources humaines à se rendre compte que l'individu ne se réduit pas à une intelligence. Il comporte bien d'autres dimensions qui demandent à s'épanouir avec la même intensité que ses facultés mentales. Si l'on veut apporter une contribution importante à l'entreprise, il faut avoir atteint un certain équilibre entre toutes les dimensions de sa vie : travail, vie sociale, vie familiale et vie personnelle. Ainsi, on enseigne aux dirigeants que si l'on veut gérer les autres, la première personne à qui l'on doive appliquer ces principes reste soi-même. En somme, la décennie 1980 sensibilise les êtres à l'importance des réalisations personnelles. Elle les invite aussi à manifester une plus grande ouverture face aux expériences de la vie. L'individu est désormais perçu comme une personne et non plus comme un simple instrument de production dénué de toute sensibilité.

À l'aube des années 90, des thèmes comme le stress et la santé prennent de plus en plus d'importance dans le discours organisationnel parce qu'on se rend compte qu'ils ont un effet direct sur la manière dont les gens envisagent leur carrière.

Une enquête menée par la société de recherche et de référence de cadres supérieurs Korn Ferry, auprès de quelque 700 cadres des entreprises américaines les plus importantes, démontre que seulement 47 p. 100 d'entre eux désirent plus de responsabilités, en regard de 58 p. 100, voilà dix ans. Et la revue *Fortune* n'hésite pas à affirmer que les meilleurs cadres forment l'avant-garde du mouvement qui rejette la surcharge de travail. Pourquoi? Parce qu'au fil des ans, on s'est rendu compte que le prix à payer pour l'excellence était le stress.

Au Québec, on sent çà et là une préoccupation accrue des mesures anti-stress. L'entreprise BCP, pour ne nommer que celle-là, offre à ses employés un abonnement annuel à un centre de conditionnement physique. La tendance est donc au «perfectionnement personnel»; 4 p. 100 déjà de la masse salariale de Digital Équipement y est consacré (Nicaise, 1990).

Les entreprises n'ont plus le choix de devenir des lieux de perfectionnement personnel pour leurs employés et cadres, et de planifier des cheminements de carrière qui tiennent compte des personnes dans leur globalité. Les individus n'ont pas davantage le choix, et doivent apprendre à gérer leur stress et à planifier leur carrière.

4.1 LE STRESS

La révolution technologique des années 80 a laissé croire à de nombreux spécialistes que leur vieux rêve de la civilisation des loisirs allait enfin se concrétiser, mais force leur fut de constater que la prolifération d'instruments destinés à économiser du temps ne multiplie pas les heures pour autant.

La technologie nous happe dans un tourbillon d'information, de communication, de déplacements qui exercent une pression énorme sur

nos organismes et qui exigent de ces derniers de s'adapter de façon permanente, ce qui entraîne comme conséquence le stress.

4.1.1 Qu'est-ce que le stress?

«Au sens strict du terme, le stress signifie effort, tension, contrainte. Ce sont des ingénieurs anglo-saxons qui, au début du siècle, ont forgé ce vocable pour évoquer ou évaluer la résistance des matériaux. De nos jours, on en a élargi le sens en utilisant le mot "stress" dès que les choses ne se dessinent pas exactement comme on les avait prévues» (Côté, 1991). Le stress est la réaction d'adaptation du corps à une situation difficile ou imprévue; une réaction de réparation qui, lorsqu'elle échoue, risque d'amener des problèmes physiques graves, comme l'indique la figure 4.1.

De nos jours, le stress semble bien faire partie de la vie. Il ne conduit pas toujours à l'épuisement mais d'après les statistiques, il s'agit d'un problème de santé dont l'importance dépasse celle du rhume (Torrance, 1985).

Les différentes conceptions de l'étude du stress

Par tradition, les chercheurs ont abordé le stress selon deux grandes conceptions auxquelles correspondent des modes d'intervention très différents: la conception médicale et la conception psychologique.

La conception médicale

En médecine, le stress désigne des états antagonistes. Il est tantôt une réaction saine d'un organisme sollicité, tantôt une manifestation d'alarme dénonçant une panne sérieuse dans les fonctions d'un ou de plusieurs organes (Accoce, 1981).

Au XIXe siècle, Claude Bernard démontra l'importance pour l'organisme de maintenir la stabilité de son milieu interne, et ce quelles que soient les agressions du milieu externe. Il a

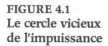

FIGURE 4.1
Le cercle vicieux
de l'impuissance

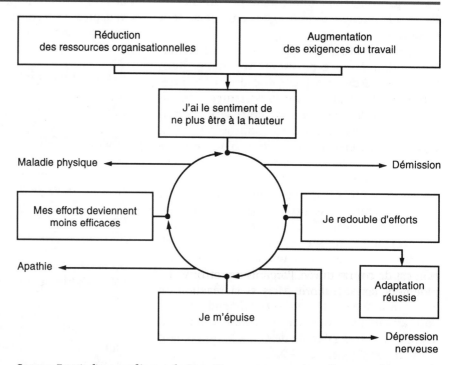

Source : Extrait d'une conférence de Serge Simoneau prononcée au forum sur l'épuisement professionnel organisé par la CSN en mai 1989, dans MARQUIS, S., *Épuisement professionnel*, Travail et Santé, automne 1989, vol. 5, n° 3, p. 22.

expliqué que sans cette autorégulation, le système encourt de grands dangers, allant de la maladie à la mort.

Puis, quelque 60 ans plus tard, le neurophysiologue américain W. B. Cannon (1929) élabora un modèle du stress qu'il nomma «*fight-flight*», d'après les réactions possibles. Globalement, ce modèle décrit la manière dont l'instinct de peur mobilise l'animal : ce dernier peut passer à l'action en attaquant ou en se retirant. Dans les deux cas, on observe une activation du système nerveux sympathique ainsi qu'une sécrétion hormonale de la glande médullo-surrénale.

Enfin, au cours de ses recherches, Hans Selye (1976) a observé que, quelle que soit l'origine du stress, la réponse de l'organisme est toujours la même. Il a appelé cette réponse invariable «le syndrome général d'adaptation». Selon lui, ce dernier se déroule en trois phases :

1. La réaction d'alarme qui mobilise l'organisme.
2. La réaction d'adaptation qui organise les défenses de façon durable.
3. La phase d'épuisement au cours de laquelle les mécanismes de protection s'effondrent.

La conception psychologique

Le mérite de Hans Selye tient à avoir transposé les recherches portant sur le stress du champ purement médical à celui de la psychologie.

En psychologie, on parle de stress quand les demandes extérieures, réelles ou perçues, représentent une menace pour la paix intérieure d'un individu, ou pour son intégrité physique et psychique. Pour reprendre les différentes étapes des réactions au stress, voici concrètement quelles en sont les manifestations. À l'instar de l'animal, l'être humain possède un instinct de peur qui fonctionne à la manière d'une alarme et qui est toujours vigilant, prêt à lui sauver la vie.

Lorsque survient un danger, l'alarme sonne et mobilise les systèmes respiratoire, cardiaque, digestif et musculaire. S'il est en présence d'un danger réel, l'individu peut se battre ou fuir. Puis, ses systèmes retrouvent leur équilibre sans que l'organisme ne subisse de dommage.

Par ailleurs, il est possible à l'homme d'imaginer une menace. Cette pensée mobilise alors l'instinct de peur qui met en branle tous les mécanismes de défense du système. Si cette réaction est de courte durée, l'organisme retrouve rapidement son équilibre. Mais si la réaction de peur est de longue durée, et que la personne ne peut ni se battre, ni fuir, elle se retrouve en état de stress.

La conception psychologique ne s'oppose pas à la conception médicale, mais la complète. D'ailleurs, lorsqu'il s'agit d'intervenir auprès d'une victime du stress, il faut à la fois traiter les symptômes physiques et la cause psychologique du stress, sinon, il est impossible d'obtenir des résultats valables, rapides et durables.

Les types de stress

Il existe trois types de stress : le stress négatif, le stress positif et le stress neutre ou nécessaire.

Le stress négatif

Devant un changement brusque de son milieu, l'individu puise dans ses réserves d'énergie afin de provoquer les états d'adaptation nécessaires à son bon fonctionnement. Si le processus d'adaptation est constamment sollicité, il s'ensuivra une usure de l'organisme et un épuisement d'énergie. Lorsque cette phase d'épuisement est atteinte, on parle alors de stress pathologique. Sans nécessairement présenter cette dernière caractéristique,

le mauvais stress représente tout ce qui répugne et qui n'appartient pas à l'échelle de valeurs que s'est donné l'individu : l'échec, la peine ou tout événement qui le déséquilibre ou provoque la douleur.

Tout événement qui engendre un recours au processus d'adaptation est source de stress. Selon que la capacité d'absorption d'un individu est adéquate ou non, on parlera de stress positif ou négatif. En effet, devant la même tension, un individu qui est en harmonie avec lui-même verra le stress comme une source de rendement, alors que la personne qui n'a pas cette capacité de dépassement en subira un certain déséquilibre.

Le stress positif

Le bon stress ou eustress est constitué de ce qui fait plaisir et ce qu'une personne accepte de faire volontiers : joie, réussite, amour. Le bon stress provoque les mêmes réactions physiologiques que le mauvais stress ou détresse (rythme cardiaque plus rapide, mains moites, pupilles dilatées, respiration accélérée), mais la sensation qu'il procure est agréable (Gmelch, 1982).

Le stress neutre ou nécessaire

L'être humain a besoin de stress pour avancer. L'absence totale de stress signifie la mort. À l'inverse, une surstimulation peut mettre fin à une existence, sur le plan physique ou professionnel. Il est reconnu en effet qu'un niveau excessif ou une absence de stress au travail nuit au rendement (figure 4.2). L'absence de stress provoque l'ennui, la fatigue, la frustration et l'insatisfaction, alors que la surcharge de stress conduit à l'épuisement, à la maladie, à une baisse de l'estime de soi, car l'individu se rend compte qu'il a dépassé ses limites personnelles. Entre les deux extrêmes, on peut parler d'un niveau optimal de stress dont la présence stimule la créativité, invite au progrès, au changement et procure la satisfaction.

La courbe optimale de stress démontre très bien le lien entre le stress et le rendement. Aux

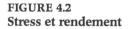

FIGURE 4.2
Stress et rendement

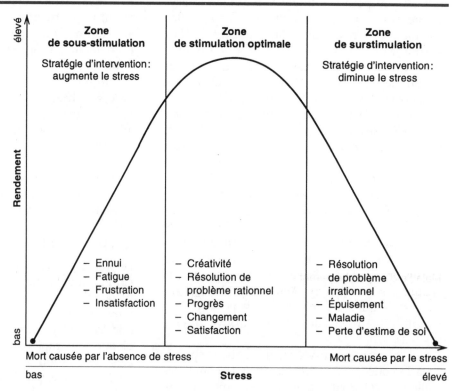

Source : Traduit et adapté de GMELCH, W.H., *Beyond Stress to Effective Management*, New York, John Wiley & Sons, 1982, p.29.

extrêmes de la courbe, on retrouve la mort causée par surstimulation ou sous-stimulation. Entre ces deux extrêmes, on trouve trois zones ainsi que les conséquences de celles-ci sur le rendement.

4.1.2   Les causes de stress

En général, dès qu'il y a dissonance entre les désirs et la réalité, on peut parler de stress. Certains facteurs, le deuil par exemple, sont ressentis avec plus d'acuité. Les deuils sont stressants parce qu'en un certain sens, ils sont inévitables : les amis qu'on quitte lors d'un déménagement, le divorce des parents, la mort d'un animal préféré, tous ces événements ont un effet déstabilisateur

qui met en branle des processus d'adaptation plus ou moins adéquats selon les personnes.

Les causes générales

En 1967, deux chercheurs américains, Holmes et Rahe, ont publié pour la première fois, dans le *Journal of Psychosomatic Research*, ce qui allait devenir l'échelle de stress la plus connue (tableau 4.1). Sur une échelle d'intensité allant de 0 à 100, ils ont regroupé plusieurs facteurs de stress auxquels ils ont accordé une valeur relative.

A priori, certaines personnes seraient portées à discuter de l'importance relative de chacun des événements stressants. On peut penser que les facteurs de stress varient d'une personne à une autre, et davantage selon la culture. Mais il reste

TABLEAU 4.1
L'échelle de stress de Holmes et Rahe

Cause de stress	Points	Cause de stress	Points
Décès du conjoint	100	Changement de responsabilités professionnelles	29
Divorce	73	Fils ou fille qui quitte le foyer	29
Séparation d'avec son conjoint	65	Problèmes avec les beaux-parents	29
Emprisonnement	63	Exploit personnel marquant	28
Décès d'un proche parent	63	Début ou arrêt de travail du conjoint	26
Blessure ou maladie	53	Début ou fin de scolarité	26
Mariage	50	Changement de conditions de vie	25
Licenciement	47	Modification d'habitudes personnelles	24
Réconciliation avec le conjoint	45	Difficultés avec un patron	23
Retraite	45	Changement d'horaire ou de conditions de travail	20
Maladie d'un proche parent	44	Déménagement	20
Grossesse	40	Changement d'école	20
Problèmes sexuels	39	Changement de loisirs	19
Arrivée d'un nouveau membre dans la famille	39	Changement	19
Problèmes d'affaires	39	Changement d'activités sociales	18
Modification de situation financière	38	Hypothèque ou emprunt de moins de 10 000 $	17
Mort d'un ami intime	37	Changement de fréquence des réunions de famille	15
Changement d'emploi	36	Changement des habitudes alimentaires	15
Multiplication des disputes conjugales	35	Vacances	13
Hypothèque ou dette de plus de 10 000 $	31	Noël	12
Saisie d'une hypothèque ou échéance d'un emprunt	30	Amendes ou contraventions	11

Source : Traduit et reproduit avec l'autorisation du *Journal of Psychosomatic Research*, Vol. II, No. 3, T. H. Holmes et R. H. Rahe, «Social Readjustment Rating Scale», 1967, Pergamon Press Ltd., Oxford, England.

que dans l'ensemble, ces événements sont stressants, et les statistiques démontrent que 37 p. 100 des gens qui cumulent un total de 150 à 200 points au cours d'une même année tombent gravement malades. Ceux dont les résultats atteignent entre 200 et 300 ont, quant à eux, 50 p. 100 de probabilités de tomber malades. Enfin, 80 p. 100 de ceux qui comptent plus de 300 points sur une période de 12 mois consécutifs contractent une maladie grave.

Les facteurs organisationnels

Aux facteurs généraux de stress se juxtaposent d'autres facteurs qui eux sont liés précisément à l'organisation, au monde du travail. Comme on l'a vu plus tôt, la sous-stimulation a le même effet que la surstimulation sur le rendement, en particulier chez les gens dont la vie est axée sur le travail. Des tâches trop lourdes ou trop allégées, en quantité ou en qualité, entraînent souvent la maladie. D'autres agents liés à l'organisation sont réputés porteurs de stress. La bureaucratie vient en tête de liste en raison de son caractère impersonnel et de l'ampleur de sa structure. Souvent, les contrôles de toute sorte exercés dans les bureaucraties engendrent des relations inhumaines et dépersonnalisées. De plus, les récompenses sont sinon totalement absentes, du moins en nombre très limité. Le manque de reconnaissance a souvent été cité comme facteur de stress.

Parmi d'autres sources non négligeables de stress, on trouve l'ambiguïté des rôles ou des responsabilités. Ne pas savoir à qui incombent certaines tâches ou quelles sont les attentes des supérieurs relativement au travail des employés provoque une incertitude qui, à certains égards, sème le désarroi chez la personne au travail, car elle n'a aucun cadre de référence.

Il existe aussi des conflits de rôles, c'est-à-dire des exigences contradictoires au sein d'une même entreprise. L'exemple le plus courant est celui de l'employé aux prises avec, d'une part, des pressions en vue de pousser la production au maximum et, d'autre part, des pressions qui veulent réduire au minimum les rejets. La première exigence complique la réalisation du deuxième objectif. Coincé entre le marteau et l'enclume, l'employé voit monter son niveau de stress.

Gérer des personnes comporte des interactions différentes, donc des ajustements et des négociations, et apporte son lot de stress. Plus les communications entre les niveaux hiérarchiques sont difficiles, plus le travail de gestion devient pénible. Les pressions proviennent non seulement des aspects administratifs liés au poste de cadre, mais aussi des attentes de toutes les personnes dont le gestionnaire a la responsabilité. Le besoin de soutien devient alors impératif.

Certains auteurs se sont penchés sur les effets bénéfiques du soutien social dans les situations de stress. L'humain étant essentiellement un être social, il apparaît que les bonnes relations interpersonnelles sont un facteur de santé. L'absence de relations sociales de qualité dans le milieu de travail peut donc être considérée comme une autre source importante de stress.

Toujours en relation avec l'organisation, il ne faut pas négliger les conditions de travail qui peuvent affecter la santé tant physique (inhalations toxiques ou pollution par le bruit) que mentale. L'obligation de travailler très dur et rapidement, les horaires trop longs et le manque de ressources minent tranquillement les réserves d'énergie. À la phase d'épuisement, autant physique que psychologique, survient la maladie.

Enfin, si les conditions socio-économiques sont difficiles (par exemple, en période de récession ou de chômage élevé), chacun ressent douloureusement la précarité de son emploi, et cette menace peut rompre l'équilibre psychique d'un individu, car elle réduit son aptitude à résister au stress, même de faible intensité.

On le constate, les facteurs de stress au travail peuvent revêtir diverses formes (figure 4.3). Une étude récente (McCarthy, 1988), menée auprès de travailleurs, illustre quelques sources importantes de stress.

— 34 p. 100 d'entre eux ne font pas le travail qu'ils veulent faire ;
— 30 p. 100 prétendent que le stress consiste à faire face à leur travail actuel ;
— 28 p. 100 croient qu'ils travaillent trop fort ;
— 21 p. 100 d'entre eux considèrent que les collègues sont sources de stress ;
— 18 p. 100 jugent que le patron leur rend la vie difficile.

Lors d'une enquête internationale (Cooper et Arbose, 1984) portant sur 1 065 gestionnaires de dix pays différents répartis sur les cinq continents, 55 p. 100 des répondants ont mentionné la pression exercée par le temps ou les délais impartis. Ces facteurs sont suivis de près par la surcharge de travail (52 p. 100 des répondants). On indique également souvent les subalternes

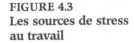

FIGURE 4.3
Les sources de stress
au travail

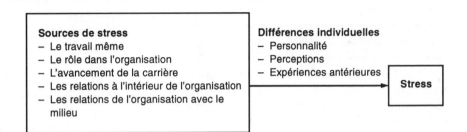

Source : Traduit de HELLRIEGEL, D., SLOCUM, J. W. Jr. et WOODMAN, R. W., *Organizational Behavior* (5ᵉ éd.), St. Paul, Minn., West Publishing Company, 1989, p. 480.

incompétents, les longues heures de travail, les réunions interminables et les liens conflictuels entre le travail, la vie familiale et la vie sociale à titre d'agents de stress.

Tout ce qui constitue le milieu organisationnel peut être source de stress pour quelqu'un : un élément peut être inhérent au travail même, au rôle dans l'organisation, à l'avancement de la carrière, aux relations avec l'organisation ou au type de relations qu'entretient cette dernière avec le monde extérieur (Cooper et Marshall, 1975). Chaque facteur est filtré par l'individu avant que celui-ci ne le définisse comme une cause de stress (Hellriegel et coll., 1989).

Les facteurs personnels

Malgré l'importance des facteurs organisationnels, il n'en demeure pas moins que ceux-ci sont plus ou moins déterminants selon la personnalité de l'individu. Comme nous l'avons mentionné au chapitre précédent, on reconnaît trois types de personnalités, nommés simplement **A**, **B** ou **C**. Ces personnalités correspondent à trois façons différentes de réagir au stress (Rosenman et coll., 1964).

Les gens du type **A**, ambitieux, perfectionnistes, compétitifs, pressés, qui ont le goût du risque et des responsabilités, ont des réponses excessives au stress. Obsédés par la quantité plus que par la qualité, ils ne supportent pas les délais,

sont dynamiques et vivent à un rythme accéléré. Ces personnes sont trois fois plus sujettes à des troubles cardiaques. En outre, les personnes qui subissent un infarctus sont à 90 p. 100 du type **A**... une maladie foudroyante pour des gens, à certains égards, aussi «foudroyants».

Très rarement cités dans la documentation et situés à l'opposé sur le continuum des types de personnalités, les **C**, de faux calmes qui cachent leur souffrance, intériorisent leurs réactions. Sous des dehors imperturbables, la personne de type **C** espère se dominer et maîtriser le stress. Naturellement, il n'en est rien. Comme le spectacle n'est pas leur point fort, les types **C** contractent des maladies plus pernicieuses, mais tout aussi dévastatrices comme le cancer, les infections, les rhumatismes, la dépression nerveuse.

Enfin, en plein centre du continuum, se rejoignent les personnes de type **B**, sages, réalistes, positives, calmes, patientes, altruistes. Ces personnes s'imposent un rythme naturel de fonctionnement et disposent ainsi de toute l'énergie nécessaire pour résoudre les problèmes, et ce sans hypothéquer leurs réserves.

Les variables contextuelles

Il est aisé de constater que chacun fabrique son stress, sa fatigue, sa dépression et sa résistance en fonction de son type de personnalité. Mais la réponse au stress n'est pas aussi linéaire qu'on pourrait le croire :

Tel stress ⟶ tel type de personnalité ⟶ telle réaction

En effet, il est prudent de nuancer en ajoutant certaines variables contextuelles susceptibles d'influencer la résistance au stress (Sethi et coll., 1984). Ces variables concernent les besoins, l'expérience et les valeurs de l'individu.

Le lieu de contrôle

Le lieu de contrôle est un facteur important en matière de réponse au stress. On dira d'une personne qui s'attribue toutes les responsabilités qu'elle a un lieu de contrôle interne. Par exemple, cette personne se sentira personnellement responsable de l'échec ou de la réussite d'une négociation : «J'ai bien ou j'ai mal travaillé.» À l'opposé, une personne qui a un lieu de contrôle externe attribuera les circonstances de sa vie à des facteurs externes (la chance, le hasard, la fatalité, les autres). En ce qui concerne le stress au travail plus précisément, certaines études démontrent que l'individu qui a un lieu de contrôle interne souffre moins de tension parce qu'il sait qu'il a une emprise sur les événements, qu'il domine la situation. En outre, si cet individu est de type **A**, il a davantage tendance à passer à l'action, à relever les défis. Par contre, s'il tombe dans l'exagération, il devient un excellent candidat à l'épuisement professionnel.

La perception

La perception est le processus psychologique grâce auquel l'individu choisit et organise l'information du milieu en un concept de réalité. La façon dont un individu perçoit sa situation au travail influence sa façon de vivre le stress. Un employé qui a horreur du changement vivra l'arrivée d'une nouvelle technique comme un événement menaçant et sera très nerveux, alors qu'un autre, plus ouvert au changement, la verra comme une occasion d'acquérir de nouvelles habiletés, et donc, vivra moins de stress.

L'expérience passée

L'expérience antérieure d'un événement peut amener l'individu à y faire face avec plus de calme et de sérénité lorsque celui-ci se reproduit, ou, au contraire, le provoquer à paniquer. Certains vivent le souvenir de leur première journée au travail comme un traumatisme, d'autres pas. La relation qui existe entre l'expérience et le stress tient du renforcement. Un renforcement positif ou un succès dans une situation antérieure semblable à celle du moment présent peut réduire énormément le niveau de stress. Le souvenir d'un échec lors d'une situation similaire (renforcement négatif) produit l'effet contraire et augmente le niveau de stress.

Les relations interpersonnelles

La présence ou l'absence de soutien influence aussi bien la façon dont l'individu expérimente le stress que sa réponse aux événements (Ganster et coll., 1986). La présence de collègues peut augmenter la confiance en soi des individus, car elle leur permet de répondre plus efficacement aux événements. D'autre part, il peut arriver que la présence de collègues irrite les gens, les rende anxieux et, ainsi, réduise leur capacité de résister au stress. Tout dépend du type de relations interpersonnelles qu'entretient l'individu dans son milieu de travail (Kaufman et Beehr, 1986).

Les différences individuelles

Évidemment, d'autres caractéristiques personnelles peuvent expliquer les différences de réactions des gens au stress (Frew et Bruning, 1987). Les différences de valeurs, de besoins et d'habiletés amènent des différences de réactions. Ce qu'un individu conçoit comme une source importante de stress peut passer inaperçu chez un autre.

Les habitudes de vie

D'après l'analyse d'un grand nombre d'études psychologiques, Dominique Chalvin (1989) a répertorié des portraits de personnes prédisposées au stress. Il est assez facile de les reconnaître dans l'entreprise, car elles adoptent certains comportements types bien précis (tableau 4.2).

4.1.3 Les conséquences du stress

Le stress est omniprésent dans nos vies. Mais lorsqu'il devient envahissant, il occasionne des symptômes fâcheux chez les individus et dans l'organisation. À la longue, il affecte la santé individuelle et organisationnelle.

Les conséquences pour l'individu

Aussi insidieux qu'il soit, le stress transmet éventuellement certains signaux psychologiques et physiologiques, signes de mésadaptation aux demandes extérieures. Certaines personnes sont constamment agitées, incapables de se détendre;

TABLEAU 4.2
Des portraits de personnes prédisposées au stress

Comportement	Description
Est incapable de se reposer sans se sentir coupable	Il s'agit du syndrome de la fourmi qui ne s'accorde aucun temps pour le plaisir ou la détente. Même ses loisirs sont sérieux.
A le désir impérieux d'être reconnue ou récompensée	Cette personne cherche constamment à prouver aux autres sa valeur personnelle. Elle ne profite pas de sa valeur réelle mais cherche compulsivement à être approuvée et valorisée par les autres.
Fait plusieurs choses à la fois	Elle ne vit pas dans le présent, et sa pensée vagabonde sans cesse. Sous prétexte d'être efficace, elle n'écoute pas et bouscule tout. Il s'agit du syndrome de l'abeille qui bourdonne sans jamais se poser.
Surcharge ses journées	Elle s'impose des délais trop serrés. Cette personne vit avec un sentiment d'urgence permanent. Pour elle, le moindre imprévu devient un désastre. À la longue, elle est irritable et... irritée.
Travaille trop	Première arrivée, dernière partie, elle néglige tous les autres aspects de sa vie, sans doute par insécurité.
A un goût excessif pour la concurrence	Elle passe sa vie à se comparer et, lorsqu'elle n'a personne avec qui se mesurer, elle se concurrence elle-même. Son obsession est une cause d'insatisfaction permanente.
Ressent une impression chronique d'urgence	Elle est pressée, anxieuse et court pour calmer son anxiété.
Se lance dans de multiples projets truffés de délais à respecter	Elle s'engage dans tous les azimuts et finit par se sentir déchirée, éparpillée et finalement épuisée. À la longue, son jugement et sa créativité en souffrent.
S'impatiente s'il y a des délais et des interruptions	Hyper-critique et hypertendue, son impatience envahit tous les domaines de sa vie. Elle n'accepte pas de faire la queue et ne laisse pas les autres terminer leurs phrases.

Source: CHALVIN, D., *Faire face aux stress de la vie quotidienne* (3e éd.), Paris, ESF Éditeur, 1989.

elles sont irritables quand les choses ne roulent pas à leur gré. D'autres ont des difficultés de concentration, d'autres encore perdent le goût d'activités récréatives. On remarque également que certaines personnes s'inquiètent de choses sur lesquelles elles n'ont finalement aucun pouvoir. Elles travaillent à l'excès, ramènent du travail à la maison, fument trop, boivent trop et ont l'impression d'avoir perdu toute perspective quant à l'importance de leur vie professionnelle et familiale. Elles sont insatisfaites à tous les points de vue et démontrent tous les signes de stress.

À ces difficultés s'ajoutent des symptômes physiologiques particuliers comme l'insomnie, la hausse de la tension artérielle et du rythme cardiaque, des migraines, des difficultés respiratoires, des problèmes digestifs, des éruptions cutanées, des problèmes intestinaux, des gains ou des pertes de poids excessifs, et des tensions musculaires (Bartolome, 1984).

Winter (1982) va plus loin encore et note des «coïncidences» entre l'organe affecté et l'origine du stress. Il semblerait entre autres que les troubles d'estomac soient liés à une situation que la personne a de la difficulté à «avaler», à «digérer», que les difficultés respiratoires se rencontreraient chez les gens qui se sentent étouffés par leur milieu familial ou professionnel, que les problèmes visuels seraient fréquents chez les gens qui ne veulent pas voir la réalité en face alors que les problèmes cutanés seraient des signes d'insatisfaction relativement au milieu. Enfin, les migraines pourraient être le résultat d'une difficulté à résoudre ou à comprendre un problème.

Le corps ne ment pas. Sans parler nécessairement de relation de cause à effet, il est possible qu'une personne soit plus en mesure de mettre le doigt sur ce qui lui arrive réellement, et ce faisant, de répondre adéquatement à la sollicitation de son organisme en étant simplement à l'écoute de son corps. Une personne qui a la «chair de poule», réaction physiologique au froid, n'a-t-elle pas le réflexe de se couvrir? Pourquoi devrait-il en être autrement du stress?

Les conséquences pour l'organisation

Si le stress a des conséquences évidentes sur le bien-être de l'individu, il n'est pas sans affecter la santé organisationnelle. Tel qu'on l'a évoqué précédemment, l'intensité du stress a une influence directe sur le rendement: l'absence ou l'excès de stress influe directement et de façon négative sur le rendement de l'individu. Indirectement cependant, le stress fait autant sinon plus de ravages sur le plan organisationnel, et on le remarque par certains signaux qui ne trompent pas: l'absentéisme, le roulement du personnel, les retards, les griefs. L'incidence des maladies et des accidents professionnels a également tendance à augmenter. Enfin, la motivation des travailleurs diminue, ce qui influe sur l'esprit d'équipe, la productivité, la qualité du travail fourni, bref, l'efficacité dans son ensemble.

L'épuisement professionnel

Depuis quelques années, le stress a pris des proportions quasi épidémiques dans certaines grandes entreprises, sous une forme qu'on appelle communément le «burn out» ou l'épuisement professionnel.

Par définition, l'épuisement professionnel est la perte progressive d'idéalisme, d'énergie et de motivation au travail qui se solde finalement par un épuisement émotif et physique. L'épuisement professionnel survient lorsqu'on en demande trop à l'organisme. Au bout d'un certain temps, les mécanismes d'adaptation s'épuisent et l'individu n'oppose plus aucune résistance aux attaques de stress, ce qui fait que la maladie s'installe en terrain favorable et que l'individu ne fonctionne plus.

L'épuisement professionnel n'apparaît pas comme la varicelle, du jour au lendemain. Il est plutôt le fruit d'une longue accumulation de stress de faible intensité. Chalvin (1989) a repéré cinq étapes (tableau 4.3) qui conduisent inexorablement à l'état d'épuisement, si aucune intervention n'a lieu en cours de route.

Il importe de noter que la manifestation passagère de l'un ou de l'autre des symptômes mentionnés n'est pas nécessairement alarmante.

TABLEAU 4.3
Les cinq étapes qui mènent à l'épuisement

1. **Les problèmes physiques**	On pense ici à l'insomnie ou à l'hypersomnie sans repos réel, aux migraines, aux troubles d'estomac, aux maux de dos. Ces problèmes sont souvent accompagnés d'abus d'alcool, de tabac ou de médicaments.
2. **Les problèmes de fonctionnement du système intellectuel**	La réflexion, la mémoire, la concentration ne sont plus les mêmes. La créativité est réduite. La personne se sent dépassée.
3. **L'isolement**	La personne se retire peu à peu. Elle a une attitude négative face aux autres qu'elle ne trouve de toute façon plus intéressants. C'est la solitude.
4. **L'épuisement du système émotionnel**	Quand une personne est fatiguée sur le plan émotionnel, elle peut réagir de deux façons: soit qu'elle ait des réactions exagérées, soit qu'elle refoule totalement ses émotions. Dans les deux cas, elle n'est plus en possession de ses moyens et se sent dépassée.
5. **La perte du système de valeur personnelle**	La personne ressent un grand vide existentiel.

Source: CHALVIN, D., *Faire face aux stress de la vie quotidienne* (3e éd.), Paris, ESF Éditeur, 1989.

La répétition ou la persistance de ces derniers doit par contre être considérée sérieusement. Le stress chronique est pathologique, souvenons-nous-en. Et comme l'énergie humaine n'est pas infiniment renouvelable, les épisodes d'épuisement professionnel finissent par avoir un effet très destructeur sur la personne et, par conséquent, sur l'organisation qui perd alors une ressource dans des circonstances difficiles.

4.2 LA GESTION DU STRESS

Le stress et l'épuisement professionnel sont des phénomènes à la fois personnels et collectifs. Pour les gérer, il faut que l'individu et l'organisation s'en sentent responsables, et agissent à leurs niveaux respectifs.

4.2.1 Les stratégies individuelles

Pour éviter d'être victime de ses choix ou du milieu, l'individu doit régulièrement évaluer son stress, le combattre lorsqu'il est trop intense et même prévenir son apparition.

Évaluer le stress

Il existe plusieurs façons d'évaluer le stress. La personne doit d'abord et avant tout connaître ce qui lui crée des tensions ou de l'angoisse. Pour ce faire, il existe plusieurs méthodes intéressantes dont la plus courante est sans doute le questionnaire autodiagnostic. En répondant à diverses questions, l'individu compare son comportement à des comportements dits «classiques» chez la personne stressée. Pour vous familiariser avec cette mesure du stress, voici quelques questions typiques: «Êtes-vous généralement épuisé en fin de journée? Avez-vous des problèmes d'insomnie? Êtes-vous irrité ou vexé par des choses insignifiantes?» La personne qui répond par l'affirmative à toutes ces questions peut d'ores et déjà se considérer comme «stressée».

Une deuxième méthode auto-évaluative consiste en des «*biodots*», petits cercles qui, en changeant de couleur, permettent d'indiquer la température de la peau, laquelle est indicatrice de stress. Le noir signifie «stress intense», le jaune ou le vert, «stress moyen», le bleu ou le violet, «calme et détente». Sans être très exacte, cette méthode permet d'orienter l'évaluation.

Quant à la rétroaction biologique (*biofeedback*), elle a désormais conquis ses lettres de noblesse. Elle présente la particularité non seulement d'évaluer, mais aussi d'aider à dominer le stress. Il s'agit d'un appareil qui enregistre, au moyen d'électrodes placées sous la peau, nombre d'activités de l'organisme (température cutanée, transpiration, tension musculaire, rythme cardiaque, notamment). L'enregistrement est ensuite amplifié, converti et retransmis sur un écran sous forme de signaux sonores ou lumineux, visibles et audibles par le patient, et mesurables. L'individu apprend à reconnaître et à différencier l'état de détente de celui de tension. On lui apprend ensuite à dominer volontairement son activité organique. Lorsque l'individu se maîtrise bien, la lumière passe du rouge au vert, et l'intensité sonore diminue. L'objectif général de la rétroaction biologique est d'apprendre au patient la maîtrise de ses réactions de stress en l'absence du signal de l'appareil.

Enfin, comme dernière méthode d'évaluation, il existe dans le marché depuis avril 1989, un logiciel de diagnostic appelé SDI (*Stress Diagnosis Inventory*) qui fonctionne dans un ordinateur personnel. L'individu s'assoit devant son ordinateur et, en suivant les instructions qui apparaissent à l'écran, s'administre une batterie de tests dont les résultats sont ultérieurement analysés par des spécialistes de la santé. Cette méthode permet aux organisations, entre autres, d'isoler les sources de stress, ce qui facilite le choix d'une intervention.

Combattre le stress

Il ne s'agit pas ici d'éliminer complètement le stress, ce qui, à toute fin pratique, signifierait la mort, mais plutôt d'apprendre à vivre en adoptant un rythme naturel de stress. L'être humain a besoin de vivre avec une saine intensité, ne

serait-ce que pour avoir la force de se défendre contre les agressions extérieures.

Le corps constitue l'une des armes les plus redoutables pour ramener le stress à un niveau tolérable. Un régime alimentaire approprié, des méthodes de relaxation et l'exercice physique sont, à cet égard, hautement recommandés. Il est prouvé en effet que certains facteurs biologiques augmentent le stress, dont la privation ou la suralimentation, la malnutrition, le déséquilibre alimentaire (excès de sucre raffiné, de sel, de graisse, surabondance ou insuffisance de protéines, abus de café, d'alcool et de tabac) et la sédentarité.

La course sur place, la marche rapide, le sport, les courtes siestes (quinze minutes au plus, sinon cela devient improductif), la musique douce, les pauses aux moments où la tension est à son comble et un régime alimentaire équilibré sont autant de façons de se construire une forteresse biologique anti-stress.

Sur le plan psychologique, on admet volontiers qu'on ne peut changer une personnalité de type **A**, mais il est toutefois possible de tempérer les impulsions de cette dernière et, par le fait même, de réduire les risques cardiaques et d'en améliorer la santé, l'efficacité, le bien-être, la productivité et la satisfaction.

Pour ce faire, Winter (1982) suggère aux personnes de type **A** de se plier à une auto-observation pendant une ou deux semaines afin de cibler les comportements qui font problème lors de situations stressantes. Par la suite, l'individu doit signer de petits contrats avec lui-même, s'enjoignant de changer un comportement à la fois. Les probabilités de réussite sont meilleures ainsi. Sur la route du changement, l'individu doit évaluer ses progrès. Pour ce qui est du milieu où il évolue, il lui faut apprendre à déléguer, à éliminer les petits «extra», à se fixer des priorités quotidiennes et à s'y tenir. Afin de tempérer son agressivité et sa compétitivité, l'individu doit éviter les personnes menaçantes. Enfin, il lui faut trouver un modèle de personne qui a réussi à changer son comportement. En cas d'échec, il ne doit pas hésiter à avoir recours à l'aide professionnelle.

Prévenir le stress

Le vieil adage qui prétend que «mieux vaut prévenir que guérir» est tout à fait approprié quand il s'agit de stress. Il convient, en effet, de se donner une stratégie qui permet de prévoir le stress et de le déjouer.

Il existe de nombreuses techniques pour se prémunir contre le stress. Il s'agit en premier lieu de bien définir ses sources de stress de façon à pouvoir choisir un antidote efficace. Puis il faut adopter des comportements anti-stress, notamment :

— se fixer des buts et des attentes réalistes. Ne pas chercher à tout faire dans la même journée et structurer ses projets en étapes de moindre importance, de façon à enregistrer des réussites périodiques ;

— gérer ses risques avec sagesse. Trouver son niveau optimal de sécurité de façon à pouvoir changer progressivement sa routine ou à préparer des changements importants sans anxiété ;

— éviter le surmenage, en se ménageant des moments de détente et de repos quotidiens, et en maîtrisant mieux ses priorités. Se donner un rythme de travail qui laisse place à des moments de loisirs et de réflexion ;

— évaluer la qualité de ses relations avec les autres, de manière à pouvoir s'éloigner de ceux qui nous prennent de l'énergie et se rapprocher de ceux qui nous en procurent ;

— assumer ses responsabilités avec sérénité en évaluant son pouvoir réel et en tenant compte de ses limites physiques, émotionnelles et intellectuelles. Ne pas porter le fardeau de l'humanité sur ses épaules, «respirer par le nez» ;

— rire et s'amuser, se faire plaisir au moins une fois par jour. Savoir rire de soi et des autres, bref, ne pas se prendre trop au sérieux (Vachon, 1989) ;

— bien délimiter son espace vital en respectant ses frontières, en privilégiant ce qu'on a à faire et ce qu'on a besoin de vivre.

4.2.2 Les stratégies organisationnelles

S'attaquer au stress en se limitant à l'individu équivaut dans une certaine mesure à mettre du baume sur une jambe de bois. Le stress est une réaction d'adaptation au milieu. Il faut donc voir si l'on peut améliorer le milieu de travail afin d'assurer une certaine concordance entre les aspirations individuelles et les exigences légitimes d'une organisation.

Le travail en équipe

Nombre de recherches mettent en évidence le rôle capital de l'équipe de travail. Les individus œuvrant là où règnent la confiance et le soutien résistent beaucoup mieux au stress et sont motivés relativement à leur travail. Beaucoup d'entreprises favorisent le travail d'équipe par l'entremise des sports. Dans certaines organisations, l'équipe de gestion joue au tennis chaque semaine. Les partenaires apprennent ainsi à développer l'esprit d'équipe, ce qui a des répercussions fructueuses au travail.

Il importe que l'individu appartienne à un groupe dans l'organisation, car il s'agit du meilleur moyen de se sentir appuyé chez soi et dans son milieu de travail.

Une gestion personnalisée

Après avoir répertorié les doléances des travailleurs, des études se sont aussi penchées sur d'autres réponses que pourraient apporter les organisations dans un effort commun pour maintenir un niveau optimal de stress. Il peut s'agir en premier lieu de clarifier les politiques de l'entreprise afin d'éliminer les incertitudes et de réduire l'imprévisibilité. La connaissance des objectifs assure une meilleure planification à tous les niveaux, ce qui permet d'éviter les mauvaises surprises. L'organisation peut aussi tenter de décentraliser, ce qui permet d'accroître la participation de chaque employé. D'autre part, la mise sur pied ou l'amélioration d'un réseau de communication peut éviter les équivoques qui font perdre temps, efforts et énergie. L'organisation gagnera à personnaliser son système d'indemnisation afin que le travailleur soit bien conscient du lien qui existe entre l'effort, le rendement et les récompenses. Quant au système d'évaluation, une tendance favorable suggère d'engager le travailleur lui-même dans le processus, ce qui stimule sa motivation.

La formation du personnel

Afin d'améliorer les compétences des travailleurs, l'organisation peut mettre sur pied des programmes de formation et de perfectionnement qui accroissent la confiance en soi de l'individu et le préparent adéquatement au changement. Dans les endroits où on l'a mise à l'épreuve (20 p. 100 des entreprises américaines), l'instauration des horaires de travail variables a contribué au bien-être et à la satisfaction du travailleur, tout en apportant une amélioration notable au problème des retards.

L'amélioration du milieu

Dans un autre ordre d'idées, l'attention apportée au décor, à l'aménagement des lieux, à la disposition des plantes vertes contribue à adoucir l'atmosphère de travail, tandis que les études ergonomiques (étude du travail humain en vue de l'optimiser) permettent de modifier certaines caractéristiques des machines et rendent celles-ci plus conformes aux attributs physiologiques et mentaux de la personne.

Les programmes d'aide aux employés

Les programmes d'aide aux employés permettent à l'entreprise de soutenir ceux et celles qui vivent des situations personnelles difficiles. En agissant de concert, l'organisation et l'individu peuvent prévenir les pertes d'énergie créatrice et améliorer la productivité et l'efficacité des ressources humaines. Dans certains cas, des ressources professionnelles sont disponibles à l'intérieur de l'entreprise. Dans d'autres cas, on a recours à la sous-traitance.

Les congés de repos

Un nombre croissant d'entreprises font appel à la complicité de leurs employés afin d'améliorer le travail et la qualité de vie. Une étude menée par les Associés Marie Selick (1989) indique que 6 p. 100 des entreprises canadiennes ont ajouté les congés pour hygiène mentale à la liste des avantages sociaux offerts à leurs employés. À Montréal, 9 p. 100 des entreprises reconnaissent officiellement ce besoin, tandis que 31 p. 100 le permettent officieusement. La moitié des entreprises qui n'accordent pas de congé considèrent tout de même qu'il s'agit d'une bonne idée, puisque de toute façon leurs employés s'absentent lorsqu'ils désirent se reposer.

De tout temps, l'assiduité au travail semble avoir été considérée comme un bienfait pour l'organisation et l'absentéisme, comme un problème à résoudre. Pourtant, une étude intitulée «Absentéisme et assiduité au travail : deux moyens d'adaptation au stress?» (Leonard et coll., 1987) démontre que l'absence occasionnelle du travail peut comporter des effets avantageux sur les travailleurs. Par ailleurs, cette étude révèle que l'hyper-assiduité prolongée peut avoir des conséquences indésirables, dont une augmentation de la tension artérielle. Par hyper-assiduité, on entend la situation où un employé travaille pendant un plus grand nombre d'heures que celles pour lesquelles il est rémunéré, en raison d'un engagement accru à sa tâche. Sur le plan pratique, cette étude suggère au gestionnaire de s'inquiéter autant de l'hyper-assiduité que de l'absentéisme et de s'interroger sur les antécédents et les conséquences possibles, avantageuses ou nuisibles.

4.3   LA CARRIÈRE

La carrière est l'ensemble des emplois qu'une personne détient pendant sa vie active, l'histoire de sa vie professionnelle. Bien sûr, on ne peut planifier sa vie dans tous les détails mais pour réussir sa carrière, il faut se donner une orientation, rajuster son tir à toutes les étapes du cheminement et bien gérer son perfectionnement personnel.

4.3.1   Les étapes de vie au travail

À 33 ans, Brenda Barnes est vice-présidente du marketing de la société multinationale Pepsi-Cola. Ayant débuté en 1976 dans une filiale de l'entreprise (Wilson Sporting Goods Company, vendue depuis), elle a gravi en neuf ans les échelons de stagiaire à vice-présidente. Bien sûr, elle a atteint les sommets parce que ses supérieurs et ses subalternes l'avaient en haute estime, et lui ont ouvert des portes. Mais de son côté, Brenda avait aussi planifié sa carrière. Elle avait d'abord choisi Pepsi-Cola en raison des chances d'avancement professionnel que l'entreprise offrait. Contrairement à Brenda Barnes, tout le monde ne peut résister au stress, s'administrer et gérer son milieu de la même façon. Toutefois, chacun peut être sensibilisé aux solutions qui s'offrent à lui selon l'âge et l'expérience, et se développer à son rythme en fonction de ses valeurs et besoins. Quels sont ces valeurs et besoins? Sont-ils fixes ou changeants?

Le développement de l'adulte au travail

On doit à une chercheuse québécoise du nom de Danielle Riverin-Simard (1984) un apport important au domaine des théories du développement de l'adulte au travail. En puisant dans des entrevues menées auprès d'un groupe de 786 sujets de toutes les strates d'âge, Riverin-Simard a fait ressortir neuf étapes de développement, auxquelles se superpose toute la richesse de l'histoire individuelle.

1. L'arrivée dans le marché du travail (23 à 27 ans)

Cette période est celle des premiers choix et des premiers essais au sein du marché du travail.

Pour la première fois de sa vie, le jeune adulte est confronté à une définition de lui-même en tant que travailleur.

Armé de ses valeurs et de ses aspirations, de son éducation familiale et de sa formation, le jeune adulte ressent parfois un choc lors de son premier emploi. Il se rend compte qu'il y a un bon bout de chemin à parcourir entre ses rêves de carrière et leur réalisation. Guidé par des visions de l'avenir à construire, il s'engage sur une pente ascendante qui le mènera à son plein rendement professionnel.

2. La recherche d'un chemin prometteur (28 à 32 ans)

À cette phase de sa vie, le jeune travailleur veut se tailler une place de choix dans le milieu professionnel. Il désire utiliser ses compétences au maximum et en tirer une certaine reconnaissance sociale. Il remet en question les choix qu'il a faits précédemment et explore de nouvelles possibilités. De la même façon, il se remet lui-même en question et cette mise au point l'amène à intensifier son effort d'actualisation de carrière.

3. Aux prises avec une course professionnelle (33 à 37 ans)

Désireux de faire sa marque, l'adulte de 33 à 37 ans prend des responsabilités de plus en plus nombreuses et cherche à s'affirmer dans des rôles plus valorisants. Dans sa quête de prestige et de réussite, il est aux aguets. À cette époque surviennent plusieurs promotions ou changements d'emploi. En même temps, l'adulte s'applique à vivre intensément son présent : travailler fort, assurer sa sécurité, s'occuper de sa santé et de sa famille sont des préoccupations constantes.

4. Essai de nouvelles lignes directrices (38 à 42 ans)

La quarantaine amène ce qu'on appelle «le réaménagement des illusions», ou la mise au point de la mi-carrière. On s'aperçoit que tout ne s'est pas nécessairement déroulé comme prévu, mais qu'il est encore temps de bouger, de changer de cap au besoin. Cette période de questionnement de soi, de son travail, de sa vie constitue une occasion de concrétiser les avenirs «possibles».

5. En quête du fil conducteur de son histoire (43 à 47 ans)

Par suite de ses réflexions précédentes, l'adulte devient plus conscient de son identité professionnelle. Il est conscient du temps qui passe et reconsidère ses attentes d'un œil plus réaliste. Il a encore des choix à faire. D'une part, il peut se contenter de ce qu'il a, tout en le vivant de façon de plus en plus personnelle. D'autre part, il peut devenir compétitif face aux plus jeunes qui convoitent sa place et s'affirmer comme professionnel d'expérience.

6. L'affairement à une modification de trajectoire (48 à 52 ans)

À cette étape survient souvent un changement subtil de valeurs. L'adulte devient plus altruiste, plus orienté vers la dimension humaine de sa conception du rendement professionnel. On assiste à un changement de trajectoire motivé par une nouvelle conception du travail fondée sur les exigences du milieu et les siennes. L'adulte se perçoit aux confins de la jeunesse et de la sagesse, de la santé et de la maladie. L'apprentissage tantôt le motive, tantôt lui fait peur, surtout si ses connaissances sont insuffisantes.

7. La recherche d'une sortie prometteuse (53 à 57 ans)

L'adulte prend conscience qu'il vient d'entamer son dernier segment avant la ligne d'arrivée. Se bousculent en lui les pensées existentielles qui, à maints égards, peuvent être angoissantes. Évalué selon son rendement actuel, il reporte souvent les critiques à l'ensemble de sa carrière, ce qui le rend agressif. Rarement l'adulte peut-il s'assurer une sortie prometteuse. Certains se retirent

élégamment en procédant à la formation de leur relève. D'autres s'affichent comme ayant été des collaborateurs très efficaces. D'autres enfin savourent leurs dernières années de vie active en diminuant leur rythme de travail.

8. Le transfert de champ gravitationnel (58 à 62 ans)

Le drapeau à damier est déployé. L'adulte s'approche de la ligne d'arrivée, laquelle est en fait le point zéro d'une nouvelle vie qui passe par l'acceptation de la retraite. Deux comportements se remarquent. Ou bien l'adulte s'accroche au milieu du travail, ou bien il s'en détourne. On note chez la majorité une forme d'insécurité affective. C'est l'heure des «réflexions testamentaires», ces moments où l'adulte lègue sa conception du travail aux autres.

9. Aux prises avec la retraite (63 à 67 ans)

Voici la fin des émissions! Malgré soi, l'adulte ne peut plus échapper à la retraite. Certains s'y refusent et tentent d'en neutraliser les effets, d'autres voient cette échéance de façon positive en changeant d'occupation ou en allégeant leur horaire de travail. Au concept de rendement se substitue la notion d'efficacité personnelle et sociale. Les réflexions de l'adulte tournent autour de sa survie biologique et sociale, de la vie, de la mort, de la réussite et du vieillissement.

L'identité professionnelle

Aux différentes étapes de vie au travail correspondent des besoins individuels différents que l'organisation peut combler si elle connaît bien le processus de développement de la personne.

En 1978, Edgar H. Schein avançait la notion d'ancrage professionnel, fondée sur la connaissance de soi et les perceptions acquises à propos:

- de ses habiletés et compétences, par suite du succès obtenu dans ses activités de formation ou de travail;
- de ses motivations et besoins, par suite des essais effectués dans des situations réelles (par

exemple, les stages) et de la rétroaction reçue à ces occasions ;

– de ses attitudes et valeurs par rapport aux normes véhiculées dans les milieux d'étude et de travail.

L'ancrage professionnel est le résultat d'une interaction entre l'individu et son milieu, donc le fruit du développement et de la découverte de soi. Dans une perspective d'évolution continue, il est prévu qu'un plan de carrière subisse des modifications tout au long de la course professionnelle.

Schein a fait ressortir six ancres de carrière qui sont à la base des différentes catégories de plans de carrière :

1. Le contenu professionnel particulier

Cette ancre répond aux besoins de «contenu» des gens qui ont tendance à se spécialiser dans un domaine donné, qui valorisent les promotions fonctionnelles, la reconnaissance des pairs, le sentiment d'expérience et les travaux plus exigeants (gestion de projets techniques, recherche et développement, consultation).

2. L'acquisition de compétences en gestion

Il s'agit d'un plan qui correspond à un désir de responsabilités, de promotions verticales, de prestige, de rémunération élevée et de reconnaissance sociale (directeur général, président).

3. La sécurité et la stabilité

Cette ancre satisfait les gens qui préfèrent laisser l'organisation gérer leur carrière. Dans ces cas-là, les promotions sont fondées sur l'ancienneté, les augmentations de salaire régulières et prévisibles. Il existe une sécurité d'emploi, des avantages sociaux importants et une reconnaissance de la part de l'organisation pour la loyauté et l'effort (gouvernement, grandes entreprises privées).

4. La créativité

Associé à l'entrepreneuriat, ce plan plaira aux gens qui recherchent l'admiration du public, une certaine visibilité, une estime de soi élevée et une rémunération faisant foi de leur réussite (propriétaire d'entreprise, marketing, publicité).

5. L'autonomie et l'indépendance

Ceux qui éprouvent le désir d'autonomie et d'indépendance rechercheront des emplois qui leur permettront de mener leur vie comme ils l'entendent. Les attentes liées à cette ancre de carrière sont les promotions fondées sur le rendement, le salaire au mérite et la gestion autonome de son temps (consultant, travailleur indépendant, professeur, propriétaire de petit commerce).

6. Le dévouement à une cause

Le désir de travailler à une cause sous-tend celui d'aider les autres dans le contexte de ses valeurs personnelles et sociales. Il anime les personnes qui se lancent dans la coopération, le service social, médical ou religieux ainsi que certains éducateurs.

Généralement, les individus acquièrent des compétences relatives à ce qui les motive ou à ce qu'ils jugent important. Il en découle qu'ils viennent aussi à vouloir ou à valoriser ce pour quoi ils ont des capacités. Il s'agit somme toute de l'identité professionnelle.

4.3.2 Les déterminants de la carrière

Les déterminants externes

Les déterminants externes sont les paramètres de l'évolution d'un individu, et reposent sur le milieu ou sur la relation de la personne avec celui-ci.

Le hasard, la chance

«Se trouver au bon endroit au bon moment». Certaines études tendent à démontrer que le hasard et la chance ont fait beaucoup plus pour le carriériste que la planification de carrière elle-même. Plusieurs études, dont une menée aux États-Unis en 1987, appuient cette hypothèse. En cherchant les facteurs responsables de l'avancement des gestionnaires, Pringle et Gold (1989) se sont surpris à constater que la planification de carrière n'était citée que par 24 p. 100 de l'échantillon composé de 25 hommes et de 25 femmes (20 p. 100 des femmes et 28 p. 100 des hommes), et qu'elle se situait en onzième position dans la liste des facteurs de promotion. À la question : « Avez-vous des plans de carrière pour les cinq prochaines années ? », la même étude rapporte que 42 p. 100 des gestionnaires interrogés n'ont aucun plan, 28 p. 100 ont une vague planification et 26 p. 100, des plans définis. Il apparaît donc, selon cette étude, que la souplesse doublée d'opportunisme sont plus rentables que la seule planification. Par contre, il est suggéré d'y avoir recours pour se fixer des priorités.

La progression du domaine choisi

La voie choisie appartient-elle au passé ou à l'avenir ? Compte tenu du temps investi dans une formation, il importe de scruter l'horizon afin d'éviter de se retrouver dans un cul-de-sac professionnel. Malgré cette précaution, il faut déjà se faire à l'idée de la formation continue. En médecine, il y a longtemps qu'on ne soigne plus les pneumonies au moyen de ventouses, et l'évolution, bien qu'à des rythmes différents, s'accomplit parallèlement dans tous les secteurs d'activités. Plus le domaine que l'on choisit est de pointe, plus on aura à se ressourcer.

Les relations interpersonnelles

La façon dont l'individu interagit avec autrui, et la manière dont il obtient et conserve la confiance des autres peuvent constituer des éléments de survie en milieu professionnel. Savoir coopérer, savoir communiquer, savoir résoudre des conflits sont autant d'atouts qui prédisent la réussite de la carrière. Ces habiletés ne sont pas innées, mais elles se développent graduellement, au fil des expériences et des associations.

Les combinaisons favorables à la carrière

Un cheminement de carrière peut être exprimé par une équation mathématique toute simple : de l'addition de la motivation (constituée de l'ensemble des facteurs qui créent l'engouement pour le travail), des valeurs (qu'on résume ici comme étant les convictions et les attitudes reliées au travail) et du talent (soit les habiletés, le savoir, les ressources personnelles qui permettent de se démarquer de ses pairs) doivent être soustraites les contraintes perçues. De cette façon, on obtient le profil exact du cheminement de carrière.

> **Carrière =**
> Motivation + Valeurs + Talents – Contraintes perçues

Les contraintes perçues sont des situations contraignantes pour lesquelles on ne peut envisager aucune solution à court terme (de 1 à 5 ans). Ces contraintes constituent des freins à une perspective de carrière, et ce peu importe le poids de la motivation, des valeurs et du talent. Par exemple, si le conjoint a une entreprise florissante à Québec, cela va probablement freiner pour un temps la perspective d'emploi à Vancouver. Des problèmes de santé chez les enfants peuvent empêcher les parents de faire carrière dans des endroits éloignés où les hôpitaux sont moins bien munis. Une personne asthmatique évitera notamment les climats trop secs. Bref, une contrainte peut être une maladie, un handicap, un manque de mobilité, la double carrière (dans le couple), le manque de formation ou d'expérience.

Le sexe

En admettant la prémisse que la motivation au travail est la même chez les hommes et les femmes, on peut s'interroger sur les raisons qui les poussent à faire des choix de carrière différents. Les recherches ont démontré que deux facteurs pouvaient être responsables de ces différences, le premier étant le processus de socialisation, c'est-à-dire la façon dont sont éduqués les enfants, les valeurs qui leur sont transmises par la famille, les jeux, l'école et les camarades. De ce processus de socialisation différent découle une structure de possibilités différentes. On pensera d'abord, et presque par réflexe, à un homme pour combler un poste de mécanicien ou de pompier. Il ne viendra probablement pas à l'esprit des femmes de s'inscrire à des cours de pilotage de F-18. Ces réflexes n'ont rien à voir avec les habiletés virtuelles des individus, mais reposent sur la perception qu'ils ont d'eux-mêmes et de leur milieu, ainsi que sur les attentes que crée cette même perception.

Selon Statistique Canada (1986), les femmes constituent 51 p. 100 de la population totale et 43 p. 100 de l'ensemble de la main-d'œuvre québécoise. Même si la participation des Québécoises au marché du travail a doublé au cours des 40 dernières années, leur taux de participation est demeuré nettement inférieur à celui des hommes. Parmi les femmes qui travaillent à l'extérieur du foyer, 93 p. 100 sont des travailleuses salariées, 6 p. 100, des travailleuses indépendantes et 1 p. 100, des travailleuses familiales non rémunérées. La durée de l'emploi est de 75 mois pour les femmes, de 103,5 mois pour les hommes. On sait que 22 p. 100 des travailleuses occupent un emploi à temps partiel contre seulement 7 p. 100 des hommes (Statistique Canada, 1989). Si le nombre des femmes dans le marché du travail augmente sans cesse, elles sont aussi de plus en plus nombreuses à occuper un emploi à temps partiel. Parmi les raisons invoquées, on trouve le refus personnel de travailler à temps plein, le manque de travail à temps plein, la fréquentation scolaire, les obligations personnelles et familiales. Aucun homme ne mentionne cette dernière raison (Gagnon, 1991).

Dans les catégories professionnelle et technique (qui sont à prédominance masculine), plus un emploi est considéré complexe, plus la représentation féminine diminue.

Même si les organisations emploient un nombre de plus en plus important de femmes dans les fonctions administratives supérieures, celles-ci demeurent sous-représentées. Les femmes sont soumises à trois types de pressions. D'abord, la pression de l'emploi comme tel, atténuée chez les hommes car ils peuvent souvent compter sur un réseau (quasi inexistant chez les femmes), puis, la pression d'être en minorité et, enfin, la pression de la double tâche puisqu'elles demeurent encore majoritairement responsables des tâches domestiques et des soins familiaux (elles leur consacrent en moyenne 36 heures contre 11 heures par semaine pour les hommes) (Lebourdais et coll., 1987).

Les antécédents sociaux

Par antécédents sociaux, nous entendons les expériences de l'enfance, le statut socio-économique et familial, le niveau éducationnel et l'occupation des parents. Selon Breakwell et coll. (1988), tous ces facteurs influencent le choix de carrière en procurant à l'individu un processus de socialisation différent et en établissant des contraintes physiques. Issue d'un milieu de cols bleus, une personne aura tendance à envisager des emplois de cols bleus, ne serait-ce que parce que ses moyens financiers ne lui ont pas permis de poursuivre ses études.

L'organisation

Selon qu'elle a établi ou pas un programme de perfectionnement professionnel, l'organisation joue un rôle dans le cheminement vocationnel des individus. On entend par perfectionnement professionnel un programme qui concilie les besoins de l'organisation, et les attentes et aspirations des employés.

Au moyen de l'analyse des goûts et des intérêts des employés, d'outils qui permettent d'augmenter la productivité et la satisfaction, d'un système d'affectation, d'un réseau de parrainage ou d'ateliers de travail sur le perfectionnement professionnel, de la planification des ressources humaines et d'évaluations du rendement, l'organisation s'assure que les bonnes ressources se trouvent au bon endroit au bon moment, bien motivées, bien formées, au summum de leurs capacités. Au besoin, elle peut offrir une orientation professionnelle.

Les déterminants internes

Les facteurs internes qui orientent la carrière sont la personnalité, les ancres de carrière comme nous l'avons vu précédemment, et les valeurs.

Ceux qui influencent la réalisation des objectifs professionnels concernent le mode d'expression de la personne, son habileté à miser sur ses forces et à les faire valoir, bref, son marketing personnel.

La personnalité et les valeurs

Chacun a des valeurs propres, c'est-à-dire des convictions relativement à ce qui est bien et à ce qui est mal. De même, chacun éprouve des sentiments d'approbation ou de désapprobation à l'égard de tout ce qui l'entoure, autrement dit, les attitudes. Les convictions et les attitudes orientent les choix de carrière. Par exemple, un environnementaliste ne travaillera pas dans une mine d'amiante. Ainsi en est-il des habiletés. Un individu qui ne réussit pas en sciences pures ne pourra être ingénieur ou mathématicien, mais s'il possède un talent d'orateur, il pourra devenir avocat. Tout est ici question d'intérêt. Au lieu du droit, s'il a le verbe facile, il peut tout aussi bien choisir le théâtre ou devenir conférencier. La satisfaction éprouvée dans tel ou tel type de tâche guide l'orientation de carrière. La satisfaction est elle-même fonction de la personnalité. Un solitaire pourra se satisfaire d'un travail de gardien de nuit tandis qu'un extraverti raffolera des relations publiques, un mystique, de l'enseignement de la méditation, un esprit cartésien, de l'informatique, et ainsi de suite. Bien se connaître équivaut à franchir un premier pas vers un avenir prometteur.

Parmi les systèmes qui décrivent les différents types de personnalité, le modèle de John Holland (1985) est particulièrement intéressant. Il illustre simplement et concrètement six types de personnalité correspondant à six milieux professionnels.

Ces six types sont :

1. Le type réaliste (R).
2. Le type investigateur (I).
3. Le type artistique (A).
4. Le type social (S).
5. Le type entreprenant (E).
6. Le type conventionnel (C).

Dans son livre *Counseling d'emploi*, R. Savard (1990) décrit succinctement chaque type.

La personne de **type réaliste** a une préférence marquée pour les tâches physiques et la manipulation ordonnée et systématique d'objets, d'outils et de machines. Elle est attirée par ce qui requiert des gestes concrets et qui donne un résultat tangible. Le travail manuel constitue son mode d'expression et de réalisation privilégié. Elle éprouve de la satisfaction à créer des choses avec ses mains.

La personne de type réaliste se sent plutôt mal à l'aise dans des réunions sociales et est moins portée vers les gens. Elle éprouve de la difficulté à s'exprimer et à communiquer. Elle a une attitude d'esprit qui favorise l'initiative et la réflexion individuelle. Elle tient à son indépendance. Elle se décrit comme étant stable, naturelle, franche, sincère et persévérante.

La personne de **type investigateur** a une préférence pour la recherche créatrice. Elle aime jouer avec les idées, les mots et les symboles. La solution de problèmes abstraits lui procure beaucoup de satisfaction. Elle préfère les activités intellectuelles, recherche les défis compliqués, favorise les valeurs et les attitudes non conventionnelles, et démontre une tendance à l'originalité et à la création surtout dans le domaine scientifique. La personne de type investigateur préfère travailler seule plutôt qu'au sein d'une équipe. Elle est davantage axée sur elle-même que sur les autres ; elle est plutôt retenue, solitaire et peu sociable.

Elle se perçoit comme étant intellectuelle, studieuse, rationnelle, curieuse, observatrice, méthodique, critique, précise, indépendante et comme ayant l'esprit ouvert. Elle est portée à rejeter tout ce qui suppose persuasion, contacts humains et tâches répétitives.

La personne de **type artistique** valorise la beauté et les qualités esthétiques. Elle aime travailler dans un milieu qui lui permet de s'exprimer par une grande variété de moyens : l'écriture, la musique, la photographie, les tissus ou toute autre forme de matériau.

Cette personne est très près de ses émotions et valorise avant tout l'inspiration. Elle démontre plus d'originalité que tous les autres types. Elle aime travailler seule ou encore en petit groupe. Elle a peu d'intérêt pour les problèmes structurés, l'ordre et les règlements, le travail de bureau et les affaires. Elle est plutôt non conventionnelle et désordonnée.

La personne de type artistique veut être riche d'une abondance intérieure, ce qui peut paraître, de l'extérieur, comme étant de l'idéalisme ou une absence de sens pratique. Elle est originale, expressive, émotive, sensible, rêveuse; elle est intuitive et devine beaucoup de choses. Elle est indépendante, introvertie, timide, réservée et plutôt tendue.

La personne de **type social** a une préférence pour les relations humaines dans le but d'aider les gens. Ces relations peuvent prendre différentes formes: renseigner, divertir, conseiller, soigner, former et perfectionner. Cette personne fait preuve de curiosité à l'égard des problèmes humains. Sa compétence dans les rapports interpersonnels lui permet de s'intéresser aux problèmes sociaux, psychologiques ou moraux. Elle aime discuter de questions philosophiques: le bien ou le mal, le but de la vie. Elle s'interroge sur la meilleure façon de vivre. Elle aime résoudre les problèmes par la discussion et par l'amélioration des rapports entre les individus.

La personne de type social est coopérative et démocratique. Elle s'exprime avec facilité, a du tact et fait preuve de délicatesse envers les autres. Elle est en mesure de se comprendre et de comprendre les autres. Elle est bienveillante, sociable, amicale, généreuse, responsable, chaleureuse, consciencieuse, digne de confiance et humaniste.

La personne de **type entreprenant** aime influencer les autres par son pouvoir de persuasion et son sens de l'organisation. Elle aime la compétition et travaille au sein de groupes où elle peut exercer de l'ascendant. Elle aime voyager et rencontrer des personnes influentes. Elle recherche le pouvoir, le statut social élevé et la richesse matérielle. Cet être est remarquable, car il aime être remarqué. La personne entreprenante est enthousiaste, énergique, obstinée, opportuniste et animée d'un désir intense de réussir. Elle sait profiter de chaque situation pour progresser dans le sens de ses projets et, aussi, pour les avantages matériels qu'elle peut en retirer.

La trop grande précision du travail la rebute; elle s'impatiente si le travail est trop minutieux et nécessite de longues périodes de pensée active (par exemple, le travail scientifique et méthodique).

La personne de **type conventionnel** a une préférence pour le traitement ordonné et méthodique de données. Elle préfère exécuter plutôt que diriger. Elle nourrit des convictions quant aux façons d'être et d'agir qui lui semblent désirables dans sa vie. Il est évident que chaque individu ne recherche pas les mêmes satisfactions dans le travail. Elle aime le statut social et la richesse matérielle.

Elle s'accommode bien des activités de routine et ne cherche pas spécialement la compagnie des autres. Elle accepte l'autorité et se sent à l'aise dans une structure administrative.

Elle se décrit comme étant stable, consciencieuse, responsable, productive, précise, persévérante, pratique, réaliste, calme et réservée. Elle se domine aisément, manie bien les mots et les chiffres et se préoccupe des détails. Elle est méthodique, pour ne pas dire méticuleuse, voire perfectionniste. Elle est efficace, ordonnée, tenace, persévérante, modérée et conservatrice. Elle cherche à acquérir des compétences en matière de travail de bureau, de calcul et de mécanismes commerciaux.

Le marketing de soi

On envisage le marketing d'une entreprise par l'entremise de la théorie des quatre «P»: le produit, le prix, la place, la promotion.

Il en est de même pour le marketing d'une personne. Celle-ci doit connaître et utiliser ses quatre «P» à bon escient.

Pour se «vendre» à un éventuel employeur, il faut connaître ses points forts et ses points faibles, son potentiel et ses limites, bref, son **produit**. Évidemment, comme dans toute campagne de marketing, il faut mettre ses forces en évidence et camoufler un peu ses aspects moins intéressants. En somme, il faut découvrir et exprimer son génie personnel.

Il importe de prendre conscience du **prix** qui est associé à son produit relativement à l'argent, au temps et aux contraintes. Par exemple, si je suis une excellente communicatrice, il est possible que le prix à payer pour travailler avec moi soit le bruit que je fais et les discussions que je provoque.

La **place** est la disponibilité du produit. Le candidat est-il accessible aux autres? S'il a de très jeunes enfants, par exemple, il se peut qu'il veuille limiter ses déplacements.

En marketing de soi, la **promotion** correspond à la communication verbale ou non, à l'image physique et psychologique que le candidat projette.

Ces quatre éléments de marketing forment un tout qui favorise beaucoup l'évolution dans le monde du travail.

4.4   LA GESTION DE LA CARRIÈRE

Après avoir répondu au «qui es-tu?», l'individu est plus en mesure de fixer ses choix d'emploi, d'organisation et de cheminement au sein de cette dernière (conservera-t-il le même emploi, ou acceptera-t-il une promotion ou une mutation?). La planification de carrière est le processus par lequel l'individu fait ses choix.

Certaines organisations offrent des programmes de planification de carrière afin de gérer et de former les ressources existantes, et de combler leurs nouveaux besoins.

Un bon programme de planification de carrière doit comprendre :

– l'orientation professionnelle fournie par le service des ressources humaines de l'organisation ou par une entreprise extérieure ;
– des ateliers qui aident les employés à évaluer leurs habiletés et intérêts, et à formuler leurs plans de perfectionnement professionnel ;
– des programmes qui permettent à l'employé de s'auto-évaluer ;
– un réseau de communication (publications écrites, audio ou vidéo, affichages) qui permet aux employés de se tenir au courant des différents débouchés qui s'offrent à eux au sein de l'organisation.

4.4.1   Les aspects négatifs de la planification de carrière

La planification de carrière a des effets positifs et négatifs. Dans certaines organisations, les gestionnaires sont sensibles au fait que la planification de carrière peut accroître leur charge de travail, ne serait-ce que parce qu'ils doivent offrir l'orientation et élaborer des plans de perfectionnement professionnel. En retour, lorsqu'une organisation dispose d'un programme de planification de carrière établi, elle crée des attentes chez ses employés. Ainsi, les participants aux programmes de planification de carrière s'attendent à ce que leur entreprise leur vienne en aide en ce qui a trait au perfectionnement, à l'assistance financière, lorsqu'il s'agit de programmes d'études, ou à l'accessibilité des personnes-ressources qui les aident à cheminer.

Les employés exigeront plus d'information sur les postes vacants, les pratiques salariales et les possibilités de carrières. L'entreprise doit être prête à leur fournir cette information. De plus, les attentes élevées s'accompagnent souvent d'une anxiété plus marquée : des questions aussi fondamentales que les forces et les faiblesses individuelles ainsi que les buts visés par chacun seront peut-être soulevées pour la première fois. Ces questions ne se règlent pas lors de séances de groupe, mais individuellement, et les entreprises ne sont pas toujours en mesure d'offrir ce genre de soutien. Enfin, les attentes non comblées peuvent conduire l'individu à la déception, voire au désengagement, et il s'ensuit que l'employé est moins motivé, réussit moins bien et parfois même se cherche du travail ailleurs.

4.4.2 Les aspects positifs de la planification de carrière

En dépit de ces aspects plutôt négatifs, certaines grandes sociétés comme Gulf Oil, IBM, GE, Xerox et GM ont élaboré des programmes de planification de carrière afin de réduire le roulement de personnel, d'augmenter la qualité de vie au travail et d'améliorer le rendement. Ces entreprises ont découvert qu'il était de leur intérêt et de celui de leurs employés de stimuler des projets de carrière réalistes. À cette fin, elles ont essayé de dissiper la notion d'ascension verticale puisque tous, d'une façon ou d'une autre, atteignent un jour un certain plateau dans leur carrière. Les mouvements latéraux à l'intérieur d'une même spécialisation peuvent présenter beaucoup d'attrait si on met l'accent sur le perfectionnement personnel, le contenu et l'importance du travail, au lieu d'insister sur la seule promotion verticale.

Pour éviter de créer des attentes irréalistes, certaines compagnies mettent cartes sur table immédiatement en décrivant ce que leur programme de planification de carrière peut et ne peut pas faire, aussi bien que les débouchés désormais anticipés. Ainsi, les employés sont en mesure de prendre de meilleures décisions quant à leur avenir au sein de l'organisation (Hellriegel et coll., 1989).

CONCLUSION

Aucune organisation ne peut combler tous les besoins et désirs de l'individu. Ce dernier doit en effet assumer la responsabilité de se gérer lui-même efficacement s'il veut suivre le tempo et éviter de sombrer dans le piège de l'épuisement professionnel. Chacun doit prendre sa place. L'heure est à l'équilibre ! Travailleurs et gestionnaires ne peuvent survivre dans une organisation s'ils investissent toutes leurs ressources à l'extérieur. Ainsi en serait-il du couple qui investirait tout dans sa vie professionnelle. Il y a 24 heures dans une journée... l'équilibre parfait suggère qu'on en consacre huit au travail, huit autres à des activités sociales ou familiales et les huit dernières au sommeil.

QUESTIONS

1. En vous aidant de l'échelle de stress de Holmes et Rahe, faites la liste des facteurs de stress qui vous ont atteint au cours de la dernière année. Évaluez votre niveau de stress.

2. À votre avis, la lutte contre le stress est-elle avant tout une responsabilité individuelle ou une responsabilité organisationnelle ?

3. Quelles sont, en ordre d'importance, vos trois principales ancres de carrière (contenu professionnel, gestion, sécurité, créativité, autonomie, dévouement) ?

4. Quel est le sens du travail dans votre vie ? Parmi les cinq grandes valeurs décrites (réalisation de soi, prestige, climat, risque, liberté), quelles sont celles que vous privilégiez ?

5. Finalement, en ce qui concerne le perfectionnement professionnel, vaut-il mieux développer son sens de la planification ou son opportunisme ?

RÉFÉRENCES BIBLIOGRAPHIQUES

ACCOCE, P., « Stress : comment se défendre », *L'Express*, 10 janvier 1981.

BARTOLOME, F., « Stress, its Sources and Ways to Coping with it », dans Ronald J. Burke, *Current Issues in Occupational Stress : Research and Intervention*, Faculty of Administrative Studies, York University, 1984.

BREAKWELL, G., FIFE-SHAW, C. et DEVEREUX, J., « Parental Influence and Teenagers Job Motivation to Train for Technological Jobs », *Journal of Occupational Psychology*, 1988, 61.

CANNON, W. B., *Bodily Changes in Pain, Hunger, Fear and Rage*, New York, Appleton, 1929.

CHALVIN, D., *Faire face aux stress de la vie quotidienne* (3ᵉ éd.), Paris, ESF Éditeur, 1989.

COOPER, C. L. et ARBOSE, J., *Executive Stress Goes Global*, International Management, mai 1984.

COOPER, C. L. et MARSHALL, J., « The Management of Stress », *Personnel Review*, 1975, 4 (4).

CÔTÉ, N., *La personne dans le monde du travail*, Boucherville, Gaëtan Morin Éditeur, 1991.

FREW, D. R. et BRUNING, N. S., « Perceived Organizational Characteristics and Personality Measures as Predictors of Stress/Strain in the Work Place », *Journal of Management*, 13, 1987.

GAGNON, F., « Québécoises, qui sommes-nous ? », *La Gazette des femmes*, vol. 115, nᵒ 1, 1991.

GANSTER, D. C., FUSILIER, M. R. et MAYES, B. T., « Role of Social Support in the Experience of Stress at Work », *Journal of Applied Psychology*, 71, 1986.

GMELCH, W. H., *Beyond Stress to Effective Management*, New York, John Wiley & Sons, 1982.

HELLRIEGEL, D., SLOCUM, J. W. Jr. et WOODMAN, R. W., *Organizational Behavior* (5ᵉ éd.), St. Paul, West Publishing Company, 1989.

HOLLAND, J., *Making Vocational Choices*, Englewood Cliffs, N.J., Prentice-Hall, 1985.

HOLMES, T. H. et RAHE, R. H., « Social Readjustment Rating Scale », *Journal of Psychosomatic Research*, 11, 1967.

KAUFMANN, C. M. et BEEHR, T. A., « Interactions between Job Stressors and Social Support : Some Counterintuitive Results », *Journal of Applied Psychology*, 71, 1986.

Le Devoir, « Le stress est de plus en plus intense pour les hommes à responsabilités », 20 mai 1989, cahier B-1.

LEBOURDAIS, C. et coll., « Le travail et l'ouvrage, charge et partage des tâches domestiques chez les couples québécois », Sociologie et Sociétés, vol. 19, nᵒ 1, avril 1987.

LEONARD, C., VAN AMERINGEN, M. R., DOLAN, S. L. et ARSENAULT, A., « L'absentéisme et l'assiduité au travail : deux moyens d'adaptation au stress ? », *Relations Industrielles*, vol. 42, nᵒ 4, 1987.

MARQUIS, S., Épuisement professionnel, Travail et Santé, vol. 5, n⁰ 3, automne 1989.

McCARTHY, M. J., «Stressed Employees Look for Relief in Workers Compensation Claims», *The Wall Street Journal,* April 7, 1988.

NICAISE, J. P., *Le Devoir,* 1990.

PRINGLE, J. K. et GOLD, U., «How Useful is Career Planning for Today's Managers?», *The Journal of Management Development,* vol. 8, 1989.

RIVERIN-SIMARD, D., *Les étapes de vie au travail,* Montréal, Éditions Saint-Martin, 1984.

ROSENMAN, R. H., FRIEDMAN, M., STRAUS, R., WURM, M., KOSITCHEK, R., HAHN, W. et WERTHESSEN, N. T., «A Predictive Study of the Coronary Heart Disease : The Western Collaborative Group Study», *Journal of the American Medical Association,* n⁰ 189, 1964.

SAVARD, R., *Counseling d'emploi,* CFP, 1990.

SCHEIN, E. H., *Career Dynamics : Matching Individual and Organizational Needs,* Reading, Mass., Addison-Wesley, 1978.

SETHI, A. S. et SCHULER, R. S., *Handbook of Organizational Stress Coping Strategies,* Cambridge, Mass., Ballinger Publishing Company, 1984.

SELYE, H., *The Stress of Life,* New York, McGraw-Hill, 1976.

STATISTIQUE CANADA, *Recensement du Canada 1986,* Catalogue 94-109, p. 1.

STATISTIQUE CANADA, *La population active,* Catalogue 72-00, Mensuel, décembre 1989.

TORRANCE, T. R., «Stress Management and Employee Burnout», *The Human Resource,* octobre-novembre 1985.

TRAVAIL ET SANTÉ, *La part de l'employeur,* vol. 15, n⁰ 3, 1989.

VACHON, M., *Le rire et l'humour vs le stress,* Travail et Santé, vol. 5, n⁰ 3, automne 1989.

WINTER, R. E., *Coping with Executive Stress,* New York, McGraw-Hill, 1982.

5

LA PERCEPTION

Nicole Côté

L'affaire Marcelus

Les policiers de la CUM chargés de la filature et de l'arrestation de Kirt Haywood, le 3 juillet dernier, n'ont jamais eu la certitude qu'ils poursuivaient l'homme recherché, mais ont tout de même décidé de continuer l'opération, ce qui a entraîné la mort de Marcelus François, par méprise (Extrait, *Le Soleil*, 26 septembre 1991, Cahier A, 11).

L'agent Cusson:
«Je voulais que le danger arrête…»

«J'ai jamais voulu le tuer, mais l'arrêter. Je croyais qu'après l'avoir sommé de jeter son arme, tout cesserait. Mais non! Il s'est levé, n'a rien dit, a fait un pas par derrière en se tournant, puis a épaulé sa carabine. Quand son arme est arrivée sur moi, j'ai levé la mienne. J'ai même pas eu le temps de mirer ni de voir son visage. Je voulais que le danger en face de moi arrête.»

Le principal témoin dans l'enquête publique sur la mort du commerçant Laurent Tremblay, l'agent Mario Cusson, a répété au moins à dix reprises hier, dans un témoignage parsemé de larmes, qu'il avait agi par légitime défense et non par panique ou en état de choc. Il a fallu deux heures au policier de 27 ans pour résumer les 26 secondes fatidiques de cette nuit du 8 juin, au cours de laquelle un père de famille de 63 ans, confondu avec un voleur, fut abattu d'une balle au thorax.

Source: Extrait, *Le Soleil*, 26 septembre 1991, Cahier B, 16.

INTRODUCTION

Ces faits divers illustrent les conséquences néfastes que peuvent avoir de simples erreurs perceptuelles. Dans les deux cas, des gens bien intentionnés ont posé des gestes fatals à cause de mauvaises perceptions. Les méprises ne sont pas toujours aussi dramatiques, mais elles restent des phénomènes courants dans tous les domaines de notre vie. Que ce soit dans la famille ou dans le milieu de travail, la perception de la réalité détermine notre comportement. C'est pourquoi il importe d'abord de bien comprendre comment nous percevons la réalité, puis de trouver des moyens d'améliorer nos capacités perceptuelles.

5.1   LA DÉFINITION DE LA PERCEPTION

L'homme, à l'encontre d'une caméra ou d'un magnétophone, appréhende la réalité activement. Il trouve, discrimine, reconnaît et juge l'information qu'il reçoit de ses sens. Ce processus perceptuel actif lui permet de ne pas être submergé par les stimuli du monde extérieur et de vivre son expérience sensorielle de façon cohérente.

La perception est le processus par lequel l'individu organise et interprète ses impressions sensorielles de façon à donner un sens à son environnement.

Comme la perception implique une interaction dynamique entre l'individu et la réalité objective, elle est fortement influencée par les caractéristiques de celui qui perçoit; les individus étant très différents les uns des autres, il n'est pas surprenant que leurs perceptions divergent très souvent.

5.1.1   Les caractéristiques de la perception

Hastorf et ses collaborateurs (1970) décrivent cinq caractéristiques de la perception détaillées suivantes:

1. La perception est immédiate.
2. La perception a une structure.
3. La perception est stable.
4. La perception a un sens.
5. La perception est sélective.

La perception est immédiate

Dès que nous nous éveillons, nous percevons des choses très rapidement, et ce sans effort de pensée ni d'interprétation. On définit d'ailleurs couramment la perception comme l'ensemble des «processus de l'expérience immédiate dans les organismes» (French, 1963).

Si on veut distinguer sommairement la perception des autres processus d'appréhension de la réalité, on peut dire qu'en fait d'immédiateté et de complexité, elle se situe entre la sensation et la cognition.

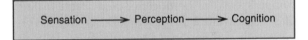

Sensation ⟶ Perception ⟶ Cognition

La sensation est un comportement très élémentaire qui est en grande partie déterminé par le fonctionnement physiologique. La perception est beaucoup plus complexe que la sensation. Elle est le processus par lequel les données sensorielles sont filtrées, organisées et modifiées. Ce processus s'effectue automatiquement, dès qu'une sensation émerge, sans même qu'on en soit conscient. Lorsqu'un individu regarde un film, son œil reçoit et sent en réalité un grand nombre d'images séparées se succédant très rapidement, mais il perçoit spontanément et immédiatement un mouvement continu.

La perception diffère, par ailleurs, de la cognition en ce qu'elle est plus immédiate et plus directement reliée à l'expérience sensorielle. Les processus cognitifs consistent en des activités plus complexes comme penser, décider, choisir et inférer, et la relation de ces actions avec les données sensorielles est beaucoup moins évidente, même si elle existe (Tajef, 1969).

La perception a une structure

La perception est un processus qui permet d'organiser les données sensorielles en touts repérables plutôt qu'en un ensemble d'éléments disparates. Nous ne percevons pas des couleurs, des formes ou des dimensions, mais des objets précis et organisés. Cette organisation perceptuelle est en partie apprise : par exemple, nous avons appris que deux yeux, un nez et une bouche constituent un visage. Mais pour la plus grande partie, elle est une propriété innée de nos organes sensoriels et de notre système nerveux.

Les psychologues gestaltistes (Wertheimer, Köhler et Koffka) ont étudié la structure de l'organisation perceptuelle dont ils ont énoncé les principes qui suivent.

La loi de la perception figure-fond

Nous percevons toujours les objets comme émergeant d'un environnement donné. Nous percevons des figures précises par opposition à un fond ou à un arrière-plan. Par exemple, lorsque nous lisons un texte, les mots constituent la figure, et la page, le fond ; lorsque nous écoutons une chanson, nous percevons la mélodie vocale comme figure et l'accompagnement instrumental comme fond.

«Cette capacité primitive de distinguer un objet de son milieu sensoriel général est fondamentale à toute perception d'objet» (Morgan et King, 1966). C'est le mécanisme premier de l'organisation perceptuelle, celui qui permet d'ordonner les stimulations de façon à extraire des objets précis à même un ensemble et à les situer les uns par rapport aux autres.

La loi de la fermeture

Notre perception est beaucoup plus complète que la stimulation sensorielle que nous recevons. En effet, les processus perceptuels tendent à organiser les sensations de façon que l'on perçoive des touts complets et non des parties disparates.

Lorsqu'un stimulus est incomplet, l'organisme le complète. Si on présente à un individu la photographie d'une personne dont on a tronqué la partie supérieure, le sujet dira vraisemblablement qu'il perçoit une personne qui a la tête cachée et non pas une poitrine, un bassin, des bras et des jambes. Ainsi, on peut facilement percevoir un tout même s'il n'existe pas complètement.

Cette tendance à la fermeture peut parfois causer des distorsions perceptuelles. À ce sujet, Luthans (1977) donne l'exemple du chef de service qui propose une idée à ses employés lors d'une réunion. Après une discussion au cours de laquelle certains membres de l'équipe se sont prononcés, il peut être assuré d'avoir obtenu l'approbation unanime de son personnel, alors qu'en fait ceux qui n'ont pas parlé s'opposent à lui. La nature même de l'organisation perceptuelle viendrait expliquer pourquoi dans bien des cas, on souscrit au célèbre adage « Qui ne dit mot consent ».

La loi de la continuité

Nous avons tendance à rattacher chaque sensation à celle qui l'a précédée, à percevoir les objets ou les situations comme des configurations continues. Ainsi, plutôt que de percevoir chaque événement ou objet comme nouveau et unique, nous sommes portés à le percevoir comme une extension de situations ou de choses qui ont été perçues antérieurement ou qui sont habituelles.

Dans un contexte organisationnel, cette tendance peut être un obstacle à la créativité. Souvent, les situations nouvelles sont assimilées aux événements passés et sont perçues très rapidement sans que leur aspect nouveau et original ne soit considéré. Dans de tels cas, les gens abordent leurs problèmes de façon conventionnelle et habituelle, sans rechercher de voies nouvelles.

La loi de la proximité

Les objets qui sont près les uns des autres sont facilement perçus comme formant un ensemble, même s'ils n'ont pas de rapport objectif les uns avec les autres. De même, les événements rapprochés dans le temps sont souvent perçus comme étant liés par une relation de cause à effet.

Par exemple, si plusieurs employés d'un même ministère quittent leur emploi en même temps, les gens risquent de percevoir ces départs comme une protestation concertée contre la gestion ou la politique du ministère, même s'il ne s'agit que de coïncidences et que les individus en cause ne se connaissent pas. Dans un tel cas, la proximité des départs dans le temps, de même que la proximité dans l'espace, contribue à fausser la perception, car les employés d'un ministère sont perçus comme un groupe.

La loi de la similarité

Les objets, les personnes ou les événements qui ont des caractéristiques semblables tendent à être regroupés. Par exemple, les femmes dans une entreprise peuvent être vues comme un groupe spécial et homogène, bien qu'en réalité, elles se trouvent à des niveaux différents de l'organisation et n'aient pas nécessairement de traits communs. Plus les ressemblances sont grandes, plus la tendance au regroupement s'accentue. Ainsi, dans un hôpital, s'il y a des femmes médecins, la tendance à les regrouper sera plus forte que la tendance à unir des gens qui, comme dans l'exemple précédent, quittent simplement leur emploi en même temps.

La loi de la similarité ressemble à la loi de la proximité, mais elle a plus d'influence que cette dernière. En effet, dans la plupart des cas, la similarité prédomine sur la proximité dans le processus de regroupement des stimuli.

La perception est stable

La stabilité ou constance perceptuelle est une caractéristique très subtile de l'organisation perceptuelle qui permet de percevoir la stabilité du monde malgré les changements qui s'y produisent continuellement. Le mécanisme adaptatif fait que même si les objets ou les personnes changent de place ou de conditions, leur forme, leur couleur, leurs dimensions ou leur luminosité sont perçues comme étant inchangées. Par exemple, si une personne s'approche de nous, elle ne nous apparaît pas plus grosse ni plus grande que lorsqu'elle s'éloigne.

Pour le profane, il n'est pas surprenant que le monde soit perçu comme stable. Pourtant, la constance perceptuelle est un processus complexe d'interprétation des stimuli qui doit être appris au cours du développement et de la maturation. Sans cette constance, le monde serait perçu comme étant désorganisé, voire chaotique. Il serait impossible de se retrouver parmi la variété des stimuli et de percevoir l'identité stable des objets et des personnes. Nous devrions alors nous adapter continuellement, et l'acquisition des automatismes nécessaires à plusieurs activités quotidiennes serait fort compromise.

La perception a un sens

En plus d'être constante et organisée, la perception comporte un processus d'interprétation de la réalité, ce qui signifie que nous percevons toujours les objets, les personnes et les événements dans un contexte, et que nous leur donnons une signification en fonction de notre relation avec eux et de leur relation avec d'autres objets, personnes ou événements.

Les stimuli n'ont pas de sens en eux-mêmes. Ce n'est que lorsqu'ils sont placés dans un contexte précis qu'ils prennent leur valeur. Dans l'exemple suivant, les signes «I» et «O» représentent des chiffres dans les séries verticales et des lettres dans la série horizontale.

```
      3 2
      2 I
      P I O N
```

L'environnement et les circonstances dans lesquels un événement ou un objet est perçu peuvent donc avoir une influence considérable sur l'interprétation qui lui sera donnée. Si un gestionnaire boit un cognac à 14 heures avec un client, on dira qu'il remplit sa tâche de relations publiques. S'il pose le même geste seul, le matin, en arrivant au bureau, on le soupçonnera d'être alcoolique (Reitz, 1977). Si un patron critique vertement un de ses employés devant tout le personnel du service, on le percevra comme étant agressif; s'il le fait en entrevue individuelle, il sera davantage perçu comme étant correct, honnête et même coopératif.

La perception est sélective

L'organisme se trouve continuellement soumis à une multitude de stimuli variés et simultanés. S'il abordait tous ces stimuli à la fois, il serait vite envahi de toutes parts et deviendrait surexcité et totalement confus. Voilà pourquoi il effectue constamment une sélection parmi les nombreuses possibilités qui s'offrent à lui et ne porte attention qu'à peu d'éléments de la réalité à la fois.

La sélectivité est la caractéristique première de la perception. C'est le processus par lequel l'individu divise inconsciemment son expérience entre ce qui est central et ce qui est périphérique, de façon à pouvoir axer son attention sur un phénomène précis et oublier momentanément les autres événements simultanés. Par exemple, pour pouvoir lire un texte, il faut se concentrer sur la signification des mots imprimés et oublier alors les bruits ambiants, ses sensations corporelles et les autres stimuli présents.

5.1.2 Les facteurs déterminants de la perception

L'analyse des principes de l'organisation perceptuelle a démontré que la structure même de la perception contribue à provoquer une distorsion de l'image de la réalité «objective». En plus de cette structure, d'autres facteurs ont une influence très importante sur la perception : ce sont ceux qui affectent le choix perceptuel.

On peut diviser les facteurs déterminants de la perception en deux catégories détaillées ci-dessous :

1. Les facteurs externes (relatifs à l'objet perçu).
2. Les facteurs internes (relatifs à celui qui perçoit).

Les facteurs externes

Il est évident que la perception est affectée par l'objet perçu. Plusieurs recherches ont démontré que certains aspects des objets ont la propriété d'augmenter leurs chances d'être perçus, notamment l'intensité, la taille, le contraste, la répétition et le mouvement.

L'intensité

Plus un stimulus est intense, plus il attire l'attention. Un son très percutant et une lumière vive ont plus de chances d'être perçus qu'un son étouffé et une lumière diffuse.

Le principe d'intensité est très utilisé en publicité : les messages publicitaires de la télévision et de la radio ont un volume sonore légèrement plus élevé que les émissions courantes. On peut aussi trouver des illustrations de ce principe dans la vie organisationnelle. Par exemple, si plusieurs employés convoquent le directeur du personnel pour protester contre une décision qui les affecte et lui poser des questions, il est à peu près certain qu'il répondra d'abord à ceux qui parlent le plus fort.

Il faut cependant être prudent lorsqu'on analyse l'influence relative d'un aspect de l'objet comme l'intensité. Cette dernière n'est qu'une caractéristique du stimulus ; d'autres facteurs simultanés peuvent affecter davantage la perception. Si l'on songe à l'exemple précédent, il se peut tout aussi bien qu'un employé reconnu pour ses contestations véhémentes n'attire plus l'attention s'il crie, mais se fasse plus aisément remarquer lorsqu'il baisse le ton ou se tait. Dans ce cas, la nouveauté du comportement aurait plus d'effet que son intensité.

La taille

La taille de l'objet perçu a une influence de même nature et de même sens que l'intensité. Plus un objet occupe d'espace, plus la probabilité qu'il soit perçu est élevée. Par exemple, un joueur de football qui entre dans un bar risque d'être plus facilement remarqué qu'un homme de taille moyenne. En publicité, on sait qu'une annonce qui couvre une page entière d'un journal attire plus l'attention qu'un simple entrefilet dans les petites annonces.

Là encore, le facteur de la taille est relatif. L'influence de la grandeur et de la grosseur peut être annulée par d'autres facteurs. Si un homme de taille moyenne se trouve au centre d'une équipe de football, c'est lui qu'on remarque le plus.

Le contraste

L'exemple précédent illustre justement l'influence du contraste sur le choix perceptuel. Nous avons tendance à nous adapter et à nous habituer aux stimulations courantes de notre environnement. Les stimuli inattendus ou inhabituels attirent davantage notre attention.

L'ouvrier qui travaille dans une usine hautement mécanisée en vient à ne plus entendre le bruit infernal constant. En revanche, si les machines s'arrêtent, il percevra immédiatement le silence. Si un professeur entre dans une salle de cours où il n'y a qu'une femme parmi les étudiants, il la remarquera probablement avant de pouvoir identifier tout autre étudiant.

Le contraste s'applique au rapport nouveauté-familiarité. Un stimulus nouveau dans un milieu familier attire facilement l'attention. Ce phénomène est à la base du système de rotation des tâches instauré dans de nombreuses entreprises. De la même façon, un stimulus familier dans un milieu nouveau est beaucoup plus perceptible : on imagine facilement qu'un Nord-Américain visitant la Chine sera frappé par la première annonce de Coca-Cola qu'il rencontrera.

La répétition

Un stimulus attire plus l'attention s'il est répété. Un retard au travail peut passer inaperçu, mais des retards fréquents sont plus susceptibles d'être remarqués.

L'avantage de la répétition est double. D'abord, un stimulus répété attire l'attention si celle-ci tend à faiblir. Ceux qui supervisent des travailleurs dont les tâches sont répétitives et monotones savent qu'il faut constamment susciter la vigilance afin de maintenir le niveau d'attention.

De plus, la répétition augmente la sensibilité au stimulus. La plupart des parents utilisent la répétition pour sensibiliser leurs enfants aux bonnes manières, par exemple. En publicité, la répétition des messages publicitaires est toujours utilisée lors de la mise en marché d'un nouveau produit.

Le mouvement

Les êtres humains, comme les animaux, sont plus sensibles aux objets qui bougent dans leur champ visuel qu'à ceux qui sont immobiles. Une enseigne au néon clignotante est plus vite perçue que n'importe quelle autre enseigne lumineuse. Dans une assemblée, un visage expressif attire plus l'attention qu'un visage impassible. Un conférencier qui se déplace en parlant maintient mieux l'intérêt de ses auditeurs qu'un autre qui reste assis et lit calmement son texte.

Les facteurs internes

«Si une partie de ce que l'on perçoit provient, grâce à nos sens, de l'objet perçu, une autre partie provient toujours de notre tête.» Cette affirmation de William James (1890) a été confirmée depuis longtemps. De nombreuses recherches scientifiques ont démontré que les déterminants internes de la perception sont tout aussi influents que les déterminants externes, et même plus. Parmi les aspects de la personne qui influencent sa perception, les plus importants sont les attentes, la motivation, les sentiments et la culture.

Les attentes

Les attentes d'un individu constituent le facteur qui détermine le plus fortement l'ordre et la direction qu'il donnera à ses expériences perceptuelles. Dire que l'homme perçoit ce qu'il s'attend à percevoir, c'est dire que son histoire perceptuelle affecte sa perception effective. Par exemple, si une personne a eu des parents sévères et a vécu sous les ordres de patrons autocratiques, elle s'attendra à ce que son patron actuel la dirige de façon rigide et autoritaire ; elle percevra vraisemblablement plus facilement les gestes d'autorité posés par son supérieur que ses manifestations d'amitié.

Avec le temps, l'individu apprend à se former un cadre de référence, véritable grille de sélection qui l'aide à filtrer les données sensorielles. Les comportements de spécialistes qui envisagent un même problème illustrent bien ce fait. Supposons que les profits d'une entreprise baissent à un moment donné, et que des représentants de divers services se réunissent afin de trouver des solutions. Le directeur du personnel sera plus sensible à la nécessité de perfectionner les employés, le chef du service de l'ingénierie suggérera une modernisation de l'équipement, alors que le directeur général insistera sur une meilleure planification à long terme.

Stagner et Rosen (1965) ont étudié les relations de travail dans les industries. Ils ont conclu que les différences perceptuelles entre les patrons et les syndicats sont la principale source des conflits de travail. À cause d'attentes et d'apprentissages différents, il arrive que les deux parties ne s'entendent même pas sur les faits : les travailleurs peuvent se plaindre d'être moins payés que ceux d'une autre région, alors que les patrons nient sincèrement qu'il existe une différence entre les deux systèmes de rémunération.

La motivation

La motivation a une influence très forte sur la perception. En un certain sens, l'individu perçoit ce qu'il veut, et ses besoins actuels orientent ses choix perceptuels. Ainsi une personne affamée est plus sensible aux stimuli qui sont reliés à la nourriture. Elle est également plus susceptible d'interpréter les stimuli ambigus selon son besoin. Si quelqu'un va au marché avant de manger, il est probable qu'il achètera plus de nourriture que s'il y allait après le repas (Levine et coll., 1942).

L'influence des motivations secondaires est tout aussi importante que celle des besoins primaires. Ceux qui recherchent le pouvoir ont tendance à percevoir des luttes de pouvoir dans plusieurs situations, même lorsqu'il n'y en a pas. Cela vaut également pour les besoins d'affiliation et de réalisation (McClelland et coll., 1953).

À cet égard, il est intéressant d'analyser les différences de comportement des individus dans les groupes, lesquelles reposent souvent sur des différences de perception. Si un groupe se trouve face à une difficulté, l'un des membres peut percevoir celle-ci comme étant menaçante et travailler à la résoudre, alors qu'un autre peut voir le problème comme une occasion de rencontrer le groupe et de porter attention à la façon plus ou moins amicale dont se déroule la réunion (Bass et Dunteman, 1963).

Notons finalement que si le degré de motivation est très élevé, lorsque l'individu a un fort besoin d'agir et que la situation l'empêche de le faire, la perception peut être faussée par l'imagination et dans certains cas extrêmes, par des hallucinations. Des individus très assoiffés peuvent commencer à voir ou à entendre de l'eau à mesure que leur état de privation s'accentue. Une personne qui lutte pour le pouvoir et se trouve incapable de l'acquérir peut en venir à avoir des délires de grandeur.

Les sentiments

En général, on reconnaît plus facilement les stimuli qui ont une connotation émotionnelle positive que ceux qui sont neutres.

Dans le cas des stimuli à connotation émotionnelle négative, deux phénomènes peuvent se produire : la défense perceptuelle ou la sensibilisation perceptuelle.

Il y a **défense perceptuelle** lorsqu'une personne ne reconnaît pas un stimulus menaçant ou socialement inacceptable. Il s'agit de la réaction la plus courante ; la plupart du temps, les gens ont tendance à ériger des barrières psychologiques contre les stimuli négatifs, les critiques, par exemple (Bruner et Postman, 1947).

Généralement, l'information qui suscite des sentiments négatifs ou qui bouleverse est perçue moins facilement que celle qui est neutre émotionnellement. C'est pourquoi les événements sont toujours perçus différemment par les gens touchés que par des observateurs neutres. Plusieurs entreprises auraient avantage à faire appel à des firmes de consultants lorsqu'elles sont aux prises avec des problèmes sérieux. En effet, il se peut qu'en raison de défenses perceptuelles, les indices du sérieux de la situation ne soient pas perçus de l'intérieur de l'entreprise.

Lawless (1972) s'est intéressé aux conséquences des défenses perceptuelles. D'une part, les stimuli négatifs existent et amènent souvent des distorsions perceptuelles ; certains individus tentent d'éviter ces stimuli par des perceptions-substituts qui empêchent de les reconnaître. Par exemple, pour éviter de percevoir le mécontentement de ses subordonnés, un gestionnaire anxieux peut arriver à les percevoir comme étant très satisfaits et très productifs. D'autre part, tout stimulus suscite une émotion qui doit être exprimée. Or, il arrive souvent que cette émotion, qui ne peut être exprimée pour une raison quelconque, soit déguisée ou dirigée ailleurs. Ainsi, le découragement suscité par une situation précaire peut prendre la forme d'une agressivité envers certains employés nonchalants. Un employé agressif envers un patron injuste peut diriger son émotion contre sa secrétaire, son épouse ou ses enfants.

Il existe un mécanisme de défense encore plus complexe que la simple négation des faits ou la résistance à les reconnaître : la projection. La projection est un processus qui amène l'individu à voir, chez les autres, les traits de caractère ou les sentiments qui lui sont propres et qu'il nie. Cette tendance à projeter sur les autres ses propres émotions ou ses traits de caractère se manifeste surtout lorsque l'individu éprouve des sentiments négatifs à son égard. Il s'agit d'un phénomène très courant. Par exemple, les gens malhonnêtes perçoivent très souvent des intentions suspectes chez les autres, les individus méfiants ont tendance à s'imaginer que les autres se méfient d'eux. Il n'est pas rare d'entendre une personne nerveuse dire à un interlocuteur plus calme qu'elle : «Je te sens mal à l'aise.»

Bien que les stimuli négatifs soient en général moins facilement perçus que les stimuli neutres ou positifs, il y a des cas où ils suscitent une forte réaction. Il y a **sensibilisation perceptuelle** lorsque l'individu est convaincu qu'une vigilance accrue peut lui permettre d'éviter les conséquences tragiques d'une situation dangereuse. Ce phénomène est particulièrement susceptible de se produire lorsque les stimuli sont extrêmement menaçants. En temps de guerre, par exemple, les combattants sont aux aguets et deviennent très sensibles au moindre indice d'une présence ennemie.

La culture

Parce que les gens d'une même culture partagent un certain nombre d'expériences, et que les gens de cultures différentes se développent et vivent dans des conditions parfois très différentes, on constate que l'appartenance d'un individu à une culture donnée affecte sa perception, et que les différences culturelles s'accompagnent de différences perceptuelles.

On attribue les effets de la culture sur la perception à trois facteurs : la fonction des objets, la familiarité et les systèmes de communication.

La fonction des objets varie d'une culture à une autre. Un élément nécessaire à la survie d'une culture peut ne pas avoir la même importance dans une autre société. En raison du milieu physique et social dans lequel ils évoluent, les

membres d'une culture sont encouragés très tôt à porter attention à certains éléments de la réalité plutôt qu'à d'autres, et ils apprennent à sélectionner et à organiser leurs perceptions d'une manière particulière. Ainsi, les Inuit apprennent à établir des distinctions très subtiles entre les différents types de neige et de glace, alors que les habitants des pays tempérés n'ont pas besoin de porter attention à ces détails (Boas, 1938).

La **familiarité** joue un rôle important dans la perception : les éléments familiers sont en général plus rapidement perçus. Des choses ou des expériences familières dans une culture peuvent être totalement ignorées d'autres groupes. Par exemple, les travailleurs des pays industrialisés sont conditionnés par l'horloge. Ils considèrent le temps comme étant très important, et accordent beaucoup d'attention aux échéances proches et à la ponctualité. En revanche, dans des pays moins développés où la mesure du temps est moins courante, les travailleurs peuvent percevoir un travail urgent comme devant être terminé le lendemain, plus tard ou selon leur rythme.

Les **systèmes de communication** contribuent également à déterminer ce que les membres d'une culture perçoivent. Le langage précise non seulement la façon dont une personne communique, mais encore sa façon de comprendre la nature, de considérer des phénomènes et d'interpréter la réalité. L'élaboration d'un langage est étroitement reliée à l'importance et à la fonction des objets dans la culture. Ainsi, en Amérique, comme la connaissance des véhicules motorisés a une fonction déterminante, on a créé en conséquence de nombreux termes reliés à la mécanique automobile. Par analogie, en arabe, il existe environ 6 000 mots qui concernent les chameaux (Thomas, 1937). En raison même de leurs possibilités linguistiques, les individus développent leur propre langage et leur propre culture en fonction de la technologie, de sorte qu'ils en arrivent à percevoir les problèmes et à classifier les phénomènes différemment des profanes. Ainsi, un directeur d'hôpital peut en venir à classifier les patients selon leurs maladies ; à ce moment-là, il ne les voit pas comme des hommes ou des femmes, des spécialistes ou des ouvriers, mais comme des infarctus, des hystérectomies, des fractures, notamment.

5.2   LA PERCEPTION SOCIALE

La perception sociale est le moyen par lequel les gens se forment des impressions et arrivent à se comprendre les uns les autres. Ce processus de perception et d'évaluation des personnes comporte deux éléments clés : l'attribution ou la compréhension des causes de leurs actions, et l'interprétation de leur comportement à la lumière de ce que l'on connaît de ces individus seuls et comme membres d'un groupe.

5.2.1   Le processus d'attribution

Le processus d'attribution est celui par lequel l'individu attribue des causes aux comportements qu'il perçoit. Alors que le mouvement des objets est généralement attribué à des causes physiques, le comportement humain est perçu comme étant intentionnel dans la majorité des cas. L'évaluation de celui qui perçoit est largement influencée par le degré de responsabilité qu'il attribue à l'individu perçu. Selon que les causes perçues du comportement d'un individu soient internes ou externes, le jugement posé peut varier de façon importante. Ainsi, lorsqu'un subordonné remet un rapport en retard, la réaction du supérieur peut différer selon que ce dernier attribue le retard à la paresse (attribution interne) ou à un surcroît de travail (attribution externe). Un secrétaire qui laisse échapper une pile de dossiers sera excusé si la cause perçue de l'incident est un plancher glissant. En revanche, il sera réprimandé si l'on croit qu'il s'agit d'une maladresse, ou congédié si son geste est jugé délibéré.

La théorie de l'attribution est née des travaux de Fritz Heider (1958) et des publications classiques de Jones et Davis (1965), et Kelley (1965). Selon Heider, les gens attribuent plus facilement les causes du comportement aux individus qu'au milieu, surtout s'il s'agit de comportements fréquents et persistants. Ils préfèrent l'attribution interne, car la connaissance des dispositions personnelles d'un individu peut devenir un point de repère utile lorsqu'on veut prédire ou contrôler un comportement ou encore réagir adéquatement à ce dernier.

Comment attribue-t-on une cause à un comportement ? Le processus diffère selon qu'on fait une attribution depuis l'interprétation d'un seul comportement, ou d'après des renseignements plus complets et plus variés, ce qui n'exclut pas les erreurs.

L'interprétation d'un seul comportement

Dans la formation des impressions depuis un seul comportement, la première règle est celle de la soustraction : la contribution des exigences de la situation doit être soustraite de la disposition personnelle que laisse supposer le comportement même. Ainsi, si une personne agit de façon affable dans une situation qui suscite une attitude positive et gentille, lors d'un dîner d'anniversaire, par exemple, on attribuera la cause à l'événement plutôt qu'aux caractéristiques de l'individu. La personne peut effectivement ne pas être d'un naturel aimable et sociable, mais se comporter comme tel parce que la situation l'exige. Elle peut être réellement affable, mais la personnalité est écartée comme cause première du comportement. Il s'agit du principe de la réduction.

Par contre, si au cours du même dîner, la personne fait preuve d'hostilité, alors que l'atmosphère est à la fête, on attribuera la cause du comportement à l'agressivité naturelle de l'individu. En effet, la personne est probablement très négative, puisqu'elle va à l'encontre de la norme positive du moment. Bref, la règle de soustraction mène parfois à diminuer l'importance d'un trait personnel et d'autres fois à l'augmenter, et il semble bien que la plupart des gens en suivent la logique, lorsqu'ils se réfèrent aux comportements socialement désirables (Jones et Davis, 1965).

L'interprétation d'un ensemble de comportements

La plupart du temps, les gens apprennent à se connaître dans plus d'une occasion, et à long terme. Dans un tel contexte, les théoriciens ont défini trois variables qui influencent le sens de l'attribution (figure 5.1). Ainsi, avant de décider si l'individu agit d'après ses propres dispositions (attribution interne) ou en vertu de l'influence de son milieu (attribution externe), on considère trois critères : la cohérence (le comportement est-il logique, cohérent ?), la singularité (s'agit-il d'un comportement habituel ou isolé ?) et le consensus (est-ce que les autres membres du groupe ont manifesté ou manifestent le même comportement ?).

En regroupant ces renseignements, il est possible de prédire si les attributions seront internes ou externes (Hellriegel et coll., 1989). Quand une personne est perturbée par la situation financière de son entreprise, on attribuera son insécurité à cette situation si :

— le consensus est fort : de nombreux collègues ressentent de l'insécurité dans la même situation ;
— la cohérence est forte : la personne a déjà ressenti de l'insécurité dans des circonstances semblables ;
— la singularité est forte : la personne ne ressent pas d'insécurité dans d'autres situations.

En revanche, on attribuera la nervosité à l'insécurité intérieure si :

— le consensus est faible : les autres se comportent différemment dans la même situation ;
— la réaction est cohérente : la personne a ressenti la même insécurité dans des circonstances semblables ;
— la singularité est faible : la personne a fait preuve d'insécurité en de nombreuses autres circonstances.

Les autres dimensions de l'attribution

Le processus d'attribution affecte notre jugement sur les autres et notre manière d'entrer en relation avec eux. Dans bien des cas, nous faisons beaucoup plus que de déceler la cause du comportement. Il nous faut juger, d'une part, de l'extériorité ou de l'intériorité de la cause et, d'autre part, de la stabilité ou de l'instabilité du résultat obtenu. Par exemple, si nous devons évaluer le résultat d'un individu, nous nous demandons si le succès ou l'échec tient du hasard, de la difficulté, de l'effort ou du talent.

Ainsi, une prestation qui rejoint celle des autres, mais qui est incohérente ou cohérente pour l'individu est respectivement attribuée au hasard ou à la difficulté rencontrée dans l'exécution de la tâche. Inversement, une prestation différente de celle des autres, mais incohérente ou cohérente pour l'individu est respectivement attribuée à l'effort ou au talent.

C'est ainsi que nous évaluons favorablement une personne qui doit ses succès à l'effort et au talent, alors que ses échecs découlent de facteurs extérieurs comme la difficulté de la tâche.

Les évaluations négatives surviennent quand nous attribuons les succès à des facteurs extérieurs comme le hasard, et les échecs à des facteurs intérieurs.

L'attribution interne ou externe influe sur l'évaluation certes, mais les facteurs de stabilité et d'instabilité modifient également les attentes. Si les causes du succès sont jugées stables, nous en espérons autant, sinon plus pour l'avenir ; si elles sont instables, nous attendons peu de la personne. Inutile de dire à quel point ce facteur de stabilité peut influencer la supervision, la formation et la promotion dans les écoles et les organisations.

Plus récemment, Worchel et coll. (1991) ont fait ressortir d'autres dimensions causales, soit la possibilité de contrôle et la globalité. En effet, si des personnes échouent en raison de facteurs qui sont indépendants de leur volonté, nous les jugeons en général plus favorablement que si

FIGURE 5.1
La théorie de l'attribution de Kelley

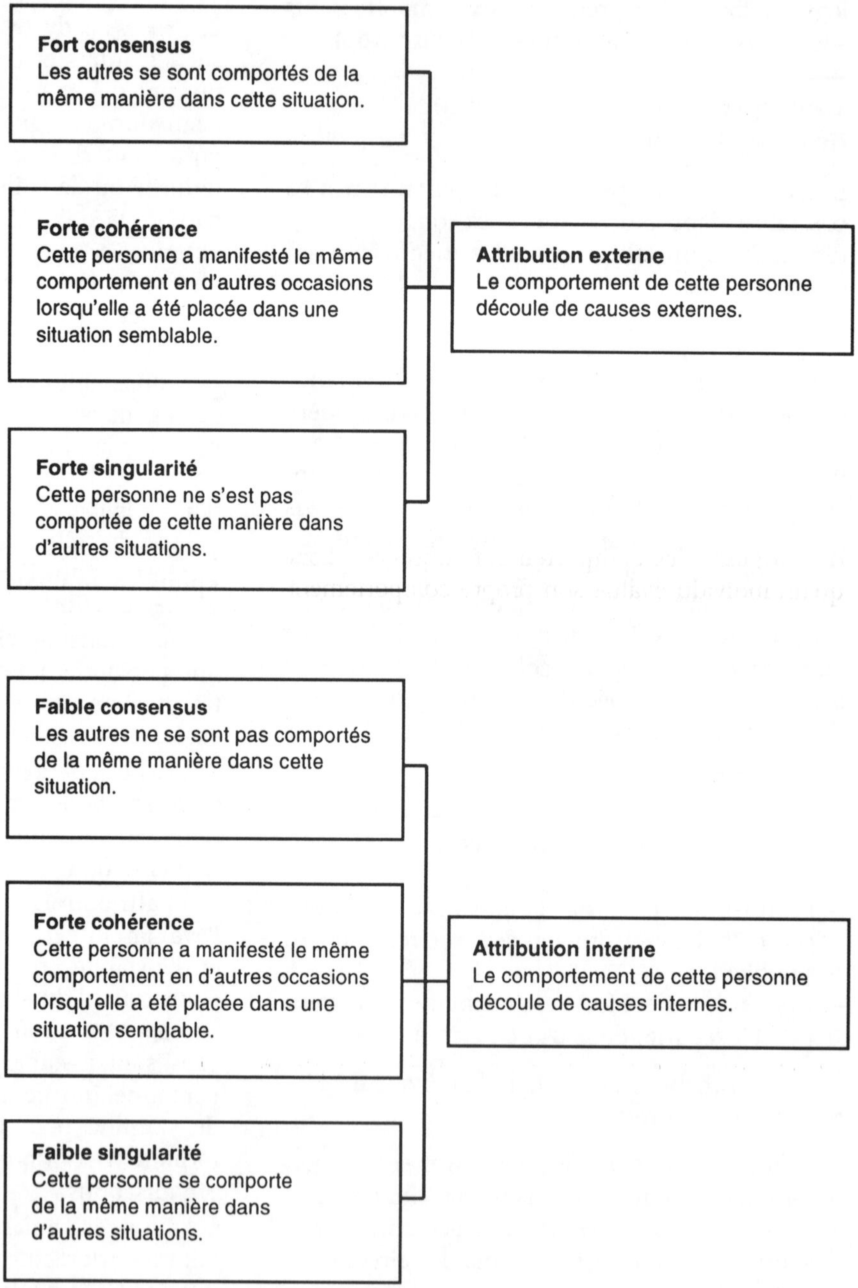

Fort consensus
Les autres se sont comportés de la même manière dans cette situation.

Forte cohérence
Cette personne a manifesté le même comportement en d'autres occasions lorsqu'elle a été placée dans une situation semblable.

Forte singularité
Cette personne ne s'est pas comportée de cette manière dans d'autres situations.

Attribution externe
Le comportement de cette personne découle de causes externes.

Faible consensus
Les autres ne se sont pas comportés de la même manière dans cette situation.

Forte cohérence
Cette personne a manifesté le même comportement en d'autres occasions lorsqu'elle a été placée dans une situation semblable.

Attribution interne
Le comportement de cette personne découle de causes internes.

Faible singularité
Cette personne se comporte de la même manière dans d'autres situations.

Source: Traduit de BARON, R.A. et BYRNE, D., *Social Psychology: Understanding Human Interaction* (5ᵉ éd.), Boston, Mass., Allyn and Bacon, 1987, p. 53.

elles avaient la possibilité d'intervenir et ne l'ont pas fait. Dans le premier cas, nous sommes portés à ressentir de la compassion plutôt que de la colère, et à les aider : c'est ce que nous ressentons auprès des victimes de cancer, d'accidents ou de traumatismes. En revanche, lorsque les gens souffrent de syndromes que, selon nous, ils pourraient ou auraient pu maîtriser comme l'obésité, le sida ou la toxicomanie, nous avons des réactions agressives et sommes portés à négliger ces personnes.

Quant à la globalité, il s'agit du réflexe de porter un jugement global par suite d'un comportement donné. Par exemple, on peut penser que lorsqu'une femme est compétitive au tennis, elle le sera sûrement en affaires.

Bref, nous inférons de nombreuses explications et réagissons fortement à notre perception des origines des comportements observés. Lorsqu'un individu évalue son propre comportement, ces mêmes principes s'appliquent. Il juge son propre rendement selon qu'il a le sentiment d'être responsable, stable, maître de la situation et globalement en cause. Évidemment, ses attentes et ses espoirs sont très influencés par ses attributions.

Les erreurs d'attribution

Les principes de l'attribution sont simples, et la plupart des gens sont capables d'en suivre la logique élémentaire dans la formation de leurs impressions. Pourtant, force nous est de constater qu'il existe bien des écueils dans le processus d'attribution et qu'un certain nombre de biais peuvent l'affecter. Citons-en trois : le biais de correspondance, le biais de saillie et l'attribution défensive.

Le **biais de correspondance** est la tendance à sous-estimer l'influence des forces extérieures sur le comportement et à surestimer l'importance des dispositions personnelles, ce que nous faisons, par exemple, quand nous décidons qu'une personne en colère est fondamentalement agressive. Pourtant, elle a peut-être été provoquée. Mais, en ignorant la provocation, nous supposons que le comportement colérique reflète un mauvais caractère. Ce biais est tellement répandu qu'on l'appelle « l'erreur fondamentale d'attribution ». Il découle du fait que l'on oublie la règle logique de la soustraction qui pondère le jugement sur la personne. Les gens très occupés commettent souvent ce genre d'erreur, d'une part, parce qu'ils n'ont pas le temps de prendre en considération toutes les implications logiques du comportement et, d'autre part, parce que l'inférence des traits depuis le comportement est spontanée, inconsciente et automatique. Finalement, lorsqu'on entre en relation avec d'autres, l'intensité des échanges peut occuper tellement l'esprit que l'on perd le réflexe d'appliquer la règle de la soustraction.

Le **biais de saillie** est la tendance à attribuer le comportement aux causes les plus faciles à noter. On remarque davantage un individu de race noire dans un groupe de race blanche ou un « punk » au milieu de Témoins de Jéhovah, en raison de l'influence des contrastes sur la sélection perceptuelle comme nous l'avons vu plus haut. Un principe semblable s'applique lors du processus d'attribution. On porte plus attention à un comportement saillant qu'aux subtiles pressions du milieu qui ont provoqué ce dernier. Par conséquent, nous l'attribuons à des dispositions personnelles. Si nous revenons à l'exemple du Noir dans un groupe de Blancs, en raison de sa « visibilité » plus grande, il est plus rapidement « disponible » à la mémoire des observateurs, ce qui affecte les perceptions de ces derniers sur sa contribution au groupe. Même s'il est intervenu le même nombre de fois que les autres, on aura tendance à lui attribuer une fréquence plus élevée d'interventions.

L'**attribution défensive** est la tendance fréquente à percevoir les causes d'un événement de façon à croire qu'on ne peut subir soi-même la même situation indésirable. On remarque cette tendance, par exemple, chez un observateur qui tente de réduire son anxiété en l'absence de données rationnelles susceptibles d'apporter une explication à un événement potentiellement anxiogène, tel qu'un accident de voiture. Il attribue donc à la victime la responsabilité de ce qui lui arrive. Plus l'accident est grave, plus grande est la responsabilité attribuée à la victime. En éliminant l'idée que l'accident puisse être causé par la fatalité, on se protège contre elle, ce qui réduit l'anxiété : « Il a eu cet accident parce qu'il était négligent... Moi, je suis vigilant et ça ne m'arrivera pas ! »

En résumé, les erreurs d'attribution sont le résultat soit d'une distorsion cognitive lors du traitement de l'information, soit des besoins et des désirs des observateurs. Le processus d'attribution, bien que souvent utilisé logiquement, n'est pas à l'abri de la faiblesse humaine.

5.2.2   Le processus d'inférence sociale

Selon l'attribution des causes du comportement des personnes que nous rencontrons, nous nous formons des impressions sur ces gens, nous les jugeons à titre d'individus et de membres d'un groupe ou d'une communauté. Ces inférences et ces interprétations des comportements sont faites très rapidement d'après des données souvent partielles. Il importe d'en être conscient parce que, d'une part, les premières impressions tendent à persister et que, d'autre part, plusieurs erreurs de jugement systématiques peuvent influencer le processus d'inférence sociale.

L'importance des premières impressions

Luchins (1957) a démontré qu'il existe une tendance à donner plus d'importance à l'information recueillie au premier contact avec l'autre qu'à celle obtenue par la suite. Lorsqu'on rencontre une personne pour la première fois, on se forme très rapidement une impression d'après peu d'indices. Cette première impression est cruciale, car elle détermine la façon dont on intégrera les perceptions subséquentes. Elle tend donc à persister longtemps, à moins d'être fortement contredite.

Parmi les facteurs qui influencent la formation des premières impressions, certains concernent la personne perçue. D'abord, les traits visibles comme les gestes, les postures, les expressions, l'apparence et le langage sont immédiatement saisis et interprétés. En entrevue de sélection, le candidat qui entre dans la pièce en se traînant les pieds, s'écrase sur son siège et regarde le plafond peut être rapidement perçu comme étant peu énergique et peu motivé ; celui qui donne une poignée de main vigoureuse, regarde son interlocuteur et sourit fréquemment a des chances d'être perçu comme étant dynamique et sociable.

Le statut de l'individu perçu influence également la formation des premières impressions. Certains facteurs sociologiques (âge, profession, nationalité) incitent celui qui perçoit à interpréter des éléments objectifs dans un sens particulier. Si un intellectuel très réputé se présente en « jeans » à un dîner officiel, on pensera qu'il est original ou distrait. Si un simple étudiant se présente de la même façon, on pourra penser qu'il est irrespectueux ou contestataire.

Les caractéristiques de celui qui perçoit déterminent en grande partie le choix des facteurs précités. Zalkind et Costello (1962) ont énoncé quelques principes à ce sujet :

- ceux qui se connaissent bien eux-mêmes perçoivent les autres avec plus de justesse que ceux qui sont peu conscients de ce qu'ils sont ;
- les caractéristiques de celui qui perçoit influencent les caractéristiques qu'il risque de voir chez les autres ; ses valeurs et sa culture exercent une influence particulièrement importante. Le mécanisme de projection peut également jouer dans certains cas ;
- ceux qui s'acceptent bien eux-mêmes auront tendance à percevoir davantage les caractéristiques positives des autres ;
- la justesse de la perception n'est pas une aptitude simple. Selon Cronbach (1955), pour être bon juge, il ne faut pas être trop sensible aux différences individuelles.

Enfin, les circonstances dans lesquelles les personnes se rencontrent pour la première fois teintent les premières impressions d'une couleur spéciale (Mitchell, 1978). Parmi les variables situationnelles qui peuvent influencer la perception de l'autre, citons le lieu de la rencontre (un bar ou une salle de conférences), l'individu perçu ou la personne qui l'accompagne (un collègue respecté ou un voisin peu estimé) et l'occasion de la rencontre (un dîner officiel ou une séance de négociations).

Ce qu'il faut retenir au sujet des premières impressions, c'est que le processus qui leur permet de se former est relativement constant, et qu'elles ont tendance à se confirmer par la suite et à persister.

Hastorf et coll. (1970) ont tenté d'expliquer la stabilité et la durabilité des premières impressions en reliant la perception sociale au comportement interpersonnel réel des personnes. Ils en sont arrivés aux conclusions suivantes :

— la stabilité perceptuelle correspond en partie à une stabilité comportementale réelle, c'est-à-dire que la perception est assez véridique et que le comportement des individus perçus reste relativement constant ;

— la perception peut rester constante en dépit des variations du comportement des individus perçus. En effet, la théorie de la personnalité que chacun adopte implicitement permet des exceptions. On conçoit facilement que des gens agréables et aimables puissent avoir des « mauvais jours », surtout lorsque leur comportement est influencé par des circonstances extérieures difficiles. Pour autant que les exceptions ne se produisent pas trop souvent, le jugement global sur la personne ne change pas beaucoup ;

— la stabilité perceptuelle dépend partiellement du caractère limité de l'information dont dispose celui qui perçoit. Par exemple, le fait que certains traits soient rarement testés ou approfondis maintient les erreurs perceptuelles. Cela est particulièrement vrai dans le cas des impressions négatives qui amènent souvent l'évitement de l'autre et empêchent automatiquement la rétroaction correctrice ;

— les premières impressions provoquent fréquemment chez l'individu perçu des comportements qui les confirment et donc, en augmentent la durabilité. C'est l'exemple de la prédiction qui se réalise d'elle-même. Si on perçoit un individu comme étant aimable, on le traitera vraisemblablement avec gentillesse et on suscitera davantage son amabilité. Si un contremaître perçoit ses ouvriers comme étant agressifs, il les traitera agressivement ou défensivement, et ces derniers risqueront de lui répondre de façon hostile.

De nombreux auteurs ont analysé la manière dont les attentes créées par les premières impressions se vérifient. Des recherches récentes (Rosenthal, 1973 ; Harris et Rosenthal, 1985) suggèrent la présence de quatre facteurs importants.

1. Le climat : nous créons avec les gens que nous jugeons un climat plus ou moins chaleureux qui fera que la personne se comportera selon nos attentes.

2. La rétroaction : si nous nous attendons à ce qu'une personne réussisse bien, nous aurons tendance à lui donner plus de rétroaction et à la guider de plus près.

3. Les intrants : nous lui donnerons également plus d'explications et d'information. Nos attentes d'un bon rendement nous feront investir davantage.

4. Les extrants : enfin, nous offrirons à notre protégé(e) plus d'occasions de s'exprimer, de se faire valoir et de s'informer sur la manière d'améliorer son rendement.

Curtis et Miller (1986) ont démontré que dans la vie quotidienne, nous agirons différemment avec une personne qui nous aime (ou qu'on croit qui nous aime) qu'avec une personne qui ne nous aime pas (ou qu'on croit qui ne nous aime pas). Nous trouverons plus de points communs avec la personne qui nous aime, nous serons moins portés à la contredire et démontrerons une attitude verbale et non verbale plus positive.

Est-ce à dire que l'effet de primauté de nos premières impressions est incontournable ? Il existe des recherches sur l'effet de récence, c'est-à-dire sur l'importance des dernières impressions. Toutefois, malgré quelques résultats (Luchins, 1957) démontrant qu'il est possible de pondérer l'effet des premières impressions avec le temps, il semble bien que les premiers jugements sont plus importants que les attributions subséquentes. Enfin, certaines expériences récentes en psychologie sociale nous font entrevoir la possibilité d'en arriver à des jugements objectifs à la condition d'éprouver réellement nos attentes et nos perceptions et de nous donner comme but de juger adéquatement les autres (Darley et coll., 1988). Pour cela, il faut être très conscient des erreurs de jugement possibles.

Les erreurs de jugement

À cause de la nature même de la perception, il existe un certain nombre d'erreurs systématiques que les gens sont portés à faire lorsqu'ils jugent les autres. Les stéréotypes et l'effet de halo se trouvent parmi les erreurs les plus courantes.

En ce qui concerne les **stéréotypes**, il arrive fréquemment qu'on côtoie des personnes dont on ne connaît que les caractéristiques globales comme l'âge, la nationalité, le sexe ou l'emploi. D'après ces parcelles d'information, nous cataloguons les gens et leur attribuons, de ce fait, un ensemble de traits censément caractéristiques de leur milieu culturel, social ou professionnel.

Ce processus par lequel nous cataloguons les individus selon les caractéristiques prédominantes de leur groupe est appelé stéréotype. Dans certains cas, les stéréotypes sont utiles parce qu'ils réduisent l'ambiguïté et permettent de classer rapidement les gens d'après un minimum de renseignements. Toutefois, ils mènent très souvent à des erreurs de jugement parce que, chaque individu étant unique, les traits réels de la personne jugée sont, la plupart du temps, très différents de ceux que suggère le stéréotype.

De plus, les stéréotypes présentent l'inconvénient de prédisposer celui qui perçoit à ne considérer que des caractéristiques incluses dans la catégorie et à négliger d'autres traits de la personnalité de l'individu qui peuvent être très importants.

Enfin, même s'il existe presque toujours un certain consensus au sujet des stéréotypes, il arrive souvent qu'on ne puisse vérifier ces derniers dans la réalité. Le fait qu'ils soient répandus peut tout simplement signifier que de nombreuses personnes partagent la même erreur perceptuelle depuis de fausses hypothèses sur un groupe donné. Une recherche de Gordon et Strober (1975) a démontré que beaucoup d'hommes croient que les femmes sont trop émotives et instables pour occuper des postes de gestion. Ces perceptions sont maintenues en dépit de la preuve que les femmes ne sont pas plus émotives que les hommes au travail, et que si l'âge et le type d'emploi sont les mêmes, la mobilité des hommes et des femmes est équivalente. Les conséquences de tels stéréotypes risquent d'être désastreuses. Il peut en résulter une diminution des chances de promotion pour des femmes compétentes et une surévaluation de l'efficacité de l'organisation, alors que les candidats les plus compétents sont tenus à l'écart.

Malgré les politiques d'équité en matière d'emploi, les disparités salariales demeurent. Selon Statistique Canada, la comparaison entre la moyenne du revenu d'emploi à temps plein d'un travailleur et d'une travailleuse se solde, en 1988, par un déficit de 34,1 p. 100 au détriment de cette dernière (20 925 $ par rapport à 31 742 $). Et les gestionnaires continuent de favoriser les hommes dans l'octroi de promotions : seulement 9,9 p. 100 des femmes sont des cadres supérieurs dans la fonction publique au Québec (Office des ressources humaines, 1990).

L'âge est un autre stéréotype qui touche les gens au travail. Une recherche de Rosen et Jerdee (1976) suggère que les stéréotypes négatifs à propos de l'âge faussent les décisions administratives qui concernent la carrière des gens plus âgés. Le tableau 5.1 présente un exemple des conséquences de tels stéréotypes.

On retrouve de nombreux autres stéréotypes dans les organisations. Ils se manifestent dans

TABLEAU 5.1
Effets potentiels des stéréotypes sur les travailleurs âgés

Problème	Stéréotype	Décision biaisée
Le rendement d'un individu diminue.	Les travailleurs âgés résistent au changement.	On le mute à un poste moins complexe, plutôt que de l'encourager à s'améliorer.
On doit promouvoir quelqu'un à un poste important.	Les travailleurs âgés manquent de créativité, sont prudents et ont tendance à éviter les risques.	On ne donne pas la promotion au travailleur âgé.
Un travailleur âgé postule un emploi qui requiert de la force physique.	Les travailleurs âgés sont faibles: la force physique décline avec l'âge.	On demande au travailleur âgé de retirer sa candidature.

Source: Traduit de SCHERMERHORN, J.R, HUNT, J.G. et OSBORN, R.N., *Managing Organizational Behavior* (3e éd.), New York, N. Y., John Wiley & Sons, 1988, p. 383.

des énoncés tels que: «La haute direction ne se préoccupe jamais du bien-être des employés» ou «Les syndiqués veulent tout avoir pour rien».

Il s'agit de convictions bien ancrées, et leur effet peut être extrêmement pernicieux. C'est pourquoi il faut en prendre conscience et avoir le courage de les dénoncer et de les contredire.

En ce qui concerne l'**effet de halo**, il consiste à se faire une opinion générale de la personne d'après une seule de ses caractéristiques comme son apparence, son intelligence ou sa sociabilité. De telles généralisations sont très fréquentes. Par exemple, les gens ont tendance à surestimer le rendement de ceux qu'ils aiment et à sous-estimer les capacités de ceux qu'ils n'aiment pas.

Ce processus est fortement influencé par les théories et les convictions de celui qui perçoit. La plupart des individus croient que certains traits de la personnalité sont nécessairement associés à d'autres. Ainsi, on peut penser que les gens travailleurs sont honnêtes et que les personnes chaleureuses sont généreuses.

Ash (1946) a confirmé l'existence de l'effet de halo lors d'une étude au cours de laquelle il a présenté à des sujets une liste de qualificatifs, dont

«intelligent», «travailleur», «habile», «pratique», «déterminé», «chaleureux», et leur a demandé d'évaluer la personne qui possédait ces caractéristiques. D'après ces traits, la personne a été jugée comme adroite, populaire, imaginative et dotée du sens de l'humour. Par la suite, il a modifié sa liste en remplaçant le mot «chaleureux» par «froid» et obtenu des perceptions tout à fait différentes. Ainsi, les sujets ont clairement été influencés par une seule caractéristique pour juger l'ensemble de la personne. Enfin, Ash a démontré que certains traits sont plus importants que d'autres et sont ainsi plus susceptibles d'influencer la perception. Par exemple, lorsqu'il a substitué le mot «poli» au mot «impoli», il a constaté moins de différences que dans le cas précédent.

L'effet de halo subit également l'influence d'autres facteurs. Il s'accentue lorsque les caractéristiques annoncées ne sont pas clairement perçues dans le comportement ou sont ambiguës, qu'elles ont une connotation morale, ou quand celui qui évalue connaît peu les traits mentionnés (Taguiri, 1969). Dans les organisations, l'effet de halo entraîne des conséquences importantes dans toutes les situations où des personnes doivent en évaluer d'autres. Il n'est pas rare qu'un jury de sélection favorise un beau parleur en croyant qu'il sera par le fait même plus compétent pour diriger une équipe qu'un candidat plus réservé. De même, un patron peut croire sincèrement qu'une secrétaire qu'il trouve attirante est plus intelligente que les autres, même si ce n'est pas le cas.

Finalement, un autre biais qu'on observe très souvent est la tendance à évaluer l'information en fonction de sa source. Une bonne idée présentée par un employé de bas niveau hiérarchique est facilement négligée ; si la même idée provient d'un cadre supérieur, elle a des chances d'être mieux acceptée, voire surévaluée.

5.3 LA GESTION DES PERCEPTIONS

Gérer les perceptions dans l'organisation équivaut à trouver tous les facteurs qui influencent celles-ci et à agir sur eux. La figure 5.2 reproduit l'ensemble de ces facteurs, soit le contexte situationnel, de même que les caractéristiques de celui qui perçoit et de celui qui est perçu.

Ainsi, tout gestionnaire qui entend devenir plus perceptif et étendre cette qualité à ses collaborateurs doit apprendre :

- le développement des aptitudes perceptuelles personnelles ;
- l'action sur les perceptions dans l'organisation ;
- l'amélioration de l'image personnelle et organisationnelle.

5.3.1 Le développement des aptitudes perceptuelles personnelles

Certaines personnes sont très habiles à deviner les gens qui les entourent et réussissent à en obtenir des perceptions exactes, malgré les mécanismes de défense parfois complexes que ces gens développent. D'autres personnes sont plus aptes à saisir la distance qui sépare parfois les

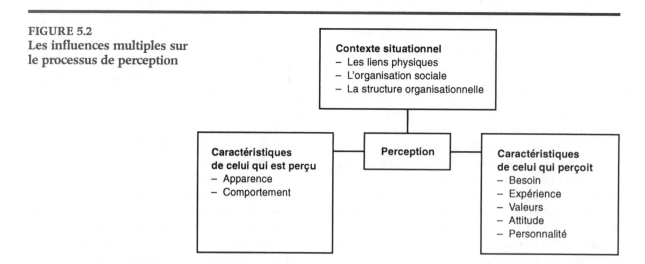

FIGURE 5.2
Les influences multiples sur le processus de perception

Source : Traduit de SCHERMERHORN, J.R., HUNT, J.G. et OSBORN, R.N., *Managing Organizational Behavior* (3ᵉ éd.), New York, N. Y., John Wiley & Sons, 1988, p. 380.

comportements observables des véritables intentions des personnes. Certains individus excellent encore à colliger des perceptions fragmentées et à les assembler de manière cohérente. D'autres enfin ont le don de faire en un tournemain le portrait limpide et simplifié d'une situation sociale complexe. Ce sont là différents types d'empathie.

Par ailleurs, la compréhension de situations de groupe présente des problèmes précis et demande des habiletés perceptuelles distinctes de celles que requiert la compréhension des individus. Les aptitudes nécessaires pour saisir l'opinion générale d'un groupe sont probablement différentes de celles qui permettent de « diagnostiquer » l'état d'esprit d'un employé.

Les déterminants personnels de l'empathie

Plusieurs facteurs influencent le degré d'empathie, en bien ou en mal. Ce sont les caractéristiques personnelles, l'équilibre personnel et le besoin de comprendre, les mécanismes de défense, l'aptitude à établir une relation, l'interférence inévitable des sentiments ainsi que l'information et l'action des phénomènes distincts.

Les caractéristiques personnelles

Celui qui perçoit a des caractéristiques sociologiques et psychologiques qui peuvent influencer sa capacité de bien percevoir les individus et les groupes.

Les caractéristiques sociologiques de l'individu sont notamment l'âge, le sexe, la nationalité, la religion, la profession et le niveau de revenu. Elles sont facilement déterminées et ne font pas partie comme telles de la personnalité. Il semble que ces caractéristiques agissent très peu sur les aptitudes perceptuelles. En effet, selon Ronald Taft (1955), bien que la capacité de bien percevoir les expressions émotionnelles des gens s'accroisse avec l'âge dans les débuts de la vie, elle ne varie plus en fonction de l'âge une fois l'âge adulte atteint. Dans la même veine, certaines études laissent supposer que les femmes auraient des aptitudes empathiques légèrement supérieures à celles des hommes, mais rien n'est encore très concluant.

Si les traits sociologiques ont peu de lien direct avec l'empathie, les caractéristiques psychologiques influencent davantage les aptitudes perceptuelles des personnes. Taft a notamment établi un lien entre la stabilité émotive et l'empathie. Le degré de stabilité émotive dépend d'abord et avant tout de l'image qu'on a de soi et du sentiment qu'on entretient à son propre égard.

L'image de soi constitue une sorte de point de départ qui affecte inévitablement nos relations familiales, amicales, professionnelles et sociales. Comme l'illustre bien la fenêtre de Johari (figure 5.3), certaines dimensions de l'image de soi (l'ensemble des choses que nous n'hésitons pas à dire de nous-même et notre conception du monde) sont facilement affichées. Il s'agit de l'aire connue de la personnalité.

Il y a cependant certains sentiments qu'on entretient par rapport à soi et qu'on ne veut pas partager : ce sont les attitudes privées et secrètes, l'aire cachée de la personnalité.

Puis, il existe des caractéristiques qui sont évidentes pour les autres, mais ignorées de nous-même. Par exemple, de nombreuses personnes peuvent détecter chez un individu une agressivité dont il n'est pas conscient. Cette dimension est l'aire aveugle de la personnalité.

Et plus loin, dans le subconscient et l'inconscient, se trouvent les sentiments qui se rapportent à notre identité profonde, fondamentale, et que nous ne pouvons même pas nous avouer à nous-mêmes. Il semble que plus l'aire inconnue de la personnalité est vaste, plus la capacité de percevoir les autres adéquatement se trouve compromise.

L'équilibre personnel et le besoin de comprendre

L'individu qui a résolu la majorité de ses conflits intérieurs se trouve en meilleure position pour orienter son énergie vers la compréhension d'autres personnes. Toutefois, même si tous les

FIGURE 5.3
La fenêtre de Johari

	Connu de l'individu	Inconnu de l'individu
Connu des autres	Aire d'activité connue	Aire aveugle
Inconnu des autres	Aire cachée	Aire d'activité inconnue

Source : KOLB, D.A., McINTYRE, J.M. et RUBIN, I.M., *Comportement organisationnel : une démarche expérientielle*, Montréal, Guérin éditeur, 1976, p. 221.

participants à une situation donnée étaient dotés d'un tel équilibre psychologique, leurs perceptions ne seraient pas parfaitement exactes pour autant. Pour comprendre une autre personne, il faut être motivé dans ce sens. Si l'on n'a pas besoin de comprendre l'autre, on vivra davantage l'apathie que l'empathie.

Il semble aussi que la connaissance de soi est un facteur déterminant du niveau d'empathie qu'on peut atteindre. En effet, les signes qu'on reçoit d'autres personnes passent par le filtre perceptuel que constitue notre propre personne. Nous devons donc être conscients de nos biais personnels. Si, par exemple, on est conscient d'avoir un faible pour les personnes qui ont dû lutter pour obtenir ce qu'elles ont, on peut réussir à contenir sa réaction, à faire abstraction de la caractéristique observée et arriver à saisir la personne avec plus de réalisme.

Les mécanismes de défense

S'il est vrai que quiconque ne saurait survivre sans quelques mécanismes de défense, il semble que l'utilisation exagérée de ces derniers se fait souvent au prix d'une certaine distorsion de la réalité : les mécanismes peuvent faire percevoir des choses qui n'existent pas et, inversement, empêcher de voir la réalité.

Parmi les mécanismes de défense les plus répandus dans les organisations, on trouve l'autoritarisme, généralement accompagné de rigidité perceptuelle et d'intolérance à l'ambiguïté.

Les personnes autoritaires ont tendance à voir le monde en blanc ou en noir, et ne s'embarrassent pas de nuances. Les individus qui, à l'autre extrême, sont imprécis et tout en nuances ont aussi une faible compréhension des autres parce qu'ils ont une vision aussi simpliste et bornée du monde que leurs opposés.

L'aptitude à établir une relation

Dans la perception, la relation qui s'établit entre celui qui perçoit et celui qui est perçu est très importante. La communication, ce lien entre les personnes, est la base du processus de compréhension interpersonnelle.

Dans cette relation, il est important que celui qui perçoit amène son vis-à-vis à révéler ses sentiments, ses pensées et ses intentions. Cette aptitude à franchir les frontières des autres personnes comporte deux principales composantes, soit, d'une part, l'aptitude à faciliter l'« émission » de signaux significatifs et, d'autre part, la capacité de saisir et d'interpréter correctement les signes effectivement émis. Enfin, le développement des aptitudes perceptuelles personnelles nécessite la vérification de l'exactitude des perceptions ; pour savoir si celles-ci sont justes, il faut les tester systématiquement.

L'interférence inévitable des sentiments

Quelle que soit la situation, des sentiments d'intensité variable s'installent entre celui qui perçoit et celui qui est perçu. L'amour aveugle et la colère noire sont les exemples typiques de ce phénomène. Ces sentiments créent l'effet de halo mentionné précédemment et viennent réduire l'acuité de l'empathie. Par exemple, deux amoureux peuvent facilement s'illusionner sur la similarité de leurs perceptions. Inversement, il est possible que deux ennemis s'imaginent voir toujours les choses différemment.

Il importe, en fait, de savoir reconnaître tant les différences que les similitudes entre soi-même et les personnes observées. Quatre questions permettent d'éviter plus facilement les écueils à ce propos :

1. Dans quelle mesure chacune de ces personnes me ressemble-t-elle ?
2. Dans quelle mesure chacune d'entre elles est-elle différente de moi ?
3. En quoi toutes ces personnes se ressemblent-elles ?
4. En quoi chacune d'entre elles s'avère-t-elle unique ?

L'information et l'action, des phénomènes distincts

On doit préciser que l'empathie permet à celui qui perçoit de mieux savoir de quoi est fait l'univers social qui l'entoure. Toutefois, même le plus habile en matière de perception n'est pas nécessairement efficace dans son action ou dans les comportements qu'il adopte pour faire suite à ses perceptions. Or, avoir une bonne perception des gens et des choses est à peu près inutile si cela ne permet pas d'agir de façon plus appropriée. Il est donc essentiel que le gestionnaire possède ces deux catégories d'aptitudes.

Quelques déterminants organisationnels

Des études récentes ont clairement démontré que le processus de perception interpersonnelle est fonction, du moins partiellement, du groupe dans lequel il prend place. Certains éléments du climat organisationnel ont un effet direct sur l'exactitude de la perception : ce sont le climat organisationnel, les équipes de travail et les relations de travail.

Le climat organisationnel

Les recherches de Bieri (1952) permettent de croire que lorsque des personnes ont l'occasion d'interagir dans un contexte amical, elles ont tendance à se percevoir comme relativement semblables. L'inverse étant souvent vrai, on peut comprendre pourquoi des groupes en compétition dans une organisation peuvent être perçus comme étant composés de personnes fondamentalement différentes. Normalement, on peut corriger ce biais perceptuel en amenant les groupes concernés à travailler en collaboration.

Les équipes de travail

Les conclusions des recherches d'Exline (1960) suggèrent que lorsque les membres d'un comité proviennent d'un groupe de pairs qui désirent continuer à travailler ensemble, leur perception des comportements de leurs collègues quant aux objectifs du comité sera relativement exacte, même si leur perception des comportements plus personnels est plus ou moins juste. Ces résultats corroborent le conseil souvent formulé selon lequel il faut éviter d'obliger à travailler ensemble des personnes qui dans le passé ne s'entendaient pas. En effet, si les gens se plaisent au départ, ils penseront qu'il leur est possible d'arriver à s'entendre et à avoir un objectif commun. S'ils ne se plaisent pas, ils croiront devoir se battre de toute façon.

Les relations de travail

D'autres travaux sont venus confirmer de façon presque troublante l'influence de l'organisation sur la perception. Porter (1958) a notamment démontré que les gestionnaires et les ouvriers d'entreprises se décrivaient eux-mêmes en des termes différents, et choisissaient des mots qui correspondent à leurs positions respectives dans la hiérarchie. Les gestionnaires utilisaient des termes puisés au vocabulaire des dirigeants (esprit créatif), alors que les ouvriers s'inspiraient davantage du vocabulaire d'exécutants (esprit coopératif).

5.3.2   L'action sur les perceptions dans l'organisation

Une organisation peut dépenser des centaines de milliers de dollars afin de créer un milieu de travail favorable et, nonobstant ses efforts, se retrouver avec un taux d'insatisfaction élevé. Si une employée croit que son travail est ennuyeux, elle agira en conséquence, se traînera les pieds et sera d'humeur maussade, notamment. Ce n'est donc pas la situation, mais la perception de la situation qui devient la base de ses comportements. Afin de gérer les perceptions dans l'organisation, il importe, d'une part, d'être conscient de la répercussion des perceptions sur le comportement organisationnel et, d'autre part, d'intervenir afin d'amener les gens à mieux percevoir leur travail et leur entreprise.

L'effet des perceptions sur le comportement organisationnel

La perception de la réalité influence toutes les dimensions de la vie de l'entreprise. Certains phénomènes comme la productivité, l'absentéisme et le roulement de personnel, la satisfaction au travail et les relations de travail en dépendent directement (Rubbins, 1983).

La productivité

Ce que les gens perçoivent de leur situation au travail influence leur productivité plus que leur situation elle-même. Que le travail en lui-même soit intéressant n'est pas l'élément le plus important. Le fait qu'un gestionnaire a soigneusement planifié et bien structuré le travail de ses subordonnés est beaucoup moins important que la manière dont ses subordonnés perçoivent ses efforts. Les enjeux comme le salaire, le rendement prévu et les conditions de travail ne sont pas jugés également par tous les employés et ne contribuent donc pas nécessairement à leur faire voir le travail sous un meilleur jour. Si l'organisation veut augmenter la productivité, elle doit donc s'attarder davantage à la façon dont les employés perçoivent leur travail et, au besoin, les aider à changer leurs perceptions. On ne peut augmenter la productivité d'un employé qui «croit» sincèrement donner le maximum.

L'absentéisme et le roulement de personnel

Comme pour la productivité, l'absentéisme et le roulement de personnel sont des réactions liées aux perceptions des individus. L'insatisfaction face aux conditions de travail ou la conviction de l'inexistence des chances de promotion au sein de l'organisation sont en fait des jugements basés sur les attentes de l'individu quant à ce que devrait être un travail «intéressant». Si l'on convient qu'il n'y a pas de mauvais métier, mais uniquement des perceptions que le métier est mauvais, il faudra conclure que les gestionnaires doivent consacrer plus de temps à comprendre comment l'individu interprète la réalité et à déterminer où sont les différences importantes entre sa perception et la réalité. Ensuite, ils pourront tenter d'éliminer les distorsions. Il faut se rappeler que la perception négative du travail est une des principales causes de l'absentéisme et du roulement.

La satisfaction au travail

La satisfaction au travail est une notion très subjective, une impression générale des avantages dérivés d'un emploi. C'est une variable liée très étroitement à la perception. Afin que la satisfaction augmente, il faut donc que la perception de la qualité de la supervision, des caractéristiques de l'emploi et de l'organisation dans son ensemble soit très positive.

Bon nombre d'individus ne saisissent pas bien l'importance de leur contribution à l'organisation et se sentent ainsi très dévalorisés.

Les relations de travail

L'historique des relations patronales-syndicales est tellement conflictuel que de nombreux membres de l'organisation perçoivent le monde en deux clans. Évidemment, les stéréotypes sont répandus et continuent d'influencer les rapports quotidiens des patrons et des employés, ce qui les isole les uns des autres et confirme ainsi leurs erreurs perceptuelles.

La gestion des perceptions

Selon Schermerhorn et coll. (1988), le gestionnaire qui comprend l'effet des perceptions sur son organisation peut adopter une série de stratégies simples qui lui permettront d'être le moins biaisé possible et d'influencer les perceptions de ceux qui l'entourent :

- il est très conscient de lui-même. Il sait que les besoins, les attentes et les expériences influencent la perception. Il est capable de trouver ses propres biais et d'en tenir compte ;
- il puise son information à diverses sources de manière à pouvoir confirmer ou infirmer ses impressions avant de prendre une décision ;
- il est empathique. Il essaie de comprendre le point de vue des autres et d'être sensible à leur expérience ;
- il s'efforce d'éviter les erreurs perceptuelles communes comme l'effet de halo, les stéréotypes et la projection ;
- il évite de faire des attributions inappropriées. Il prend le temps d'analyser les raisons réelles pour lesquelles les choses se produisent. Il ne saute pas trop vite aux conclusions ;
- il consacre du temps à ses collaborateurs et à ses employés. Il leur explique ses visions et ses objectifs ;
- il échange avec eux et tient compte de leur point de vue ;
- lorsqu'il s'est exprimé, il vérifie si les autres ont compris ;
- enfin, il se rend accessible et communique efficacement.

5.3.3 L'amélioration de l'image personnelle et organisationnelle

Celui qui veut gérer les perceptions dans son entreprise doit absolument se soucier de l'image personnelle qu'il projette à l'intérieur et à l'extérieur de celle-ci. Il doit aussi soigner l'image de son organisation.

L'image personnelle

L'image personnelle est faite de nombreux éléments, et chacun d'entre eux mérite d'être bien projeté. Elle découle des objets dont la personne s'entoure, de l'apparence physique ainsi que des paroles et du comportement.

Les objets dont la personne s'entoure

Quand on parle d'image, on parle de symboles auxquels on s'associe : les objets, le cadre, les vêtements. Tout chef d'entreprise doit être conscient de ce que ces symboles disent de lui.

Il doit être particulièrement soucieux de l'harmonie qui existe entre ces symboles et son discours. Ainsi, en temps de récession, lorsque l'entreprise réduit les dépenses, il peut être mal vu de rouler en Jaguar ou en Mercedes. Un peu de sobriété s'impose.

Dans un autre ordre d'idées, celui qui veut se rapprocher de ses employés peut gagner à ne pas se vêtir de manière trop guindée. Finalement, le décor du bureau en dit long sur l'occupant.

L'apparence physique

Autrefois, on trouvait frivole de trop se préoccuper de son apparence dans les organisations. Mais, il semble bien que les administrateurs aient appris des politiciens toute l'importance de bien se présenter physiquement. De nos jours, on porte beaucoup plus d'attention à l'image : la propreté, la santé et le bon goût sont remarqués. Leur absence aussi.

Les paroles et le comportement

Dans un pays libre, on peut dire ou faire à peu près tout ce que l'on veut... à la condition d'être cohérent. Être cohérent exige de veiller à ce que les comportements observables et le discours officiel ne divergent pas, de prêcher par l'exemple et d'agir en conformité avec les valeurs que l'on affiche. Pour un chef d'entreprise, c'est vital.

L'image de l'organisation

Comme pour l'image personnelle, plusieurs éléments contribuent à former une image organisationnelle. Mentionnons, entre autres, l'aménagement des lieux et les symboles de l'organisation.

L'aménagement des lieux

Plusieurs recherches (Hellriegel et coll., 1989) ont démontré que le design intérieur d'un bureau, aussi bien le mobilier que les accessoires, l'organisation de l'espace, la situation d'un bureau par rapport à un autre, peuvent influencer la perception des clients, des fournisseurs, des candidats au recrutement, des employés ou d'autres visiteurs.

Dans un édifice de plusieurs étages, si l'on retrouve le personnel cadre à l'étage supérieur, dans de vastes bureaux bien aménagés, et aux étages inférieurs, les employés subalternes séparés par des écrans, on en déduira que cette entreprise valorise le statut. Aux États-Unis, par suite du déménagement du siège social de la société Union Carbide, tous les gestionnaires ont eu droit à des bureaux identiques à ceux des employés, dans l'intention de faire comprendre l'importance de l'égalité. L'aménagement du mobilier véhicule aussi un message. Par exemple, si dans la salle d'attente d'une organisation, les chaises sont placées à angle droit les unes par rapport aux autres, le milieu est perçu comme plus chaleureux, amical et confortable. En revanche, si les chaises sont placées à l'opposé les unes des autres, on percevra l'organisation comme étant plus rigide, tendue et réfléchie. Les visiteurs

préfèrent généralement faire des affaires dans un climat chaleureux.

Les symboles de l'organisation

Si des drapeaux, des logos et des photos des dirigeants de l'organisation ornent les murs, on percevra une entreprise très structurée, qui laisse peu de place à l'autonomie de ses employés. On croira facilement que l'organisation qui affiche ses mentions d'honneur, trophées et plaques accorde beaucoup d'importance au rendement. Finalement, plusieurs études ont démontré que les plantes et les fleurs ajoutent toujours de la chaleur et de l'ambiance à un décor. Les œuvres d'art, en revanche, provoquent des réactions diverses. Elles sont généralement appréciées, mais le contenu de certains tableaux peut avoir un effet négatif. Une organisation qui avait de la difficulté à recruter des femmes a découvert que ses tableaux de cavaliers véhiculaient une image de froideur, bref, l'idée d'un milieu plutôt fermé à la féminité.

CONCLUSION

L'analyse des processus perceptuels est passionnante, car la perception, nous l'avons vu, est un phénomène fluide, omniprésent et complexe. Il est toutefois possible de dégager en conclusion quelques éléments de réflexion :

- nous sommes souvent confrontés à des situations ambiguës, et la signification que nous leur donnons influence notre comportement. Une grande partie du monde extérieur est en nous. Souvent, nous voyons dans les situations ce que nous voulons bien y voir ;
- de la même façon que nous avons tendance à voir ce que nous croyons, nous sommes portés à croire ce que nous voyons. Quand nous demandons à quelqu'un d'être plus « objectif », nous exigeons implicitement qu'il se rallie à notre subjectivité ;
- il ne faut pas oublier que nous sélectionnons, interprétons et organisons les stimuli extérieurs

en fonction de nos expériences passées, de nos besoins, de nos valeurs et de nos sentiments, et que, par le fait même, nous avons tendance à négliger ce qui ne fait pas partie de notre vécu. La vérité absolue ne nous appartient pas, pas plus qu'aux autres d'ailleurs. Par conséquent, nous devons continuellement nous défier de toute interprétation rigide de la réalité ;

— nous devons apprendre à vivre avec nos perceptions. Il est possible de développer notre souplesse et notre justesse perceptuelle en devenant plus conscients de nos propres biais perceptuels. Mieux nous nous connaîtrons nous-mêmes, mieux nous connaîtrons les autres ;

— parce que chaque personne a un cadre de référence unique, nous percevons tous les choses différemment. C'est pourquoi la communication est essentielle ;

— toutefois, la communication est impossible à réaliser si les parties ne révèlent pas leurs perceptions respectives et ne sont pas assez souples pour s'adapter en vue de partager une réalité plus riche et plus diversifiée. La communication est une fantaisie, lorsque les gens se contentent de «lire entre les lignes» sans confronter leurs lectures (Coeffey et Raynolds, 1975).

QUESTIONS

1. Écrivez le nom d'une personne avec laquelle vous êtes assez intime et que vous connaissez de longue date et faites la liste de ses principales caractéristiques.

    a) Essayez de vous rappeler les circonstances dans lesquelles vous avez rencontré cette personne et décrivez les premières impressions que vous avez ressenties à ce moment-là.

    b) Comparez vos deux listes et dégagez-en les impressions qui sont restées identiques et celles qui se sont modifiées.

    c) En quoi vos premières impressions influencent-elles encore votre perception de cette personne ? Quels sont les facteurs qui ont le plus contribué à modifier une partie de ces premières impressions ?

2. Pensez aux messages publicitaires que vous avez entendus récemment à la radio ou à la télévision et indiquez celui qui vous a le plus frappé. Dégagez les éléments de ce message qui le rendent susceptible d'attirer l'attention plus que d'autres, ainsi que les aspects de votre personne ou de votre état actuel qui vous amènent à choisir ce message précis.

3. On dit souvent que «la vérité sort de la bouche des enfants». On sous-entend par là que les enfants ont une perception plus juste des sentiments et des intentions des autres personnes que la plupart des adultes. À votre avis, est-ce exact et pourquoi ?

4. Quels sont les biais perceptuels qui peuvent avoir le plus d'influence sur l'évaluation du rendement des gestionnaires de niveau supérieur ?

5. Donnez un exemple concret et vécu démontrant comment les différentes positions hiérarchiques d'un supérieur et d'un subordonné peu-

vent les amener à percevoir un événement de façon différente. Décrivez et justifiez les différences entre la perception des deux individus. Enfin, selon votre situation actuelle, essayez de trouver vos propres biais perceptuels par rapport à cet événement.

RÉFÉRENCES BIBLIOGRAPHIQUES

ASH, S.E., « Forming Impressions of Personality », *Journal of Abnormal and Social Psychology*, juillet 1946.

BARON, R.A. et BYRNE, D., *Social Psychology : Understanding Human Interaction* (5e éd.), Boston, Mass., Allyn and Bacon, 1987.

BASS, B.M. et DUNTEMAN, G.D., « Behavior in Groups as a Function of Self, Interactions and Task Orientation », *Journal of Abnormal and Social Psychology*, mai 1963.

BIERI, J., « Change in Interpersonal Perception Following Interaction », *Journal of Abnormal and Social Psychology*, 1952.

BOAS, F., « General Anthropology », Boston, Mass., *Heath*, 1938.

BRUNER, J.S. et POSTMAN, L., « Emotional Sectivity in Perception and Reaction », *Journal of Personality*, septembre 1947.

COEFFEY, R.E. et RAYNOLDS, P.A., « Personal Perception, Involvement, and Response », dans Coeffey, R.E., Athos, A.G., Raynolds, P.A., *Behavior in Organization : A Multidimensional View*, Englewood Cliffs, N.J., Prentice-Hall, 1975.

CRONBACH, L.J., « Processus Affecting Scores on Understanding of Others and Assumed Similarity », *Psychological Bulletin*, 1955.

CURTIS, R.C. et MILLER, K., « Believing Another Likes or Dislikes you : Behaviors Making the Beliefs Come True », *Journal of Personality and Social Psychology*, 51, 1986.

DARLEY, J.M., FLEMING, J.H., HILTON, J.L. et SWAN, W.B., « Dispelling Negative Expectancies : The Impact of Interaction Goals and Target Characteristics on the Expectancy Confirmation Process », *Journal of Experimental Social Psychology*, 24, 1988.

EXLINE, R.V., « Group Climate as a Factor in the Relevance and Accuracy of Social Perception », *Sociometry*, 1960.

FRENCH, D., « The Relationship of Anthropology to Studies in Perception and Cognition », dans Koch, S., *Psychology : A Study of a Science*, vol. 6, Investigations of Man as Socius, New York, McGraw-Hill, 1963.

GORDON, F.E. et STROBER, M.H., *Bringing Women into Management*, New York, N. Y., McGraw-Hill, 1975.

HARRIS, M.J. et ROSENTHAL, R., « Mediation of Interpersonal Expectancy Effects : 31 Meta-Analyses », *Psychological Bulletin*, 97, 1985.

HASTORF, A.H., SCHNEIDER, D.J. et POLEFKA, J., *Person Perception*, Reading, Mass., Addison-Wesley, 1970.

HEIDER, F., *The Psychology of Interpersonal Relations*, New York, N. Y., John Wiley & Sons, 1958.

HELLRIEGEL, D., SLOCUM., J.W. et WOODMAN, R.W., *Organizational Behavior* (5e éd.), St. Paul, West Publishing Company, 1989.

JAMES, W., *Principles of Psychology*, New York, N. Y., Holt, Rinehart and Winston, 1890.

JONES, E.E. et DAVIS, K.E., « From Acts to Dispositions : The Attribution Process in Person Perception », dans Berkowitz, L. (éd.), *Advances in Experimental Social Psychology*, vol. 22, New York, Academic Press, 1965.

KELLEY, H.H., *Attribution Theory in Social Psychology*, Nebraska Symposium on Motivation, 15, 1965.

KOLB, D.A., McINTYRE, J.M. et RUBIN, I.M., *Comportement organisationnel : une démarche expérientielle*, traduit par Guy Marion et Robert Prévost, Montréal, Guérin éditeur, 1976.

LAWLESS, D. J., *Effective Management*, Englewood Cliffs, N.J., Prentice-Hall, 1972.

LEVINE, R.I., CHEIN, I. et MURPHY, G., « The Relation of the Intensity of a Need to the Amount of Perceptual Distorsion », *Journal of Psychology*, 1942, p. 283-293.

LUCHINS, A.S., « Primacy-Recency in Impression Formation », dans Hovland, C.I. (éd.), *The Order of Presentation in Persuasion*, New Haven, Conn., Yale University Press, 1957.

LUTHANS, F., *Organizational Behavior*, New York, McGraw-Hill, 1977.

McCLELLAND, D.C., ATKINSON, J.W., CLARK, R.A. et LOWELL, E.L., *The Achievement Motive*, New York, Appleton-Century-Crofts, 1953.

MITCHELL, R.T., *People in Organizations : Understanding their Behavior*, New York, McGraw-Hill, 1978.

MORGAN, C.R. et KING, R.A., *Introduction to Psychology* (3e éd.), New York, McGraw-Hill, 1966.

Office des Ressources humaines, *Portrait statistique de l'effectif régulier de la fonction publique du Québec*, 1990.

PORTER, L.W., « Differential Self-Perceptions of Management Personnel and Live Workers », *Journal of Applied Psychology*, 1958.

REITZ, J.-H., *Behavior in Organizations*, Homewood, Ill., Richard D. Irwin Inc. 1977.

ROSEN, B. et JERDEE, T.H., « The Influence of Age Stereotypes on Managerial Decisions », *Journal of Applied Psychology*, vol. 61, 1976.

ROSENTHAL, R., « The Pygmalion Effect Lives », *Psychology Today*, 7(4), 1973.

RUBBINS, S.P., *Organizational Behavior : Concepts Controversies and Application*, (2e éd.), Englewood Cliffs, N. J., Prentice-Hall, 1983.

SCHERMERHORN, J.R., HUNT, J.G. et OSBORN, R.N., *Managing Organizational Behavior* (3e éd.), New York, N. Y., John Wiley & Sons, 1988.

STAGNER, R. et ROSEN, H., *Psychology of Union Management Relations*, Belmont, Calif., Wordsworth Publishing Company, 1965.

STATISTIQUE CANADA, *Gains des hommes et des femmes*, Catalogue 13-217, 1988.

TAFT, R., « The Ability to Judge People », *Psychological Bulletin*, 1955.

TAGUIRI, R., « The Perception of People », dans Lindsey, E. (éd.), *Handbook of Social Psychology*, Reading, Mass., Addison-Wesley, 1969.

TAJEF, H., « Social and Cultural Factors in Perception », dans Lindsey, G. et Aronson, E. (éd.), *The Handbook of Social Psychology*, Reading, Mass., Addison-Wesley, 1969.

THOMAS, W.I., *Primitive Behavior : An Introduction to Social Sciences*, New York, McGraw-Hill, 1937.

WORCHEL, S., COOPER, J. et GŒTHALS, G.R., *Understanding Social Psychology*, Pacific Grove, Calif., Brooks-Cole Publishing, 1991.

ZALKIND, S.S. et COSTELLO, T.W., « Perception : Some Recent Research and Implications for Administration », *Administration Science Quarterly*, septembre 1962.

6

LES VALEURS, LES ATTITUDES ET LA SATISFACTION AU TRAVAIL

Laurent Bélanger

UN SYSTÈME DE VALEURS

Un sondage effectué auprès de 1000 personnes de 18 ans et plus par la firme Léger et Léger, pour la revue *Avenir* de janvier 1990, portait sur l'importance accordée à certaines valeurs de la vie quotidienne, dont bien entendu, le travail. Les données recueillies, que nous reproduisons en partie ici, reflètent l'importance de certaines valeurs par rapport à d'autres :

— la famille : 27,50 p. 100 ;
— l'amour : 22,40 p. 100 ;
— l'argent : 21,37 p. 100 ;
— le travail : 21,90 p. 100 ;
— la religion : 7 p. 100 ;
— autres : 0 p. 100

On voit que le travail demeure une valeur importante dans la vie des Québécois et des Québécoises, mais d'une importance moindre que la famille et l'amour. Ces résultats indiqueraient que le travail n'est plus une valeur centrale dans la vie, comme il l'a été dans le passé, du moins aux États-Unis.

À ce sujet, une controverse a lieu actuellement entre Japonais et Américains au sujet de l'ardeur au travail : les Japonais prétendent que les Américains manquent de goût pour le travail. Cet article paru dans *Le Soleil* du 7 février 1992 est révélateur :

1 $ pour le privilège de bosseler une Honda*

Latrobe — Pour protester contre les récentes critiques d'hommes politiques japonais sur le prétendu manque de goût pour le travail des ouvriers américains, un concessionnaire automobile de Latrobe, en Pennsylvanie, a placé une Honda dans son stationnement et, moyennant un dollar, les automobilistes peuvent faire une bosse au véhicule à l'aide d'une lourde masse. Le concessionnaire, Colonial Chevrolet, donnera l'argent ainsi recueilli au syndicat de l'industrie automobile. Une automobiliste qui s'était arrêtée pour donner son coup de masse sur la Honda, Elaine Smercani, a déclaré : «Les affirmations des Japonais sont sans fondement. Bien sûr que nos ouvriers savent travailler.»

* **Source** : *Le Soleil*, 7 février 1992.

INTRODUCTION

La diversité des cultures à l'intérieur d'un même pays souligne le fait que les individus au sein des collectivités humaines diffèrent les uns des autres sur le plan des valeurs, des attitudes et des besoins. On voit des membres de groupements minoritaires s'affirmer, revendiquer des droits au nom de certaines valeurs qui sont étrangères à la majorité. Par exemple, un membre de la Gendarmerie Royale du Canada (GRC) appartenant à la communauté sikh a revendiqué le droit de porter le turban dans l'exercice de ses fonctions. Effectivement, ce droit lui a été reconnu.

Le port du turban, dans ce cas, démontre d'une certaine façon que les valeurs exercent une influence sur le comportement des individus.

Devant le phénomène de la diversité culturelle, il y a lieu de s'interroger sur la capacité des organisations actuelles d'obtenir la collaboration d'une multitude de personnes appartenant à des ethnies, à des associations, à des sectes religieuses et à des groupements différents, alors que ces organisations cherchent à promouvoir un noyau de valeurs aptes à convenir à une majorité. Les valeurs, ainsi que les attitudes et les besoins qui y sont reliés, représentent une dimension importante des organisations, qu'on ne saurait sous-estimer dans la compréhension des comportements des individus et des groupes qui les composent.

6.1 LES VALEURS

6.1.1 La notion de valeur

L'idée de valeur, fort abstraite il va sans dire, renvoie souvent à l'importance et à la préférence qu'on accorde à des idées, à des objets, à des événements et à des personnes en leur reconnaissant des attributs ou des qualités qui permettent de les insérer dans un système ou une hiérarchie. C'est ainsi qu'on peut reconnaître qu'un individu, un groupe ou une organisation véhicule un système de valeurs quelconque. L'entreprise McDonald, par exemple, s'assure que les personnes à son emploi dans le monde reflètent dans leur comportement les valeurs suivantes : propreté, service, qualité, valeur ajoutée.

La définition la plus courante de la notion de valeur, sans désigner explicitement un système ou une hiérarchie, est celle de Rokeach (1973) qui la définit ainsi : « (...) une conviction profonde et relativement stable quant à la supériorité d'un mode de conduite ou d'un objectif de vie ». Par exemple, une vie bien remplie, un travail bien fait, la paix, la joie sont toutes des valeurs qui peuvent être considérées comme supérieures à d'autres et se manifester dans des comportements au travail.

6.1.2 Les valeurs dans les organisations

En plus des préférences que les personnes affichent pour la nature du travail qu'elles souhaiteraient se voir confier, la qualité des rapports sociaux qu'elles désirent entretenir ou la personne qu'elles aimeraient avoir comme patron, il existe d'autres valeurs beaucoup plus profondes qui ont une influence déterminante sur le comportement. Alex Mucchielli (1977), dans un ouvrage sur la psychologie des organisations, résume assez bien ces valeurs fondamentales qu'il présente en tandem, en faisant ressortir pour chaque valeur celle qui lui est opposée. L'énumération suivante en présente une reformulation :

L'**effort personnel**, auquel s'oppose bien entendu le plaisir, « la belle vie ». En effet, l'effort se traduit par le désir du travail bien fait et s'accompagne d'autres valeurs dont la confiance, la solidarité et l'efficacité personnelle.

La **rationalité** (ou l'objectivité), qui s'oppose à la subjectivité. Sur le plan du comportement, la personne qui met de l'avant la rationalité est très sensible à ce qui est quantifiable et mesurable, alors que la personne qui reconnaît l'importance de la subjectivité sera portée à laisser une place à l'intuition, à ce qui est de l'ordre de l'informel, des sentiments. Cette dernière cherche plutôt à satisfaire un besoin de réalisation de soi.

La **compétence**, à laquelle est opposée le « paraître ». La personne cherche à faire montre de professionnalisme dans tout ce qu'elle fait, au lieu de chercher à se munir des attributs d'une « personnalité facilement vendable ».

Un **parti pris pour l'action**, auquel s'oppose l'observation, s'accompagne d'un comportement de retrait, de fuite des difficultés, de prudence et de réflexion.

La **sécurité** et la **stabilité**, à l'opposé de la nouveauté ou du risque. Certaines personnes sont toujours en quête de sécurité non seulement d'ordre économique, mais surtout de la certitude de pouvoir s'accrocher à des choses sûres. D'autres sont plus sensibles à l'idée de changement, de nouveauté, d'aventure.

L'**inégalité** s'associe à une valeur opposée à celle de l'égalité. La personne qui, dans son for intérieur, croit à l'inégalité prend goût à l'autorité, à la hiérarchie et aux différences de compétences. La personne égalitaire, au contraire, aura tendance à placer tous les autres sur un pied d'égalité, en se refusant de voir les différences sur le plan des idées, des connaissances et des habiletés.

L'autorité, comme valeur opposée à celle de liberté individuelle. La personne qui valorise l'autorité a fondamentalement besoin que quelqu'un tranche dans une situation difficile, que quelqu'un décide si les choses doivent se faire efficacement. La personne qui privilégie les valeurs d'autonomie et de liberté éprouve de la difficulté à se soumettre à une multitude de contraintes et souhaite participer aux décisions qui la concernent.

Comme l'indique l'auteur, les valeurs s'insèrent dans un système qui peut se modifier sensiblement en passant d'une catégorie socio-professionnelle à une autre ou d'une direction à une autre au sein de l'organigramme. Par exemple, ceux qui travaillent à la direction des ressources humaines affichent souvent des valeurs différentes de ceux affectés au secteur de la production et de la commercialisation. De même, certains employés ont un système de valeurs axées sur la participation ou l'autonomie, alors que les dirigeants valorisent plutôt la hiérarchie, l'ordre et la stabilité de l'exploitation.

6.1.3   Les valeurs des dirigeants

Les directions d'entreprises constituent une catégorie socio-professionnelle importante dans les organisations. À la limite, les décideurs sont les porteurs d'un système de valeurs qu'ils souhaitent diffuser et inculquer au plus grand nombre de catégories possible, au-delà des valeurs quotidiennes qui ont cours et qui sont différentes. À ce titre, la considération que les directions d'entreprises accordent aux personnes exerce une influence sur le style de gestion qu'elles vont exercer à leur endroit, et aussi sur le comportement des employés qu'elles encadrent.

Dans la même foulée, Schein (1971) a relevé un ensemble des postulats (ou des croyances fondamentales) qui habitent les gestionnaires et qui facilitent la compréhension des comportements qu'ils adoptent. Il a procédé à une classification de ces postulats en les regroupant sous quatre ensembles qui correspondent aux différentes

visions de la personne humaine qui se sont succédé depuis le début du siècle dans le contexte organisationnel.

Les postulats de Schein

L'homme économique et le comportement du gestionnaire

Un premier ensemble de postulats correspond au profil de l'homme économique *homo economicus* et aux énoncés de la théorie «X» de McGregor (1960) :

- en général, l'homme est intrinsèquement paresseux, et doit par conséquent être incité au travail par des stimuli externes ;
- ses objectifs allant à l'encontre de ceux de l'organisation, il faut agir sur lui du dehors pour le faire travailler dans le sens voulu par celle-ci ;
- ses réactions émotionnelles le rendent incapable par nature de se discipliner et de se maîtriser ;
- toutefois, quelques-uns d'entre eux font exception à ces règles, et sont capables de se dominer et de maîtriser leurs réactions, c'est-à-dire qu'il faut leur confier la responsabilité de diriger les autres ;
- à ces énoncés s'ajoute la croyance que la personne humaine est essentiellement mauvaise, mue par la perspective de gains immédiats et constamment à la recherche d'atteindre au mieux ses intérêts personnels.

Les dirigeants qui partagent ces postulats à l'endroit de la personne humaine au travail ont tendance à recourir à un style de gestion fort autoritaire, qui laisse peu de place à l'autonomie et à l'initiative individuelle, qui met l'accent sur la productivité et l'efficacité, et qui fait appel à des contrôles externes.

L'homme social et le comportement du gestionnaire

Dans un chapitre antérieur portant sur la vision des organisations, nous avons souligné l'importance de l'appartenance à un groupe comme moyen privilégié de satisfaire un besoin d'affiliation. On a alors appris que les salariés attachent plus d'importance aux conditions de travail qui favorisent un bon climat qu'à celles reliées au salaire et à la sécurité économique en général. En effet, les enseignements de cette école nous ont montré que :

- l'homme est essentiellement motivé par des besoins sociaux et acquiert les fondements de sa personnalité à la faveur de ses relations avec autrui ;
- par suite de la révolution industrielle et de la rationalisation du travail, l'homme a perdu un intérêt qu'il doit maintenant trouver dans les relations sociales au travail ;
- l'homme est plus sensible aux forces sociales du groupe de ses égaux qu'aux stimulants et aux contrôles de ses supérieurs ;
- l'homme est sensible à l'action de ses supérieurs dans la mesure où ceux-ci donnent satisfaction à ses besoins associatifs.

Le gestionnaire qui épouse cette vision de l'homme social sera porté à adopter un style de gestion qui permet à ses collaborateurs d'échanger entre eux sur des problèmes qui les concernent, d'être plus attentif à leurs besoins, de reconnaître l'existence de groupes informels qui se constituent non pas en opposition aux objectifs organisationnels, mais plutôt en vue de leur réalisation. Le gestionnaire qui travaille à promouvoir les échanges et l'interaction sociale, bref, le travail d'équipe, verra le niveau de satisfaction et de productivité s'améliorer.

À ce propos, après avoir répertorié une multitude de travaux de recherche sur les liens entre, d'une part, un style de gestion autoritaire ou permissif, et, d'autre part, la productivité et la satisfaction au travail, Schein (1971) conclut «qu'en somme, quantité d'études confirment l'hypothèse postulant que l'homme est essentiellement poussé par des motivations sociales au sein de l'organisation, sans affirmer l'universalité d'un tel postulat».

L'homme «s'auto-actualisant» et le comportement du gestionnaire

Par suite des travaux de Maslow (1954) et de Vroom (1970), d'autres postulats concernant la personne humaine viennent s'ajouter sans toutefois nier ceux déjà connus de l'homme social et de l'homme économique. Il s'agit d'un ensemble de généralisations qui reconnaissent chez la personne une certaine capacité de se développer. La personne n'est pas arrêtée dans son développement ; au contraire, si on lui crée des conditions appropriées, elle désirera faire meilleur usage d'elle-même, exploiter au maximum ses ressources internes et ses capacités. Schein décrit cette vision qui s'apparente aux énoncés de la théorie «Y» de McGregor (1960) :

- l'homme aspire à faire preuve de maturité et en est capable, ce qui suppose un certain degré d'indépendance, d'autonomie ;
- l'homme est essentiellement motivé et maîtrisé par lui-même ;
- il n'y a pas de contradiction entre se réaliser et œuvrer plus efficacement pour l'organisation.

Le gestionnaire qui adhère à ces postulats ou à ces valeurs fondamentales sera sensible au fait de concevoir le travail de façon à faire appel à un éventail de capacités chez ses collaborateurs : on entend ici la multitude des expériences d'enrichissement du travail, de mise sur pied de groupes semi-autonomes, de groupes de progrès et de cercles de qualité. Un chapitre subséquent traitera plus longuement des conditions à créer en vertu de l'éventail des besoins qu'on peut satisfaire en milieu de travail.

L'homme «complexe»

Avec le temps et les conclusions d'une multitude de travaux de recherche, on se rend compte de plus en plus que la personne humaine est d'une complexité qui échappe aux théories résumées antérieurement, même à celle de Maslow qui postule une hiérarchie des besoins : chaque besoin émerge et se précise selon un processus linéaire. Un ensemble de postulats se fait jour actuellement et se précise à un point tel que l'expression « l'homme complexe » prend toute sa signification. Voici, selon Schein (1971), les postulats qui décrivent ce dernier :

- l'homme possède de nombreux mobiles hiérarchisés selon l'importance qu'il leur attache, hiérarchie sujette à changer dans le temps et selon les situations. Par exemple, le fait d'avoir accumulé beaucoup de biens matériels peut être un signe d'une certaine forme de valorisation de soi ;
- l'homme est capable d'acquérir de nouvelles motivations par ses expériences dans l'organisation qui peuvent être différentes des aspirations initiales ;
- les mobiles de l'homme peuvent être différents dans diverses organisations. Par exemple, quelqu'un peut satisfaire son besoin d'affiliation en se dévouant pour la cause syndicale, et non pas nécessairement pour l'organisation ;
- l'homme peut répondre à beaucoup de modes différents de direction, selon ses motivations, ses capacités et la nature de sa tâche.

Le gestionnaire qui veut exercer une influence sur ses propres collaborateurs doit avant tout être en mesure de bien analyser les motifs qui les incitent à l'action, et être capable d'adapter son style de façon à concilier leurs exigences et celles de l'unité qu'il dirige. Par conséquent, on exigera de lui une grande souplesse quant au style de gestion qu'il entend adopter et maintenir en cherchant à s'assurer la collaboration de ses subordonnés.

6.1.4 Les valeurs et la nouvelle génération de travailleurs

Le sondage dont nous présentons les principales conclusions au début du présent chapitre démontre que le travail n'occupe pas une place centrale dans les préoccupations quotidiennes

des gens, lorsque cette valeur est proposée en même temps que la valeur « famille ». En se replaçant dans une perspective d'évolution du travail et après les travaux qui ont donné lieu au célèbre rapport du gouvernement américain *Work in America*, on peut se demander si on assiste ou non à un glissement de la valeur « travail » depuis le centre d'un système de valeurs vers la périphérie. En effet, une certaine désaffection semble s'installer à l'endroit du travail, parce que l'écart s'agrandit soit entre les nouvelles aspirations et la déqualification rapide du travail, soit entre ces mêmes aspirations et l'attrait de tout ce qu'offre la vie hors du travail comme possibilité d'accomplissement de soi (Couture, 1991). Devant un tel phénomène, dont l'explication demeure toujours un objet de controverse, on lance l'idée de l'émergence d'une nouvelle génération de travailleurs. Cette idée reçoit un certain fondement empirique grâce aux travaux effectués par Katzell (1979) et Yankelovich (1981).

L'idée de réussite personnelle n'aurait pas sensiblement changé d'une génération de travailleurs à une autre. Les ingrédients de cette réussite résident dans :

- le degré d'estime de soi et la conviction de sa valeur personnelle ;
- le sens d'une identité personnelle ;
- le fait de croire que les gestes qu'on pose ont une signification ;
- le sentiment d'être capable d'agir efficacement ;
- le sentiment qu'il existe un minimum de rationalité et de cohérence dans ce monde-ci.

Dans le passé, au cours des années qui ont suivi la Seconde Guerre mondiale et qui ont témoigné de l'industrialisation intensive de l'Amérique, les symboles de réussite personnelle étaient matériels, c'est-à-dire fortement rattachés à l'idée d'accumulation de biens. Quelqu'un pouvait prétendre à la réussite dans la mesure où il pouvait faire état d'une certaine quantité de biens matériels : maison, chalet, voitures (surtout la marque, la taille), téléviseurs, appareils électroménagers, notamment des objets qui sont des symboles d'aisance matérielle.

Aujourd'hui, la génération qui suit celle des «baby boomers» (nés immédiatement après la Seconde Guerre), sans renier tous les avantages matériels que procure un emploi rémunéré et stable, considère que la réussite matérielle n'est pas nécessairement un signe de réalisation de soi. La valeur qui semble prévaloir, aujourd'hui, est le bien-être psychologique qui habite la personne humaine dans toutes ses dimensions : physique (santé), cognitive (mentale) et affective (amour, amitié). Le bien-être psychologique renvoie à la notion de la personne qui fonctionne pleinement (le thérapeute américain Carl Rogers [1968] utilisait l'expression «*fully functioning person*»). À ce concept sont associées les caractéristiques de vie suivantes :

- le plein accomplissement de soi réside en soi-même et non dans la possession de choses extérieures à soi ;
- le fait de vivre sa propre vie et non celle des autres ;
- se prendre en main, se sentir responsable de soi ;
- une plus grande possibilité d'expression personnelle ;
- l'importance symbolique d'un emploi rémunéré chez les femmes associé à l'idée de libération, d'affirmation ;
- l'importance des loisirs ou de maintenir un équilibre entre travail et loisirs, c'est-à-dire éviter de se tuer au travail, «de perdre sa vie à la gagner».

Dans la même conception renouvelée des symboles de réussite personnelle, les aspirations des jeunes travailleurs émergent et esquissent un profil reconnaissable. De fait, les recherches effectuées sur la signification du travail au cours des dernières décennies permettent de reconnaître l'apparition d'un nouveau type de salarié, lequel souhaiterait :

- travailler avec des personnes qui le traitent avec respect ;

- un travail intéressant, pas trop facile ;
- la reconnaissance de la qualité de son travail ;
- la possibilité de progresser ;
- travailler avec des gens qui l'écoutent lorsqu'il propose des améliorations aux méthodes de travail ;
- prendre des initiatives et non pas seulement exécuter des ordres ;
- voir les résultats de son travail ;
- travailler pour des supérieurs compétents.

Ce profil du nouveau salarié peut sembler idéaliste aux yeux des observateurs avertis de la scène industrielle et fortement révélateur des aspirations d'une minorité de jeunes qui ont reçu une formation collégiale et universitaire. Cependant, des études assez récentes (Kochan, Katz, Mower, 1984) présentent des données qui accréditent la thèse d'une nouvelle génération de travailleurs.

Ces auteurs constatent que les cols blancs et les cols bleus, dans une proportion de plus de 80 p. 100, aspirent à faire valoir leur point de vue sur les méthodes de travail et sur la qualité des produits et des services (entre 76 et 96 p. 100). Dans des proportions un peu moindres (46 et 70 p. 100), ces personnes souhaiteraient participer aux décisions concernant la conception du travail, la quantité de travail à accomplir et l'affectation des travailleurs aux différentes tâches. Par contre, une bonne proportion de ces travailleurs ne désire pas être associée aux décisions relatives aux investissements, à l'emplacement des usines et à la rémunération des dirigeants. Par ailleurs, des recherches effectuées par Kanter (1978) indiquent que les travailleurs de la base accordent une très grande importance à la rémunération et aux avantages sociaux. Cependant, à mesure qu'on gravit l'échelle professionnelle, l'importance est mise sur l'avancement, les défis et la supervision compétente.

D'après ses recherches, Kanter conclut à l'existence de deux grandes tendances quant aux valeurs professionnelles :

1. Une aspiration grandissante à un travail offrant des possibilités de respect de soi et de croissance personnelle, et garantissant des récompenses personnelles non matérielles.
2. La conscience et la volonté toujours croissante de faire valoir le respect des droits individuels, de faire primer la justice et l'égalité sur les lieux de travail.

Cependant, ces deux grandes tendances n'excluent pas chez les travailleurs le désir de récompenses matérielles, de conditions acceptables de santé et de sécurité au travail, et de stabilité d'emploi.

6.2 LES ATTITUDES

L'attitude se situe à mi-chemin entre l'opinion, qui interprète les faits, et les valeurs, qui sont profondément ancrées dans la personne et qui, par conséquent, serviront d'appui à l'expression des attitudes et des opinions. Par exemple, un gestionnaire qui valorise l'autorité hiérarchique comme principe de coordination des activités humaines, au point d'éprouver un malaise chaque fois qu'il la voit contestée, aura une attitude négative à l'égard du syndicat. Il sera donc enclin à interpréter les positions adoptées par ce dernier comme étant fort éloignées de ce que les directions de l'entreprise et du syndicat ont convenu. Il s'agit d'une situation courante dans l'univers des relations entre employeurs et employés syndiqués.

Après avoir ainsi reconnu la place de l'attitude relativement à la valeur et à l'opinion, nous traiterons de la notion d'attitude, des composantes, des origines et des fonctions que celle-ci remplit dans la vie quotidienne, ainsi que de la façon dont on peut la mesurer.

6.2.1 La notion d'attitude

Dans la vie courante, l'attitude peut prendre plusieurs sens et se confondre avec les notions d'opinion et de comportement. Par exemple, au cours d'une réunion, un participant peut adopter une attitude autoritaire à l'égard des positions prises par d'autres participants ; il serait alors plus juste de dire qu'il s'est opposé systématiquement à toute position autre que la sienne.

La notion d'attitude peut traduire une manière d'être (avoir de belles attitudes) ou encore une disposition à l'endroit d'une personne ou d'un événement. Relativement aux revendications des bénéficiaires de l'aide sociale, on dira que le gouvernement a une attitude positive, en ce sens qu'il est disposé à les examiner.

Allport (1954) caractérise l'attitude comme étant «un état mental et nerveux de préparation organisé depuis l'expérience, qui exerce une influence directive et dynamique sur les réponses de l'individu à tous les objets ou situations auxquels il doit faire face». Cette définition souligne l'idée d'un lien très étroit entre les attitudes et le comportement, l'idée que les attitudes puisent, en partie, leurs racines dans l'expérience qu'on a de ces situations ou objets.

Une définition plus simple et tout aussi juste fait de l'attitude «une prédisposition à réagir de façon systématique et récurrente, favorable ou défavorable, chaque fois que l'on rencontre les mêmes personnes, les mêmes objets ou les mêmes situations». Si l'on connaît l'attitude d'un gestionnaire à l'endroit du syndicalisme, on peut prévoir qu'il sera disposé de façon favorable ou défavorable à écouter les revendications d'un délégué d'atelier, ou à considérer l'interprétation que présente ce dernier de certaines dispositions du contrat de travail qui lie l'employeur et ses salariés.

En qualifiant l'attitude de «prédisposition à réagir systématique et récurrente», on cherche à traduire l'idée que l'attitude est suffisamment ancrée dans la personne, qu'elle est difficile à modifier à court terme, qu'elle se reproduit ou se manifeste chez la personne avec une certaine constance chaque fois que cette dernière se trouve en présence des mêmes personnes, objets ou situations. De plus, si l'attitude revêt ce caractère systématique et récurrent, c'est qu'elle se présente rarement seule. En effet, l'attitude s'associe souvent à d'autres pour former chez les personnes une structure d'attitudes facilement reconnaissable.

Adorno (1950), dans son célèbre traité sur la personne autoritaire, fait remarquer que l'attitude est associée à d'autres pour former une structure : l'attitude antisémite (ou encore l'attitude plus globale d'égocentrisme) est associée au conformisme, au respect de l'autorité, à une disposition à voir une démarcation rigide entre le bien et le mal, le bon et le mauvais, la vérité et le mensonge.

6.2.2   Les composantes de l'attitude

Les auteurs qui s'intéressent à l'étude des attitudes, et à l'effet de ces dernières sur le comportement, reconnaissent dans toute prédisposition à réagir de façon favorable ou défavorable, trois dimensions : cognitive, affective et comportementale. Dans un ouvrage intitulé *Les aspects humains de l'organisation*, notre collègue Bergeron (1979) répertoriait les éléments propres à chaque dimension.

La dimension cognitive

Cette composante désigne une idée, une connaissance, une conviction quelconque quant à l'objet de l'attitude. Par exemple, quelqu'un qui observe les événements sait que les environnementalistes n'hésiteront pas à faire fermer une usine en vue de protéger l'environnement, quitte à perdre un bon nombre d'emplois. Ces idées préconçues peuvent être vraies ou fausses, simples ou complexes : simples parce que peu nombreuses, peu diversifiées, et complexes, parce que plus nuancées et plus étroitement reliées à une longue expérience, heureuse ou malheureuse. Par exemple, considérons la personne qui a une idée préconçue selon laquelle les Juifs sont très durs en affaires, surtout dans le secteur du vêtement, alors que cette personne ne connaît aucun Juif dans ce secteur, en particulier.

Les attitudes peuvent également être importantes ou secondaires. Par exemple, celles qui sont habituellement liées aux croyances religieuses, à l'ordre social qu'il faut sauvegarder sont importantes. Par ailleurs, d'autres croyances mondaines prennent un caractère secondaire, par exemple celles qui ont trait à la supériorité d'un véhicule automobile sur un autre et fournissent peu d'information sur les composantes de la personnalité. Ces distinctions méritent notre attention, surtout au moment où il faut amener quelqu'un à changer d'attitudes.

La dimension affective

On retrouve dans cette dimension les émotions et les sentiments, c'est-à-dire ce qu'une personne ressent à l'égard d'une autre personne ou d'un événement. Une personne de race blanche qui a horreur de se trouver en présence d'une autre de race noire aura une attitude différente de celle d'une personne de race blanche qui épouse la cause de certains groupements de personnes de race noire. Les émotions ont également des caractéristiques particulières : elles peuvent être d'emblée favorables ou défavorables. Par exemple, une personne qui n'aime pas se trouver parmi des immigrants peut afficher un sentiment défavorable à leur endroit. Les émotions peuvent être profondes ou superficielles, et certaines attitudes ont plus d'influence sur notre vie que d'autres. Ainsi, une personne qui a une attitude négative à l'endroit des immigrants se prive d'échanges enrichissants avec eux.

La dimension comportementale

Dans une certaine mesure, l'attitude qui est, comme nous l'avons signalé plus haut, une prédisposition à réagir, contient une incitation à l'action. Une personne à l'aise qui a une attitude favorable à l'endroit des gens moins bien nantis sera bien disposée à leur égard, c'est-à-dire souvent prête à faire quelque chose pour eux. Cependant, cette dimension comportementale peut, à l'occasion, ne pas se manifester. Je peux, au cours d'une soirée, me montrer poli à l'endroit d'une personne qui m'irrite.

6.2.3 Les origines des attitudes

En définissant l'attitude comme une prédisposition, il ne faudrait pas la méprendre pour un attribut inné chez la personne. Au contraire, il s'agit plutôt d'une disposition acquise au contact des objets, des personnes, des événements et des situations. Les déterminants des attitudes correspondent aux éléments de la personnalité décrits au chapitre 3.

L'importance de la culture

La culture, c'est-à-dire les croyances, les coutumes, les modes de pensée et d'agir propres à une société, à un groupement ou à une catégorie de personnes, constitue un appui important dans la formation d'une prédisposition à évaluer. En effet, l'importance accordée au travail, à la famille, à l'acquisition de biens matériels, à la forme dominante de gouvernement dans une société donnée fait en sorte que les membres de cette dernière ont des attitudes différentes des membres d'une autre société qui ont apprécié les mêmes choses.

La culture, par ailleurs, n'est pas à ce point englobante qu'elle occulte l'existence de différences au niveau des groupes et des individus dans une société. Par exemple, on peut s'attendre à ce qu'un ingénieur fasse preuve d'une attitude défavorable à l'expression de sentiments au cours de l'étude d'un problème de gestion, alors qu'un tel épanchement est bienvenu de la part d'un professionnel en ressources humaines. Il faut souligner qu'il s'agit dans les deux cas de personnes qui ont bénéficié chacune d'une formation scolaire différente, laquelle correspond à une culture professionnelle bien définie. Celle qui est propre à l'ingénieur valorise l'objectivité et la rationalité dans une démarche d'analyse des problèmes, alors que la culture du spécialiste des ressources humaines accorde une importance réelle à des éléments d'ordre subjectif.

L'appartenance à un groupe

L'appartenance à un groupe, et surtout le désir de continuer à en faire partie favorisent l'éclosion d'attitudes particulières. Une société comprend une foule d'associations ou de groupes naturels affichant des valeurs et des attitudes qui s'imposent presque comme des normes à observer. Par exemple, un salarié, membre actif d'un syndicat militant, va se conformer à la norme qui correspond à une attitude de méfiance à l'endroit de la direction et de ses représentants. On sait aussi que des groupes de salariés dans les usines et les bureaux élaborent des normes de rendement qui reflètent l'appréciation de ce qu'est une bonne journée de travail. Ainsi, une attitude collective à l'endroit d'une bonne journée de travail devient une norme de comportement qu'il faut observer si l'on veut maintenir son appartenance au groupe.

Pour mieux illustrer l'influence du groupe dans l'acquisition d'attitudes, nous vous présentons dans le paragraphe qui suit le compte rendu d'une étude faite par Newcomb (1943).

L'étude fut menée dans un petit collège américain pour jeunes filles (Bennington College), de 1932 à 1935. Les étudiantes provenaient presque toutes de milieux riches et conformistes; les professeurs, par contre, étaient très libéraux et même très avant-gardistes, notamment sur le plan des idées sociales, politiques et économiques. Le collège prônait les échanges et discussions entre professeurs et étudiantes. Une mesure de «conservatisme socio-économique» prise à chacune des quatre années du programme démontra que les étudiantes adoptaient des attitudes de plus en plus libérales et «modernes» pour l'époque. Une suite à cette étude, réalisée 25 ans plus tard par le même auteur et auprès des mêmes (anciennes) étudiantes, démontra que même après ce temps, elles étaient nettement plus libérales que d'autres femmes du même âge et du même milieu socio-économique. Leur «score» de finissantes sur l'échelle de conservatisme s'avéra même être un très bon indicateur de la façon dont elles allaient voter lors des élections présidentielles de 1960 qui opposaient Richard Nixon à John F. Kennedy.

La famille

En plus des influences provenant de la culture et des groupes naturels ou importants dans la vie d'une personne, la famille joue aussi un rôle dans la formation des attitudes. La personne éduquée dans un contexte autoritaire (l'autorité étant source de vérité) sera incitée à reproduire sans nuance des propos véhiculés par les aînés, à adopter une attitude dogmatique ou respectueuse des personnes en position de commandement.

L'expérience personnelle

En plus des influences externes aux individus, l'expérience de tous les jours et les enseignements personnels qu'on en retire façonnent dans une certaine mesure les attitudes.

Il apparaît évident qu'une personne aura une attitude favorable envers les objets ou les situations qui permettent de satisfaire ses besoins d'ordre économique ou psychologique, ou ses attentes. Le bénéfice matériel et psychologique qu'elle tire des contacts avec des objets ou des situations engendre des attitudes favorables à l'endroit de ces derniers. Par exemple, un salarié aura une attitude favorable envers son travail dans la mesure où l'écart est faible ou inexistant entre les attentes qu'il formule et les conditions qui lui sont offertes.

6.2.4   Les fonctions des attitudes

Katz (1961), dans son étude sur la conception fonctionnelle dans le domaine des attitudes, reconnaît chez ces dernières quatre fonctions :

1. Une fonction utilitaire.
2. Une fonction de défense du moi.
3. Une fonction d'expression du moi.
4. Une fonction de connaissance du monde.

Les quatre fonctions des attitudes de Katz

Une fonction utilitaire

Des attitudes favorables se forment à l'endroit des objets, des personnes et des situations dans la mesure où ces derniers sont jugés aptes à satisfaire des besoins. Par exemple, un travailleur de la base sera enclin à appuyer un parti d'orientation socialiste ou de gauche, dans la mesure où un tel parti prône de meilleures conditions de travail ou de vie, en général. Une attitude favorable à l'endroit d'objets ou de personnes aptes à satisfaire un besoin permet l'économie de temps et d'efforts qui seraient normalement consacrés à la recherche d'autres solutions. Donc, l'attitude facilite l'adaptation au milieu en fournissant des solutions presque toutes faites dans une multitude de situations, même inhabituelles.

Une fonction de défense du moi

L'attitude devient un mécanisme de défense pour la personne qui refuse de se voir telle qu'elle est, ou de voir la réalité extérieure alors que celle-ci comporte un véritable danger. Afin de vivre avec son complexe d'infériorité, cette personne peut adopter une attitude négative à l'endroit d'un groupe minoritaire et traiter ce dernier de façon hautaine. Le fonctionnaire qui réalise le peu de pouvoir dont il dispose pourra être porté à traiter le citoyen de façon méprisante et hautaine. Dans le langage courant, on dit qu'une telle personne profite de l'occasion pour se donner un air de supériorité.

Une fonction d'expression du moi

Pour promouvoir une image de soi favorable et faire montre de ses capacités, une personne peut adopter une attitude négative à l'endroit d'autres personnes qui ont des valeurs différentes. Dans sa tentative de s'afficher comme étant vertueux et ami du bien, un individu peut se montrer intraitable envers ceux qui s'écartent de la bonne voie ou encore rejeter ces personnes. Une personne peut donc adapter telle ou telle attitude pour promouvoir une image de soi favorable, et chercher chez les autres une confirmation de sa propre image. Fondamentalement, peu d'individus échappent à ce besoin de voir leur image ou leur perception d'eux-mêmes validée par d'autres.

Une fonction de connaissance du monde

L'attitude permet d'accéder à une connaissance sélective de la réalité, car elle favorise la rétention de l'information à laquelle elle est associée, et le rejet de l'information qui n'y est pas reliée. Ce processus permet d'intégrer à un cadre de référence existant une somme de connaissances nouvelles et diversifiées, et ne retient que celles qui sont conciliables avec une attitude existante.

L'attitude permet ainsi de mettre de l'ordre dans les connaissances et de donner une signification aux choses et aux événements qui autrement n'en auraient pas. Par exemple, une attitude favorable à l'endroit du syndicalisme permet de retenir l'information qui est compatible avec celle dont on dispose déjà et de mettre de côté celle qui cherche à nous détourner du mouvement syndical.

6.2.5   La mesure des attitudes

Les qualificatifs «favorable, défavorable, négatif, positif», qu'on accole habituellement au terme «attitude» pour traduire une évaluation, ne sont pas aussi opposés que les mots le laissent croire. De fait, quelqu'un peut être plus ou moins favorable ou défavorable, négatif ou positif; c'est souvent une question de degré. Pour rendre compte du degré ou de l'intensité de l'accord et du désaccord possible, on a recours à un mécanisme simple: celui de l'échelle d'attitudes. On demande à une personne d'indiquer, sur une échelle graduée qui comprend des degrés représentés par les chiffres d'un à cinq (l'entre-deux étant l'indécision), l'intensité de son accord ou de son désaccord.

On peut se servir de plusieurs énoncés pour traduire différentes facettes d'une même réalité et procéder au calcul des scores pour l'ensemble des énoncés. Le score moyen ainsi obtenu donne une indication de l'attitude sous-jacente à l'ensemble des réponses. Nous nous référons bien entendu ici aux échelles de type Likert (1932). Pour être valides, ces échelles doivent représenter des énoncés ou des affirmations qui reflètent bien la réalité sur laquelle on invite des personnes à se prononcer. Par exemple, pour mesurer les attitudes des employés à l'égard de leur entreprise, Uhrbrock (1934) utilise par ordre une liste d'énoncés dont les trois premiers sont les suivants:

1. Je trouve que cette entreprise traite ses employés bien mieux que ne le font d'autres.
2. Si c'était à refaire, je voudrais encore travailler ici.
3. Il n'y a pas de favoritisme dans cette entreprise.

D'autres méthodes de mesure existent également qui sont, par exemple, de l'ordre de la projection: on présente à une personne une photo, une scène, des figures imprécises et on lui demande d'écrire ce qu'elle ressent à l'endroit de ces objets. Cette méthode plutôt subjective exige beaucoup d'habiletés et d'expérience au moment de l'interprétation de l'information ainsi obtenue.

6.2.6   Le changement d'attitudes

De prime abord, il semble difficile, voire risqué, de changer les attitudes d'une personne ou d'inciter cette dernière à en changer lorsque celles-ci sont profondément ancrées. Cependant, cela n'est pas impossible. À ce sujet, parmi la multitude de moyens disponibles, nous retenons la classification élaborée par Katz (1961) qui reprend chacune des fonctions accomplies par les attitudes.

Pour modifier chez une personne une attitude qui remplit une fonction utilitaire, on peut l'inciter à reconnaître que cette attitude et les comportements qui y sont reliés ne lui permettent plus de satisfaire certains besoins, comme ce fut le cas dans le passé : par exemple, amener quelqu'un à se rendre compte qu'une marque de voiture qu'il affectionnait dans le passé constitue aujourd'hui un piètre symbole de statut. Si la personne se rend compte de cette réalité, elle acquiert une disposition favorable à l'endroit d'une marque qui lui convient mieux. Les moyens sont nombreux pour effectuer un changement de cet ordre chez un individu : la publicité, un film, une conférence, une visite, un voyage sont autant de moyens qui peuvent provoquer un questionnement chez la personne quant au bien-fondé d'une attitude donnée.

L'attitude reliée à la défense du moi peut être modifiée si l'on crée un milieu moins menaçant pour l'individu, ou des conditions qui réduisent l'anxiété. Par exemple, on peut inciter les collègues d'un secteur d'une entreprise à être moins compétitifs entre eux, si on réussit à les convaincre qu'ils obtiendront de meilleurs résultats en coopérant.

Il est également possible de réduire le caractère menaçant de certaines situations en permettant aux personnes concernées de donner libre cours à leurs sentiments. Par exemple, au cours d'une réunion de gestion, le président de la séance peut favoriser l'expression de certaines émotions, de façon à ce que les collègues apprennent à s'apprécier et à se sentir solidaires dans la réalisation d'un objectif, plutôt que de se percevoir comme d'éternels compétiteurs.

L'attitude reliée à l'expression du moi et aux valeurs personnelles peut être modifiée en créant certaines conditions. On peut produire un changement chez un individu en l'invitant à reconsidérer ses ancrages ou encore les fondements mêmes de son «image de soi», créant ainsi chez lui une disposition à un changement éventuel. Ce n'est pas une raison, bien entendu, pour recourir à des techniques de lavage de cerveau ou à des formes semblables de conditionnement. Un changement peut également se produire lorsqu'on invite quelqu'un à se rendre compte que ses anciennes attitudes ne cadrent plus avec les nouvelles valeurs qu'il professe. Par exemple, comment quelqu'un peut-il maintenir son engouement pour les grosses voitures, grandes consommatrices d'essence, alors qu'il cherche à convaincre ses proches d'économiser les ressources non renouvelables ?

L'attitude reliée à la connaissance du monde se modifiera d'autant plus qu'on présentera à la personne de nouvelles données, en invitant celle-ci à les considérer avec attention plutôt qu'à les détruire. La théorie de la dissonance cognitive mise de l'avant par Festinger (1957) reçoit ici toute son application. Selon cette théorie, lorsqu'il y a dissonance, c'est-à-dire un malaise résultant du fait qu'un individu maintient dans son esprit deux éléments de connaissance dont les résultats sont contradictoires, il cherchera alors à réduire ou à éviter cette situation d'incongruité. Il changera son attitude au moment où il se rendra compte qu'elle ne correspond pas à la connaissance qu'il a de ce que les autres pensent ou croient.

Bien entendu, un individu peut garder son attitude intacte et inciter les autres à modifier leur perception de la situation, de façon à ce qu'elle corresponde à la sienne. Cette théorie décrit des situations où des personnes recherchent constamment un équilibre entre leurs attitudes et leurs comportements.

6.3 LA SATISFACTION AU TRAVAIL

La connaissance des valeurs et des attitudes, et du rôle qu'elles jouent dans le choix des comportements à adopter, s'avère utile dans la vie quotidienne, plus particulièrement au travail. De fait, la satisfaction provenant de la qualité de la vie passée au travail tient en grande partie aux valeurs et aux attitudes envers le travail, et les conditions où ce dernier s'exécute.

Dans cette optique, la satisfaction au travail ou dans un emploi apparaît comme une résultante, c'est-à-dire un état affectif de bien-être ou de malaise qui provient de la relation entre, d'une part, les attentes relatives au fait d'occuper un emploi et, d'autre part, l'évaluation du travail et de ses conditions d'exécution.

Cette définition de la satisfaction au travail en fait une réalité sensiblement différente des valeurs et des attitudes, tout en y étant intimement reliée. L'écart qui peut exister à un moment donné entre le niveau des attentes et l'évaluation qu'on fait de ce qui nous est offert rend partiellement compte d'un degré relatif de satisfaction au travail. D'autres positions théoriques plus nuancées viennent préciser cette définition qui se veut la plus large et la plus englobante possible. Bien entendu, il s'agit d'un phénomène extrêmement complexe, difficile à circonscrire, dont la compréhension semble échapper aux plus savantes explications qui découlent des milliers d'études faites sur le sujet.

En nous appuyant sur quelques-unes de ces études, nous essaierons d'apporter des éléments de réponse aux quatre grandes questions suivantes :

1. Qu'en est-il de la satisfaction au travail ?
2. Quels liens existent entre la satisfaction au travail et le rendement ?
3. Quels liens existent entre la satisfaction au travail, l'absentéisme et le roulement du personnel ?
4. Quels sont les facteurs qui rendent bien compte de ces phénomènes ?

6.3.1 Qu'en est-il de la satisfaction au travail ?

Une enquête importante faite aux États-Unis, qui a donné lieu au célèbre rapport *Work in America*, tire une conclusion générale plutôt sombre sur le monde du travail. Le rapport conclut que, comme le travail est un élément central dans la vie de nombreux Américains, le manque de travail ou un travail insignifiant crée une situation qui devient de plus en plus intolérable. Les coûts humains de cet état de choses se traduisent par l'aliénation au travail, l'alcoolisme, la toxicomanie et d'autres symptômes de santé mentale appauvrie. De même, l'industrie paie le prix pour son attachement à des pratiques tayloristes qui conduisent à une faible productivité, à un taux élevé de vandalisme, d'absentéisme et de roulement de personnel.

On ne pourrait arriver à une conclusion plus pessimiste. Cependant, les enseignements qu'on peut tirer d'autres travaux de recherche donnent un aperçu passablement différent et plus nuancé. Quand on pose une question générale à un échantillon représentatif de la main-d'œuvre à savoir si ces personnes sont dans l'ensemble satisfaites de leur emploi, on obtient alors un taux de satisfaction qui varie autour de 80 p. 100, alors qu'environ 10 p. 100 sont carrément insatisfaits. Il s'agit d'échantillons nationaux et de sondages effectués respectivement entre 1958 et 1977 (Katzell, 1979).

Au Canada, dans la province de Québec, vers la fin de la même période, Côté-Desbiolles (1979) publiaient une étude sur la satisfaction générale des Québécois : 88 p. 100 se disaient satisfaits en général de leur emploi, 67 p. 100 accepteraient de choisir à nouveau l'emploi qu'ils occupent, 63 p. 100 n'hésiteraient pas à recommander un tel emploi à des amis, 52 p. 100 affirmaient qu'ils choisiraient le même emploi si on leur donnait la possibilité d'en choisir un librement et enfin, 90 p. 100 reconnaissaient que leur emploi correspondait très ou assez bien à leurs attentes.

Ce sont là des données qui ne corroborent pas les conclusions de la célèbre étude mentionnée plus haut. Quand les résultats sont ventilés selon la race, le sexe et l'âge, on obtient des conclusions plus nuancées. Aux États-Unis, par exemple, les enquêtes nationales indiquent que les Blancs affichent un taux de satisfaction plus élevé que celui observé chez des groupes minoritaires comme les Noirs et les Hispano-Américains ; la satisfaction atteint un taux plus élevé chez les hommes que chez les femmes, et chez les personnes d'un certain âge que chez les jeunes de moins de 30 ans.

Lorsqu'on délaisse les études nationales pour aborder de plus petits échantillons, la satisfaction au travail se présente sous des aspects passablement différents. Par exemple, on découvre avec Blauner (1960) que la satisfaction au travail varie considérablement lorsqu'on part du sommet de la pyramide organisationnelle pour atteindre la base. Le personnel professionnel et les cadres expriment plus de satisfaction que les employés à tous les autres postes. Les cols blancs sont plus satisfaits que les cols bleus et, parmi ces derniers, les travailleurs semi-qualifiés sont plus satisfaits que les simples manœuvres.

Au même moment, Gurin, Veroff et Feld (1960) publient une étude où les pourcentages de gens qui se disent très satisfaits varient selon les groupes professionnels suivants :

— professions libérales : 48 p. 100 ;
— cadres : 38 p. 100 ;
— ouvriers spécialisés : 27 p. 100 ;
— vendeurs : 24 p. 100 ;
— employés de bureau : 22 p. 100 ;
— ouvriers qualifiés : 22 p. 100 ;
— agriculteurs : 22 p. 100 ;
— manœuvres : 13 p. 100.

Ces données traduisent le même phénomène qu'a cerné Blauner (1960) selon lequel l'insatisfaction se trouve surtout au pied de l'échelle professionnelle, ce qui entraîne que le statut hiérarchique de la personne constitue une variable importante dans l'explication du phénomène.

Les travaux de recherche de Herzberg (1959), de même que sa théorie bi-factorielle qui sera présentée plus longuement au chapitre traitant de la motivation au travail, nous apprennent que les facteurs reliés à l'emploi qui sont porteurs de satisfaction au travail ne sont pas nécessairement les mêmes que les facteurs porteurs d'insatisfaction. En d'autres termes, le fait pour un salarié de reconnaître que la nature même du travail qu'il accomplit lui procure peu de satisfaction n'implique pas nécessairement qu'il est insatisfait de son travail. De fait, les réponses que les salariés donnent aux questionnaires diffèrent lorsqu'on passe des motifs de satisfaction à ceux d'insatisfaction : les motifs de satisfaction ont trait à la valeur intrinsèque du travail, alors que l'insatisfaction relève des facteurs périphériques qui sont généralement de l'ordre des conditions de travail.

Crozier (1965), dans un contexte français et en utilisant une méthodologie différente, obtient aussi des différences sur le plan de la satisfaction d'un poste à un autre lorsqu'il interroge les employés sur leur travail (la nature même de leur emploi) et leur situation de travail en général.

Blauner (1964), un auteur que nous avons cité plus haut, a également mené des recherches d'envergure sur le caractère aliénant du travail dans quatre grands secteurs industriels qui utilisent une technique de fabrication différente. L'aliénation y est définie selon des dimensions déjà précisées par Seaman (1959), à savoir :

— l'absence de pouvoir : séparation des moyens de production d'avec les produits finis, impossibilité d'exercer une influence quelconque, absence d'emprise sur les conditions de travail ;
— l'absence de signification : difficulté de donner un sens à son activité quotidienne, de situer dans un ensemble le geste que l'on pose ;
— le déracinement social : difficulté de s'intégrer à une communauté ou à un groupe où il serait possible d'entretenir des relations sociales significatives avec d'autres ;
— l'absence d'accomplissement de soi : le travail offre si peu d'occasions d'utiliser une gamme de capacités que la personne qui l'exécute se sent étrangère à elle-même.

Les personnes interrogées sur l'ensemble de ces dimensions se disent satisfaites quant à l'intérêt qu'elles portent à leur travail, selon les proportions suivantes :

— dans le secteur de l'ingénierie : 96 p. 100 ;
— dans le secteur de la chimie : 90 p. 100 ;
— dans le secteur du textile : 82 p. 100 ;
— dans l'industrie de l'automobile : 66 p. 100.

Le pourcentage des personnes qui trouvent leur travail plutôt aliénant est donc plus élevé dans les secteurs qui utilisent une chaîne d'assemblage, tandis que ces pourcentages sont plus faibles dans les secteurs qui recourent à la production artisanale ou au procédé en continu.

D'autres études démontrent que la satisfaction au travail peut varier en fonction de la taille de l'entreprise, du nombre de niveaux d'autorité, de la philosophie de gestion et des conditions externes à l'organisation, dont la taille de la collectivité, les services offerts et les conditions climatiques.

6.3.2   Les conséquences d'un taux plus ou moins élevé de satisfaction

La satisfaction au travail varie donc en fonction d'une multitude de facteurs qui sont soit d'ordre personnel, soit reliés au contenu du travail, aux conditions matérielles, sociales ou à des conditions externes. Les conséquences d'un taux élevé ou non de satisfaction varient également en se répercutant sur le rendement, l'absentéisme et le roulement du personnel.

Des études ont tenté de déterminer et de mesurer cet effet sans arriver, pour le moment, à des conclusions sûres. Nous en présentons ici quelques-unes, ne serait-ce que pour illustrer l'effet que peut produire un tel phénomène.

La satisfaction et le rendement

La célèbre recherche de Mayo aux usines Hawthorne, dont il a été question au chapitre 2, a permis de définir une relation entre la satisfaction et le rendement. À la phase 12 de l'expérience, c'est-à-dire au retour aux conditions initiales, les ouvrières avaient acquis une attitude favorable envers l'entreprise, plus particulièrement, la supervision. On a alors conclu à une association entre la satisfaction au travail et la productivité.

Même si l'on souhaite qu'elle tienne toujours, cette relation entre les deux facteurs est loin d'être constante. À l'aide de la grille de la figure 6.1, on peut trouver au moins quatre relations possibles entre la satisfaction au travail et la productivité.

Les quadrants 1 et 3 vont dans le même sens : il existe une association entre les deux variables « satisfaction » et « productivité ». Des gens peu satisfaits au travail sont improductifs, et l'inverse se vérifie également. Les quadrants 2 et 4 présentent des particularités intéressantes. Dans le quadrant 2, les gens semblent très satisfaits, mais peu engagés dans leur travail. Le plaisir de se retrouver au travail l'emporte donc probablement sur le souci d'être efficace. Par contre, au quadrant 4, les gens sont très insatisfaits mais quand même productifs. Il peut arriver alors que la productivité ne varie aucunement en fonction de la satisfaction ou bien que des salariés soient très insatisfaits de leurs conditions de travail, mais suffisamment tolérants ou engagés dans leur

FIGURE 6.1

Relations possibles entre la satisfaction au travail et la productivité

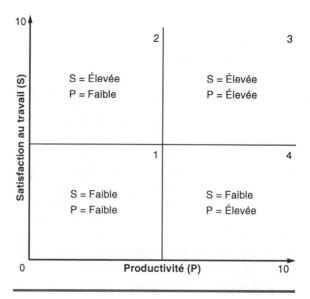

travail pour que cette insatisfaction n'influe pas sur leur rendement.

Par conséquent, il peut exister différents liens entre les deux phénomènes, et il est fort possible que la productivité repose sur d'autres facteurs, notamment la technique utilisée, le rythme fixé du travail, les habiletés des personnes concernées, l'information dont celles-ci disposent pour accomplir leur travail et le mode de rémunération.

Kahn (1960) et ses collaborateurs ont observé de nombreuses différences entre ces deux phénomènes dans des compagnies d'assurances et de matériel de chemin de fer. Les employés d'une compagnie d'assurances appartenant à des équipes d'un niveau élevé de productivité sont plus critiques que les autres à l'endroit de la compagnie, plus particulièrement au chapitre des politiques. À l'entreprise de matériel de chemin de fer, on a constaté la même chose, c'est-à-dire l'absence de relation entre la satisfaction et la productivité.

Par contre, dans une étude de Katzell menée au sein d'une chaîne de distribution de produits pharmaceutiques et rapportée par Levy-Leboyer (1974), on retrouve les corrélations suivantes entre différents indices de productivité et la satisfaction :

— quantité de commandes traitées : + 21 ;
— qualité du travail : – 02 ;
— profit : + 28 ;
— effectif du département : – 21 ;
— dimension de la ville où le département est installé : – 22.

Ces données révélaient donc à ce moment l'absence d'une relation entre la satisfaction et la qualité du travail. Par contre, on retrouvait des corrélations dans la direction prévue pour tous les autres indicateurs.

Nous retenons par conséquent de toutes ces études que la satisfaction au travail, à elle seule, ne constitue pas un bon indicateur d'un niveau élevé de productivité et que l'explication de ce niveau renvoie à d'autres facteurs qui sont étrangers à la nature du travail et de ses conditions d'exécution.

La satisfaction au travail, l'absentéisme et le roulement du personnel

Les observations que nous venons de faire au sujet d'une association possible entre la productivité et la satisfaction au travail valent également pour la relation entre l'absentéisme et la satisfaction au travail. Un taux élevé ou faible d'absentéisme renvoie en effet à une multitude d'explications autres que le niveau de satisfaction au travail. Cependant, certaines études concluent à une relation directe entre un taux élevé d'absentéisme et le taux d'insatisfaction. Par exemple, Hackman et Lawler (1971) observent des corrélations négatives entre des besoins élevés d'autonomie et de variété dans l'emploi, et le taux d'absentéisme, lorsque ces besoins sont satisfaits.

Par la suite, Porter et Steers (1973) effectuent un relevé des conséquences des indices de la satisfaction sur l'absentéisme et le roulement du personnel. Ils découvrent une association entre ces phénomènes qui relève de toutes sortes de facteurs :

— facteurs généraux de l'organisation (salaires et promotions) ;
— facteurs immédiats du milieu de travail (style de direction, taille des équipes, interactions avec les collègues, conditions de travail) ;
— facteurs individuels (âge, ancienneté, taille de la famille, congruence de l'emploi avec les intérêts professionnels, traits de personnalité).

Des analyses plus récentes, qui s'inspirent d'un modèle d'évitement de la peine (on s'absente pour s'éloigner momentanément d'une situation de travail de moins en moins tolérable), ont été effectuées par McShane (1984). En procédant à un examen des conclusions de 24 recherches, cet auteur conclut que les employés insatisfaits de certains aspects de leur travail sont susceptibles de s'absenter. Les corrélations sont les plus fortes lorsque interviennent des aspects comme les collègues de travail, la rémunération et la nature de la supervision. Il observe également une relation accentuée entre un taux d'insatisfaction générale et la tendance à s'absenter. Une étude, menée par Farrel et Stammon (1988), montre que les corrélations entre un indice de satisfaction globale et les taux d'absentéisme, relativement à la fréquence et à la gravité, sont négatives et significatives.

Par contre, une revue d'études effectuée par Hackett et Guion (1985) montre qu'environ 4 p. 100 seulement de la variance des mesures d'absentéisme est expliquée par un indice de satisfaction générale.

Rhodes et Steers (1978) procèdent à l'énoncé d'un modèle qui met en relation l'assiduité au travail et deux grandes catégories de variables : la motivation à être présent et la capacité de l'être. La motivation à être présent, à son tour, est fonction d'autres variables dont la situation de travail, la satisfaction retirée de cette dernière, les valeurs des employés et leurs attentes à l'endroit de leur tâche.

Par la suite, Lee (1989) a cherché à vérifier toutes les relations entre les différentes variables du modèle en utilisant un échantillon de 687 employés d'une institution financière. La série de régressions effectuées démontre que la situation de travail en elle-même n'influence pas la satisfaction générale, mais bien plutôt les interrelations entre la situation de travail, les valeurs et les attentes des personnes. En établissant un lien entre cette observation et l'explication du taux d'assiduité, l'auteur conclut que la satisfaction au travail, associée avec une pression d'ordre économique ou moral, est un bon indicateur de la présence au travail.

Même si les études ne débouchent pas sur des conclusions certaines et identiques, elles invitent cependant à ne pas négliger l'importance de la satisfaction au travail (ou des attitudes à l'endroit du travail) dans l'explication d'un taux plus ou moins élevé d'absentéisme. Frances (1981), à la fin d'un ouvrage remarquable sur la satisfaction au travail et l'emploi, en vient lui aussi à une conclusion identique : « Les relations constatées entre les absences et le roulement d'une part et, d'autre part, les variables générales ou spécifiques des emplois, doivent être expliquées par les niveaux de satisfaction qu'en tirent les employés, c'est-à-dire la somme des attentes remplies par leur situation de travail ».

Cependant, malgré l'importance des attentes satisfaites ou non dans l'explication des phénomènes de l'absentéisme et du roulement de personnel, il ne faut quand même pas placer ces derniers sur le même pied. Le roulement peut dépendre en grande partie de facteurs plus ou moins indépendants de la volonté des personnes au travail. Par exemple, la conjoncture économique qui influence la marge de manœuvre dont dispose un employé et la situation familiale de celui-ci sont également des facteurs dont il faut tenir compte lorsqu'on examine la relation entre le niveau de satisfaction au travail et le roulement.

CONCLUSION

Aux fins d'analyse, nous avons traité séparément de trois aspects importants de la vie au travail, à savoir les nouvelles valeurs associées au travail, les attitudes au travail et la satisfaction générale qu'une personne peut retirer du fait d'avoir un emploi rémunéré. Ces trois éléments sont cependant intimement associés lorsque l'on considère que la satisfaction résulte de l'écart entre ce qu'offre un travail rémunéré et les attentes que formule un salarié à l'endroit de ce travail. Ces dernières reposent en partie sur les attitudes et les valeurs qui caractérisent le salarié. En fait, les valeurs et les attitudes constituent les principales caractéristiques d'une sorte de contrat psychologique qu'une personne passe avec l'organisation qui l'emploie. Le salarié s'oblige à fournir une contribution acceptable et, en contrepartie, il formule des attentes selon lesquelles cette contribution doit être équitablement récompensée. Lorsque l'éventail des récompenses est jugé inéquitable, ou bien en deçà des attentes formulées au départ, l'équilibre est momentanément rompu, et cette rupture affecte le comportement du salarié, tant sur le plan du rendement que de la présence au sein de l'organisation où il souhaite jouer un rôle actif.

QUESTIONS

1. Faites l'inventaire des nouvelles valeurs qui émergent et qui sont reliées au travail, et demandez-vous dans quelle mesure vous les partagez.
2. Définissez la notion d'attitude et démontrez qu'elle diffère de la valeur et de l'opinion.
3. « Si les attitudes sont en grande partie subjectives, elles échappent en réalité à toute tentative de mesure. » Commentez cette affirmation.
4. Comment la satisfaction au travail peut-elle être à la fois une résultante et une prédisposition à réagir ?
5. En vous appuyant sur les études citées, commentez la nature des relations qu'on peut établir entre :

   - la satisfaction au travail et le rendement ;
   - la satisfaction au travail et l'absentéisme ;
   - la satisfaction au travail et le roulement du personnel.

RÉFÉRENCES BIBLIOGRAPHIQUES

ADORNO, T., FRENKEL-BRUNSWICK, E., LEVINSON, D. S. et SANFORD, R. N., *The Authoritarian Personality*, New York, N. Y., Harper, 1950.

ALLPORT, G. W., *The Nature of Prejudice*, Cambridge, Mass., Addison-Wesley, 1954.

Avenir, déc. 1989-janv. 1990.

BERGERON, J.-L., CÔTÉ, N., JACQUES, J. et BÉLANGER, L., *Les aspects humains de l'organisation*, Boucherville, Gaëtan Morin Éditeur, 1979.

BLAUNER, R., *Work Satisfaction and Industrial Trends in Modern Society*, dans Galenson W. et S.M.. Lipset, *Labor and Trade Unionism,* New York, N. Y., John Wiley and Sons, 1960.

BLAUNER, R., *Alienation and Freedom*, Chicago, Ill., University of Chicago, 1964.

CÔTÉ-DESBIOLLES, L. H., avec la collaboration de TURGEON, B., *Les attitudes des travailleurs québécois à l'égard de leur emploi*, Québec, Centre de recherche et de statistique sur le marché du travail, Gouvernement du Québec, 1979.

COUTURE, G., *L'influence de certaines attitudes reliées au travail sur le retrait de longue durée*, Québec, Thèse de doctorat, Département des relations industrielles, Université Laval, 1991.

CROZIER, M., *Les employés de bureau*, Paris, Seuil, 1965.

FARREL, D. et STAMMON, C. L., « Meta-Analysis of Correlates of the Employee Absence », *Human Relations*, vol. 41, 1988.

FESTINGER, L., *Theory of Cognitive Dissonance*, Stanford University Press, 1957.

FRANCES, R., *La satisfaction dans le travail et l'emploi*, Paris, P.U.F., Coll.: La psychologie, 1981.

GURIN, C., VEROFF, J. et FELD, S., «Americans View their Mental Health», New York, N. Y., Basic Books, 1960.

HACKETT, R. et D., GUION, R. M., «A Reevaluation of the Absenteism Job Satisfaction Relationship», *Organizational Behavior and Human Decision Process*, vol. 35, 1985.

HACKMAN, J. R. et LAWLER, E. E., «Employees Reactions to Job Characteristics», *Journal of Applied Psychology*, Monography 55, n° 3, 1971.

HERZBERG, F., MAUDSNER B. et SNYDERMAN, B. R., *The Motivation to Work*, New York, N. Y., John Wiley & Sons, 1959.

KAHN, R., «Productivity and Job Satisfaction», *Personnel Psychology*, vol. 13, n° 3, 1960.

KANTER M. R., «Work in America», *Deadalus*, n° 107, 1978.

KATZ, D., «The Functional Approach in The Study of Attitudes», *Public Opinion Quarterly*, vol. 24, n° 1, 1961.

KATZ, D., «Determinants of Attitudes Arousal and Attitudes Change», *Public Opinion Quarterly*, vol. 24, n° 1, 1961.

KATZELL, R. A., dans Keer, C. et Roso, J. M., *Work in America: The Decade Ahead*, New York, Van Nostrand, Reinhold, 1979.

KOCHAN, T. A., KATZ, H. C. et MOWER, N., *Worker Participation and American Unions: Threat or Opportunity*, Mich., UpJohn Institute, 1984.

LEE, T., «The Antecedent and Prediction of Employee Attendance», *Journal of Business Issues*, vol. 17, n° 2, 1989.

LEVY-LEBOYER, C., *Psychologie des organisations*, Presses universitaires de France, 1974.

LIKERT, R., «A Technic for the Measurement of Attitudes», *Archives de Psychologie*, vol. 22, 1932.

MASLOW, A.H., *Motivation and Personality*, New York, N. Y., Harper, 1954.

McGREGOR, D. M., *The Human Side of Entreprise*, New York, McGraw-Hill, 1960.

McSHANE, S. L., «Job Satisfaction and Absenteism, a Meta-Analytic Re-examination», *Canadian Journal of Administrative Science*, vol. 1, n° 1, 1984.

MUCCHIELLI, A., *Psychologie des organisations*, Paris, ESF, 1977.

NEWCOMB, T. M., *Personality and Social Change*, Dryden, New York, N. Y., 1943.

PORTER, L. W. et STEERS, R. M., «Organizational, Work and Personal Factors in Employees Turnover and Absenteism», *Psychological Bulletin*, vol. 80, n° 2, 1973.

RHODES, S. et STEERS, R. M., «Major Influences on Employee Attendance: A Process Model», *Journal of Applied Psychology*, vol. 63, n° 4, 1978.

ROGERS, C., *Le développement de la personne*, Paris, Éditions d'Organisation, 1968.

ROKEACH, M., *The Nature of Human Values*, New York, N. Y., 1973.

SCHEIN, E. H., *Psychologie et organisations*, Paris, Éditions Hommes et Techniques, 1971.

SEAMAN, M., «On the Meaning of Alienation», *American Sociological Review*, vol. 24, n° 6, 1959.

UHRBROCK, R. S., «Attitudes of 4430 employees», *Journal of Social Psychology*, vol. 5, 1934.

VROOM, V. H., *Work and Motivation*, New York, N. Y., John Wiley & Sons, 1964.

Work in America, Report of a Special Task Force to the Secretary of Health, Education and Welfare, Cambridge, Mass., the MIT Press, 1973.

YANKELOVICH, D., *New Rules: Searching for Self-Fulfilment in a World Turned Upside Down*, New York, N. Y., Random House, 1981.

LA MOTIVATION

Jocelyn Jacques
avec la collaboration de Diane Paquette

UN PROBLÈME DE MOTIVATION

Dans son bureau, Henri s'interroge sur ses capacités d'administrateur. L'entreprise vient de signer la meilleure convention collective qui ait jamais été négociée : les salaires et les avantages sont à la hausse, les heures de travail, à la baisse. Et pourtant, à 13 h 30 ce vendredi, le service de l'administration est à peu près vide ; à l'exception de la réceptionniste et de deux cadres, la plupart n'ont pas encore regagné le travail après le repas du midi. À la pause de l'avant-midi, c'est du personnel sans enthousiasme qu'il a vu au salon des employés. Encore hier, en compilant les statistiques, il a dû se rendre à l'évidence : le personnel s'absente de plus en plus, et le poinçon enregistre des retards inexplicables.

Rien ne va plus aux usines Contrebasse, et le manque évident de motivation sera le seul point à l'ordre du jour de la prochaine séance du comité de gestion. Et pourtant, se dit Henri, la machinerie n'a jamais été plus perfectionnée, on a même placé des plantes vertes à la réception et dans la salle à café. Que veulent-ils encore ? Ne reste-t-il plus personne pour qui le travail offre un quelconque intérêt ?

INTRODUCTION

De tout temps, la motivation a été une préoccupation constante pour les gestionnaires. Mais nul n'est besoin d'être un administrateur patenté pour s'intéresser à ce sujet. C'est bon pour les professeurs, les parents et d'autres encore ! Notre expérience de la petite école nous apprend que les « B » et les étoiles dorées récompensent et encouragent les tout-petits à faire mieux. Qui n'a pas redoublé d'efforts afin d'obtenir la permission de sortir une bicyclette ou l'auto de papa ? Et que dire encore de ce bon vieux Père Noël et de sa manière toute spéciale de récompenser les enfants sages ? Voilà des agents motivateurs de la sphère quotidienne de l'enfance, mais dans les entreprises et les organisations, qu'est-ce qui pousse un employé à entreprendre et à réaliser son travail ? Pourquoi, alors que les travailleuses et les travailleurs reçoivent de meilleurs salaires et fonctionnent dans de meilleures conditions, leur rendement n'est-il pas proportionnel aux avantages qu'ils reçoivent ? D'où un artiste peut-il tirer sa motivation et produire alors qu'il manque de nourriture ou n'a plus d'argent pour payer le loyer ? Comment expliquer le fait que deux employés placés dans les mêmes conditions ne réagissent pas de la même manière aux stimuli ? Autant de questions sur lesquelles de nombreux chercheurs se sont penchés depuis très longtemps.

Si la motivation est un sujet de recherche très répandu auprès des universitaires, c'est lorsqu'elle fait défaut qu'elle intéresse véritablement les gestionnaires. Quand rien ne va plus, que l'absentéisme fait rage, que les démissions pleuvent, que la production va au ralenti pendant que les ventes tombent en chute libre, les responsables s'inquiètent alors de la motivation de leurs effectifs.

Mais en définitive, c'est peut-être aux personnes elles-mêmes que la connaissance des théories ou des processus de motivation apportera davantage. Ces nouvelles connaissances permettent de se situer et de reconnaître chez soi comme chez les autres les éléments motivateurs. L'objectif du présent chapitre est de décrire les différentes théories de la motivation et de montrer que la motivation est déterminée par des facteurs tant individuels qu'organisationnels.

7.1 LA MOTIVATION DANS SON ENSEMBLE

7.1.1 L'histoire de la motivation

« Le problème ou le remède au manque de productivité demeure le même à travers les âges : amener l'ouvrier (l'esclave, chez Xénophon) à s'attacher à son entreprise et à aimer ses chefs (ses maîtres) par, entre autres, de bonnes paroles et de la considération bien dosées (Aktouf, 1989). »

Même si, par tradition, la préoccupation de motiver les individus a toujours été présente, la manière de le faire a subi de nombreuses transformations. Aujourd'hui, la carotte semble être à la mode, mais il n'en demeure pas moins que le bâton a été, au fil de l'histoire et de très loin, le stimulus le plus populaire. Le fouet était un agent motivateur très efficace dans les sociétés esclavagistes ; le travail forcé a été toléré jusqu'à très récemment, quand il n'était pas privilégié. Que l'on pense seulement au travail des orphelins pendant la révolution industrielle ou au travail des prisonniers ; on doit également se rendre compte qu'il n'y a pas vraiment de changement de perspective entre les galères et les camps de travail (goulags).

D'une manière très générale, il apparaît que la conception de la motivation évolue parallèlement à la conception que l'on se fait de l'homme et de son rôle dans la société. Si la conception de l'homme se réfère à ses besoins de base, en l'occurrence de l'argent pour s'offrir ce qu'il désire, on parle d'homme économique et on élabore autour de la motivation des conceptions axées sur les besoins primaires des individus.

Cependant, lorsqu'on se penche sur les rapports entre les personnes dans leur milieu de travail, c'est alors le caractère social de l'homme qui est mis en évidence, et les conceptions de la motivation font davantage appel au sentiment d'appartenance et aux normes élaborées dans les groupes.

Mais si l'on considère les êtres humains sous l'angle de leur besoin de réalisation, on évoque une conception de la motivation où l'organisation doit se mettre au service de l'individu et lui faciliter la tâche. On mise alors sur la capacité intrinsèque des humains de se dépasser, de vouloir atteindre des objectifs élevés, notamment.

Actuellement, la conception de l'homme qui semble prévaloir fait référence à des théories de la personnalité où dominent des explications de la motivation fondées sur des processus psychologiques. Les approches socio-cognitives de la motivation correspondent à ce modèle « psychologique » naissant (Levinson, 1974).

De plus, aujourd'hui, il semble que le mot « mobilisation » tende à remplacer « motivation ». Comme nous le montrerons, en définissant la motivation et en présentant différentes théories liées à ce concept, la motivation et la mobilisation ne sont pas véritablement synonymes, ni tout à fait interchangeables.

La motivation serait plutôt de l'ordre des dispositions, des attitudes, tandis que la mobilisation, de l'ordre de l'action. La motivation faciliterait le passage à l'action. Autrement dit, un individu motivé se mobilisera autour de ses propres objectifs (carrière) ou des objectifs de son organisation (projet d'entreprise), bref, il s'engagera et passera réellement à l'action. On parle alors d'individus mobilisés. Quoi qu'il en soit, surtout dans la documentation récente, il est de plus en plus question de mobilisation et de stratégies qui visent à mobiliser des ressources humaines.

7.1.2 Définitions

Une manière de définir simplement la motivation consiste à dire qu'il s'agit d'un comportement actif orienté vers un but. Trois éléments doivent toujours faire partie d'une définition de la motivation : d'abord, ce qui incite la personne à agir (besoin), le caractère dynamique (action) et ce qui soutient l'action en cours de route (but). Dans le même ordre d'idées, la définition que donne Pierre Levasseur (1987) de la motivation est plus complète et décrit bien, selon nous, le processus de la motivation : « On entend généralement par motivation l'état d'une personne qui choisit de faire un effort en vue d'accomplir une certaine tâche, puis choisit de fournir une certaine quantité d'efforts et, enfin, choisit de maintenir ses efforts pendant un certain temps. »

Prenons l'exemple d'un nageur qui veut participer aux jeux olympiques. Il fixe son but et choisit de fournir des efforts afin d'y parvenir. Les efforts fournis peuvent l'être sur une longue période. On a vu des athlètes vouloir faire partie de l'équipe de leur pays pendant de longues années avant d'y parvenir. La motivation comporte donc un choix à la base, et ce choix détermine les actions à poser et leur durée dans le temps.

Les sources de la motivation sont de deux ordres. La motivation peut trouver son origine à l'intérieur de l'être humain, et ses sources sont alors intrinsèques. La motivation peut prendre ses sources à l'extérieur de l'individu, habituellement dans son milieu, et sont alors extrinsèques. Aux sources intrinsèques de la motivation correspondent les valeurs, les besoins et les croyances des individus, par exemple, vouloir être le meilleur de sa discipline. Quant aux sources extrinsèques, elles sont davantage liées aux conditions de travail, aux règles et aux normes présentes dans une organisation. Une prime octroyée par suite d'un bon rendement en constitue un bel exemple. De nos jours, cependant, la tendance n'est plus d'attribuer la motivation à l'une ou l'autre de ces sources, mais bien à une combinaison des deux. Par exemple, une personne peut être grandement motivée par des sources intrinsèques (elle aime son travail, se sent valorisée, notamment). En changeant certaines de ses conditions extérieures, comme un autre milieu de travail, on peut également modifier son niveau de motivation (Deci, 1975).

7.1.3   Le processus de motivation

Dans sa plus simple expression, le processus de motivation se décrit comme suit : un besoin se fait sentir et crée ainsi une tension. Une action s'enclenche afin de réduire cette dernière. L'action ayant atteint son but, le besoin est satisfait et la tension, réduite. La figure 7.1 illustre ce processus.

Prenons le cas du besoin de nourriture, quoique tout autre besoin conviendrait également. Il est donc midi moins vingt et, subitement, une personne se rend compte qu'elle a faim. Elle prend donc conscience d'un besoin insatisfait. La faim crée un malaise, la personne ressent une tension qui la porte à agir. Son action consiste à chercher de la nourriture, puis à manger. À mesure qu'elle mange, son état d'inconfort lié à la faim fait place à la satisfaction. La faim assouvie, la tension est complètement réduite et le besoin qui avait motivé l'action est satisfait. La personne

FIGURE 7.1
Le processus
de motivation

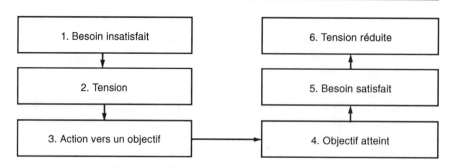

Source : BERGERON, J.-L., CÔTÉ, N., JACQUES, J., BÉLANGER, L., *Les aspects humains de l'organisation*, Boucherville, Gaëtan Morin Éditeur, 1979, p. 104.

est ramenée au point de départ, prête à recommencer un nouveau cycle.

Il est certain qu'une fois la faim assouvie, une personne normale ne pourra pas trouver assez de motivation pour ingurgiter un second repas. Toutefois, il n'en est pas de même pour d'autres besoins, agents motivateurs. Une personne peut éprouver le besoin de se hisser dans la hiérarchie de son organisation, ce qui la motive à poser certains gestes, comme travailler davantage, rencontrer plus souvent son supérieur ou toute autre action qu'elle jugera propre à satisfaire ce besoin. Une fois son désir réalisé, cette personne peut, après évaluation, enclencher un nouveau cycle où la motivation pourra être la même, soit de monter encore plus haut dans la hiérarchie.

Toutefois, certains auteurs élaborent des modèles plus complexes autour du processus de motivation. Ainsi, le cycle de motivation suggéré par Szilagyi et Wallace contient neuf étapes que nous

présente la figure 7.2. Dans ce modèle, l'insistance porte sur le caractère multifactoriel qui intervient dans le degré de motivation des individus.

À l'aide de la figure 7.2, reprenons l'exemple de la faim présenté précédemment.

- À l'étape 1 : mon corps avertit qu'il a faim (creux, gargouillements).
- À l'étape 2 : mon besoin ne peut être satisfait instantanément (je n'ai rien à manger sous la main).
- À l'étape 3 : je peux aller manger chez ma mère qui m'a justement invité.
- À l'étape 4 : je décide d'y aller.
- À l'étape 5 : je prends les moyens (taxi) de m'y rendre rapidement, car j'ai de plus en plus faim et je suis en retard.
- À l'étape 6 : j'évalue ma décision : oui, j'ai bien fait de prendre un taxi, car le temps file.
- À l'étape 7 : j'arrive, tout va bien, il reste de quoi manger et c'est bon.

FIGURE 7.2
Le cycle de motivation

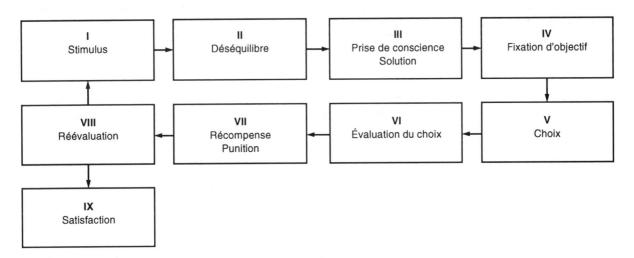

Source : Traduit et adapté de SZILAGYI, A. D. Jr. et WALLACE, M. J. Jr., *Organizational Behavior and Performance*, (3ᵉ éd.), Santa Monica, Goodyear Publishing Company Inc., 1983, p. 80.

– À l'étape 8 : j'ai mangé à ma faim.
– À l'étape 9 : mon besoin est satisfait.

7.1.4   Les typologies

Nombre d'auteurs et de chercheurs ont élaboré des théories explicatives du phénomène de la motivation. Il existe également plus d'une manière de classer les différentes théories de la motivation. La façon la plus courante consiste en une division entre les théories qui s'intéressent au contenu de la motivation (besoins, valeurs, notamment) et celles qui en étudient la dynamique, soit les théories des processus. On ne peut cependant pas classer toutes les théories sous ces deux appellations (Campbell et coll., 1970). Comme le souligne Maillet (1988), on doit ajouter

à ces deux catégories la théorie du renforcement et celle de la fixation des objectifs, car l'une et l'autre ne trouvent que partiellement leur place à l'intérieur de cette nomenclature. Les différentes conceptions de la motivation seront ici présentées en regard de la typologie la plus couramment utilisée, soit celle des contenus et des processus, en raison de sa simplicité et de sa popularité.

Mais auparavant, précisons que d'autres approches peuvent contribuer à augmenter les connaissances, notamment en classant les théories de la motivation selon d'autres critères ou en les analysant sous des angles particuliers. Par exemple, Alain Rondeau (1987) propose une typologie basée sur les trois grands courants d'études qui ont été à l'honneur jusqu'à maintenant et que présente le tableau 7.1.

TABLEAU 7.1
Types d'explications théoriques de la motivation au travail

Théories	Explication de la motivation au travail	Notes
Personnelles (psycho-dynamiques)	L'existence de substrats psychologiques (besoins, valeurs, ancrages, notamment) ou de forces internes qui animent la personne et l'amènent à agir dans un sens donné.	D'une façon générale, les théories «personnelles» s'appuient, dans la typologie que nous avons retenue, sur les théories dites des contenus.
Situationnelles (instrumentales)	L'existence de conditions situationnelles propres à engendrer des comportements précis.	Dans la typologie que nous utilisons, la théorie dite du «renforcement» repose sur une conception semblable, de même que les théories de la fixation des objectifs et de l'équité.
Transactionnelles (socio-cognitives)	Le processus d'interprétation selon lequel la personne développe une image d'elle-même et du monde qui l'entoure, des attentes à satisfaire et de ses chances de succès, laquelle détermine par la suite les comportements adoptés au travail.	Dans notre typologie, pour désigner cette même réalité, nous parlons de théories basées sur les processus, comme la théorie des attentes de Vroom.

Source : RONDEAU, A., *La motivation au travail : où en sommes-nous ?*, Rapport de recherche, HEC, août 1987, page 9.

7.2 LES THÉORIES DE LA MOTIVATION

7.2.1 Les théories des contenus

La théorie des besoins de Maslow

Parmi les auteurs qui expliquent le phénomène de la motivation par des sources intrinsèques de l'individu, Maslow est sans doute le mieux connu. Qui n'a pas entendu parler de la pyramide des besoins de Maslow?

Selon Maslow (1943), les besoins fondamentaux des êtres humains peuvent se classer en cinq grandes catégories, dont on trouve un résumé graphique à la figure 7.3.

1. Les **besoins physiologiques** sont liés à la survie. Ils se situent au premier niveau : se nourrir, faire l'amour, se reproduire, dormir, respirer, se reposer, se vêtir. Dans une organisation, ces besoins peuvent correspondre aux conditions physiques (lumière, température adéquate, notamment) ou aux conditions sanitaires comme la qualité de la nourriture à la cafétéria.

2. Les **besoins de sécurité** sont associés au besoin très général de se protéger contre les menaces tant présentes que futures. Le fait de se sentir à l'abri des dangers, de pouvoir vivre sans peur dans un milieu structuré, ordonné, stable et prévisible, d'avoir une philosophie ou une religion qui permet de donner un sens aux événements sont autant de façons de combler ce besoin.

   Dans le contexte organisationnel, ce besoin s'exprime par la recherche et le respect de normes et de règles afin de contrer l'arbitraire, par exemple. L'adhésion syndicale ou la cotisation à des plans de retraite et la souscription à des régimes d'assurances constituent des façons de combler ce besoin.

3. Les **besoins d'appartenance et d'amour** se traduisent par le besoin d'aimer et de se sentir aimé, de donner et de recevoir des marques d'estime et d'affection, d'avoir des contacts intimes et enrichissants avec un conjoint, des parents, des enfants, de faire partie de groupes où l'on est accueilli à bras ouverts (clubs, équipes de travail ou de sport, clans, tribus) et de ne pas être seul, oublié ou rejeté.

   Dans les organisations, les phénomènes associés à l'apparition de groupes informels (cliques ou clans) constituent sans doute la manifestation la plus concrète de ce besoin et des différentes façons de le combler. D'ailleurs, des études sur les organisations ont montré que la cohésion de groupe est un facteur positif que l'on peut associer au rendement des employés.

4. Les **besoins de reconnaissance ou d'estime,** pour leur part, représentent le besoin d'avoir une bonne estime de soi et des autres. Selon Maslow, toute personne doit pouvoir évaluer ce qu'elle est, ce qu'elle fait. Elle doit également

FIGURE 7.3
La pyramide des besoins de Maslow

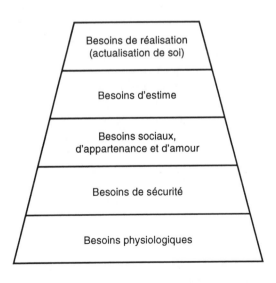

être en mesure de se sentir compétente et capable d'accomplir son travail, et de réussir.

De la part des autres, l'être humain recherche l'admiration et le respect. Le besoin d'avoir un certain statut social, une bonne réputation, et d'être félicité, reconnu et apprécié par son entourage correspond au besoin d'estime.

Dans l'organisation, ces besoins vont favoriser des comportements comme la recherche du pouvoir sous la forme de promotions ou de l'obtention d'un statut élevé. Pour certains, le comportement adopté afin de combler ce besoin peut être une attitude autoritaire et coercitive envers les autres employés. D'une façon plus générale, ce besoin peut être associé au souhait exprimé par un nombre croissant d'employés de connaître avec précision le genre de contribution que l'organisation attend d'eux, d'obtenir que les exigences soient formulées de manière très explicite et qu'on indique clairement quelle évaluation l'organisation entend faire de leur contribution.

5. Les **besoins d'actualisation** se placent au sommet de la pyramide de Maslow. Généralement, très peu de gens arrivent à combler ces besoins. Selon la théorie, la satisfaction de ces derniers ne peut survenir que lorsque la plupart des besoins ont été comblés.

Pour une personne, les besoins d'actualisation correspondent au désir qu'elle peut avoir de se développer au maximum, de se réaliser complètement, c'est-à-dire d'exploiter toute sa potentialité et ses talents, quels qu'ils soient : imagination, intelligence, aptitudes physiques, habiletés, capacités diverses, et ce, afin de croître, de grandir et de s'améliorer de toutes les façons. Le besoin de créer, d'innover en est aussi une manifestation. Un nombre croissant de personnes désirent utiliser leur potentiel au maximum et avoir toute latitude pour le faire. Pour Maslow, ce désir se classerait dans la catégorie des besoins d'actualisation.

Cette théorie repose sur les propositions suivantes :

- chaque être humain a des besoins qu'il doit satisfaire ;
- ces besoins sont hiérarchisés, des besoins inférieurs à la base de la pyramide aux besoins supérieurs qui se placent tout en haut ;
- les besoins supérieurs ne motivent que si les besoins inférieurs ont été comblés ;
- un besoin satisfait ne peut plus motiver ;
- l'individu dont aucun besoin n'est satisfait ne serait motivé que par ses besoins inférieurs.

Bien que cette théorie n'ait pas encore été appuyée par des résultats de recherche qui tendraient à la corroborer empiriquement et hors de tout doute, elle a connu un énorme succès depuis qu'elle a été publiée. Cela tient sans doute au fait qu'elle parvient à donner une explication simple et cohérente d'un phénomène très complexe. Ce qu'on lui reproche aujourd'hui correspond à ce qui a fait autrefois sa renommée, c'est-à-dire la simplification de l'explication.

Il faut dire à la décharge de Maslow que sa théorie n'était pas destinée au milieu organisationnel. Elle a été élaborée dans un cadre clinique, dans le but de percevoir l'évolution des besoins en fonction du développement humain. Ainsi, dans cette perspective, l'enfant, au début de sa vie, est motivé par ses besoins physiologiques et, à mesure que l'on satisfait ses besoins, les autres émergent. Ce n'est qu'après coup qu'on l'a appliquée au comportement organisationnel.

Aucune étude n'est venue appuyer l'idée que les besoins des êtres humains se classent réellement en cinq catégories, ni que ces besoins sont hiérarchisés dans l'ordre indiqué par Maslow. Le postulat, qui affirme qu'un besoin satisfait n'est plus agent de motivation, se trouve lui aussi mis en doute et, Maslow lui-même, dans ses écrits de 1970, laisse entrevoir cette éventualité. Enfin, des recherches menées en Europe et au Japon tendent à prouver que la théorie des besoins de Maslow ne serait pas vérifiable dans toutes les cultures.

En fait, Maslow lui-même avait reconnu la possibilité de nombreuses exceptions à sa hiérarchie des besoins. Il avait admis que la vie dans un milieu très difficile (manque d'amour, chômage) tendrait à tuer les besoins supérieurs qui, admet-il, existent surtout de façon subconsciente chez la plupart des gens, tout comme vivre trop longtemps dans la pauvreté amènerait une fixation sur les besoins inférieurs.

Dans ses derniers écrits, Maslow (1970) suggère que le besoin d'actualisation, loin de disparaître quand il est satisfait, augmente dans la proportion où il est comblé. Il décrit enfin, sans les ajouter à sa liste ni les positionner précisément dans sa hiérarchie, deux autres besoins : les besoins cognitifs (connaître, comprendre, expliquer le monde) et les besoins esthétiques (vivre dans un monde de beauté et d'harmonie). Ces derniers sont particulièrement importants dans le contexte actuel où un nombre croissant de gens réclament une qualité de vie, tant au travail que dans leur vie en général.

Alderfer et la théorie ESC

La théorie de la hiérarchie des besoins de Maslow a, comme on l'a vu, suscité de nombreuses critiques. Pour pallier ce qui était perçu comme des faiblesses, d'autres auteurs ont proposé de nouveaux modèles conceptuels et empiriques. Alderfer (1972) en fait partie. Il soutient qu'il existe trois catégories de besoins : les besoins d'existence, les besoins de sociabilité et, enfin, les besoins de croissance, d'où la dénomination ESC.

1. Les **besoins d'existence** s'apparentent aux deux premiers niveaux de besoins de Maslow et correspondent, dans une organisation, aux besoins d'obtention de bonnes conditions de travail et d'avantages sociaux (voir la figure 7.3).

2. Les **besoins de sociabilité** correspondent aux deux autres échelons, soit «appartenance» et «estime». En milieu organisationnel, ils désignent le besoin des individus d'entretenir des relations intimes avec leurs semblables, de partager leurs sentiments et leurs émotions, et de la réciproque de la part des autres. On retrouve ces besoins dans le désir d'échanges, de communiquer en général et de former des groupes.

3. Les **besoins de croissance** sont semblables aux besoins d'actualisation de Maslow, avec une nuance toutefois. Pour Alderfer, ces besoins de croissance englobent non seulement la recherche de défis mais, plus encore, le désir de s'adonner à des activités propres à développer la créativité.

Alderfer énumère trois principes :

1. L'intensité d'un besoin dépend du degré de satisfaction de celui-ci. Exemple : moins un employé aura la possibilité de satisfaire son besoin de sociabilité, plus il aura le désir d'être en présence des autres. Ainsi, si un employeur empêche les employés de communiquer normalement, ces derniers auront tendance à étirer les pauses.

2. L'intensité d'un besoin d'ordre supérieur dépend du degré de satisfaction obtenu pour les besoins d'ordre inférieur. Exemple : la satisfaction des besoins d'existence déclenche le désir de satisfaire les besoins de sociabilité.

3. L'intensité des besoins inférieurs dépend du degré de satisfaction des besoins supérieurs. Exemple : un employé frustré dans la satisfaction de ses besoins d'actualisation mettra l'accent sur ses besoins d'existence.

Cette théorie entre en contradiction avec celle de Maslow qui présente une progression dans les besoins à satisfaire. Alderfer, quant à lui, reconnaît que la frustration d'un besoin peut amener la régression dans l'ordre des besoins à satisfaire.

Alderfer ne propose pas vraiment une nouvelle théorie des besoins, mais plutôt un réaménagement de celle de Maslow. Sa contribution a surtout permis de montrer que l'ordre de la satisfaction des besoins n'est pas nécessairement progressif, et que l'on peut également chercher à satisfaire plusieurs besoins à la fois.

Accomplissement – Pouvoir – Affiliation

Parmi les auteurs qui associent la motivation à des facteurs intrinsèques, McClelland s'est illustré en présentant trois grands besoins comme agents de motivation : le besoin d'accomplissement, le besoin de pouvoir et le besoin d'affiliation. Ces prédispositions sont, dans cette perspective, des tendances acquises ou apprises.

1. Le **besoin d'accomplissement** se définit comme étant une disposition permanente de la personnalité qui pousse l'individu à vouloir la réussite et le dépassement dans des situations où l'on peut appliquer certaines normes d'excellence. L'entrepreneuriat peut être associé à ce besoin.

2. Le **besoin de pouvoir** peut être défini comme le désir d'influencer les autres et d'avoir un ascendant sur les gens et les événements. Selon McClelland, ce besoin est plus fortement ressenti par ceux qui visent une carrière en gestion. Habituellement, ces personnes possèdent les caractéristiques suivantes :

   – elles ont foi en un système hiérarchique ;
   – elles considèrent l'entreprise comme plus importante que ses membres ;
   – elles aiment le travail et la discipline qu'il impose ;
   – elles sont prêtes à sacrifier leur intérêt personnel pour le bien de l'entreprise ;
   – elles veulent être justes et donner une chance égale à tous. Ainsi, elles sont souvent insensibles aux demandes de traitements de faveur ;
   – elles exercent leur pouvoir sous une forme plus démocratique qu'autoritaire.

3. Le **besoin d'affiliation** est le désir qui pousse une personne à vouloir établir, maintenir et rétablir une relation affective positive avec les autres. Pour cette personne, l'aspect social est le principal agent de motivation.

Même si la théorie de McClelland a été peu utilisée comme telle dans les organisations, elle introduit tout de même des profils de personnalité qui ne sont pas sans intérêt. Des études ont démontré que les personnes manifestant un fort besoin d'accomplissement proviennent plutôt de la classe moyenne que des classes « très riches » ou « très pauvres ». Elles participent davantage aux activités de leur collège et de leur collectivité. Ces personnes résistent également plus que les autres aux pressions sociales de leur entourage et fournissent un meilleur rendement dans les tâches qui présentent des défis. Cependant, elles ne dépassent pas les autres dans les tâches routinières et sans difficulté. De plus, elles n'aiment pas déléguer et se dirigent habituellement vers le milieu des affaires (petite et moyenne entreprise). Fait important à noter, elles recherchent le succès non pour les avantages matériels qu'il procure, mais pour la satisfaction personnelle de vaincre tous les obstacles.

Dans un autre ordre d'idées, la différence que McClelland établit entre les besoins d'accomplissement et de pouvoir peut s'avérer intéressante, surtout dans les grandes organisations. Un bon entrepreneur n'est pas nécessairement un bon gestionnaire, et vice versa. Dans les débuts d'une organisation, miser sur une personne qui possède un fort besoin d'accomplissement peut se justifier, mais à mesure que l'organisation se structure et se développe, il vaut peut-être mieux se tourner vers des personnes aux forts besoins de pouvoir.

Les principales critiques que l'on peut formuler à l'égard de cette théorie sont de deux ordres. Tout d'abord, l'étanchéité entre ces trois catégories de besoins est discutable. Théoriquement, les trois catégories de besoins peuvent se manifester chez une même personne. Il s'agit donc surtout d'une question de degré, et les difficultés d'utilisation deviennent apparentes. De plus, les outils que McClelland utilise sont assez spécialisés et requièrent des compétences particulières (test d'aperception), ce qui les rend d'autant plus difficiles à utiliser dans une organisation.

De toute façon, depuis 1943, divers autres besoins ont été déterminés par différents chercheurs. Mentionnons, entre autres, les besoins d'activité ou de stimulation, de compétence ou de maîtrise de son milieu (Scott, 1966), et le besoin d'autonomie ou de manœuvre (White, 1959). Cette simple énumération révèle que les besoins humains sont très diversifiés et qu'il n'est pas facile ni de les discerner, ni de les utiliser dans une perspective organisationnelle.

Herzberg ou la théorie des deux facteurs

Un autre auteur a marqué très profondément l'approche du phénomène de la motivation. Il s'agit de Frederick Herzberg (1959), qui fit une découverte des plus intéressantes. Il démontra que les facteurs garants de la satisfaction au travail, donc de la motivation, ne sont pas les mêmes que les facteurs qui créent de l'insatisfaction. Autrement dit, la motivation est fonction de certains facteurs et la démotivation, très liée à l'insatisfaction, est fonction de facteurs complètement différents. Il ne s'agit donc pas d'un simple continuum, comme l'avaient prôné bon nombre d'experts jusque-là, c'est-à-dire la motivation à une extrémité et à l'autre, la démotivation. Entre les deux pôles, il existe une zone où l'employé est pour ainsi dire neutre, ni motivé ni démotivé.

Afin d'élaborer sa théorie, Herzberg posa à 200 ingénieurs la question suivante : « Replacez-vous, en esprit, en un temps où vous éprouviez à l'égard de votre travail de la satisfaction ou du mécontentement exceptionnellement fort, qu'il s'agisse de votre travail actuel ou antérieur. Dites-moi ce qui s'est passé. »

Il découvrit que les facteurs relevés comme étant motivants ou satisfaisants n'étaient pas les mêmes que ceux mentionnés comme étant des facteurs d'insatisfaction. Il classa donc ces facteurs en deux catégories, soit les facteurs de motivation ou valorisants, et les facteurs suscitant de l'insatisfaction, appelés facteurs d'hygiène ou d'ambiance. La figure 7.4 en présente un sommaire.

Les facteurs de motivation sont :

— l'accomplissement ou la réalisation ;
— la reconnaissance des réalisations ;
— le travail comme tel ;
— la responsabilité ;
— la promotion ou l'avancement ;
— les possibilités de croissance personnelle.

Les facteurs d'hygiène sont :

— le supérieur ;
— les politiques et procédures de l'organisation ;
— les conditions de travail ;
— les relations avec les collègues, les subordonnés et les supérieurs ;
— le prestige ;
— la sécurité d'emploi ;
— le salaire ;
— les avantages sociaux.

Pour Herzberg, l'inverse de la satisfaction (motivation) n'est pas l'insatisfaction, mais bien un point neutre appelé simplement absence de satisfaction. Les facteurs de satisfaction sont surtout reliés au contenu des tâches, tandis que les facteurs d'insatisfaction sont associés au contexte dans lequel s'accomplit le travail. Enfin, si l'on désire que les employés passent du point de neutralité au point de satisfaction et de motivation, il faut mettre l'accent sur le contenu des tâches. Cette dernière proposition a servi de fondement à un modèle d'application très répandu, l'enrichissement des tâches.

Herzberg considère que les besoins peuvent être classés en deux grandes catégories, d'une part, le besoin d'éviter la souffrance et d'autre part, le besoin de se réaliser. Les facteurs d'hygiène satisfont au premier besoin, mais ne peuvent combler le deuxième.

Selon Herzberg, n'est pas motivé un employé qui veut seulement améliorer les éléments liés au contexte de sa tâche (facteurs d'hygiène). La motivation qu'il reconnaît est intrinsèque. Il ajoute encore que certains cas ne peuvent cadrer avec sa théorie, comme « les chercheurs d'hygiène » qui ne pourront jamais être satisfaits car ils cherchent leur bonheur où il ne peut pas se trouver.

Comme toutes les théories discutées jusqu'à maintenant, celle de Herzberg a suscité de nombreuses critiques. Le principal reproche qui lui fut

FIGURE 7.4
Résumé de la théorie des deux facteurs

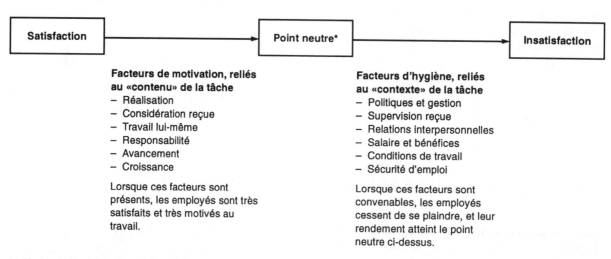

* *Absence d'insatisfaction et de satisfaction; rendement «neutre» également, c'est-à-dire convenable, ordinaire, moyen, soit juste assez pour ne pas perdre l'emploi.*

Source : BERGERON, J.-L., CÔTÉ, N., JACQUES, J., BÉLANGER, L., *Les aspects humains de l'organisation*, Boucherville, Gaëtan Morin Éditeur, 1979, p.118.

adressé concerne la méthodologie même grâce à laquelle la théorie a été élaborée. Lorsque les chercheurs utilisent la méthode de Herzberg, ils arrivent aux mêmes résultats que lui, alors que s'ils appliquent une autre méthode, ils obtiennent des résultats différents. Ces constatations ont amené les chercheurs à avancer que les êtres humains ont peut-être tendance à s'attribuer la paternité des résultats satisfaisants qu'ils atteignent, tandis qu'ils attribuent systématiquement leur insatisfaction à leur milieu.

Le rapport satisfaction-motivation-rendement est également mis en doute. Des centaines d'études montrent que ces phénomènes sont très complexes, très différents et qu'ils demandent des approches particulières. Par exemple, la satisfaction amène-t-elle le rendement, ou ne peut-on pas dire que c'est le rendement, la sensation d'avoir accompli un excellent travail qui provoque la satisfaction ? Voilà un dilemme dont il est difficile de sortir.

Enfin, cette théorie ne tient nullement compte des différences individuelles et suppose que chaque personne accorde la même valeur aux divers éléments de son travail, ce qui est loin d'être une certitude.

Par contre, et c'est là que la théorie présente toute sa valeur, son application «enrichissement des tâches» a été et est encore très répandue aujourd'hui. On peut reconnaître l'enrichissement des tâches dans des processus comme la gestion participative ou la qualité totale. Donc, la théorie de Herzberg est toujours actuelle et largement exploitée dans les organisations.

Commentaires généraux sur les théories des contenus

Les théories gravitant autour des besoins demeurent toujours très courantes. Elles proposent aux gestionnaires plusieurs modèles appliqués dans les organisations. L'insistance sur les salaires, les avantages sociaux, les conditions générales de travail font toujours partie des revendications syndicales, ce qui porte à croire que loin d'être périmées, ces théories basées sur les besoins tant supérieurs qu'inférieurs sont toujours très présentes sur la place publique. L'adéquation entre besoins satisfaits et productivité ou rendement, bien que remise en cause par de nombreux chercheurs, demeure pourtant une hypothèse avec laquelle plusieurs gestionnaires travaillent. La plus grande prudence s'impose à ceux d'entre eux qui seraient séduits par l'approche basée sur les besoins fondamentaux de l'être humain. Certes, ces théories fournissent des éléments de réflexion fort utiles, mais il faut toujours garder à l'esprit que de nombreux spécialistes mettent en doute le principe même du besoin comme agent ou facteur de motivation. Les théories présentées ultérieurement au présent chapitre sont autant d'exemples de ce questionnement qui se généralise de plus en plus.

7.2.2 Les théories des processus de motivation

Sans vouloir nier l'importance des besoins à titre d'agents de motivation, certains chercheurs ont cherché à connaître le pourquoi de l'action. En effet, les différentes théories des contenus de la motivation n'arrivent pas à expliquer pourquoi certaines personnes, bien qu'elles désirent faire de la politique, le tour du monde ou obtenir une promotion, ne poseront jamais les gestes susceptibles de leur procurer satisfaction, alors que d'autres mettront tout en œuvre pour y parvenir. Pour les chercheurs qui s'intéressent aux processus de motivation, il existe un lien entre une action, les avantages qu'elle procure et la capacité pour l'acteur de les obtenir. Ainsi, une personne peut désirer ardemment rencontrer une vedette sportive ou autre, elle peut faire partie du club de ses admirateurs, mais elle ne fournira pas les efforts nécessaires pour la rencontrer personnellement

étant donné qu'elle jugera à peu près impossible la réalisation de son rêve. Autrement dit, les gens sont prêts à fournir des efforts et à se motiver pour autant qu'ils croient pouvoir obtenir un résultat.

La théorie des attentes

On doit à Victor Vroom (1964) la théorie des attentes (*expectance*)[1]. Psychologue en comportement organisationnel à l'Université de Yale, il a réalisé une synthèse de plusieurs travaux de recherche qui intègre les réflexions majeures de Tolman (1932), Lewin (1951) et Peak (1955).

Trois concepts principaux servent de fondement à cette théorie:

1. Les **attentes** sont une association entre l'action et ses conséquences (Vroom, 1964). Il s'agit donc de la croyance selon laquelle un comportement précis sera suivi d'une conséquence donnée. L'attente détermine ainsi la quantité d'efforts qu'une personne est prête à fournir. Si celle-ci ne croit pas en la relation entre l'action et la conséquence ou le résultat, la valeur de l'attente égalera zéro. Par contre, si elle a la certitude que son action sera suivie d'un résultat, la valeur de l'attente se fixera à 1.

2. La **valence** est la valeur attribuée par un individu à la conséquence de son action. Cette valence peut être nulle ($v = 0$) si la personne est indifférente à cette conséquence. Elle peut être positive et égale à 1 ($v = 1$) dans les cas où la conséquence est valorisée, et avoir une valeur négative ($v = -1$) si la conséquence n'est nullement valorisée. Écrire une lettre en vue d'obtenir un rendez-vous avec le PDG d'une grande entreprise ne se réalisera probablement pas et dans ce cas, la valence serait négative. Les valences se situent donc entre 1 et −1.

---

1. En anglais, on définit ce terme par « *belief* » (croyance ou conviction) ou « *probability* » (probabilité). Le sens peut se rapprocher également de l'idée de l'espérance que ses efforts seront couronnés de succès.

3. La **valeur instrumentale** représente le lien existant entre les deux niveaux de conséquences, ou la désirabilité de ces conséquences. Ce que je vais obtenir vaut-il la peine de fournir les efforts nécessaires? L'effort en vaut-il la peine ou est-ce trop me demander? Cette étude coûts-bénéfices se fait de manière intuitive.

La figure 7.5 présente la formulation de la version la plus fréquemment utilisée de la théorie des attentes.

Voici comment, à l'aide de cette théorie, on explique la motivation.

Premièrement, un employé évalue la relation entre son effort et le rendement de cet effort («si j'essaie vraiment, je suis certain de faire un bon travail»).

Deuxièmement, il évalue la possibilité ou la probabilité que son effort lui vaille une ou plusieurs récompenses («en fournissant un très bon effort, j'ai des chances d'être promu au poste que je convoite»).

Troisièmement, il juge de la «désirabilité» des récompenses anticipées («je désire ardemment tel poste»).

Les étapes numéros deux et trois doivent être reprises autant de fois qu'il existe de récompenses. Ces dernières peuvent être très variées, notamment:

— augmentation de salaire;
— prestige;
— liberté d'action;
— responsabilités nouvelles;
— promotion;
— changement de machine.

Selon cette théorie, plus un employé enregistre un score élevé aux éléments «attente», «instrumentalité» et «valence», plus sa motivation sera forte. Les auteurs ont donc cherché à connaître plus précisément les facteurs qui favorisent la présence de ces éléments (Lawler, 1973). L'attente est favorablement influencée par des facteurs comme la compétence, l'estime de soi et l'«internalité» (le fait de croire que nous avons

---

FIGURE 7.5
Formule de la théorie des attentes

$$M = E\left(\sum n\ I_{ij} \times V_j\right), \text{ où } j = 1$$

M: motivation au travail;
E: attente, ou le fait de croire qu'un effort va permettre d'atteindre un bon rendement;
I: instrumentalité, ou le fait de croire qu'un bon rendement va entraîner un certain nombre de conséquences;
V: valeur accordée aux conséquences.

Source: BERGERON, J.-L., CÔTÉ, N., JACQUES, J., BÉLANGER, L., *Les aspects humains de l'organisation*, Boucherville, Gaëtan Morin Éditeur, 1979, p. 127

---

une certaine emprise sur ce qui nous arrive). De son côté, l'instrumentalité sera touchée de manière bienfaisante par la nature du travail (pour les récompenses intrinsèques) et par les procédures et politiques de l'organisation (en ce qui a trait aux récompenses extrinsèques). Enfin, la valence est liée au nombre et à l'intensité des besoins que la récompense peut satisfaire.

Après la publication des travaux de Vroom, plusieurs chercheurs ont continué à fouiller cette question, contribuant ainsi à approfondir le modèle et à l'enrichir. À cet égard, signalons les travaux de Porter et Lawler (1968), qui proposent la subdivision des variables du modèle de Vroom et l'étude des relations «effort-rendement» et «rendement-conséquences». Ils suggèrent également que le modèle devrait tenir compte des conséquences négatives et positives des actions.

Même si ce modèle est très répandu dans les milieux universitaires, l'application qu'en font les gestionnaires dans les milieux de travail demeure très complexe. C'est le principal reproche qu'on peut formuler à l'égard de la théorie des attentes de Vroom, car il faut bien se rendre compte que pour chaque personne et pour chaque situation, il y a trois variables à analyser, et ce pour chacune des possibilités. Ceci exige des gestionnaires une connaissance profonde tant des besoins que du potentiel des personnes sous leur direction. Par exemple, telle situation est susceptible de mener à tel résultat qui, en soi, peut être désirable, mais la personne a-t-elle la capacité de poser les gestes qui s'imposent ? De plus, le milieu où a lieu l'action pourrait compliquer la situation. Il en est de même pour la valence. La personne désire-t-elle réellement la conséquence possible de son action, est-elle plutôt victime d'une illusion ou sous l'effet d'un mimétisme profond ?

Voilà des difficultés vues de la lorgnette du gestionnaire. Si nous nous plaçons maintenant du côté des employés, il est tout à fait réaliste de penser qu'un raisonnement semblable peut avoir lieu. Car, même s'il est possible de poser tel ou tel geste dans une situation donnée et de prendre les décisions qui s'imposent, est-il bien réaliste de croire que les personnes se livrent vraiment à de si savants calculs ? Les actes humains sont-ils toujours basés sur un tel type de rationalité ? Qu'en est-il, par exemple, de l'instinct ou de l'intuition ? Quelle place occupent-ils réellement dans cette approche même si, en théorie, ils ne sont pas complètement exclus ? Enfin, au nombre des critiques, on peut ajouter que cette théorie suppose que les êtres humains ne sont motivés que par la recherche du plaisir ou de leur intérêt (hédonisme).

La théorie de l'équité

Deux grands concepts sont à la base de la théorie de l'équité (Adams, 1963) : la dissonance cognitive et le processus de comparaison sociale.

La **dissonance cognitive** a trait au malaise psychologique et à l'activation physique qui se produisent lorsqu'une personne prend conscience d'un conflit ou de l'incohérence qui peut exister entre certaines de ses idées. Par exemple, une personne qui réprouve le vol pourrait par ailleurs se procurer un magnétoscope volé. La prise de conscience de l'incohérence entre ces deux idées amène nécessairement un changement d'attitude. La personne en question peut choisir de changer d'opinion sur le vol et de tempérer son jugement en se disant que ce n'est pas si

grave d'acheter du matériel volé, puisque les gens ont des assurances. Elle peut également décider de ne pas acheter cet article afin de faire régresser l'état de malaise dans lequel elle est placée. De la même manière, afin de ne pas ressentir de malaise dans une situation qu'elle juge inéquitable, une personne voudra poser des gestes propres à améliorer sa situation.

Quant au **processus de comparaison sociale**, il suppose que les personnes se comparent entre elles et évaluent ainsi leur propre situation.

La théorie de l'équité suppose que chaque fois qu'un individu perçoit sa situation comme étant inéquitable, il est motivé à poser une action afin de rendre celle-ci plus équitable. Ainsi, la perception de l'iniquité de la situation pousse à l'action.

Devant cette perception de l'iniquité, Adams croit que l'individu réagira par une ou plusieurs de ces actions. Il peut changer ses contributions, les récompenses ou ses points de comparaison. Il peut altérer ou déformer sa perception sur le plan psychologique afin de rendre la comparaison plus favorable et, enfin, oublier totalement l'iniquité qu'il a perçue.

Certaines observations intéressantes peuvent être tirées de cette théorie.

La motivation dépend de la force du sentiment d'iniquité. Ainsi, plus ce sentiment sera fort, plus la motivation sera grande. En outre, le sentiment d'iniquité est plus puissant lorsque la comparaison est défavorable à l'individu que quand elle lui est favorable. Enfin, lorsqu'une personne établit une comparaison, elle le fait en fonction de quelqu'un d'autre et non en fonction de ses gains et de ses contributions propres.

Dans les organisations, les employés apportent une contribution et obtiennent ainsi des gains. La contribution peut être de tout ordre : une quantité de travail, de l'expérience, des connaissances, une formation, notamment. Les gains peuvent être en salaire, en avantages, en responsabilités, en privilèges, par exemple. Selon cette théorie, les employés établissent un rapport entre, d'une part, leur contribution et leurs gains et, d'autre part, l'apport des autres et les gains qu'ils obtiennent.

Quoique cela puisse paraître paradoxal, dans la situation où l'employé perçoit ses gains et sa contribution comme étant supérieurs à ceux de ses collègues, il aura tendance à agir de façon à augmenter sa contribution ou à diminuer ses gains. Par exemple, des employés convaincus qu'ils reçoivent un salaire trop élevé par rapport à leur travail auront tendance à vouloir augmenter leur production en nombre ou en qualité.

Si, au contraire, ils évaluent leur contribution et leurs gains comme étant inférieurs à ceux de leurs collègues, ils auront tendance à vouloir augmenter leurs gains ou à diminuer leur contribution.

Dans le cas où un employé juge sa contribution équitable, il se montrera satisfait et ne sera pas incité à changer. En somme, les individus auront tendance à vouloir en tout temps rétablir l'équilibre entre, d'une part, leurs gains et leur contribution et d'autre part, les gains et la contribution des autres.

Le principal reproche que l'on peut adresser à cette théorie concerne l'ambiguïté de ses concepts. En effet, puisque la théorie de l'équité repose sur la comparaison entre l'employé et une autre personne, il est difficile de savoir avec qui l'employé se compare véritablement. Il est possible qu'il se compare avec un collègue de même niveau, tout comme il peut établir sa comparaison avec son supérieur ou le patron de l'entreprise. Il n'est pas certain que les employés accordent une valeur égale à la contribution et aux gains. Pour certains, les responsabilités seront considérées comme des gains alors que pour d'autres, ces mêmes responsabilités constitueront une contribution. En outre, dans certains cas où l'iniquité existe, la réaction ne fait pas toujours appel à la motivation, mais parfois à la résignation, à la colère ou au découragement, qui conduisent à ne plus agir du tout.

Par ailleurs, bien que la théorie permette d'expliquer un comportement après coup, elle ne permet pas de prédire ce qu'un individu, placé dans une situation donnée, fera réellement, car les options sont trop nombreuses.

Commentaires sur les théories des processus

Les théories fondées sur les contenus pèchent souvent par trop de simplicité ; celles qui sont basées sur les processus se montrent peut-être un peu trop complexes. À toute fin pratique, bien qu'elles soulèvent un intérêt théorique, il devient à peu près impossible de les mettre en application. Cependant, elles apportent une contribution à la recherche relativement à la place qu'occupe l'individu dans la motivation et présentent une solution de rechange à l'automatisme besoin-motivation qui indispose de plus en plus les spécialistes.

7.2.3   La théorie du renforcement

La théorie du renforcement, qui a été décrite au chapitre 3 sous le titre « La pensée behavioriste », sert à expliquer les phénomènes tant d'apprentissage que de la motivation.

Réduite à sa plus simple expression, la théorie du renforcement consiste à accorder une récompense pour un comportement désiré, et une punition pour un comportement non désiré. On n'agit pas autrement lorsqu'on entraîne un chien à la propreté ou une otarie à traverser un cerceau enflammé. Ainsi, cette théorie postule qu'un comportement suivi d'une conséquence heureuse a tendance à être répété, et que celui suivi d'une conséquence malheureuse ou négative (punition) a tendance à ne pas être répété. Cela suppose qu'en agissant sur les conséquences d'un comportement, on agit sur le comportement lui-même et qu'on peut ainsi le modifier.

Cette conception empirique et pratique du comportement humain n'a pas manqué de soulever un tollé de protestations, et de valoir à son principal protagoniste, B. F. Skinner (1953), d'acerbes critiques. Celles-ci ne portent pas sur sa méthodologie ou ses observations, mais sur les conséquences de leurs applications sur l'être humain, alors réduit à une simple mécanique. Cette vision de l'homme se situe à l'opposé des conceptions proposées par Maslow ou Herzberg, qui sont des conceptions très généreuses et positives de l'être humain.

Un exemple concret servira à illustrer le fossé qui sépare Maslow et Skinner : lorsqu'on enferme une souris dans une cage, elle tournoie dans tous les sens touchant au hasard tous les instruments qui s'y trouvent. Si, en appuyant sur un levier, elle obtient une récompense, elle aura tendance à répéter ce geste chaque fois qu'elle sera placée dans les mêmes conditions. Il faut bien comprendre qu'il ne s'agit pas là d'un raisonnement (si je touche la manette, je recevrai de la nourriture), mais bien d'un automatisme : toucher immédiatement suivi d'une récompense. La conséquence du comportement crée un lien automatique et non rationnel avec le comportement. Voilà ce qu'on appelle le renforcement.

Pour les adeptes des théories du renforcement, l'être humain se comporte grosso modo de la même manière. Il aura tendance à répéter les comportements qui lui valent des récompenses (salaire, prestige, vacances, promotions, notamment) et à supprimer ceux qui lui valent des punitions. Ce raisonnement suppose que l'être humain puise sa motivation à une source extrinsèque. Pour les adeptes des théories des contenus, au contraire, la source de motivation est intrinsèque, c'est-à-dire inhérente à l'être humain.

La théorie du renforcement, qui possède l'immense avantage d'être facilement applicable en milieu organisationnel, a largement été mise à contribution depuis son élaboration. Comme il est question d'intervenir sur les conséquences d'un comportement, le gestionnaire peut donc agir, et ainsi prévoir et contrôler le rendement des employés. N'oublions pas, cependant, que si les souris ont, dans des conditions surveillées, des comportements prévisibles et contrôlables, les êtres humains ne réagiront peut-être pas toujours selon la manière souhaitée par le gestionnaire. Les salaires, primes, promotions, responsabilités n'ont pas la même valeur pour tous et n'induiront peut-être pas les mêmes comportements. De plus, il peut être difficile, voire impossible d'agencer ou de distribuer les récompenses dans une séquence

idéale, comme cela se produit en laboratoire. Par exemple, il peut être très avantageux de distribuer les primes ou les récompenses de façon aléatoire et de punir systématiquement, et immédiatement les comportements indésirables. Cependant, très rapidement, des règles encadrent ces pratiques, tant et si bien qu'à la longue, les récompenses qu'accorde une organisation sont graduellement tenues pour acquises, perdant de ce fait leur valeur de récompense.

7.2.4 La théorie des objectifs

Dans le cadre de la théorie des objectifs, créée par Ed Locke (1968), la motivation proviendrait d'objectifs conscients auxquels adhère un employé. Dans cette perspective, l'individu est considéré comme rationnel et capable de se donner un but qui exercera ensuite une certaine influence sur lui. Un objectif est ce qu'un individu désire atteindre consciemment. Il va de soi que les objectifs doivent être fixés par le travailleur, ou du moins le travailleur doit-il être en accord avec l'objectif qu'on a fixé pour lui.

Cinq propositions découlent du rapport entre l'objectif et le comportement :

1. Plus les objectifs sont élevés, plus grande est la motivation.

2. Le principal effet des récompenses promises par suite d'un rendement supérieur est qu'elles amènent l'employé à se fixer des objectifs plus élevés.

3. Les objectifs clairs et précis ont plus d'influence sur la motivation que les objectifs généraux et nébuleux (« améliorez votre rendement », « faites de votre mieux »).

4. Les directives venant de la direction n'ont d'effet que si elles sont d'abord acceptées par les subalternes, et traduites en objectifs clairs et précis.

5. La rétroaction (*feed-back*) sur les résultats n'augmente la motivation que si elle amène l'individu à se donner des objectifs de plus en plus élevés.

La plupart des propositions énumérées plus haut se confirment. Ainsi, il faut accepter que les objectifs sont motivants et que participer à les élaborer contribue à les accepter. Après un succès, les gens auront tendance à augmenter leurs objectifs et à les diminuer après un échec. La rétroaction donne de meilleurs résultats si elle concerne la tâche. Notons aussi que les objectifs difficiles motivent davantage que les objectifs faciles, tandis que les objectifs trop difficiles ne motivent pas du tout et peuvent même pousser au découragement.

Cette théorie connaît actuellement un très grand succès dans les organisations, principalement du fait qu'elle est éminemment facile à appliquer, ou du moins le pense-t-on. Ainsi, toutes les conceptions de gestion qui s'articulent autour de concepts comme « gestion par objectifs » ou « gestion axée sur les résultats », ou de leurs nombreuses variantes, s'inspirent de la théorie de Locke. Mais comme le note Léandre Maillet (1988), il arrive souvent qu'elle soit mal appliquée ou mal comprise. Sous des dehors de simplicité, elle renferme plusieurs pièges qu'il n'est pas facile d'éviter. Mentionnons entre autres la mauvaise supervision, le trop grand nombre d'objectifs, la détermination d'objectifs irréalistes, trop faciles ou trop difficiles et le manque de confiance entre l'employé et son supérieur. Il s'agit là, à nos yeux, d'aspects importants souvent sous-estimés, sinon complètement escamotés.

Ajoutons que le climat organisationnel, ou encore la culture d'une organisation, de même que les croyances, valeurs et attitudes qui y sont véhiculées, peuvent constituer des obstacles de taille à l'application d'une telle théorie. Dans ces circonstances, il est possible que les résultats tardent à se produire et que le découragement s'abatte sur le gestionnaire trop intrépide. C'est alors l'ensemble de l'organisation qui risque d'en souffrir.

En outre, il n'est pas assuré que cette méthode convienne à tous les employés. On a vu, par exemple, qu'elle est surtout efficace auprès des personnes qui démontrent un grand besoin d'accomplissement. Signalons enfin un inconvénient important : si l'on n'y prend garde, cette méthode peut entraîner beaucoup de paperasse.

CONCLUSION

Quelques constatations générales s'imposent à la fin du présent chapitre sur les théories de la motivation. D'abord, il n'existe pas une seule façon d'expliquer la motivation, mais bien plusieurs. Deux courants principaux ont alimenté la réflexion des experts. Il s'agit d'une part de l'interprétation fondée sur les contenus (valeurs, croyances, notamment) et, d'autre part, de l'explication axée sur le processus de motivation, soit la dynamique engendrée par une action et ses conséquences. Rappelons que d'autres théories, notamment la théorie du renforcement et la théorie des objectifs, ne peuvent se rattacher directement à ces deux perspectives. Toutefois, ceci n'enlève rien à leur validité ni à leur pertinence.

À la diversité des théories s'ajoute la complexité croissante des explications fournies par les experts, et la théorie des attentes en est un exemple frappant. Et que dire du fait que certaines théories, comme celles de Herzberg et de Skinner, se contredisent carrément ?

D'après nous, la meilleure théorie de la motivation dans les organisations est celle qui s'applique facilement et produit bien les effets escomptés. C'est dire l'importance de se sentir à l'aise avec une ou plusieurs théories, et de là, d'en intégrer tous les éléments.

La motivation au travail, loin d'être un sujet périmé ou épuisé, constitue donc encore aujourd'hui un domaine de recherche intéressant pour les universitaires et un défi de taille pour les gestionnaires tant publics que privés. On a longtemps cru qu'il fallait donner plus d'argent, plus de congés, de meilleures conditions de travail et multiplier les avantages sociaux afin d'obtenir un meilleur rendement de la part des travailleurs. On commence à relativiser ce mode de raisonnement. On évolue vers une vision plus rationnelle du comportement des employés. La popularité des théories socio-cognitives de la motivation en fait foi. Ces théories ne considérant pas la motivation comme étant une adéquation entre un besoin et sa satisfaction, celle-ci prend le caractère d'une dynamique dans laquelle sont engagés un individu, son milieu et les interrelations qui ont cours entre ces facteurs. On comprend dès lors que la motivation est déterminée autant par des facteurs individuels que par des facteurs organisationnels, et que pour les gestionnaires, il peut être déterminant de tenir compte du facteur humain dans leurs approches, en ce qui a trait aux résultats.

Dans la présente décennie se profile un intérêt réel pour les «ressources humaines» que l'on entend motiver et mobiliser autour de projets d'entreprise, dont les projets de qualité totale. Les connaissances accumulées depuis près d'un siècle, le raffinement des méthodes, l'utilisation de plusieurs théories à la fois, illustrent cette tendance et confèrent aux gestionnaires un véritable rôle de stratège.

QUESTIONS

1. Parmi les théories présentées dans ce chapitre, celle des attentes (*expectance*) est la seule qui semble capable d'intégrer la plupart des éléments essentiels de toutes les autres. Expliquez comment certains aspects des théories de Maslow, de McClelland, de Herzberg, d'Adams et de Locke peuvent s'insérer dans la théorie des attentes.
2. Examinez vos principales activités depuis 24 heures et faites la liste des «besoins de l'être humain» que chaque activité visait à satisfaire.
3. Le directeur d'un grand magasin de commerce de détail trouve que ses employés ne sont pas assez motivés. Quels conseils recevra-t-il s'il s'adresse à un spécialiste de l'une ou l'autre des disciplines suivantes : le renforcement positif? la théorie des deux facteurs? la théorie des objectifs? ou la théorie des attentes?
4. Expliquez les différentes conceptions de l'être humain qui sont à la base de la théorie du renforcement.
5. Pourquoi croyez-vous que Maslow et Herzberg ont connu une telle notoriété auprès de milliers d'administrateurs de par le monde?
6. En vous basant sur votre propre expérience de travailleuse ou de travailleur, déterminez quelles théories sont à l'origine des moyens que l'on utilise pour accroître ou maintenir votre motivation au travail.

RÉFÉRENCE BIBLIOGRAPHIQUES

ADAMS, J. S., «Toward an Understanding of Inequity», *Journal of Abnormal and Social Psychology*, 1963.

AKTOUF, O., *Le management entre tradition et renouvellement*, Boucherville, Éditions Eska S.A.R.L., 1989.

ALDERFER, C. P., *Existence, Relatedness and Growth*, New York, N. Y., The Free Press, 1972.

BANDURA, A., *Principles of Behavior Modification,* New York, Holt, Rinehart and Winston, 1969.

BERGERON, J.-L., CÔTÉ, N., JACQUES, J., BÉLANGER, L., *Les aspects humains de l'organisation,* Boucherville, Gaëtan Morin Éditeur, 1979.

BOONE, L. et KURTZ, D. L., *Management,* New York, N. Y., Random House, 1987.

BOWDITCH, J. L. et BUONO, A. F., *A Primer on Organizational Behavior,* New York, N. Y., John Wiley & Sons, 1989.

CAMPBELL, J. P., DUNETTE, M. D., LAWLER, E. E. III et WEICK, K. E. Jr., *Management Behavior Performance and Effectiveness,* New York, N. Y., McGraw-Hill, 1970.

CERTO, S., *Principles of Modern Management Functions and Systems,* Dubuque, W. C. Brown, 1986.

CHIFFRE, J.-D. et TÉBOUL, J., *La motivation et ses nouveaux outils : des clés pour dynamiser une équipe,* Paris, Entreprise moderne d'édition, Librairies techniques, 1988.

CLARK, I. D., « Comment motiver les employés : la carotte comme outil de gestion », *Manager Magazine,* vol. 1, n° 3, printemps 1990.

DECI, E. L., *Intrinsic Motivation,* New York, Plenum, 1975.

FILLEY, A. C., HOUSE, R. J., KERR, S., *Managerial Process and Organizational Behavior* (2ᵉ éd.), Glenview, Scott Foresman, 1976.

HACKMAN, J. R. et OLDHAM, G. R., « Motivation Through the Design of Work : Test of a Theory », *Organizational Behavior and Human Performance,* 1976, p. 16.

HAMPTON, D. R., *Management,* Montréal, McGraw-Hill, 1986.

HARRELL, T. et ALPERT, B., « The Need for Autonomy Among Manager », *Academy of Management Review,* 1979.

HERZBERG, F., « Une fois de plus : comment motiver vos employés », *Harvard Business Review,* janvier-février 1968.

HERZBERG, F., *Work and the Nature of Man,* New York, N. Y., The Mentor Executive Library, 1966.

HERZBERG, F. et coll., *Job Attitudes : A Review of Research and Opinion,* Pittsburgh, Psychological Service of Pittsburgh, 1957.

HERZBERG, F., MAUSNER, B. et SNYDERMAN, B., *The Motivation to Work,* New York, N. Y., John Wiley & Sons, 1959.

HOUSE, R. J. et WIGDOR, L. J., « Herzberg's Dual Factor Theory of Job Satisfaction and Motivation : A Review of the Evidence and a Criticism », *Personnel Psychology,* vol. 20, hiver 1967, p. 369-389.

HULIN, C. L. et SMITH, P. A., « An Empirical Investigation of Two Implications of the Two-Factor Theory of Job Satisfaction », *Journal of Applied Psychology,* octobre 1967, p. 396-402.

KAZDIN, A. E., *Behavior Modification in Applied Settings,* Homewood, Ill., The Dorsey Press, 1975.

LATHAM, G. P. et BALDES, J. J., « The Practical Significance of Locke's Theory of Goal Setting », *Journal of Applied Psychology,* 1975.

LAWLER III, E. E., *Motivation in Work Organization,* Monterey, Brooks/Cole, 1973.

LEVASSEUR, P., *Gérer ses ressources humaines,* Montréal, Collection Affaires, Éditions de l'homme, 1987.

LEVINSON, H., *Les motivations de l'homme au travail,* Paris, Les Éditions d'Organisation, 1974.

LEWIN, K., *Field Theory in Social Science,* New York, Harper & Row, 1951.

LOCKE, E. A., « A Critique of Herzberg's Incident Classification System and Suggested Revision », *Organizational and Human Performance,* juillet 1971.

LOCKE, E. A., « The Myths of Behavior Mod in Organizations », *Academy of Management Review,* 1977.

LOCKE, E. A., «Toward a Theory of Task Motivation and Incentives», *Organizational Behavior and Human Performance*, 1968.

LUTHANS, F. et KREITNER, R., *Organizational Behavior Modification*, Glenview, Ill., Scott, Foresman, 1975.

MAILLET, L., *Psychologie et organisations*, Montréal, Les Éditions Agence d'Arc, 1988.

MALINOWSKI, B., *A scientific Theory of Culture,* Chapel Hill, University of North Carolina Press, 1944.

MASLOW, A. H., «A Theory of Human Motivation», *Psychological Review,* vol. 50, 1943.

MASLOW, A. H., *Motivation and Personality,* New York, Harper, 1970.

McCLELLAND, D. C., «Business Drive and National Achievement», *Harvard Business Review,* 40 (4).

McCLELLAND, D. C., «That Urge to Achieve», *Think Magazine*, publié par IBM, 1966.

McCLELLAND, D. C., *The Achieving Society,* New York, The Free Press, 1961.

NATEMEYER, W. E. (éd.) et GILBERG, J. S. (éd.), *Classics of Organizational Behavior,* Danville, The Interstate, 1989.

PEAK, H., «Attitude and Motivation» dans Jones, M. R. (dir.), *Nebraska Symposium on Motivation*, Lincoln, University of Nebraska Press, 1955.

PORTER, L. W., *Organizational Patterns of Managerial Job Attitudes*, New York, American Foundation for Management Research, 1964.

PORTER, L. W. et LAWLER, E. E., *Managerial Attitudes and Performance*, Homewood, Ill., Richard D. Irwin Inc., 1968.

ROBBINS, S. P., *Essentials of Organizational Behavior,* Englewood Cliffs, N. J., Prentice-Hall, 1988.

RONDEAU, A., *La motivation au travail : où en sommes-nous?* Rapport de recherche, HEC, août 1987.

SAYLES, L. R., *Leadership : Managing in Real Organizations,* New York, N. Y., McGraw-Hill, 1989.

SCHERMERHORN, J. R., *Management for Productivity,* New York, N. Y., John Wiley & Sons, 1986.

SCHNEIDER, J. A. et LOCKE, E. A., «A critique of Herzberg's Incident Classification System and a Suggested Revision», *Organizational Behavior and Human Performance,* juillet 1971.

SCHWAB, D. P. et CUMMINGS, L. L., «Theories of Performance and Satisfaction: A Review», *Industrial Relations*, vol. 9, 1970.

SCHWAB, D. P., DEVITT, H. W. et CUMMINGS, L. L., «A Test of the Adequacy of Two-Factor Theory as a Predictor of Self-Report Performance Effects», *Personnel Psychology,* été 1971.

SCOTT, W. E., «Activation Theory and Task Design», *Organizational Behavior and Human Performance,* 1966, 1.

SKINNER, B. F., *Science and Human Behavior,* New York, N. Y., Macmillan, 1953.

STEERS, R. M., *Introduction to Organizational Behavior,* Glenview, Ill., Scott Foresman, 1988.

SZILAGYI, A. D. Jr. et WALLACE, M. J. Jr., *Organizational Behavior and Performance,* (3e éd.), Santa Monica, Goodyear Publishing Company Inc., 1983.

TOLMAN, E. C., *Purposive Behavior in Animals and Men*, New York, N. Y., Century Company, 1932.

VROOM, V. H. , *Work and Motivation*, New York, John Wiley & Sons, 1964.

WHITE, R. W., «Motivation Reconsidered : the Concept of Competence», *Psychological Review,* 1959.

8

LA GESTION DE LA MOTIVATION

Jocelyn Jacques
avec la collaboration de Diane Paquette

LA MOTIVATION AU TRAVAIL

Après huit ans de bons et loyaux services auprès de son employeur, la perspective d'obtenir un nouveau dossier et un nombre accru d'employés sous sa responsabilité enchantait Roberte. Hélas! les plans ont changé et Roberte, gratifiée d'une augmentation de salaire, doit continuer d'accomplir son travail de commis; au dire de ses employeurs, elle est si compétente que l'on ne trouve personne pour la remplacer. C'est pourtant elle qui, six mois auparavant, avait proposé des solutions qui ont fini par résoudre les problèmes de son unité. Mais ce matin, le directeur général lui a annoncé que, tout étant maintenant rentré dans l'ordre, il s'occuperait lui-même du nouveau dossier.

Dans la salle de café, Roberte ronge son frein et lance à qui veut l'entendre qu'elle considère être exploitée, qu'il n'y a aucune place pour l'avancement, que l'on récompense les initiatives et la solution de problèmes par le mépris le plus total. Si bien remplir sa tâche signifie végéter, si collaborer à la solution de problèmes n'apporte que de l'argent, elle sait maintenant quoi faire. Comment a-t-elle pu croire qu'elle subirait un meilleur sort que Lucien, Raoul et Gilles? Au fait, c'est peut-être ce qui explique que tant d'employés se trouvent plus souvent à la salle de café que dans leur bureau.

INTRODUCTION

Nous avons tous rencontré, au cours de notre vie, des hommes et des femmes qui, comme Roberte, ont perdu leur motivation au travail. Le problème de la motivation, toujours actuel, demeure présent dans de nombreuses organisations.

On pourrait pourtant penser que le travail effectué dans des bureaux modernes, bien équipés et bien éclairés, en compagnie de collègues très bien formés et de patrons aguerris aux techniques de gestion, devrait permettre d'enrayer le fléau de la démobilisation. Rien n'est moins vrai. Des employés à la chaîne, boulonnant jour après jour leur vis, sont parfois aussi motivés que des directeurs de service à qui l'on vient de confier la planification de projets de développement.

D'ailleurs, les organisations sont maintenant aux prises avec un mal nouveau, l'épuisement professionnel, plus communément appelé «burnout», et ce malgré l'existence de programmes de toute sorte destinés à améliorer les conditions de travail et à soutenir le personnel en difficulté.

Les entreprises doivent aujourd'hui jongler avec une multiplicité de situations complexes : concurrence accrue, coûts de fonctionnement à réduire sans cesse, exigences croissantes de la main-d'œuvre, nécessité d'augmenter la productivité générale afin de rester compétitif dans les marchés internationaux.

Comme nous l'indiquions au début du présent chapitre, ce n'est pas d'aujourd'hui que la motivation dans les milieux de travail est à l'ordre du jour. Mais il est tout récent que, dans le but d'adapter les organisations aux conditions actuelles et d'initier les changements nécessaires, la gestion de la motivation, des employés et des cadres revêt une telle importance. De plus, depuis le début du siècle, la somme des études et des expérimentations faites sur ce thème permettent de croire que pour favoriser la mobilisation du personnel, on dispose désormais de meilleurs instruments que le simple «gros bon sens».

La motivation au travail est une question qui a suscité l'émergence d'un grand nombre d'approches. En cela comme en d'autres domaines, il existe des modes, et celle qui consiste à distribuer des punitions ou des récompenses a maintes fois été utilisée. Actuellement, la participation recueille beaucoup d'adhérents. Mais aucune méthode n'assure un succès total et définitif. Le défi demeure toujours le même : comment conserver ou susciter la motivation chez une ressource qui coûte de plus en plus cher et qu'il faut à tout prix garder productive ?

Jusqu'à tout récemment, on a cru qu'il était possible de motiver les employés par des méthodes comme l'enrichissement des tâches, la direction par objectifs ou la simple application de la théorie du renforcement. Aujourd'hui, on propose plutôt des stratégies de motivation qui engagent l'organisation à tous les paliers : la qualité de vie au travail, l'approche socio-technique ou la qualité totale illustrent cette tendance.

Quoi qu'il en soit, il n'est jamais facile de classifier définitivement les différentes applications des théories de la motivation. Aussi avons-nous choisi, et ce strictement dans le but de faciliter la compréhension de la matière, de diviser ce chapitre en deux parties. Dans la première, on présentera des applications directes de certaines théories de la motivation. Dans la deuxième, on proposera des stratégies plus englobantes. Habituellement, ces stratégies intègrent plusieurs théories de la motivation. L'objectif du présent chapitre est de montrer que les théories de la motivation trouvent des applications en milieu de travail.

8.1 THÉORIES ET APPLICATIONS

8.1.1 L'enrichissement des tâches

En ce qui concerne les applications des théories de la motivation, l'enrichissement des tâches est très répandu et jouit d'une notoriété certaine. On doit à Frederick Herzberg (1968) l'élaboration de ce modèle tiré de sa théorie de la motivation. Mais avant d'entrer dans les détails de cette méthode, quelques distinctions s'imposent afin d'en faciliter la compréhension.

D'abord, il y a lieu de distinguer l'enrichissement de l'élargissement des tâches et de la rotation du personnel (Oldham, 1976 ; Oldham et coll., 1976). L'**élargissement des tâches** consiste à ajouter des tâches à un travail, mais sans en changer la nature. Du point de vue de la qualité, on reste dans la même catégorie d'emploi. Ce sont des tâches semblables que l'on ajoute.

Le fonctionnement d'un service d'accueil peut nous aider à illustrer l'élargissement des tâches. En général, la personne préposée à l'accueil reçoit les visiteurs et répond au téléphone. Selon la taille des organisations, on voudra élargir sa tâche en exigeant la réalisation de travaux connexes, à savoir ouvrir le courrier, noter l'ordre d'entrée de ce dernier, prendre des rendez-vous, coller des enveloppes ou des timbres, ou toute autre tâche de cet ordre.

Il s'agit donc d'élargir l'éventail des activités d'un employé sans altérer l'essence des responsabilités qui lui sont dévolues (Suttle, 1977). Dans le domaine de la production, un autre exemple peut nous aider à bien illustrer ce concept d'élargissement des tâches. Dans une chaîne de montage, un employé peut être affecté à la pose de deux boulons précis. En élargissant sa tâche, on pourrait lui demander de poser deux autres boulons semblables ou d'ajouter les écrous, tout en modifiant le rythme de la chaîne en conséquence.

La **rotation du personnel** s'inspire un peu de la même approche. Elle consiste à faire travailler ses employés pendant un certain temps à une tâche, et pendant le reste du temps, à une autre tâche de même nature. On vise ainsi à briser la monotonie du travail chez des personnes affectées à des chaînes de production ou à des tâches répétitives. La saisie de données devant l'écran d'un ordinateur est un exemple de tâche répétitive et monotone. Dans ce cas précis, il est possible de prévoir l'affectation des personnes à des tâches semblables dans l'organisation, afin de prévenir la démotivation ou l'ennui. Ainsi, le spécialiste de la saisie de données, auquel nous venons de faire allusion, pourrait se voir affecté, toutes les deux semaines, au classement des données, au contact avec la clientèle, notamment.

Comme nous l'avons vu précédemment, il est facile de constater que les techniques de motivation ne changent en rien la nature du travail exécuté : on ne fait qu'ajouter des tâches semblables. Fonctionnant sur un plan horizontal, c'est-à-dire sans accroître le niveau des responsabilités ni changer la nature des tâches, la rotation de personnel ne réussit pas toujours à briser la monotonie, même si dans certains contextes, elle s'avère efficace.

L'enrichissement des tâches modifie la nature même du travail. Cette méthode, en agissant sur le plan vertical[1], vise habituellement à satisfaire les besoins d'estime et de réalisation de soi des employés (Herzberg et coll., 1959). Reprenons notre exemple de la personne qui pose boulons et écrous. Si l'on veut enrichir sa tâche, il faut augmenter son niveau de pouvoir ou de responsabilité. On peut lui accorder le droit de décider de l'agencement de production de sa chaîne. On peut également la rendre responsable de l'évaluation de la qualité de son travail.

Venons-en maintenant à l'origine de cette méthode de l'enrichissement des tâches. Les recherches effectuées par Herzberg associent motivation et satisfaction au travail. En essayant de découvrir les facteurs qui créaient la satisfaction au travail, Frederick Herzberg (1968) en est arrivé à une découverte étonnante : les facteurs créant la satisfaction au travail sont différents de ceux qui provoquent l'insatisfaction. Dans le premier cas (satisfaction), on parlera de facteurs valorisants, dans le second (insatisfaction), de facteurs d'ambiance.

Les facteurs d'ambiance sont au nombre de huit et comprennent le comportement du supérieur, les politiques et les procédures de l'organisation, les conditions de travail, les relations avec les collègues, subordonnés et supérieurs, le prestige, la sécurité d'emploi, le salaire et les avantages sociaux.

Ici, la découverte de Herzberg revêt toute son importance. Pendant longtemps en effet, on a cru que le fait d'augmenter les salaires et d'améliorer les conditions de travail était de nature à accroître la satisfaction au travail et de là, la motivation. Herzberg nous dit qu'il faut agir sur d'autres facteurs afin d'avoir une incidence réelle sur la satisfaction. Il faut plutôt considérer les facteurs valorisants.

Parmi les facteurs valorisants, se trouvent le travail comme tel, la reconnaissance des réalisations, l'accomplissement ou la réalisation, la responsabilité, les promotions ou l'avancement et les possibilités de croissance personnelle. Ce sont les véritables facteurs de motivation. Agir sur ces facteurs peut créer une motivation au travail plus forte et plus durable. C'est du moins ce que postulent Herzberg et les partisans de l'enrichissement des tâches.

Comme le précise Herzberg (1974), on peut enrichir la tâche en supprimant certains mécanismes de contrôle, permettant ainsi l'autocontrôle. On peut aussi confier une partie de la planification du travail aux employés, ou leur faire accomplir l'ensemble d'une tâche plutôt qu'une partie seulement. L'enrichissement des tâches est répandu dans nombre d'organisations, qu'elles se consacrent à la production de biens ou à la prestation de services. L'idée de faire exécuter par la même équipe de travail une partie importante d'une voiture, comme l'habillement de l'habitacle, relève de cette approche. Dans le domaine des services, enrichir une tâche peut consister à demander à un employé non seulement de dispenser un service, mais d'en assurer lui-même le suivi.

L'enrichissement des tâches n'est possible que dans la mesure où l'organisation elle-même peut le soutenir. Il s'agit d'un changement culturel

---

1. Agir sur le plan vertical, cela veut dire modifier la logique existante de la division du travail. Pour enrichir le travail d'un employé, il faut lui donner plus de pouvoir (donc en enlever à son supérieur immédiat) ou plus de responsabilités (maîtrise des conséquences de ses gestes).

important. Ainsi, il faut laisser de l'initiative et de l'autonomie aux employés afin qu'ils puissent montrer leurs capacités. Il importe également que les cadres n'exercent plus un contrôle détaillé de la gestion, mais plutôt des résultats. L'organisation se doit d'accepter que les employés s'adressent directement à la hiérarchie et aux clients, au besoin. De plus, elle doit être en mesure de fournir de la rétro-information et toute la formation voulue.

Finalement, même lorsque l'on répond à toutes ces conditions, il existe des cas où l'enrichissement des tâches demeure inopérant. Que faire quand les employés n'en veulent pas, que les syndicats n'y voient qu'un moyen de créer de nouvelles définitions d'emploi et d'exiger ainsi une rémunération supplémentaire ? Que faire également quand les cadres sont incapables d'y voir autre chose qu'une menace à leur pouvoir ? Dans de telles situations, il faut investir beaucoup de temps et d'énergie (Oldham, 1976).

8.1.2 Les caractéristiques de l'emploi

Dans la foulée de Herzberg, mais en voulant améliorer son approche, deux auteurs, Hackman et Oldham (1975, 1976) ont fourni un autre modèle d'enrichissement des tâches qui se fonde sur les caractéristiques de l'emploi ou le diagnostic de travail.

Dans son modèle, Herzberg (1966) s'en tient aux facteurs de motivation qui sont surtout liés aux caractéristiques des individus. Pour leur part, Hackman et Oldham ajoutent un facteur primordial à leurs yeux : les caractéristiques du travail. Ils proposent une démarche d'intervention ainsi qu'un instrument de mesure du potentiel de motivation d'un emploi : le diagnostic de travail.

Un modèle d'application

En analysant l'enrichissement des tâches par rapport à la satisfaction en général, et ses principales

conséquences (forte motivation, travail de faible qualité, absentéisme), Hackman et Oldham émettent l'hypothèse que l'enrichissement du travail est en relation avec trois états psychologiques :

1. Un travail ressenti comme ayant un véritable sens.
2. Une responsabilité sentie et acceptée des résultats du travail.
3. Une connaissance des résultats, des conséquences de son travail.

En fait, les caractéristiques de l'emploi contribuent à l'apparition de ces états psychologiques qui, à leur tour et en influant l'un sur l'autre, vont susciter la satisfaction au travail.

La figure 8.1 présente le fonctionnement du modèle.

Plus une personne accomplit une tâche qu'elle comprend et dont elle connaît le sens, plus elle en est responsable personnellement ; et plus elle peut en apprécier les conséquences, plus elle sera motivée et satisfaite.

Les caractéristiques de l'emploi que suscitent les différents états psychologiques sont au nombre de cinq. Trois d'entre elles aident à comprendre la signification du travail :

1. La variété de la tâche : Est-elle riche ? Nécessite-t-elle des habiletés particulières ou une variété d'activités ? À l'inverse, est-elle robotisée ou atomisée ?
2. La globalité de la tâche : La tâche est-elle complète en elle-même ou simplement une petite partie d'un tout ? L'employé peut-il la réaliser complètement, du début à la fin, et en voit-il le résultat ?
3. L'importance de la tâche : Cette tâche a-t-elle un effet important sur d'autres personnes, sur des collègues ou sur des clients ?

Le deuxième état psychologique, le sentiment de responsabilité face aux résultats associés à une tâche, dépend du degré d'autonomie du travailleur. Plus celui-ci se sent autonome, plus sa responsabilité lui est évidente.

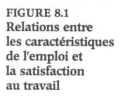

FIGURE 8.1
Relations entre les caractéristiques de l'emploi et la satisfaction au travail

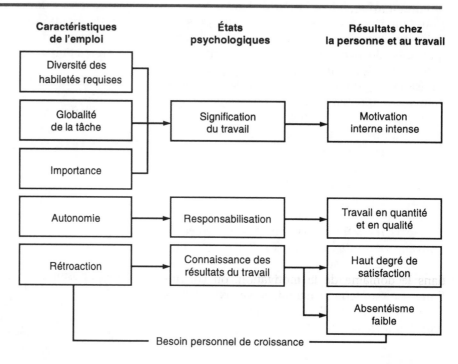

Source : Inspiré des travaux de Hackman, J. R., Oldman, G., « Development of the Job Diagnostic Survey », Journal of Applied Psychology, 1975.

Finalement, le troisième état psychologique est relié à la notion de rétroaction. Si l'employé obtient une rétroaction, s'il connaît les conséquences de son travail, il deviendra de plus en plus conscient de son efficacité et de son expérience, et cherchera à effectuer les modifications qui s'imposent.

La dynamique de ce modèle est simple. En utilisant l'outil de diagnostic mis au point par les auteurs (Jod Diagnostic Survey ou JDS), il s'agit d'analyser systématiquement chaque tâche et de faire les corrections souhaitables et possibles. Dans le cas où une tâche est trop monotone, on tente de l'enrichir. Si elle ne fait place à aucune autonomie, on introduit une plus grande marge de manœuvre, par exemple. Ce faisant, les états psychologiques vont se modifier peu à peu, le travail aura plus de sens, le sentiment

de responsabilité augmentera, notamment. C'est ainsi que la motivation devrait s'améliorer, la quantité et la qualité du travail, augmenter et l'absentéisme, diminuer.

Malheureusement, tout n'est pas si simple. Comme l'indique le dernier élément de la figure 8.1, cette série d'interrelations est conditionnée par un aspect individuel fort important, l'intensité du besoin de croissance d'une personne. Si ce besoin est faible ou quasi inexistant, la manipulation des caractéristiques de la tâche ne procurera probablement pas les résultats escomptés. À l'inverse, la moindre modification de la tâche peut provoquer des résultats étonnants si la personne éprouve un grand besoin de croissance, d'estime ou de réalisation. On introduit donc un fort élément de contingence ou d'incertitude lorsque l'on considère cette variable liée à l'individu, d'autant plus que ces auteurs ont eux-mêmes ajouté au fil des expérimentations un autre élément important dans leur modèle, soit la perception. Ainsi, ce ne sont peut-être pas tant les caractéristiques « objectives » d'un travail qui comptent, mais plutôt la perception, l'évaluation subjective de ces caractéristiques par les employés.

Commentaires

Les travaux, réflexions et suggestions de Herzberg, de Hackman et d'Oldham sont directement liés à la théorie de Maslow. De façon générale, les auteurs acceptent la façon de voir de ce dernier et essaient de rendre ses grands concepts opérationnels afin de pouvoir les appliquer au monde des organisations. Maslow fait donc figure de géant dans le domaine de la motivation, où son influence a été des plus significatives et des plus fructueuses.

Mais des questions fondamentales demeurent : la hiérarchisation des besoins (Maslow) est-elle réellement universelle ? La culture d'une société ou d'une organisation, et le contexte économique constituent-ils des facteurs importants à considérer ?

En ce qui concerne Herzberg, il faut admettre que de nombreuses recherches lui ont donné raison. Dans ce modèle, il importe surtout de se poser les questions suivantes : les caractéristiques d'un travail engendrent-elles la satisfaction d'un employé ? ou est-ce plutôt, à l'inverse, la satisfaction qui améliore la perception des caractéristiques d'un travail ? Jusqu'ici, rien dans la documentation ne permet de donner de réponse claire et définitive à ces questions.

Pour ce qui est de Hackman et d'Oldham, tout en se rappelant qu'ils ont eux-mêmes relativisé fortement leur théorie à l'aide des concepts de besoin de croissance et de perception d'une situation, l'interrogation suivante est de mise : est-il réaliste d'additionner et de multiplier des éléments aussi subjectifs et difficiles à cerner que l'autonomie, la complexité et l'importance d'une tâche ?

8.1.3 La modification du comportement organisationnel

La modification du comportement organisationnel provient directement des travaux des behavioristes, qui ont mis à contribution des milliers d'observations effectuées sur des animaux en laboratoire et qui sont arrivés à la conclusion que la plupart des êtres humains, tout comme les animaux, ont tendance à reproduire les comportements qui ont eu des conséquences heureuses.

Brièvement, comme le stipule la théorie du renforcement (Skinner, 1953), le changement d'un comportement s'obtient à l'aide de récompenses ou de punitions que l'on nomme renforcement positif ou renforcement négatif.

Dans les premières applications, on se concentrait sur des stratégies de conditionnement direct, un peu comme lorsqu'on veut dompter un chien. Lorsqu'il fait ce qu'on lui demande, on le récompense et s'il n'obéit pas, on le punit. Cependant, on s'est vite rendu compte que ce mode ne pouvait s'appliquer aussi directement à l'homme, car, chez ce dernier, des éléments cognitifs et sociaux exercent aussi leur influence.

Dans les organisations où l'on applique cette théorie, on utilise un modèle appelé la modification du comportement organisationnel (Luthans et coll.,1975). Pour obtenir un changement, on procède généralement de la façon suivante : on précise le comportement à modifier, on met en place une stratégie de renforcement appropriée et on évalue ensuite les résultats de l'opération afin d'apporter des modifications le cas échéant. La stratégie de renforcement est appropriée lorsqu'elle convient bien à la personne que l'on veut influencer. Pour certains individus, un dossier intéressant, un nouveau bureau, le droit de faire partie d'une équipe compétente et la possibilité d'appliquer son idée sont des éléments motivateurs. Pour d'autres, les primes et les bonis sont le type de récompenses qui peut les inciter à l'action, alors que l'ajout de responsabilités peut être perçu comme une punition. Enfin, la combinaison de plusieurs catégories de récompenses peut être intéressante.

Faut-il ajouter qu'en principe, cette méthode est facile à mettre en application? Elle permet la prédiction et la maîtrise des comportements. Certaines utilisations de la méthode de modification du comportement organisationnel méritent d'être remises en question, car, jusqu'à un certain point, elles posent un problème d'éthique. Ainsi, il semble que le comportement désiré puisse être obtenu avec le même succès tant par la récompense que la punition. Très subtilement, on peut en arriver à accorder des récompenses de manière aléatoire, quand on obtient le comportement désiré, et à infliger systématiquement une punition à chaque écart. Cette façon de faire peut être vue et considérée comme étant très rentable à court terme, mais quelles en sont les répercussions à long terme? N'y a-t-il pas là un danger réel d'effet «boomerang»?

Enfin, selon Rondeau (1987), même si l'approche behavioriste semble réductionniste, elle produit souvent des résultats très concrets et très immédiats. C'est pourquoi il faut garder une place privilégiée à ces stratégies lorsqu'on veut motiver des personnes. Sous prétexte que la théorie du renforcement fait appel à ce qui est souvent jugé comme étant les bas instincts de l'être humain, certains se refusent carrément à l'utiliser. Sans tomber dans un extrême ou l'autre, il semble bien que l'on ne puisse pas éliminer a priori ce modèle: dans le monde complexe de la motivation, comme ailleurs, faire preuve de dogmatisme équivaut souvent à se priver de moyens efficaces.

8.1.4   La gestion par objectifs

La gestion par objectifs provient de la théorie des objectifs élaborée par Locke (1968). D'une façon générale, cette théorie accorde une très grande importance aux intentions d'une personne, qui sont considérées comme la source principale du comportement humain. Selon cette conception,

le comportement humain a toujours un but, un objectif. Il n'est pas gratuit ou instinctif, mais s'inscrit dans un cadre où les objectifs sont rattachés à des valeurs et à des émotions ou des désirs (théorie des processus).

Les intentions ou les buts sont des déterminants cognitifs importants du comportement humain. Vue sous cet angle, la motivation serait donc le produit, la conséquence d'objectifs vers lesquels tend un individu ou qu'il désire intérieurement. Certaines précautions s'imposent cependant (Maillet, 1984). Pour être mobilisateurs, il importe que les objectifs soient clairs et précis. Dans le même sens, tout en se rappelant qu'ils doivent être réalistes, des objectifs élevés qui présentent un défi seront de meilleurs motivateurs que des cibles faciles à atteindre. Finalement, pour compléter le cycle et le rendre pleinement opérationnel, la présence d'un mécanisme de rétroaction s'impose. L'individu doit savoir s'il progresse vers l'atteinte de ses objectifs ou pas. Dans cette perspective, motiver un employé revient à l'amener à s'assigner des objectifs ou à lui faire accepter ceux qu'on lui propose. L'intention et le désir d'atteindre ces objectifs détermineront alors les efforts à fournir et, par conséquent, le degré de motivation.

Selon Odiorne (1965), la gestion par objectifs est «un processus de gestion qui permet au supérieur et au subordonné, qui fonctionnent d'après une définition claire des buts communs et des priorités établies par les dirigeants de l'entreprise, de préciser les responsabilités majeures quant aux résultats que l'on attend d'eux, et d'utiliser des indicateurs comme guides afin d'évaluer la participation de chaque membre de l'équipe».

On peut proposer des objectifs à des employés, à des cadres, à des équipes de travail ou à des entreprises dans leur ensemble. Lorsqu'on entreprend un processus de gestion par objectifs, il faut s'assurer de clarifier ceux-ci afin de les faire bien comprendre. On doit également prévoir des évaluations en cours de route, ainsi que des corrections. Enfin, il faut effectuer une évaluation finale, selon les résultats obtenus. Souvent, la gestion par objectifs est accompagnée d'un système de rémunération au rendement. Plus les objectifs atteints sont élevés, plus les récompenses sont importantes.

Une augmentation du nombre des clients, de la satisfaction de ces derniers, du chiffre d'affaires pour un vendeur et des objectifs de quotas de production, l'élimination de défauts et les réductions de temps d'opération sont autant d'objectifs possibles dans une organisation. Dans un autre ordre d'idées, demander à un cadre de rencontrer chaque membre de son personnel, de résoudre tel problème, ou de produire un rapport mensuel de planification peut également être considéré comme un objectif. C'est dire que la gestion par objectifs est une méthode très générale et très polyvalente.

La gestion participative par objectifs

Même si plusieurs études ont fait ressortir que l'adhésion (participation) de l'employé aux objectifs est un facteur de motivation, la gestion par objectifs n'est pas nécessairement participative. Pour qu'elle le devienne, il faut que les objectifs ne soient pas proposés uniquement par la direction et ensuite acceptés par l'employé, mais bien qu'ils fassent l'objet d'une élaboration en commun, d'un consensus (Humble, 1969).

Dans ce contexte, choisir la gestion par objectifs ne revient pas seulement à adopter une théorie de la motivation, mais constitue un choix de gestion qui a des conséquences importantes. Passer à la gestion participative par objectifs constitue un virage important pour une organisation. Le mode de décision, le rôle des cadres et les modes d'évaluation doivent, entre autres, être revus et redéfinis selon de nouveaux paramètres. Ceci exige donc un investissement personnel important, tant pour le supérieur que pour le subordonné.

Commentaires

La gestion par objectifs et la gestion participative par objectifs ont connu leur heure de gloire voilà 10 ou 15 ans. Leur effet n'a certes pas été aussi mirobolant que leurs tenants l'avaient imaginé au départ, mais il a été satisfaisant dans l'ensemble. À la longue, on s'est rendu compte que, par exemple, les objectifs amènent imperceptiblement une organisation ou un individu à privilégier l'aspect quantitatif. On en arrive ainsi à négliger des éléments majeurs tant au chapitre du fonctionnement d'une organisation que du bien-être même d'une personne.

De plus, le coût d'implantation d'un tel système est souvent sous-estimé. Adopter la gestion par objectifs, c'est décider d'investir considérablement dans la formation et le perfectionnement des employés et des cadres, surtout si une organisation décide d'y inclure des éléments de participation. Finalement, un grave danger guette les adeptes de ce modèle (et peu d'organisations y ont échappé) : le phénomène de la paperasse. Si l'on n'y prend garde, la gestion par objectifs peut entraîner un nombre incalculable de procédures de toute sorte : l'élaboration des attentes et des objectifs de chacun, qui doivent être évidemment consignés par écrit, l'évaluation en cours d'année (consignée, elle aussi) et le processus de modification des objectifs, si cela s'impose (nouveaux formulaires d'évaluation). Et si l'on y greffe un système de rémunération au mérite, il faut alors prévoir le système de pointage et de codage le plus hermétique possible, afin d'éviter toute contestation. Tant et si bien qu'aujourd'hui, peu d'organisations appliquent intégralement ce modèle. On se contente plutôt d'y puiser certains éléments et de les inclure dans des modèles plus généraux et englobants.

8.1.5 La participation

La plupart des applications présentées jusqu'ici provenaient presque directement de certaines théories de la motivation. Ainsi, comme nous l'avons vu, l'enrichissement des tâches est intimement lié à la théorie des deux facteurs de Herzberg. Par le modèle dit «diagnostic du travail», Hackman et Oldham ont complété les travaux de Herzberg, tout en nuançant ou même en questionnant certains de ses postulats de base. Pour sa part, la théorie du renforcement des behavioristes a donné naissance à un modèle d'application qui a mené à la «modification du comportement organisationnel». Finalement, la théorie de Locke (fixation des objectifs) est, de façon évidente, à la source de la gestion par objectifs.

Lorsque nous abordons un phénomène aussi vaste et complexe que la participation (Likert, 1961 ; McGregor, 1960), il n'est certes pas possible d'établir un lien direct avec une théorie en particulier. La participation s'inspire, et est en fait le produit, de nombreux éléments tirés de différentes théories. Nous passons là, en effet, du simple au complexe, du linéaire au relationnel (Lebel, 1990) ; ce qui est visé est beaucoup plus englobant. Par exemple, lorsqu'on fait participer un employé à une décision, un fort élément d'enrichissement du travail est évidemment présent, mais ce n'est pas le seul. D'autres éléments sont touchés, la détermination d'objectifs, pour n'en nommer qu'un. Une participation aux bénéfices peut certes être reliée à la théorie du renforcement. Mais encore là, ce n'est qu'un élément. Il est également possible, dans ce cas, de faire des liens avec la responsabilisation.

Dans nos organisations, la participation prend généralement deux formes bien connues : la participation à la décision et la participation à l'entreprise, qui est elle-même de deux types, soit la participation aux bénéfices et la participation par voie d'acquisition d'actions.

La participation à la décision

Quoique la participation à la décision comporte différents degrés, même au niveau le plus bas, elle dépasse la simple consultation ou la simple adhésion à une solution. La participation suppose un véritable engagement de l'employé, engagement qui peut varier grandement selon l'intensité de la participation désirée ou voulue par l'organisation (Hughes, 1969). À un premier niveau, le participant est appelé à proposer des modifications très mineures. À un niveau un peu plus élevé, le participant ou l'employé peut traiter une des étapes du problème, mais sans avoir la possibilité d'agir sur les prémisses. Plus on intensifie la participation, plus le participant a la possibilité d'influencer directement les décisions de l'entreprise.

Par exemple, au sein d'une direction, les employés se trouvent devant des formulaires mal conçus, presque tous identiques, mais qui n'ont pas la même fonction. Le problème est repéré et au premier niveau de participation, l'employé pourra obtenir qu'on imprime le formulaire sur du papier de couleur. Plus le degré de participation augmentera, plus le participant pourra s'engager dans la décision, pour en arriver en dernier lieu à une révision complète du formulaire en fonction de tous les services en cause.

La participation à l'entreprise

Une autre forme de participation concerne les résultats de l'entreprise. Même si son utilisation est relativement récente dans les milieux capitalistes, ce modèle connaît actuellement une progression importante. On peut intéresser l'employé aux résultats de l'entreprise par le partage des profits, ou des bénéfices. Le partage des bénéfices peut prendre plusieurs formes, allant du partage en espèces (un pourcentage des bénéfices est distribué en argent comptant aux employés) à des partages plus complexes, comme celui des gains de productivité, qui consiste à accorder aux employés les gains obtenus grâce au dépassement d'une norme préalablement établie. Une organisation peut aller jusqu'au partage de la propriété de l'entreprise à la faveur d'acquisition d'actions par les employés.

Par la participation, on vise donc une forte identification de l'employé, le développement d'un sentiment d'appartenance et une responsabilité accrue, autant de volets présents dans différentes théories de la motivation.

De nos jours, en raison d'une main-d'œuvre plus scolarisée, de mieux en mieux informée et dont les besoins d'accomplissement sont élevés, la participation est considérée comme une formule d'avenir.

Les cercles de qualité

Parmi les moyens permettant aux employés de participer à la décision, les cercles de qualité, si répandus il y a quelques années, font bonne figure (Monteil et coll., 1983, 1985).

Les cercles de qualité ont d'abord été largement utilisés au Japon, afin de résoudre différents problèmes, dont ceux liés à la qualité des produits. Dans un programme de qualité totale, on s'en sert comme d'un outil ou comme un des éléments d'une démarche plus globale.

Les cercles de qualité sont des groupes de volontaires animés par le supérieur direct, qui se réunissent en vue d'apporter des solutions aux problèmes qu'ils rencontrent au travail.

«Un cercle de qualité est un petit groupe permanent et homogène constitué de cinq à dix volontaires appartenant à une même unité organique (atelier, bureau, service, laboratoire, réseau de vente) ou ayant des préoccupations professionnelles communes. Animé par le plus proche responsable hiérarchique direct, et agissant en liaison avec un faciliteur, le cercle se réunit régulièrement afin de déterminer, d'analyser et de résoudre les problèmes de son choix concernant la qualité, la sécurité, la productivité, les conditions de travail, etc., que les membres rencontrent dans leur propre activité. Ils élaborent une solution grâce à l'application d'une méthodologie très précise de résolution de problèmes en groupe incluant l'usage d'outils appropriés. Les membres du cercle contrôlent la validité de cette solution, la soumettent pour décision aux responsables concernés, en suivent l'application et les résultats. Ils sont appelés périodiquement à présenter leurs travaux à la direction (revue *AFCERQ*, 1987).»

On trouve dans les cercles de qualité de nombreux éléments des différentes théories de la motivation (Robin, 1988). Ainsi, nous sommes en présence d'un phénomène d'enrichissement des tâches. La principale originalité porte sur le fait que nous l'appliquons au groupe. La responsabilisation des employés face à la tâche est omniprésente et, comme ces groupes se donnent des objectifs d'amélioration, que ce soit de la qualité des produits ou des processus de travail, le lien avec la théorie de Locke est facile à faire. De plus, pour encourager ou renforcer les contributions de ces groupes, il n'est pas rare que l'on y greffe un système de récompenses axé sur le rendement du groupe ou de toute l'organisation. La théorie du renforcement est alors une alliée importante.

Dès leur introduction en Occident, les cercles de qualité ont joui d'une très grande faveur (Orgogozo, 1987). Il faut dire qu'à ce moment-là, l'économie éprouvait de grandes difficultés, les produits se vendaient difficilement et la qualité faisait défaut. Beaucoup ont donc vu dans les cercles de qualité le moyen de résoudre les problèmes de l'heure. Ces cercles se sont par conséquent multipliés pour ensuite être presque abandonnés, dix ans plus tard, dans leur forme primitive. Ceci ne veut pas dire pour autant qu'ils sont inutiles ou stériles. À preuve, on les voit de plus en plus comme des moyens d'atteindre des buts plus généraux. Ainsi, dans une démarche de qualité totale, des cercles de qualité sont souvent utilisés pour faciliter la «responsabilisation» et la participation des employés. Mais, signe des temps, afin de contourner l'image négative qui leur est maintenant associée, on préférera parler de groupes d'amélioration de la qualité, ou encore de comités de qualité plutôt que de cercles de qualité.

8.2 LA MOBILISATION

Dans le contexte économique et social actuel, il est vital pour toute organisation de disposer d'une main-d'œuvre motivée et efficace. Parmi les méthodes destinées à augmenter la productivité des ressources humaines, les plus connues sont l'approche socio-technique, la qualité de vie au travail et la qualité totale.

8.2.1 L'approche socio-technique

Un des effets escomptés de l'application de l'approche socio-technique est d'augmenter le degré de motivation des employés et, par conséquent, la qualité de vie au travail (Hackman et Oldham, 1980). Or, tel qu'indiqué auparavant, parler de satisfaction renvoie au monde complexe de la motivation. Nous avons vu que la satisfaction est un facteur de motivation pour les individus. Nous présentons donc très succinctement quelques éléments de l'approche socio-technique. Pour comprendre l'essentiel de cette approche, il s'agit de se rappeler qu'une organisation comporte toujours deux systèmes, un système social et un système technique, et qu'il importe de les harmoniser. Le système technique comprend les outils, les machines et les méthodes de travail utilisés dans le mode de production. Dans l'univers bureaucratique, on parlera surtout des normes, des politiques et des procédures. Quant au système social, il comprend toutes les relations et interactions des personnes qui œuvrent dans l'organisation. L'analyse socio-technique vise à poser un diagnostic général sur une organisation et à proposer des solutions qui tiendront compte des deux systèmes. Les points d'amélioration porteront habituellement sur la satisfaction des employés, d'une part, et sur l'efficacité organisationnelle, d'autre part. La particularité principale de cette approche est de s'appuyer sur le système social, pour le dépasser ensuite en intervenant sur l'organisation elle-même. Selon Maurice Boisvert (1980), « L'approche socio-technique vise précisément à rapprocher l'homme de son travail en faisant de ses exigences de fonctionnement cognitif et émotif des contraintes de gestion pour l'organisation. »

Les exemples les plus connus et les plus documentés concernent le projet Volvo, en Suède, et celui de General Foods à l'usine de Topeka, au Kansas. Particulièrement chez Volvo, on a repensé intégralement le concept traditionnel de chaîne de production. À l'époque (au milieu des années 70), il s'agissait carrément d'une révolution. A priori, cette approche convient davantage aux organisations où la technologie est omniprésente, donc aux milieux industriels manufacturiers.

Le fait de considérer deux systèmes de manière conjointe bouleverse l'entreprise en profondeur et a des répercussions tant sur les employés que sur la direction. Pour tous, cela exige une remise en question profonde et des changements radicaux. Pour la direction, il s'agit de céder des responsabilités, pour les syndicats, de traiter des questions plus générales. Pour la majorité, il s'agit de s'adapter à de nouvelles façons de faire. Cette approche est donc radicale à plusieurs égards et doit, pour avoir des chances réelles de réussir, être le fruit d'une décision mûrement réfléchie, partagée par l'ensemble de la haute direction.

8.2.2 La qualité de vie au travail

Qui n'a pas entendu parler de qualité de vie au travail (QVT) ? Dans les organisations, ce concept est très présent et prend plusieurs formes (Chaigneau et Périgord, 1990 ; Lemelin et McNeil, 1982). L'aménagement physique du lieu de travail, l'ergonomie, la qualité de l'air, ou le niveau de bruit ne sont que quelques éléments qui peuvent augmenter ou diminuer la qualité de vie au travail (Boisvert et coll., 1980 ; Cunningham et White, 1984). Certaines conditions, comme le fait de partager son bureau avec un collègue ou les services d'une secrétaire avec d'autres professionnels, signifient pour certains une diminution de la qualité de vie au travail. Une augmentation subite du bruit à cause de réparations, l'ajout du téléphone dans un espace restreint, l'obligation de différer l'heure de sa pause afin de ne pas laisser en plan la réception téléphonique sont autant d'exemples de changements qui peuvent modifier à la baisse la qualité de vie au travail.

Dans un autre ordre d'idées, une direction tatillonne, un style de gestion autoritaire, des contrôles incessants ou des comportements imprévisibles de la part des administrateurs, tout comme une direction anémique, sont également de nature à avoir des répercussions néfastes sur la qualité de vie au travail.

Le concept et ses sources

La qualité de vie au travail (Ondrack et Evans, 1981) englobe tous les effets que peut produire le travail sur la santé, tant physique que mentale, des travailleuses et des travailleurs (Cummings et Malloy, 1977). Elle recouvre autant le bien-être physiologique que des aspects affectifs et cognitifs. Certains font remonter ce concept au début des années 70 (Mallet, 1989), à une étude commandée par le gouvernement américain (*Work in America*, 1973) et au symposium organisé par le gouvernement canadien (Gouvernement du Canada, 1970), où l'on s'interrogeait sur la nature des échecs lorsqu'il s'agit de régler les problèmes de travailleurs aux prises avec des tâches répétitives, ennuyeuses et monotones. C'est donc dans les années 70 qu'a été élaboré le concept de la qualité de vie au travail, et il a reçu sa consécration en 1975, à Arden House, où s'est tenue la première conférence internationale sur la QVT (Davis et Cherns, 1975).

Une foule d'experts ont proposé différentes définitions de la QVT. Adoptons, comme le fait Foucher (Bélanger et coll., 1988), les catégories de Huse et Cummings (1985) afin de présenter une définition de la QVT et, surtout, de tenter de déterminer ce qui la sous-tend. Pour eux, il existe deux grandes catégories qui peuvent servir à définir ce concept : la première désigne tous les effets bénéfiques dont peuvent profiter les travailleurs et les travailleuses. Quant à la deuxième, elle considère la QVT du point de vue des aspects normatifs du travail, en fait, tout ce qui peut motiver des employés, par exemple, la participation aux décisions.

En fait, il existe presque autant de définitions de la qualité de vie au travail que d'auteurs qui en ont fait l'analyse. Bélanger (1988), pour sa part, propose une définition très descriptive de ce concept qui en illustre toute l'ampleur : « l'application concrète d'une philosophie humaniste, par l'introduction de méthodes participatives, visant à modifier un ou plusieurs aspects du milieu de travail, afin de créer une situation nouvelle, plus favorable à la satisfaction des employés et à l'efficacité de l'entreprise ».

Nous voyons donc que les deux dimensions inhérentes à l'approche socio-technique (soit le système social de l'organisation et le système technique) sont présentes dans cette façon de voir. Et, en plus, elle contient une allusion directe à la participation, du moins selon la conception de Bélanger. En fait, pour bon nombre, il est impossible de parler de QVT sans inclure la participation et une communication efficace (Hermel, 1989). Nous voyons donc apparaître les deux volets caractéristiques de l'approche socio-technique : d'une part, les conditions de travail (environnement physique) et, d'autre part, le système social, y compris le mode de gestion (interactions et interrelations).

En cherchant à améliorer la qualité de vie au travail, on peut vouloir résoudre quantité de problèmes, allant d'économies sur des primes d'assurance (santé et sécurité au travail) à l'identification des employés à l'organisation, de manière à créer une mobilisation (Herrick, 1983 ; Laboucheix, 1990).

La démarche : un bref rappel

Après avoir posé un diagnostic sur l'organisation, on tentera de résoudre les problèmes que l'on aura discernés. Ceux-ci peuvent être de tout ordre. Plus concrètement, on agira sur l'organisation du travail lui-même afin d'accroître l'autonomie du travailleur ou de la travailleuse par des programmes, notamment, l'enrichissement des tâches. En vue d'accroître le bien-être psychologique, on agira sur le mode de gestion. La participation à la décision augmentera l'intérêt pour la tâche. Étant donné que la qualité de vie met également en cause la santé physique des travailleurs, on cherchera à créer des conditions où le travail dangereux ou dans des milieux toxiques sera éliminé. Si cela est impossible, on fournira au travailleur ou à la travailleuse l'équipement nécessaire. À cet égard, les nombreuses revendications des membres des organisations pour la salubrité de l'air, dans des bureaux où l'air est recyclé, visent l'amélioration de la qualité de vie au travail. Cette dernière suppose que le milieu de travail soit compatible avec le milieu social du travailleur ou de la travailleuse. Ainsi, des éléments comme l'aménagement des horaires de travail, des lieux ou de la rémunération importent sur le plan de la qualité de vie au travail. Il s'agit donc d'une approche très englobante qui s'inspire de plusieurs des théories que nous avons présentées jusqu'ici.

8.2.3   La qualité totale

Si, comme le laisse entendre Boisvert (1980), la qualité de vie au travail prime dans une société prospère et la productivité, dans une entreprise menacée d'anéantissement, l'engouement actuel pour la qualité totale semble s'apparenter à la deuxième réalité.

À peine remise du choc de la flambée des prix du pétrole, ou de la crise de 1980, l'économie occidentale doit faire face à des problèmes majeurs comme la mondialisation des marchés et une main-d'œuvre qui n'est plus du tout ce qu'elle était au début du siècle. La réponse qui semble vouloir émerger est la qualité totale. En fait, où que l'on aille, on entend parler de qualité totale. Que l'engouement pour ce nouveau concept ne soit qu'une mode ou que le phénomène soit là pour durer, on ne peut le passer sous silence.

Loin de se confiner aux entreprises de production de biens, la qualité totale se retrouve dans le secteur des services où elle fait des percées importantes. Elle prend de l'expansion dans tous les secteurs : privé, public, parapublic et péripublic.

Le concept

Il n'est pas facile de définir adéquatement ce que d'aucuns appellent une «mode», d'autres un «mode de gestion», d'autres encore une «philosophie d'action» ou encore un «projet d'entreprise» (Feigenbaum et Vallin, 1984).

Par contre, il est certain qu'au cœur du concept de qualité totale, se retrouvent quelques notions clés, dont tout d'abord une certaine conception de la qualité qui repose en définitive sur la satisfaction du client, et une responsabilité à l'égard de l'obtention de cette qualité, endossée par tous les membres de l'organisation (Laboucheix, 1990).

Joseph Kelada (1990) définit la qualité totale dans des termes qui illustrent notre propos : «[la qualité totale] est la satisfaction des besoins du client non seulement en ce qui concerne la qualité du produit ou du service (QU), mais aussi la livraison du volume requis (V), à temps (T), au lieu voulu (L), au moindre coût (C), du premier coup et à tous coups. Elle inclut aussi les relations avec les clients actuels et potentiels (R), et le processus administratif allant de la passation d'une commande au paiement de la facture (A)».

Historiquement, la conception de la qualité totale est l'aboutissement de l'évolution, au cours du XXe siècle, de la notion de qualité. La qualité a d'abord été vérifiée au sortir de la chaîne, pour ensuite être contrôlée tout au long du processus de fabrication et enfin, en vue de pallier les manques qui subsistent dans cette dernière méthode, il est apparu que seule la responsabilisation de chacun et ce, à tous les niveaux, était en mesure de donner le «zéro défaut», nouvelle mesure de la qualité.

Jusqu'à la naissance et à l'élaboration de la qualité totale, produire de la qualité signifiait multiplier les rebuts, donc augmenter les coûts de production. Selon le concept de zéro défaut défini par Philip B. Crosby (1986), il faut bien faire du premier coup, et non réparer les erreurs commises à toutes les étapes de production. On comprendra que le zéro défaut si cher à la qualité totale est une nécessité, lorsque (en l'occurrence, de plus en plus souvent) l'on produit de la complexité. Peut-on tolérer une erreur quand c'est une navette spatiale, un ordinateur ou des éléments de centrale nucléaire que l'on fabrique ? Des accidents comme ceux du vaisseau spatial Challenger ou de la centrale nucléaire Tchernobyl sont souvent cités à l'appui de la nécessité d'une démarche d'amélioration de la qualité.

La démarche

Dans les organisations, on parle davantage de « programme de gestion de la qualité totale » que de « qualité totale » tout court (Lamarre, 1987). En fait, pour aller au-delà d'un discours de sensibilisation ou de mobilisation autour de la qualité, il faut instaurer une démarche planifiée d'amélioration de la qualité (Chandezon, 1989).

Telle que présentée ici, la qualité totale correspond à un mode de gestion de la qualité qui redessine l'organisation. En voulant intéresser et responsabiliser l'ensemble des travailleurs et des travailleuses à la recherche de la qualité, on adoptera une gestion participative.

Le travailleur sera interpellé à tous les niveaux du processus, et ceci exige une décentralisation importante du processus de gestion et, surtout, du processus de prise de décisions. On va chercher les idées, les suggestions là où elles sont et quelles qu'elles soient. On essaie ensuite d'en tenir compte d'une façon ouverte, sincère et surtout transparente.

Comme pour la QVT, les racines ou origines de cette méthode sont nombreuses. Système technique, système social, participation, décentralisation, tous les volets ou dimensions d'une organisation sont touchés. En fait, la gestion intégrale de la qualité ajoute aux théories précédentes la dimension du client. Tout est revu du point de vue de ce dernier. Il devient le prisme majeur de la démarche, à compter duquel on examinera le produit ou le service lui-même, les processus utilisés, les intrants et le rôle de tous les acteurs. Il s'agit en quelque sorte du cumul de

plusieurs années d'essais et de tentatives de toute sorte, tant en ce qui a trait au mode de participation des individus qu'aux façons de concevoir une organisation.

Commentaires

La qualité totale illustre assez bien ce que nous entendons par stratégie de motivation. Lorsqu'une organisation entame une démarche de qualité totale, elle entreprend des changements importants, et ce à tous les niveaux.

D'abord, elle adopte de nouvelles valeurs. Elle doit redéfinir sa mission et s'y tenir très fidèlement. Elle adopte ensuite un style de gestion participatif qui privilégie la « responsabilisation » de chacun. La norme de qualité devient la satisfaction des clients, d'où la nécessité de se rapprocher de ses clientèles, de se munir d'instruments propres à mesurer cette satisfaction et à en déceler les besoins (Collet et coll., 1989). Une relation entre clients et fournisseurs doit s'installer parmi les différents services de l'organisation, et un partenariat doit éventuellement se former avec les fournisseurs extérieurs.

CONCLUSION

Entre la carotte et le bâton des théories du renforcement, l'enrichissement des tâches ou la gestion par objectifs, le gestionnaire a le choix de quantité de moyens aptes à mobiliser son personnel. Les plus efficaces ne sont pas nécessairement les plus complexes, et la prime ou une punition adéquate sont bien souvent le meilleur moyen d'obtenir certains comportements, surtout si l'on désire des résultats rapides.

Cependant, il se dessine une forte tendance qui consiste à motiver ses employés par des moyens destinés à combler les besoins d'ordre supérieur (Archier et Serieyx, 1982). Lorsque l'on regarde des démarches comme celle de la qualité totale, que l'on cherche à motiver par des méthodes intégrant tous les paliers d'une organisation, et que l'on applique simultanément nombre de méthodes de motivation, il semble également que l'on puisse parler de stratégie.

Les grandes transformations qui marqueront le troisième millénaire au niveau des entreprises sont à peine esquissées (Gondrand, 1989). Ces stratégies visent à mobiliser du personnel qui, depuis un siècle, a été dépossédé de ses moyens de production et du produit de son travail. Dans un univers où les tâches sont à ce point parcellaires que nombre d'employés ne savent plus reconnaître expressément leur contribution, l'accent mis aujourd'hui sur la « responsabilisation » des effectifs est peut-être un juste retour du pendule. Gardant à l'esprit ces dernières considérations (Lemelin et Rondeau, 1990), il est possible d'envisager la qualité de vie au travail ou une démarche de qualité totale comme de gigantesques entreprises d'enrichissement des tâches, où l'autonomie, la signification et la « responsabilisation » accrue de tous et chacun engendrent un contexte organisationnel où la mobilisation devient possible.

QUESTIONS

1. D'après votre expérience personnelle, repérez des méthodes utilisées pour vous motiver à faire quelque chose :
   a) à l'école ;
   b) à la maison ;
   c) au travail.

2. Faites l'inventaire des choses qui sont susceptibles de vous motiver.

3. Vous êtes à la tête d'une entreprise de nettoyage de vêtements et vous avez 12 employés. La production est à la baisse, le climat est mauvais. Vous rencontrez vos employés ; que leur proposez-vous ?

4. Que pensez-vous de la qualité totale ? À votre avis, est-ce un concept motivateur ?

5. Avez-vous déjà fait l'expérience de la participation ? Quelle forme a-t-elle prise ?

6. Quelle est, à votre avis, la meilleure façon de motiver les gens ?

RÉFÉRENCES BIBLIOGRAPHIQUES

ARCHIER, G. et SERIEYX, H., *Pilote du 3ᵉ type*, Éditions du Seuil, Paris 1982.

BÉLANGER, L., BENABOU, C., BERGERON, J.-L., FOUCHER, R. et PETIT, A., *Gestion stratégique des ressources humaines*, Boucherville, Gaëtan Morin Éditeur, 1988.

BERGERON, P. G., *La gestion moderne, théorie et cas*, Boucherville, Gaëtan Morin Éditeur, 1988.

BERGERON, P. G., *Planification, budgétisation et gestion par objectifs*, Hull, Les Éditions Asticou, 1981.

BOISVERT, M., *L'approche socio-technique*, Montréal, Les Éditions Agence d'Arc, 1980.

BOISVERT, M. et coll., *La Qualité de vie au travail*, Montréal, Les Éditions Agence d'Arc, 1980.

CHAIGNEAU, Y. et PÉRIGORD, M., *Du management de projet à la qualité totale*, Paris, Les Éditions d'Organisation, 1990.

CHANDEZON, G., *Visez la qualité totale : auto-diagnostic en 3 questions, 8 straté-gies, conditions de la réussite, 10 étapes à suivre, les outils à maitriser, les partenai-res*, Paris, Chotard, 1989.

COLLET, D., LANSIER, P. et OLLIVER, D., *Objectif zéro défaut : mesure et qualité to-tale dans le tertiaire*, Paris, Entreprise Moderne d'Édition, 1989.

CROSBY, P. B., *La qualité : c'est gratuit*, Economica, 1986.

CUMMINGS, T. G. et MALLOY, E. S., *Improving Productivity and the Quality of Work Life*, New York, Praeger, 1977.

CUNNINGHAM, J. B. et WHITE, T. H. (éd.), *La Qualité de vie au travail*, étude de cas récents, Ottawa, Travail Canada, 1984.

DAVIS, L. E. et CHERNS, A. B. (éd.), *The Quality of Working Life*, New York, Free Press, 1975.

FEIGENBAUM, A.V., *Comment appliquer le contrôle total de la qualité dans votre entreprise*, Strasbourg, Éditions de l'Entreprise, 1984.

GONDRAND, F., *Quand les hommes font la différence...*, Paris, Les Éditions d'Orga-nisation, 1989.

GOUVERNEMENT DU CANADA, *Measuring the Quality of Working Life*, 1970.

HACKMAN, J. R. et LAWLER, E. E., « Employee Reactions to Job Characteristics », *Journal of Applied Psychology Monograph*, 1971.

HACKMAN, J. R. et OLDHAM, G., *Work Redesign*, Reading, Mass., Addison-Wesley, 1980.

HACKMAN, J. R. et OLDHAM, G., « Motivation Through the Design of Work : Test of a Theory », *Organizational Behavior and Human Performance*, 1976.

HACKMAN, J. R. et OLDHAM, G., « Development of the Job Diagnostic Survey », *Journal of Applied Psychology*, 1975.

HACKMAN, J. R., PEARCE, J. L. et WOLFE, J. C., « Effects if Changes in Job Charac-teristics on Work Attitudes and Behavior : A Naturally Occurring Quasi-Experiment », *Organizational Behavior and Human Performance*, 1978.

HERMEL, P., *Qualité et management stratégiques*, Paris, Les Éditions d'Organisation, 1989.

HERRICK, N., *Improving Government : Experiments with Quality of Working Life Systems*, New York, Praeger, 1983.

HERZBERG, F., « One More Time : How Do You Motivate your Employees ? », *Har-vard Business Review*, 1968.

HERZBERG, F., « The Wise Old Turk », *Harvard Business Review*, septembre-octobre 1974.

HERZBERG, F., MAUSNER, B. et SNYDERMAN, B., *The Motivation to Work*, New York, John Wiley & Sons, 1959.

HERZBERG, F., *Work and the Nature of Man*, Cleveland, World Pubs Co., 1966.

HUGHES, C. L., *Négocier les objectifs*, Puteaux, Éditions Hommes et Techniques, 1969.

HUMBLE, J. W., *Comment faire participer les cadres à la réalisation des objectifs*, Pa-ris, Entreprise Moderne d'Édition, 1969.

HUSE, E. F. et CUMMINGS, T. G., *Organization Development and Change*, (3e éd.), St. Paul, Minn., West Publishing, 1985.

KELADA, J., *La gestion intégrale de la qualité : Pour une qualité totale*, Dollard-des-Ormeaux, Éditions Quafec, 1990.

LABOUCHEIX, V., *Traité de la qualité totale : Les règles du management des années 90*, Paris, Dunod, 1990.

LAMMARE, J., *Les chemins de l'excellence, itinéraires pour la qualité*, AFNOR ges-tion, 1987.

LEBEL, P., *Améliorer la qualité de vie au travail par la participation*, Paris, Entreprise Moderne d'Édition, 1990.

LEMELIN, M. et McNEIL, J., *Productivité et qualité de vie au travail*, Montréal, Les Éditions Agence d'Arc, 1982.

LEMELIN, M. et RONDEAU, A., dans *Nouvelles stratégies des ressources humaines*, Sillery, Presses de l'Université du Québec, 1990.

LIKERT, R., *New Patterns of Management*, New York, McGraw-Hill, 1961.

LOCKE, E. A., « A Critique of Herzberg's Incident Classification System and Suggested Revision », *Organizational and Human Performance*, juillet 1971.

LOCKE, E. A., « The Myths of Behavior Mod in Organizations », *Academy of Management Review*, 1977.

LOCKE, E. A., « Toward a Theory or Task Motivation and Incentives », *Organizational Behavior and Human Performance*, juillet 1968.

LUTHANS, F. et KREITNER, R., *Organizational Behavior Modification*, Glenview, Ill., Scott Foresman, 1975.

MAILLET, L., « Fixation des objectifs et enrichissement des tâches : deux techniques complémentaires », *Revue québécoise de psychologie*, 1984.

MAILLET, L., *Psychologie et organisations*, Montréal, Les Éditions Agence d'Arc, 1989.

McGREGOR, D., *The Human Side of Enterprise*, New York, McGraw-Hill, 1960.

MONTEIL, B., RYON, P. et ALEXANDRE, G., *Cercles de qualité et de progrès*, Paris, Les Éditions d'Organisation, 1983.

MONTEIL, B., PÉRIGORD, M. et RAVELEAU, G., *Les outils des cercles et l'amélioration de la qualité*, Paris, Les Éditions d'Organisation, 1985.

ODIORNE, G. S., *Management by Objectives : a System of Managerial Leadership*, New York, Pitman, 1965.

OLDHAM, G. R., « Job Characteristics and Internal Motivation : the Moderating Effect of Interpersonal and Individual Variables », *Human Relations*, 1976.

OLDHAM, G. R., HACKMAN, J. R. et PEARCE, J. L., « Conditions Under which Employees Respond Positively to Enriched Work », *Journal of Applied Psychology*, 1976.

ONDRACK, D. A. et EVANS, M. G., *Qualité de vie au travail : évaluation et mesure*, Ottawa, Travail Canada, 1981.

ORGOGOZO, I., *Les paradoxes de la qualité*, Paris, Les Éditions d'Organisation, 1987.

PORTER, L. W., LAWLER, E. E. III et HACKMAN, J. R., *Behavior in Organizations*, New York, McGraw-Hill, 1975.

ROBIN, R. J., *La traque de la qualité*, Paris, Les Éditions d'Organisation, 1988.

RONDEAU, A., *La motivation au travail, où en sommes-nous ?*, Rapport de recherche, n⁰ 87-18, HEC, août 1987.

SCOTT, W. E. Jr., « Activation Theory and Task Design », *Organizational Behavior and Human Performance*, 1, 1966.

SERIEYX, H., *Le zéro mépris*, InterÉditions, Paris 1989.

SKINNER, B. F., *Science and Human Behavior*, New York, N. Y., Macmillan, 1953.

STORA, G. et MONTAIGNE, J., *La Qualité Totale dans l'entreprise*, Paris, Les Éditions d'Organisation, 1986.

SUTTLE, J. L., « Improving Life at Work—Problems and Prospects », dans J. R. Hackman et J. L. Suttle, *Improving Life at Work*, Goodyear Publishing Company Inc., 1977.

Work in America, Report of a Special Task Force to the Secretary of Health, Education and Welfare, Cambridge, Mass., The MIT Press, 1973.

LES GROUPES

9

LES GROUPES

Jocelyn Jacques
avec la collaboration de Diane Paquette

DES LIENS ROMPUS

Cette année-là, nous avions fondé une troupe de théâtre et étions tous inséparables. Chaque vendredi, nous nous retrouvions à la salle des Chevaliers de Colomb pour danser et le samedi, après la répétition, c'est chez l'un ou l'autre que nous finissions la soirée. Nous avions en commun des projets et le désir que jamais ne finisse cette année bénie où, tous pour un et un pour tous, nous avions vécu ensemble des moments inoubliables.

Quand Nicole a voulu nous réunir pour une fête, elle s'est rendu compte que la plupart d'entre nous ne s'étaient pas revus depuis cette période. Les douze membres de notre confrérie étaient dispersés dans tous les azimuts. L'un d'entre nous était mort; six sont venus à la fête. Après les «bonjour!», «comment vas-tu?» et «que deviens-tu?» d'usage, il a bien fallu se rendre à l'évidence que seul le passé soudait encore notre groupe.

INTRODUCTION

Le groupe que présente l'exemple précédent n'est pas un groupe en milieu de travail. La plupart d'entre vous avez pu connaître ce type de groupe, et même en faire partie. Avec le temps et l'éloignement, les liens si forts qui semblaient en unir les membres se sont relâchés. Si le groupe existait encore, du moins dans l'esprit de ses membres, la dernière expérience a mis cette conviction à rude épreuve. Comme vous le verrez plus tard, ce simple exemple renferme toutefois les éléments les plus importants qui caractérisent la nature d'un groupe.

Le groupe n'est pas une invention moderne, il a fait son apparition en même temps que les êtres humains. Selon Aristote, l'homme est un animal social. Notre société compte d'ailleurs le plus grand nombre de groupes jamais vu. Dans cette société pluraliste, les groupes se partagent l'espace social, et il n'est pas rare qu'un individu appartienne à plusieurs groupes : un club social, un groupe d'achats, un syndicat et un comité d'école, sans compter les rencontres avec les amis du quartier pour jouer aux quilles tous les vendredis.

Les groupes prolifèrent dans la société. Consulter un annuaire téléphonique aux rubriques associations, clubs, groupes peut donner un bon aperçu de leur importance. Ils sont également très présents dans les organisations. Le «groupe» est un des sujets les mieux documentés. Pour s'en faire une idée, il suffit de consulter une bibliothèque et de voir à la rubrique «groupe» le nombre de livres, de recherches et de documents publiés.

Paradoxalement, la culture américaine privilégie si fortement l'individu que de nombreux gestionnaires imaginent ou veulent croire que les organisations sont essentiellement un ensemble d'individus, même si la réalité est très différente. Ils ne sont cependant pas les seuls à penser de la sorte. Il a fallu attendre les travaux de Mayo pour que soient reconnues officiellement l'importance et l'inévitabilité de la présence des groupes dans l'organisation. C'est d'ailleurs depuis lors que les théoriciens (Huse, 1965) ont reconnu officiellement que le comportement des individus dans une organisation est non seulement modifié par les relations officielles décrétées par l'organigramme, mais également par toutes les relations informelles que l'individu entretient avec les membres de l'organisation.

Les objectifs du présent chapitre sont de décrire les différentes composantes des groupes et d'en expliquer le fonctionnement en milieu de travail. Nous présentons les groupes sous deux de leurs aspects fondamentaux, soit leur nature et leur structure. Dans la première partie du chapitre, nous jetons un éclairage sur ce que sont les groupes et le pourquoi de leur existence. La seconde partie est consacrée au mode de fonctionnement des groupes. Les informations présentées ici vous permettront, en tant que personne, de mieux comprendre votre propre adhésion à un groupe et vous fourniront quelques explications à propos de phénomènes vécus au sein de groupes formels et informels.

9.1 LA NATURE DES GROUPES

9.1.1 Définition

Intuitivement, les êtres humains peuvent reconnaître s'ils font ou non partie de groupes. Une série de conditions objectives doivent cependant être présentes pour que deux personnes ou plus puissent être reconnues comme faisant partie d'un groupe. Il est évident que cinq ou sept personnes qui attendent patiemment l'arrivée d'un autobus ne forment pas un groupe. Par contre, si certains événements surviennent, le groupe peut se constituer : par exemple, à l'arrêt du bus, les gens s'entendent pour discipliner un individu qui, dernier arrivé, s'installe au premier rang.

Ce cas simplifié peut néanmoins servir à expliciter les composantes de base d'un groupe (qu'on entend ici dans le sens psychosocial). D'une part, un groupe est composé de deux personnes ou plus, qui ont nécessairement des objectifs communs. Ces derniers peuvent être plus ou moins bien définis ou compris, mais il est fondamental qu'ils existent. L'exemple classique est celui des bandes d'adolescents. Dans ces groupes, il est intéressant de constater que certains membres ne sont pas conscients de la véritable raison d'être du groupe, qui est de s'opposer aux parents (Huse et Bowditch, 1973). Toutefois, bien que non manifesté, cet objectif est là.

Un groupe existe également si les membres interagissent et s'il y a interdépendance et collaboration en vue d'atteindre des objectifs. Contrairement à une conception largement véhiculée, en particulier dans des films où les membres des groupes sont continuellement ensemble, il n'est pas nécessaire que tous soient constamment présents dans le groupe. Cependant, tous les membres doivent occasionnellement se rencontrer et se parler pour qu'existe le niveau d'interaction nécessaire à la formation d'un groupe.

Mentionnons une autre condition à la constitution d'un groupe, sans doute la plus importante : il faut que chaque membre se perçoive comme un élément du groupe. Voilà ce qui différencie le groupe d'un simple « agrégat » de personnes. Si cette condition est remplie, celles décrites plus haut ont de fortes chances d'être également respectées. Quelqu'un qui s'identifie comme membre d'un groupe n'aura aucune difficulté à interagir avec les autres en vue d'atteindre des objectifs communs. Par contre, si cet éveil psychologique, si ce sentiment d'appartenance ne se vérifie pas, il devient très difficile de soutenir qu'un groupe est formé. En fait, c'est souvent à cet élément que les individus se réfèrent lorsqu'ils disent faire partie d'un groupe.

Un groupe n'existe pas d'emblée mais se forme à partir des relations que les individus ont entre eux. Il est toujours difficile pour un responsable de faire travailler ses subordonnés à un projet commun tant que le groupe ne s'est pas formé. Tant que l'équipe de travail ne se reconnaît pas comme groupe, le chef d'équipe est devant un agrégat d'individus sans appartenance. Son temps et son énergie servent alors presque exclusivement à gérer les relations interpersonnelles. Beaucoup de personnes ont vécu une telle expérience avant la reconnaissance de la constitution réelle du groupe.

Aux conditions énumérées précédemment, Léandre Maillet (1988) ajoute une autre caractéristique, soit le statut relatif. Le statut relatif concerne les rôles que chacun des membres pourra jouer au sein du groupe. Autrement dit, dans un groupe, chacun jouera un rôle. Par exemple, une personne prendra la tête tandis que les autres demeureront subalternes. Il est relativement facile d'observer ce phénomène de distribution des rôles à l'intérieur d'un groupe.

9.1.2   Les types de groupe

La classification des groupes est une question très complexe que nous n'entendons pas aborder ici, tout simplement parce que les spécialistes en psycho-sociologie sont incapables de s'entendre sur une méthode idéale de classification. De plus, nous sommes d'avis qu'un groupe ne peut être identique à un autre groupe, même si, de prime abord, ils peuvent paraître similaires. Nous nous contenterons donc de décrire sommairement les types de groupe en vue de montrer leur diversité, tout en évitant la restriction qu'impose l'établissement d'une véritable typologie.

Les groupes formels et informels

Une des façons les plus simples et les plus utiles de classifier les groupes est de considérer leur aspect officiel, ou encore la force de leur structure interne, c'est-à-dire la reconnaissance officielle de la part de l'organisation. Selon le cas, on parlera de groupes formels (officiels) ou de groupes informels (Sanford, 1973). Par exemple, une structure qui regrouperait les secrétaires de la direction des achats dans une entreprise serait un groupe formel, tandis que les dîners du vendredi à la brasserie, regroupant les secrétaires du 2ᵉ étage, constituent un groupe informel.

Un groupe formel est un groupe créé intentionnellement ou délibérément (pour s'acquitter d'une tâche précise, par exemple). On y retrouve généralement une structure d'autorité, des statuts déterminés et une série de rôles définis, largement élaborés et durables.

À l'inverse, un groupe informel se crée naturellement à partir d'interactions, de préférences ou de besoins individuels. Les membres y adhèrent volontairement. Ils n'y sont pas nommés comme dans le cas des groupes formels. Il est même possible d'assister à la création de groupes informels à l'intérieur des groupes formels, si leur taille le permet, évidemment.

Quoique l'on retrouve dans les groupes informels des rôles, une structure d'autorité et des statuts déterminés, ces éléments n'ont pas le même sens ou la même portée que dans les groupes formels. Tout d'abord, dans les groupes informels, ces phénomènes sont spontanés et naturels, non pas forcés. En outre, ils y sont beaucoup moins bien définis, moins élaborés et plus souples. Ainsi, il est impensable que le leader d'un groupe informel soit nommé par la direction de l'organisation, à moins que celle-ci n'entérine les choix des membres. Le leader du groupe informel peut être élu par le groupe, ou un des membres du groupe peut assumer le leadership de manière spontanée.

Par ailleurs, il ne faut pas exagérer ces différences. Même si elles sont réelles et permettent d'établir des caractéristiques importantes de part et d'autre, il importe de se rappeler qu'il s'agit essentiellement d'une question de degré (Sanford, 1973). D'après ces critères généraux, on ne peut différencier, à coup sûr, les groupes formels ou informels, car la plupart des groupes comportent des aspects conformes aux deux types. Il n'est pas rare de trouver au sein d'un groupe formel une structure où l'autorité réelle est détenue par un leader naturel. Par conséquent, il est plus approprié de parler de tendances, de couleurs dominantes ou de degrés. Dans les faits, un leader informel peut avoir plus d'autorité que le responsable hiérarchique. Il arrive ainsi que l'autorité formelle dans un groupe soit détenue par un membre, mais que le véritable leadership soit exercé par une autre personne. Cette situation peut amener des conflits, sans pour autant entraver le bon fonctionnement du groupe. Ceci dépend surtout de la qualité des rapports entre le responsable hiérarchique et le leader naturel.

Le rôle et l'importance des groupes informels, qu'on appelle également cliques, ont été mis au jour par la célèbre expérience réalisée par Mayo, à la Western Electric de Hawthorne en Illinois

(Mayo, 1946; Roethlisberger, 1952; Dickson, 1939). Il avait d'abord observé que la communication interpersonnelle des employés menait à la formation de groupes qui permettent de donner de la valeur aux employés et d'amener un certain niveau de coopération avec la direction.

Dans l'expérience qui a mené à la découverte de l'effet de Hawthorne, Mayo cherchait à trouver une relation entre le rendement des travailleurs et le niveau d'éclairage. À la plus grande surprise des chercheurs, le niveau de production augmentait dans le groupe témoin comme dans le groupe expérimental, quel que soit le niveau d'éclairage. Le fait que la direction accordait une attention particulière à ces deux groupes d'employés pouvait davantage expliquer leur rendement, et il s'agit là de l'effet de Hawthorne. L'importance des groupes informels venait de trouver ses bases expérimentales.

Il existe de nombreux types de groupes formels: comités, conseils d'administration, équipes de gestion, départements, groupes de travail, notamment. On rencontre également différents genres de groupes que l'on désigne généralement par les termes «clans» ou «cliques». Ainsi, on parlera de clan ou de clique horizontal(e), vertical(e) ou mixte (Reitz, 1977). Le terme clique ne doit pas être entendu de manière péjorative. En effet, on entend par cliques des groupes dont les membres partagent certaines valeurs et qui ont donc une façon similaire de voir ou d'interpréter certains phénomènes liés directement ou indirectement à leur travail et à l'organisation.

Une clique horizontale est formée de membres de même niveau ou de statut identique à l'intérieur d'une même organisation. Une clique verticale comprend des personnes de niveaux différents dans la structure hiérarchique, mais à l'intérieur de la même direction ou du même service. Certains besoins, telles la sécurité ou les valeurs communes, compensent la différence de statut et font en sorte que des supérieurs et des subordonnés se retrouvent dans la même clique. Pour sa part, une clique mixte est composée de personnes ayant des statuts différents et provenant

de diverses parties de l'organisation. Les cliques de ce type se forment généralement afin de minimiser la lourdeur administrative et de court-circuiter les processus normaux en vue de protéger et d'accroître le pouvoir individuel. Dès lors, il n'est pas surprenant de rencontrer plus fréquemment des cliques dans les grosses organisations, où l'administration est parfois très lourde et les processus, très ou trop nombreux.

Les cliques se forment spontanément et peuvent avoir une influence considérable dans une organisation. Faire partie de la clique ou être accepté du clan peut représenter d'énormes avantages pour des individus. Une organisation qui sait utiliser ces groupes peut en tirer des avantages significatifs sur le plan de l'énergie qu'il faut investir afin de parvenir à ce que toutes les ressources convergent vers l'atteinte des objectifs de l'organisation. Les cliques peuvent aussi se former de manière spontanée, lorsque des problèmes se posent dans un secteur d'une organisation. Une clique peut alors surgir et essayer de protéger les acquis de ce secteur.

Les groupes de travail et de diagnostic

Certains préfèrent plutôt classifier les groupes selon les objectifs poursuivis: apparaissent alors le groupe de travail et le groupe de diagnostic. Dans un groupe de travail (*task force*), les membres se préoccupent exclusivement de la tâche à accomplir.

Dans les organisations actuelles, où la complexité des tâches tend à s'accroître, les groupes de ce type se multiplient. Habituellement, on les crée afin de répondre à des besoins spéciaux, de faire face à une urgence ou de s'assurer que tous les volets d'un problème complexe seront adéquatement traités. Dans ce dernier cas, on les appelle groupes multidisciplinaires ou multifonctionnels. Ce sont des groupes formels dont les membres ont des professions ou des statuts différents.

Le groupe de diagnostic se différencie du groupe de travail parce que le fonctionnement du groupe comme tel est au centre des préoccupations de ses membres. On accorde une grande importance aux processus. Ces groupes furent très répandus à la fin des années 60 et au début des années 70 (1965-1970), dans la foulée des travaux des National Training Laboratories (NTL). Ces groupes s'appuient sur l'idée que pour améliorer leur fonctionnement, leur capacité de prendre des décisions ou leur productivité, il faut nécessairement améliorer l'état des relations entre les membres, et qu'à cette fin, il faut s'attaquer à l'état psychologique de ces derniers. De cette nécessité découle, en pratique, l'obligation de prises de conscience parfois dramatiques, d'épanchements forcés et de la mise à nu, voire à vif, de conflits profonds. Ils sont beaucoup moins répandus et reconnus de nos jours.

Finalement, les groupes mixtes se trouvent là où l'on insiste autant sur la réalisation de la tâche que sur les phénomènes psychologiques observés dans le fonctionnement du groupe. On peut facilement constater que cette façon de classifier les groupes comporte l'avantage de mieux les décrire. Dans une organisation, ces trois types de groupe sont considérés comme des groupes formels.

Les cercles de qualité, les groupes d'étude et les groupes créés en vue de réaliser un projet particulier sont des groupes de travail, tandis que l'exemple des dynamiques de groupe décrit les groupes opérationnels.

Les groupes primaire et secondaire

Il est également possible de classifier les groupes selon la nature des relations qui existent entre les individus et le groupe. Le degré d'engagement des membres est considéré (Hicks, 1972). Ainsi, on aura des groupes primaire ou secondaire selon que les membres sont totalement et émotionnellement engagés, ou que les relations entre le groupe et les membres ne sont qu'occasionnelles. Une équipe de production est un groupe primaire, tandis que les employés d'un département constituent un groupe secondaire. De même, l'équipe qui escalade l'Everest forme un groupe primaire, tandis que la grande équipe laissée au camp de base est un groupe secondaire. L'intimité des relations constitue donc le facteur primordial de différenciation entre un groupe primaire et un groupe secondaire.

Le microgroupe et le macrogroupe

Il peut paraître simpliste, voire inutile de classifier les groupes en fonction de leur taille ou du nombre de personnes qui les composent. Pourtant, une question se pose : y a-t-il un nombre minimal et maximal de personnes nécessaire pour former un groupe et en assurer le fonctionnement optimal ? Qui n'a pas éprouvé le sentiment d'être un numéro parce que le groupe dont il faisait partie était trop grand ? Des études montrent qu'à compter d'un certain nombre de personnes, la difficulté pour les membres d'entrer en relation directe les uns avec les autres s'accroît à un point tel qu'on a souvent recours, dans un macrogroupe, à un porte-parole de sous-groupes auprès de l'assemblée (Aubry et Saint-Arnaud, 1975). Au-delà d'un certain nombre de membres, le groupe, s'il répond toujours aux caractéristiques nécessaires pour justifier son existence, devient un macrogroupe. Si, dans ces circonstances, on peut encore parler de groupe, l'action concertée de tous les membres devient inefficace. Voilà pourquoi dans des groupes qui comptent beaucoup de membres, par exemple une classe, on formera de petites équipes de travail si l'on veut réaliser des objectifs.

Les groupes fermés et ouverts

La catégorisation des groupes fondée sur la distinction entre groupes fermés et ouverts peut aussi être valable. Les groupes ouverts sont très mouvants quant au nombre de membres. Ils ne s'orientent guère vers l'avenir ou le long terme ; le présent importe beaucoup plus, comme dans le cas de manifestations plus ou moins spontanées en faveur de différentes causes. La taille du groupe varie beaucoup en fonction du déroulement des activités, des résultats obtenus, de la durée et de l'intensité de l'action.

À l'inverse, dans un groupe fermé, la stabilité de l'effectif incite les membres à planifier à long terme. Généralement, un groupe ouvert se montre plus créateur et réceptif aux idées nouvelles, alors qu'un groupe fermé est beaucoup plus traditionnel et moins enclin à changer ses habitudes. Un conseil d'administration est un groupe fermé.

Ces quelques modes de classification des groupes ne s'excluent pas mutuellement, loin de là. Chaque groupe peut être classifié selon l'une ou l'autre des approches suggérées, en regard de la caractéristique sur laquelle on veut insister.

Cette dernière remarque nous amène à préciser que le reste du présent chapitre traitera surtout des groupes informels, et ce parce que les comportements des individus et des groupes nous intéressent au premier chef, et non les aspects à caractère plus organisationnel. Les groupes informels permettent de bien documenter l'aspect comportemental, alors que l'étude des groupes formels nous renseignerait davantage sur la gestion des organisations.

9.1.3 La raison d'être des groupes

Quels critères président au recrutement des membres d'un groupe? Pourquoi décide-t-on de faire partie du club Richelieu, Kiwanis ou Optimiste? Comment se fait-il qu'à 9 h 30, les amateurs de hockey sont à la salle de café, tandis que dix minutes plus tard, les sportifs «naturistes» les remplacent? Par quel automatisme, lorsqu'une personne se porte volontaire, se retrouve-t-elle avec d'autres bénévoles qu'elle a connus lors d'une autre corvée de collage d'enveloppes? Le monde est petit, dit-on parfois, mais l'étendue du monde des relations entre individus ne parvient pas à tout expliquer. En connaître davantage sur les raisons qui motivent les gens à se regrouper est devenu presque nécessaire, tant pour comprendre ses propres comportements que pour s'expliquer ceux des autres. Nous vivons tous dans un monde d'interrelations, où les groupes sont devenus omniprésents; il importe donc de voir pourquoi des groupes informels naissent.

Il existe au moins deux grandes explications quant à l'existence de groupes informels dans les organisations. La première est liée aux besoins individuels; la seconde s'appuie davantage sur les caractéristiques qui définissent la nature même des groupes.

Les raisons liées aux besoins individuels

Tout gestionnaire d'expérience, ou tout individu ayant vécu pendant un bon moment dans de grandes organisations sait que la création de groupes est quasi inévitable. Bien que, hélas, notre culture et la forme des organisations en général incitent à penser et à agir en fonction de l'individu plutôt que du groupe, la réalité est très différente. Il doit donc exister des raisons fondamentales qui expliquent que des groupes se créent, se démantèlent et se recréent à un rythme vertigineux, avec une force extraordinaire et une si grande régularité.

Une mise en garde est cependant de rigueur avant d'énumérer les principaux besoins que le groupe peut satisfaire : aucun groupe ne peut répondre à tous les besoins d'une personne (Huse, 1965). Cela explique entre autres la tendance de toute personne à appartenir à plus d'un groupe et à modifier son appartenance selon les circonstances. En général, une personne maintiendra son appartenance à un groupe tant et aussi longtemps que les besoins que satisfait le groupe sont plus importants que les inconvénients qu'il engendre.

Le besoin d'affiliation

Le premier besoin fondamental menant à l'adhésion à un groupe est d'ordre social : le besoin d'affiliation. Il importe peu de savoir s'il s'agit d'un besoin naturel ou s'il a été acquis au cours des siècles; il n'en demeure pas moins que l'être humain est grégaire. Il a besoin d'interagir avec ses semblables et apprécie la présence des autres. Ce besoin d'affiliation tient aussi au fait que la plupart des individus désirent être acceptés par les autres. Ils désirent également accepter les autres (Sanford, 1973). Tous les groupes ne réussissent pas à satisfaire ce besoin, mais ils en ont tous la possibilité. Le besoin d'affiliation porte les personnes à s'adresser la parole, à entrer en relation.

Le besoin d'identification

Le deuxième besoin fondamental auquel un groupe peut répondre est le besoin d'identification. L'être humain typique ne se contente pas d'avoir des amis. Il désire appartenir, s'identifier à quelque chose. Le partage des mêmes valeurs ou d'une idéologie avec un petit groupe l'amène à répondre plus facilement à l'éternelle question: qui suis-je? Ce besoin d'identification se manifeste d'ailleurs par la tendance qu'a tout individu à se percevoir comme membre d'un petit groupe plutôt que d'une grosse organisation, car cette dernière ne peut facilement lui donner ce sentiment d'appartenance (Dubrin, 1984). C'est ainsi qu'au moment de la pause café, on verra se regrouper les féministes, les indépendantistes ou les sportifs.

Le besoin de comparaison sociale

Par ailleurs, le besoin de comparaison sociale amène une personne à se joindre à un groupe pour évaluer ses propres idées, opinions et jugements. En effet, il peut s'avérer important, pour un individu, de se comparer aux autres afin de savoir si ses opinions correspondent à la réalité sociale. Cela lui permettra alors de se conformer aux idées véhiculées par ce groupe ou de décider de ne pas en faire partie (Dessler, 1976).

Le besoin de sécurité

La sécurité est un besoin important auquel un groupe peut répondre. Dans toute organisation, des situations menaçantes pour l'individu sont susceptibles de se présenter. Il devient alors essentiel pour lui de pouvoir s'appuyer sur quelqu'un qui lui est sympathique et qui a déjà vécu des problèmes similaires. Le groupe sert donc à aider un individu à résoudre une foule d'incertitudes.

Dans le même sens, afin de résoudre un problème complexe, quelqu'un demandera souvent de l'aide à un collègue, plutôt que de s'adresser à son supérieur immédiat. Le groupe ici a pour fonction de protéger ses membres contre des pressions extérieures ou contre l'autorité. En effet, les cas de résistance manifestée par des groupes vis-à-vis de nouvelles demandes provenant de la direction sont très nombreux et très bien documentés. Qu'il s'agisse de productivité accrue, d'heures supplémentaires, de meilleure qualité du produit ou de mise en place de nouvelles techniques, il arrive souvent que ces demandes menacent effectivement l'individu, et que seul le groupe auquel il appartient ait la force nécessaire pour lui permettre de s'en sortir, favorablement ou non.

Le besoin d'estime et de pouvoir

Le groupe permet à ses membres de satisfaire leurs besoins d'estime et de pouvoir (Reitz, 1977). Un individu dont le travail est peu valorisé par l'organisation, qui est affecté à une tâche routinière peut compenser ce sentiment d'insignifiance par le groupe dont il fait partie. En effet, les relations entre les membres du groupe sont intenses et fréquentes. En outre, elles fournissent souvent à quelqu'un la possibilité de se mettre en valeur. Il n'est pas rare de voir des individus jouir de la plus haute estime de leurs collègues alors que dans l'organisation hiérarchique du travail, rien n'indique une telle situation. La satisfaction d'un besoin de pouvoir est d'ailleurs très liée à cet aspect. Là encore, le groupe peut jouer un rôle clé envers certains individus, par la création de mini-organisations dont le fonctionnement permet à plusieurs d'exercer du pouvoir sur d'autres.

Le besoin de coopération

La dernière raison fondamentale suscitant l'apparition de groupes dans les organisations est la contribution individuelle de chacun à l'atteinte des objectifs. Il arrive souvent que la constitution d'un groupe soit le seul moyen qui permette d'accomplir une tâche, car la coopération facilite grandement les choses. Devant le nombre et la complexité des problèmes auxquels les organisations font face aujourd'hui, la mise en commun d'information, de connaissances, d'expériences ou d'équipements s'avère nécessaire. Ainsi, les parents dont les enfants s'adonnent au même sport se chargeront, à tour de rôle, de transporter ces derniers sur les lieux de leur activité. Ils économisent temps et argent. Les personnes en quête d'un service auront tendance à se regrouper spontanément et à aller chercher auprès d'une personne expérimentée le service en question. Il n'est pas rare que des opérateurs ou des opératrices des mêmes machines se réunissent pour partager de l'information.

Les raisons liées à la nature des groupes

Pourquoi un individu désire-t-il devenir membre de tel groupe plutôt que d'un autre ? Quelles raisons ou quels facteurs influencent ses choix ? Il va de soi que sur ce plan, les raisons sont beaucoup moins générales et universelles. Connaître ces facteurs permet à l'individu de mieux saisir la complexité et la profondeur des comportements organisationnels et des phénomènes de groupe.

La similitude des attitudes et de l'expérience

Le premier facteur qui exerce une grande «force d'attraction» chez l'individu est lié à la similitude qu'il reconnaît entre les attitudes des membres du groupe et les siennes. Se joindre à des individus qui partagent bon nombre de ses valeurs et de ses attitudes peut être très sécurisant pour une personne. Le groupe lui permet de renforcer ses croyances et de mieux défendre son moi, surtout dans une société marquée par l'anomie. Des recherches montrent que fréquemment, les similitudes transcendent les principales différences socio-économiques, comme la race (Byrne

et Wong, 1962). Un groupe à caractère idéologique, comme Greenpeace, illustre ce que nous venons d'expliquer. Dans cet exemple, les membres du groupe partagent les mêmes valeurs. On peut également partager des activités comme la marche le midi.

Dans le même ordre d'idées, la similitude sur le plan des origines, des expériences diverses, du sexe, de l'âge et de l'éducation, notamment, est un facteur important qui explique la composition d'un groupe. Le dicton «qui se ressemble s'assemble» se révèle des plus appropriés. L'éclosion de groupes forts est favorisée par de telles similitudes.

Les personnalités compatibles

L'intensité et la durée des relations interpersonnelles sont fortement influencées par la compatibilité des personnalités. Il est ici question de compatibilité, et non de personnalités similaires ou identiques. Des recherches montrent que ce qui semble importer le plus dans les relations interpersonnelles est l'attirance ressentie par une personne envers celles dont la personnalité confirme l'image que cette personne a d'elle-même. À cet égard, le renforcement et les attentes prédominent. Par exemple, une personne qui se perçoit comme ayant besoin d'être dominée sera attirée par des personnes à personnalités dominatrices (Secord et Backman, 1964). Inversement, il sera très difficile pour une personne de demeurer dans un groupe où les personnes sont incompatibles avec elle-même.

La possibilité d'interaction

Il est évident que des gens qui ne peuvent ni se voir ni se parler ne seront pas attirés les uns vers les autres. Cette constatation simpliste entraîne pourtant plusieurs conséquences sur le fonctionnement d'une organisation. On a beau faire partie de la même organisation, exécuter le même travail, poursuivre les mêmes objectifs, si l'on est situé dans des lieux physiques différents, les interactions se réduiront peut-être à la rencontre lors du «party» de Noël.

Lorsqu'on aménage les lieux de travail et que l'on dessine un organigramme, on crée alors les éléments de base qui, plus tard, serviront à la formation de groupes informels et de cliques. Comme les personnes qui vivent ou travaillent ensemble ont plus de chances d'être en interaction, il devient fort probable qu'elles se lient d'amitié et viennent à former un groupe (Reitz, 1977). On insiste notamment sur la disposition des bureaux, l'architecture générale de la bâtisse. Tous ces éléments peuvent contribuer ou nuire à la formation de groupes informels, quel que soit le groupe formel auquel les individus appartiennent. Ainsi, des bureaux fermés, éloignés les uns des autres diminuent les interactions entre les individus, et par le fait même, leur collaboration éventuelle et la formation d'amitiés. Tout ceci peut expliquer pourquoi certains individus tiennent à avoir leur bureau près du patron, car la proximité augmente les chances d'interaction.

9.1.4 Les sources de la force d'un groupe

Dans la documentation classique sur le fonctionnement des organisations, les exemples de politiques, de procédures et de normes de rendement qui s'avèrent inopérationnelles en raison de la présence de groupes informels sont fréquents. Pour différentes raisons, ces «organisations dans l'organisation» s'opposent aux décisions émanant de la direction et définissent elles-mêmes certaines façons de faire. Tous les membres du groupe s'y conforment, même si les dirigeants essaient par tous les moyens de briser cette force officieuse et pour le moins embêtante. D'ailleurs, parce que des gestionnaires ont dû faire face à de tels groupes, il existe une certaine méfiance quant à la formation de groupes informels dans les organisations. Certains groupes peuvent devenir si puissants qu'ils sont en mesure d'empêcher complètement une organisation d'atteindre ses buts.

En ce qui a trait à l'influence d'un groupe sur le comportement de ses membres, et même sur leurs perceptions, qu'il suffise de mentionner l'expérience de Solomon E. Asch (1963). Une des expérimentations classiques d'Asch consista à former divers groupes de huit étudiants de niveau collégial et à les soumettre à l'expérience suivante. On montrait une ligne d'une longueur déterminée à chaque participant et on lui demandait ensuite de choisir, parmi trois autres lignes de longueur inégale, celle qui était de la même longueur que la première. Par ailleurs, les responsables de l'expérience demandaient à sept membres de chaque groupe de donner la même mauvaise réponse et de s'exprimer avant que le huitième participant, qui n'était pas de connivence, le fasse. Laissé complètement libre, le huitième membre de chaque groupe faisait face au dilemme suivant : étant donné qu'il parlait le dernier, ou il disait exactement ce qu'il pensait, ou il donnait la même réponse que les autres afin de ne pas paraître dissident. Dans environ un tiers des cas, le huitième participant préférait suivre la tendance exprimée par ceux qui le précédaient, c'est-à-dire donner une fausse réponse.

Devant ce résultat surprenant, il importe de rappeler que la question posée est une évidence (lignes de longueur différente) et qu'en plus, ces groupes sont très faibles (rapidement constitués, peu d'interactions, sentiment d'appartenance peu développé) par rapport à ceux qui existent habituellement dans les organisations. Si ces groupes peuvent amener un individu à se comporter de cette façon une fois sur trois, il est facile d'imaginer la pression qu'un véritable groupe peut exercer sur ses membres. Ainsi, des membres de groupes sont amenés à une certaine conformité en dehors de laquelle ils sont marginalisés.

L'un des pionniers des nombreuses recherches faites sur les groupes, Georges C. Homans (1950), a élaboré un modèle qui aide grandement à expliquer les phénomènes de groupe. Homans considère le groupe comme un système social comportant trois éléments de base, comme on peut le voir à la figure 9.1.

FIGURE 9.1
Le modèle de Homans

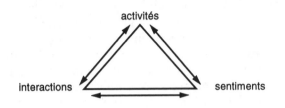

Les activités constituent en fait les tâches que les membres du groupe accomplissent. Les interactions comportent les relations que les membres du groupe doivent entretenir pour remplir leurs tâches. Finalement, par sentiments, Homans entend les valeurs et attitudes qui se cultivent à l'intérieur des groupes et entre les membres. En principe, ces trois concepts sont indépendants et distincts. Cependant, dans un groupe, comme les flèches l'indiquent à la figure 9.1, ils sont interdépendants et se renforcent mutuellement. Un changement dans l'une des composantes va nécessairement en entraîner un dans les deux autres. Voyons de façon plus opérationnelle comment ce modèle peut être utile.

De toute évidence, dans une organisation, certaines tâches doivent être effectuées, sans quoi celle-ci n'a plus sa raison d'être. Ces tâches amènent un nombre de personnes à travailler ensemble, donc à interagir. Elles acquièrent ainsi des sentiments réciproques. Plus le nombre d'interactions se multiplie, plus les sentiments sont favorables; et plus ces sentiments sont favorables, plus les personnes ont tendance à adopter des valeurs et des attitudes (sentiments) similaires. C'est alors que les normes de groupe commencent à apparaître. Selon les situations qui se présentent, des attentes se créent à l'égard du comportement des membres du groupe. Si le comportement ne se conforme pas aux façons de faire ou de penser jugées normales par le groupe, l'individu peut s'attendre à être pénalisé d'une façon ou d'une autre.

Les pénalités prennent souvent la forme d'une marginalisation, pouvant aller jusqu'à l'exclusion de l'individu par le groupe et à l'isolement qui va jusqu'à l'oubli. Dans des cas extrêmes, ne pas se conformer aux façons de faire du groupe peut, pour un membre de la mafia par exemple, mener à la mort.

9.1.5 Les conséquences de la présence d'un groupe

Indépendamment de notre volonté, des groupes informels ou psychologiques apparaissent à un moment donné dans la vie d'une organisation. Il importe donc de connaître les principaux avantages liés à l'existence de telles entités, afin d'en maximiser les effets bénéfiques et d'en tirer profit le plus possible. Il faut également être conscient des désavantages associés à la formation de tels groupes.

Les avantages

Le fonctionnement général d'une organisation

La formation de groupes informels permet à une organisation de mieux fonctionner. Organigrammes, manuels, politiques ou procédures sont des outils indispensables, mais très peu appropriés dans plusieurs cas. Leur rigidité est néfaste dans des situations où une intervention dynamique est requise. Par leur spontanéité et leur souplesse naturelle, les groupes informels deviennent des éléments complémentaires très importants du fonctionnement global ou général d'une organisation. En somme, en s'intégrant aux groupes ou aux systèmes formels, ils augmentent considérablement l'efficacité générale de l'organisation (Dubin, 1951 ; Shartle, 1949).

Les communications

Les groupes informels constituent un réseau de communication (Walton, 1961) très efficace.

Comme ils court-circuitent l'organigramme établi, l'information est véhiculée beaucoup plus rapidement dans ce réseau imprévu que si l'on s'en remettait uniquement aux organes officiels. Dans des situations tendues, ou dans un contexte très changeant, cet avantage n'est pas à dédaigner.

Une soupape de sécurité

De tels groupes constituent également une soupape de sécurité. Le sentiment de frustration qu'un individu peut éprouver, ou encore l'apparition de certains problèmes émotifs quasi inévitables qui relèvent du fonctionnement d'une organisation peuvent être amoindris si cet individu fait partie d'un groupe informel. Le fait d'avoir des collègues qui le comprennent, sur lesquels il peut se fier et auxquels il peut s'ouvrir, constitue un atout important. Si cette «porte de sortie» n'existait pas, les conflits au sein des organisations seraient beaucoup plus nombreux et certainement plus intenses. De plus, le niveau de motivation pourrait s'en ressentir.

Le contrôle

Même si ceci semble paradoxal, le groupe informel (perçu comme défiant constamment l'autorité) aide à assurer un meilleur contrôle sur les individus. Si la direction connaît bien son mode de fonctionnement et que, dans l'ensemble, il s'intègre bien à l'organisation, ce groupe lui permet de relâcher sa vigilance sur certains points pris en charge par le groupe. Une foule d'aspects auxquels on doit normalement apporter une attention soutenue tombent ainsi sous la responsabilité des groupes informels, comme le phénomène des normes de groupe qui touchent habituellement au rythme de travail, à la ponctualité, et à la discipline.

La stabilité

Une plus grande stabilité organisationnelle découle normalement de l'existence de groupes informels. En raison des forts liens émotifs qui en unissent les membres, du sentiment d'appartenance et de sécurité qui s'en dégage, l'individu réfléchit à deux fois lorsqu'il est tenté de quitter l'organisation. Un départ signifie souvent la rupture de ces liens très importants.

Bref, la présence de groupes informels peut améliorer le fonctionnement d'une organisation à cause de la dynamique que ces groupes peuvent instaurer. Améliorer les communications, créer une soupape de sécurité pour le déversement des tensions sont deux fonctions que peuvent remplir les groupes informels. En maintenant un certain niveau de relation dans une organisation, ils contribuent à la stabiliser. De plus, par le phénomène des normes de groupe, ils exercent un certain contrôle sur ses membres.

Les inconvénients

La résistance au changement

Dans un contexte défavorable, ou encore à cause de l'incurie d'un gestionnaire vis-à-vis des phénomènes de groupe, la plupart des avantages énumérés peuvent devenir des inconvénients majeurs, et nuire grandement au fonctionnement d'une organisation (Davis, 1977). Le fait que chaque groupe définisse ses propres normes de comportement peut provoquer une résistance au changement. Par exemple, de nouvelles techniques peuvent exiger des employés une modification des modes usuels de fonctionnement. Il faut alors que les membres du groupe soient bien préparés aux changements envisagés, sinon ils ne se départiront pas facilement de leurs habitudes et feront preuve d'imagination quant aux moyens à utiliser pour faire échouer la réforme. Pour parer à cet inconvénient lorsqu'on veut instituer un changement majeur, on tente de rallier les groupes à son avis, en prenant soin de leur expliquer le pourquoi du changement, et de les rassurer sur l'effet de celui-ci dans l'organisation de leur travail.

Les rumeurs

Le groupe informel constitue certes un rouage important de la diffusion de l'information au sein de l'organisation, mais il peut aussi devenir la source de nombreuses rumeurs qui peuvent nuire. Savoir quelle information est véhiculée par le réseau informel et agir promptement lorsque la situation l'exige sont des éléments déterminants. Certaines rumeurs sont inoffensives ou mêmes profitables. D'autres, généralement moins nombreuses, sont nocives et doivent être combattues par le rétablissement des faits. Une organisation doit pouvoir compter sur un réseau formel d'information, afin de pouvoir transmettre ses propres messages, ce qui neutralise l'aspect pernicieux des rumeurs.

Les situations conflictuelles

L'un des rôles importants du groupe informel est de satisfaire les besoins sociaux de ses membres. Très fréquemment, dans certaines organisations, la satisfaction de ces besoins exige des comportements qui nuisent à l'atteinte des objectifs de l'organisation. Le conflit surgit alors. Par exemple, le besoin d'échanger et de communiquer intensément avec certains collègues peut exiger que les pauses café s'éternisent. Mais où ira la productivité si un tel comportement se généralise et perdure?

Le conformisme

Finalement, la pression qu'un groupe exerce sur ses membres peut libérer le gestionnaire d'une certaine surveillance tatillonne, mais un très grand conformisme peut en résulter. Certains auteurs sont même d'avis que, contrairement à ce qui est généralement dit ou inféré à cet égard, les groupes informels jouent un rôle important dans le processus d'uniformisation des comportements, qui est tant décrié. Les politiques et normes, procédures et traditions administratives ne sont pas les seules responsables de cette robotisation de l'homme dans l'organisation. Les groupes informels y sont également pour quelque chose et souvent, ces groupes interviennent pour ralentir la productivité et imposer la cadence acceptable. Qui n'a pas eu connaissance

de ces employés qui arrivent dans un département et qui, tout feu tout flamme, se mettent à l'ouvrage? Le groupe ne tardera pas à modérer les ardeurs de ces nouveaux employés.

Au fond, les inconvénients liés à la présence de groupes informels dans les organisations sont à l'opposé de leurs avantages. Les groupes peuvent empêcher l'organisation de changer ou de s'adapter à de nouvelles réalités. Prenant le pas sur la communication formelle, les rumeurs peuvent la remplacer et ainsi empêcher le bon fonctionnement de l'organisation. Les groupes informels peuvent imposer des règles qui vont à l'encontre des objectifs de l'entreprise, par exemple imposer le rythme de travail ou la longueur des pauses et des discussions.

9.2 LA STRUCTURE DES GROUPES

Il n'est pas toujours facile de se faire accepter dans un groupe. Même informels, les groupes imposent des normes et des valeurs. Certains adoptent des signes de reconnaissance particuliers, par exemple, la poignée de main du Club des 100 Watts. Dans certains groupes, il faut être parrainé, et d'autres initient leurs membres. Dans d'autres encore, on adoptera un langage, un cri de ralliement ou on évitera soigneusement tel ou tel sujet. En fait, c'est souvent en devenant membre d'un groupe qu'une personne prend conscience des normes, des valeurs du groupe et des rôles que l'on y joue. L'étude du fonctionnement des groupes permettra donc de mieux comprendre ses propres expériences de vie de groupe.

9.2.1 Les normes et les valeurs

Jusqu'à maintenant, les sentiments, y compris les valeurs et les attitudes, ont été présentés comme étant des éléments de base du groupe. En explicitant sommairement, à l'aide du modèle de Homans, les interrelations entre les activités, les interactions et les sentiments, l'émergence de normes de groupe nous est apparue comme quasi normale et inévitable. Sources de conformisme, les normes constituent le ciment qui unit le groupe. Elles ont pour fonction d'indiquer aux membres les comportements jugés désirables pour se maintenir et atteindre leurs objectifs.

On peut aussi définir les normes comme étant des croyances partagées par les membres sur les comportements appropriés ou inappropriés dans des situations précises (Cohen et coll., 1976). Ces normes peuvent porter sur une foule d'aspects (façon de se vêtir, de parler, d'aborder le superviseur, rythme de travail, notamment). Certaines sont formelles ou officielles, d'autres, informelles.

Comme Dalton (1959) l'a écrit, il ne faut pas croire que ces dernières sont de moindre importance, car la norme informelle est essentiellement de même nature que la norme formelle. Cependant, il faut la transgresser pour savoir qu'elle existe (Davis, 1969). Les vêtements ou le niveau de langue, le choix d'une place à table ou dans une salle illustrent ce type de norme. Il est intéressant de noter que lorsque la norme est violée, la réprimande ne sera pas prononcée ouvertement, mais on fera sentir à l'individu qu'il a enfreint la règle. Par exemple, l'ostracisme est très souvent utilisé comme mécanisme de sanction d'une norme, et son efficacité est légendaire. On isolera le déviant en ne lui parlant plus. On l'exclura des activités sociales ou encore, lorsqu'il sera en difficulté, personne ne viendra à son secours. Des formes de sanction encore plus violentes mais plus subtiles consistent à faire en sorte que les supérieurs soient bien informés de toutes les erreurs du coupable, commises dans le cadre de son travail, ou à saboter son équipement en son absence. Dans les cas extrêmes, la violence physique est parfois utilisée contre un déviant.

Au sein d'un groupe, les normes servent une fin essentielle : elles exemptent du recours constant au pouvoir personnel. En d'autres mots,

elles dépersonnalisent la nature de l'influence ou des sanctions, car elles constituent une mesure de contrôle extérieure aux personnes. Celui qui contrevient à une norme s'expose à la désapprobation du groupe en entier et non à celle d'un seul individu.

Les valeurs d'un groupe sont intimement liées au concept de norme. Alors qu'une norme est une conception partagée par les membres d'un groupe sur ce qu'est un comportement acceptable, une valeur est beaucoup plus fondamentale : il s'agit d'une notion de ce qu'est un comportement idéal. Cet idéal ne s'atteint ordinairement pas, mais les membres y aspirent quand même. Ces idéaux communs, que tous les membres partagent en principe, sont nommés « mythes » par certains auteurs (Sayles et Strauss, 1972). Cette appellation met en évidence le fait que souvent, ces valeurs ne sont basées sur aucune donnée réelle, bien que le groupe les considère comme telle.

9.2.2   Les rôles

Le concept de rôle

Aux frontières de la psychologie et de la sociologie, le concept de rôle est fondamental dans l'étude du fonctionnement des groupes. Un rôle sous-tend une série de comportements et d'attitudes directement liés au fait d'occuper un poste. Quelle que soit la personne qui occupe un poste, on manifeste des attentes à son égard. On s'attend à ce que le détenteur d'un poste se comporte d'une certaine façon et que dans l'exercice de sa fonction, il assume le rôle associé à son poste.

En fait, la fonction principale du rôle est d'assurer la prédiction des comportements. Par ailleurs, sans l'existence de rôles, la vie en société comme la vie en groupe serait impensable. Ce serait l'anarchie, le chaos (Cohen et coll., 1976). On s'attend à ce qu'un policier, un professeur, un médecin, un gestionnaire, notamment, se comportent d'une certaine façon. Bien sûr, le détenteur du rôle dispose parfois d'une marge de manœuvre importante, mais, dans une organisation, il y a des limites qui ne peuvent être dépassées au risque de perturber le fonctionnement général. Par exemple, on s'attend à ce que l'animateur de la réunion permette la communication, et non à ce qu'il prenne la parole et monopolise toute la place. On s'attend également à ce qu'un directeur d'usine dirige, et non à ce qu'il fasse le pitre pour amuser la galerie.

Ces modèles d'origine socio-culturelle se retrouvent également dans les groupes, où ils se manifestent par une série de prescriptions sociales quant à la façon dont l'acteur doit s'acquitter de certaines tâches. Comme dans le cas des normes, le détenteur du rôle ne peut pas trop s'éloigner des attentes des autres par rapport à la fonction qu'il exerce. S'il le fait, il peut s'attendre à créer certains malaises dans le groupe et à subir des pressions qui visent à le ramener à son rôle premier. Le rôle devient donc un mécanisme de différenciation important dans le fonctionnement d'un groupe, tout en étant limitatif. Dans certains cas, il est possible de ne pas se conformer aux attentes des autres et de résister aux rôles qu'on semble vouloir nous attribuer, mais il ne faut pas minimiser l'effort que cela exige, et les risques que cela comporte.

Les différents types de rôle

Dans un groupe, il est possible de classifier les rôles selon leur fonction respective (Bales, 1950). Premièrement, on peut parler des rôles axés sur la tâche, c'est-à-dire ceux qui aident à remplir la mission du groupe. Dans cette catégorie, on retrouve notamment l'initiateur (celui qui propose des tâches ou des objectifs, qui définit le problème ou suggère des procédures), le solliciteur d'information (demande des faits, des données, des impressions, cherche des suggestions, des idées), et le clarificateur (interprète les idées ou les suggestions, définit les termes, indique les solutions possibles et ramène le groupe sur la piste).

Une deuxième catégorie de rôles concerne l'aspect social du groupe. Ces rôles servent à maintenir de bonnes relations entre les membres. On trouve alors notamment le facilitateur (farceur, essaie de réconcilier les points de vue divergents et réduit la tension), le gardien (veille à ce que les canaux de communication demeurent ouverts et encourage la participation de tous), le soutien (encourage, reconnaît et accepte la contribution des autres) et l'expert en compromis (lorsqu'il y a conflit, suggère des compromis et admet les erreurs).

Finalement, on trouve des rôles axés sur la satisfaction de besoins personnels ou d'objectifs indépendants des raisons d'être du groupe. La variété des rôles qui appartiennent à cette catégorie est pratiquement infinie. C'est le bouffon ou encore l'éternel pleurnichard qui se plaint constamment du comportement des autres. Même si, a priori, ce rôle peut sembler bizarre, le groupe tolère de tels comportements et, de plus, pour l'individu qui l'assume, c'est une façon de répondre à un besoin, si ce n'est que celui de se défouler. Pour qu'un groupe fonctionne bien, il doit régner une sorte d'équilibre entre les rôles des deux premières catégories. De plus, le groupe ne doit pas comporter trop de «bouffons» ou de «farceurs» ou de «pleurnichards», c'est-à-dire des personnes trop axées sur la satisfaction de leurs propres besoins, d'autant plus que le rôle d'une personne entraîne généralement les autres à tenir un ou plusieurs rôles complémentaires.

Au cours de l'évolution d'un groupe, tous ces rôles sont susceptibles de se manifester. Ils reflètent évidemment la personnalité et les besoins des détenteurs de rôle, mais dans l'optique du groupe, un rôle sera jugé plus important s'il contribue à l'atteinte de l'objectif fondamental.

Les conflits de rôle

La même personne peut exercer plusieurs rôles, ou le même rôle peut être assumé par plusieurs personnes en même temps. Il s'ensuit donc une possibilité de conflit. On parle de conflit **intra-rôle** lorsque les attentes des participants à l'égard du détenteur du rôle ne sont pas compatibles. Les cadres intermédiaires vivent souvent ce genre de conflit de rôle. Par exemple, les subordonnés peuvent s'attendre à ce que les cadres intermédiaires représentent leur façon de voir auprès des cadres supérieurs, alors que ces derniers croient que le rôle de cadre intermédiaire consiste à défendre leur point de vue auprès des employés. Coincé entre les deux rôles, le cadre intermédiaire vit alors une très grande tension.

Un conflit **inter-rôles** se présente lorsqu'un acteur est détenteur de plus d'un rôle à la fois. Ce cas peut survenir lorsque la même personne est membre de plusieurs groupes qui ont des attentes différentes quant à son comportement. Par exemple, un professeur d'une commission scolaire peut aussi être commissaire dans une autre institution. En période de négociations collectives, sa situation peut devenir très embêtante, pour ne pas dire insoutenable. Un autre exemple de ce conflit peut être illustré par la participation d'employés aux conseils d'administration. La détermination de la masse salariale peut donner lieu à des situations de tension.

Ces deux types de conflits de rôle sont les plus connus et les plus répandus, mais ils n'englobent pas toutes les possibilités. Voilà pourquoi Kahn et Katz (Kahn et coll., 1964) proposent pour leur part quatre types de conflits de rôle, soit le personnel, l'intra-émetteur, l'inter-émetteur et enfin le conflit inter-rôles, présenté précédemment.

Un conflit de type **personnel** naît lorsqu'on demande à un individu de poser des gestes qui sont incompatibles avec son système de valeurs. Par exemple, un commis comptable que l'on obligerait à ne pas tenir compte de certaines transactions, au profit d'un membre influent d'une organisation.

Dans une situation où l'on exigera d'un employé qu'il satisfasse simultanément à deux demandes contradictoires, par exemple maintenir un bon climat de travail dans une unité de production tout en abolissant des postes, il y aura conflit **intra-émetteur**, soit un conflit du deuxième type.

Quant à la troisième catégorie proposée par ces auteurs, soit le conflit **inter-émetteur**, il survient lorsqu'une personne fait face à deux ou à plusieurs émetteurs qui ne s'entendent pas sur le rôle que cet employé doit jouer. Par exemple, il est possible qu'un employé d'une organisation de type matriciel qui relève de plusieurs supérieurs vive une situation de conflit inter-émetteur lorsque ceux-ci ne s'entendent pas sur le rôle que cet employé doit jouer. De même, le professeur qui doit composer avec la direction de son école, ses étudiants et leurs parents vit ce genre de conflit. Même s'il joue pour tous le rôle de professeur, les attentes de chacun ne sont pas les mêmes à son égard.

En raison de la complexité croissante des organisations, une cinquième catégorie, pas encore définie par les chercheurs, pourrait ici s'élaborer. Cette catégorie se situe entre l'inter-émetteur et l'inter-rôles ; plus précisément, elle fait le lien entre ces deux catégories. Il s'agit de cas où deux ou plusieurs émetteurs semblent s'entendre sur un rôle, tandis que dans les faits, compte tenu de la complexification des rôles dans nos organisations, un conflit peut apparaître quand même. La probabilité de conflit croît en fonction de la complexité du rôle que les deux émetteurs exigent d'un employé. Et plus un rôle est complexe, plus il peut être difficile de le concevoir de façon identique, et pour l'employé, de le percevoir de façon identique.

L'ambiguïté des rôles

Des difficultés, qui risquent parfois de dégénérer en conflits, naissent du fait que les rôles sont définis vaguement. En fait, nombre de conflits ont pour origine les ambiguïtés qu'engendre l'ignorance de l'une ou l'autre des parties, quand cette ambiguïté n'est pas entretenue consciemment. Une situation où il n'existe pas d'entente entre la définition du rôle donné par la direction et la perception de ce même rôle par l'employé peut mener à des conflits. Plus un employé sait ce qu'on attend de lui, plus il sera satisfait et fournira un bon rendement. De plus, l'ambiguïté dans la définition des rôles est un facteur de stress. Ceci nuit autant à l'organisation qu'aux employés qui en sont victimes et coûte un prix exorbitant. Pourtant, cet aspect est souvent négligé dans les organisations.

Les conflits de rôle sont des situations très pénibles qui perturbent l'individu et qui peuvent rendre une partie de l'organisation dysfonctionnelle. Comprendre quels mécanismes sont en jeu dans cette dynamique peut mener à les éviter, ou si ce n'est pas possible, du moins à les expliquer.

9.2.3 Le statut

Souvent confondue avec le rôle, la notion de statut nous apprend quelle est la position occupée par une personne dans un groupe. Le statut est le rang d'un individu dans un système social. Selon certains critères, il s'agit de la valeur d'un individu dans le groupe. Ce rang ou cette valeur sont basés sur la reconnaissance de la contribution de ce membre au groupe. Plus la contribution d'un individu est jugée nécessaire, plus son statut, son rang ou sa valeur augmenteront. De plus, le statut peut évoluer dans le temps en fonction des situations vécues dans le groupe.

Cependant, les bases de cette évaluation sont très variables. Le prestige d'une personne au sein d'un groupe repose sur certains critères, notamment l'ancienneté, l'expérience, le titre, l'âge, le salaire, le sexe, l'éducation. Certains de ces facteurs sont incontrôlables (l'âge et le sexe); on parlera alors de «statut attribué». Par contre, d'autres critères comme l'expérience et l'éducation peuvent s'acquérir. L'expression «statut atteint» est alors utilisée.

Dans les groupes, les sources de statut peuvent être formelles. Il s'agit alors du titre d'un poste, de responsabilités, de droits, de privilèges, de salaire, d'ancienneté. Elles peuvent aussi être informelles, comme le niveau de culture, le niveau socio-économique, l'âge, le sexe, les habiletés.

On appelle «chercheurs de statut» les personnes qui se servent d'un groupe pour acquérir un statut. Elles cherchent à obtenir des responsabilités et, ainsi, à se donner de la valeur. Souvent, leur contribution sera inférieure à celle des individus qui normalement mériteraient le statut dont elles jouissent.

Dans un groupe, même démocratique et parfois même à caractère collégial, l'égalité entre les membres ne dure pas longtemps. Des différences se dégagent rapidement, et certains membres attirent plus de respect (ils contribuent généralement à la tâche). D'autres sont plus appréciés (ils contribuent généralement au maintien des fonctions sociales dans le groupe). S'il est rare que les membres d'un groupe soient enclins à parler ouvertement ou d'une façon explicite de leur statut, un observateur peut en inférer une bonne partie à l'aide de différents indices. Par exemple, ceux dont le statut est moins élevé ont tendance à permettre à ceux qui bénéficient d'un statut supérieur d'amorcer les interactions, de proclamer des affirmations sans les remettre en question, ou encore de distribuer des récompenses et des sanctions informelles. De plus, les personnes de statut élevé sont portées à intervenir plus que les autres et à agir comme représentants du groupe. Le leader d'un groupe est la personne qui détient le statut le plus élevé.

CONCLUSION

Dans une organisation, qu'on le veuille ou non, les groupes ont tendance à se former de manière spontanée. Un groupe est réellement constitué lorsqu'il existe des interactions et des interdépendances entre les membres, que ces derniers partagent des buts communs et une structure d'organisation, qu'il existe des normes acceptées par le groupe et une certaine unité d'action dans la poursuite des objectifs.

Les groupes formels, constitués par la direction d'une entreprise ou d'une organisation, répondent à des besoins précis tandis que les groupes informels, par leur nature, naissent selon les circonstances et sont souvent perçus par les gestionnaires comme des empêcheurs de tourner en rond. Cependant, comme les premiers, ils peuvent servir l'organisation qui sait les utiliser. On se sera rendu compte à la lecture du présent chapitre qu'il est inutile de combattre la formation des groupes. Cette bataille est perdue d'avance car les individus, autant pour se connaître que se protéger, auront tendance à rejoindre d'autres individus. Comme l'a démontré Mayo (1971), les groupes informels sont importants dans une organisation. Bien utilisés, ils contribuent à augmenter la productivité en créant des conditions favorables au travail ou en minimisant certains problèmes souvent impossibles à éviter.

Lorsqu'ils deviennent «une organisation dans l'organisation», les groupes informels constituent une véritable menace. Poursuivant des buts qui ne sont pas ceux de l'organisation, ils peuvent la mettre en péril. Cependant, on peut constater que l'organisation qui a laissé naître et croître de tels groupes en son sein éprouvait déjà des difficultés.

Bien que l'individualisme règne en maître, il n'est plus possible aujourd'hui de traiter une organisation comme un agrégat d'individus. Les groupes formels et informels existent et sont autant de constituants de l'entreprise, laquelle ils façonnent et modèlent à leur manière. Puisqu'ils répondent aux besoins fondamentaux des êtres humains, il est plausible que les groupes continueront d'occuper une large place dans le système social et organisationnel. D'ailleurs, dans de nombreuses organisations dont la gestion est exemplaire, le groupe devient un élément principal du fonctionnement.

Pour les individus, les groupes répondent à des besoins fondamentaux absolument incontournables. Ils viennent rompre l'isolement social qui est le lot de nos contemporains. Pour certains, les groupes apportent la sécurité, pour d'autres, et peut-être pour une majorité de personnes, les groupes faciliteront l'expression et la réalisation de soi (Aktouf, 1989).

QUESTIONS

1. Nommez quatre groupes dont vous faites partie, et pour chacun d'eux, dites s'il est formel ou informel.

2. D'après votre expérience personnelle dans un groupe dont vous faites partie, précisez les besoins que ce groupe comble chez vous.

3. Comment différenciez-vous un groupe d'une organisation?

4. Quelle est votre position à l'égard des groupes qui forment «une organisation dans l'organisation»? Trouvez des avantages et des inconvénients.

5. Choisissez un groupe dont vous faites partie et que vous connaissez bien:
   a) définissez sa structure;

b) d'après des comportements que vous avez observés, précisez les rôles que les membres jouent ;

c) trouvez des normes formelles et informelles ;

d) sur quel critère le statut des membres est-il basé ?

6. En puisant dans votre propre expérience, déterminez un groupe et décrivez les actions qu'il a menées afin de résoudre un problème. Notez
les bons coups qu'il a réussis et les erreurs qu'il a pu commettre ;

a) les principaux acteurs ont-ils toujours été les mêmes ?

b) le problème a-t-il été évalué ?

RÉFÉRENCES BIBLIOGRAPHIQUES

AMBLARD, H., ABRAMOVICI, N. B., LIVION, Y. E., POISSON, P. et ROUSSILLON,
S., *Management des ressources humaines*, Paris, Eyrolles, 1988.

AKTOUF, O., *Le management entre tradition et renouvellement*, Boucherville, Gaëtan
Morin Éditeur, 1989.

ASCH, S. E., «Effects of Group Pressure upon the Modification and Distorsion of
Judgments», dans Guetzhow, H. (éd.), *Groups, Leadership and Men*, New York,
Russel and Russel Publishers, 1963.

AUBRY, J. M. et SAINT-ARNAUD, Y., *Dynamique des Groupes, Initiation à son esprit
et à quelques-unes de ses techniques*, Montréal, Les Éditions de l'Homme, 1975.

BALES, R. F., *Interaction Process Analysis, a Method for the Study of Groups*, Reading,
Mass., Addison-Wesley, 1950.

BENABOU, C. et ABRAVAREL, H., *Le comportement des individus et des groupes
dans l'organisation*, Boucherville, Gaëtan Morin Éditeur, 1986.

BERNILLON, A. et CERUTTI, O., *Les outils du management de la qualité*, Paris, Les
Éditions d'Organisation, 1989.

BYRNE, D. et WONG, T. J., «Racial Prejudice, Interpersonal Attration and Assumed
Dissimilarity of Attitudes», *Journal of Abnormal and Social Psychology*, vol. 65,
1962.

COHEN, A. R., FINK, S. L., GADON, H. et WILLITTS, R. D., *Effective Behavior in Organizations*, Homewood, Ill., Irwin Dorsey Limited, 1976, p. 38.

DALTON, M., *Men Who Manage*, New York, John Wiley & Sons, 1959.

DAVIS, J. H., *Group Performance*, Reading, Mass., Addison-Wesley, 1969.

DAVIS, K., *Human Behavior at Work: Organizational Behavior* (5e éd.), New York,
McGraw-Hill, 1977.

DESSLER, G., *Human Behavior: Improving Productivity at Work*, Reston, Virg.,
Reston, 1980.

DESSLER, G., *Organization and Management: A Contingency Approach*, Englewood
Cliffs, N.J. Prentice-Hall, 1976.

DICKSON, J. W., *Management and the Worker*, Cambridge, Mass., Harvard University Press, 1939.

DOUGLAS, T., *Basic Work Group*, New York, N. Y., International Universities Press, 1978.

DUBIN, R., *Human Relations in Administration*, Englewood Cliffs, N.J., Prentice-Hall, 1951.

DUBRIN, A. J., *Foundations of Organizational Behavior: An Applied Perspective*, Englewood Cliffs, N.J., Prentice-Hall, 1984.

HICKS, H. G., *The Management of Organization* (2e éd.), New York, McGraw-Hill, 1972.

HOMANS, G. C., *The Human Group*, New York, Harcourt, Brace and Company, 1950.

HUSE, E. F., «The Behavioral Scientist in the Shop», *Personnel*, 42, mai-juin 1965.

HUSE, E. F. et BOWDITCH, J. L., *Behavior in Organizations: A Systems Approach to Managing* (2e éd.), Reading, Mass, Addison-Wesley, 1973.

KAHN, R. L., WOLFE, D. M., QUINN, R. P., SNAEK, J. D. et ROSENTHAL, R. A., *Organizational Stress: Studies in Role Conflict and Ambiguity*, New York, John Wiley & Sons, 1964.

MAILLET, L., *Psychologie et organisations: l'individu dans son milieu de travail*, Montréal, Les Éditions Agence d'Arc, 1988.

MAYO, E., *The Human Problems of an Industrial Civilization* (2e éd.), Boston, Mass., Harvard University Graduate School of Business Administration, Division of Research, 1946.

MAYO, E., «Hawthorne and the Western Electric Company», dans Pugh, D. S. (éd.), *Organizational Theory*, Middlesex, England, Penguin, 1971.

REITZ, J. H., *Behavior in Organizations,* Homewood, Ill., Richard D. Irwin, 1977.

ROBBINS, S. P., *Essentials of Organizational Behavior* (2e éd.), Englewood N. J., Prentice-Hall, 1988.

ROETHLISBERGER, F. J., *Management and Morale*, Cambridge, Mass., Harvard University Press, 1952.

ROJOT, J. et BERGMANN, A., *Comportement et organisation*, Paris, Vuibert Gestion Cal., dirigé par J. P. Helfer et J. Orsonie, 1989.

ROSENZWEIG, J. E. et KAST, F. E., *Organization and Management*, Graduate School of Business Administration, University of Washington, 1970.

ROSS, R. S., *Small Groups in Organizational Settings*, Wayne State University, 1989.

SAINT-ARNAUD, Y., *Les petits groupes: participation et communication* (2e éd.), Montréal, Presses de l'Université de Montréal, Éditions du CIM, 1989.

SANFORD, A. C., *Human Relations: Theory and Practice*, Columbus, Ohio., Merrill Books, 1973.

SAYLES, L. R. et STRAUSS, G., *Personnel: The Human Problem of Management* (3e éd.), Englewood Cliffs, N.J., Prentice-Hall, 75, 1972.

SCHEIN, E. H., *Organizational Psychology* (3e éd.), Englewood Cliffs, N.J., Prentice-Hall, 1980.

SECORD, P. F. et BACKMAN, C. W., «Interpersonal Congruency, Perceived Similarity and Friendship», *Sociometry*, vol. 27, 1964.

SHARTLE, C. L., «Leadership and Executive Performance», *Personnel*, mars 1949.

SHAW, M. E., *Group Dynamics: The Psychology of Small Group Behavior* (3e éd.), New York, N. Y., McGraw-Hill, 1981.

SZILAGYI, A. D. et WALLACE, M. J. Jr., *Organizational Behavior and Performance* (2ᵉ éd.), Glenview, Ill., Scott Foresman, 1980.

WALTON, E., « How Efficient is the Grapevine », *Personnel*, mars-avril 1961.

WHYTE, W. F., *Organization and Behavior*, Homewood, Ill., Richard D. Irwin and the Dorsey Press, 1969.

LA DYNAMIQUE DES GROUPES

Nicole Côté

AU QUÉBEC, CHACUN POUR SOI! AILLEURS, CHACUN POUR TOUS!

Le catholicisme a produit des Québécois individualistes, le protestantisme, des Canadiens anglais solidaires.

Comment décrire des Canadiens anglais? Les questions sur la tolérance révèlent deux phénomènes reliés chez nos voisins. D'abord, l'accent mis sur la moralité, une espèce de recherche de pureté qui s'exprime par un contrôle direct sur le corps et sur le plaisir. Des règles strictes sont édictées et doivent être suivies. Ensuite, l'attitude face aux jeunes. C'est net, en comparaison, le Québec a tendance à placer les jeunes presque sur un pied d'égalité, à juger qu'ils doivent faire leurs propres expériences. Les Canadiens anglais se donnent un rôle beaucoup plus directif auprès de leurs enfants. En tant que parents, ils sont garants de la moralité des enfants. Leur réponse aux questions sur les relations sexuelles des adolescents est très colorée par ces deux phénomènes.

Les Canadiens anglais sont aussi beaucoup moins soucieux de l'apparence que nous ne le sommes. Nous voulons marquer notre identité sociale. Eux n'en font pas un plat. L'engagement communautaire est aussi beaucoup plus fort chez nos voisins, ce qui est lié au passé religieux. Au Québec, le leadership était laissé aux autorités cléricales. Le curé nous disait quoi faire, puis ce fut le tour des leaders politiques; plus récemment, il y a eu un transfert vers les gens d'affaires. Mais le Québécois pense que l'institution, pas l'individu, doit régler les problèmes. Au Canada anglais, la tradition protestante faisait appel à la conscience de chacun, et c'est la somme des individus qui formait la communauté, pas sa hiérarchie. Ce qui fait que les individus se mobilisent, se regroupent, s'engagent plus volontiers que nous.

Les Québécois ne sont-ils pas en train d'acquérir ce même sens des responsabilités? Je l'ai cru jusqu'à l'année dernière, car on enregistrait une convergence, faible mais présente, d'une année à l'autre. Mais cette année je note des différences majeures dans l'évolution des valeurs. On voit partout une croissance importante du sens du devoir, qui était en déroute pendant toutes les années 80, quand les gens étaient de plus en plus centrés sur leurs besoins et leurs droits. On note le retour du devoir au Québec comme au Canada, mais avec une signification culturelle totalement différente. Au Québec, faire son devoir ou prendre ses responsabilités est une démarche individualiste. «Il faut que je sauve ma peau, que je sois plus responsable financièrement et personnellement», dit-on. Au Canada anglais, le sens du devoir est collectif. «Il faut se serrer les coudes, travailler tous ensemble.» C'est encore l'éthique protestante. Une des conséquences: la sensibilité face à la protection de l'environnement a continué à augmenter au Canada anglais, parce que c'est une des formes que prend l'engagement social. Mais au Québec, cette année, on est moins prêt que jamais à payer plus cher pour sauver la planète.

Source: Article de Giguère, A., «Au Québec, chacun pour soi! Ailleurs, chacun pour tous!», *L'actualité*, janvier 1992, p. 24.

INTRODUCTION

Il semble bien que certains peuples, comme certains individus, aient plus d'aptitudes que d'autres à collaborer et à travailler en équipe soit à cause de leur tempérament, soit à cause de leur histoire. Le fait d'être individualiste comporte certains avantages, mais de nos jours, il est de plus en plus difficile de survivre et de s'épanouir sans établir des contacts avec d'autres personnes ou d'autres systèmes.

Travailler en équipe est devenu une nécessité dans les organisations modernes. En effet, en raison de la complexité des problèmes à résoudre et de la rapidité croissante des changements à l'échelle planétaire, aucun individu ne peut à lui seul diriger une grande organisation. C'est dire que tout leader, tout chef d'entreprise doit, d'une part, savoir s'entourer de collaborateurs compétents et, d'autre part, amener des gens à travailler ensemble. Il est donc primordial qu'il sache comment fonctionnent les groupes et qu'il dispose de certaines grilles d'analyse qui l'aideront à mieux comprendre ce qui se passe lorsque des individus se réunissent pour travailler. Cette compréhension lui permettra tout d'abord d'être un bon membre de sa propre équipe et de bien fonctionner avec ses collaborateurs immédiats. Elle lui sera également utile lorsqu'il aura à intervenir dans le développement des divers groupes de l'entreprise.

Pour bien saisir ce qu'est la dynamique d'un groupe, il faut considérer le groupe dans une perspective évolutive et discerner les différentes étapes de son développement. Il importe également de comprendre les facteurs qui en influencent le fonctionnement et qui peuvent l'amener à atteindre un bon niveau de cohésion et de rendement. Enfin, puisque le groupe fait partie d'un système social, il est intéressant de voir comment il interagit avec les autres groupes du milieu.

10.1 LA DYNAMIQUE D'UN GROUPE

Le groupe n'est pas statique. Il bouge, il change, il évolue, les relations entre ses membres se transforment et, en cours d'interactions et en raison de ces dernières, les membres finissent par fonctionner différemment. Le groupe est en soi une dynamique.

Le développement du groupe peut être défini comme étant le processus par lequel le groupe se forme, grandit et se dissout. Comme le développement du groupe passe par celui de ses membres, ainsi, l'évolution des individus est tributaire de l'évolution du groupe ou des groupes auxquels ils appartiennent.

10.1.1 Le développement des membres du groupe

La première décision qu'un individu doit prendre lorsqu'il se trouve face à un groupe est la suivante : vais-je ou non en joindre les rangs (Mackie et Goethals, 1987) ? Il y a plusieurs avantages à faire partie d'un groupe. On peut accomplir des tâches qu'il serait impossible d'effectuer seul, et le contact avec les autres oblige à s'auto-évaluer constamment à plusieurs points de vue.

Par exemple, la seule façon de savoir si l'on est un bon joueur de hockey est de faire partie d'une équipe, car comment le savoir si on lance des rondelles dans un filet désert ? De plus, le groupe offre protection et sécurité : on se sent appuyé lorsqu'on fait partie d'une équipe soudée. Et, naturellement, le groupe favorise les contacts et la convivialité. Toutefois, il n'y a pas que des avantages. Être membre d'un groupe suppose que l'on perde un peu de son indépendance, qu'il faille parfois changer d'attitude et de comportement pour être bien accepté par les autres, et que l'on doive tenir compte des désirs des autres en plus des siens.

La socialisation au sein d'un groupe se fait en plusieurs étapes (Moreland et Levine, 1982), comme l'indique la figure 10.1. D'abord, l'individu entre dans la catégorie des nouveaux membres. Le groupe tente de l'intégrer et, ce faisant, de susciter sa contribution. Réciproquement, l'individu essaie d'amener le groupe à répondre à ses besoins et à ses désirs. Une fois que l'individu est devenu membre du groupe à part entière, l'objet de la négociation change. Le groupe détermine des rôles et des positions qu'il aimerait voir occuper par ses membres, et les membres définissent le travail à faire en fonction des rôles qu'ils désirent jouer. Si les membres se rendent

FIGURE 10.1
Le processus
de socialisation
dans un groupe

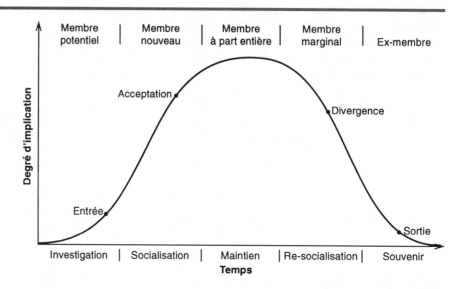

Source : Traduit et adapté de MORELAND, R.L. et LEVINE, J.M., «Socialization in Small Groups : Temporal Changes in Individual Group Relations», dans Berkowitz L. (éd.), *Advances in Experimental Social Psychology*, vol. 15, New York, N. Y., Academic Press, 1982, p. 153.

compte en cours de route que le groupe ne satisfait plus leurs besoins, ils commencent à remettre en question leur appartenance au groupe, cherchent un groupe qui leur conviendrait mieux ou deviennent des membres marginaux. Si le groupe ne réagit pas, n'essaie pas de les réintégrer, les membres le désertent.

10.1.2 Les stades de développement du groupe

Tout comme ses membres, le groupe change, traverse des crises et se développe. Tuckman (1965) a précisé cinq stades de développement : la formation du groupe, la confrontation des besoins, l'établissement des normes, l'atteinte des résultats, la dissolution du groupe. À chaque stade, on observe des différences entre les comportements axés sur la tâche et ceux axés sur les relations interpersonnelles. Selon les différences, à chaque phase de développement du groupe, les stratégies d'intervention du leader doivent évoluer.

La formation du groupe

La période de formation d'un groupe est associée à la recherche d'identité. Quand des personnes se réunissent pour la première fois, chacune d'elles doit trouver sa place. Les questions que les membres du groupe se posent à ce moment-là sont les suivantes :

– Comment dois-je me présenter ?
– Qui sont ces personnes ? Lesquelles vais-je aimer ? Lesquelles vais-je détester ?
– Quelle sorte de groupe est-ce ?
– Qu'est-ce qui va se passer ici ?
– Serai-je accepté ? rejeté ?
– Qu'est-ce que je vais découvrir sur moi-même ?
– Quelle sont les règles du jeu ?
– Qu'est-ce qu'il y a à faire ?

Bref, c'est la période au cours de laquelle les gens trouvent un leader et discutent de leurs tâches. Cette première étape de la vie du groupe est toujours anxiogène, et les participants ont tendance à adopter des comportements défensifs.

Lorsqu'il y a un chef officiel, ils dépendent de lui et communiquent alors par son entremise.

C'est durant ce temps que les participants adoptent ce qu'on appelle des « comportements d'introduction ». Ils peuvent :

- réserver leurs impressions jusqu'à ce que la situation soit plus claire ;
- foncer et manifester plus de confiance en eux qu'ils n'en ressentent en réalité ;
- être confus parce qu'ils ne comprennent pas ce que l'on attend d'eux ;
- être polis et gentils, éviter toute expression d'hostilité ;
- observer et faire une analyse coût-bénéfice de leur participation au groupe (Napier et Gershenfeld, 1985).

La confrontation des besoins

À ce stade parfois « orageux », les membres se posent des questions telles que :

- Puis-je découvrir ce que je veux ici ?
- Comment vais-je obtenir ce que je désire ?
- Qui va m'influencer le plus ? le moins ?
- Comment vais-je exercer mon pouvoir ?

Et ils tentent d'influencer le groupe de façon à satisfaire leurs besoins personnels. Des conflits surgissent quand chacun essaie de s'approprier le pouvoir. On s'affronte à propos des priorités, de la distribution des responsabilités. Certains membres se retirent ou essaient de s'écarter de la tension émotive ainsi créée. À ce stade, il est important de gérer le conflit, et non de le supprimer ou de s'en retirer. La simple suppression du conflit laisse un goût amer que les membres garderont longtemps après, et le retrait ne fera qu'anéantir le groupe plus vite.

Concrètement, on observe une contre-dépendance, c'est-à-dire une opposition au leadership. Il arrive souvent que le déclencheur de cette deuxième période d'évolution soit la contestation par un ou plusieurs membres de l'autorité du leader officiel. Il importe que ce dernier soit conscient de cette remise en question et

qu'il permette l'expression des contestations, sinon le groupe n'arrive pas à s'affranchir de la dépendance et, par conséquent, a du mal à devenir réellement productif.

L'établissement des normes

Après un certain moment de tiraillements, le groupe concentre son énergie sur la réduction des conflits en se fixant des règles du jeu, soit des normes qui guideront le comportement de chacun. Les personnes dont le comportement est axé sur la tâche commencent à partager de l'information, à accepter l'opinion des autres et tentent d'atteindre un consensus. Ceux qui sont axés sur la solidarité mettent l'accent sur l'empathie et la saine expression des sentiments, de manière à créer une certaine cohésion au sein de l'équipe.

L'atteinte des résultats

À cette étape, chaque membre travaille à l'atteinte des buts communs. Les rôles de chacun sont acceptés et compris. Certains groupes continuent à apprendre et à se développer en s'appuyant sur leurs expériences antérieures et sur de nouvelles données. Ils améliorent systématiquement leur efficacité (Crouch, 1987). Par contre, d'autres groupes, particulièrement ceux dont les normes ne sont pas utiles ou efficaces, peuvent tout au plus survivre à cette étape, en raison d'un trop grand égocentrisme de la part des membres, de l'élaboration de normes qui inhibent l'efficacité ou encore d'un leadership déficient.

La dissolution du groupe

Enfin, la dernière étape, celle de la dissolution, amène ni plus ni moins la fin des comportements axés sur la tâche et le désengagement d'un ou de plusieurs membres clés. Lorsque le groupe atteint un bon niveau de maturité, les membres sont devenus interdépendants et ont créé entre eux une certaine intimité. La qualité des relations repose sur le climat de confiance qui s'est formé au sein de l'équipe. L'intimité apparaît si l'on a réussi à démontrer qu'il suffit de faire preuve de clarté et de sincérité pour obtenir de l'aide et de la compréhension dans le groupe.

Selon Schein (1969), un groupe a atteint la maturité s'il s'est doté de mécanismes efficaces pour assurer la rétroaction à ses membres, s'il a une procédure de prise de décisions satisfaisante, s'il a atteint une cohésion optimale, s'il fait preuve d'une certaine souplesse de procédure et d'organisation, s'il utilise au maximum les ressources fournies par ses membres, si ses communications sont claires, si ses buts sont précis et acceptés de tous, s'il jouit d'une certaine interdépendance avec les autorités, s'il exerce un leadership de style participatif et enfin, s'il accepte les points de vue et les personnes minoritaires. Notons qu'il n'est pas nécessaire que le groupe se dissolve lorsqu'il a atteint la maturité. Certains groupes, tout comme certains individus, vivent très longtemps.

FIGURE 10.2
Les facteurs qui influencent les comportements et les membres d'un groupe

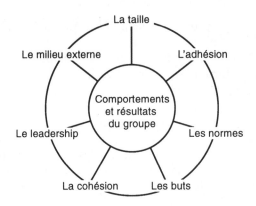

Source : Traduit de HELLRIEGEL, D., SLOCUM, J.W. Jr. et WOODMAN, R.W., *Organizational Behavior* (5ᵉ éd.), St. Paul, Minn., West Publishing Company, 1989, p. 211.

10.2 LES PHÉNOMÈNES D'INFLUENCE

Au cours de son évolution, le groupe est influencé par de nombreux facteurs qui ont des répercussions sur les résultats ainsi que sur le fonctionnement. Hellriegel et coll. (1989) en ont déterminé sept : la taille du groupe, l'adhésion, les normes, les buts, le leadership, le milieu externe et la cohésion. La figure 10.2 en présente un schéma.

Tous ces facteurs sont interreliés, ce qui rend très complexe l'explication du phénomène d'influence.

10.2.1 La taille du groupe

La taille du groupe exerce une forte influence sur le mode de fonctionnement. Il semble que, de façon générale, un petit groupe favorise des relations plus étroites, une connaissance plus approfondie des membres et une perception plus exacte de la situation à différents moments. Dans un grand groupe, les relations sont plus impersonnelles, et il faut plus de temps et de procédures pour informer adéquatement ceux qui doivent l'être. La coordination du travail y est aussi plus complexe. Par contre, l'assurance de disposer de nombreux effectifs pour accomplir le travail et l'entretien peut être sécurisante. Alors, si l'utilisation optimale des ressources constitue une préoccupation, on privilégiera le petit groupe : même si la quantité de ressources disponibles pour le travail est faible, il y est plus facile d'obtenir une bonne participation et de réaliser une meilleure coordination du travail.

10.2.2 L'adhésion au groupe

L'adhésion est une notion fondamentale dans l'étude des groupes. On peut la définir comme étant la liste des membres en règle d'un groupe.

Mais elle peut également comporter une dimension plus dynamique. Dans le groupe volontaire, elle représente évidemment l'association de membres qui désirent réaliser quelque chose ensemble, mais comporte aussi une dimension socio-affective qui agit sur la perception de chacun des participants.

Le sentiment d'appartenance

L'intensité de la solidarité des membres du groupe repose sur la nature des motivations personnelles qu'ont les membres de maintenir leur relation avec le groupe. Ces motivations sont de trois ordres :

1. Un membre peut partager l'idéologie du groupe et aimer le type d'activité qu'il pratique.
2. Il peut aussi avoir des affinités avec les gens du groupe.
3. Enfin, il peut considérer que sa participation au groupe satisfera ses besoins de prestige, de communication, par exemple.

Plus les sources de motivation sont fortes chez le membre, plus il sera intéressé à participer aux activités et plus il acceptera de responsabilités.

De même, plus le groupe réussit à satisfaire les individus qui le composent, plus le sentiment d'appartenance s'y développe et s'intensifie.

Les fonctions des membres

La plupart des comportements qu'adoptent les membres d'un groupe peuvent se regrouper autour de fonctions exercées à chaque fois que des gens se réunissent pour travailler ensemble. Ces fonctions se définissent différemment selon les auteurs, mais on trouve généralement, d'une part, des fonctions instrumentales ou axées sur la tâche et, d'autre part, des fonctions socio-affectives ou axées sur l'individu (Blake et Mouton, 1969).

L'analyse de Bales (1956), présentée à la figure 10.3, a notamment permis de regrouper les interactions des membres en 12 catégories qui se situent sur un continuum allant des interactions socio-affectives positives aux interactions socio-affectives négatives, en passant par les interrelations positives et négatives axées sur la tâche.

La composition du groupe

Depuis plus de 50 ans déjà, les chercheurs s'intéressent aux différences de sexe dans la composition d'un groupe. Ce sujet devient évidemment très pertinent en cette fin de siècle qui prône l'égalité des hommes et des femmes au sein du marché du travail. À cet effet, on pourrait se demander si les groupes composés d'hommes uniquement sont plus productifs que les groupes composés seulement de femmes. En 1987, dans une revue de quelque 52 études portant sur le sujet, Wood en est arrivé à la conclusion que les groupes formés uniquement d'hommes sont plus productifs que les groupes formés de femmes seulement, et ce, pour certains types de tâches. D'autres chercheurs (Carli, 1989 ; Amancio, 1989) ont suggéré, entre autres, que les hommes sont en général plus axés sur la tâche, alors que les femmes s'intéressent davantage aux facteurs sociaux et aux sentiments.

Les recherches précitées ne font que soulever un coin du voile qui dissimule le fait que les tâches utilisées pour mesurer les différences entre hommes et femmes étaient des exercices de résolution de problèmes, qui font particulièrement appel à des habiletés mécaniques ou mathématiques. Les hommes réussissant généralement mieux que les femmes à ce genre de tâches, on peut penser que les résultats de cette étude sont biaisés. Quand les tâches sont moins typées, les différences entre les groupes d'hommes et de femmes diminuent. Ces recherches soulèvent une autre question d'intérêt. Pour qu'un groupe fonctionne bien, on s'en doute, il doit être axé sur la tâche et les relations interpersonnelles. Ceci nous amène à dire qu'un groupe hétérogène où les hommes sont, de façon prédominante, axés sur la tâche et les femmes, sur les sentiments ou les relations interpersonnelles, fonctionnera mieux qu'un groupe homogène. De

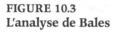

FIGURE 10.3
L'analyse de Bales

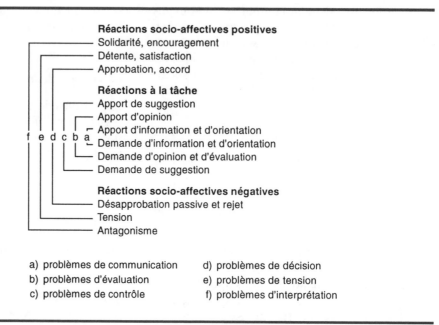

Réactions socio-affectives positives
— Solidarité, encouragement
— Détente, satisfaction
— Approbation, accord

Réactions à la tâche
— Apport de suggestion
— Apport d'opinion
— Apport d'information et d'orientation
— Demande d'information et d'orientation
— Demande d'opinion et d'évaluation
— Demande de suggestion

Réactions socio-affectives négatives
— Désapprobation passive et rejet
— Tension
— Antagonisme

f e d c b a

a) problèmes de communication   d) problèmes de décision
b) problèmes d'évaluation   e) problèmes de tension
c) problèmes de contrôle   f) problèmes d'interprétation

fait, les quelques recherches fondées sur cette hypothèse ont effectivement indiqué que les groupes mixtes sont plus efficaces que les groupes de même sexe. Les groupes mixtes ont un éventail plus large d'habiletés, et de façons d'aborder et de résoudre les problèmes. Une étude menée par Carli (1991) a démontré que des groupes composés en nombre égal d'hommes et de femmes deviennent plus centrés sur la tâche lorsque celle-ci est assignée par un homme. Par contre, ces mêmes groupes deviennent plus sensibles à la dimension affective ou sociale du groupe lorsque la tâche est assignée par une femme. Selon l'orientation qu'une organisation veut se donner, il est important de considérer la composition de ses équipes de travail.

10.2.3 Les normes

Les normes sont les règles ou les comportements qui ont été acceptés et reconnus comme étant appropriés au groupe (Hare, 1962). Elle sont

nécessaires au groupe pour lui permettre d'atteindre ses buts.

Les règles de l'organisation et les normes du groupe

Il arrive que les normes d'un groupe diffèrent des types fixés par la gestion. Ainsi, des employés de production qui accomplissent un travail routinier huit heures par jour peuvent mettre au point des méthodes de travail qu'ils croient plus appropriées que celles qui ont été élaborées par des ingénieurs qui, de leurs tables à dessin, ne tiennent compte que de la tâche. Les gestionnaires qui définissent les comportements uniquement en fonction de la tâche et qui omettent de tenir compte des relations humaines peuvent souvent provoquer la résistance des employés.

Les normes informelles ont parfois plus de poids que les règles écrites, les notes de service et les règles formelles. Les employés sont plus portés, et ce, souvent inconsciemment, à suivre la norme du groupe afin d'éviter le rejet des autres membres. Les syndicats très forts en font la preuve tous les jours. Certains employés se sont vus contraints de ralentir leur rythme de travail pour se soumettre à la moyenne du groupe plutôt qu'aux normes organisationnelles.

Les conditions à l'application des normes

Les groupes n'établissent pas des normes en vue de prévenir toutes les situations imaginables. Ils préconisent plutôt des normes relatives aux comportements qu'ils valorisent ou qu'ils croient particulièrement importants. Ces normes sont utiles si :

- elles contribuent à la survie du groupe ou lui apportent certains bénéfices ;
- elles simplifient ou rendent prévisibles les comportements des membres du groupe ;
- elles aident le groupe à éviter des problèmes interpersonnels qui pourraient être embarrassants (par exemple, une norme interdisant les relations sexuelles entre les membres du groupe) ;
- elles expriment les valeurs principales et les buts du groupe, et donnent au groupe un caractère distinctif (Feldman, 1984 ; Spich et Keleman, 1985).

Le conformisme

Selon Kiesler et Kiesler (1969), quand une organisation exerce des pressions sur ses employés afin qu'ils adhèrent à ses normes, ces derniers se conforment la plupart du temps, soit par soumission, soit par acceptation réelle. Dans le premier cas, l'individu peut ne pas accepter les normes et, malgré cela, s'y soumettre en raison de pression réelle ou imaginée. Son but est alors de donner une image d'unité, en particulier si son statut est élevé dans la hiérarchie. Par contre, si son statut est inférieur dans la hiérarchie, il pourra se soumettre en vue d'être accepté. Mais il peut adhérer aux normes simplement parce que la conformité est moins « coûteuse » pour lui que la nonconformité.

Le second type de conformisme, par acceptation personnelle, se manifeste lorsque les valeurs personnelles d'un individu épousent les normes du groupe. Par définition, ce conformisme est plus solide que le conformisme par soumission.

Quand un individu adhère personnellement à une valeur, il se conforme plus facilement aux normes qui l'accompagnent et se montre en même temps plus résistant aux changements de normes que l'organisation voudrait instaurer par la suite.

10.2.4 Les buts

Les buts visés sont les résultats ultimes que le groupe poursuit. Ils diffèrent des buts individuels des membres. Ils reflètent la nature du groupe en tant qu'entité distincte, en tant que système.

Les buts et les normes du groupe

Quand un groupe fonctionne bien, les normes qu'il se donne correspondent bien au but poursuivi. Elles constituent des règles du jeu qui favorisent l'atteinte des objectifs. Il arrive toutefois que certaines normes aillent à l'encontre du but visé par le groupe. Par exemple, un groupe peut aspirer à l'augmentation de la qualité de ses prestations mais en même temps, véhiculer une norme informelle, à savoir que les membres n'ont pas le droit de se critiquer mutuellement. À ce moment-là, l'absence de critique n'appuie absolument pas la recherche de l'excellence.

Les buts individuels et les buts collectifs

L'individu, le groupe et l'organisation ont chacun leurs buts précis. Il est fréquent, voire inévitable, que les buts soient conflictuels. Bien que la confrontation des objectifs soit une étape d'évolution normale du groupe, si l'incompatibilité est trop grande entre les objectifs de l'individu et ceux de son groupe, ou entre les objectifs du groupe et ceux de l'organisation, le système fera face à de sérieux problèmes.

10.2.5 Le leadership

Dans certaines organisations, il arrive qu'on dise de la personne qui détient le premier poste d'autorité qu'«elle a perdu son leadership» ou que «son leadership est menacé». Une même personne peut donc détenir le pouvoir de commander, c'est-à-dire le leadership officiel ou l'autorité, tout en ne disposant pas d'une autre forme d'influence. Cette dernière forme de leadership n'a pas d'existence formelle, et réside notamment dans la reconnaissance qu'ont les autres du bien-fondé de l'autorité de la personne.

Les chercheurs qui ont tenté de démontrer que le leadership est un attribut exclusif de la personne ont dû se rendre à l'évidence que la reconnaissance de l'individu par le groupe est cruciale dans l'établissement du leadership et que cette reconnaissance repose parfois bien plus sur les caractéristiques du groupe que sur celles de l'individu à qui le groupe reconnaît le leadership. Ainsi, les membres accordent leur confiance à l'un ou à l'autre d'entre eux non pas parce qu'ils veulent «suivre», mais plutôt parce qu'ils perçoivent que le geste posé par ce membre est conforme aux orientations du groupe et peut favoriser la réalisation de ses objectifs. Il importe de noter que même lorsqu'une personne est désignée «leader» par le groupe, elle n'est pas la seule à exercer de l'influence. Le leadership est, jusqu'à un certain point, une fonction collective.

Comme nous l'avons vu précédemment, il existe dans les groupes des rôles axés sur la tâche et des rôles axés sur les relations interpersonnelles. La plupart du temps, ces rôles sont partagés par plusieurs personnes du groupe, car ils exigent des qualités différentes et parfois, opposées. Toutefois, dans un groupe de travail, lorsque les comportements axés sur la tâche sont assumés par un leader informel, cela indique presque toujours un leadership officiel faible ou peu responsable. Par contre, en ce qui a trait aux relations interpersonnelles, il est fréquent que les responsabilités soient assumées par des leaders informels (Napier et Gershenfeld, 1983 ; Dimock, 1987).

10.2.6 Le milieu extérieur

Le milieu extérieur peut aussi influencer tous les facteurs précédemment énumérés. Par milieu extérieur, on entend toutes les conditions extérieures que le groupe ne peut maîtriser : la technologie, le cadre physique, les pratiques de gestion, le style de leadership, et le système de récompenses et de punitions (Davis, 1984 ; Fry et Slocum, 1984).

Qu'il nous suffise de penser à la nouvelle technologie de l'information, non seulement basée sur les ordinateurs, mais qui porte sur les communications en général : vidéo, télévision, télécopieur, radio, téléphone cellulaire, notamment. Cette technologie modifie toutes les interactions des gens. Au moment de l'implantation des nouveaux outils de travail, il importe que le gestionnaire fasse appel à son équipe et aux autres équipes de son organisation. Ainsi, l'organisation prendra en main l'intégration des technologies et pourra agir plutôt que de réagir sur son milieu.

10.2.7 La cohésion

Enfin, le dernier facteur d'influence, et non le moindre, la cohésion, représente la force du désir des membres de rester attachés au groupe et la profondeur de leur engagement à l'équipe. Ce facteur, en raison de son importance et de sa complexité, fait l'objet de la prochaine section.

10.3 LA CROISSANCE DE LA COHÉSION

La croissance de la cohésion d'un groupe conditionne l'intimité, la valeur des échanges et l'importance de l'expérience qu'y vivront les membres. Le gestionnaire doit donc comprendre ce qui crée la cohésion au sein d'un groupe et quels sont les effets favorables et défavorables de cette cohésion.

10.3.1 Les sources de la cohésion

Aucun groupe n'est identique à un autre. Une foule de facteurs peuvent expliquer cette situation, mais le degré de cohésion d'un groupe est sans doute le plus important. Toutes les composantes de la structure du groupe (rôles, normes, positions, par exemple) sont influencées par ce facteur. En effet, plus la cohésion d'un groupe est forte, plus les normes y sont fermes et plus on exige que les membres s'y conforment; en outre, il est probable qu'un petit nombre de leaders réussiront à exprimer les sentiments et à représenter les opinions de tous les membres sans que ceux-ci contestent. Dans un tel groupe, les statuts de chacun ne provoquent pas de conflits et les membres tiennent fortement à l'atteinte des objectifs du groupe, quels qu'ils soient. Si de tels groupes sont attaqués ou se sentent menacés, ils réagissent fortement. Par contre, un nouveau membre peut avoir beaucoup de difficulté à s'y intégrer et à s'y faire accepter; une période d'initiation sera souvent nécessaire. Le gestionnaire doit porter attention à ce phénomène lorsqu'il est appelé à embaucher quelqu'un. Voici les principales sources de cohésion des groupes.

Le fonctionnement du groupe

Un groupe ne peut être uni que s'il a réussi les activités reliées à la tâche et à l'aspect social, et que si les comportements égocentriques et narcissiques ont été minimisés. En d'autres mots, il faut qu'il y ait une direction efficace des activités instrumentales et des activités socio-affectives.

La taille du groupe

Si un groupe est trop petit (deux ou trois personnes), il est possible que toutes les activités instrumentales et celles qui sont liées à l'aspect socio-affectif ne soient pas accomplies, étant donné le manque de ressources. Par contre, si le groupe est trop grand, les communications peuvent être plus difficiles, et le degré de frustration des membres augmentera rapidement. Souvent, lorsque les groupes comptent plus de 10 ou 12 membres, il y existe une tendance à la formation de sous-groupes.

L'homogénéité du groupe

Ce facteur influence grandement le degré de solidarité ou de cohésion d'un groupe. Par homogénéité, on entend une similarité des valeurs, des intérêts, de l'expérience et de la provenance des membres. Si ceux-ci sont très différents sous ces aspects, il est fort probable que se forment des sous-groupes en compétition les uns avec les autres. Le conflit peut devenir si intense que l'objectif commun risque d'être complètement oublié.

La position du groupe dans l'organisation

Plus le groupe est élevé dans la hiérarchie, plus les membres ont tendance à faire preuve d'une grande loyauté à son égard. Par ailleurs, on observe le phénomène inverse aux niveaux les plus bas d'une organisation. Comme beaucoup d'individus à ce niveau aspirent à des promotions, ils s'attachent très peu à leur groupe de travail. Ils se considèrent plutôt comme des membres temporaires ou accidentels du groupe.

Les pressions extérieures

Elles jouent un rôle important dans la cohésion d'un groupe. Il s'agit même d'un des moyens les plus rapides de favoriser une grande solidarité entre les membres. En effet, lorsqu'il y a un danger pour le groupe, on oublie facilement ses petites disputes et on se serre les coudes pour combattre l'ennemi. Cette cohésion est d'ailleurs susceptible de se prolonger encore longtemps après la disparition du danger. Dans une organisation, l'ennemi ou le danger peut prendre plusieurs formes: un conflit avec les dirigeants, la concurrence avec un autre groupe en vue d'obtenir un privilège, ou encore une grande méfiance entre les services de soutien et les services affectés à la production.

Le succès

L'atteinte des buts poursuivis est également garante d'une bonne cohésion, jusqu'à devenir parfois un cercle vicieux. Un groupe uni a plus de succès qu'un groupe divisé, et le succès renforce la cohésion. Logiquement, les membres d'un groupe qui cumule les échecs ont peu de propension à suivre les normes du groupe. En fait, si cette situation perdure, ils vont plutôt essayer de s'affilier à d'autres groupes.

L'isolement

Une autre source de cohésion est liée à l'emplacement physique du groupe. Plus un groupe est isolé d'autres groupes, plus son degré de cohésion aura tendance à être élevé. La raison de ce phénomène est simple et logique : comme les membres d'un groupe isolé ont peu de relations avec l'extérieur, ils en viennent rapidement à partager les mêmes valeurs et les mêmes façons de se comporter. Le degré de solidarité et de conformité exigé des membres se trouve donc naturellement très élevé.

La philosophie de gestion

Si les pratiques administratives consistent à encourager continuellement et systématiquement la compétition entre les individus, et à toujours comparer les employés entre eux, les liens interpersonnels deviendront quasi impossibles. Cela est particulièrement visible dans les organisations où il existe des systèmes de rendement au mérite, à caractère fortement compétitif (la vente, par exemple).

10.3.2 Les effets de la cohésion

Le degré de cohésion que le groupe atteint influence grandement ses activités et son rendement. On observe ainsi plusieurs effets importants à différents niveaux.

Les effets sur la communication

Les membres de groupes dont la cohésion est forte communiquent davantage entre eux que les membres de groupes dont la cohésion est plus faible. En fait, il semble que la communication et l'interaction sociale soient à la fois des causes et des effets de la cohésion des groupes. Les interactions augmentent l'attrait interpersonnel des membres et leur intimité, et la cohésion entraîne à son tour des communications plus intenses.

Les effets sur l'auto-évaluation

Il semble que l'appartenance à un groupe très uni amène les membres à évaluer le groupe, la tâche du groupe et eux-mêmes de manière plus favorable que lorsque le groupe est moins uni. Être accepté par un groupe jugé fort est très valorisant, et les individus qui éprouvent une solide attraction pour leur groupe accroissent leur estime d'eux-mêmes et leur sentiment d'appartenance à mesure que s'intensifient la cohésion et l'intimité.

Les effets sur l'hostilité et l'expression de l'agressivité

Comme la cohésion augmente le sentiment d'appartenance au groupe, elle tend à susciter des sentiments discriminatoires envers les étrangers. Ainsi, les membres de groupes à forte cohésion semblent exprimer davantage d'hostilité et d'agressivité vis-à-vis de l'extérieur que les membres de groupes à plus faible cohésion.

Les effets sur la conformité et l'influence

Dans un groupe très uni, les membres s'apprécient beaucoup les uns les autres et se perçoivent comme relativement semblables. Ces phénomènes les rendent plus dépendants du groupe et plus susceptibles d'être influencés par leurs collègues.

En outre, le fait que la communication soit plus intense dans un tel groupe accentue la conscience qu'a chaque membre des normes et des sanctions du groupe, ce qui renforce leur conformité. Ainsi la cohésion, la communication et la conformité sont très reliées. Un haut degré de cohésion du groupe accroît l'attraction qu'éprouvent les membres pour leur groupe, ce qui augmente la dépendance des membres et améliore les communications relatives aux normes et à l'idéologie.

Les effets sur le rendement

Les études sur les groupes ont démontré que la relation entre la cohésion d'un groupe et le rendement n'est ni simple ni directe. Ce dernier dépendrait plutôt des buts du groupe. Il semble en effet que si le but du groupe est un rendement meilleur, alors une plus forte cohésion permettra d'atteindre ce but. Toutefois, si le groupe a pour objectif d'éviter le travail ou de faire congédier le patron, la cohésion amènera une baisse de productivité. La cohésion n'influence pas tant le rendement que la détermination du groupe à réaliser ses buts, quels qu'ils soient.

10.3.3 Les dangers de la cohésion

Comme dans le cas de bien des phénomènes reliés aux comportements organisationnels, il est très difficile de faire des généralisations valables à propos de la cohésion du groupe, qui en soi est un facteur neutre. L'effet de la cohésion sur l'organisation repose sur les orientations qui existent à l'intérieur du groupe. Si celles-ci vont dans le sens des objectifs poursuivis par l'organisation dans son ensemble, tout va bien. Dans le cas contraire, la cohésion d'un groupe peut devenir un obstacle majeur pour l'organisation. Mais il y a plus.

L'infatuation de groupe

En effet, un groupe trop solidaire peut développer des modes de fonctionnement des plus préjudiciables. Grâce principalement aux observations et aux réflexions d'Irving Janis (1982), les inconvénients

d'une trop grande solidarité sont maintenant mieux connus; on leur donne le nom d'infatuation de groupe ou de «perte d'esprit critique». Janis a voulu répondre à l'interrogation suivante: «Comment se fait-il que des personnes aussi intelligentes et expérimentées que celles de l'équipe qui entourait le président Kennedy au début des années 60 aient pris une aussi mauvaise décision que celle d'envahir Cuba (baie des Cochons)?» Il maintient d'ailleurs que les mêmes phénomènes ont joué dans les décisions qui ont mené à la guerre du Viêt-nam, à la guerre de Corée et au bombardement de Pearl Harbor. D'autres affirment que le même raisonnement s'applique aux décisions qui ont contribué à l'éclatement du scandale du Watergate.

Selon Janis, un groupe trop solidaire risque d'adopter une série de normes tout aussi nuisibles les unes que les autres. Souvent, on renforce la fidélité des membres au groupe aux dépens de la pensée critique, si bien que le dissident craint peu à peu de dire ce qu'il pense réellement. De plus, cette trop grande fidélité peut signifier qu'il faut se conformer aux décisions déjà prises, même si elle sont mauvaises; la situation évoluera alors en escalade, c'est-à-dire que des mesures de plus en plus graves seront prises (le cas du Viêt-nam en est un triste exemple). Janis et d'autres chercheurs ont également remarqué que dans un groupe trop solidaire, on devient obnubilé par le consensus, si bien que les solutions possibles à un problème ne sont pas évaluées rationnellement et objectivement, de peur de créer des tensions ou des conflits. Ces études et observations remettent également en question une vieille croyance selon laquelle, dans un groupe solidaire, les membres se sentent libres de dire tout ce qu'ils pensent. Il semble qu'une trop grande solidarité entraîne aussi chez les membres une assimilation très forte des normes. Une des conséquences de cette assimilation est que chaque membre désire avant tout éviter la désunion, ce qui l'incite à tenir pour juste instinctivement n'importe quel but proposé par le leader ou par la majorité des membres.

De telles situations méritent qu'on s'y arrête, et tout individu préoccupé par le fonctionnement des groupes doit y prêter attention. Heureusement, il existe toute une série de symptômes assez évidents qui permettent de reconnaître facilement le phénomène de «perte d'esprit critique».

Le sentiment d'invulnérabilité

Le phénomène d'infatuation de groupe amène souvent les groupes à se former un sentiment d'invulnérabilité, ce qui peut avoir des conséquences désastreuses. Dans tous les cas étudiés (baie des Cochons, Viêt-nam, Pearl Harbor, notamment), les personnes en cause sont devenues beaucoup trop optimistes et téméraires. Elles avaient également tendance à ne pas tenir compte des signes de danger même lorsqu'ils étaient très clairs.

La rationalisation

Un groupe qui perd son esprit critique en vient à justifier et à expliquer n'importe quoi. Les éléments qui devraient normalement amener le groupe à remettre en question les décisions prises ou en voie de l'être, ou encore à réexaminer complètement la situation, sont minimisés ou tout simplement éliminés. L'autocensure constitue également un autre symptôme. Les membres évitent de briser ce qui semble être le consensus du groupe: ils ne formulent pas leurs objections et minimisent l'ampleur de leurs doutes.

La fausse unanimité

La fausse unanimité constitue un autre phénomène assez fascinant. Les silences ou les abstentions de certains membres sont interprétés automatiquement comme étant des signes d'approbation. Les façons de voir du leader ou de la majorité des membres sont acceptées telles quelles, et la pression que le groupe exerce fait en sorte que les dissidents ou ceux qui ne partagent pas les mêmes idées sont incités à se taire. On attend de tout membre loyal qu'il soit d'accord, afin que l'unanimité qui fait la force du groupe et qui est garante de son succès ne soit pas brisée.

Les stéréotypes

Un dernier indice peut dénoter la présence du phénomène de «perte d'esprit critique». Les membres du groupe auront, d'une part, des opinions stéréotypées sur les groupes adverses ou ennemis et, d'autre part, une conviction inébranlable de la justesse ou de la moralité de leurs propres actions. On est en présence de stéréotypes lorsque, par exemple, les leaders des groupes ennemis sont perçus comme étant tellement malintentionnés, de si mauvaise foi, qu'il ne vaut pas la peine d'essayer de négocier sérieusement avec eux. Ou encore, lorsqu'on les considère à ce point faibles ou stupides que tout effort visant à concilier les différences est perçu comme étant voué à l'échec. Ce sentiment est renforcé par une croyance très forte en la moralité des actes du groupe lui-même. Le groupe est si convaincu de représenter la juste cause que tous les moyens paraissent bons pour l'atteindre. L'éthique relative aux conséquences des décisions est généralement passée sous silence.

Tous ces phénomènes ont de nombreuses conséquences. Ils mènent entre autres à un processus décisionnel fautif à plusieurs égards. Ainsi, les groupes ont tendance à se limiter à l'examen de quelques possibilités seulement, lesquelles vont souvent dans le même sens. On ne réévalue pas la solution retenue, même si le déroulement prévu ne survient pas. L'information est filtrée et seule celle qui renforce les décisions est retenue. Quant aux impressions ou aux évaluations provenant de personnes extérieures au groupe, elles sont évitées le plus possible ou alors, à peine prises en considération.

Éviter l'infatuation de groupe

Janis et Mann (1977) ont mis au point un modèle qui explique bien le processus de l'infatuation de groupe. Selon eux, les groupes ont tendance à s'isoler de façon à ne pas s'exposer à un examen minutieux de la part d'autres groupes. Les membres des groupes finissent par adopter des attitudes semblables et homogènes. La présence d'un leader fort et respecté qui ne reste pas impartial dans la prise de décisions contribue à renforcer cette tendance. En fait, des travaux récents (Hart et Kroon, 1988 ; Vinokur et coll., 1985) suggèrent que le comportement du leader est encore plus déterminant que la cohésion du groupe. Finalement, l'infatuation de groupe sera accentuée s'il existe un contexte situationnel qui soumet le groupe à un haut niveau de stress et qui influence l'estime de soi des membres, que ce soit à cause d'échecs antérieurs ou de la trop grande difficulté de la tâche à accomplir.

L'infatuation de groupe est-elle un phénomène inévitable quand les forces en présence sont un leader fort et un groupe très cohésif, qui doivent prendre des décisions importantes ? Heureusement pas. Il faut remarquer que l'infatuation n'est pas nécessairement un phénomène lié aux groupes : un individu qui rationalise toutes ses décisions et qui ne tient pas compte de tous les risques peut aussi être un piètre décideur. Il faut savoir que si la pression qu'exerce le groupe augmente la probabilité de déclencher le processus de l'infatuation de groupe, elle n'en est pas la seule responsable. De plus, les groupes cohésifs ne tombent pas toujours dans le piège de l'infatuation de groupe : en fait, ces groupes peuvent prendre d'excellentes décisions s'ils savent éviter le piège de l'infatuation de groupe. Par exemple, le groupe peut faire appel à une expertise extérieure pour confirmer ou infirmer ses positions, avoir un autre avis.

Diverses autres mesures de précaution peuvent permettre d'éviter la perte d'esprit critique. Si certains des symptômes mentionnés se manifestent, il peut être sage par exemple de s'entourer de critiques, de personnes qui jouent officiellement le rôle d'avocats du diable et de forcer tous les membres à accepter ce genre de contribution en leur en expliquant les avantages. Il est également bon de chercher des avis et des évaluations à l'extérieur, et même de les inclure dans le processus décisionnel. La division en sousgroupe est une autre mesure préventive qui a fait ses preuves dans certains cas, surtout à l'étape de l'élaboration et du choix des solutions possibles. Finalement, le leader du groupe devrait encourager les membres à formuler leurs doutes quant aux orientations qui se dessinent.

10.4 L'EFFICACITÉ DU GROUPE

Le maintien d'un bon rendement et d'un niveau élevé de créativité en groupe tient de la combinaison de nombreux éléments.

10.4.1 Les ingrédients de l'efficacité du groupe

Globalement, l'efficacité du groupe dépend de la manière dont ce dernier transforme ses intrants en résultats, et bien sûr, de la qualité de ses ressources premières. Cette qualité dépend de la structure organisationnelle, de la nature de la tâche à accomplir, des attributs individuels, des membres du groupe ainsi que des caractéristiques générales du groupe (Schermerhorn et coll., 1988).

La structure organisationnelle

Pour atteindre le summum du rendement, le groupe a besoin de soutien technique. La structure organisationnelle doit lui fournir les ressources adéquates, qu'il s'agisse d'outils, de matériel, d'installations, de méthodes de travail ou de procédures claires. La technique est aussi en mesure de faciliter ou d'empêcher l'interaction des membres du groupe : il est plus difficile d'interagir au sein d'une chaîne d'assemblage d'automobiles que dans un atelier de tailleur. L'aménagement des lieux a aussi son importance : l'endroit où les gens s'assoient, à côté de qui ils sont assis et la proximité entre eux peuvent influencer le fonctionnement du groupe. L'organisation doit aussi fournir un système de récompenses équitable. Les groupes risquent de souffrir d'un système qui insiste sur les réalisations individuelles plutôt que sur les réalisations collectives. Enfin, la taille et la structure de l'organisation dans laquelle évolue le groupe a aussi son importance. Si un groupe est perdu au sein d'une grande organisation, il peut se sentir confus, anonyme et éprouver des difficultés d'adaptation.

La nature de la tâche

La complexité et la diversité du travail

Plus une tâche est complexe et diversifiée, plus il est indiqué de recourir à un grand nombre de personnes pour s'en acquitter : ainsi, une plus grande quantité de renseignements divers peut être traitée en peu de temps. Les tâches les plus simples peuvent être accomplies par moins de personnes, la quantité d'information requise étant moindre.

De plus, s'il est probable que des événements auxquels il faut réagir rapidement surviennent au cours de la tâche, il faut que les membres soient instruits des principes qui soustendent le plan de fonctionnement, et qu'ils soient personnellement en accord avec les objectifs du plan. En conséquence, si les membres sont appelés à réviser le plan d'action, il est juste qu'ils participent à la planification stratégique et à la prise de décisions relatives à ce plan.

Les délais de production

Plus les délais de production sont courts, moins il est judicieux de traiter des questions de fonctionnement, et plus il faut axer ses efforts sur la tâche. Toutefois, lorsque les délais le permettent, il est tout indiqué de se pencher sur ces questions, de manière à améliorer les méthodes de travail et les modes de communication, afin d'être en mesure de traverser les périodes plus fébriles.

Le degré d'interdépendance nécessaire pour accomplir la tâche

Il semble que plus l'interdépendance des membres est nécessaire à l'exécution d'une tâche, plus il importe qu'ils maintiennent des échanges continus et qu'ils se connaissent bien personnellement.

Dans ce contexte, la naissance d'amitiés est très fréquente, bien que cela ne soit pas indispensable au bon fonctionnement du groupe.

Les attributs individuels des membres

Le rendement d'un groupe est tributaire de l'harmonisation des attributs de ses membres, tant psychologiques et démographiques que professionnels.

Au sein d'un groupe, il est préférable que les individus soient de compétence équivalente afin d'assurer une participation équilibrée et efficace. Ce principe n'exclut pas toutefois la possibilité d'affecter un ou deux membres à des tâches particulières ; il signifie seulement qu'il est plus facile de répartir équitablement les tâches lorsqu'il n'y a pas trop de disparité dans le niveau de compétence des participants.

Les caractéristiques du groupe

Un élément clé du bon fonctionnement du groupe est la compatibilité interpersonnelle. Les membres du groupe ont besoin d'exprimer et de recevoir de l'approbation, du contrôle, de l'affection. Les collaborateurs dont les besoins sont réciproques et compatibles sont appelés à produire un meilleur rendement ; de même, l'homogénéité d'un groupe permet des relations plus harmonieuses, plus faciles. Par contre, l'hétérogénéité favorise l'amalgame d'expériences et d'habiletés complémentaires.

La cohérence des statuts au sein du groupe en influence également l'efficacité. Il est normal qu'une personne d'expérience jouisse d'un statut plus élevé qu'une autre sans expérience, et qu'un individu qui produit davantage progresse plus rapidement. Lorsque le groupe sent cette cohérence, il fonctionne mieux.

10.4.2 Les obstacles à l'efficacité du groupe

Tout groupe rencontre différents obstacles qui nuisent à son fonctionnement, et ce à divers moments de son existence. Ces obstacles peuvent être éliminés, ou du moins substantiellement réduits, si le groupe prend conscience de la nature et des effets des blocages.

Tout ce qui retarde, dévie ou interrompt l'accomplissement de la tâche ou la réalisation des objectifs du groupe, le maintien de relations de travail efficaces au sein du groupe et la satisfaction des besoins individuels des membres constitue un obstacle à l'efficacité du groupe.

Les problèmes de nature physique

L'aménagement mal conçu d'une salle de réunion peut toucher l'efficacité du groupe. Parmi les problèmes de nature physique, on trouve notamment ceux qui concernent :

— la dimension et le confort du local de travail ;
— la disposition des chaises ;
— l'insonorisation défectueuse qui peut gêner la concentration ;
— les relations privilégiées et les amitiés développées en raison d'éléments physiques externes (quartier résidentiel ou à vocation commerciale).

Les problèmes de communication

Les éléments qui suivent peuvent constituer eux-mêmes des obstacles à l'efficacité, ou empêcher que des obstacles ne soient éliminés :

— les barrières de langue, que ce soit la langue elle-même ou le choix du vocabulaire (jargon technique) ;
— les stéréotypes, c'est-à-dire le fait de tenir pour acquis que tous les membres répondent à un certain profil ;
— une faible capacité d'écoute ou d'expression ;
— des attaques personnelles (réelles ou perçues) se traduisant par une interruption des communications ;
— la présence de messages contradictoires (messages verbaux et non verbaux) ;
— les habitudes régulières de communication rompues, occasionnant une interruption des communications ou une surcharge d'une partie du réseau ;
— des réseaux de communication trop complexes.

Les conflits

Chaque groupe connaît des conflits : ceux-ci sont souvent un symptôme d'autres problèmes. Ils peuvent avoir pour cause :

— des antipathies ;
— la tendance de certains sous-groupes à se polariser ;
— le style de leadership ou les schèmes d'autorité ;
— la lutte pour le pouvoir et l'influence dans le groupe.

Les différences de statuts

Le groupe peut voir son efficacité réduite lorsqu'il réussit mal à utiliser les ressources des personnes de statut inférieur ou lorsqu'il s'en laisse trop imposer par celles qui ont une position élevée ou mal définie. Cette inaptitude à utiliser adéquatement les ressources d'un membre peut avoir plusieurs causes :

— l'inutilité réelle du membre pour le groupe ;
— la perception de l'ensemble du groupe de l'inutilité de ce membre ;
— la perception voulant que ce membre soit une menace pour le groupe.

Cette menace peut être le fait d'une position élevée ou au contraire très basse, d'une attitude secrète et silencieuse ou d'un manque d'intimité.

Le manque de souplesse

Certains obstacles proviennent du fait que des fonctions nécessaires ne s'exercent pas au moment opportun. On peut attribuer cette inopportunité aux raisons suivantes :

— un manque de savoir-faire (par exemple, une personne joue toujours le même rôle, approprié ou non) ;

– un style de leadership paternaliste ou restrictif qui inhibe les comportements appropriés ;
– un manque de liberté d'expression ;
– des normes qui nuisent au bon partage des tâches et qui freinent la participation.

Les objectifs dissimulés

Dans tous les groupes, une part importante des intentions demeure inavouée. Il n'est pas nécessairement mauvais de ne pas tout dévoiler mais, dans certains cas, on peut y voir un obstacle à l'efficacité. Les situations suivantes illustrent bien quelles formes peuvent prendre des intentions non dévoilées :

– certains membres ont des projets particuliers non avoués et projettent de les faire connaître au moment de les exécuter ou peu de temps avant ;
– chaque membre peut avoir des intentions particulières à l'égard du leader. Un membre peut vouloir impressionner le patron ou éliminer un concurrent, en laissant croire que sa préoccupation première est de solutionner un problème ;
– le leader peut taire les projets qu'il caresse à propos de certains membres, de certaines activités ou de certaines méthodes de travail ;
– un groupe peut avoir des objectifs cachés relativement à ses tâches, à son existence même, à un membre, à un sous-groupe ou au leader.

L'instabilité des rôles

Lorsque la définition des rôles est imprécise ou instable, des comportements irréguliers, de l'anxiété, des conflits ou des démissions risquent parfois de surgir. Cette instabilité peut provenir :

– de la définition des structures du groupe ou de l'arrivée de nouveaux membres ;
– d'un changement brusque dans des relations jusque-là stables ;
– d'une perception imprécise de l'image du groupe par ses membres ;

– d'un chevauchement et d'un dédoublement des rôles dans le groupe ;
– d'une incohérence dans la définition des rôles.

Une distorsion des objectifs

On sent parfois qu'aucun progrès n'est réalisable par le travail du groupe. Il est alors possible que la perception qu'ont les membres des objectifs soit la source du blocage. Le problème surviendra parce que les objectifs :

– ne sont pas clairs ;
– sont inacceptables pour le groupe ;
– sont contradictoires ou vont à l'encontre des objectifs des individus.

À compter du moment où un membre du groupe exprime son insatisfaction ou sa frustration quant au rendement du groupe, on peut supposer l'existence d'un blocage et tenter de le déterminer. On pourra ensuite s'y attaquer systématiquement.

10.4.3 Le rendement individuel et le rendement collectif

Est-il plus efficace de travailler seul ou en groupe ? Les groupes sont-ils plus efficaces que les individus ? A priori, on pourrait répondre soit qu'il est plus facile de travailler seul, soit qu'il y a plus d'idées dans plusieurs têtes que dans une seule. Mais la question ne se tranche pas aussi simplement.

L'effet stimulant du groupe

En 1897, Triplett a découvert que les enfants travaillent plus vite en compétition que seuls. Dans le même sens, d'autres recherches (Travis, 1925) ont démontré que les gens ont un meilleur rendement en public qu'en privé. De là à conclure qu'il vaut mieux être en groupe que seul, il n'y a qu'un pas. Mais comment expliquer que certaines personnes paralysent au sein d'un groupe, au lieu de se sentir stimulées ? Selon Zajonc (1965), lorsqu'un individu possède bien sa matière ou maîtrise bien une habileté, la présence du groupe agit comme un stimulant et améliore son rendement. Par contre, si le comportement n'est pas bien intégré, la présence des autres peut inhiber l'individu.

Certains chercheurs (Paulus, 1983 ; Wilke et Van Knippenberg, 1988) ont tenté d'expliquer l'effet du groupe sur le rendement individuel et affirment que l'effet du groupe sur ce dernier est lié à la crainte de l'évaluation négative en cas d'échec et à l'attente de l'évaluation favorable en cas de réussite. Selon eux, l'insistance sur les aspects avantageux du rendement contribue à améliorer les résultats tant de tâches simples que de tâches complexes. Par contre, l'attente de conséquences fâcheuses facilite le rendement lorsque les tâches sont simples, et l'inhibe lorsque les tâches sont complexes.

L'effet inhibiteur du groupe

Les réactions des gens sont parfois inattendues. Ainsi, Latane (1981) a montré que lorsqu'ils sont en groupe, les gens applaudissent moins fort et donnent moins de pourboires que lorsqu'ils sont seuls. À ce moment-là, ils sont moins généreux parce qu'ils se sentent moins responsables des conséquences de leurs actes. En effet, le rendement individuel est au plus bas lorsque les sujets estiment que leur rendement personnel ne sera pas remarqué ou reconnu (Harkins et Szymanski, 1989). Toutefois, cela ne se produit pas lorsqu'ils sont persuadés que le rendement du groupe a un rapport très net avec celui de chacun des membres pris individuellement (Brickner et coll., 1986).

Il y a d'autres explications à l'effet inhibiteur du groupe. Ainsi, si les membres croient que leur effort n'est pas indispensable et que le groupe peut réussir sans eux, ils ne donneront pas le meilleur d'eux-mêmes. Si tous les membres adhèrent à cette hypothèse, ceci peut devenir dangereux pour l'ensemble de l'équipe.

D'autre part, un membre peut travailler très fort et se rendre compte que les autres se traînent les pieds. En prenant conscience que c'est l'équipe en entier qui bénéficiera de son seul effort, il se sent exploité. Il réduira alors ses efforts, allant même jusqu'à travailler avec moins d'acharnement que s'il était seul, dans l'unique but d'éviter de passer pour la « poire » du groupe.

Cet effet de fainéantise apparaît principalement lorsque les membres du groupe n'ont pas l'impression de faire partie d'un vrai groupe (Petrovsky, 1985). Par contre, si le groupe a une certaine cohésion et si les membres entrevoient la possibilité d'une récompense pour le groupe, ils travaillent encore plus fort que lorsqu'ils attendent des récompenses individuelles (Worchel et coll., 1989).

Bref, le rendement individuel est meilleur au sein d'un groupe quand le rendement de la personne est clairement identifiable, quand sa tâche est facile et qu'elle a le sentiment d'appartenir au groupe. Cependant, si le rendement du groupe ne peut être lié à l'effort individuel et si la personne n'a pas l'impression d'appartenir au groupe, la fainéantise s'installe.

Le risque

Il y a des différences entre le processus décisionnel du groupe et celui de l'individu. Dans certains cas, les décisions du groupe sont plus conventionnelles que les décisions individuelles (Barnlund, 1959), mais plus souvent qu'autrement, les groupes prennent des risques plus grands que les individus. Russel et Clark (1971) proposent quatre explications à ce phénomène de déplacement du risque :

1. Le niveau de familiarité élevé dans un groupe rend les individus qui le composent plus audacieux si au cours des discussions l'attitude à prendre des risques se développe.
2. Les gens plus audacieux sont perçus souvent comme des leaders ; les plus téméraires auraient donc le plus d'influence sur le groupe.
3. Dans notre culture, on considère généralement qu'un risque modéré vaut mieux que trop de précautions.

4. Dans un groupe, la responsabilité est toujours un peu diluée ; si la décision échoue, aucun individu n'en sera tenu pleinement responsable.

10.5 LES RELATIONS INTERGROUPES

Une organisation comporte plusieurs directions : production, administration, ressources humaines, planification, par exemple, qui partagent un objectif commun, celui de la rentabilité de l'entreprise. Ces directions poursuivent toutefois des objectifs particuliers qui peuvent se contredire à l'occasion, et engendrer des conflits intergroupes.

10.5.1 Les causes des conflits intergroupes

Nombre de facteurs, pris isolément ou en combinaison avec d'autres variables, influencent les relations intergroupes : les buts, l'incertitude, la capacité de substitution, la relation avec la tâche, le partage des ressources et les attitudes.

Les buts

Quand les buts de deux ou plusieurs groupes sont perçus comme étant incompatibles, il y a possibilité de conflit ou encore de mauvaise coordination entre les équipes de travail.

L'incertitude

L'incertitude, ou l'inhabileté à prédire le comportement de l'autre groupe, confère à ce dernier un certain pouvoir. L'incertitude peut régner quand un groupe ne comprend pas de quelle façon les composantes de son milieu peuvent changer. Le syndicat déclenchera-t-il ou non une grève ? Comment réagira le concurrent à la déréglementation ? La direction va-t-elle se débarrasser de la division pour laquelle nous travaillons ? L'incertitude est aussi l'inhabileté à établir des relations de cause à effet (par exemple, si je coupe les prix, la compagnie gagnera-t-elle en achalandage ?). Enfin, l'incertitude est l'impossibilité de prédire les conséquences de certaines décisions. Un groupe qui se donne des prémisses pour répondre aux incertitudes gagne un pouvoir énorme sur les autres groupes (par exemple, le service de la comptabilité qui conçoit des procédures uniformes et les impose à la direction des ventes).

La capacité de substitution

La capacité de substitution est l'aptitude qu'a un groupe à obtenir des produits et services d'une autre ressource. Si les produits et services sont facilement disponibles, le pouvoir de celui qui les détient est plus faible que lorsque les produits et services sont plus rares. Par exemple, la direction des ventes n'a ni le pouvoir ni l'habileté de choisir une autre solution que le service de comptabilité pour traiter les comptes de dépenses.

La relation avec la tâche

L'interdépendance des groupes dans l'accomplissement de la tâche se manifeste lorsque la collaboration, l'intégration et la prise de décisions mutuelle sont nécessaires, voire désirables pour atteindre les buts fixés. Pour que cette interdépendance soit harmonieuse, aucun des groupes ou des individus en présence ne doit dicter unilatéralement les interactions. Chacun des groupes doit avoir une bonne marge de manœuvre et pouvoir également influencer l'ensemble du projet.

Le partage des ressources

La poursuite de buts différents en faisant appel à un même réservoir de ressources financières, matérielles et humaines limitées place les groupes dans des situations de compétition. Pour avoir accès au peu de ressources disponibles, un groupe cherchera à utiliser son influence de façon à ce que l'autre groupe en obtienne le moins. L'accès différencié aux mêmes ressources accentue donc la rivalité entre deux groupes.

Les attitudes

Les attitudes sont les sentiments et les pensées que les membres de deux ou plusieurs groupes ont les uns envers les autres. Ces prédispositions envers un autre groupe seront favorables ou non ; l'attitude pourra relever de la coopération ou de la compétition.

10.5.2 Les effets de la compétition intergroupes

Sherif (1962) est le premier qui a fait l'étude systématique des conflits intergroupes. Se servant d'une colonie de vacances comme laboratoire, il a créé un contexte de compétition entre deux groupes. Il a alors analysé les effets de la compétition et a ensuite tenté par divers moyens de rétablir une bonne relation entre les deux groupes. Tout conflit intergroupes entraîne des effets au sein de chacun des groupes en présence, et entre ces groupes.

Les effets au sein de chaque groupe

En situation de compétition, la cohésion de chaque groupe augmente, et les membres sont incités à une plus grande loyauté. Ils resserrent les rangs et oublient certaines dissensions internes.

Le climat du groupe change : d'informel, relâché et enjoué, il devient plus axé sur la tâche, le travail. La préoccupation des besoins psychologiques des membres diminue, alors que celle de l'accomplissement de la tâche augmente.

Les comportements des leaders se teintent d'autocratie, et le groupe tolère un leadership directif. Chaque groupe se structure et s'organise davantage.

Les effets entre les groupes

De même, la compétition entraîne des effets particuliers entre les groupes en cause. Chaque groupe commence à voir l'autre groupe comme un ennemi, plutôt que comme un vis-à-vis neutre.

À l'intérieur de chaque groupe, les perceptions sont biaisées ; le groupe tend à ne percevoir que ses forces et à nier ses faiblesses. À l'inverse, il ne voit que les aspects négatifs de l'autre groupe et nie ses forces. Chaque groupe est susceptible d'adopter des stéréotypes dénégatoires à l'égard de l'autre groupe.

L'hostilité envers l'autre groupe augmente à mesure que l'action et la communication intergroupes diminuent. Il devient ainsi plus facile de maintenir les stéréotypes négatifs et plus difficile de rectifier les fausses perceptions.

Si les groupes sont forcés d'interagir (par exemple, s'ils sont obligés d'écouter des représentants des groupes plaider leur propre cause), il est fort probable qu'ils écoutent attentivement leur représentant et pas du tout celui des autres, sauf pour trouver des erreurs d'argumentation. En d'autres mots, les membres de chaque groupe ont tendance à n'écouter que ce qui renforce leur propre position et leurs stéréotypes.

Qu'il soit question d'équipes sportives, de conflits entre patrons et syndiqués, de compétition entre les différents services d'une grande organisation ou de relations entre la Russie et les États-Unis, les mêmes phénomènes tendent à se produire.

Avantages et inconvénients de la compétition intergroupes

Il est bon d'insister sur le fait que ces effets et réactions peuvent s'avérer utiles au groupe puisqu'ils le rendent plus efficace et plus motivé dans l'accomplissement de sa tâche. Toutefois, les facteurs qui augmentent l'efficacité à l'intérieur d'un groupe peuvent entraîner des conséquences fâcheuses sur les relations intergroupes.

Dans certaines circonstances, les avantages de la compétition intergroupes risquent de dépasser les inconvénients ou les conséquences désavantageuses. Il s'avère parfois préférable que des groupes de travail se dressent les uns contre les autres ou que des services deviennent des unités plus hermétiques et loyales, même si la coordination des services en souffre.

Dans d'autres circonstances, par contre, les conséquences fâcheuses de la compétition dépassent les avantages, et le gestionnaire doit alors chercher des façons de réduire la compétition intergroupes.

10.5.3 Vers des relations intergroupes efficaces

Parmi les stratégies destinées à minimiser les conflits intergroupes, certaines sont correctives, d'autres, préventives.

Les stratégies correctives

Le problème fondamental de la compétition intergroupes est le conflit d'objectifs, d'où la rupture de l'interaction et de la communication entre les groupes. Cette rupture biaise les perceptions et contribue à la création de stéréotypes de dénégation. La stratégie fondamentale en vue de réduire le conflit est de trouver des objectifs qui puissent rallier les groupes, et ainsi rétablir une communication efficace entre ces derniers. Les techniques destinées à mettre en œuvre cette stratégie peuvent provenir de n'importe quelle combinaison des méthodes suivantes :

- déterminer un ennemi commun. Les conflits entre le service de la production et le service des ventes peuvent être réduits si les deux groupes sont capables d'allier leurs efforts afin d'entrer en compétition avec une autre compagnie. Le conflit est alors reporté à un niveau plus élevé ;
- inventer une stratégie de négociations qui amène des délégués concurrents à interagir. Si le groupe est incapable d'abandonner ses positions face à l'autre groupe, un sous-groupe à qui l'on donne un certain pouvoir peut se permettre non seulement d'être influencé par son

vis-à-vis, mais aussi d'influencer le reste de son propre groupe ;
- établir un but supérieur. Il est possible de rallier les esprits autour d'une tâche tout à fait nouvelle qui requiert la collaboration des groupes compétiteurs, ou autour d'une tâche comme l'analyse et la réduction du conflit intergroupes lui-même. Par exemple, les services des ventes et de production peuvent avoir pour tâche de mettre au point un nouveau produit qui coûtera moins cher à produire et qui atteindra facilement les consommateurs. Par ailleurs, grâce à un consultant externe, les groupes concurrents peuvent être invités à examiner leur propre comportement et à réévaluer les avantages et les inconvénients de la compétition.

Les stratégies préventives

Parce qu'il est difficile d'atténuer les conflits intergroupes, il est souvent préférable de les prévenir. Paradoxalement, une stratégie de prévention consiste à remettre en question les principes fondamentaux de division du travail qui existent dans les organisations. Dès que la direction d'une entreprise divise les fonctions en différents groupes ou services, elle provoque la compétition intergroupes ; chaque groupe doit, jusqu'à un certain point, entrer en compétition pour obtenir sa part de ressources et de récompenses. Le concept même de division du travail suppose une réduction de la communication entre les groupes et de leur interaction, favorisant ainsi les distorsions perceptuelles.

Le dirigeant qui veut éviter la compétition intergroupes ne doit pas nécessairement abandonner le concept de division du travail, mais il doit suivre certaines étapes afin de faire collaborer les différents groupes fonctionnels. Il doit notamment :

- insister davantage sur l'efficacité de l'organisation et sur le rôle des services qui y contribuent ; ces derniers sont évalués et récompensés d'après leur contribution à l'efficacité d'ensemble plutôt que leur efficacité individuelle ;

— susciter des interactions fréquentes des groupes de façon à ce qu'ils traitent des problèmes de coordination intergroupes et d'entraide, étant donné que les récompenses organisationnelles sont distribuées partiellement en fonction de l'entraide qui existe entre les groupes ;

— favoriser une rotation des membres entre les groupes et les services, de façon à encourager chaudement la compréhension mutuelle et l'empathie pour les problèmes des autres.

CONCLUSION

Le groupe est une réalité non seulement inévitable, mais désirable qu'il faut apprendre à comprendre en profondeur et à gérer.

Contrairement à ce qu'on pourrait penser, l'expression «le fonctionnement d'un groupe» ne se rattache pas uniquement à l'objectif à atteindre ou à la tâche à accomplir. Le fonctionnement d'un groupe est la façon dont une équipe s'y prend pour accomplir la tâche qui lui a été confiée ou qu'elle s'est volontairement affectée. L'étude du fonctionnement du groupe accorde donc beaucoup d'importance aux interactions qui surviennent. À cet égard, il est important de signaler les aspects majeurs à surveiller, lorsqu'on désire se donner les moyens de maîtriser et d'influencer l'évolution d'un groupe. L'énumération rapide qui suit a été conçue comme une fiche de contrôle.

La cohésion

Étant donné son influence sur une foule d'autres aspects reliés à la vie d'un groupe (normes, leadership, par exemple), la cohésion est certes une variable importante à évaluer. Est-elle suffisante pour permettre au groupe d'accomplir sa tâche ? S'en préoccupe-t-on au point de mettre en veilleuse la raison d'être du groupe ? Une trop grande cohésion comporte de nombreux risques : le leader ou tout autre membre d'un groupe doit s'en méfier, car elle risque de saboter l'expression d'idées originales.

La dimension sociale et la tâche

Différents types d'activités doivent être accomplis si l'on veut qu'un groupe fonctionne normalement et atteigne une certaine maturité. Certaines de ces activités ont une dimension sociale (satisfaction des besoins des membres), d'autres concernent directement l'accomplissement de la tâche. Il importe de s'assurer de la présence de ces activités. Ainsi, au sein du groupe, y a-t-il quelqu'un qui semble se préoccuper du climat du groupe, de la satisfaction des individus ? Y a-t-il de l'entraide, de l'ouverture face aux nouvelles idées, ou les rejette-t-on d'emblée en interrompant l'interlocuteur ? Y a-t-il quelqu'un qui suggère des façons de faire, qui résume occasionnellement les idées émises jusque-là, ou encore qui semble préoccupé de l'obtention de faits ou de données ?

La participation des membres

La participation, et plus généralement, le degré d'acceptation des membres sont aussi importants à surveiller. Qui participe le plus ? Y a-t-il des variations importantes à cet égard ? Pourquoi ? Comment traite-t-on les membres silencieux ? Y a-t-il des «étrangers» dans ce groupe, ou encore, y a-t-il des sous-groupes ? Comment cela se manifeste-t-il et pourquoi ?

L'expression des sentiments

L'expression des sentiments est un aspect du fonctionnement d'un groupe qu'on néglige souvent de considérer. Même si ce phénomène est subtil et difficile à observer directement, il est très révélateur du fonctionnement global d'un groupe, et est un bon indicateur de ses chances de succès et de survie. La frustration accumulée mène souvent à des explosions violentes. On doit donc observer comment le groupe accepte l'expression des sentiments, surtout lorsqu'ils sont négatifs. Est-ce qu'ils sont repoussés systématiquement ? Qui les repousse et de quelle façon cette personne s'y prend-elle ?

La prise de décisions

Le processus de prise de décisions qui existe à l'intérieur d'un groupe constitue un élément majeur du fonctionnement de ce dernier. Y a-t-il des membres qui essaient toujours d'imposer leurs façons de voir sans vérifier la réaction des autres? Change-t-on souvent et rapidement de sujet de discussion? Qui provoque ces changements et comment cette personne procède-t-elle? Qui appuie les suggestions de qui, et comment réagit l'individu qui constate que ses idées ne sont pas discutées par les autres membres?

Voilà autant de points essentiels qu'il importe de surveiller dans le fonctionnement général d'un groupe. Il y en a beaucoup d'autres, tout aussi importants, mais cette brève énumération constitue un aide-mémoire utile pour quiconque désire examiner le fonctionnement d'un groupe.

La qualité du fonctionnement du groupe et son efficacité dépendent des nombreux facteurs décrits plus haut. Toutefois, le groupe est un ensemble d'individus qui se réunissent pour remplir des objectifs communs, tout autant que des objectifs personnels. Chacun a donc intérêt à ce que le groupe fonctionne bien. Le participant qui souhaite améliorer le fonctionnement de son groupe doit suivre quelques règles (Zinker, 1977):

– assumer ses opinions et son comportement;
– être présent au sein du groupe, disponible aux autres;
– apprendre à bien écouter les autres;
– ne pas déguiser ses affirmations en questions;
– s'adresser directement à la personne visée plutôt qu'à l'ensemble du groupe si le message est destiné à une personne;
– faire part de ses idées et de ses sentiments actuels;
– être à l'écoute des autres sans chercher à interpréter ou à expliquer leurs sentiments;
– savoir déceler les messages non verbaux (posture, gestes, expressions);
– expérimenter de nouveaux comportements dans le groupe;
– savoir taire ses sentiments et ses opinions lorsque l'intervention pourrait interrompre le déroulement d'une situation importante;
– respecter l'espace vital des autres;
– être attentif et ouvert à ce qui se passe; écarter les préjugés;
– être conscient de l'influence qu'on exerce sur le groupe.

QUESTIONS

1. Choisissez un groupe que vous connaissez bien.
   a) Définissez-en la structure.
   b) D'après des exemples (comportements de certains membres), déterminez les principaux rôles qui y sont tenus.
   c) Énoncez les principales normes et valeurs qui existent dans ce groupe.
   d) Y a-t-il des mécanismes de sanction? Lesquels?
   e) Sur quoi le statut de certains membres est-il basé?

2. Ce même groupe jouit-il d'un fort degré de cohésion? Pourquoi?

3. Comment les rôles se développent-ils et sont-ils approuvés?

4. Que peut faire un gestionnaire pour favoriser la cohésion d'un groupe?

5. Pensez à un groupe auquel vous avez appartenu ou dont vous êtes membre actuellement. Est-il efficace? Pourquoi?

6. Pourquoi le degré de conformisme est-il plus élevé dans un groupe où le degré de cohésion est plus fort, que dans un groupe moins uni?

RÉFÉRENCES BIBLIOGRAPHIQUES

AMANCIO, L., «Social Differentiation Between "Dominant" and "Dominated" Groups: Toward an Integration of Social Stereotypes and Social Identity», *European Journal of Social Psychology*, 19, 1-10., 1989.

BALES, R. F., *Interaction Process Analysis, a Method for the Study of Groups*, Reading, Mass., Addison-Wesley, 1956.

BALES, R. F., BORGATTA, E. F. et HARE, A. P., *Small Groups*, New York, N. Y., Alfred A. Knopf, 1966.

BARNLUND, D. C., «A comparative Study of Individual, Majority and Group Judgment», *Journal of Abnormal and Social Psychology*, 1959.

BLAKE, R. et MOUTON, J. S., *Building a Dynamic Corporation through Grid Organization Development*, Reading, Mass., Addison-Wesley, 1969.

BRICKNER, M., HARKINS, S. et OSTROM, T., «Effects of Personal Involvement: Thought-Provoking Implications for Social Loafing», *Journal of Personality and Social Psychology*, 51, 1986.

CARLI, L., «Are Women more Social and Men more Task Oriented? A Meta-Analytic Review of Sex Differences in Group Interaction, Coalition Formation and Cooperation in Prisoner's Dilemma Games», Manuscrit non publié, University of Massachusetts, 1982, dans Worchel et coll., 1991.

CARLI, L., «Gender Differences in Interaction Style and Influence», *Journal of Personality and Social Psychology*, 56, 1989.

CARTWRIGHT, D., «The Nature of Group Cohesiveness», dans Cartwright, D. et Zander, A. (éd.), *Group Dynamics, Research and Theory* (3ᵉ éd.), New York, N. Y., Harper and Row, 1968.

CLARK, R.D. III, «Group-Induced Shifts Toward Risk: A Critical Appraisal», *Psychological Bulletin*, octobre 1971.

COHEN, A. R., FINK, S. L., CADON, H. et WILLITTS, R. D., *Effective Behavior in Organizations*, Homewood, Ill., Irwin Rossey Limited, 1976.

CROUCH, A., «An Equilibrium Model of Management Group Performance», *Academy of Management Review*, 12, 1987.

DAVIS, T. R., *The Influence of the Physical Environment in Offices*, Academy University Associates, 1984.

DIMOCK, H. G., *Groups: Leadership and Group Development*, San Diego, Calif., University Associates, 1987.

FELDMAN, D. C., «The Development and Enforcement of Group Norms», *Academy of Management Review*, 9, 1984.

FRY, L. W. et SLOCUM, J. W. Jr., «Techology, Structure and Workgroup Effectiveness : A Test of a Contingency Model», *Academy of Management Journal,* 1984.

GIGUÈRE, A., «Au Québec, chacun pour soi! Ailleurs, chacun pour tous!», *L'actualité,* janvier 1992.

HARE, A. P., *Handbook of Small Group Research,* New York, N. Y., Free Press, 1962.

HARKINS, S. G. et SZYMANSKI, K., «Social Loafing and Group Evolution», *Journal of Personality and Social Psychology,* 56, 1989.

HART, P. et KROON, M., «Groupthink in Context», Étude présentée lors de l'*International Society of Political Psychology,* Meadowlands, N.J., juillet 1988.

HELLRIEGEL, D., SLOCUM, J. W. Jr. et WOODMAN, R. W., *Organizational Behavior* (5e éd.), St. Paul, Minn., West Publishing Company, 1989.

JANIS, I. et MANN, L., *Decision-Making : A Psychological Analysis of Conflict, Choice and Commitment,* New York, N. Y., Free Press, 1977.

JANIS, I., *Groupthink* (2e éd.), Boston, Mass., Houghton Mifflin, 1982.

KIESLER, C. A. et KIESLER, S. B., *Conformity,* Reading, Mass., Addison-Wesley, 1969.

LATANE, B., «The Psychology of Social Impact», *American Psychologist,* 36, 1981.

MACKIE, D. M. et GOETHALS, G. R., «Individual and Group Goals», dans Hendrick, C. (éd.), *Group Processes,* Newbury Park, Calif., Sage, 1987.

MORELAND, R. L. et LEVINE, J. M., «Socialization in Small Groups : Temporal Changes in Individual Group Relations», dans Berkowitz, L. (éd.), *Advances in Experimental Social Psychology,* vol. 15, New York, N. Y., Academic Press, 1982.

NAPIER, R. W. et GERSHENFELD, M. K., *Making Groups Work : A Guide for Group Leaders,* Boston, Mass., Houghton Mifflin, 1983.

NAPIER, R. W. et GERSHENFELD, M. K., *Groups : Theory and Experience* (3e éd.), Boston, Mass., Houghton Mifflin, 1985.

PAULUS, P., «Group Influence on Task Performance and Informational Processing», dans P. Paulus (éd.), *Basic Group Processes,* New York, N. Y., Springer, 1983.

PETROVSKY, A. V., *Studies in Psychology : The Collective and the Individual,* Moscou, Progress, 1985.

SCHEIN, E. H., *Process Consultation,* Reading, Mass., Addison-Wesley, 1969.

SCHERMERHORN, J. R., HUNT, J. G. et OSBORN, R. N., *Managing Organizational Behavior* (3e éd.), John Wiley & Sons, 1988.

SHERIF, M., *Intergroup Relations and Leadership,* New York, N. Y., John Wiley & Sons, 1962.

SPICH, R. S. et KELEMAN R. S., «Explicit Norm Structuring Process : A Stragegy for Increasing Task-Group Effectiveness», *Group and Organization Studies,* 10, 1985.

TELLIER, Y. et TESSIER, R., *Leadership, Autorité et Animation de Groupe,* Montréal, Institut de formation par le groupe, 1968.

TRAVIS, L. E., «The Effect of a Small Audience upon Eyehand Coordination», *Journal of Abnormal and Social Psychology,* 20, 1925.

TRIPLETT, N., «The Dynamogenic Factors in Pacemaking and Competition», *American Journal of Psychology,* 9, 1897.

TUCKMAN, B. W., «Developmental Sequence in Small Groups», *Psychological Bulletin,* 63, 1965.

VINOKUR, A., BURNSTEIN, E., SECHREST, L. et WORTMAN, P. M., «Group Decision Making by Experts : A group Problem Solving Approach», *Journal of Personality and Social Psychology,* 49, 1985.

WILKE, H. et VAN KNIPPENBERG, A., « Group Performance », dans Newstone, M., Stroebe, W., Codol, J. et Stephenson, G. (éd.), *Introduction to Social Psychology*, Oxford, England, Basil Blackwell, 1988.

WOOD, W., « Meta-Analytic Review of Sex Differences in Group Performance », *Psychological Bulletin*, 102, 1987.

WORCHEL, S., HART, D. et BUTTERMEYER, J., « Is Social Loafing a Group Phenomenon ? », Étude présentée au *Southwestern Psychological Association Meeting*, Houston, Texas, avril 1989.

ZAJONC, R. B., « Social Facilitation », *Science*, 149, 1965.

ZINKER, J., *Creative Process in Gestalt Therapy*, New York, N. Y., Brunner/Mazel, 1977.

11

LE LEADERSHIP

Nicole Côté

ILS FURENT CINQ PREMIERS MINISTRES

Extraits du livre *Mes Premiers Ministres*, que Claude Morin, ancien haut fonctionnaire et ancien ministre, publie chez Boréal, et dont le lancement a eu lieu à Québec. Voici quelques-unes des techniques de communication pratiquées par les premiers ministres, dont en particulier Robert Bourassa.

«Jean Lesage, Daniel Johnson, Jean-Jacques Bertrand, Robert Bourassa et René Lévesque, cinq premiers ministres du Québec. Ils ont tous exercé la même fonction, mais chacun à sa manière. En quoi se distinguaient-ils? Comment «fonctionnaient-ils» dans la vie de tous les jours? Quelles étaient leurs méthodes de travail, leurs relations avec les autres (ministres, conseillers, personnel administratif), leurs qualités, leurs lacunes, leurs aspirations, leurs craintes, leurs espoirs?

«Bref, par qui le Québec a-t-il été dirigé pendant ces vingt-cinq ans? À ces interrogations, j'ai cru utile d'apporter certains éléments de réponses dont je disposais, ayant été sous-ministre des quatre premiers ministres et ministre du cinquième.

Source: Extrait, *Le Soleil*, cahier A-11, 17 octobre 1991.

La communication

«La manchette garantie. Du fait de son poste, un premier ministre, quoi qu'il dise, est assuré que toute déclaration de sa part se transformera en nouvelle. C'est là un des avantages du pouvoir. Il permet de transmettre, en temps opportun, n'importe quel message. Celui-ci n'a pas à être vrai, vérifié, sage ou pertinent.

«Pour être repris dans les médias, il lui suffit simplement d'exister sous forme de déclaration durant un discours ou, mieux encore (car plus facile à adapter aux nécessités du moment), au cours d'une conférence de presse, ou sous la forme d'une réplique apparemment spontanée à un journaliste, au sortir d'une réunion.»

Ces affirmations de Claude Morin illustrent bien l'importance des leaders politiques dans la société, et l'influence qu'ils exercent en raison du pouvoir dont on les investit. Le phénomène du leadership est omniprésent dans nos vies. On le retrouve dans le monde des affaires, dans les écoles, dans les groupements sociaux et même dans les familles.

INTRODUCTION

Parmi les nombreuses définitions du leadership, l'une des plus intéressantes est celle qu'a donnée H. B. Karp (1981), lors de sa conférence intitulée «Gestalt and the Art of Leadership». Selon lui, «le leadership est l'art d'amener des personnes à accomplir une tâche volontairement». Nous retenons ici les quatre mots clés de cette définition: art, personnes, tâche, volontairement.

Art

Pour devenir un artiste, il faut du talent. Mais un artiste ne peut exercer son talent s'il ne l'a pas préalablement développé: rares sont ceux qui se révèlent artistes accomplis en jouant leur première note ou en donnant leur premier coup de pinceau. Il en est de même du leadership. Bien que certains pensent encore qu'on naît leader et qu'il existe peu de leaders naturels, il semble bien que les traits distinctifs associés au leadership sont multiples et que le talent de leader se répartit dans la population selon une courbe normale. Il y a très peu de personnes qui n'ont aucun talent pour diriger les gens, tout comme il y a très peu de personnes qui ont, dès le début de leur carrière, tout le savoir-faire nécessaire pour diriger les gens.

Le leadership est essentiellement l'art d'influencer. Si la plupart des individus sont dotés d'une certaine aptitude au leadership, chacun doit néanmoins développer des qualités précises. C'est par la pratique et l'expérience que s'acquièrent et se développent les qualités de leader, et non par l'approfondissement de connaissances théoriques (de la même manière, on ne devient pas artiste en lisant sur l'art mais bien en pratiquant son art). Chaque leader est unique et atteindra le succès pour autant qu'il développe son style personnel de leadership.

Personnes

Parler de leadership sans aborder la notion de « personnes » serait une grave erreur, bien qu'en réalité, de nombreux leaders oublient que ce sont des personnes qu'ils dirigent. Lors de la formation des administrateurs, on insiste beaucoup plus sur les finances, la technologie et les grands systèmes de gestion que sur l'aspect humain des organisations. Aujourd'hui toutefois, les conditions difficiles qui sévissent dans de nombreuses entreprises soulignent l'importance d'amener les gens à partager certaines valeurs, à adopter certains comportements de collaboration et à s'engager résolument dans la mission de leur organisation. Les circonstances exigent en somme qu'on augmente la productivité de toutes les ressources, et il semble bien qu'on ne puisse le faire sans toucher la psychologie de l'individu.

Au gestionnaire qui se demande ce qu'il doit savoir à propos de ses employés, on pourra répondre qu'ils sont, tout comme lui, des individus ayant une vie personnelle, des besoins et des ambitions, et qui passent les deux tiers de leur vie éveillée au travail. S'il désire savoir comment diriger les autres, il doit commencer par se demander comment lui-même aime être dirigé. Bien sûr, les individus ne sont pas tous semblables, mais la connaissance de soi est une condition préalable, une sorte de point de départ, pour arriver à connaître les autres et à les influencer efficacement.

Tâche

Dès qu'il existe une position de leader, il y a une idée à réaliser, un objectif à atteindre, une tâche à exécuter. Le dirigeant doit, pour arriver à ses fins, faire accepter son projet, intéresser et stimuler ceux qui y travailleront. Il doit notamment être capable d'aider le groupe à se définir ou à réaliser des objectifs communs. Ce faisant, il joue le rôle d'un médiateur et d'un catalyseur.

Volontairement

L'individu qui désire exercer un certain leadership aujourd'hui doit davantage convaincre et orienter que prescrire et imposer. L'expression « action volontaire » exclut, de la part du leader, toute forme de menace, de contrainte, de chantage ou de promesse pour maîtriser le rendement. Le bon dirigeant est celui qui amène ses subordonnés à reconnaître la nécessité d'une tâche et à l'exécuter. Les employés n'agissent pas alors sous l'empire de la peur, mais de leur plein gré avec sérénité. Cette vision du leadership nous dit toutefois peu de choses du leader lui-même. Pour en savoir davantage sur le sujet, prenons connaissance de recherches récentes sur les caractéristiques des personnes qui exercent un leadership.

11.1 QU'EST-CE QU'UN LEADER ?

Dans tout groupe, il y a des individus qui ont plus de pouvoir que les autres. La personne qui exerce le plus d'influence se détache de l'ensemble et en vient à être reconnue comme le leader du groupe. Selon Worchel et coll. (1991), « le leader est un individu qui exerce un pouvoir en vue d'influencer la direction de l'activité du groupe ». Il existe plusieurs types de leaders, et le concept même de leadership soulève de nombreuses questions : Comment sont perçus les leaders ? Comment se comportent-ils ? Quels rôles remplissent-ils dans les organisations ?

11.1.1 L'image du leader

Au cours des dernières années, plusieurs chercheurs (Kinder et Fiske, 1986) ont exploré la façon de percevoir les leaders. Ils se sont concentrés surtout sur les leaders politiques, mais leurs découvertes sont intéressantes et peuvent facilement s'appliquer au monde des entreprises.

Les recherches de Simonton (1986, 1987) suggèrent que les gens ont un «schéma de leadership», c'est-à-dire une image globale de ce qu'est et fait un leader. Ainsi, lorsqu'il s'agit du président des États-Unis, on le voit idéalement comme un individu qui fait preuve de force, de capacité d'agir et de bonté. De plus, comme le démontrent Kinder et coll. (1980), on admire les leaders qui sont compétents et dignes de confiance.

L'approche du schéma de leadership révèle également que lorsqu'ils jugent un leader, les gens ont un biais de correspondance, c'est-à-dire qu'ils interprètent le comportement du leader comme un reflet de sa personnalité plutôt qu'une réaction à des situations. Ainsi, si un politicien prône la protection de l'environnement, on lui attribuera des qualités de force et d'intégrité, plutôt que de penser qu'il réagit aux pressions des écologistes.

Enfin, la perception qu'ont les gens des leaders est également biaisée par l'effet de halo, de sorte que si les premiers perçoivent chez les deuxièmes une caractéristique de leader, ils supposent qu'ils les ont toutes. Ainsi, des cadets de l'armée américaine qui évaluaient leurs chefs avaient tendance à leur attribuer plusieurs qualités de leader, alors que les chefs eux-mêmes étaient plus conscients de leurs forces et de leurs faiblesses. En outre, ces chefs, plus que leurs subordonnés, se rendaient compte que leur comportement était affecté par la situation autant que par leurs habiletés de leaders (Frone et coll., 1987).

11.1.2 Le comportement du leader

Comme on ne peut se fier aux perceptions des gens pour évaluer les leaders, il importe de se demander ce que fait le leader et comment il se comporte en réalité.

Depuis plusieurs décennies, les psychologues ont entrepris des recherches dans le but de décrire exactement ce que produisent le comportement et la contribution des leaders dans les groupes.

La recherche de l'Université de l'Ohio

L'une des recherches les plus célèbres sur le leadership a été menée à l'Université de l'Ohio, à la fin des années 40. Cette étude avait pour but de déterminer les éléments qui influencent le comportement du leader et de mesurer les effets du style de leadership sur la satisfaction au travail et le rendement (Stodgill et Coons, 1957). Par suite d'analyses factorielles rigoureuses, les chercheurs ont démontré que les comportements des leaders pouvaient se classer en deux grandes catégories :

1. Des comportements de considération, axés sur les personnes, leurs besoins et leurs états émotionnels.
2. Des comportements de structure, axés sur les besoins de l'organisation et les objectifs de production.

Le tableau 11.1 illustre les différents comportements observés pour chacune des deux catégories.

D'après les deux dimensions du comportement des leaders, les auteurs ont élaboré un modèle de leadership, présenté à la figure 11.1, où l'on trouve quatre styles de leadership : le leader axé sur l'individu, le leader axé sur la tâche, le type laisser faire et le leader axé à la fois sur l'individu et sur la tâche.

Selon ce modèle, les dimensions considération et structure sont indépendantes, de sorte qu'un sujet peut obtenir un résultat fort à l'une et faible à l'autre. Il peut évidemment être faible ou fort pour les deux dimensions. Aussi, les tenants de ce modèle favorisent comme type idéal le leader axé à la fois sur l'individu et sur la tâche.

TABLEAU 11.1
Les comportements de leadership observés par les équipes de l'Université de l'Ohio

Les comportements de considération

1. Le leader est amical et facile d'approche.
2. Il pose de nombreux gestes pour agrémenter la vie du groupe.
3. Il adopte certaines suggestions amenées par le groupe.
4. Il prévient les membres du groupe des changements qui s'annoncent.
5. Il parle peu de lui-même.
6. Il se préoccupe des besoins et du bien-être des membres du groupe.
7. Il accepte de modifier ses décisions.

Les comportements liés à la structure

1. Le leader fait savoir aux membres du groupe ce qu'il attend d'eux.
2. Il favorise l'utilisation de procédures uniformes.
3. Il décide des tâches à accomplir et de la méthode à utiliser.
4. Il distribue les tâches minutieusement parmi les employés.
5. Il s'assure que son propre rôle dans le groupe soit correctement perçu et compris par tous les membres.
6. Il établit des plans de travail précis.
7. Il impose des normes strictes de rendement.
8. Il exige que tous respectent les règles et procédures établies.

Source : Traduit de *Leadership Behavior Description Questionnaire*, Form XII, Bureau of Business Research, College of Commerce and Administration, Colombus, Ohio, Université de l'Ohio.

FIGURE 11.1
Le modèle bidimensionnel du leadership (Université de l'Ohio)

Axé sur l'individu (considération)		Axé sur la tâche (structure) : Faible	Axé sur la tâche (structure) : Élevé
	Élevé	Axé sur l'individu	Axé sur l'individu et la tâche
	Faible	Laisser faire	Axé sur la tâche

La grille de gestion de Blake et Mouton

D'après le modèle des chercheurs de l'Université de l'Ohio, Blake et Mouton (1964) ont élaboré une grille bidimensionnelle destinée à évaluer les facteurs dominants du comportement des leaders, tel que le présente la figure 11.2.

Cette grille permet de situer le comportement du leader selon deux axes : l'intérêt pour l'élément humain (axe vertical) et l'intérêt pour la production (axe horizontal).

Chaque axe est divisé en neuf degrés qui représentent le niveau d'intérêt du leader pour chaque dimension, où « 1 » correspond à un intérêt faible et « 9 », à un intérêt élevé.

Le style de l'individu est donc déterminé par deux chiffres, le premier indiquant son intérêt pour l'élément humain et le second, son intérêt pour

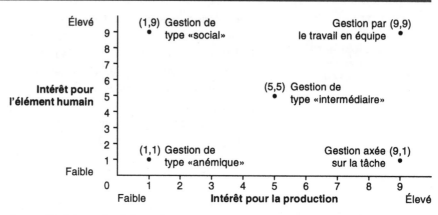

FIGURE 11.2
La grille de gestion
de Blake et Mouton

Source : Traduit et adapté de BLAKE, R. R. et MOUTON, J. S., *The Managerial Grid*, Houston, Texas, Gulf Publishing Co., 1964, p. 10.

la tâche. Parmi les 81 styles de gestion possibles, Blake et Mouton en précisent cinq principaux :

1. Le gestionnaire (1,1) est qualifié d'anémique. Il ne s'occupe de rien et tente systématiquement d'éviter les décisions et les confrontations.

2. Le gestionnaire (1,9) pratique une gestion de type « social ». Contrairement au gestionnaire (9,1), il se désintéresse de la production et du rendement pour se concentrer uniquement sur le maintien de relations harmonieuses à l'intérieur de son équipe.

3. Le gestionnaire (5,5) est l'intermédiaire entre les types (1,9) et (9,1). Il cherche un compromis satisfaisant entre les besoins de l'employé et ceux de l'organisation. Il oscille d'une préoccupation à l'autre et, en bon politicien, influence les gens selon les situations.

4. Le gestionnaire (9,1) est axé uniquement sur la tâche. Il considère son employé comme un outil de production. Il organise son travail de façon minutieuse et le contrôle par des normes, des procédures et des mesures disciplinaires à l'occasion.

5. Le gestionnaire (9,9) préconise le travail en équipe. Il fait participer son équipe aux décisions et accorde beaucoup d'importance et à

la tâche, et aux individus. Selon les auteurs du modèle, ce type de gestion est le plus efficace qui soit.

La recherche de l'Université du Michigan

La recherche de l'Université du Michigan s'est effectuée parallèlement à la recherche de l'Université de l'Ohio (Likert, 1961). Cet ensemble d'études, qui visait à déterminer les types de structures organisationnelles et les comportements de leadership associés à une productivité élevée, fut mené dans une dizaine d'entreprises. Les résultats obtenus rejoignent presque exactement ceux des chercheurs de l'Ohio. En effet, les auteurs ont regroupé les comportements des leaders en deux dimensions appelées :

1. La gestion axée sur l'employé.
2. La gestion axée sur la production.

Les leaders qui choisissent la première orientation se préoccupent surtout de constituer une équipe unie, de former leurs subalternes et de les aider à résoudre leurs problèmes. Ils adoptent une attitude amicale et tolérante, et sont à l'écoute de leurs employés. Ceux qui tendent vers la seconde orientation se sentent surtout concernés par les problèmes techniques, les méthodes de production, les normes et les types à atteindre, la discipline et le rendement. Comme dans le cas précédent, les auteurs précisent qu'il s'agit de deux dimensions distinctes et non exclusives. Ils privilégient toutefois le style de leadership axé sur la personne. Selon eux, ces leaders sont les plus aptes à provoquer la satisfaction au travail et l'amélioration du rendement.

Évaluation des recherches axées sur les comportements

Les théories axées sur les comportements ont eu un effet très stimulant sur la recherche, et de nombreuses études ont été entreprises par suite des recherches des Universités de l'Ohio et du Michigan.

La dualité du leadership et les pressions contradictoires qui l'accompagnent ont mené à vérifier la possibilité de remplir deux types de rôles en même temps. Bales et Slater (1958) ont démontré que les fonctions des deux axes, soit celui de la production et celui des relations, ne sont normalement pas remplies par la même personne. Ils ont découvert que l'individu le plus aimé dans un groupe de discussion n'est pas celui qui a les meilleures idées. Le leader est celui qui est spécialiste de la tâche, alors que l'individu le plus estimé est souvent le spécialiste socio-affectif: le but de ce dernier est d'entretenir un bon climat social dans le groupe.

Il semble donc qu'il existe au sein d'un même groupe deux leaders. Zelditch (1958), qui a étudié des familles au sein de 56 sociétés, a observé que la même division des rôles existe dans la plupart des familles. Généralement, le père est axé sur la tâche et la mère, sur les relations humaines.

Finalement, une étude récente (Baumeister et coll., 1988) suggère fortement qu'en plus de structurer la tâche et de faire preuve de considération envers les personnes, un comportement important du leader est d'assumer tout simplement la responsabilité globale de ce qui se passe dans le groupe et d'intervenir.

Ceci nous amène à parler des limites de l'approche axée sur le comportement des leaders. Malgré l'intérêt qu'ont suscité les recherches sur le sujet, malgré l'utilité de la grille de Blake et Mouton comme outil de diagnostic en matière de gestion du personnel, cette approche ne tient pas suffisamment compte des impératifs situationnels comme les caractéristiques des subordonnés, la dynamique de l'équipe, la structure organisationnelle, le contexte socio-économique et les lieux physiques. L'existence de ces différentes variables contredit d'ailleurs fortement l'hypothèse selon laquelle il existe un style de leadership meilleur qu'un autre, comme le prétendaient Likert, Blake et Mouton, ainsi que les chercheurs de l'Université de l'Ohio.

11.1.3 Les rôles du leader

Wallace et Szilagyi (1987) proposent un modèle qui décrit bien les principales dimensions du processus de leadership et qui est présenté à la figure 11.3.

Selon eux, le processus de leadership se déroule en quatre étapes auxquelles correspondent des rôles précis du leader:

1. L'affectation suppose que le leader planifie, organise, dirige, donne des instructions et des ordres.
2. L'implantation nécessite que le leader guide, fournisse du soutien, supervise et délègue une partie de ses responsabilités.
3. L'évaluation exige que le leader contrôle, vérifie et critique le travail effectué.
4. La récompense est l'étape où le leader commente le travail de ses subordonnés, le récompense ou le punit.

Pour remplir ces rôles, le leader doit utiliser toutes ses sources de pouvoir: pouvoir légitime, pouvoir de récompense, coercition, expérience, information et pouvoir de référence. S'il exerce bien ses fonctions et produit des résultats, les employés sont efficaces et satisfaits. (Voir aussi section 12.2, Les sources personnelles de pouvoir.)

FIGURE 11.3
Le modèle du leadership

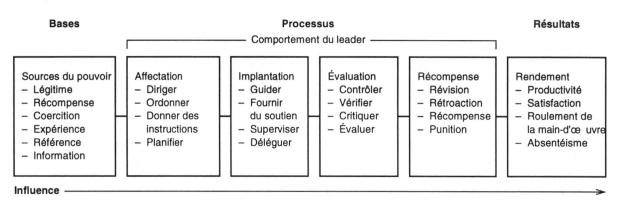

Source : Traduit et adapté de WALLACE, M. J. Jr. et SZILAGYI, A. D. Jr., *Organizational Behavior and Performance* (4e éd.), Glenview, Ill., © 1987, 1983, Scott Foresman and Company. Reproduit avec l'autorisation de HarperCollins Publishers.

11.2 LES THÉORIES CLASSIQUES DU LEADERSHIP

Comment devient-on leader ? Qu'est-ce qui fait qu'un tel individu prend le leadership à tel moment ? En plus de l'approche axée sur les comportements qui a été décrite plus haut, il existe deux autres grandes approches du leadership : l'approche axée sur les traits et l'approche axée sur la situation. La première suggère qu'il existe des caractéristiques individuelles qui distinguent les bons des mauvais leaders. La deuxième veut que l'émergence et l'efficacité du leader soient déterminées par le milieu au sein duquel il évolue.

11.2.1 Les prémisses de l'approche axée sur les traits

La théorie des traits présuppose qu'il existe des caractéristiques qui distinguent les leaders des autres. On naît leader, on ne le devient pas. Comme corollaire, cette théorie suggère que la

direction que prend une équipe dépend directement et entièrement du leader ; par conséquent, l'histoire d'un groupe serait totalement différente si on en changeait le leader (Jacobs, 1971). C'est la théorie du grand homme.

Ces hypothèses n'ont pas été confirmées par les recherches empiriques. Premièrement, on se rend compte que les mêmes personnes ne sont pas leaders dans toutes les situations, ni tout le temps. Deuxièmement, les leaders ne sont pas une race à part. Bien souvent, ils ne sont pas différents de ceux qui les suivent. Cela veut dire que plusieurs types de personnes peuvent être à la fois leaders et subordonnés à différentes époques, en différents endroits et en différentes situations. Pourtant, il existe des centaines de recherches qui ont démontré qu'en réalité, les leaders ont des traits distinctifs (Worchel et coll., 1991).

Les résultats des recherches sur les caractéristiques des leaders

Les principales caractéristiques physiques et psychologiques associées aux leaders sont la force, le sexe, l'intelligence, l'éloquence, la motivation et le charisme.

Les caractéristiques physiques

L'âge, l'apparence, la taille et le poids sont des facteurs qu'ont abordés les études sur le leadership.

Stogdill (1974) a indiqué que même dans notre culture, les leaders ont tendance à être un petit peu plus vieux, plus grands, plus lourds, plus en santé et énergiques que l'individu moyen. Ces assertions sont sensées, quand on considère les activités qui demandent des prouesses semblables à celles des sports d'équipe et des expéditions de toutes sortes. Toutefois, dans un groupe de discussion, il est difficile de concevoir en quoi la force physique peut jouer. De plus, il faut noter que plusieurs grands leaders comme Napoléon, Hitler et Gandhi n'étaient pas des hommes de haute taille.

Le sexe

Les premières études sur le sexe des leaders démontraient que les femmes, comme les hommes, s'attendaient à ce que les leaders soient des hommes, et que les femmes ne se voyaient pas comme des leaders (Megargee, 1969). Toutefois, la situation des femmes évolue rapidement, et une série de recherches récentes tendent à démontrer qu'il y a de moins en moins de différences entre les sexes quand on considère les comportements et l'efficacité des leaders (Hollander, 1985). Des femmes en nombre croissant assument des postes de direction. On peut prévoir que leur efficacité égalera celle des hommes et que la discrimination à leur égard diminuera.

L'intelligence

On a longtemps pensé que les leaders sont plus intelligents que les autres, et on leur a attribué un meilleur jugement, une meilleure capacité de décision et un plus grand savoir qu'aux autres. Il existe en effet une corrélation entre l'intelligence et le leadership, mais elle est très faible. Il y a toutefois une forme d'intelligence qui semble reliée au leadership et qui aide les leaders à entrer en relation avec les autres. Il s'agit de la capacité de percevoir les besoins des membres du groupe et d'y répondre adéquatement (Kenny et Zaccoro, 1983).

L'éloquence

Certaines recherches (Sorrentino et Boutillier, 1975) ont prouvé qu'il existe une relation entre l'éloquence et le leadership. La quantité comme la qualité des paroles contribuent aux qualités du leader qui veut être bien perçu.

La motivation

Des recherches récentes (Sorrentino et Field, 1986) ont démontré que le désir d'aimer les autres et de réussir ont à long terme un effet positif sur l'émergence d'un leader dans un groupe. D'autres motivations, comme le besoin de pouvoir, sont importantes pour le succès du leader. Winter (1987) a démontré que les présidents des États-Unis qui sont à la fois motivés par le pouvoir, énergiques, autonomes, indépendants, un peu narcissiques, soucieux de leur prestige et de leur influence sur les autres sont vus comme de grands présidents.

Le charisme

Le charisme, ou la force magnétique, est souvent associé au leadership. Malheureusement, les qualités associées au charisme sont tellement difficiles à définir qu'il est impossible d'étudier ce phénomène de manière scientifique.

Évaluation de l'approche axée sur les traits

Les recherches sur les traits caractéristiques des leaders sont toujours intéressantes, fascinantes. Il n'est pas étonnant qu'elles se poursuivent sans relâche. Pourtant, les résultats obtenus jusqu'ici sont assez décevants. Il existe très peu de corrélation entre les traits des leaders et leur efficacité. De plus, il apparaît que certaines caractéristiques jugées importantes dans une situation ne le sont pas nécessairement dans une autre.

11.2.2 L'approche axée sur la situation

Devant l'échec de l'approche axée sur les traits à prédire l'émergence et l'efficacité du leadership, les psychologues sont passés de l'étude des traits de caractère des individus à l'étude des situations. Les théoriciens de l'approche situationnelle (Wallace et Szilagyi, 1987) ont abandonné l'hypothèse selon laquelle certains individus naissent leaders, et ils prétendent que ce sont les situations qui déterminent qui deviendra leader et comment s'exerce le leadership. Ils ont étudié l'influence de différentes variables situationnelles, sans pour autant nier l'importance de la personnalité du leader. Dans l'ensemble, ils ont précisé quatre types de variables : les caractéristiques personnelles du leader, les caractéristiques personnelles des subordonnés, les caractéristiques du groupe et les caractéristiques de la structure organisationnelle, que présente la figure 11.4.

Les chercheurs qui ont adhéré à l'approche situationnelle n'ont pas tenté de décrire le style idéal de leadership. Ils ont plutôt défini les situations qui convenaient le mieux à tel type de leader.

Le modèle de Tannenbaum et Schmidt

Le modèle unidimensionnel de Tannenbaum et Schmidt (1973), présenté à la figure 11.5, part du principe selon lequel l'efficacité d'un groupe relève de la situation d'une part, et des comportements du leader d'autre part.

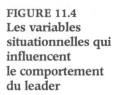

**FIGURE 11.4
Les variables situationnelles qui influencent le comportement du leader**

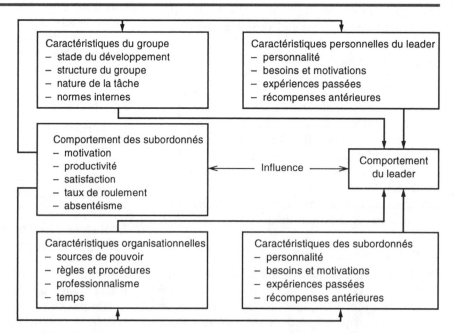

Source : Traduit et adapté de WALLACE, M. J. Jr. et SZILAGYI, A. D. Jr., *Organizational Behavior and Performance* (4ᵉ éd.), Glenview, Ill., © 1987, 1983, Scott Foresman and Company. Reproduit avec l'autorisation de HarperCollins Publishers.

FIGURE 11.5
Le modèle unidimensionnel du leadership

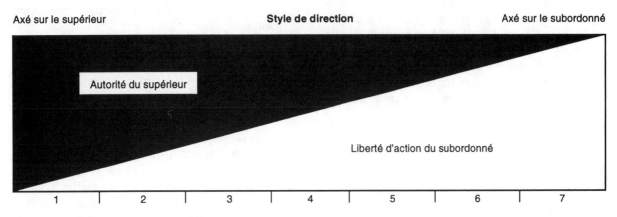

Axé sur le supérieur **Style de direction** Axé sur le subordonné

Autorité du supérieur

Liberté d'action du subordonné

1   2   3   4   5   6   7

1. Le dirigeant prend les décisions puis les annonce.
2. Le dirigeant «vend» ses décisions.
3. Le dirigeant présente ses idées et demande à chacun son avis.
4. Le dirigeant présente une décision conditionnelle qu'il se déclare prêt à changer.
5. Le dirigeant présente le problème, obtient des suggestions et prend sa décision.
6. Le dirigeant définit des limites et demande au groupe de prendre une décision à l'intérieur de ces limites.
7. Le dirigeant laisse le groupe libre de choisir, pour autant que certaines consignes soient respectées.

Les auteurs décrivent sept types de gestion, sur un continuum qui va de l'autocratie à la délégation.

Selon eux, le style adopté par un leader constitue l'effet combiné des forces qui s'exercent sur sa personne (ses valeurs et convictions, la confiance qu'il porte à ses employés, ses préférences, sa tolérance de l'incertitude), des forces qui influencent ses subalternes (besoin d'autonomie ou d'encadrement, désir d'être plus responsable, compréhension des objectifs) et des forces liées à la situation elle-même (type d'organisation, tradition, philosophie, taille, harmonie du groupe en question, nature du problème, temps disponible).

Sans préconiser un style idéal, Tannenbaum et Schmidt affirment que la gestion participative a un effet bénéfique sur la motivation des employés, le climat de travail et la qualité des décisions. En 1939, une recherche de Lewin et coll. avait démontré que les gens préfèrent une gestion de type démocratique, mais que cela ne les rend pas productifs pour autant. En effet, leurs sujets avaient tendance à travailler davantage sous la supervision d'un leader autocratique. Par contre, la qualité de leurs produits s'améliorait sous l'influence d'un leader démocratique. Plus récemment, une recherche de Rosenbaum et Rosenbaum a prouvé que dans des situations moins stressantes, le leader démocratique est plus efficace. Ceci renforce l'hypothèse selon laquelle l'efficacité du style est fonction de la situation.

Le modèle de Vroom et Yetton

Le modèle de Vroom et Yetton (1973) part du principe qu'aucun style de leadership ne peut convenir à toutes les situations et que, par conséquent, les gestionnaires doivent adapter leur style aux différents événements et problèmes à gérer. Ils proposent donc une série de règles précises afin d'aider les gestionnaires à déterminer dans quelle mesure faire participer leurs subordonnés aux décisions. Ils précisent cinq niveaux de participation :

1. A1 : le supérieur prend seul toutes les décisions selon l'information dont il dispose.
2. A11 : le supérieur obtient de ses subalternes toute l'information dont il a besoin, puis prend seul sa décision.
3. C1 : le supérieur consulte individuellement ses subalternes, mais prend ensuite sa décision qui peut refléter ou non les avis de ceux qu'il a consultés.
4. C11 : le supérieur réunit ses subalternes pour obtenir leurs idées, leurs opinions et leurs commentaires. Puis, il décide sans se sentir lié par l'avis du groupe.
5. G11 : le supérieur favorise la prise de décisions en groupe. Il anime le groupe, n'impose pas ses idées et s'engage à respecter le consensus obtenu en groupe.

Pour guider les gestionnaires dans le choix de leur stratégie, les auteurs ont proposé sept critères auxquels correspondent les sept questions suivantes :

1. Le critère de qualité est-il très important dans le choix de la solution ?
2. Y a-t-il suffisamment d'information disponible pour prendre une décision sérieuse ?
3. Le problème est-il structuré ?
4. Est-il important que la décision soit acceptée par les subordonnés pour assurer qu'elle soit exécutée ?
5. Si le leader prend la décision seul, est-il raisonnablement certain que les subordonnés l'accepteront ?
6. Les subordonnés adhèrent-ils aux objectifs institutionnels et sont-ils motivés à résoudre le problème ?
7. Les solutions préconisées sont-elles susceptibles de provoquer des conflits parmi les subordonnés ?

Puis, ils suggèrent un ordre de décision qui reprend le cheminement de chacune des sept questions, comme l'illustre la figure 11.6.

Le modèle de Hersey et Blanchard

Comme Blake et Mouton, et Reddin (1967), Hersey et Blanchard (1977) utilisent les dimensions de comportements axés sur la tâche et de comportements axés sur les relations humaines comme point de départ de leur modèle. Par ailleurs, leur théorie situationnelle a ceci de particulier : le choix du style approprié de leadership dépend d'un seul facteur, le degré de maturité des subalternes dans la situation considérée. La maturité est évaluée d'après le besoin d'accomplissement, la volonté de contribuer à l'atteinte des objectifs de l'organisation et la compétence nécessaire à cette fin. La figure 11.7 illustre leur théorie.

Hersey et Blanchard ont déterminé quatre niveaux de maturité :

1. Maturité faible (M1) : les employés n'ont pas les connaissances pertinentes pour effectuer le travail et sont peu motivés.
2. Maturité moyenne-faible (M2) : malgré un manque de connaissances, les employés sont motivés et disposés à accomplir le travail.
3. Maturité moyenne-élevée (M3) : même s'ils ont la compétence nécessaire pour réaliser la tâche, les employés sont peu motivés à l'accomplir.
4. Maturité élevée (M4) : les employés font preuve à la fois de compétence et d'enthousiasme.

Selon eux, lorsqu'un individu ou un groupe fait montre de peu de maturité, le leader devrait se concentrer presque uniquement sur la tâche. À mesure que le niveau de maturité se rapproche

FIGURE 11.6
L'arbre de décision de
Vroom et Yetton

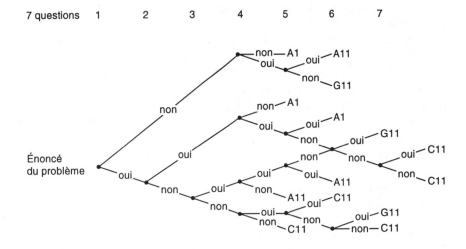

Source : Traduit et adapté de VROOM, V. H. et YETTON, P. W., *Leadership and Decision Making*, Pittsburg, Penn., University of Pittsburg Press, 1973, p. 36.

FIGURE 11.7
Le style de leadership
et maturité

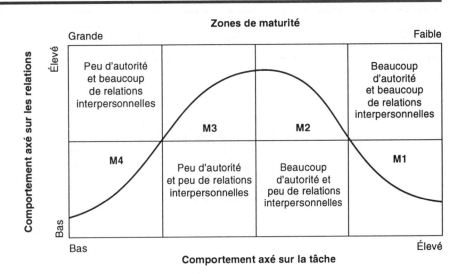

Source : Traduit et adapté de HERSEY, P. et BLANCHARD, K.H., dans SCHERMERHORN, J.G., HUNT, J.G. et OSBORN, R.N., *Managing Organizational Behavior*, New York, John Wiley & Sons, 1988, p.474.

de la moyenne, il devrait s'axer moins sur la tâche, et davantage sur les relations. Finalement, lorsque la maturité dépasse la moyenne, le leader devrait diminuer l'accent mis sur les deux dimensions, au point où les employés sont autonomes et n'ont plus besoin de ses interventions.

Selon ces auteurs, il n'y a pas de style idéal de leadership. L'efficacité du leader dépend de sa capacité à percevoir les situations et à y faire face. En cela, ils rejoignent les deux approches précédentes.

Le modèle du cheminement critique de House

Le modèle de House (1971), présenté à la figure 11.8, prend racine dans la théorie des attentes. Il part du principe qui veut qu'un leader est efficace dans la mesure où il influence les employés à travailler dans le sens des objectifs organisationnels. Pour y arriver, il peut modifier les perceptions de l'employé de plusieurs manières : il peut, par exemple, éliminer certains obstacles qui empêchent l'employé d'atteindre un rendement élevé, en clarifiant ses exigences, en lui fournissant des outils de travail adéquats, en le supervisant et en l'aidant. Il peut également augmenter la quantité et la qualité des récompenses qui accompagnent le rendement élevé, et faire en sorte que le lien rendement-récompense soit clairement perçu par les employés. Enfin, il peut choisir les récompenses que les employés apprécient le plus, ou susciter chez ces derniers le désir des récompenses qu'il a à offrir. Dans ce processus de motivation des employés, House affirme que le leader doit adopter le style de leadership le plus susceptible de combler les déficiences de l'individu d'une part, et du milieu d'autre part.

House propose quatre styles de leadership :

1. Le **leadership directif**, assimilé aux comportements axés sur la structure.

2. Le **leadership de soutien**, axé sur les relations humaines.

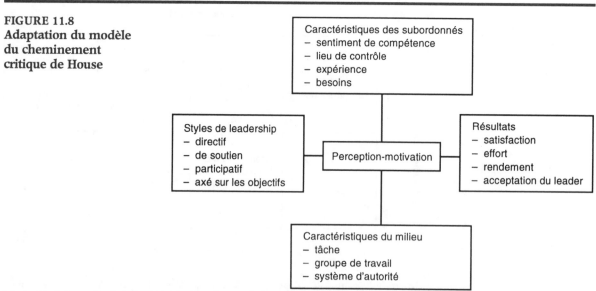

FIGURE 11.8
Adaptation du modèle du cheminement critique de House

Caractéristiques des subordonnés
- sentiment de compétence
- lieu de contrôle
- expérience
- besoins

Styles de leadership
- directif
- de soutien
- participatif
- axé sur les objectifs

Perception-motivation

Résultats
- satisfaction
- effort
- rendement
- acceptation du leader

Caractéristiques du milieu
- tâche
- groupe de travail
- système d'autorité

Source : Traduit et adapté de HOUSE, R. J., « A Theory of Charismatic Leadership » dans *Leadership : The Cutting Edge*, par Hunt, J. G. et Larson, L. L., Cabondale, Illinois, Southern Illinois Press, 1977, p. 206.

3. Le **leadership participatif** qui, comme son nom l'indique, favorise la consultation et la participation.
4. Le **leadership axé sur les objectifs**, c'est-à-dire sur le rendement.

Dans le choix d'une stratégie de leadership, deux types de variables sont à considérer : les caractéristiques des subordonnés et les caractéristiques du milieu.

House insiste sur trois caractéristiques des subordonnés :

1. Le **sentiment de compétence**, c'est-à-dire la perception qu'a l'employé de ses capacités d'exécuter une tâche. Plus le sentiment de compétence est élevé, plus le leadership doit être axé sur les objectifs. Lorsque la confiance en soi est faible, par contre, le leadership directif convient mieux.
2. Le **lieu de contrôle**, qui correspond à la perception qu'a l'employé d'avoir le pouvoir d'influencer les événements. Lorsque l'employé a le contrôle, le leadership participatif est le plus efficace.
3. Les **besoins des subordonnés** désignent les besoins d'affiliation, d'accomplissement et de pouvoir, qui déterminent le type d'encadrement nécessaire.

Les caractéristiques du milieu les plus déterminantes sont :

1. La **tâche** : c'est-à-dire la complexité et l'ambiguïté de celle-ci. Selon House, les gens qui ont des tâches simples et répétitives rechercheront un leadership de soutien.
2. Le **groupe de travail** : lorsqu'un groupe de travail est peu cohésif, le style directif est approprié. Lorsque le groupe est uni, la participation est plus adéquate.
3. Le **système d'autorité** : soit l'ensemble des politiques, des règles et des procédures de l'organisation. Ce système donne une orientation et une couleur au leadership.

Le modèle de contingence de Fiedler

Fiedler (1967) propose un modèle simple et pratique afin de déterminer le style de leadership en fonction des facteurs situationnels, comme l'illustre le tableau 11.2.

Il propose trois variables situationnelles que le leader doit apprendre à maîtriser : les relations leader-membre (l'atmosphère) correspondent au niveau de respect et de confiance des employés envers leur supérieur. La structure de la tâche a trait à la clarté ou à la précision de la tâche à exécuter : la tâche peut être structurée ou non structurée et définie avec souplesse ou rigidité. Le pouvoir du leader est le degré d'autorité, l'influence réelle qu'il exerce sur les systèmes de sanction et de récompense. La combinaison de ces

TABLEAU 11.2
Le modèle de contingence de Fiedler

Atmosphère	Bonne				Mauvaise			
Structure de la tâche	Structurée		Non structurée		Structurée		Non structurée	
Pouvoir du leader	Élevé	Faible	Élevé	Faible	Élevé	Faible	Élevé	Faible
Situation	1	2	3	4	5	6	7	8

Favorable ⎯⎯⎯⎯⎯⎯⎯⎯⎯⎯⎯⎯⎯⎯⎯⎯→ Défavorable

Source : Traduit et adapté de FIEDLER, F. E., dans White, D. D. et Bednar, D. A., *Organizational Behavior, Understanding Managing People at Work*, Allyn and Bacon, 1967, p. 499.

trois variables détermine jusqu'à quel point une situation est favorable ou défavorable au leader.

Afin de déterminer le style de leadership le plus approprié, Fiedler propose la mesure LPC (*Least Preferred Co-Worker*). Depuis une liste de 18 critères, le leader décrit parmi ses collaborateurs celui qu'il apprécie le moins ou le plus. Il situe ce collègue sur une échelle de 1 à 8, comme dans le tableau 11.3.

Un résultat élevé indique une évaluation positive et favorise un style de leadership axé sur la relation, car bien que la situation soit difficile, il y a suffisamment d'estime et de respect pour ouvrir les voies de la communication. À l'inverse, un résultat faible incite à axer le leadership sur la tâche.

Au cours de ses recherches, Fiedler a déterminé des combinaisons idéales entre le style de leadership et les situations. Ainsi, le style autocratique est à conseiller lorsque la situation est très favorable ou très défavorable au leader. Dans les situations intermédiaires, on peut croire que le style démocratique est plus approprié.

11.2.3 Évaluation des théories du leadership

Pour résumer l'évolution des théories de leadership jusqu'à aujourd'hui, on peut rappeler l'essentiel des différentes approches :

– on a d'abord associé le leadership aux caractéristiques innées de l'individu. On naît leader ou non-leader ;

– on a ensuite considéré que le leadership n'est rien d'autre qu'un ensemble de comportements et que, dans la mesure où l'on est capable d'apprendre ces comportements, on peut devenir leader ;

– d'autres auteurs ont voulu déterminer par la suite le style idéal de leadership. Certains ont alors conclu qu'il est préférable d'avoir des comportements de leadership axés sur l'individu plutôt que sur la tâche ;

– enfin, les auteurs de l'approche situationnelle ont démontré, pour leur part, que certains facteurs relatifs à la situation, notamment le degré de maturité des subordonnés et leur disposition personnelle à accomplir une tâche, indiquent au leader le style à adopter. Il n'y a donc pas de style idéal de leadership, mais plutôt un style approprié à chaque situation particulière.

Évaluation de l'approche situationnelle

Si l'on considère séparément chacun des cinq modèles de l'approche situationnelle, on peut faire les commentaires suivants :

– Tannenbaum et Schmidt ont eu le mérite d'être les premiers à suggérer que le leader peut utiliser différents types de leadership. Toutefois, les faiblesses de leur modèle sont nombreuses. Ils décrivent des facteurs qui influencent la décision du leader, mais n'évaluent aucunement leur importance relative : certaines forces peuvent influencer le leader dans le choix d'un style, alors que certaines autres doivent absolument guider son choix. De plus, ils énumèrent

---

TABLEAU 11.3
L'échelle LPC

	8	7	6	5	4	3	2	1	
Plaisant	8	7	6	5	4	3	2	1	Déplaisant
Coopératif	8	7	6	5	4	3	2	1	Non coopératif
Distant	1	2	3	4	5	6	7	8	Accessible
Froid	1	2	3	4	5	6	7	8	Chaleureux

Source : Traduit et adapté de FIEDLER, F. E., dans White, D. D. et Bednar, D. A., *Organizational Behavior, Understanding Managing People at Work*, Allyn and Bacon, p. 499.

des facteurs sans tenir compte des innombrables interactions susceptibles d'exister entre ceux-ci et avec les différents styles de leadership. Enfin, ajoutons que ce modèle était purement spéculatif et ne reposait sur aucune recherche. Il a fallu 15 ans avant que d'autres auteurs ne viennent corriger ces déficiences ;

— Vroom et Yetton ont corrigé certaines faiblesses du modèle précédent en proposant une série de règles assez précises pour aider les administrateurs à décider jusqu'à quel point faire participer les subalternes à leurs décisions. Il s'agit là d'une approche concrète et très utile ;

— quant au modèle de Hersey et Blanchard, il ajoute une variable intéressante, celle de la maturité des employés, et a l'originalité de placer cette variable situationnelle dans un contexte dynamique d'évolution. Il sensibilise ainsi les gestionnaires à la nécessité non seulement de s'adapter au niveau de maturité de leurs employés, mais de contribuer à leur évolution ;

— le modèle de House suggère, comme celui de Tannenbaum et Schmidt, que le leader doit adapter son style à la situation dans laquelle il évolue. Toutefois, il existe une ambiguïté au sujet de cette adaptation : est-ce le leader qui s'adapte aux subordonnés, ou les subordonnés qui s'adaptent au leader ?

— finalement, le modèle de contingence de Fiedler est celui qui a le plus contribué à rendre opérationnel le concept de leadership. Il a donné lieu à de nombreuses vérifications empiriques et a été largement diffusé et utilisé.

Globalement, l'approche situationnelle est de loin la plus prometteuse des théories du leadership. Bien sûr, elle n'apporte pas de réponses à toutes les questions, mais elle donne des points de repère concrets aux gestionnaires qui veulent améliorer leur style de leadership.

Les principales conclusions de l'approche situationnelle

D'après les théories résumées plus haut et les recherches auxquelles elles ont donné lieu, il est permis de croire que le type de gestion axée sur l'individu entraîne des conséquences heureuses dans les circonstances suivantes :

— le subalterne manifeste un besoin d'affiliation élevé, c'est-à-dire qu'il attache une grande importance aux relations amicales, chaleureuses ;

— le subalterne est en train d'apprendre un nouveau travail ou de se familiariser avec de nouvelles responsabilités ; il a besoin de soutien, de conseils, d'encouragement et de félicitations ;

— la tâche elle-même ne procure aucune satisfaction intrinsèque parce qu'elle est monotone, répétitive ou qu'elle est accomplie dans un milieu désagréable, par exemple ;

— le subalterne travaille dans un état de stress et de frustration pendant une longue période ;

— le groupe est petit, le leader et les subalternes travaillent en collaboration ou sont fréquemment en rapport ;

— la situation est plus ou moins favorable au leader.

Le type de gestion axée sur la tâche, par contre, devrait produire ses meilleurs effets dans les situations suivantes :

— le dirigeant possède plus de connaissances et une meilleure évaluation que celles des subalternes en ce qui concerne le problème qui préoccupe le groupe ;

— le subalterne est nouveau, inexpérimenté, anxieux, et manifeste peu de confiance en lui-même ou en ses capacités de bien réussir ;

— le groupe est relativement grand et les rapports sont assez rares entre le dirigeant et les subalternes ;

— la tâche du subalterne est vague, ambiguë, peu structurée : il ne sait pas exactement ce qu'il faut faire et de quelle façon il faut s'y prendre pour obtenir un bon rendement (il s'agit cependant d'un travail intrinsèquement satisfaisant, justement à cause du faible degré de structure) ;

— pour toutes sortes de raisons, le subalterne s'attend à ce que le dirigeant adopte un style directif et autoritaire. Ces raisons peuvent tenir à la personnalité du subalterne (il est autoritaire, aime commander mais accepte très bien d'obéir), au genre d'organisation (l'armée par exemple);

— une situation d'urgence se produit (un incendie, une bataille, un sauvetage) et le subalterne a confiance au jugement du dirigeant;

— le dirigeant se préoccupe beaucoup de l'individu. Plusieurs études ont en effet démontré que le subalterne tolère qu'un supérieur exerce un leadership directif, à la condition qu'il soit sensible à l'aspect humain de l'organisation;

— la situation est très (ou très peu) favorable au dirigeant, c'est-à-dire que le leader vient, par exemple, de connaître une réussite éclatante ou encore un échec retentissant.

11.3 VERS UN MODÈLE INTÉGRÉ DU LEADERSHIP

Les modèles de leadership que nous avons présentés plus haut sont les plus classiques et les plus connus. Il existe de nombreux autres courants de pensée dans l'étude des phénomènes d'influence. Alain Rondeau (1986) a réussi à en faire une analyse très intéressante et propose un macromodèle qui en intègre toutes les particularités.

11.3.1 Les principaux courants de pensée dans l'étude des phénomènes d'influence

Le but que poursuivait Rondeau en énumérant les différents courants de pensée sur le leadership était «de mettre en lumière la diversité des dimensions qui affectent la qualité des rapports hiérarchiques». Le tableau 11.4 en est l'illustration.

Le leadership en tant qu'élément fonctionnel dans un groupe

Selon Lewin (1939), le leadership n'est pas l'attribut d'une seule personne: il résulte de la dynamique même du groupe. Autrement dit, le leadership est une fonction inhérente à la nature même du groupe, comme la maternité et la paternité sont une fonction de la famille.

Le leadership en tant que catégorie de comportement

Comme nous l'avons vu plus haut, ce courant regroupe les études des auteurs qui ont voulu démontrer l'existence de comportements propres aux leaders, qui permettent de distinguer les leaders des autres.

Ce courant englobe les recherches classiques de l'Université de l'Ohio, celles de l'Université du Michigan ou de l'Université Harvard (Bales, 1968). Les comportements qui ressortent clairement de l'ensemble de ces recherches sont de deux ordres: les comportements axés sur la tâche et la productivité et les comportements axés sur la considération, les relations humaines.

Malgré quelques simplifications de mauvais aloi, ces recherches ont entraîné la création de nombreux outils de diagnostic et de gestion, et ont inspiré la formation de nombreux leaders.

Le leadership normatif

Nombre de théoriciens ont eu la prétention de décrire le leader idéal. Citons entre autres Coch et French (1948), White et Lippitt (1953), McGregor (1960), Argyris (1962) et Likert (1967) qui se sont faits les promoteurs de la gestion participative. Évidemment, l'approche situationnelle a contredit les conclusions un peu catégoriques de ces auteurs.

Le leadership contingent

Outre Tannenbaum et Schmidt, Fiedler, et Vroom et Yetton, Reddin (1967) et Yukl (1971) ont vu le leadership comme un processus influencé par le leader, ses subordonnés et la situation du moment. Ils ont décrit une série de facteurs déterminants:

TABLEAU 11.4
Les principaux courants de pensée dans la recherche américaine en leadership

Leadership	Description	Auteurs
En temps qu'élément fonctionnel	Le leadership n'est pas l'attribut d'une seule personne; il résulte de la dynamique même d'un groupe.	Lewin (1939)
En temps que catégorie de comportement	Il y a des comportements qui distinguent les leaders efficaces des autres.	U. de l'Ohio (Stogdill, 1948; Stogdill et Coons, 1957); U. du Michigan (Katz et coll., 1950; Likert, 1961); «Orientation vers les personnes, orientation vers la tâche»; U. Harvard (Bales, 1958).
En temps que style normatif	Il existe un style de comportement idéal pour être un leader efficace.	Coch et French (1948); White et Lippitt (1953); McGregor (1960) «Théorie X-Y»; Likert (1961,1967) «Système 1-4»; Argyris (1962); Blake et Mouton (1964) «Managerial Grid».
En temps que processus contingent	Le style de comportement approprié varie en fonction du leader, de ses subordonnés et de la situation qui prévaut.	Tannenbaum et Schmidt (1958); Fiedler (1967) «Théorie de la contingence»; Reddin (1967) «3-D Management Style Theory»; Yukl (1971) «Multiple Linkage Model of Leadership»; Vroom et Yetton (1973) «Arbre de décision».
En temps que processus évolutif	À mesure que la relation du leader avec ses subordonnés évolue, celui-ci doit adapter son style de comportement.	Hersey et Blanchard (1969) «Life Cycle Theory of Leadership»; Gabarro (1979) «Stades d'adaptation».
En temps que processus instrumental	L'efficacité du meneur tient à son habileté à susciter chez ses subordonnés une motivation à atteindre des objectifs.	House (1971) «Path Goal Theory of Leadership»; Sims (1977) «Théorie du conditionnement opérant appliqué au leadership»; Davis et Luthans (1979) «Théorie behaviorale du leadership».
En temps que processus réciproque	L'efficacité du meneur tient à sa capacité d'offrir quelque chose en échange d'un rendement élevé.	Homans (1950) «Processus d'échange»; Pelz (1952) «Influence vers le haut»; Likert (1961) «Linking Pin»; Jacobs (1971) «Modèle d'échange»; Bandura (1977) «Théorie de l'apprentissage social»; Weiss (1977); Hollander (1978) «Théorie de l'échange social» ou «Théorie idiosyncratique de leadership».
En temps que processus d'attribution	Le leadership n'existe pas; il est attribué. Donc, le meneur dirige selon ce qu'il croit naïvement être la cause du comportement de ses subordonnés.	Calder (1977) «Théorie de l'attribution»; Green et Mitchell (1979).
En temps que processus dyadique	Le leader n'a pas la même relation avec chacun de ses subordonnés.	Zaleznik (1965) «Théorie de dominance-soumission»; Graen et Cashman (1975) «Modèle du lien dyadique vertical»; Quick (1979) «Dyadic Goal Setting Framework»; Kets de Vries (1980) «Folie à deux»; Wesley et coll. (1980) «Manager subordinate Dyads».
Charismatique	Certains leaders possèdent des caractéristiques personnelles, particulières ou articulent la mission de leur organisation de façon telle que cela influence profondément le comportement des membres de leur équipe de travail.	Weber; Dow (1969); House (1977) «A 1976 Theory of Charismatic Leadership».

Source : RONDEAU, A., «Un nouveau cadre théorique pour intégrer les diverses conceptions du leadership organisationnel», dans Benabou, C. et Abravanel, H., *Le comportement des individus et des groupes dans l'organisation*, Boucherville, Gaëtan Morin Éditeur, 1986, p. 320 et 321

– au niveau du leader, de ses compétences, de son pouvoir, de la similitude de vues avec ses subordonnés ;
– au niveau des subordonnés, de leur compétence, de leur personnalité, de leur degré de participation et de leurs attentes ;
– au niveau de la situation, de la culture organisationnelle, de la technique, du degré d'incertitude et d'urgence du travail à faire.

Ils ont en outre démontré que la relation chef-subalterne et l'interaction de cette relation avec la situation de travail ont un effet sur l'efficacité du leadership.

Le leadership évolutif

Certains auteurs, Hersey et Blanchard (1977), et Gabarro (1979) ont vu le leadership dans une perspective temporelle. Ils ont démontré qu'à mesure que la relation du leader avec ses subalternes évolue, celui-ci doit adapter son comportement.

Le leadership instrumental

House (1971) et Sims (1977) ont insisté beaucoup sur le leadership en tant qu'instrument de motivation. Ils voient le leader comme quelqu'un qui renforce les comportements désirables et productifs chez ses employés. Son efficacité tient donc à son habileté à susciter chez ses subordonnés une motivation à atteindre les objectifs de l'entreprise.

Le leadership réciproque

Selon les tenants de cette approche, l'influence résulte d'un échange dynamique entre le leader et ses subordonnés. Hollander (1978) considère le leadership comme le résultat d'un échange social où le chef persuade ses subalternes d'adhérer à certaines normes et de donner un certain rendement, moyennant quelques récompenses.

Le leadership d'attribution

Calder (1977) prétend que le leadership n'existe pas, mais est attribué au chef par ses subordonnés pour autant qu'il réponde à leur image d'un leader. Green et Mitchell (1979) ajoutent que le leader adapte son comportement à ses subordonnés selon la compréhension naïve qu'il a des motifs de leurs actions. S'il croit que son employé réussit parce qu'il a du talent, il aura tendance à modifier les conditions qui influencent le rendement de son employé. Contrairement aux autres approches, celle-ci insiste davantage sur les perceptions du leader que sur ses comportements concrets.

Le leadership dyadique

Les premières études sur le leadership portaient sur la relation du leader avec son groupe, ou comme entité globale. Récemment, on a commencé à différencier un peu plus le groupe et à considérer le fait que le leader n'a pas la même relation avec tous les subordonnés. Selon Graen et Cashman (1975), le leader finit par nouer des relations privilégiées avec certains membres du groupe. D'autres auteurs (Quick, 1979 ; Wesley et coll., 1980) ont démontré que la congruence perceptuelle entre le chef et son subalterne favorise la création de liens plus forts.

Le leadership charismatique

Ce courant de pensée insiste sur les qualités personnelles du leader. Selon House (1977), certains leaders possèdent des caractéristiques personnelles, ou encore, articulent et communiquent la mission de leur organisation de telle manière qu'ils inspirent les gens et les amènent à se dépasser. Cette approche a eu pour effet de relancer tout le débat sur la théorie des traits.

11.3.2 Vers un macromodèle du leadership

Rondeau propose un modèle du leadership en trois dimensions : la dimension structurelle, la dimension dynamique, la dimension évolutive.

La structure du leadership

Pour bien comprendre le phénomène du leadership, il faut analyser la relation entre le supérieur et le subordonné dans son cadre réel (figure 11.9). L'influence se joue dans un milieu qui en dicte certains paramètres. Et c'est là qu'interviennent les fameux substituts du leadership (Kerr et coll., 1974), c'est-à-dire cet ensemble d'éléments personnels et situationnels qui ont un effet sur le leadership avant même qu'il ne s'exerce. Il s'agit de facteurs inhérents aux subordonnés, à leur tâche ou à l'organisation qui modifient l'influence du leader. Par exemple, une tâche très intéressante en elle-même réduira le besoin de considération de l'employé, comme une tâche routinière éliminera tout besoin d'encadrement. Des règles organisationnelles rigides et omniprésentes peuvent neutraliser tous les efforts qu'un cadre fait pour augmenter la productivité. Tous ces éléments déterminent déjà au départ la nature des rapports d'influence au sein d'un groupe ou d'un service.

La dynamique du leadership

Analyser la structure du leadership consiste à analyser les facteurs en présence avant que le phénomène d'influence ne se produise. En analyser la dynamique ne peut s'accomplir qu'au moment de l'exercice d'influence. Pour cela, il faut comprendre les attitudes et comportements réciproques entre le supérieur et le subalterne. L'interaction dynamique entre le chef et le subordonné comporte trois composantes:

1. Les perceptions et les dispositions de chacun des acteurs.
2. Le comportement auquel a recours le leader pour influencer son groupe: son attitude peut être directive, solidaire, charismatique, autoritaire, normative, négociatrice.
3. La réciprocité ou l'échange de ressources qui se produit entre les deux pôles de la relation.

La dynamique du leadership touche à des dimensions très diversifiées de la relation interpersonnelle et des transactions qui ont lieu

---

FIGURE 11.9
La structure du leadership

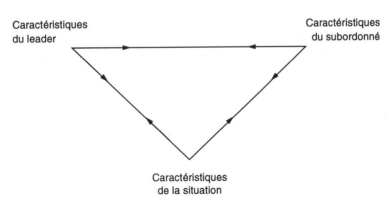

Caractéristiques du leader

Caractéristiques du subordonné

Caractéristiques de la situation

Source: RONDEAU, A., «Un nouveau cadre théorique pour intégrer les diverses conceptions du leadership organisationnel», dans Benabou, C. et Abravanel, H., *Le comportement des individus et des groupes dans l'organisation*, Boucherville, Gaëtan Morin Éditeur, 1986.

entre un supérieur et un subordonné. Elle touche aux qualités personnelles et au vécu des individus.

L'évolution du leadership

L'ajout de la dimension temporelle à l'étude du leadership vient compliquer l'ensemble des données à considérer. Parallèlement au développement des personnes, il faut considérer le développement des relations. Les relations naissent, mûrissent, se modifient et se transforment au cours des ans. Le leadership est souvent conjoncturel et le simple fait que les relations d'influence s'étendent sur une certaine période de temps modifie leur efficacité. C'est toute la notion de changement qu'il faut saisir ici.

L'existence de cette dimension complique l'appréhension des phénomènes d'influence, mais la rend plus fascinante encore. L'analyse des différents courants de pensée sur le leadership a d'ailleurs démontré que sans une analyse systématique et multidimensionnelle, il est impossible de saisir toute la richesse des jeux de pouvoir et d'influence dans les groupes de travail. L'existence de trois niveaux d'analyse laisse entrevoir la possibilité d'appréhender cette richesse, d'une part, et d'intervenir de trois manières différentes, d'autre part. Il devient ainsi possible d'envisager des solutions dynamiques à des problèmes de structure, ou encore de faire évoluer des relations qui, au départ, semblaient mal vécues ou mal organisées.

CONCLUSION

Si le leadership est intéressant sur le plan scientifique, il l'est encore plus sur le plan psychologique et social. En effet, devant la complexité et la multiplicité des problèmes et des changements qui surgissent dans le monde d'aujourd'hui, on ne peut que constater le besoin urgent de leaders forts, compétents, capables de susciter des synergies entre les personnes et les nations, et

qui sauront mener à bien ce que leur discernement leur dictera de faire.

Il serait difficile de tracer le portrait idéal des leaders de l'an 2000. La façon la plus sage d'en ébaucher quelques éléments serait de s'inspirer des meilleurs leaders qui ont existé.

À ce sujet, les résultats d'une recherche que Bennis et Nanus (1985) ont effectuée au cours des années 70 peuvent servir de point de départ. En effet, ces derniers ont observé, pendant cinq ans, 90 leaders qui ont réussi à faire évoluer positivement les entreprises et les groupes qui leur avaient été confiés. Selon eux, ces leaders manifestent quatre aptitudes caractéristiques. Ils savent :

1. Capter l'attention de leur entourage.
2. Communiquer l'essentiel d'une situation.
3. Gagner la confiance des gens.
4. Se maîtriser.

Capter l'attention de l'entourage

La première aptitude s'observe chez le leader lorsqu'il réussit à attirer les gens à lui, moins en raison des idées qu'il véhicule que de l'engagement dont il témoigne et auquel il convie son entourage. Il magnétise les gens par sa façon de vouloir réaliser son objectif.

Cette aptitude sous-tend que le leader lui-même est très déterminé : il connaît clairement son objectif et sait de quelle façon il peut l'atteindre. Le gestionnaire confus à ce stade ne peut réussir à mobiliser et à stimuler son entourage.

La première aptitude au leadership est donc celle qui consiste à capter et à axer l'attention de l'entourage sur un objectif ou une vision des choses (but, direction, résultat souhaité). Certains personnages célèbres ont ainsi réussi à soulever des foules. Gandhi en fut un exemple éloquent.

Communiquer l'essentiel d'une situation

Quelque merveilleuse que soit la vision proposée à l'entourage, il faut savoir la communiquer, amener les gens à la percevoir clairement. Pour cela, il ne suffit pas au leader de connaître ses objectifs et de les expliquer. Il faut vraiment qu'il réussisse à faire partager sa vision de ce qui devrait être. Communiquer consiste donc en un échange porteur de sens entre des individus. C'est ce qui fait la différence entre un leader communicateur comme Ronald Reagan et d'autres qui sont d'une grande compétence, mais ne réussissent pas à transmettre leurs messages.

Nos sociétés et nos organisations sont, nous le savons bien, bombardées par une quantité impressionnante d'information et d'images. Dans un tel contexte, la soif de sens devient immense. Le leader est celui qui réussit à faire un amalgame des faits, des concepts et des images, et à leur donner une signification qui puisse être perçue, sentie et partagée par plusieurs personnes.

Bennis et Nanus insistent sur le fait qu'il n'existe pas que la communication formelle écrite ou verbale pour véhiculer un message clair ; les leaders qu'ils ont observés utilisaient des moyens variés, notamment l'anecdote, la métaphore ou même l'illustration. Un de leurs sujets, qui était directeur général d'une entreprise, avait même fait installer une ceinture de sécurité à son fauteuil ; lorsqu'il était en présence d'interlocuteurs, il s'attachait au fauteuil pour bien leur sentir qu'il devait être très prudent dans toutes ses démarches, car son entreprise traversait une étape délicate. Tous les moyens sont bons ; l'essentiel est que le message soit clair et qu'il touche les individus auxquels il s'adresse, au-delà de leur rationalité.

Gagner la confiance des gens

Un climat de confiance est essentiel à toute organisation afin de fonctionner sainement. Pour susciter la confiance, le leader doit faire preuve d'une certaine forme de constance, de fiabilité et de détermination.

Bennis et Nanus rappellent que les gens préfèrent suivre un individu à qui ils peuvent se fier, même s'ils sont en désaccord avec lui, plutôt que de suivre quelqu'un avec lequel ils sont d'accord, mais qui change fréquemment d'idée. Ainsi, le leader suscite la confiance non pas en recherchant les consensus, mais en se montrant clair et stable dans ses orientations majeures. Margaret Thatcher, ex-première ministre de la Grande-Bretagne, exerçait avec brio ce style de leadership. Selon Bennis, il s'agit là d'une caractéristique d'importance cruciale pour tout leader.

Se maîtriser

La quatrième qualité du leader est son aptitude à connaître ses propres forces, à les exploiter efficacement et à exercer une certaine emprise sur soi. Bennis et Nanus s'empressent toutefois de préciser que cette qualité entraîne chez tous les sujets qu'ils ont observés une ignorance du concept d'échec. Ce que la plupart des gens appellent des échecs, les leaders les désignent comme étant des erreurs, des faux départs, des manquements, des lacunes, des carences, voire des folies. Mais ils ne parlent jamais d'échec. En fait, ces personnes semblent utiliser tout ce qui ne va pas comme source d'apprentissage et acceptent d'emblée la possibilité d'être parfois dans l'erreur comme un événement normal de la vie. Ce fut l'attitude démontrée par Pierre Elliott Trudeau lorsqu'il revint au pouvoir en 1980, après avoir perdu ses élections contre les conservateurs l'année précédente, et annoncé qu'il quittait la vie politique.

Les effets du leadership

D'après Bennis et Nanus, le leadership est un phénomène qui a des répercussions sur toute l'organisation : chacun a l'impression d'être important, unique et reconnu ; chacun sait qu'il peut se tromper, à condition qu'il apprenne de ses erreurs. Le leadership conduit en outre à l'unité, à une sorte d'esprit d'équipe, d'atmosphère quasi familiale. Enfin, dans un contexte de bon leadership, chacun se sent non pas « poussé » au travail, mais bien « attiré » par le travail.

QUESTIONS

1. Décrivez cinq situations qui pourraient se produire à l'usine, au bureau et à l'université, et où un leadership participatif ne serait pas approprié.

2. Selon Fiedler, un administrateur devrait être fortement axé sur la tâche, lorsque la «situation» lui est très défavorable. Croyez-vous que cela a du sens?

3. De nombreux auteurs parlent de l'importance de la «situation». Comparez leurs diverses façons de définir celle-ci, c'est-à-dire, quels éléments y incluent-ils?

4. Dans une classe universitaire, le «style de leadership» du professeur détermine-t-il le comportement des étudiants, ou est-ce l'inverse?

5. Pensez à quelqu'un que vous avez connu et qui était un «vrai leader». Avait-il des traits personnels particuliers? En quoi ses comportements étaient-ils différents de ceux des autres? Exerçait-il son leadership dans plusieurs groupes différents?

6. En quoi les recherches qui ont porté sur les traits personnels des leaders se sont-elles montrées décevantes? Pourquoi ne peut-on pas parler d'échec total?

RÉFÉRENCES BIBLIOGRAPHIQUES

ARGYRIS, C., *Interpersonal Competence and Organizational Effectiveness*, Homewood, Ill., Irwin-Dorsey, 1962.

BALES, R. F. et SLATER, P., «Role Differentiation in Small Decision-Making Groups», dans Parson, T. et Bales, R. F. (éd.), *Family Socialisation and Interaction Processes*, Glencoe, Ill., Free Press, 1958.

BALES, R. F., «Task Roles and Social Roles in Problem Solving Groups», dans Maccoby, E. E., Newcomb, T. M. et Hartley, E. L., *Reading in Social Psychology*, New York, N. Y., Holt, Rinehart and Winston, 1968.

BAUMEISTER, R. F., CHESNER, S. P., SENDERS, P. S. et TICE, D. M., «Who's in Charge There? Group Leaders Do Lend Hands in Emergencies», *Personality and Social Psychology*, Bulletin, 14, 1988.

BENNIS, W. G. et NANUS, B., *Leaders: The Strategies of Taking Charge*, New York, N. Y., Harper and Row, 1985.

BLAKE, R. R. et MOUTON, J. S., *The Managerial Grid*, Houston, Texas, Gulf Publishing Company, 1964.

CALDER, B. J., «An Attribution Theory of Leadership», dans *New Directions in Organizational Behavior*, (éd.) par Stow, B. M. et Salancik, R. G., Chicago, Ill., St-Clair Press, 1977.

COCH, L. et FRENCH, J. R. P., « Overcoming Resistance of Change », *Human Relations*, 1, 1948.

FIEDLER, F. E., *A Theory of Leadership Effectiveness*, New York, N. Y., McGraw-Hill, 1967.

FIEDLER, F. E., dans White, D. D. et Bednar, D. A., *Organizational Behavior, Understanding Managing People at Work*, Allyn and Bacon, 1967.

FRONE, M. R., ADAMS, J., RICE, R. W. et INSTONE-NOONAN, D., « Halo Error : A Field Study Comparison of Self and Subordinate Evaluation of Leadership Process and Leader Effectiveness », *Personnaly and Social Psychology Bulletin*, 12, 1987.

GABARRO, J., « Socialization at the Top-How Ceos and Subordinates Evolve Interpersonal Contracts », *Organizational Dynamics*, hiver 1979.

GRAEN, G. et CASHMAN J. F., « A Role Making Model of Leadership in Formal Organizations : A Developmental Approach », dans *Leadership Frontiers* (éd.) par Hut, J. G., Lars, L. et Larson, K., Ohio, Ken State Universtiy Press, 1975.

GREEN, S. G. et MITCHELL, T. R., « Attributional Processes of Leaders » dans « Leader-Member Interaction », *Organizational Behavior and Human Performance*, 23, 1979.

HERSEY, P. et BLANCHARD, K. H., *Management of Organizational Behavior : Utilizing Human Resources*, Englewood Cliffs, N. J., Prentice-Hall, 1977.

HERSEY, P. et BLANCHARD, K. H., dans Schermerhorn, J. R., Hunt, J. G. et Osborn, R. N., *Managing Organizational Behavior*, New York, N.Y., John Wiley & Sons, 1988.

HOLLANDER, E. P., *Leadership Dynamics : A Practical Guide to Effective Relationship*, New York, N. Y., Free Press, 1978.

HOLLANDER, E. P., « Leadership and Power », dans Lindzex, G. et Ronson, A. (éd.), *Handbook of Social Psychology* (3e éd.), New York, N. Y., Reindom House, 1985.

HOUSE, R. J., « A Path Goal Theory of Leader Effectiveness, Administrative », *Science Quarterly*, 16, 1971.

HOUSE, R. J., « A 1976 Theory of Charismatic Leadership », dans *Leadership : The Cutting Edge*, (éd.) par Hunt, J. G. et Larson, L. L., Cabondale, Southern Illinois University Press, 1977.

JACOBS, T. O., *Leadership and Exchange in Formal Organization*, Alexandria, Virg., Human Resources Research Organization, 1971.

KARP, H. B., « Gestalt and the Art of Leadership », Discours prononcé lors de la Conférence sur les systèmes complexes (non publié), Cleveland, Ohio, 1981.

KENNY, D. A. et ZACCORO, S. J., « An Estimate Variance Due to Traits in Leadership », *Journal of Applied Psychology*, 68, 1983.

KERR, S., SCHRIESHEIM, Ch. A., MURPHY, Ch. J. et STOGDILL, R. M., « Toward a Contingency Theory of Leadership Based Upon the Consideration and Initiating Structure Literature », *Organization Behavior and Human Performance*, 12, 1974.

KINDER, D. R. et FISKE, S. T., « Presidents in the Public Mind », dans Herman, M. G. (éd.), *Political Psychology*, San Francisco, Calif., Jossey-Bass, 1986.

KINDER, D. R., PETERS, M. D., ABLESON, R. R. et FISKE, S. T., « Presidential Prototypes », *Political Behavior*, 2, 1980.

LEWIN, K., « Field Theory and Experiment in Social Psychology Concepts and Methods », *American Journal of Sociology*, 44, 1939.

LEWIN, K., LIPPITT, R. et WHITE, R., « Patterns of Aggressive Behavior in Experi-mentaly Created Social Climates », *Journal of Social Psychology*, 10, 1939.

LIKERT, R., *New Patterns of Management*, New York, N. Y., McGraw-Hill, 1961.

LIKERT, R., *The Human Organization*, New York, N. Y., McGraw-Hill, 1967.

McGREGOR, D., *The Human Side of Enterprise*, New York, N. Y., McGraw-Hill, 1960.

MEGARGEE, E. I., « Influence of Sex Roles on the Manifestation of Leadership », *Journal of Applied Psychology*, 53, 1969.

QUICK, J. C., « Dyadic Goal Setting within Organizations : Role-Making and Moti-vational Considerations », *Academy of Management Review*, 4 juillet 1979.

REDDIN, W. J., « The 3-D Management Style Theory », *Training and Development Journal*, avril 1967.

RONDEAU, A., « Un nouveau cadre théorique pour intégrer les diverses concep-tions du leadership organisationnel », dans Benabou, C. et Abravanel, H., *Le com-portement des individus et des groupes dans l'organisation*, Boucherville, Gaëtan Morin Éditeur, 1986.

SIMONTON, D. K., « Dispositional Attributions of (Presidential) Leadership : an Ex-perimental Simulation of Historicometric Results », *Journal of Experimental Social Psychology*, 22, 1986.

SIMONTON, D. K., « Presidential Personality : Biographical Use of the Gough Ad-jective Check List », *Journal of Personality and Social Psychology*, 51, 1987.

SIMS, H. P., « The Leader as a Manager of Reinforcement Contingencies : an Empiri-cal Example and a Model », dans *Leadership : The Cutting Edge*, (éd.) par Hunt, J. G. et Larson, L. L., Carbondale, Southern Illinois University Press, 1977.

SORRENTINO, R. M. et BOUTILLIER, R. G., « The Effect of Quantity and Quality of Verbal Interaction on Rating of Leadership Ability », *Journal of Experimental So-cial Psychology*, 11, 1975.

SORRENTINO, R. M. et FIELD, N., « Emergent Leadership over Time : The Functio-nal Value of Positive Motivation », *Journal of Personality and Social Psychology*, 58, 1986.

STOGDILL, R. M., *Handbook of Leadership*, New York, N. Y., Free Press, 1974.

STOGDILL, R. M. et COONS, A. E., *Leader Behavior : its Description and Measure-ment*, Columbus, Ohio, Ohio State University, 1957.

TANNENBAUM, R. et SCHMIDT, W. H., « How to Choose a Leadership Pattern », *Harvard Business Review*, mai-juin 1973.

VROOM, V. H. et YETTON, P. W., *Leadership and Decision Making*, Pittsburg, Penn., University of Pittsburg Press, 1973.

WALLACE M. J. Jr. et SZILAGYI, A. D. Jr., *Organizational Behavior and Performance* (4e éd.), Glenview, Ill., Scott Foresman, 1987.

WESLEY, K. N., ALEXANDER R. A., CREENAWALT, J. P. et MICHAEL, A., « Attitudi-nal Congruence and Similarity as Related to Interpersonal Evaluations in Mana-ger-Subordinate Dyads », *Academy of Management Journal*, 23, 1980.

WHITE, R. K. et LIPPITT, R., « Leader Behavior and Member Reaction in Three So-cial Climates », dans *Group Dynamics*, (éd.) par Cartwright, D., Zandler, Evanston, Row et Peterson, 1953.

WINTER, D. G., « Leader Appeal, Leader Performance, and the Motive Profiles of Leaders and Followers : A Study of American Presidents and Elections », *Journal of Personality and Social Psychology*, 52, 1987.

WORCHEL, S., COOPER, J. et GOETHALS, G. R., *Understanding Social Psychology* (5ᵉ éd.), Pacific Grove, Calif., Brooks/Cole, 1991.

YUKL, G. A., «Toward a Behavioral Theory of Leadership», *Organizational Behavior and Human Performance*, 1971.

ZELDITCH, M., «Role Differentiation in the Nuclear Family: a Comparative Study», dans Parsons T. et Bales, R. F. (éd.), *Family, Socialization and Interaction Processes*, Glencoe, Ill., Free Press, 1958.

12

LE POUVOIR

Laurent Bélanger
Nicole Côté
Jocelyn Jacques

DU CÔTÉ DU POUVOIR

Lise était perplexe. On venait de lui offrir un poste de gestionnaire dans l'entreprise où elle travaillait depuis 15 ans. On lui reconnaissait ses nombreuses initiatives, ce qui, au dire de ses patrons, la rendait apte à superviser son équipe de travail. Elle n'avait pas encore donné sa réponse. Ses supérieurs la pressaient d'accepter. Seule, dans la salle réservée au personnel, elle réfléchissait. Pour Lise comme pour bien des gens, le pouvoir avait une connotation négative. Elle se demandait si ce n'était pas un cadeau empoisonné.

Encore ce matin, au moment de la pause, certains de ses collègues avaient passé des remarques sur le comportement de la direction. D'habitude, elle ne prêtait pas attention à ces propos qui lui semblaient des formes de défoulement. Aujourd'hui, ces simples paroles avaient provoqué un tout autre effet. Elle se demandait si elle désirait vraiment passer de l'autre côté de la barrière, du côté du pouvoir, mais aussi, elle s'en rendait bien compte, du côté des critiques. Elle soupira.

Il lui apparaissait clairement que si elle voulait améliorer le fonctionnement de son équipe et obtenir un meilleur équipement, elle serait mieux placée comme superviseure qu'à son poste d'opératrice. D'un autre côté, comment serait-elle perçue par ses collègues si elle franchissait le pont ?

Toutes ces questions et bien d'autres lui trottaient dans la tête, pendant que se formaient les idées de réformes qu'elle avait toujours envisagées. Oui, se dit-elle, elle allait essayer.

INTRODUCTION

Le pouvoir et son importance dans les organisations

Dans notre culture, le pouvoir a mauvaise réputation. On croit généralement qu'il entraîne la manipulation, la corruption et l'exploitation. Bien que cette réputation soit en grande partie justifiée, il n'en demeure pas moins que le pouvoir est une habileté indispensable à la survie et au fonctionnement des individus et des organisations.

L'individu recherche le pouvoir afin de maximiser la satisfaction de ses besoins. S'il ne pouvait mobiliser son énergie et celle des autres, il serait incapable d'aller chercher dans son milieu ce qui lui est nécessaire pour survivre, s'estimer pleinement et se réaliser.

Dans les organisations, lieux où les individus se réunissent et interagissent pour mieux satisfaire leurs besoins, le pouvoir est un élément crucial. Il détermine la nature et la qualité des échanges, de même que l'efficacité de cette interaction. Le fait que le pouvoir ne soit pas réparti uniformément parmi les membres de l'organisation permet que certains intérêts en présence se voient accorder une priorité plus importante que les autres. Ceux qui déterminent les objectifs de l'organisation utilisent ensuite leur influence pour coordonner et contrôler les activités des individus qui travaillent avec eux à l'atteinte de ces objectifs.

Les dirigeants des entreprises ont d'autant plus besoin de pouvoir qu'ils sont tributaires des activités d'exécutants pour réaliser leurs buts et satisfaire ainsi leurs intérêts personnels. Paradoxalement, « c'est essentiellement en raison de la dépendance inhérente à la fonction des dirigeants que la dynamique de leur pouvoir constitue une part importante de leur rôle » (Kotter, 1977). On ne saurait donc négliger l'importance du pouvoir dans le domaine de la gestion.

Certains auteurs (McClelland et Burnham, 1976) prétendent même qu'aucun gestionnaire ne peut réussir s'il n'est motivé par le besoin d'exercer de l'influence.

Le pouvoir est tout aussi nécessaire à ceux qui y sont soumis, car l'absence de pouvoir entraîne le chaos, le désordre. Le chaos est inacceptable parce qu'il engendre l'insécurité et entrave les effets synergiques de la coordination des efforts. En outre, comme les gens ne sont pas prêts à sacrifier les bénéfices qu'ils retirent de l'efficacité et de la cohérence de leur organisation, ils s'accommodent assez facilement du pouvoir (Hicks et Gullet, 1975). Enfin, beaucoup de personnes n'ont ni la capacité ni la volonté d'assumer les responsabilités inhérentes à l'exercice du pouvoir.

En dépit de l'importance qu'on lui reconnaît depuis longtemps, le concept de pouvoir a été l'objet d'un nombre relativement restreint de recherches en psychologie sociale. Cette négligence provient d'une part de la connotation négative que revêt le pouvoir dans nos sociétés démocratiques. C'est ainsi qu'on a longtemps considéré la recherche et l'exercice du pouvoir comme suspects. Conséquemment, le concept du pouvoir a été dilué en étant assimilé à des concepts plus acceptés tels le contrôle, l'autorité et le leadership. D'autre part, l'étude des phénomènes d'influence pose des problèmes méthodologiques sérieux que les approches positives (basées sur l'observation systématique et la quantification) traditionnelles n'ont pu surmonter (Cartwright, 1959). Le pouvoir est un phénomène dynamique et subtil qui défie une mesure précise et qui nécessite une approche multidimensionnelle.

Depuis quelques années, de nombreux spécialistes de disciplines différentes ont manifesté un intérêt accru pour l'étude du pouvoir ; et même si les problèmes méthodologiques dont nous venons de parler ne sont pas résolus, on dispose actuellement d'un certain nombre de données qui permettent de mieux cerner ce qu'est le pouvoir et quels en sont les sources, les effets et la dynamique.

12.1 DÉFINITIONS

12.1.1 Le pouvoir

Il existe de nombreuses définitions du pouvoir. L'une des plus simples le présente comme « l'habilité à faire quelque chose » (Mooney, 1947). Cette définition comporte la notion d'énergie disponible : elle distingue le pouvoir d'agir de l'action. Bien que généralement acceptée, elle est toutefois trop globale et néglige l'aspect interpersonnel du pouvoir.

Dahl (1957) propose une définition empirique du pouvoir. Elle est aussi très simple, mais a l'avantage de tenir compte de la réalité interpersonnelle du pouvoir et d'être, en plus, utilisable sur le plan opérationnel : « Le pouvoir d'une personne A sur une personne B, c'est la capacité de A d'obtenir que B fasse une chose qu'il n'aurait pas fait sans l'intervention de A. » Cette définition englobe la notion d'influence. Un individu a du pouvoir lorsqu'il est capable d'influencer une ou plusieurs personnes en vue d'obtenir ce qu'il désire ou de faire en sorte que ce qu'il désire réaliser s'accomplisse.

Le pouvoir est toutefois différent de l'influence. L'influence est le processus par lequel une personne affecte le comportement d'autres personnes, tandis que le pouvoir est la capacité d'utiliser ce processus comme un instrument qui permet d'atteindre des objectifs donnés. Il s'agit d'un concept à la fois plus global et plus subtil.

Il importe de distinguer le concept de pouvoir d'autres concepts qui lui sont reliés, notamment l'autorité, le leadership, le contrôle et la domination.

12.1.2 Pouvoir et autorité

Alors que le pouvoir est la capacité d'influencer quelqu'un, l'autorité confère le droit légitime de le faire. L'autorité est le pouvoir légitime, aussi appelé pouvoir formel.

Il est possible qu'un gestionnaire ait de l'autorité sans pour autant avoir de pouvoir. De même, il est possible qu'un subordonné exerce du pouvoir sans être détenteur de l'autorité formelle. Par exemple, lors d'une grève illégale, un patron qui pèse 60 kilos peut demander à un employé qui en pèse 120 de se retirer de la ligne de piquetage pour le laisser passer. Il dispose de l'autorité et peut exiger que son employé se déplace. Mais si ce dernier refuse, le patron n'a pas le pouvoir de le déplacer contre son gré. Il peut utiliser le congédiement ou demander l'aide des policiers. Il s'appuie alors sur l'autorité formelle, inhérente au poste qu'il occupe. Si l'employé refuse de céder, le patron aura échoué dans sa tentative de l'influencer et il n'aura pas d'autre choix que de mettre ses menaces à exécution. D'autre part, si l'employé réagit rapidement et ordonne à son patron de reculer, le rapport de force changera alors très vite. L'employé ne dispose pas de l'autorité formelle ; cependant, il possède la capacité de dire ce qu'il veut, d'insulter son patron, de le bousculer, et exerce par cela même assez d'influence pour faire reculer ce dernier contre son gré. Il a du pouvoir.

12.1.3 Pouvoir et leadership

Pouvoir et leadership sont des concepts très liés. En effet, le leadership est défini comme étant le pouvoir d'influencer les membres d'un groupe à atteindre des objectifs communs. Le concept de leadership est strictement associé à la situation d'un individu face à un groupe, alors que le pouvoir peut s'appliquer à des relations d'individu à individu, de groupe à individu, de groupe à groupe. De plus, la notion de leadership désigne la capacité d'influencer les gens dans le sens d'une réalisation «volontaire» d'objectifs, ce qui n'est pas nécessairement le cas pour la notion de pouvoir. Le pouvoir peut comporter une influence contre la volonté des personnes. Bref, bien que le leadership soit une forme de pouvoir, toutes les formes de pouvoir ne sont pas du leadership.

12.1.4 Pouvoir et contrôle

Le contrôle est la forme extrême de pouvoir. Un individu y a recours lorsqu'il veut limiter le comportement d'un autre. Par exemple, les policiers responsables de la sécurité routière exercent un contrôle sur les automobilistes. Ils ne se contentent pas d'influencer les automobilistes, c'est-à-dire de les amener à ralentir ou à accélérer, ils les obligent à se conformer à des vitesses minimum et maximum : ils imposent des limites aux actions des automobilistes et infligent des amendes à ceux qui ne les respectent pas.

12.1.5 Pouvoir et domination

Le concept de pouvoir est beaucoup plus vaste que le concept de domination. La domination désigne une relation à l'intérieur de laquelle l'une des parties domine l'autre. On appelle ce type de relation «rapport dominant-dominé». Cette relation se fonde sur l'une ou l'autre des différentes sources de pouvoir (force, argent, autorité), qui seront traitées ultérieurement au présent chapitre. Bien que les dominants aient apparemment plus de pouvoir que les dominés, la relation de pouvoir n'équivaut pas nécessairement à la relation de domination. Elle est beaucoup plus complexe. Il suffit d'observer l'influence que les pleurs d'un nouveau-né ont sur ses parents pour constater que l'infériorité n'est pas synonyme d'impuissance. Dans un autre ordre d'idées, l'analyse des rapports de force entre les martyrs et leurs oppresseurs illustre également cette distinction. Les personnalités politiques sont conscientes du pouvoir social des opprimés et hésitent parfois longuement avant d'utiliser leur pouvoir répressif contre certains éléments contestataires de la société.

La distinction entre pouvoir et domination est extrêmement importante. Ceux qui la négligent peuvent être portés à attribuer aux dirigeants plus de pouvoir qu'ils n'en ont en réalité. De la même façon, ils peuvent percevoir les exécutants comme étant plus démunis qu'ils ne le sont.

12.2 LES SOURCES PERSONNELLES DE POUVOIR

French et Raven (1959) ont classifié les sources personnelles qui constituent le pouvoir individuel en cinq catégories : le pouvoir coercitif, le pouvoir économique, le pouvoir de l'expert, le pouvoir légitime et le pouvoir charismatique.

12.2.1 Le pouvoir coercitif

Le pouvoir coercitif est fondé sur la crainte. Celui qui se soumet à ce pouvoir le fait par peur des conséquences négatives que pourrait amener sa désobéissance. La coercition repose sur l'application ou la menace d'application de sanctions physiques (torture, mort), de restrictions de la liberté (emprisonnement), ou de retrait d'éléments essentiels à la survie (privation, congédiement) et au bien-être psychologique (rejet, humiliation). Donc, celui qui exerce un pouvoir coercitif ne peut le faire que grâce à un certain nombre de sources de pouvoir, dont les plus connues sont la force physique, l'argent, les relations, l'autorité ou le statut.

Selon Kipnis (1976), «de toutes les bases du pouvoir, le pouvoir de blesser les autres est peut-être le plus souvent utilisé, le plus souvent condamné et le plus difficile à contrôler». À première vue, on pourrait penser que le recours au pouvoir physique n'est pas très répandu dans un monde aussi «civilisé» que le nôtre. Pourtant, la force et l'autonomie de nos gouvernements reposent en grande partie sur leur pouvoir d'intimider les autres nations par les armes, ou leur possibilité de retirer à d'autres nations certains biens essentiels (par exemple, la guerre du Golfe de 1991). D'autre part, dans notre société, si on en juge par les ressources mobilisées pour les services de police et les tribunaux, on peut dire que le pouvoir coercitif occupe une place assez importante. De même, les parents font souvent obéir leurs enfants au moyen de punitions corporelles. Enfin, ajoutons à notre liste le sabotage et la violence physique souvent présents dans les conflits de travail, comme du reste, dans la société en général.

Dans les organisations, les patrons utilisent leur pouvoir coercitif en menaçant leurs employés de congédiement, de réduction de salaire ou d'élimination d'une promotion. Bien que le pouvoir coercitif soit souvent associé à l'autorité formelle (exercée par les patrons ou les employeurs sous forme de règles, de procédures, de normes et de sanctions), il est présent à tous les niveaux de la hiérarchie et peut s'exercer tant par des subalternes que par des dirigeants. Aux niveaux inférieurs de la hiérarchie, il prend la forme de menaces de grève, de ralentissement de la production, par exemple.

12.2.2 Le pouvoir économique

Ceux qui possèdent ou qui peuvent distribuer des ressources désirées par d'autres exercent un pouvoir économique sur ces personnes. Le pouvoir économique est opposé au pouvoir coercitif en ce sens qu'il est fondé non pas sur la crainte, mais sur le besoin ou le désir d'obtenir des biens ou des avantages. Il s'exerce par l'octroi de récompenses ou la promesse de récompenser. Dans les organisations, les récompenses les plus utilisées sont les salaires, les évaluations positives, les promotions, l'amitié, les responsabilités et la possibilité d'exécuter les tâches les plus intéressantes.

L'argent est une source de pouvoir importante. En posséder ou tout simplement pouvoir en disposer confère de nets avantages. Le pouvoir financier joue un rôle très important dans les organisations : il est une condition fondamentale à leur existence et influence constamment le comportement de la plupart de leurs membres. Ceux-ci sont en effet motivés à accroître le pouvoir financier de leur organisation d'une part, et leur avoir propre d'autre part.

12.2.3 Le pouvoir de l'expert

Le pouvoir de l'expert est l'influence détenue en raison de sa compétence. Il provient des connaissances acquises qui permettent à l'individu de résoudre différents problèmes. Deux facteurs déterminent la compétence : les connaissances techniques dans un domaine particulier et l'information générale sur l'organisation et sur la société.

Les connaissances techniques

Pour l'expert, la compétence technique est déterminante. Les personnes qui détiennent un pouvoir d'expertise sont appelées « professionnels », c'est-à-dire qu'on leur reconnaît la capacité d'accomplir un travail complexe et spécialisé dans un domaine particulier comme la gestion, l'informatique, la comptabilité.

Le rôle joué par les experts est fortement valorisé dans une société où compétence est synonyme de progrès technique. Il suffit par exemple de penser au rôle grandissant des spécialistes dans la préparation de décisions. Galbraith, cité par Billy (1975), appelle ce phénomène la « techno-structure », c'est-à-dire l'appareil de décision collective qui réunit au sein des grandes sociétés industrielles tous ceux qui possèdent un savoir spécialisé. Par contre, si ces spécialistes désirent conserver leur pouvoir, ils doivent constamment se recycler, se renouveler. D'un point de vue organisationnel, le fait que le savoir technique finisse par être partagé par un nombre croissant de personnes entraîne une prolifération de lieux (sources) de pouvoir. Dans ce cas, le pouvoir n'est plus concentré entre les mains des seuls experts, mais est répandu dans l'organisation.

Il existe cependant une limite à ce type de pouvoir. Cette limite provient des techniques elles-mêmes. Les techniques tombent rapidement en désuétude et perdent ainsi de leur puissance du fait qu'avec le temps, elles sont percées à jour et démystifiées. Dès lors, elles ne sont plus l'apanage des spécialistes.

L'information

Dans une organisation, toute personne, quelle que soit sa position hiérarchique, peut exercer une influence, et ce en raison de son accès à l'information. Ainsi, un supérieur peut dépendre d'un subalterne uniquement parce que ce dernier connaît tous les rouages de l'administration et a accès à des dossiers importants. Une personne peut également exercer un pouvoir en raison de sa situation centrale dans un réseau de communication. Elle se trouve alors dans une position stratégique qui lui permet d'avoir accès à des données cruciales, et de les manipuler en les filtrant ou en les contrôlant, par exemple.

Gremion (1976) cite Lucien Sfez qui affirme que certaines personnes sont en mesure de provoquer des changements parce qu'elles sont placées à la frontière de plusieurs systèmes. N'étant prisonnières d'aucun, elles connaissent et maîtrisent le fonctionnement de chacun des systèmes.

Une personne peut également exercer une influence grâce à sa connaissance du contexte et du milieu. Elle s'impose à ce moment-là comme intermédiaire entre l'organisation et son milieu, ou encore entre une unité administrative et le reste de l'organisation. Pensons aux vendeurs qui disposent d'un réseau privilégié d'interlocuteurs, soit les consommateurs. De plus, ceux qui contrôlent les médias ont beaucoup de pouvoir dans nos sociétés contemporaines. Rappelons-nous le rôle qu'a joué le *Washington Post* dans la crise du Watergate aux États-Unis. Enfin, la connaissance de la dynamique du pouvoir lui-même peut contribuer à augmenter le pouvoir d'un individu.

12.2.4 Le pouvoir légitime

Le pouvoir légitime est celui qui découle automatiquement de la position d'autorité que détient l'individu. Il est étroitement lié au pouvoir coercitif et au pouvoir économique, car ceux qui sont investis du pouvoir légitime reçoivent par le fait même le droit de punir ou de récompenser. Il s'accompagne souvent d'un certain contrôle de l'information, et, partant, de l'expertise.

Dans les organisations, les directeurs, les cadres et les contremaîtres détiennent ce type de pouvoir. Le pouvoir légitime est formel et n'est pas lié aux qualités de celui qui le détient. Il est fonction de son rôle ou de sa position dans l'organisation. Dès que la personne quitte son poste, son pouvoir légitime disparaît. Ainsi, un pilote d'avion a beaucoup de pouvoir quand son avion est en vol, mais dès que ses passagers sont rendus à destination, il n'a plus de pouvoir sur eux.

12.2.5 Le pouvoir charismatique

On dit qu'un individu a un pouvoir charismatique lorsqu'il possède des caractéristiques personnelles qui attirent les autres et les portent à s'identifier à lui. Ces caractéristiques incluent la beauté, le charme, la réputation, le succès, bref, toutes les qualités qui suscitent l'admiration.

Ce pouvoir d'identification fait que les gens sont portés à imiter celui qui le détient et à suivre son exemple. C'est ce qui explique pourquoi les agences de publicité paient très cher pour associer à leur produit le nom de certaines célébrités.

Dans les organisations, on observe que certains dirigeants ont un pouvoir charismatique. Ils se font imiter par des gestionnaires plus jeunes et peuvent avoir beaucoup d'influence à titre de leaders. Il arrive toutefois que de telles imitations deviennent dysfonctionnelles pour l'organisation. C'est pourquoi plusieurs entreprises encouragent leurs cadres à adopter un comportement impersonnel et strictement conforme aux règles.

12.3 L'UTILISATION DU POUVOIR PERSONNEL

Selon qu'ils exercent leur pouvoir de manière indirecte ou directe, les individus adoptent des comportements manipulateurs ou authentiques. Shostrom (1967), psychologue humaniste bien connu pour ses recherches sur l'actualisation de soi, a conçu une typologie des comportements manipulateurs et authentiques (conformes à l'actualisation de soi). Cette typologie correspond à la classification des comportements interpersonnels de Timothy Leary (1957).

Shostrom pose comme hypothèse de départ que chaque individu, qu'il soit dominateur ou soumis, amical ou hostile, a des ressources pour influencer les autres. Il peut se servir de son pouvoir en se manipulant lui-même et en manipulant les autres, ou en s'actualisant et en aidant les autres à s'actualiser.

12.3.1 La manipulation

Par manipulation, nous entendons l'utilisation des autres à nos propres fins.

Les caractéristiques du manipulateur

Les caractéristiques fondamentales du manipulateur sont la duplicité, l'inconscience, le contrôle et le cynisme.

La duplicité

Le manipulateur utilise des trucs, des recettes, des manœuvres et des techniques lorsqu'il entre en rapport avec les autres. Il joue des rôles pour créer des impressions. Lorsqu'il exprime ses sentiments, c'est de façon délibérée, pour se conformer aux situations.

L'inconscience

Le manipulateur ne se rend pas compte de certaines réalités importantes. Il ne voit que ce qu'il veut voir, n'entend que ce qu'il veut entendre.

Le contrôle

Le manipulateur joue sa vie comme on joue une partie d'échecs. Il peut paraître détendu, mais il doit être constamment sur ses gardes pour cacher son jeu.

Le cynisme

Le manipulateur ne se fait pas confiance et ne fait pas confiance aux autres. Pour lui, les relations humaines n'offrent qu'une alternative : contrôler ou être contrôlé. Il se traite lui-même et traite les autres comme des objets plutôt que des personnes.

Selon la personnalité des individus, ces caractéristiques prennent des formes très diversifiées. Shostrom (1967) énumère huit types de manipulateur. Il les décrit et les incarne dans des prototypes de personnes.

Les types de manipulateur

Le dictateur

Le dictateur est un dominateur qui manipule les gens en surestimant sa force. Il exerce son pouvoir en dominant, en citant les autorités et en écrasant les autres par tous les moyens. Plusieurs individus jouent un rôle de dictateur : la Mère supérieure, le Père supérieur, le grand patron, les jeunes loups de la finance, les caïds, par exemple.

Le faible

Habituellement, le faible est la victime du dictateur et développe des talents remarquables pour manipuler son oppresseur. Il amplifie sa sensibilité et sa vulnérabilité. Il oublie tout, ne comprend rien ou reste passivement en silence. C'est l'éternel inquiet, le pauvre imbécile ou le passif silencieux.

Le calculateur

Le calculateur exagère son contrôle. Il essaie constamment de déjouer les autres et est prêt à leur mentir, à les tromper et à jouer n'importe quel rôle pour les gagner. On le trouve parmi les vendeurs, les séducteurs, les joueurs de poker, les stratèges et les érudits de salon.

Le parasite

À l'opposé du calculateur, le parasite pousse la dépendance à l'extrême. Il insiste pour qu'on prenne soin de lui et laisse les autres travailler à sa place. On retrouve ce type d'individu parmi les hypersensibles, les hypocondriaques, les démunis, les geignards, ceux qui ont besoin d'aide et d'attention, et les éternels enfants.

La brute

La brute est un personnage hostile et cruel. Il manipule les autres en les menaçant. Les fiers-à-bras, les mégères, les durs à cuire, les despotes et les tyrans font partie de cette catégorie.

Le bon diable

Le bon diable manipule par sa gentillesse, son grand cœur et son amour des autres. Il est plus difficile à déjouer que la brute parce qu'il décourage toute tentative de confrontation. Il s'incarne dans celui qui est contre la violence, qui ne veut blesser personne, ne demande jamais ce qu'il veut, ne participe pas, bref, l'individu supposément modèle dans beaucoup d'organisations. C'est là tout un paradoxe qui explique peut-être que beaucoup d'organisations modernes ont d'immenses problèmes liés à la productivité et à la qualité des produits.

Le juge

Le juge est trop critique. Il ne fait confiance à personne, blâme facilement les autres et est rancunier. Il dit aux autres ce qu'ils devraient faire ; il croit détenir la vérité absolue, humilie, compare les gens les uns aux autres, les condamne, prend note de leurs erreurs et prouve qu'ils ont eu tort.

Le protecteur

Contrairement au juge, le protecteur accorde un appui exagéré aux autres et refuse de juger qui que ce soit. Il s'oublie totalement pour les autres; il est extrêmement dévoué et sympathique. Il exerce un contrôle sur ses protégés en faisant tout à leur place, les empêchant ainsi de voler de leurs propres ailes. Il a l'esprit d'un missionnaire, défend les causes désespérées; il agit comme un martyr, une mère poule, il est timide, craintif et sympathique.

Bien qu'on rencontre parfois ces types de manipulateur à l'état pur, la plupart conjuguent et manifestent plusieurs de ces comportements. Habituellement, lorsqu'ils favorisent un style en particulier, ils attirent autour d'eux des gens de style complémentaire. Par exemple, le dictateur est souvent entouré de faibles, et le protecteur attire systématiquement les parasites. C'est dire qu'il nous est possible d'apprendre à mieux nous connaître en observant tout simplement la façon dont les autres nous manipulent la plupart du temps. Cette constatation est intéressante et peut être utile, car, en chacun de nous, il existe un manipulateur. Et même les individus les plus authentiques ont besoin d'y avoir recours en certaines occasions.

12.4 LA DYNAMIQUE DU POUVOIR

L'analyse des facteurs déterminants du pouvoir, quoique intéressante, néglige l'aspect fortement dynamique des phénomènes d'influence. Sans prétendre cerner toutes les dimensions d'une réalité aussi complexe que le pouvoir, certains auteurs, dont Berle (1968), ont tenté de décrire comment fonctionne le pouvoir tant au niveau organisationnel qu'au niveau individuel.

12.4.1 Les lois du pouvoir

Berle (1968) a formulé une série de propositions au sujet de la dynamique du pouvoir organisationnel. Il les appelle les lois naturelles du pouvoir.

Les lois naturelles du pouvoir de Berle

Le pouvoir remplit invariablement tout vide dans l'organisation

La fonction des structures de pouvoir est de réduire l'incertitude d'une part, et de favoriser l'efficacité organisationnelle d'autre part. S'il existe un vide à un niveau de l'organisation (absence d'un président), le pouvoir tend à être reporté au niveau inférieur immédiat (vice-président). De même, si un dirigeant démontre peu d'intérêt et déploie peu d'énergie pour remplir une tâche, ses subordonnés s'empareront de la tâche et du pouvoir qu'elle confère.

Le pouvoir est invariablement personnel

Le pouvoir est toujours exercé par des individus. Sans ressources humaines, les organisations ne peuvent pas fonctionner et même si certaines personnes ont plus de pouvoir que d'autres, tout le monde a du pouvoir à sa façon. Les processus institutionnels donnent «le pouvoir» aux individus et leur confèrent le droit d'exercer leur influence. Toutefois, seul le pouvoir personnel est réel: le pouvoir organisationnel n'existe que lorsqu'il s'incarne dans des personnes et que celles-ci exercent leur pouvoir. Bien sûr, il ne faut pas oublier que le pouvoir latent est important et peut influencer bien des comportements. Il faut se rappeler aussi que jusqu'à un certain point, l'allocation du pouvoir légitime est en soi un exercice de pouvoir (Hicks et Gullet, 1975).

Le pouvoir est invariablement fondé sur un système d'idées ou une philosophie

Sans objectifs susceptibles de rallier les membres d'une organisation, il n'y a pas de système de pouvoir viable. Tout dirigeant doit proposer un système d'idées et obtenir la contribution de ses subordonnés à ce système. Ses idées peuvent être très diversifiées, allant du désir de réaliser des profits à la volonté de sauver le monde.

Certaines organisations n'ont d'autre objectif que celui de se maintenir. Elles peuvent survivre longtemps dans certains systèmes très sécuritaires, mais ce faisant, leur effet sur le milieu social ou économique diminue et leurs membres perdent progressivement leur créativité. Ils investissent leur énergie dans des luttes de pouvoir stériles, qui n'ont d'autre objectif que d'accroître leur pouvoir personnel.

Le pouvoir est exercé par les organisations et dépend d'elles

En un certain sens, les organisations ont du pouvoir sur le pouvoir, car ce sont elles qui le confèrent, le contrôlent, le limitent ou le retirent. Dans toute société complexe, les organisations sont le lieu privilégié de l'accomplissement des objectifs individuels et collectifs. C'est pourquoi l'individu qui veut proposer des idées nouvelles doit soit s'intégrer à une organisation existante, soit en créer une nouvelle. Cette loi s'applique à la promotion de tous les intérêts, tant les intérêts financiers que les valeurs spirituelles et religieuses.

Le pouvoir est invariablement mis en présence d'un champ de responsabilités à l'intérieur duquel il s'exerce

L'utilisation responsable du pouvoir tend à accroître ce dernier, tandis que l'irresponsabilité ou l'échec dans l'exercice du pouvoir tend à le diminuer. C'est dire que les positions de pouvoir ne sont pas attribuées seulement en raison du désir de pouvoir des individus ; elles existent pour satisfaire les besoins de tous les membres de l'organisation. La responsabilité est la conséquence directe de l'obtention du pouvoir.

Lorsqu'un détenteur de pouvoir n'assume pas les responsabilités inhérentes à sa position, la résistance à son influence s'accroît, et ceux qui en dépendent ont tendance à lutter pour l'évincer. Éventuellement, l'irresponsable perd son poste. Cependant, dans certaines bureaucraties où les zones d'incertitude sont à peu près inexistantes,

il peut s'écouler beaucoup de temps avant qu'une telle chose ne se produise.

12.4.2 Les choix personnels face au pouvoir

Le pouvoir étant invariablement personnel, les choix que font les individus quant à son utilisation sont des facteurs importants à considérer. En effet, le pouvoir a des conséquences positives ou négatives selon l'orientation que lui donne son détenteur. Cette orientation découle, d'une part, de l'attitude de l'individu à l'égard du pouvoir et, d'autre part, de la manière dont il obtient et exerce son pouvoir personnel.

Comme tout le monde a du pouvoir, ces choix d'attitudes et de comportements concernent chaque individu, indépendamment de sa position dans l'organisation et de sa situation sociale. Et c'est l'interaction des multiples choix individuels qui contribue à déterminer en grande partie la répartition du pouvoir, ainsi que la qualité des systèmes de relation de pouvoir.

12.4.3 Les attitudes à l'égard du pouvoir

Il existe une grande variété d'attitudes à l'égard du pouvoir, qui vont de la négation à l'obsession, du rejet à la glorification, de la condamnation à la recherche effrénée. Malgré les multiples nuances que suggèrent ces polarités, on peut dire globalement que les attitudes à l'égard du pouvoir sont négatives ou positives.

Les attitudes négatives

Les attitudes négatives à l'égard du pouvoir sont, sans doute, les plus répandues. Pour la plupart des gens, le pouvoir a une connotation malsaine. Il suscite des sentiments négatifs causés en partie par l'observation des abus (de pouvoir) qui se produisent si souvent. Ces attitudes peuvent également s'expliquer par le fait qu'on oppose souvent le pouvoir à l'amour. On définit le premier par l'habileté à obtenir ce que l'on désire, et le deuxième, par le don de soi.

Les sentiments négatifs à l'égard du pouvoir sont à la base de deux attitudes. La première est l'évitement et se manifeste de la manière suivante : parce que la présence du pouvoir les incommode, certains individus choisissent de l'éviter, de vivre et de penser en faisant abstraction du pouvoir. Cette attitude a été adoptée par plusieurs théoriciens qui ont évité de tenir compte du pouvoir dans leurs analyses de la société. Un tel rejet les a amenés à élaborer des rationalisations plutôt illusoires. Enfin, ceux qui excluent totalement le pouvoir de leur champ d'expérimentation se coupent de leur propre énergie vitale et réduisent énormément leur champ de conscience.

La seconde attitude négative à l'égard du pouvoir est une attitude moralisatrice. Elle équivaut à considérer le pouvoir comme un mal nécessaire qu'il faut contrôler. Paradoxalement, les moralisateurs doivent s'appuyer sur un système d'autorité afin de déterminer ce qui est bon ou mauvais. Toutefois, il importe de se rendre compte que l'attitude moralisatrice conduit au rejet de certaines dimensions de la réalité humaine, ce qu'ont fait certains tenants de l'école des « relations humaines », lorsqu'ils ont essayé de convaincre les gestionnaires que le style de leadership démocratique est toujours bon, alors que le leadership autocratique est toujours mauvais.

Les attitudes positives

Il existe deux types d'attitudes positives à l'égard du pouvoir : l'une est inconditionnelle, l'autre est nuancée.

L'attitude positive inconditionnelle à l'égard du pouvoir consiste à ne voir que les aspects positifs du pouvoir. Pour certains individus, le pouvoir représente une valeur tellement importante qu'ils sont prêts à investir toute leur énergie dans sa quête et considèrent que tous les moyens sont bons pour l'obtenir. On observe cette attitude impulsive chez quantité de personnes, du petit ambitieux jusqu'au paranoïaque délirant. Le vice d'une telle attitude est qu'elle néglige les aspects négatifs de la réalité du pouvoir et amène ainsi de sérieuses distorsions dans les perceptions.

L'attitude positive nuancée prend la forme d'une acceptation du pouvoir en tant qu'élément naturel et important, faisant partie de la nature humaine. La personne qui adopte cette attitude est consciente que certains éléments du pouvoir peuvent être utilisés de façon néfaste, mais elle ne les rejette pas pour autant. Cette personne distingue nettement le dynamisme humain de l'utilisation que l'on en fait. Cette attitude intègre mieux la réalité que les précédentes, car elle en accepte les paradoxes.

12.5 POUVOIR ET POLITIQUE

Les sources du pouvoir sont nombreuses et variées : nous avons déterminé l'autorité formelle, les attributs personnels, le contrôle d'une ressource (expertise, information) et finalement l'idéologie. On peut dès lors s'attarder à d'autres concepts. Plusieurs comportements sont politiques dans la mesure où un individu ou un groupe cherche à influencer, à son avantage, les actions et les décisions de l'organisation. Le pouvoir, quant à lui, est essentiellement dynamique, toute organisation étant sous l'emprise de forces qui s'opposent. Il importe de préciser qu'il n'est pas suffisant de disposer d'une ressource, d'en être conscient et de vouloir l'utiliser pour être apte à exercer le pouvoir. Il faut posséder des aptitudes nécessaires à sa mise en valeur, savoir quelles ressources mobiliser et à quel moment.

L'organisation constitue un système politique, dans la mesure où les acteurs font appel, indépendamment ou simultanément, à plusieurs types de ressources dans leur lutte pour le pouvoir. Soulignons que les diverses sources de pouvoir sont complémentaires, bien qu'elles possèdent chacune leurs particularités et leur mérite respectif.

Dans les grandes organisations contemporaines, les influences sont multiples. Quant aux sources d'incertitude, elles sont nombreuses et changeantes en raison de l'évolution des problèmes et des priorités. Le pouvoir est dispersé à tous les échelons et chaque individu doit composer avec d'autres qui disposent eux-mêmes de leurs propres ressources. La dépendance est donc une règle du jeu (Crozier et Friedberg, 1977).

12.5.1 Les motivations politiques

Les facteurs motivant l'action politique

Nombre de facteurs motivent l'action politique des individus dans une organisation. Voici les principaux :

Les motivations personnelles

Certains individus recherchent le pouvoir pour combler leurs besoins de sécurité ou parce qu'ils n'ont pas confiance en eux-mêmes. On les rencontre souvent en présence de personnes influentes. D'autres désirent augmenter leur pouvoir uniquement pour jouir de tous les avantages matériels et sociaux qu'il procure (argent, prestige, relations).

Les motivations stratégiques

Un individu peut engager une action uniquement pour assurer la défense de ses propres intérêts. Ainsi, il peut provoquer, intensifier, freiner certains changements ou perturber l'organisation uniquement afin d'obtenir un poste qu'il convoite depuis longtemps.

Les facteurs structurels

Dans les organisations, les structures peuvent susciter des comportements politiques, et ce, à cause de la rareté des ressources entraînée par la division du travail ou par la dépendance fonctionnelle (Hicks et Gullet, 1975). Par exemple, dans les organisations où les secteurs « consultatifs » (tels les finances, l'informatique, les ressources humaines, le marketing) en viennent à jouer un rôle démesuré par rapport à ceux qui produisent

un service direct ou un produit « hiérarchique », il n'est pas rare que des luttes de pouvoir intenses s'installent. Chaque unité essaie de bloquer les initiatives de l'autre, et ce, pour des raisons souvent triviales, voire farfelues. L'important, c'est de gagner, et à tout prix. Il est alors temps de redéfinir les rôles de chacun et de préciser le tout dans une nouvelle description de postes.

Les facteurs conjoncturels

Les crises économiques peuvent amener les acteurs de l'organisation à se mobiliser afin de lutter contre toute compression budgétaire. Le contexte économique actuel est très révélateur à cet égard.

12.5.2 Les actions politiques

Le pouvoir, nous l'avons souligné, ne représente rien en soi, mais constitue le produit d'une relation entre plusieurs individus ou groupes dont les comportements dépendent de la conjoncture et de la disponibilité des ressources tant humaines que financières. C'est ce que l'on appelle les stratégies. Elles permettent de médiatiser la décision et l'action. On peut classer les stratégies de pouvoir selon la source de pouvoir utilisé. Le tableau 12.1 présente les plus importantes.

Il existe beaucoup d'autres stratégies. Signalons cependant que toutes sont interdépendantes et qu'une stratégie en appelle une autre. De plus, à certaines périodes, plusieurs stratégies peuvent être à l'œuvre dans une organisation. Mais contrairement à ce que plusieurs théoriciens et spécialistes ont cru, ou ont voulu faire croire pendant de nombreuses années, les luttes de pouvoir sont omniprésentes dans les organisations. Elles sont même à la source d'une grande partie de la dynamique de toute organisation.

12.5.3 Pouvoir, politique et typologie d'organisation

Du fait qu'il est possible d'utiliser plusieurs stratégies à l'intérieur d'une même organisation, que

TABLEAU 12.1 Les stratégies de pouvoir selon la source de pouvoir utilisé	**Les stratégies**	**Sources de pouvoir**
	Autoritaires	coercition, sanction, pression, confrontation, élimination de l'autre force.
	Bureaucratiques	respect de la norme, imposition des standards, recours à la hiérarchie.
	Psychologiques	manipulation, séduction, exagération de sa vulnérabilité, maintien de bonnes relations, association des autres à ses réussites personnelles, flatteries.
	Idéologiques	discours, conditionnement, persuasion, mythologie, falsification.
	Techniques	présentation, emballage, artifice, statistiques.
	Politiques	ruse, alliances, construction d'empires, parrainage, utopie, parasitisme, zizanie, coexistence pacifique, contestation, rébellion, risque.

l'efficacité des stratégies varie selon le contexte, et que les gens ont des aptitudes différentes, on constate que certains types d'influence dominent à certaines périodes de l'évolution d'une organisation. L'effet combiné des stratégies et des rapports de forces internes et externes de l'organisation crée donc certains types d'institutions.

L'organisation comme simple instrument

L'organisation est perçue comme un instrument lorsqu'elle est dominée par une coalition d'individus ou de groupes extérieurs. Cependant, celle-ci doit assurer une certaine cohésion afin que les acteurs externes parviennent à s'entendre sur les objectifs et les moyens d'atteindre ces derniers. De cette façon, la coalition externe s'impose à l'organisation en contrôlant sa réglementation et son financement (Rocher, 1969).

Cependant, ne pouvant pas assurer eux-mêmes la gestion de l'organisation, les détenteurs du pouvoir externe nommeront à cette fin un responsable compétent mais docile. Ce dernier devra alors se conformer à leur volonté, et s'il ne peut tout faire seul, il s'en remettra à une pyramide de collaborateurs. De plus, le responsable devra disposer d'un système élaboré de règles

et de procédures, afin d'être en mesure de se justifier auprès de la coalition externe et de mieux maîtriser ses subordonnés. Sa stratégie consistera donc à ériger un système d'organisation axé sur le formalisme et la centralisation, qui visera à éliminer ou du moins à minimiser toutes les autres formes d'influence. Le fonctionnement de certaines de nos bureaucraties, où priment la neutralité, l'insistance sur les normes et les règles et l'imperméabilité, est plus facile à comprendre lorsque l'on constate la domination par des individus ou groupes extérieurs.

L'organisation anarchique

Au sein d'une organisation anarchique, les membres sont divisés. Ils sont en lutte et tentent de trouver des alliés, à l'extérieur ou à l'intérieur. Qu'elle soit de nature idéologique ou bureaucratique, aucune influence ne peut s'exercer de façon claire ou dominante. Comme les principaux acteurs externes (le gouvernement, par exemple, ou encore les institutions financières) ne s'entendent plus sur les conceptions de base et sur les objectifs à privilégier, le responsable fait face à des exigences inconciliables. Si un tel état perdure, l'organisation se sclérose graduellement.

Les organisations de domination interne

Plusieurs configurations organisationnelles proviennent de la domination de certaines coalitions internes qui imposent leurs propres objectifs souvent au détriment des objectifs légitimes de l'organisation. Les types de coalition sont fonction des motifs pour lesquels la coalition externe est réduite à l'impuissance. Parmi ceux-ci, citons :

- la crainte de dévoiler son pouvoir au grand jour ;
- la dispersion et la diffusion du pouvoir ;
- l'égalité du pouvoir entre les groupes ;
- les contrôles excessifs inapplicables.

Voici les types d'organisations à domination interne que l'on trouve le plus souvent :

- l'**organisation autocratique** est menée par un responsable qui parvient seul à maîtriser les coalitions ; il exerce alors un pouvoir personnel à tous les niveaux et exige la loyauté de toute l'organisation. C'est le cas des petites organisations ou des organisations secrètes ;
- l'**organisation « système fermé »**, dans laquelle les administrateurs parviennent à s'imposer. Ils orientent l'organisation vers des buts qui leur sont favorables (la survie, la croissance et l'efficacité de l'organisation). Le milieu est perçu comme une menace même aux yeux des actionnaires. Cette situation se produit souvent dans les grandes organisations, où les actionnaires ont le sentiment que les gestionnaires poursuivent d'autres buts que l'augmentation de la valeur des actions ;
- l'**organisation missionnaire** ou **idéologique** a une idéologie qui s'impose à tous les membres et au milieu. Le pouvoir est alors uniformément distribué à chaque « croyant » qui dispose d'une grande marge d'autonomie (organisations bénévoles) ;
- l'**organisation technocratique** accorde beaucoup d'importance aux techniciens qui exercent un contrôle important sur l'organisation de leur travail en raison de leurs connaissances scientifiques. Ils établissent entre eux une entente tacite qui leur permet d'utiliser les ressources à leurs propres fins et selon leur propre conception ;
- l'**organisation autogérée** consiste en l'appropriation du contrôle de la gestion par la collectivité (Rosanvallon, 1976).

Ces diverses configurations organisationnelles constituent des modèles purs qui n'existent pas exactement dans la réalité. Répondant aux nouvelles exigences du milieu, elles représentent des états d'équilibre successifs ou cycliques. Chacune d'elles peut même correspondre à une étape de la vie de l'organisation.

12.6 LE POUVOIR ET L'ANALYSE STRATÉGIQUE DES ORGANISATIONS

En s'appuyant sur la définition de Dahl (1957), Crozier et Friedberg (1977) soutiennent que le pouvoir n'est pas l'attribut d'une personne, mais bien une relation qu'ils définissent de la manière suivante : « C'est un rapport de force, dont l'un peut retirer davantage que l'autre, mais où, également, l'un n'est jamais dépourvu face à l'autre. » La source principale du pouvoir ainsi défini réside dans l'impossibilité de circonscrire avec précision l'éventail des droits, des obligations, des responsabilités qui caractérisent un poste dans une organisation. Cette imprécision crée ce qu'ils appellent une « zone d'incertitude », qui confère une part d'imprévisibilité au comportement de l'individu qui occupe un poste. Chaque individu possède donc une certaine marge de manœuvre qu'il peut utiliser à son avantage et ainsi se donner un certain pouvoir. En traitant des organisations comme lieux de pouvoir, nous avons présenté au chapitre 2 le modèle bureaucratique de Crozier ainsi que ses concepts fondamentaux sur la relation de pouvoir. Il s'agit là d'un éclairage très intéressant sur le phénomène des rapports de force dans les entreprises.

CONCLUSION

L'importance du pouvoir dans les organisations humaines n'est plus à démontrer. Selon Bertrand Russell (1938), «le pouvoir est le concept fondamental en sciences sociales dans le même sens que l'énergie est le concept fondamental en physique».

Comme l'énergie atomique, le pouvoir peut être utilisé pour créer ou pour détruire. Le pouvoir organisationnel a un effet positif lorsqu'il contribue à la production de biens essentiels, à la coordination des efforts et à la libération du potentiel créateur des participants à l'entreprise. Il a un effet négatif lorsqu'il contribue à déséquilibrer exagérément la distribution des ressources et qu'il stérilise les membres de l'organisation en les incitant à s'engager dans des luttes qui n'ont pour objectif que le contrôle du pouvoir des autres.

Plusieurs sources de pouvoir ont été analysées. Bien que certaines soient perçues plus positivement que d'autres, elles ont toutes leur utilité et dépendent des circonstances. L'effet négatif ou positif de l'exercice du pouvoir ne repose donc pas sur la nature ou la qualité de la source de pouvoir, mais bien sur l'usage qu'on en fait. Finalement, on peut dire que les théories sur le pouvoir seront utiles dans la mesure où les gestionnaires s'en serviront pour mieux se connaître et se développer de manière authentique, selon leur style personnel. Elles seront inutiles, voire nuisibles s'ils n'en retiennent qu'un ensemble de trucs et de modèles destinés à mieux manipuler les autres.

QUESTIONS

1. En quoi la notion de pouvoir se distingue-t-elle de celles de leadership et d'autorité formelle?
2. Quelles sont les sources personnelles du pouvoir?
3. Existe-t-il des sources de pouvoir autres que celles énumérées à la réponse précédente?
4. Quelles sont vos réactions face au pouvoir? Vos réactions diffèrent-elles de celles décrites dans ce chapitre?
5. En quoi la définition de Crozier diffère-t-elle de celles présentées au début du présent chapitre?

RÉFÉRENCES BIBLIOGRAPHIQUES

ALBOU, P., *Problèmes humains dans l'entreprise,* Paris, Dunod, 1975.

ALLEN, M. P., «Power and Privilege in the Large Corporation, Corporate Control and Management Compensation», *American Journal of Sociology,* Washington State University, 1980-1981.

ALLEN, R. W., *Organizationnal Influence Processus,* Glenview, Ill., Scott Foresman, 1943.

BACHARACH, S. B. et LAWLER, E. J., *Power and Politics in Organizations: The Social Psychology of Conflict, Coalitions and Bargaining,* San Francisco, Calif., Jossey-Bass, 1980.

BERLE, A. A. et MEANS, G. C., The Modern Corporation and Private Property, N. Y., Harcourt Brace and Company, 1968.

BILLY, J., *Les technocrates* (3e éd.), Paris, P.U.F., coll. Que sais-je?, n° 881, 1975.

BURNS, T. et BUCKLEY, W., *Power and Control, Social Structures and their Transformation*, Beverley Hills, Calif., Sage, 1976.

CATHERINE, R. B. et THULLIER, G., *Science administrative: conscience et pouvoir*, Paris, Éditions Montchrétien, Précis Domas, 1974.

CHEMILLIER, GENDREAU, et coll., *Introduction à la sociologie politique*, Paris, Dalloz, 1971.

CHEVALIER, J. et LOSCHAK, D., *Introduction à la science administrative*, Paris, Dalloz, 1978.

CHEVALIER, J. et LOSCHAK, D., *Science administrative*, Paris, Librairie générale de droit et de jurisprudence, tome 2, 1978.

CHEVRETTE, F., « À la recherche de l'essence du phénomène politique, » *Canadian Journal of Political Science*, vol. 2, no. 2, 1981.

CLEGG, S., *The Theory of Power and Organization*, Londres et Boston, Routledge and Kegan Paul, 1979.

COLLERETTE, P., *Le changement planifié*, Montréal, Les Éditions Agence d'Arc, 1982.

COLLERETTE, P., *Pouvoir, leadership et autorité dans les organisations*, Sainte-Foy, Presses de l'Université du Québec, 1991.

CROUZET, A., *Structure et pouvoir dans l'entreprise*, Neuilly-sur-Seine, Éditions du Pont d'Arc, 1979.

CROZIER, M., *Le phénomène bureaucratique*, Paris, Éditions du Seuil, 1964.

CROZIER, M., *Pouvoir et organisations*, Archives européennes de sociologie, 1964.

CROZIER, M., *Sentiments, organisations et systèmes*, Revue Française de sociologie, numéro spécial, XI-XII, 1970-1971.

CROZIER, M. et FRIEDBERG, L., *L'acteur et le système*, Paris, Éditions du Seuil, 1977.

CROZIER, M. et FRIEDBERG, L., « Le pouvoir comme fondement de l'action organisée », dans *L'acteur et le système*, Paris, Éditions du Seuil, 1977.

DAHL, R. A., « The Concept of Power », *Behavioral Science*, vol. 2, 1957.

DION, S, « Pouvoir et conflits dans l'organisation: grandeur et limites du modèle » de M. Crozier, *Canadian Journal of Political Science*, vol XV, n⁰ 1, mars 1982.

DUBRIN, A. J., *Foundations of Organizational Behavior*, Englewood Cliffs, N. J., Prentice-Hall, 1984.

EMERSON, R. M., « Power-Dependance Relations », *American Sociological Review*, 1962.

FRENCH, J. et RAVEN, B., *The Basis of Social Power*, dans Cartwright, C. (éd.), *Studies in Social Power*, Ann Arbor, Mich., University of Michigan Press, 1959.

GALBRAITH, J. F., *The Anatomy of Power*, Boston, Mass., Houghton Mifflin Co., 1983.

GIASSON, F., « Dirigeants, qu'est-ce qui vous donne votre pouvoir? », *Revue Gestion*, février 1977.

GREMION, P., *Le pouvoir périphérique*, Paris, Éditions du Seuil, 1976.

GUIOT, J. M., *Organisations sociales et comportements*, Montréal, Les Éditions Agence d'Arc, 1980.

HELLER, F. A., *Competence and Power in Managing Decision-Making*, New York, N. Y., John Wiley & Sons, 1981.

HICKS, H. G. et GULLET, C. R., *Organizations: Theory and Behavior*, New York, N. Y., McGraw-Hill, 1975.

HINNINGS, C. et coll., « Structural Conditions of Intraorganizational Power, Administration », *Science Quarterly*, 17, 1974.

HUFF, A. S., «Organizations as Political Systems: Implications for Diagnosis, Change and Stability», dans Cummings, T. C., *System Theory for Organization Development*, New York, N. Y., John Wiley & Sons, 1980.

KANTER, R. M., «Power Failure in Management Circuits», *Harvard Business Review*, juillet-août 1979.

KAPLAN, A., «Power in Perspective», dans Khan, R. et Boulding, E. (éd.), *Power and Conflicts in Organizations*, New York, N. Y., Basic Books, 1964.

KELLY, J. *Organizational Behavior* (éd. rév.), Homewood, Ill., Richard D. Irwin, 1974.

KIPNIS, D., *The Powerholders*, Chicago, University of Chicago Press, 1976.

KOLB, D. A., RUBIN, I. M. et McINTYRE, J. M., *Organization Psychology*, Englewood Cliffs, N. J., Prentice-Hall, 1976.

KOTTER, J. P., «Le management du pouvoir», *Harvard-l'Expansion*, hiver 1977-1978.

KOTTER, J. P., *Power in Management*, New York, N. Y., Amacom, 1979.

LEARY, T. F., *Interpersonal Diagnosis of Personality: A Fonctional Theory and Methodology for Personality Evaluation*, New York, N. Y., Ronald Press, 1957.

LUTHANS, F., *Organizational Behavior* (4e éd.), New York, N. Y., McGraw-Hill, 1985.

MANZ, C. C., «The Interrelationship of Power and Control», *Human Relations*, 1983, vol. 36.

McCLELLAND, D., «Power is the Great Motivator», *Harvard Business Review*, mars-avril 1976.

MINTZBERG, H., *Structures et dynamique dans les organisations*, Montréal, Les Éditions Agence d'Arc, 1982.

MINTZBERG, H., *Power on and around Organizations*, Englewood Cliffs, N. J., Prentice-Hall, 1983.

MOHR, L., «Authority and Democracy in Organizations», *Human Relations*, vol. 30, n° 10, 1977.

MOONEY, J. D., *The Principles of Organization* (éd. rév.), New York, N. Y., Harper and Brothers, 1947.

PFEFFER, J., *Power in Organizations*, Marshfield, Mass., Pitman, 1981.

RAVEN, B., «The Comparative Analysis of Power and Power Preference», dans Tedeschi, J. (éd.), *Perspective on Social Power*, Chicago, Ill., Aldine, 1974.

ROBBINS, S. P., *The Administrative Process*, Englewood Cliffs, N.J., Prentice-Hall, 1976.

ROCHER, G., *Introduction à la sociologie générale*, Montréal, Les Éditions Hurtubise HMH, 1969 (3 volumes).

RODERICK, M., *The Sociology of Power*, Londres et Boston, Routledge and Kegan Paul, 1977.

ROSANVALLON, P., *L'âge de l'autogestion*, Paris, Éditions du Seuil, coll. Points, 1976.

RUSSELL, B., *Power: A New Social Analysis*, Londres, Allan and Union, 1938.

SALAMAN, G. et THOMPSON, K., *Control and Ideology in Organizations*, Cambridge, Mass., MIT Press, 1980.

SALLERON, L., *Le pouvoir dans l'entreprise*, Paris, Club du livre civique, 1981.

SHOSTROM, E. L., *Man, the Manipulator. The Inner Journey From Manipulation to Actualization*, Nashville, Tenn., Abington Press, Bantam Books, 1967.

THOENIG, J. C., «La régulation des systèmes organisés complexes», *Revue française de sociologie*, XVI, 1975.

WRONG, D. H., *Power: its Forms, Bases and Uses*, New York, N. Y., Harper and Row, 1979.

ZALESNICK, A., «Le pouvoir et la dimension politique dans les organisations», *Harvard Business Review*, mai-juin 1970.

13

LA PRISE
DE DÉCISIONS

Jocelyn Jacques
avec la collaboration de Nicole Paquette

LA PRISE DE DÉCISIONS

Robert étudiait la prise de décisions, ce qui l'amena à chercher autour de lui les facteurs susceptibles de motiver les décisions. Il s'était ainsi aperçu que dans bien des situations, les autorités, ou lui-même, étaient parfaitement aptes à rendre compte des décisions prises. Mais il en était tout autrement lorsqu'il s'agissait d'expliciter la prise de décision ou la démarche ayant mené à la décision choisie.

Cela lui rappela les bonnes raisons qu'il avait fournies à sa partenaire pour justifier l'achat de la voiture sport : elle avait une bonne valeur de revente, ils ne projetaient pas d'avoir immédiatement un enfant, il s'agissait d'une aubaine, notamment. Mais au fond, la vraie raison était purement affective. Il avait enfin les moyens de réaliser son rêve.

Inévitablement, il finit par se demander si des raisons de cet ordre motivaient les décisions prises par la direction de son entreprise.

Certaines personnes influentes avaient plus de poids que d'autres lors des prises de décisions. En réunion, il n'était pas rare que le directeur exprime son opinion et que tous adoptent son point de vue.

La qualité des décisions devait-elle être remise en question ? Pas vraiment, puisque la boîte fonctionnait relativement bien. Mais depuis quelque temps, il manquait quelque chose. D'un côté, on se plaignait d'un manque d'information, et de l'autre, la motivation faisait défaut. Il fallait envisager une réorganisation pour faire face au nouveau contexte des marchés, et les vieilles façons de faire continuaient d'alimenter une machine qui avait besoin de se renouveler et de se réorienter. En fait, il semblait à Robert qu'une décision de cette envergure devait être adoptée. Il se demandait si elle risquait d'être prise un jour et comment elle pourrait se prendre.

INTRODUCTION

Pour la plupart des gens, la prise de décisions est une activité réservée à un groupe particulier de personnes, notamment les décideurs, que l'on trouve aux niveaux les plus élevés de l'organisation. Pourtant, la réceptionniste tout comme le PDG prennent des décisions, mais celles-ci n'ont cependant pas toutes les mêmes répercussions. Plusieurs oublient encore qu'ils prennent quotidiennement des décisions de tout ordre : le choix d'un menu, d'une émission de télé, d'une maison, ou d'une destination de vacances. Chacun décide et utilise des méthodes qui lui permettent de faire des choix. Plus la décision comporte d'effets positifs et négatifs éventuels, plus elle exige que l'on y accorde de l'attention.

Si l'on peut fréquemment choisir seul et avec succès la cravate ou la robe à porter en telle circonstance, il n'est pas rare que les décisions se prennent à plusieurs. Le choix des vacances familiales se fait en concertation dès que les enfants peuvent s'exprimer à ce sujet. La voiture, les produits alimentaires même, ne sont souvent pas des choix individuels.

Lorsque des choix importants s'imposent, on rêve de disposer d'une recette infaillible, d'une technique parfaite qui assure à l'utilisateur une décision idéale.

On aura beau déterminer les avantages et les inconvénients, et les soupeser alternativement, il subsistera toujours des limites à notre compréhension des problèmes. La décision, toute rationnelle qu'elle puisse paraître, ne se révélera pas nécessairement meilleure qu'une autre.

Dans le présent chapitre, le lecteur pourra trouver des réponses aux questions suivantes : Qu'est-ce que la prise de décisions ? Comment décide-t-on et que font les décideurs ? Il trouvera également une conception actuelle de la prise de décisions qui tient compte de la complexité croissante des problèmes à résoudre.

13.1 LA THÉORIE DE LA PRISE DE DÉCISIONS

13.1.1 Essai de définition

Comment traduire en mots simples un phénomène aussi complexe que celui de la décision? Décider, c'est choisir. Le choix suppose l'existence de plus d'une option. Dès lors, on peut avancer que « décider, c'est choisir entre plusieurs options ».

Mais présentée en ces termes, la portée de la notion de « décision » pourrait paraître réductrice. Nombreux sont les gestes qui peuvent être associés à la prise de décisions : se lever lorsque le réveil sonne, conduire une voiture et appliquer brusquement les freins lorsqu'un enfant surgit, donner une réponse à une secrétaire qui demande un congé, répondre lorsque le téléphone se fait entendre, embaucher du personnel, commander du papier pour l'imprimante, choisir d'exporter ou non, par exemple.

Cette liste de situations paraît suffisante pour tenter de cerner le concept de décision (Barnard, 1938). À la lumière de quelques exemples, reprenons la définition proposée plus haut, où la décision comporte deux éléments :

1. Choisir.
2. Entre plusieurs options.

Une personne se lève lorsque son réveil sonne. Elle fait un choix. Elle était en présence d'au moins deux options : se lever ou rester au lit. Si une secrétaire demande un congé, l'employeur a le choix de dire oui ou non, d'essayer de négocier ou d'offrir d'autres possibilités. Déjà, une constatation s'impose : les deux conditions de base, c'est-à-dire la possibilité de choix et la présence de diverses options existent réellement (Dewey, 1933 ; Allison, 1971). Peut-on prétendre

que dans les autres exemples présentés plus haut, là aussi, une décision a réellement été prise ?

Le fait de freiner rapidement pour éviter de heurter un enfant qui traverse la rue correspond davantage à un réflexe puisque dans un tel contexte, le choix n'existe pas. Décider signifie donc choisir sciemment entre deux ou plusieurs possibilités.

Maintenant que les bases conceptuelles de la décision sont jetées, tentons de donner un aperçu de l'évolution des connaissances sur ce phénomène.

13.1.2 L'évolution

Jusqu'à tout récemment, la décision était perçue et présentée comme un phénomène linéaire partant de A pour aller vers B (Cyert, 1970). Elle s'explicitait selon la fin et les moyens. Aujourd'hui, il est de plus en plus difficile de se limiter à cette seule façon de voir.

De nos jours, la décision se présente davantage sous une forme circulaire ou même en spirale. On se rend compte qu'il est utopique de vouloir dissocier totalement la fin et les moyens. Ainsi, la décision ne peut être comprise et expliquée que dans un contexte où chaque élément interagit constamment et de façon continue (Simon, 1960).

Il n'est pas faux de prétendre que la plupart des gens se font une image élémentaire du processus de la prise de décisions. En effet, pour bon nombre, il existe de bonnes et de mauvaises décisions. Rien d'étonnant, puisque ce modèle a été véhiculé tant par la religion que par la science depuis plusieurs siècles. Cependant, une nouvelle vision du phénomène commence à prendre forme et à s'établir. En ce sens, Sfez (1984) introduit une nouvelle perspective. À son avis, il existe trois stades à l'évolution de la prise de décisions. Le premier est celui de « l'homme certain » qui en serait à son dernier souffle et qui devrait s'éteindre au seuil du XXIᵉ siècle. Vient ensuite celui de « l'homme probable », époque dans laquelle nous serions actuellement engagés et enfin, le dernier, celui de «l'homme aléatoire», qui serait la vision d'un avenir imminent (ou immédiat) en matière de décision.

Parallèlement, la chronologie proposée par Luthans (1985), bien qu'apparemment moins hermétique, semble similaire. Luthans présente son modèle sur un continuum débutant par le modèle «économique» pour aboutir au modèle «social», en passant par celui de la «rationalité limitée» (Simon, 1945).

Pour décrire l'évolution des conceptions de la prise de décisions, adopter l'une ou l'autre des visions présentées plus haut mène à une même réalité: d'une part, la certitude et de l'autre, la complexité, dont il est impossible de ne pas tenir compte.

«L'homme certain» et le modèle «économique» nous renvoient tous deux au même fondement, soit celui d'un univers dont on connaît tous les tenants et les aboutissants:

— les relations entre la fin et les moyens sont claires et limpides;
— l'information y est complète et permet un choix éclairé entre les différentes solutions;
— toutes les possibilités sont connues.

La figure 13.1 en présente le schéma.

FIGURE 13.1
Le modèle économique

Économique ⟶ Social

Le modèle économique présente la relation de cause à effet comme étant directe et indiscutable.

À l'autre extrême, nous retrouvons l'évocation de «l'homme aléatoire» (Sfez, 1973), qui se rapproche du modèle social. L'univers qui y est décrit est un monde d'incertitude totale, un monde d'intuitions, de valeurs, de perceptions et de jeux d'influence. Il devient impossible pour le décideur de faire une lecture complète et juste de l'ensemble de la situation. Les interrelations sont si nombreuses qu'il est quasi impossible d'en tenir compte en totalité.

Il est possible de présenter le modèle économique de façon linéaire, mais plus on se rapproche du modèle social, plus il faut prendre en considération le nombre toujours croissant de variables. C'est ce qui, à la figure 13.2, correspond à un renforcement de la ligne, celle-ci représentant l'accroissement de la complexité.

FIGURE 13.2
Le modèle social

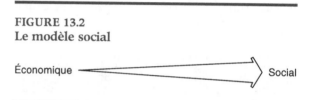

Économique ⟶ Social

Entre ces deux extrêmes, une multitude d'éventualités coexistent. «L'homme probable» (rationalité limitée) (Miller et Starr, 1967) laisse au décideur suffisamment d'information pour émettre et même éprouver (souvent à l'aide de formules mathématiques) certaines solutions. Il ne s'agit plus alors de toutes les possibilités comme dans le modèle économique pur, mais bien de certaines seulement.

Pour sa part, Simon, présenté par Sfez (1984), (rationalité limitée) se situe lui aussi à l'époque de la probabilité. Bien que son approche ne s'inspire pas expressément de savants calculs, il n'en demeure pas moins que son apport marque un tournant capital dans ce qu'il qualifiera de «science nouvelle»: la décision (Simon, 1957).

Grâce à Simon, en effet, un concept fort important est introduit. On passe de la notion de choix «optimal» ou idéal (modèle pur) à celle de «choix satisfaisant». Selon lui, le choix optimal est impossible en regard des exigences qui le sous-tendent: «la rationalité est limitée par l'incapacité de l'esprit humain d'intégrer, dans une seule décision, les valeurs, les connaissances et les comportements relatifs à cette décision».

Pour Simon, il apparaît difficile, voire impossible, d'obtenir la totalité des données, d'énoncer l'ensemble des options envisageables et d'en arriver au choix ultime. Le décideur doit donc prendre la meilleure décision possible compte tenu de la situation imparfaite dans laquelle il se trouve.

Simon apporte une autre nuance : l'importance de faire la distinction entre le but primordial et les buts secondaires. Ces derniers sont généralement plus faciles à reconnaître puisqu'ils ont souvent un caractère fonctionnel et des effets à court terme. Ils soulèvent davantage l'intérêt et ont donc pour résultat de détourner le décideur du but primordial, dont les effets sont habituellement à plus long terme.

Le décideur doit bien distinguer entre problèmes et symptômes (Côté, 1986). Par exemple, un éternuement peut être le symptôme d'une grippe, de la fièvre des foins ou d'une allergie. Toutefois, si l'on veut éliminer le malaise, il faut agir sur la cause réelle. Si, pour régler un problème de liquidité dans une entreprise, on recourt à la vente de l'ordinateur, on règle évidemment un problème immédiat. Mais quelle était la vision de l'organisation lors de l'achat de cette pièce d'équipement ? Le but secondaire est bien sûr d'accroître la liquidité, mais le but primordial est d'assurer la croissance et la rentabilité de l'entreprise. Dans cette perspective, l'ordinateur pourrait bien avoir un rôle capital à jouer. D'où l'importance, lors de la prise de décisions, de ne pas confondre but primordial et buts secondaires.

Simon insiste sur la nécessité d'accepter et d'assumer une part d'incertitude dans les données reçues. En effet, il faut, dans une certaine mesure, accueillir une communication telle qu'elle se présente, même si on est incapable d'en évaluer toute l'exactitude. Les gens ont tendance à filtrer, consciemment ou inconsciemment, l'information. Chaque fois qu'elle est renvoyée à une autre personne, l'information est changée. Lorsque trop de détails ont été omis ou ajoutés, le message devient confus ou incompréhensible. Il faut ainsi se contenter de techniques destinées à obtenir la satisfaction.

Aujourd'hui, on considère la décision comme un processus dynamique, par opposition à la vision statique traditionnelle. La première moitié du siècle a connu le règne du dirigeant charismatique éclairé, qui maintenait son leadership et son efficacité grâce à son jugement, à son expérience et à son intuition (Bergadaa et Thietart, 1989). Après la Seconde Guerre mondiale, le monde des organisations devient de plus en plus complexe. Fort heureusement, cette époque est également marquée par la conception d'instruments qui facilitent la prise de décisions. Que l'on songe par exemple à la quantité d'outils inspirés de la recherche opérationnelle, mis au point au cours des dernières années, conséquemment à l'apparition des ordinateurs.

Cependant, les résultats obtenus ne s'étant pas toujours révélés aussi probants que prévus, le décideur des années 90 doit adopter une approche plus globale qui réconcilie raison et intuition. Il cherche maintenant des techniques ou des méthodes qui lui permettent de miser à la fois sur le potentiel humain et les outils disponibles. À cet égard, le modèle de Simon est très pertinent parce qu'il est réaliste et permet d'accorder une place à un minimum de rationalité.

En cette fin de siècle, l'individu dispose en effet, en matière de décisions, d'une multitude d'options. Il n'y a pas de modèles absolus, ni de réponse unique. La décision la plus importante consiste d'abord à choisir le mode de décision le mieux adapté à la situation, peu importe qu'elle se prenne selon une vision linéaire ou autrement.

13.1.3 Le processus décisionnel

Quelle que soit l'approche retenue par le décideur, la décision s'inscrit dans un processus identique (Harrison, 1975). Il arrive même que l'on confonde processus et décision. Cela n'a rien d'étonnant puisque la décision constitue le cœur même du processus décisionnel.

Une décision s'impose lorsqu'il existe un écart entre la situation présente et la situation souhaitée ou idéale (McFarland, 1974). Il est possible de classer en trois composantes fondamentales les éléments nécessaires à la prise de décisions. Dans une approche systémique de la décision (Daft, 1983), la terminologie employée est celle que l'on retrouve à la figure 13.3.

Les intrants

Au nombre des intrants, on retient la quantité et la qualité de l'information recueillie, le système de valeurs, l'expérience, la personnalité du ou des décideurs, leur philosophie de gestion, les ressources disponibles en temps, en argent ou en matériel, la compréhension du problème, les objectifs avoués ou présentés : autant d'éléments qui entrent dans le processus et en constituent la base.

En fait, on peut considérer comme étant des intrants tout ce dont on dispose au départ, c'est-à-dire les données du problème et les ressources tant personnelles qu'organisationnelles. Il est facile de comprendre ce que l'on entend par intrants si l'on se reporte à un exemple simple. Vous devez choisir une destination de vacances. Au nombre des intrants figurent vos préférences, vos ressources et vos expériences de vacances antérieures.

Le procédé de transformation

Il s'agit de l'étape cruciale où s'élabore le choix, où naît la décision. Le procédé de transformation consiste à pouvoir choisir entre divers moyens susceptibles d'assurer un rapprochement et, idéalement, l'atteinte du but souhaité.

À cette étape, on pose le problème, on le documente, on compile l'information dont on dispose (d'après les intrants), on recueille de nouveaux renseignements, on détermine des solutions et on les évalue en soupesant les pour et les contre. Aussi nomme-t-on l'ensemble de ces opérations « la structuration de la décision ».

Reprenons l'exemple proposé plus haut : le choix d'une destination de vacances. Au départ, on connaît bien les ressources disponibles ainsi que les préférences des décideurs (intrants). Il faut alors recueillir d'autres renseignements (consultation de brochures, expériences des amis, suggestions de l'agence de voyages, notamment). On considère alors les différentes destinations selon ces nouvelles données et le choix se précise en cours d'opération.

L'extrant

L'extrant est en définitive le choix, la décision. C'est l'atteinte ou le rapprochement le plus étroit possible de la situation souhaitée.

Une fois la décision arrêtée, il s'agit de prendre les moyens nécessaires pour la réaliser. Cela explique pourquoi nous avons introduit la notion d'« action » dans la représentation du processus d'élaboration de la décision de la figure 13.4. Cette nouvelle donnée nous amène également à présenter l'effet de la décision, car si les décisions ont parfois l'effet désiré, elles entraînent souvent d'autres conséquences. Par exemple, on peut avoir choisi Rio comme destination et ne pas être en mesure de se procurer les billets d'avion. Devant cette nouvelle situation, il faudra faire un autre choix. Ainsi, il arrive souvent qu'on ne puisse boucler définitivement la boucle parce que la réponse (décision) s'avère irréalisable.

FIGURE 13.3
L'approche systémique

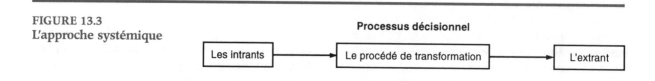

Processus décisionnel

Les intrants → Le procédé de transformation → L'extrant

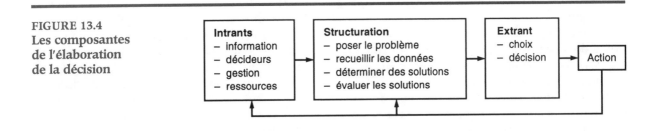

FIGURE 13.4
*Les composantes
de l'élaboration
de la décision*

Intrants
- information
- décideurs
- gestion
- ressources

Structuration
- poser le problème
- recueillir les données
- déterminer des solutions
- évaluer les solutions

Extrant
- choix
- décision

Action

De plus, les décisions obligent à tenir compte du phénomène de rétroaction. En effet, le résultat obtenu engendre une nouvelle situation qui nécessite une relecture de la réalité et sous-tend de nouvelles décisions. Ainsi, décider est un processus continu puisqu'une fois le choix effectué et mis en application, il faut tenir compte des effets et rajuster son tir.

Par exemple, il y a quelques années, des géants du milieu financier ont dû reporter l'informatisation de leurs points de service, même après avoir fait l'acquisition des équipements nécessaires. L'expérience leur a démontré l'écart entre la planification sur papier et la réalité. Plutôt que d'opter pour une informatisation massive, ils ont dû procéder en douceur, y mettre plus de temps que prévu, modifier l'approche. Ainsi, il arrive fréquemment que l'on doive modifier une stratégie de mise en marché ou de négociation, ou encore reporter l'installation d'une nouvelle pièce d'équipement parce que de nouveaux éléments interviennent dans le processus et en modifient les règles. Les décisions se prennent donc la plupart du temps dans un univers en perpétuel changement. Elles constituent le pivot qui influence ces changements.

Il faut donc distinguer la décision du processus décisionnel, tout en reconnaissant qu'ils sont intimement liés et indissociables puisque l'existence du second nécessite l'existence de la première. Qu'il s'agisse de la décision elle-même ou du processus dans lequel elle s'inscrit, tous deux soulèvent une question fondamentale : pourquoi décider ?

13.1.4 Les circonstances et la raison de la décision

Plusieurs hypothèses peuvent expliquer ou justifier une décision. Certains diront que décider crée du mouvement et du changement et que la décision permet l'action. D'autres diront, comme nous, que la décision a pour principale fonction de rapprocher une situation donnée d'une situation souhaitée. Le décideur prévoit une situation idéale et perçoit l'écart entre la situation réelle et celle qu'il envisage. Il tente alors de prendre tous les moyens pour atteindre cet idéal.

L'écart perçu peut être qualifié de « problème » (Kepner et Tregoe, 1965). Le décideur cherche donc à régler un problème, ce qui explique qu'une technique de prise de décisions soit nommée « méthode de la résolution de problèmes ».

Décider vise fondamentalement à modifier l'ordre des choses, à la faveur de certaines circonstances. La décision peut se prendre dans un univers de certitude, ou dans un univers où règnent le risque et l'incertitude.

Théoriquement, il est possible de décider dans un monde d'absolue certitude où tout est connu. Par exemple, ajouter une quantité « X » de lait dans une quantité « Y » de café, tout en connaissant les températures de chacun des éléments, donnera comme résultat une boisson plus ou moins pâle, à une température qu'il est possible d'estimer. Toutefois, l'exactitude ne peut être obtenue que par expérimentation (test) en laboratoire, là où s'exerce un contrôle précis des éléments et des conditions.

Par contre, dans la vie quotidienne, une multitude de facteurs peuvent influencer l'opération (Lindbloom, 1959; Etzioni, 1967). Qu'il s'agisse de la température de l'air ambiant, de la précision de l'instrument de mesure ou de la vigilance de l'individu qui effectue la manipulation, tous ces facteurs introduisent un risque et obligent le décideur à tenir compte du connu, en ajoutant une marge d'erreur. Ceci complique la décision et nécessite le recours à des techniques particulières.

Certaines situations ont un caractère d'incertitude absolue : par exemple, les deux éléments mis en contact sont inconnus si les manipulations sont effectuées dans un endroit où de fortes turbulences se produisent de façon intermittente et imprévisible, et si l'on ne dispose d'aucun moyen pour mesurer la quantité, la température initiale et les réactions encourues par le rapprochement de ces deux éléments. Malgré ces conditions, on doit quand même décider du meilleur moyen pour parvenir au résultat escompté.

Les décisions qui se prennent dans une multitude de situations, entre la certitude et l'incertitude absolue, comportent plus ou moins de risques. Chaque contexte déterminera l'utilisation d'une technique ou d'une méthode différente et appropriée.

La figure 13.5 présente, à titre indicatif, et de manière très générale, la place et la fonction des différentes composantes du processus décisionnel.

13.2 LES ACTEURS

Nous avons longtemps cru que «décideur» ne s'écrivait qu'au singulier. En effet, il y avait «LE» décideur. L'image la plus forte en faisait un cadre de haut niveau, éminence grise qui, dès qu'il se prononçait, imposait le silence à ses subalternes.

FIGURE 13.5
Le schéma de la décision

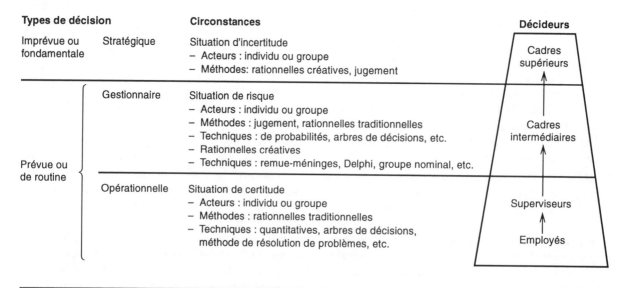

Types de décision		Circonstances	Décideurs
Imprévue ou fondamentale	Stratégique	Situation d'incertitude – Acteurs : individu ou groupe – Méthodes: rationnelles créatives, jugement	Cadres supérieurs
Prévue ou de routine	Gestionnaire	Situation de risque – Acteurs : individu ou groupe – Méthodes : jugement, rationnelles traditionnelles – Techniques : de probabilités, arbres de décisions, etc. – Rationnelles créatives – Techniques : remue-méninges, Delphi, groupe nominal, etc.	Cadres intermédiaires
	Opérationnelle	Situation de certitude – Acteurs : individu ou groupe – Méthodes : rationnelles traditionnelles – Techniques : quantitatives, arbres de décisions, méthode de résolution de problèmes, etc.	Superviseurs Employés

Nous savons aujourd'hui que les décisions se prennent de diverses manières : soit en solitaire, soit de manière collégiale, soit par un individu plus ou moins bien conseillé par ses collaborateurs, soit en groupe.

13.2.1 La décision individuelle

On se rend compte de plus en plus que des décisions se prennent à tous les paliers de l'entreprise : la secrétaire qui planifie l'horaire de son patron, le magasinier qui charge le chariot élévateur et qui classe la marchandise, le vendeur qui consent un escompte additionnel ou qui garantit une date de livraison, le directeur général qui signe un projet d'agrandissement, par exemple. Ces gens prennent tous des décisions ; ce sont des décideurs.

Si ces personnes effectuent leur démarche en solitaire, il s'agit de décision individuelle. Il faut cependant admettre que chacune d'entre elles ne prend pas le même type de décision. Certaines décisions sont d'ordre stratégique et concernent l'orientation des organisations ; elles sont la plupart du temps réservées à la haute direction. D'autres sont prises à différents niveaux de l'organisation par des cadres intermédiaires, et même des employés. Mais quelle que soit la nature de la décision, il est toujours possible de la prendre individuellement. C'est donc une question d'attitude, d'habitude, de style ou de circonstances.

13.2.2 La décision de groupe

Si l'individu s'adjoint des collaborateurs, il est alors question de décision de groupe. Dans ce processus, représenté à la figure 13.6, l'influence du groupe peu varier.

De la décision solitaire à celle de groupe, voici quelques situations qui illustrent les différents degrés d'engagement des groupes :
- la personne décide sans faire appel à quiconque ;
- la personne décide, mais se soucie d'informer ses collègues et d'obtenir leur adhésion ;

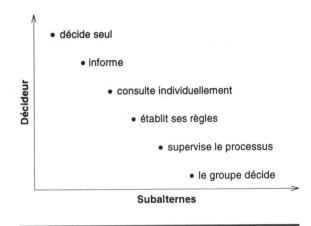

FIGURE 13.6
La décision de groupe

- la personne consulte et tient compte des avis obtenus ;
- la personne définit les règles, supervise un processus, mais la décision est prise en groupe ;
- le groupe devient décideur.

Il est difficile de départager où commence la décision de groupe et où se termine la décision individuelle. La décision de groupe est celle où le groupe ne joue pas simplement un rôle consultatif. Ceci correspond aux deux derniers stades de la figure 13.6, où le groupe participe activement au processus et prend lui-même la décision.

13.2.3 Groupe ou individu : le pour et le contre

Si l'on analyse en détail les avantages et les inconvénients de chacune de ces deux options (Vroom et Yetton, 1973), il apparaît que les forces de l'une constituent les faiblesses de l'autre et, inversement, les faiblesses de la première option représentent les forces de la deuxième, comme en fait foi le tableau 13.1.

Ajoutons que dans un groupe, les décisions prises par consensus sont généralement

TABLEAU 13.1

Comparaison des forces et des faiblesses des décisions individuelles et de groupe

La décision de groupe — Forces	La décision individuelle — Faiblesses	La décision de groupe — Faiblesses	La décision individuelle — Forces
1 La décision de groupe permet une vision plus complète de la situation.	La lecture de la situation est limitée à la perception et à l'interprétation d'un seul individu, et soumise à ses biais.	La décision de groupe requiert du temps.	La décision individuelle se prend rapidement.
2 Elle augmente la quantité de renseignements recueillis.	La quantité de renseignements recueillis est directement reliée à la capacité du décideur.	Il arrive qu'en groupe, on sacrifie la qualité à la quantité. Parfois, le choix s'effectue en fonction du nombre de participants qui y adhèrent, et non en regard de la qualité de la décision elle-même.	Le décideur a toute latitude pour arrêter une décision en regard de critères objectifs.
3 Puisque plusieurs personnes sont engagées dans la prise de décisions, l'adhésion sera plus facile lors de l'application des décisions.	Le décideur doit, une fois la décision prise, la faire accepter de son entourage.	Certains ont parfois tendance à se rallier par conformisme plutôt que par conviction; ils privent alors le groupe de l'une de ses forces, soit la multitude d'opinions et une plus grande quantité d'information.	La décision sera le reflet du décideur; sa qualité sera à l'image de celui qui l'a prise.
4 L'argumentation élaborée lors des discussions pour parvenir à décider permet de prévoir et de contourner de nombreuses résistances.	Le décideur unique n'entrevoit que les oppositions qui lui sont familières ou envisageables selon sa propre expérience, sa connaissance des faits et sa personnalité.	Il peut arriver que la décision soit prise à l'intérieur d'un groupe contrôlé par un seul individu, peu importe qu'il s'agisse de contrôle lié à la menace, à l'autorité, à l'expérience ou au charisme exercé par la personne influente.	L'individu prend la décision selon ses propres critères.
5 La décision de groupe provoque un effet de synergie et permet d'engendrer des solutions plus créatives.	Le décideur individuel se retrouve face à lui-même.	Si l'on considère que «le temps c'est de l'argent», en corollaire, on admettra qu'une décision de groupe est généralement coûteuse.	La décision individuelle est habituellement moins coûteuse.

meilleures que celles qui découlent d'un vote. Il est également intéressant de noter que la disposition des membres du groupe dans la pièce influence la prise de décisions. Par exemple, si les décideurs sont placés en cercle, la décision prendra un caractère plus démocratique. Toute autre disposition qui privilégie une personne au détriment des autres confère à un membre une influence et un pouvoir accrus sur le processus décisionnel. De plus, l'égalité de statut favorise la participation de toutes et tous. Enfin, dans le cas de décisions individuelles, le rôle joué et la place occupée par le décideur auront une influence sur le type de décision. L'ouvrier, le contremaître, le cadre intermédiaire ou celui de haut niveau peuvent tous intervenir et décider. Cependant, leurs décisions portent sur des enjeux différents.

Si l'on fait appel à une décision de groupe, la composition des groupes peut varier presque à l'infini, qu'il s'agisse de groupes homogènes réunissant soit exclusivement des experts, soit des collègues de travail d'une même unité, ou de groupes hétérogènes rassemblant une mixité d'experts et de non-initiés, d'employeurs et d'employés. Le groupe est généralement constitué selon le type de décision envisagé.

13.3 LES TYPES DE DÉCISION

Toutes les décisions ne sont pas d'égale importance. La prise de décisions est inévitable tant pour commander du papier à en-tête que pour choisir de prendre ou non une pause, de modifier ou pas le système informatique. La nature des décisions, leur effet possible de même que la méthode utilisée pour les prendre contribuent à les distinguer.

Il existe des décisions «prévues» ou de routine, et «imprévues» ou fondamentales (Bergeron, 1983). La terminologie varie et, parfois, on qualifie la décision de «stratégique», «gestionnaire» ou «opérationnelle». La décision stratégique est d'une portée globale et à long terme, à caractère

non répétitif, par exemple, augmenter le chiffre d'affaires de 10 p. 100 par année. La décision gestionnaire, pour sa part, est reliée à l'aménagement équitable des fonctions de l'entreprise, notamment la production, le marketing, les finances, le personnel. Par exemple, on embauche trois nouveaux vendeurs et on les oblige à rencontrer cinq nouveaux clients par semaine. Enfin, la décision opérationnelle concerne les décisions courantes, généralement répétitives, par exemple, téléphoner à 10 personnes par jour afin d'atteindre l'objectif qui consiste à augmenter le chiffre d'affaires.

13.3.1 La décision prévue

Que nous parlions de décision «prévue» ou de «routine», nous désignons des situations similaires. Constituant plus de 90 p. 100 des décisions, les décisions prévues sont généralement répétitives et ont peu d'effet sur l'organisation. Leur caractère itératif a permis d'établir divers mécanismes susceptibles de les faciliter. Elles s'appuient souvent sur des politiques ou des procédures préétablies, ce qui contribue à diminuer d'autant le niveau de risque ainsi que le temps qui y est consacré. De plus, cette manière de procéder assure un certain respect de l'idéologie de la direction de l'entreprise, sans que les dirigeants aient à prendre part directement au processus lui-même. Généralement, la plupart des décisions opérationnelles et des gestionnaires se trouvent dans cette catégorie de décisions.

13.3.2 La décision imprévue

Il se peut que le décideur doive arrêter son choix dans une situation singulière, et parfois inattendue, pour laquelle aucune expertise n'a été acquise au sein de l'organisation. Ces décisions sont dites «imprévues». Elles concernent des situations souvent d'une importance cruciale, susceptibles d'avoir des effets à long terme et des conséquences graves sur l'avenir de l'entreprise.

En plus d'être imprévues, ces décisions sont également stratégiques ou fondamentales.

Les décisions de cet ordre ne se conforment à aucune règle ni aucun modèle prédéterminé. Elles requièrent une analyse plus fouillée de la situation et représentent un fort taux de risque. Dans les grandes organisations, la plupart des décisions stratégiques s'inscrivent dans cette catégorie, qu'il s'agisse de définir une politique d'embauche, de faire l'acquisition de nouveaux équipements ou de lancer un nouveau produit. Il importe aussi de rappeler que, bien que les décisions relatives aux politiques et aux procédures soient d'ordre stratégique, elles soutiennent, une fois adoptées, bon nombre de décisions routinières ou opérationnelles.

Lorsqu'une décision s'impose, le décideur dispose parfois des éléments nécessaires pour agir dans un cadre tantôt prévu, tantôt imprévu. Certaines de ces décisions ont une portée à long terme et affectent le fondement même de l'entreprise : il s'agit alors de décisions stratégiques ou fondamentales. Si les effets anticipés sont à court terme et touchent davantage les opérations, on est généralement en présence de décisions de routine, opérationnelles ou gestionnaires.

Mais existe-t-il une décision optimale et une méthode qui peuvent garantir que l'on arrivera à cette décision ?

13.4 LES MÉTHODES DE DÉCISION

Au début du présent chapitre, nous avons établi que le fait de prendre une décision est un choix conscient. On retrouve cependant au cœur du processus décisionnel une démarche partiellement consciente et partiellement inconsciente.

Cette démarche repose sur une part plus ou moins importante de raison et d'affectivité. Raison et intuition représentent deux dimensions fondamentales. Le décideur qui retient l'approche rationnelle s'engage dans une démarche structurée et segmentée, dont les étapes se succèdent dans un ordre précis. À l'opposé, celui qui opte pour une décision intuitive ne se fonde que sur une appréhension instantanée de la situation, et ne pourra justifier sa décision qu'après coup.

D'un point de vue conceptuel, il est acceptable de se limiter à deux modes de prise de décisions, dont l'un serait totalement objectif ou rationnel et l'autre, entièrement subjectif ou intuitif. Par contre, la réalité nous oblige à regarder la décision sous un angle différent. Il faut introduire alors une troisième méthode qui fera appel à la notion de jugement, et une dernière qui, bien qu'elle fasse intervenir le rationnel, présente une dimension créative, donc également subjective. La figure 13.7 présente ces différents modes en leur attribuant une valeur numérique dans l'échelle de la subjectivité et de l'objectivité.

13.4.1 La décision intuitive

Le décideur dont la décision se fonde uniquement sur ce qu'il ressent, sans recherche d'information

FIGURE 13.7
L'échelle des modes de décision

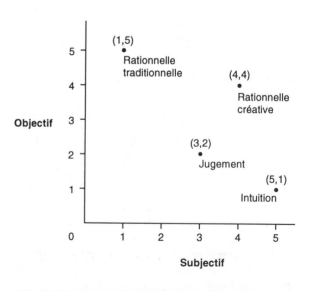

additionnelle, sans souci d'analyse détaillée de la situation ou sans exploration de diverses avenues de solution agit par intuition.

La décision intuitive se prend généralement de façon instinctive et instantanée. Le décideur, sans trop savoir pourquoi, a le sentiment de devoir agir de la sorte (Bergeron, 1983). Elle ne relève d'aucune routine prédéfinie. Si le décideur se surprend à réfléchir, à essayer d'interpréter ses sentiments, il n'est déjà plus dans le monde de l'intuition, et sa décision ne mérite plus pareille appellation. Il n'existe donc aucune technique ou méthode qui soutienne la décision intuitive.

13.4.2 La décision par jugement

Si, en plus de ce qu'il ressent, le décideur tient compte de son expérience et de ses connaissances, il introduit alors dans sa démarche certains éléments objectifs et vérifiables. Ayant par exemple été témoin de situations semblables dans le passé, il sera en mesure de prévoir certains résultats et prendra alors une décision fondée sur le jugement.

La méthode est ici fort simple. Il suffit au décideur d'appuyer son intuition et son affectivité sur des faits ou des expériences passées. Il fera un bref inventaire de sa vie et reconnaîtra certains éléments applicables à la situation présente.

13.4.3 La décision rationnelle

Un troisième mode de prise de décisions consiste à utiliser une démarche très structurée, par laquelle le décideur s'efforce de trouver le maximum d'information et de données objectives pour appuyer son argumentation (Cyert, 1970). Il s'astreint à une démarche logique qui repose le plus possible sur des éléments vérifiables. Le modèle économique dont il a été fait mention auparavant provient d'une démarche rationnelle.

À l'intérieur de ce processus, il est toutefois possible d'introduire une dimension créative qui permet la mise en commun d'information et la création de solutions virtuelles. Cependant, plus l'aspect créatif est mis à contribution, plus on s'éloigne du caractère objectif de la décision rationnelle.

La méthode de la résolution de problèmes

La décision se prend lors d'une démarche souvent appelée «méthode de la résolution de problèmes» (Kepner, 1965), qui est illustrée à la figure 13.8. Le nombre des étapes varie selon les auteurs. Mais dans sa plus simple expression, la méthode se réduit à cinq principales composantes. Après avoir défini le problème, la démarche suggère :

1. De procéder à une cueillette d'information.
2. De déterminer des solutions possibles.
3. D'évaluer les diverses solutions proposées.
4. De choisir la ou les solutions qui apparaissent les plus pertinentes.
5. De préciser le plan d'action approprié.

Voici quelques données sur chacune des étapes de la méthode de la résolution de problèmes.

La cueillette d'information

Il s'agit d'abord d'étayer le problème par des documents, et ce afin de parvenir à le résoudre. La cueillette peut se faire de façon traditionnelle ou créative. L'approche traditionnelle permet de recueillir l'information directement liée à la situation analysée. L'approche créative, parce qu'elle fait intervenir divers participants, permet d'obtenir des renseignements plus adaptés aux situations. La technique traditionnelle de cueillette permet de recourir à des documents écrits, à des témoignages, à du matériel sur bandes sonores ou vidéo. Les méthodes de créativité, comme les groupes nominaux ou la méthode Delphi, permettent d'obtenir l'avis d'experts ou de groupes cibles sur certains sujets particuliers.

La détermination de solutions possibles

Tout comme pour la cueillette d'information, il est possible de recourir aux modes traditionnel

FIGURE 13.8
Schéma de la méthode de la résolution de problèmes

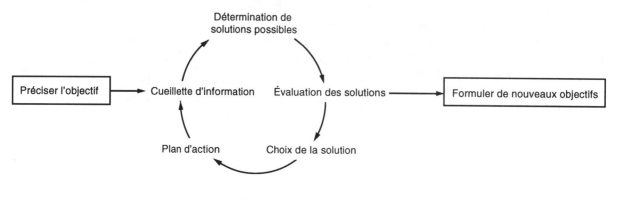

et créatif afin de trouver des pistes de solution. Celles-ci peuvent se restreindre à deux possibilités, la première étant d'agir et la seconde, de conserver le statu quo. À cette deuxième étape, les techniques de créativité seront particulièrement utiles, principalement celle du «remue-méninges», dont le principal attrait réside dans le fait de générer une multitude d'idées. Cette technique permettra sans contredit de déterminer beaucoup plus de solutions qu'une approche fondée uniquement sur le raisonnement. Joindre imagination et raison à ce stade du processus se montre donc particulièrement avantageux.

L'évaluation des solutions proposées

L'une des méthodes privilégiées pour faire l'évaluation des solutions proposées consiste à dresser une liste des avantages et des inconvénients propres à chacune des options envisageables.

Il est fréquent que le décideur ait recours aux méthodes quantitatives, qu'il utilise des calculs, qu'il choisisse de se servir des probabilités, des arbres de décisions ou de toute autre formule qui lui permette de schématiser l'information et de tirer des conclusions. L'un ou l'autre de ces moyens, ou un mélange de certains d'entre

eux, permet aux décideurs de prendre une certaine distance vis-à-vis de la décision, et d'effectuer un choix raisonnable et objectif.

Le choix de la solution la plus adéquate

Il s'agit là du moment crucial, du véritable moment de la prise de décision. Les jeux sont faits. Tous les éléments sont présents ou présumés l'être; car en réalité, même si l'on croit bien les connaître, l'expérience démontre que l'on dispose rarement de la totalité de l'information. Il faut toutefois décider à la lumière des renseignements que l'on détient. Le coût de l'information parfaite étant trop élevé, le décideur retiendra l'option qui lui paraîtra alors la plus satisfaisante selon la conjoncture. Ce dernier constat oblige à admettre que même rationnelle, la décision doit composer avec une part d'intuition.

Le plan d'action

Prendre une décision est une chose, mais s'assurer qu'elle sera exécutée est tout aussi important. À ce moment, le décideur doit se préoccuper de préciser qui fera quoi, où, quand et comment. Combien d'excellentes décisions sont restées lettre morte parce qu'on n'avait pas prévu attribuer les responsabilités en vue de leur réalisation. Il faut également déterminer quelles seront les ressources nécessaires, tant humaines, matérielles, temporelles, financières qu'informationnelles, et tenir compte des conditions dans lesquelles le plan d'action se réalisera.

La décision rationnelle, considérée par beaucoup comme étant idéale, révèle malgré tout ses limites :

— le manque de moyens afin de recueillir l'information en quantité comme en qualité ; les possibilités des ressources humaines elles-mêmes (nombre, compétence) ; le temps disponible et les ressources matérielles requises pour une cueillette complète d'information ; le rendement de l'équipement (capacité des ordinateurs) ;

— la non-disponibilité de certains documents au moment opportun (par exemple, pour le lancement d'un nouveau produit) ;

— les facteurs d'ordre humain : les individus ont leurs propres objectifs, leurs forces et leurs faiblesses, leurs craintes et leurs sentiments propres ;

— une part d'incertitude : le décideur aura beau tout faire, jamais il ne parviendra à maîtriser totalement cet avenir.

La méthode rationnelle de prise de décisions, tout en constituant un bon choix, ne garantit pas la meilleure décision. Rappelons que le meilleur outil de prise de décisions est celui qui s'adapte le mieux au contexte, aux compétences du décideur et à ses habiletés.

13.4.4 Quelques techniques

À la section précédente, nous avons mentionné certaines techniques de créativité. Toutefois, il en existe encore bien davantage, et ces techniques sont de plus en plus utilisées par les décideurs. Les appliquer sollicite l'esprit critique de l'utilisateur et son ouverture d'esprit. De plus, elles révèlent sa capacité à s'interroger et à percevoir le monde différemment. Enfin, la mise au point de méthodes d'aide à la décision et l'intelligence artificielle s'ajoutent à ces avenues possibles.

Le remue-méninges

Le remue-méninges (en anglais, le *brainstorming*) (Gordon, 1961 ; Osborn, 1965) est une technique qui, malgré sa grande souplesse, répond à certaines règles particulières. Le but visé est d'engendrer le plus grand nombre d'idées possible. D'abord, les idées ne sont qu'énoncées et ne peuvent être discutées ou jugées. À ce stade, on met l'accent sur la quantité et non sur la qualité des idées. En outre, toute idée est considérée comme la propriété du groupe et non celle de l'individu, ce qui permet à chacun de l'utiliser comme tremplin pour en élaborer de nouvelles. Idéalement, cet exercice se fait en groupe de cinq à dix participants. Il est recommandé que le groupe soit hétérogène en vue de favoriser la variété des idées. La présence d'un supérieur et de ses subalternes à l'intérieur d'un même groupe est à déconseiller, afin que chacun puisse s'exprimer le plus librement possible. Les séances doivent se faire dans un endroit neutre et agréable et la durée recommandée est de 90 minutes à trois heures.

Il ne faut surtout pas oublier l'importance de l'animation, si l'on utilise cette technique. L'animateur tient un rôle essentiel. Il aura à clarifier aux membres du groupe ce que l'on attend d'eux, à préciser les règles, à décrire clairement le problème qu'ils doivent étudier et à s'assurer que chacun s'exprime dans l'ordre prévu. Il aura le souci d'éviter la fermeture trop rapide des débats et visera à favoriser le consensus. Il adoptera une démarche descriptive plutôt qu'évaluative et devra gérer les conflits à l'aide de synthèses aux moments opportuns.

La séance de travail peut se terminer dès que les participants ont énoncé un certain nombre d'idées. Souvent, par la suite, l'animateur procédera avec le groupe à une évaluation des idées émises et établira un ordre de priorité.

La méthode Delphi

Il s'agit encore ici d'une technique de groupe, mais qui se caractérise principalement par le fait que les participants sont géographiquement éloignés les uns des autres. En utilisant la technique Delphi (Hampton et coll., 1978), on a recours à un groupe généralement composé d'experts qui ne se connaissent pas entre eux. Ils ignorent qui sont les autres membres de l'équipe.

Ce n'est pas par souci de discrétion que l'on garde sous silence l'identité des participants, mais bien pour limiter d'éventuels jeux d'influence. Un savant ou toute personne réputée dans un domaine particulier, qui se prononce pour ou contre telle solution, risque d'inciter ses coéquipiers à adopter son point de vue. L'anonymat permet donc de maintenir les membres du groupe à un même niveau hiérarchique et laisse chacun libre de prendre position selon sa propre expertise.

La méthode Delphi est utilisée dans des domaines fort variés, notamment la santé, l'éducation, les secteurs militaires ou gouvernementaux. Il s'agit d'une technique dont l'efficacité est reconnue, même si l'on n'arrive pas à en expliquer les raisons véritables.

Une des manières de procéder consiste à envoyer un questionnaire très général aux participants qui ont pour mandat d'y répondre et de le renvoyer dans les plus brefs délais. Les réponses sont alors compilées et réexpédiées aux mêmes personnes, avec la directive de les classer par ordre de priorité. Cette deuxième étape est répétée jusqu'à l'obtention d'un consensus.

La technique est plutôt simple à utiliser et permet d'avoir recours à des spécialistes ou à des répondants que l'on pourrait difficilement réunir à un même moment sous un même toit. En effet, le répondant dispose d'une grande latitude pour remplir le document qui lui a été acheminé. Cet avantage engendre malgré tout certains inconvénients : la latitude laissée aux gens pour renvoyer un questionnaire rempli ralentit parfois le processus à un point tel qu'il en devient inopérant.

De plus, les délais entre chaque réception de documents provoquent parfois le désintérêt et mettent en péril la suite des opérations.

Il faut souligner aussi qu'en plus d'être lent, le processus se révèle coûteux et n'est pas scientifiquement reconnu. Certains font même allusion à un effet « Ouija » qui conférerait à cette technique un caractère divinatoire. Néanmoins, les excellents résultats obtenus méritent qu'on s'y attarde et que l'on continue à l'exploiter.

Les groupes nominaux

La technique du groupe nominal (Rohrbaugh, 1981) se rapproche sensiblement de la technique Delphi. Elle s'en distingue toutefois par un élément : les participants à un groupe nominal sont rassemblés dans une même salle et se prononcent devant leurs coéquipiers. Cette technique accélère le processus. Elle regroupe à la fois les avantages et les inconvénients liés aux décisions prises en groupe.

Lors d'une première étape, les participants, sans communiquer entre eux, formulent par écrit leur opinion dans un laps de temps précisé à l'avance. Ils expriment ensuite, à tour de rôle, chacune des opinions consignées sur leur feuille, sans toutefois les expliciter. À chaque tour de table, un seul énoncé est émis, et l'animateur se contente de noter (Green, 1975).

On accorde alors un certain temps pour clarifier les idées émises et pour s'assurer que chacun associe à chaque idée le même sens. Puis, on passe au vote pour déterminer les priorités du groupe en ordonnant les énoncés selon le nombre de votes obtenus. Le but consiste à se rapprocher le plus possible du consensus. S'il existe des écarts considérables dans les priorités établies par les participants, une discussion pourra s'engager et conduire à une nouvelle prise de position des participants.

Les trois techniques décrites plus haut sont les méthodes les plus utilisées afin de susciter la créativité. Il existe aussi des techniques de « concassage » et « d'association ». Rappelons finalement que la quantité d'idées engendrées en groupe lors d'une séance de remue-méninges peut être inférieure à la somme des idées émises individuellement, mais que le temps consacré à l'opération sera plus long. Il importe donc de tenir compte du temps disponible.

De manière générale, en ce qui concerne les techniques de créativité, on doit retenir que cette dernière constitue par définition un univers sans limites, dans lequel on peut tolérer un certain niveau d'encadrement. Cependant, si l'on tente d'en délimiter trop strictement les frontières, on risque de paralyser le processus de création (Koestler, 1965). La règle primordiale à respecter est de rester ouvert afin de permettre à ces techniques de donner leur pleine mesure. De toute façon, la rapidité avec laquelle le milieu évolue ne laisse d'autre choix au gestionnaire que celui d'explorer les possibilités liées à ces techniques de créativité.

L'intelligence artificielle

Qui ne rêve de pouvoir, un bon matin, mettre dans une machine un certain nombre de données, d'appuyer sur un bouton et d'obtenir la réponse qui permettrait de corriger la situation qui fait problème. Fiction peut-être... mais pour combien de temps encore? Des systèmes interactifs d'aide à la décision (SIAD) ont déjà fait leur apparition. Ces systèmes n'en sont qu'à leurs débuts, et sont appelés à croître dans les années à venir. Déjà, dans certains secteurs comme la médecine, ils ont prouvé leur capacité de fournir des diagnostics. Le vrai défi consiste à intégrer des facteurs intangibles, dont l'effet est pourtant réel, lors d'une prise de décisions.

En ce sens, les Japonais, auxquels les Américains viennent de se joindre, s'affairent depuis bon nombre d'années à réaliser un projet particulièrement ambitieux, celui de mettre au point un système à l'image du jugement humain. On ne parle plus d'algorithme dont les solutions proposées sont conditionnelles aux intrants fournis, mais plutôt d'une approche globale, exploratoire, qui réévalue constamment la situation, analyse

les résultats, effectue les corrections appropriées et passe à l'étape suivante. À quand cette merveille? Nous ne saurions le dire. Mais peut-être plus tôt que ce que l'on croit ou que l'on voudrait croire.

13.5 CHOISIR

13.5.1 Le choix du modèle de prise de décisions

Parler de modèle équivaut à faire intervenir de façon concomitante des acteurs, des méthodes décisionnelles ainsi que des techniques (Turgeon, 1985).

Choisir seul ou avec d'autres

Bien que la décision individuelle soit plus rapide et moins coûteuse, il est parfois souhaitable d'opter pour le groupe. Mais dans quelles circonstances?

Il n'y a pas de réponse absolue. Toutefois, s'il y a urgence et qu'il faille réagir rapidement, si la situation est simple, et les effets, mineurs et à court terme, la décision individuelle constitue la meilleure option. Dans une situation complexe qui comporte des enjeux importants, il est généralement préférable de prendre le temps de recueillir le maximum d'information et de recourir à la décision de groupe.

Choisir la bonne méthode

Nous l'avons déjà mentionné, les décisions peuvent se prendre par intuition, par jugement ou par suite d'un processus rationnel. L'individu appuiera davantage ses décisions sur son intuition et son jugement, tandis que le groupe tend vers l'approche rationnelle.

L'individu qui agit selon la méthode rationnelle a souvent recours à la résolution de problèmes, aux calculs de probabilités et aux arbres de décisions. Les groupes peuvent avantageusement profiter des techniques de créativité puisque celles-ci bénéficient de l'effet de synergie qui émane des relations entre individus.

Il va de soi que l'âge et la taille de l'entreprise jouent un rôle déterminant dans le choix du mode de décision. Le propriétaire d'une très petite organisation est souvent seul à pouvoir décider dans l'entreprise. Les décisions de groupe sont alors fort limitées et se résument parfois à des situations extrêmes, où l'entrepreneur consulte des experts ou des conseillers pour porter un jugement ou prendre certaines orientations.

À l'inverse, dans les grandes organisations, bon nombre de décisions se prennent en groupe. Généralement, l'équipe est structurée et dispose de champs d'intervention clairement définis. Les membres ont habituellement acquis des habiletés à travailler ensemble. Plusieurs décisions font partie des décisions prévues et sont prises par des groupes de travail.

Comme on le constate, plusieurs facteurs influencent le choix d'une approche particulière. On ne peut malheureusement fournir le mot magique ou la grille infaillible qui, dans un contexte donné, indiquerait la procédure à suivre. Tout est affaire de circonstances!

13.5.2 Les contraintes

Décider comporte des risques à la fois pour l'organisation et pour le décideur. Fréquemment, la qualité reconnue au décideur repose sur la qualité de ses décisions. Pourtant, bien d'autres facteurs doivent être pris en considération afin d'évaluer la qualité d'une décision. En plus du décideur lui-même et de ses caractéristiques propres, il faut également tenir compte de l'ensemble des ressources disponibles, tant humaines que financières, et de leurs effets potentiels.

La qualité du décideur

La personnalité du décideur, son expérience de même que sa philosophie de gestion ne peuvent qu'influencer le mode de prise de décisions. Selon que le décideur est autocrate ou démocrate, son approche sera différente. L'expérience acquise intervient aussi de façon importante. Si le gestionnaire a accumulé plusieurs succès, il sera plus confiant, plus ouvert et plus apte à prendre des risques que s'il est en début de carrière ou qu'il vient d'essuyer un échec cuisant. Son tempérament, ses ambitions et tout autre trait de personnalité pèseront également dans la balance. Le décideur joue, à n'en pas douter, un très grand rôle dans la décision puisque, à toutes fins pratiques, c'est lui qui gère le processus.

Les ressources disponibles

Pour se réaliser, toute décision exige l'utilisation de ressources. On doit donc considérer l'état des ressources disponibles au moment où la décision est prise. Au nombre des ressources, se trouvent le temps, l'argent et l'information.

Le temps

Dans la prise de décisions, il est capital de s'accorder tout le temps nécessaire. Il faut savoir s'interroger dans une situation donnée et, également, savoir reconnaître à quel moment s'arrêter. La règle primordiale est de s'assurer que les coûts (temps-argent) de la démarche décisionnelle demeurent inférieurs aux bénéfices attendus.

Il est évidemment primordial d'éviter de prendre une décision trop rapide, mais également, d'être en mesure de couper court lorsque les circonstances le justifient. Il est recommandé de ne pas «réinventer la roue», non plus que de faire table rase du passé, car il est nécessaire de s'en inspirer pour décider. Enfin, il importe de ne pas escamoter la définition du problème et la fixation des objectifs.

L'argent

Prendre en considération les ressources financières fait partie d'une bonne décision. Les décisions trop coûteuses sont souvent à l'origine de problèmes sérieux tant dans notre vie personnelle que dans le fonctionnement d'une organisation. Il faut constamment répartir entre les coûts de la décision et les effets estimés. Le simple bon sens indique qu'il est inutile de consacrer 100$ à une opération qui permettra d'en épargner tout au plus 20. Pourtant, actuellement, de telles décisions abondent dans bien des institutions.

L'information

La qualité de la décision est souvent fonction de la qualité de l'information dont on dispose. Encore là, il faut atteindre un juste équilibre. Le décideur peut désirer avoir une information parfaite avant de faire son choix. Mais cela en vaut-il réellement la peine, quand cette information ne peut être obtenue qu'à très haut prix (temps-argent) ? Il faut parfois, comme le souligne Simon, se contenter d'une décision satisfaisante.

Les effets

Le premier volet de ce que nous appelons « effet » concerne la décision elle-même et répond aux questions suivantes : sur quoi la décision porte-t-elle ? A-t-elle des conséquences à court, à moyen ou à long terme ? Par exemple, prendre la décision d'aller manger en famille dans un établissement de restauration rapide n'aura pas les mêmes conséquences que décider d'aller poursuivre sa carrière dans une autre ville. Dans les organisations, on doit également se demander si la décision envisagée concerne toute l'entreprise ou si elle n'en touche qu'une partie. Selon les réponses apportées à cette question, le temps consacré ainsi que les ressources affectées au choix différeront.

Quant au deuxième volet, il met surtout en jeu la part de l'effet pouvant avoir une incidence sur les ressources humaines. Dans cet ordre d'idées, une décision de qualité ne peut faire abstraction des personnes qui auront à en assumer les conséquences. Par exemple, dans une organisation, il importe de prendre en considération le changement que provoquera un choix. La meilleure des décisions, prise dans les conditions idéales, c'est-à-dire en y ayant accordé tout le temps et l'argent nécessaires, peut s'avérer totalement inopérante parce que les membres du personnel y résistent. Il est alors plus efficace d'assurer la participation des cadres mais aussi des employés à différents moments du processus décisionnel. Plus la décision sera importante, plus l'engagement des membres de l'équipe deviendra nécessaire.

Décider n'est donc pas une entreprise de tout repos. Les enjeux sont proportionnels à l'importance de la décision. La prise de décisions pèse évidemment moins lourd si elle est partagée par le groupe, mais en ce cas, il faut accepter que le processus en soit ralenti. En somme, tout est question de choix.

CONCLUSION

Prendre une décision suppose que l'on puisse choisir entre plusieurs options, et que ce choix soit fait de manière consciente. Dans ce domaine, les êtres humains voudraient disposer de moyens qui optimiseraient leurs choix et ce, de façon sûre et certaine. Cependant, de tels moyens n'existent pas, et décider comporte une part de subjectivité. Certains poussent même la réflexion jusqu'à introduire le concept de décision qui se vit dans un contexte (social) de relativité absolue : « à la suite d'une réflexion soutenue, nous nous montrons rationnels, mais au moment de choisir, ce sont des désirs profonds, inconscients, souvent insoupçonnés qui nous poussent à agir » (Proulx, 1989).

On a longtemps cru qu'il fallait objectiver le plus possible le processus de prise de décisions. Pour ce faire, on a élaboré et perfectionné le mode de décision rationnel. Cependant, au fil du temps, les chercheurs ont dû admettre peu à peu que la décision complètement rationnelle est une utopie. Elle comporte des limites évidentes. Il a donc fallu passer à d'autres conceptions qui tiennent davantage compte du contexte, des décideurs eux-mêmes et des impondérables auxquels il est impossible de se soustraire. C'est pourquoi le concept de décision satisfaisante (Simon) est tellement répandu actuellement.

Si le mythe de la décision rationnelle tend à disparaître, des illusions persistent toujours en ce qui a trait aux décideurs. Il y a d'abord celle qui consiste à croire que décider est un acte isolé. Or, comme nous l'avons vu, ce n'est là qu'une des façons de faire. Décider seul est approprié dans certaines circonstances, et pas dans d'autres. Le deuxième mythe porte sur le niveau auquel les décisions se prennent. Pour beaucoup, encore actuellement, décider est l'apanage des gens placés au sommet des hiérarchies organisationnelles. Encore là, la réalité contredit cette conception. Les décisions se prennent à tous les paliers des organisations. Enfin, aujourd'hui, il est de plus en plus fréquent que les décisions se prennent en groupe. À cet égard, plusieurs techniques ont fait leurs preuves; nous avons mentionné, entre autres, le remue-méninges, le groupe nominal et la technique Delphi.

Des outils modernes et très efficaces sur le plan de la cueillette des données (informatique, sondages, notamment) permettent assurément d'augmenter le degré d'objectivité du processus de prise de décisions. Par contre, certaines techniques créatives présentées au présent chapitre introduisent, et ce, de manière rationnelle, la part d'intuition et d'imagination actuellement nécessaires (Hampton, 1978). L'obligation d'associer ainsi raison et intuition est incontournable. Par nécessité, nous avons peut-être atteint l'équilibre ultime recherché consciemment et inconsciemment par les tenants de l'école de la rationalité limitée (Simon, 1957).

QUESTIONS

1. a) Quand avez-vous pris une décision pour la dernière fois?
   b) Quelle méthode avez-vous utilisée?

2. Avez-vous déjà pris une décision en groupe? Quelle méthode avez-vous utilisée?

3. Lors d'une séance de remue-méninges, quelle est la règle fondamentale à laquelle tous doivent se soumettre?

4. Quel mode de décision est le plus fréquemment employé à votre travail?
   a) rationnel – intuitif?
   b) individuel – de groupe?

5. Quel mode de décision vous apparaît le plus apte à rendre compte de la complexité des problèmes actuels?

RÉFÉRENCES BIBLIOGRAPHIQUES

ALLISON, G. T., *Essence of Decision*, Boston, Little Brown, 1971.

BARNARD, C. I., *The Functions of Executive*, Cambridge, Mass., Harvard, 1938.

BERGADAA, M., et THIETART, R. A., « Stradin, une nouvelle méthode de décision », *Revue internationale de gestion*, vol. 14, n° 3, septembre 1989.

BERGERON, P. G., *La gestion moderne, théorie et cas*, Boucherville, Gaëtan Morin Éditeur, 1983.

CÔTÉ, N., ABRAVANEL, H., BÉLANGER, L. et JACQUES, J., *Individu, groupe et organisation*, Boucherville, Gaëtan Morin Éditeur, 1986.

CYERT, R. et MARCH, J., *Processus de décision dans l'entreprise*, Paris, Dunod, 1970.

DAFT, R. L., *Organization Theory and Design*, St. Paul, Minn., West, 1983.

DEWEY, J., *How We Think*, Boston, Mass., Heath, 1933.

DOLAN, S. L. et LAMOUREUX G., *Initiation à la psychologie du travail*, Boucherville, Gaëtan Morin Éditeur, 1990.

ETZIONI, A., « Mixed Scanning : A Third Approach to Decision-Making », *Public Administrative Review*, vol. 27, n° 6, décembre 1967.

GORDON, W. J., *Synectics : The Development of Creative Capacity*, New York, N. Y., Collier, Macmillan, 1961.

GREEN, T. B., « An Empirical Analysis of Nominal and Interacting Groups », *Academy of Management Journal*, mars 1975.

HAMPTON, D. R., SUMMER, C. E. et WEBBER, R. A., *Organizational Behavior and the Practice of Management* (3ᵉ éd.), Glenview, Ill., Scott Foresman, 1978.

HARRISON, F. E., *The Managerial Decision Making Process*, Boston, Mass., Houghton Mifflin Co., 1975.

KEPNER, H. et TREGOE, B. B., *The Rational Manager*, New York, N. Y., McGraw-Hill, 1965.

KOESTLER, A., *Le cri d'Archimède*, Paris, Calmann-Lévy, 1965.

LINDBLOOM, C. E., « The Science of Muddling Through », *Public Administrative Review*, vol. 19, 1959.

LUTHANS, F., *Organizational Behavior* (4ᵉ éd.), New York, N. Y., McGraw-Hill, 1985.

McFARLAND, D. E., *Management Practices and Practices* (4ᵉ éd.), New York, N. Y., Macmillan, 1974.

MILLER, D. W. et STARR, M. K., *The Structure of Human Decisions*, Englewood Cliffs, N. J., Prentice-Hall, 1967.

OSBORN, A. D., *L'imagination constructive*, Paris, Dunod, 1965.

PROULX, R., *La prise de décision*, Saint-Laurent, Éditions du Trécarré, 1989.

ROHRBAUGH, J., « Improving the Quality of Group Judgment : Social Judgment Analysis and the Nominal Group Technique », *Organizational Behavior and Human Performance*, octobre 1981.

SFEZ, L., *Critique de la décision*, Armand Colin, Cahiers de la fondation nationale des sciences politiques, Paris, 1973.

SFEZ, L., *La décision*, Paris, P.U.F., 1984.

SIMON H. A., *Administrative Behavior*, New York, N. Y., Macmillan, 1945.

SIMON H. A., *Administrative Behavior* (2ᵉ éd.), New York, N. Y., Macmillan, 1957.

SIMON, H. A., *The New Science of Management Decision*, New York, N. Y., Harper, 1960.

TURGEON, B., *La pratique du management*, New York, N. Y., McGraw-Hill, 1985.

VROOM V. et YETTON P. W., *Leadership and Decision-Making*, Pittsburg, Penn., University of Pittsburg Press, 1973.

14

LA COMMUNICATION

Jocelyn Jacques
avec la collaboration de Diane Paquette

L'INCOMMUNICABILITÉ

C'est par hasard, en entendant une conversation entre la secrétaire du directeur général et son supérieur immédiat, que Laurent apprit que les crédits qu'il réclamait en vue de son nouveau projet ne lui seraient pas accordés. Il éprouva un vif ressentiment envers ses supérieurs et eut une bien piètre opinion de l'état des communications dans cette organisation, où il travaillait depuis moins d'un an. En retournant à son bureau, beaucoup de pièces du casse-tête qu'il n'avait pu agencer jusqu'à maintenant trouvèrent subitement leur place. Il y avait bien sûr le problème de discrétion attribuable à certains employés liés à la direction mais, surtout, le fait que cette même direction ne semblait pas vouloir prendre des mesures réelles en vue de résoudre ce problème.

Les employés apprenaient en dernier lieu, et souvent par les journaux, les décisions importantes de la compagnie. Les secrétaires recevaient et diffusaient, avant même que l'employé concerné n'en ait reçu l'avis officiel, les nouvelles sur les promotions, les affectations et même les renvois. Quantité de rumeurs circulaient continuellement ; jamais aucun démenti n'était émis par la direction pour rétablir les faits.

En outre, les relations avec les supérieurs étaient des plus formelles. Laurent ne s'était jamais senti accepté, ni compris. Ses relations avec ses collègues se résumaient à peu de choses : dernier arrivé, il ne faisait pas encore partie du groupe.

Bien qu'il eût aimé faire ses preuves dans l'organisation, il se heurtait depuis son arrivée à un mur d'incompréhension. Ce projet était son dernier effort de participation. Il ne voulait plus alimenter les rumeurs et chercherait ailleurs jusqu'à ce qu'il trouve un nouvel emploi.

INTRODUCTION

Aujourd'hui, nul ne peut ignorer l'importance de la communication pour les individus comme pour les organisations. Dans un siècle que l'on dit celui de la communication, nous sommes quotidiennement en présence d'une masse importante d'information de toute sorte. Cette confrontation crée l'obligation de communiquer. Assez paradoxalement, il semble que les individus fassent aussi l'expérience de l'incommunicabilité. Les messages formulés atteignent difficilement leur cible. Par exemple, on peut penser à la difficulté qu'éprouvent les parents, malgré leurs efforts, à se faire comprendre de leurs enfants. Il y a lieu aussi de considérer la situation singulière de tant de gens qui souffrent de la solitude, malgré tous les messages qui leur parviennent. Et que dire de l'état des communications dans les organisations : messages à sens unique, communications informelles, par exemple. Les incompréhensions profondes semblent se multiplier dans nos organisations modernes.

Nous avons mis au point depuis plus d'un siècle des moyens de communication très efficaces. Songeons à la vitesse à laquelle on peut communiquer d'un continent à l'autre, grâce aux satellites, au téléphone, au télécopieur et aux ordinateurs. La technologie permet même de maintenir des contacts hors du système solaire ; en effet, une sonde terrienne qui a quitté notre système depuis plusieurs années nous transmet encore de l'information. Dans les organisations, on intensifie les échanges d'information à la faveur de réunions diverses, d'une circulation importante de documents écrits, de notes de service et de rapports. De plus, les relations se multiplient entre les personnes. Mais ces rapports interpersonnels, bien qu'ils constituent des occasions de communiquer, amènent souvent des problèmes d'incompréhension. On a peine à décoder les messages reçus, et l'interprétation qu'on en fait ne reflète pas toujours le contenu émis.

On entend souvent : « ce n'est pas ce que j'ai dit », « un tel n'est pas "parlable" », « les employés ne veulent rien savoir », « inutile de parler, en haut, ça n'écoute pas ». Dans un tel contexte, communiquer devient primordial, et revêt même un caractère d'urgence lorsqu'il s'agit de relever les défis organisationnels (mobiliser du personnel, projeter une image positive) et de résoudre les problèmes individuels (rompre l'isolement).

De nombreuses tentatives de communication sont pourtant amorcées. Quelles sont les causes de l'échec de plusieurs d'entre elles ? Sait-on réellement ce que veut dire « communiquer » ? Avons-nous compris ce qu'est la communication ou, tout simplement, communique-t-on vraiment ? L'objectif du présent chapitre est de présenter la communication comme un outil permanent de gestion.

Nous y abordons en premier lieu quelques définitions de la communication, son fonctionnement, ainsi que les formes et les difficultés qui y sont associées. Ensuite, nous nous penchons sur la communication interpersonnelle et, enfin, sur la communication organisationnelle.

14.1 LES THÉORIES DE LA COMMUNICATION

Beaucoup de gens croient qu'ils communiquent réellement avec leur entourage. Il arrive fréquemment que l'on entende : « je le lui avais dis », « je ne comprends pas, je lui avais expliqué ». En fait, on pourrait multiplier ce genre de réflexions sur les messages que les individus adressent à leur entourage. Et pourtant, comme en témoignent ces propos, le message n'est pas compris par le destinataire. Il ne suffit pas de « dire » pour que la communication s'établisse.

Qui a affirmé que communiquer était facile ? Même si, en principe, on admet une difficulté à communiquer, on agit comme si cela était simple. En effet, la plupart du temps, on estime que le fait d'énoncer un message est suffisant pour que celui-ci soit compris. Combien de communications ne sont que de longs monologues ? Communiquer exige bien davantage que la simple émission d'un message ; il faut aussi que le message soit compris de la personne à qui il est destiné.

On peut dénoncer un autre mythe entretenu à l'égard de la communication. Nombre de gens croient, et cette conviction est renforcée par les grands médias, que l'on naît communicateur. Soyons clairs, il n'existe pas un « gène » de la communication. Peu de personnes apprécient à juste titre cette affirmation. Effectivement, nombreuses sont celles qui se comportent comme s'il suffisait de posséder certains traits de caractère précis pour être un bon communicateur.

Les spécialistes diront que bien communiquer ou communiquer efficacement est une question d'apprentissage. Démosthène bégayait, mais voulait quand même devenir un grand orateur. Il a appris à vaincre son handicap. La communication est une science que l'on étudie maintenant dans les universités, mais elle demeure aussi un art qui s'apprend et qui se pratique.

14.1.1 Qu'est-ce que communiquer ?

Tout le monde a une idée de la nature de la communication. Pour la plupart des gens, communiquer consiste tout simplement à adresser un message à une autre personne. Pour d'autres, la communication s'élargit au point qu'ils croient que tout est communication, du port de verres fumés au message très officiel en provenance de la direction générale.

Dans l'ensemble, on tend à insister davantage sur le caractère de la transmission d'un message que sur l'autre pôle de la communication, la réception. Quoi qu'il en soit, telle que présentée ici, la communication n'est pas la simple émission d'un message. Il y a plusieurs façons de voir la communication: on peut imaginer que tout est communication ou considérer qu'il y a communication dès qu'un message est émis ou perçu (formellement ou informellement, explicitement ou implicitement). Toutefois, pour qu'il y ait réelle communication, des conditions précises doivent être remplies.

Voici une définition sommaire de la communication: « La communication peut être considérée comme le lien organique qui permet aux individus d'entrer en contact, d'échanger et, par conséquent, de vivre et de travailler en groupe » (Côté, 1991).

Cette définition correspond exactement à la perspective que nous abordons ici, soit l'aspect interpersonnel de la communication. Nous laissons volontairement de côté l'aspect cognitif, à savoir ce qui concerne l'emploi de mots, de lettres, de symboles, notamment, dans le but d'en arriver à une information commune et partagée au sujet d'un fait, d'un objet, d'une idée (Kelly, 1974; Ritz, 1977).

14.1.2 Le processus de communication

Dans sa version la plus simplifiée, présentée à la figure 14.1, le processus de communication se présente comme suit:

Un émetteur livre un message à un récepteur qui le reçoit. Ce modèle conviendrait parfaitement si les êtres humains faisaient de la télépathie. L'émetteur pourrait transférer, sans aucune distorsion, le contenu de son message dans l'esprit du récepteur. La plupart n'ayant pas encore atteint la transmission de pensées, les messages doivent être encodés et acheminés par canal au récepteur qui, à son tour, doit décoder le message.

FIGURE 14.1
Le processus de communication

Émetteur ──────▶ Message ──────▶ Récepteur

On appelle « codes » l'ensemble des signes ou des symboles utilisés pour communiquer. Ainsi, les langages (langue, morse, fumée, drapeaux) constituent des codes, tout comme l'écriture courante ou en braille.

Le message est donc encodé dans un langage quelconque avant d'être transmis à un récepteur. Il importe dès maintenant d'élargir la notion de codes à une dimension qui peut englober tout l'univers symbolique des individus, autrement dit, le « cadre de référence symbolique ». Ce cadre constitue en lui-même un langage particulier, à l'aide duquel sont codés les différents messages. Il est constitué des valeurs, des normes et des règles liées à la culture de l'individu et de la société dans laquelle celui-ci évolue. Par exemple, certaines personnes accepteront que des subalternes les tutoient, tandis que pour d'autres, le tutoiement constituera une offense grave. Une relation ainsi établie par un des émetteurs peut se compliquer du seul fait que les univers symboliques des deux parties en cause sont différents. Ceci peut expliquer que les mots ne veulent pas toujours dire la même chose pour tous.

Le fait de ne pas être télépathes cause un autre problème. Pour transmettre nos messages, il nous faut un canal ou, plus communément, un support pour coder notre message. Ainsi, la voix pour l'animateur de radio, le papier pour l'écrivain, la toile pour le peintre, les fils téléphoniques sont autant de canaux ou de voies de communication. On peut utiliser le téléphone, le télécopieur, la télévision, la radio pour transmettre des messages.

Progressivement, comme l'indique la figure 14.2, notre modèle se complique.

Expliquons maintenant le processus lui-même. Un émetteur veut transmettre une information; par exemple, il a trouvé une solution au problème des retards après la pause café. Il a une idée qu'il ne peut transmettre directement; il lui faut donc un code afin d'émettre son message: il décide d'utiliser la langue française. Étant donné que le canal le plus approprié est une note à son supérieur, il choisit d'écrire son message.

FIGURE 14.2
Un modèle plus complexe de communication

Émetteur ⟶ Code ⟶ Canal ⟶ Récepteur

Finalement, le message parvient à son supérieur, qui le reçoit.

Il faut évidemment que le récepteur puisse décoder le message. Si le message est écrit dans une langue inconnue du récepteur, si ce dernier est aveugle et qu'il reçoit un texte, si son univers de référence est très différent de celui de l'émetteur, ou encore si la copie est tout simplement trop pâle, le récepteur aura du mal à comprendre la teneur du message qui lui a été transmis.

Bien que plus complexe que dans la première version, notre modèle n'est pas encore complet. En effet, il lui manque un élément important : la rétroaction, ou *«feedback»*, qui permet à l'émetteur de s'assurer que son message est bien compris. Le schéma de la figure 14.3 ajoute cet élément.

La rétroaction est le moyen par lequel l'émetteur peut vérifier jusqu'à quel point son message a été compris.

Dans la première version du processus de communication, on insiste davantage sur l'aspect mécanique de la communication et sur son caractère actif, c'est-à-dire une action posée par l'émetteur. Par la rétroaction, on aborde une deuxième dimension de la communication, soit l'aspect des rapports personnels entre ceux qui communiquent. Ainsi, l'émetteur n'est pas du tout certain que son message est compris tant que le récepteur ne lui en a pas donné une confirmation

verbale ou non verbale. Un haussement d'épaules ou un hochement de tête de la part de celle ou de celui qui l'a reçu sont des messages non verbaux qui donnent à l'émetteur certaines indications sur la compréhension du message.

Même si le processus de rétroaction est engagé et que le récepteur semble indiquer qu'il a compris, il n'est pas encore certain que le véritable message transmis ait été vraiment bien interprété. Dans certains échanges, le récepteur peut, pour diverses raisons (fatigue, sentiment de frustration, ennui), renoncer à comprendre le message de l'émetteur. Les émetteurs doivent donc avoir à l'esprit que la communication est un processus très complexe dont on commence à peine à saisir le caractère multidimensionnel.

En ce sens, Dionne et Ouellet (1991) remettent en question les modèles présentés précédemment parce que ces derniers ne tiennent pas compte, ou ne rendent que très partiellement compte de la complexité réelle du processus de communication. Ils font ainsi l'histoire des « visions » de la communication. D'abord, il y a la vision classique où la communication est une action qui repose sur la volonté de l'émetteur. La deuxième, qu'ils qualifient de « critique enrichie », présente la communication comme une interaction (rétroaction, échanges). Finalement, ils proposent un modèle où la communication est un état, que résume la figure 14.4.

Selon ce modèle, communiquer, c'est construire la réalité, négocier son identité, gérer les impressions et manipuler de l'information.

Ce nouveau point de vue bouleverse profondément nos conceptions traditionnelles de la communication. Il introduit une perspective très globale où la communication n'est pas une

FIGURE 14.3
Troisième version du processus de communication

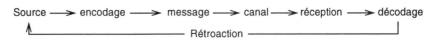

Source ⟶ encodage ⟶ message ⟶ canal ⟶ réception ⟶ décodage
⟵———————————— Rétroaction ————————————

Source : BERGERON, J. L., CÔTÉ, N., JACQUES, J., BÉLANGER, L., *Les aspects humains de l'organisation*, Boucherville, Gaëtan Morin Éditeur, 1979, p. 137.

FIGURE 14.4
Le modèle de
communication
de Dionne et Ouellet

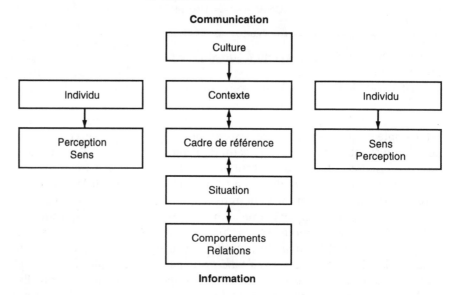

Communiquer = état

1. Baigner dans l'information
2. Théorie de la négociation du réel
3. Vision circulaire

Communication

| Individu |
| Perception Sens |

| Culture |
| Contexte |
| Cadre de référence |
| Situation |
| Comportements Relations |

| Individu |
| Sens Perception |

Information

Source : DIONNE, P. et OUELLET, G., « Communication et gestion des ressources humaines », *Avenir*, juin 1991, p. 19.

mécanique ni un mode interactif, mais un véritable état qui existe indépendamment de la volonté de l'émetteur et du récepteur. Vue sous cet éclairage, la communication est un état de l'être qui se manifeste dès que deux personnes sont en présence l'une de l'autre.

Un exemple fera comprendre ce que l'on entend. Dans un autobus ou un train, deux personnes étrangères l'une à l'autre communiquent, et communiquent vraiment. Les attitudes, les vêtements, la place qu'elles choisissent expriment quantité de messages, sans qu'une seule parole soit échangée. Ainsi, la réserve ou l'ouverture manifestée par certains voyageurs sera communiquée, et comprise par les autres voyageurs.

Sous cet éclairage également, les êtres émettent et reçoivent simultanément de l'information. Le poids de la communication ne repose plus uniquement sur l'émetteur, car il n'est plus seul à émettre. Le récepteur prend part activement à la communication et donne lui aussi un sens au message transmis. Ajoutons encore que dans cette perspective, notre façon d'être est continuellement communiquée et perçue par l'autre, et qu'il est absolument impossible de communiquer en dehors de soi, ou autre chose que soi.

Envisager la communication de cette manière ne change peut-être pas le processus de communication lui-même. En fait, cela rend compte de la multiplicité des messages transmis simultanément de part et d'autre. Cependant, en adoptant ce point de vue, on pourra expliquer plus facilement la permanence de certains problèmes de communication. Ainsi, on sera en mesure de mieux comprendre pourquoi les décisions négociées dans un contexte de tension et d'hostilité, lors de crises profondes, ne parviennent pas à résoudre les problèmes.

14.1.3 Le langage non verbal

Jusqu'ici, nous nous sommes concentrés sur les formes écrites ou verbales de la communication. Il existe cependant une autre forme de communication tout aussi importante et qui parle autant, sinon plus, que l'écrit ou le verbal. Il s'agit du non-verbal. Le langage non verbal inclut notamment les attitudes, les comportements, la manière de se vêtir, de choisir ses couleurs, la place que l'on occupe. Ce langage peut prendre de multiples formes; nous évoquerons ici les plus courantes. Rappelons cependant que le non-verbal est émis spontanément et que sa portée n'est pas négligeable.

Les instruments du langage non verbal

Le corps

La position du corps par rapport à celui du vis-à-vis joue un rôle important dans la communication. Par exemple, le recul ou le rapprochement est un indice de rejet ou d'accueil. Les jambes ou les bras croisés marquent la fermeture. Être assis ou debout, se lever à l'approche de l'autre n'ont pas les mêmes conséquences sur le plan de la communication. Par exemple, désigner une chaise de la main en restant debout soi-même marque la volonté de conserver ses avantages ou de dominer l'échange.

Le visage

Un bon contact visuel, comme l'établit une personne qui regarde en face, est une marque d'intérêt et de franchise. Le rougissement marque la timidité ou la colère. Un visage crispé indique la contrariété, la colère ou simplement la tension.

Les mains

Les mains parlent beaucoup. Si elles sont ouvertes, paumes vers l'interlocuteur, elles sont un signe d'accueil positif. Celles qui se portent aux oreilles indiquent que l'on cherche à vous comprendre. Lorsqu'elles touchent le nez, la bouche ou le menton, elles indiquent des tensions. Se frotter les mains, tapoter sur le bureau avec les doigts peut marquer une forme de nervosité et peut-être d'ennui.

L'utilisation de l'espace

L'espace que l'on prend et que l'on cède à l'autre est aussi un indice non verbal qui permet à l'autre de décoder un message. Ainsi, permettre à un subalterne de s'asseoir à côté de soi indique que les échanges seront égalitaires. Au contraire, placer le bureau entre soi-même et son subalterne est un indicateur de rapports hiérarchisés; on signifie par là que l'on veut conserver ses distances.

En fait, il existe une somme considérable de signes non verbaux qui sont autant de messages adressés au vis-à-vis, lesquels, la plupart du temps, sont émis à l'insu de l'émetteur. Personne ne surveille des gestes aussi automatiques que de croiser ou de décroiser les jambes et pourtant, un bon observateur peut déceler, dans ce simple geste, où en sont les communications entre deux personnes. Faire attendre une personne, faire passer d'autres personnes avant elle alors qu'elle est à l'heure à son rendez-vous sont autant de messages non verbaux perçus et qui ont de l'effet.

Le silence

Il importe de terminer cette section sur le langage non verbal en mentionnant le silence comme une forme de message non verbal des plus efficaces. Certains silences pèsent tellement lourd qu'ils obligent l'autre à réagir. Il n'est pas rare que le silence parle davantage qu'un long discours. Certains ont peut-être connu dans leur enfance la portée du message silencieux d'une autorité qui n'avait pas à se faire entendre pour être comprise.

14.1.4 Les relations entre les langages verbal et non verbal

Le para-langage

On entend par «para-langage» la façon dont on dit les choses, plutôt que ce qui est dit. Ainsi, le sens d'un message peut changer radicalement selon le ton sur lequel on le dit. Le ton, le rythme et la vitesse sont des façons d'utiliser la voix et donnent des sens différents aux messages. Parler fort ou faiblement, lentement ou rapidement comporte une signification.

Chuchoter ou crier ne transmet pas la même information, même si le contenu du message est le même. Parmi les caractéristiques vocales, on trouve les pleurs et les rires.

Le rythme, c'est-à-dire le débit (incluant ou non les pauses) et les hésitations colorent aussi le sens des messages. Les hésitations traduisent des signes d'embarras ou peuvent être interprétées comme tels. L'intensité et la vitesse d'élocution font également partie du para-langage et sont des signes qui portent à juger l'émetteur, ses intentions et son message en général.

Les doubles messages

«Tes gestes parlent si fort que je n'entends pas ce que tu dis.» Il arrive fréquemment qu'un émetteur dise une chose et que les messages non verbaux transmis en même temps soient en parfaite contradiction avec ses paroles. Ainsi, un émetteur peut dire verbalement «j'ai tout mon temps», et regarder sa montre toutes les 30 secondes, indiquant dès lors à son auditeur qu'il a moins de temps qu'il ne l'affirme. Il y a quantité d'exemples de ce phénomène : dire «je vous écoute» et se montrer ennuyé, couper la parole. Ces manifestations sont appelées «doubles messages».

14.2 LES OBSTACLES À LA COMMUNICATION

Si l'on considère la communication comme une mécanique, les obstacles se réduiront à des difficultés liées au mode de transmission. Par ailleurs, si l'on envisage la communication du point de vue des relations personnelles, les obstacles principaux se retrouvent à la fois chez les émetteurs et les récepteurs. Enfin, si on élargit la communication à une dimension globale, le contexte où elle a lieu prend alors toute son importance.

14.2.1 Les obstacles de la mécanique de la communication

D'un point de vue mécanique, les obstacles se situent principalement sur le plan du message lui-même et du mode de transmission de celui-ci. Ils peuvent être physiques ou psychologiques.

Les obstacles physiques

Le canal

Le message est le contenu réel de la communication. Un émetteur veut transmettre une certaine information. Le choix du canal, ou du support de la communication, de même que le choix du code à employer revêt une grande importance.

Le support doit être adéquat ; il n'est pas recommandé de transmettre verbalement un message très complexe. S'il est facile de donner oralement l'heure et le jour d'une réunion, il s'avère beaucoup plus laborieux de transmettre de la même manière des processus de fonctionnement qui comportent plusieurs étapes. Il est tout aussi difficile de transmettre une invitation à une réunion qui aura lieu à un endroit inhabituel et de préciser verbalement le moyen le plus efficace de s'y rendre. C'est pour cette raison que l'on privilégiera les notes écrites pour indiquer les étapes d'un processus ou que l'on joindra un plan aux invitations à des lieux inhabituels.

Par contre, on choisira la communication verbale lorsque les renseignements à transmettre sont simples, en raison de la rapidité avec laquelle on pourra effectuer la communication.

Le code

Si le choix du canal est important, bien choisir le code que l'on utilisera pour encoder le message l'est aussi. Le code est toujours adopté en fonction du ou des récepteurs. Il faut coder, de préférence, dans la langue du récepteur. Ainsi, si l'on s'adresse à des analphabètes, des dessins et des messages verbaux seront préférables à des messages écrits. Lorsqu'on parle de code et d'encodage, il faut également tenir compte du niveau de langue. Il est assez étonnant de voir des journaux d'entreprises truffés de termes techniques. À l'inverse, il serait surprenant que le langage technique ne fasse pas partie de l'encodage des travaux scientifiques. Pourtant, le langage scientifique est parfois utilisé pour communiquer avec la population en général.

Le code et l'encodage doivent également tenir compte de l'univers symbolique des récepteurs. Il est de première importance de voir à ce que le message ne puisse être interprété de trop nombreuses manières différentes. Voilà pourquoi il faut bien choisir le langage que l'on utilisera.

Les bruits

Dans la mécanique de transmission des messages, l'élimination des bruits est primordiale. Il est toujours possible de parler à ses proches en regardant un match de hockey, mais il n'est pas garanti que le message passera. Dans le même sens, il n'est pas plus facile de communiquer à côté de machines bruyantes ou lorsque les conversations ambiantes couvrent les nôtres. Pour s'assurer qu'un message puisse être au moins entendu ou compris, il faut éliminer les bruits de toute nature, soit les bruits de fond autant que les interruptions continuelles causées par le téléphone ou la circulation autour des interlocuteurs. Une communication sérieuse et fructueuse se fait, de préférence, en privé.

Le message

Le message lui-même doit posséder les qualités suivantes : clarté, précision et concision. Ces trois qualités sont nécessaires dans les communications tant écrites que verbales. Pour les messages écrits, on tend à employer un langage simple,

connu de tous, qui désigne des concepts clairs (les clarifier s'il y a lieu). L'utilisation de titres, de sous-titres, de résumés (points à retenir) sont autant de moyens de clarifier les messages en vue d'en assurer la compréhension. Préciser le sens d'un mot, d'un concept élimine beaucoup d'ambiguïté quant au sens des messages et permet d'éviter la déformation. Enfin, la longueur du message doit être appropriée et permettre d'exprimer la pensée sans superflu.

La plupart des gens parviennent assez bien à structurer leurs messages écrits, alors qu'ils improvisent et construisent mal leurs messages verbaux, ce qui accroît la difficulté à se faire réellement comprendre. Dès qu'un message verbal d'importance doit être transmis, il a lui aussi à répondre aux exigences de la clarté, de la précision et de la concision. Il doit alors être préparé.

14.2.2 Les obstacles psychologiques

Plus qu'une mauvaise prononciation, la surdité ou même l'encodage dans une langue différente, les barrières psychologiques empêchent la véritable communication. Elles sont présentes tant chez l'émetteur que chez le récepteur.

Du côté de l'émetteur

La rétention de l'information

Même lorsque son message est clair, précis et concis, et qu'il utilise un code et un canal appropriés, l'émetteur doit en plus désirer vraiment se faire comprendre et rejoindre son auditoire. Consciemment ou non, les émetteurs retiennent parfois une partie de l'information pour exercer un certain pouvoir sur leurs auditeurs. Ainsi, un professeur peut retenir de l'information et être très mal à l'aise devant des demandes de précision relatives à des questions d'examen ou à des directives à propos d'un travail à remettre.

Involontairement, un émetteur peut limiter l'information parce qu'il croit que ses interlocuteurs l'ont déjà en main. À chaque fois qu'un émetteur ne prend pas la peine de s'assurer que tous les préalables à sa communication sont véritablement respectés, il risque d'être en présence de problèmes de compréhension.

Parfois, par souci de rapidité, on engage un processus de communication qui finira par être beaucoup plus long, parce que l'on ne s'est pas assuré que tous les récepteurs en sont au même point.

L'état de l'émetteur

On ne peut communiquer en dehors de ce que l'on est et de ce que l'on ressent. Aussi, en proie à la colère ou à un chagrin, tout comme dans un état d'euphorie, un émetteur aura de la difficulté à faire passer son message. Les émotions de l'émetteur sont communiquées aussi efficacement que son message et déclenchent chez le récepteur des émotions semblables. Chez un émetteur en colère, les paroles dépasseront la pensée. On entend souvent : « il ne savait plus ce qu'il disait », « il est allé trop loin », « il voyait rouge ». Toute communication effectuée lorsque les émotions sont trop vives n'atteint pas son objectif et nuit à l'établissement d'un échange véritable.

La colère n'est pas la seule émotion paralysante. La gêne peut produire le même effet. Qui n'a pas entendu : « je ne savais plus quoi lui dire », « j'étais paralysé parce qu'il m'a posé une question devant tout le monde », « avec cette personne, je fige, elle m'impressionne vraiment ». Accablés par une souffrance ou par une peine profondes, combien d'entre nous ne se sont pas trouvés à court de moyens ?

Les préjugés

L'état de l'émetteur suppose que l'on doive également considérer les pensées qu'il entretient à l'égard de son interlocuteur. Tous les préjugés racistes, sexistes et autres perturbent les communications. En fait, les préjugés agissent comme de véritables filtres et posent des écrans entre les interlocuteurs. Penser que les femmes ne sont pas douées pour la gestion ou ne sont pas à leur place dans un rôle de gestionnaire, ou croire que les personnes de couleur sont paresseuses introduit quantité d'ambiguïtés dans les rapports. Cela déclenche des jugements de valeur et, inévitablement, de l'incompréhension ; tout comme croire que les patrons sont des exploiteurs et les employés, des profiteurs. Il est extrêmement important que l'émetteur soit conscient de lui-même et de ses préjugés.

Du côté du récepteur

Même si l'émetteur est en grande partie responsable de la communication, le récepteur a aussi sa part de responsabilité.

Il arrive fréquemment que des messages encodés selon les règles, clairs, précis, concis et utilisant le bon canal sont bloqués à la réception par le récepteur lui-même. Car pour qu'un message soit compris, il ne doit pas être simplement entendu, mais bien « écouté ». Un monde sépare « écouter » et « entendre ». Ma grand-mère, qui était « maîtresse d'école », avait l'habitude de dire de ceux qui n'écoutaient pas : « Ça leur rentre par une oreille et ça leur sort par l'autre », laissant entendre qu'entre ces deux orifices, les messages ne trouvaient à s'arrimer nulle part.

Entendre sans écouter

Écouter est une activité et non un état. Pour écouter, comme on le demande à un récepteur, il faut faire l'effort d'être attentif, de se concentrer. Autrement dit, pour écouter, il faut s'obliger volontairement à quelque chose. Il est facile de saisir la différence entre « entendre » et « écouter ». Toute la journée, le poste de radio transmet quantité de messages que l'on entend et puis, tout à coup, on saisit un mot, une phrase et dès ce moment, on prête véritablement l'oreille aux propos du commentateur, jusqu'à ce que l'on ait appris ce que l'on désirait apprendre. Par la suite, on recommence à entendre sans écouter, jusqu'à ce qu'un autre message attire notre attention.

Combien de fois nous adressons-nous à quelqu'un qui, visiblement, ne fait qu'entendre ?

Les émotions

Du côté du récepteur, les barrières à l'écoute sont nombreuses. Premièrement, comme pour l'émetteur, la nature de la personne détermine la qualité de l'écoute. Nul ne peut être véritablement attentif s'il est perturbé sur le plan affectif.

La rêverie

Un autre travers lié à l'écoute est la tendance à rêver ou tout simplement, à se laisser distraire. Cette tendance s'explique par la manière dont fonctionne l'esprit. Le cerveau peut traiter beaucoup plus d'information que celle contenue dans les échanges normaux entre deux personnes. Ainsi, dès qu'il a traité une information, le cerveau l'associe à d'autres et bientôt, le récepteur se perd dans ses propres pensées et n'écoute plus l'émetteur.

Les idées toutes faites

Lorsqu'un récepteur a déjà une idée préconçue sur le message qui lui est transmis, de même que sur l'émetteur, la communication sera perturbée. Elle sera facilitée si le récepteur apprécie l'émetteur et est d'accord avec le message. Au contraire, un récepteur peut être bloqué s'il ne peut « sentir » l'émetteur.

Le désir de parler

Lorsqu'un récepteur écoute un message, mais qu'il est d'abord préoccupé par la réponse qu'il compte donner à son interlocuteur, l'écoute véritable fait défaut, car, plongé dans ses propres pensées, le récepteur a peu de chances de saisir ce que l'autre veut dire.

Le désir d'avoir raison (dominer l'adversaire)

Lorsque le désir de parler se double de celui de convaincre absolument le destinataire de la valeur de ses propres idées, il est probable que ce désir devienne impératif et qu'il fasse naître une telle tension entre les deux protagonistes que l'écoute véritable en devienne à peu près impossible. Lors de tels échanges, les parties préparent leur argumentation pendant les interventions de l'autre et se coupent allègrement la parole.

Le manque d'intérêt pour les propos de l'autre

Il est à peu près impossible pour un récepteur de se mettre à l'écoute s'il ne trouve pas d'intérêt ou ne ressent que de l'indifférence à l'égard du thème abordé dans la conversation.

Cependant, l'intérêt se développe par un effort d'attention et la volonté de saisir le sens des propos qui sont tenus. Une certaine ouverture qui rend le récepteur plus « réceptif » et plus souple permet aussi de créer un nouvelle dynamique qui facilitera l'écoute.

L'animosité

Lorsque le récepteur adopte une attitude négative envers l'émetteur ou qu'il ne retient que ce qui l'énerve (tics, expressions, gesticulation), il est alors incapable d'écouter vraiment. La seule façon de remédier à ce problème est de se concentrer sur le contenu de la communication et d'oublier l'émetteur.

La perception sélective

On aura beau s'obliger à écouter consciencieusement, à s'intéresser à ce qui n'intéresse pas, à oublier les tics des émetteurs, à se débarrasser de toutes ses rêveries, à écouter sans préparer ses propres interventions en réaction aux propos de l'émetteur, il semble que des mécanismes inconscients et indépendants de notre volonté interviennent et influencent notre capacité d'écoute. On appelle « perception sélective » le phénomène qui fait en sorte que nous avons tendance à ne recevoir et à n'entendre que ce que l'on désire. Toute information dissonante, qui ne correspond pas à nos attentes, risque d'être rejetée. Cette tendance agit à double sens, ce qui rend certains messages (ceux que l'on préfère) beaucoup plus attrayants que d'autres, donc beaucoup plus faciles à recevoir.

14.2.3 Pour une écoute active

Une étude (Costley et Tood, 1987) se penche sur l'écoute active et suggère d'écouter de manière généreuse, c'est-à-dire de se concentrer sur les points principaux sans trop attacher d'importance aux détails, en respectant les points suivants :

- plusieurs attitudes favorisent la communication lorsque l'on accepte de ne pas parler et de laisser à l'émetteur la chance de s'exprimer ;
- une attitude empathique, qui consiste à se mettre à la place de l'autre sans pour autant en ressentir toutes les émotions, permet de comprendre son point de vue. L'empathie permet également d'apprécier les valeurs de l'autre, ses motivations, son expérience, et de faciliter la communication ;
- se montrer intéressé en posant des questions, non pour embarrasser l'émetteur, mais pour mieux comprendre le contenu de sa communication. En somme, démontrer de l'intérêt ;
- se concentrer sur le contenu de la communication ;
- s'efforcer de maîtriser ses émotions et ses réactions. Se débarrasser des craintes, des peurs et de la colère qui causent des distorsions dans la communication ;
- chercher les terrains d'entente. Tenter de découvrir ce qui unit plutôt que ce qui sépare aura pour effet d'éliminer les barrières ;
- éviter de conclure trop rapidement et de faire des évaluations. L'écoute active ne peut être une évaluation. Elle doit s'interdire tout jugement sur le contenu de la communication. Lorsqu'on saute aux conclusions, on désavoue généralement l'émetteur et on «entend» des choses qui ne sont pas dites. Il faut éviter de se concentrer sur ce que l'on «croit» qui va être dit, et bien «écouter» ce qui est dit.

14.2.4 Le contexte

Si l'on considère la communication comme un état, le contexte de l'échange devient essentiel. Aujourd'hui, on estime à quel point le climat, le contexte dans lequel s'effectuent les échanges, est un facteur à considérer.

Ainsi, si la communication se fait dans un climat menaçant (Gibb, 1971) ou méfiant, plusieurs éléments importants passent inaperçus, car le récepteur est trop préoccupé à se défendre ou à ne pas perdre la face.

Certaines ententes obtenues dans des contextes difficiles (négociations ardues, recours à la coercition, grève, *lock-out*) n'aident aucunement à résoudre les problèmes de l'organisation ou à satisfaire les parties concernées, uniquement en raison du climat dans lequel elles auront été menées. Rappelons-le, lorsque l'émetteur émet, il envoie une quantité de messages simultanément. Le récepteur reçoit ces messages et transmet, en même temps que l'émetteur, une quantité de messages. La communication se présente comme un flot continu de messages. Dans des circonstances difficiles, toute l'information ne peut être traitée par ceux qui communiquent.

14.3 LA COMMUNICATION INTERPERSONNELLE

Lorsque les individus communiquent entre eux, leurs échanges se font sur un mode qu'ils ont développé et intégré au cours de leur vie. Ils adoptent des comportements qu'ils ont appris durant leur enfance, au contact des adultes et de toutes les personnes qui ont eu une influence déterminante sur eux. Ces comportements et ces attitudes deviennent le cadre de référence d'après lequel ils entrent en relation avec les autres. Les adultes établissent donc leurs échanges selon certains modèles qui leur ont apporté des bénéfices. Par exemple, une personne qui n'a jamais reçu de réconfort aura tendance à ne se confier à personne, tandis qu'une autre qui aura trouvé facilement une oreille attentive et de la compréhension fonctionnera tout autrement. L'analyse transactionnelle permet de mieux comprendre les communications interpersonnelles.

L'analyse transactionnelle est une théorie élaborée par Éric Berne vers la fin des années 50. Comme toutes les théories, elle propose une grille d'interprétation des rapports interpersonnels. L'analyse transactionnelle propose également un ensemble d'outils conceptuels et pratiques afin d'analyser les relations et, subséquemment, d'intervenir en vue de réduire les dysfonctions éventuelles.

14.3.1 Les états du moi

Selon cette théorie, il existe trois états qui structurent la personnalité des individus. Berne les définit ainsi : «(...) ensemble cohérent de sentiments et d'expériences directement lié à un ensemble cohérent correspondant de comportements» (Berne, 1964).

Le parent

Le moi «parent» est celui qui a intégré les modèles d'autorité. Ces modèles peuvent provenir des parents ou des adultes qui ont fait office d'autorité auprès de l'enfant (professeurs, patrons, prêtres). Il se présente sous deux types : le parent normatif et le parent nourricier.

Le parent normatif, ou critique, juge, définit les règles, évalue, sanctionne et punit, en plus de diriger. Des expressions comme «tu dois» et «il faut», prononcées sur un ton autoritaire, péremptoire, voire méprisant, caractérisent le langage du parent normatif.

On peut reconnaître le parent normatif ou critique à certaines attitudes, notamment pointer du doigt, faire de gros yeux, pincer les lèvres et croiser les bras. Lorsqu'un patron apostrophe un employé en retard, bras croisés, en disant : «Vous devriez être à l'heure», c'est son moi «parent critique» qui ressort. Il en est de même lorsqu'une

personne s'adresse à son conjoint en lui reprochant, sur un ton réprobateur, de ne pas avoir téléphoné pour annoncer son retard.

Quand on a affaire au moi «parent nourricier», ou aidant, les attitudes et les comportements sont totalement différents. Le parent nourricier a tendance à soutenir, à encourager jusqu'à faire les choses à la place de l'autre. Il fait preuve de sympathie et utilise des mots comme «je te comprends».

Ces deux manifestations de l'état du «moi parent» ont des aspects positifs et négatifs. Le parent nourricier, à son paroxysme, peut finir par étouffer l'autre, l'empêcher d'agir ou de tenter ses propres expériences. Cependant, quand l'encouragement s'impose pour parvenir à un but, quand il s'agit de ne pas lâcher, le parent nourricier constitue une heureuse influence. La manifestation du moi «parent critique» a aussi des aspects positifs, car elle permet de rétablir les règles, de redonner du moral aux troupes en précisant l'objectif. Poussé trop loin, ou utilisé dans toutes les circonstances, cet aspect négatif du «parent critique» crée de la frustration chez l'interlocuteur ; il peut même susciter la révolte.

L'adulte

«L'adulte» est un autre état du moi. Il concerne la dimension rationnelle de l'individu. Le moi adulte prend les décisions d'après l'analyse de la situation. Il n'est pas impulsif, il relativise et reformule par «si je comprends bien», ou une autre expression du genre.

Le moi adulte s'exprime par des gestes précis, bien posés. Sa voix est calme, ferme et assurée, et on y perçoit de l'empathie. Il s'exprime par des phrases comme «les renseignements que j'ai montrent que...». Le moi adulte ne juge pas, il énonce des faits : «J'ai noté que vous étiez arrivé en retard à trois reprises cette semaine», ou «Le rapport financier montre que nous devons réduire les dépenses.»

Une difficulté guette cependant le moi adulte. Parce qu'il raisonne et analyse, il peut se tromper s'il ne dispose pas de toutes les données.

Ainsi, le moi adulte est froid, impersonnel et fonctionne un peu mécaniquement. Cependant, c'est au moi adulte que l'on doit faire appel lorsqu'il s'agit de changer sa personnalité, car il a ce pouvoir.

L'enfant

L'enfant est ce qu'il y a de plus primitif en nous. Il représente le côté émotif et impulsif de la personnalité. Le moi enfant peut prendre trois formes : l'enfant spontané (libre-naturel), l'enfant soumis et l'enfant rebelle. L'enfant est la réserve d'énergie de l'individu.

L'enfant spontané en nous réagit librement sans réprimer ses émotions (peurs, joies, colères). Il est impatient, sans inhibitions. Il ne réprime pas ses impulsions : bâillements d'ennui, rires, pleurs. L'enfant spontané est enthousiaste, créateur, énergique, mais il est aussi désordonné et égocentrique.

Pour sa part, l'enfant soumis tente de répondre aux attentes des autres. Il veut bien faire et se culpabilise de ses erreurs. Lorsqu'il se manifeste, on assiste à du «pleurnichage» et à des justifications larmoyantes, comme «j'ai fait mon possible», «je n'étais pas capable».

Enfin, l'enfant rebelle se révèle par des bouderies et des récriminations. Tout pour que l'on s'occupe de lui. Dans le comportement des adultes, on peut reconnaître l'enfant rebelle à des attitudes d'objection systématique ou de marginalité.

Par sa propension à vouloir répondre aux attentes de son entourage, l'enfant soumis peut devenir un bouc émissaire tout désigné, mais en contrepartie, ce même moi est souple et facile à adapter. L'enfant rebelle présente l'avantage d'exposer ce qui ne va pas et favorise, parce qu'il refuse de subir des influences, le développement de l'autonomie.

14.3.2 Reconnaître les états du moi

Les trois états du moi cohabitent chez l'individu et sont présents dans les différents échanges avec l'entourage. On appelle «transactions» les échanges entre les individus. Dans la transaction, un état du moi domine les autres et en constitue la base. Connaître quel état du moi participe à l'échange permet de l'améliorer. Hurt (1973) a proposé quatre méthodes qui visent à reconnaître les états du moi qui entrent en relation.

Les quatre méthodes de Hurt

Vérifier ses sentiments

Lorsqu'on a peur, qu'on éclate de joie ou qu'on s'ennuie au point d'être incapable de rester attentif, c'est probablement le moi enfant qui intervient. Par contre, si l'on se sent critique ou aidant, c'est le moi parent qui agit. Enfin, si l'on est à peu près indifférent aux émotions et qu'on se concentre sur l'analyse d'une situation, c'est l'adulte qui se manifeste.

Prendre conscience de son comportement verbal et non verbal

Une voix cassante, un ton autoritaire, une attitude rigide sont des comportements associés au moi parent. Les cris, les bondissements et les exclamations expriment le moi enfant, tandis que les demandes de renseignements, comme «où en est votre travail ?», ou «combien pouvons-nous investir ?», sont davantage des expressions du moi adulte.

Se remémorer son enfance

Puisque les états du moi se sont élaborés au cours de l'enfance, il est fort probable qu'on retrouve là des attitudes et des comportements qui ont encore cours dans la vie adulte. La manière dont on réagissait devant ses parents, les attitudes adoptées face à des problèmes peuvent se répéter.

Connaître notre façon d'agir avec les autres

Quelle attitude adoptons-nous lorsque nous sommes en présence des autres ? Voulons-nous régenter tout le monde, ou sommes-nous plutôt soumis et dépendants ? Sommes-nous généralement responsables, efficaces ? La connaissance que l'on a de soi nous rend plus apte à reconnaître le propre état de notre moi et celui des autres.

14.3.3 Les transactions

Lorsque l'on communique avec une autre personne, on effectue une transaction entre deux états du moi. Il importe de préciser que les états du moi n'ont rien à voir avec l'âge. On peut avoir 50 ans et entrer en relation avec son moi enfant, par exemple lors d'une peine, d'une déception ou d'une joie. Dans le cas d'une peine, le moi enfant cherche le réconfort et sollicite le moi «parent nourricier» de l'autre. Si c'est le moi «parent critique» qui s'exprime («je te l'avais bien dit»), l'adulte («je m'explique mal votre réaction») ou encore l'enfant rebelle («laisse-les donc tomber»), la transaction sera différente et n'apportera pas le réconfort recherché. Il existe toutes sortes de transactions.

La transaction piégée

La transaction piégée, ou encore transaction inavouée, se caractérise par le fait qu'elle contient un double message. Dans ce type de transaction, le message repose sur un autre état du moi que celui qu'on affiche. Par exemple, une personne peut dire à son partenaire : «Lucie reçoit toujours des roses à l'anniversaire de sa rencontre avec Marc.» La figure 14.5 présente un schéma de ce double message.

On peut penser que cet échange a lieu entre le moi adulte et un autre moi adulte, alors qu'il peut aussi cacher le désir de recevoir l'attention du partenaire. Ainsi, un supérieur peut dire de

FIGURE 14.5
La transaction piégée

```
P                      P
A ── (ce qui semble) ──► A
E ───── (ce qui est) ──► E
```

manière crispée : «Je suis très heureux que vous ayez terminé ce rapport», et implicitement, ce message veut dire : «Il était temps, c'est bien la dernière fois que je lui fais confiance.»

La transaction croisée

Parfois, le courant ne passe pas, les messages dévient entre deux interlocuteurs. Alors, la réponse ne correspond pas à ce qui a été énoncé. Dans ce cas, il s'agit d'une transaction croisée, qu'illustre la figure 14.6.

Par exemple, une personne vit une profonde déception. Un moi adulte s'adresse à elle en offrant une information : «Il est tout à fait impossible de rejoindre Yves aujourd'hui.» Cette information peut bien déclencher une réponse comme : «Grand bien lui fasse, quant à moi...»

À ce moment, le moi adulte fait face à un moi enfant qui a besoin de compréhension.

FIGURE 14.6
La transaction croisée

La transaction complémentaire

Dans la transaction complémentaire, le moi qui intervient dans l'échange est reconnu par la personne qui reçoit le message. La réponse est donnée selon la demande et est conforme aux conséquences de la demande.

Ainsi, dans l'exemple précédent, si la personne à qui s'adresse le moi enfant réagit en parent aidant, elle dira : «Mais que se passe-t-il ? Tu ne sembles pas dans ton assiette.» La transaction deviendra complémentaire et l'échange risque de reprendre le bon chemin. La transaction complémentaire implique une réponse qui satisfait les attentes de l'autre.

Le survol rapide que nous venons de faire des relations interpersonnelles peut aider à comprendre les mécanismes qui entrent en jeu lors des communications. Il existe d'autres approches et d'autres théories qui visent à expliquer le mode de communication entre individus. Il n'est pas dans notre intention d'aller plus loin dans ce domaine, puisque l'objet du présent ouvrage n'est pas de disposer le lecteur à intervenir concrètement dans le but de corriger les problèmes liés aux relations humaines, mais plutôt de l'outiller, de lui donner quelques points de repère afin de favoriser la communication.

14.4 LA COMMUNICATION ORGANISATIONNELLE

Dans les organisations, quantité de messages sont échangés. Les communications revêtent plusieurs formes, mais, à la base, il faut garder à l'esprit que ces échanges ont aussi un caractère interpersonnel. Même si une note très officielle, que l'on veut neutre, annonce à un employé un manquement à la discipline, il n'en demeure pas moins que ce message sera reconnu comme provenant de l'autorité et étant personnalisé. Il influencera les comportements, les attitudes ainsi que les réactions du destinataire.

Cependant, comme nous le verrons, une grande partie des communications organisationnelles sont encadrées, structurées et pensées en fonction des objectifs de l'organisation et de son mode de fonctionnement. Par exemple, la discussion autour d'une tasse de café, lors de la pause, n'a pas le même sens que le déjeuner de travail convoqué par la direction.

En fait, la communication peut être considérée comme étant l'oxygène de l'entreprise. Sans oxygénation, l'organisation étouffe. Si l'air est de mauvaise qualité, l'entreprise souffrira d'allergie, l'atmosphère deviendra irrespirable. La communication est le fondement d'une meilleure prise de décisions. Sa qualité est fonction, d'une part,

de la connaissance du contenu des messages à transmettre et, d'autre part, du motif pour lequel on amorce le processus de communication.

Voyons maintenant comment fonctionne la communication dans les organisations en étudiant les différents canaux de communication. On entend par canaux les formes de la communication organisationnelle.

14.4.1 Les canaux de communication

Communication formelle et informelle

Dans une organisation, la communication prend deux formes. Elle est formelle lorsqu'elle est officielle, codifiée, réglementée, et informelle, si elle s'établit hors des cadres normatifs imposés par l'organisation. Par exemple, un supérieur peut annoncer une promotion à un employé dans le cadre d'un rapport informel tandis que, très formellement, cette promotion fera l'objet d'une présentation publique ou sera inscrite dans un document officiel.

Le fait de communiquer avec un supérieur dans un corridor, de l'informer qu'on désire le voir ou de lui dévoiler un problème lors d'une rencontre fortuite correspond à une communication informelle.

Demander un rendez-vous avec la direction, remplir un questionnaire de l'entreprise, assister et participer à une rencontre de prise de décisions parce qu'on y a été convoqué sont autant de gestes associés aux communications formelles.

La communication formelle dans l'entreprise passe pas les voies hiérarchiques. Les notes de service, les convocations, les rapports annuels, les discours des présidents ou le credo de l'entreprise sont des manifestations officielles, donc formelles.

Communication ascendante et descendante

La communication ascendante est celle qui, de la base, monte vers le sommet; la communication descendante se déplace du haut vers le bas.

Les communications ascendante et descendante utilisent toutes deux les voies hiérarchiques et officielles de l'organisation. La base fournit de manière ascendante, c'est-à-dire en montant vers le sommet de l'organisation, des rapports, des états financiers, des sondages, en somme toute l'information dont la direction peut avoir besoin pour prendre ses décisions. Pour sa part, la direction informe les employés de manière descendante des règles de fonctionnement, des procédures ainsi que des objectifs de l'organisation.

On a souvent tendance à accepter facilement la communication ascendante dont le contenu est quantitatif. Il n'y a pas un gestionnaire qui refuserait de connaître l'état de sa production, le contenu de ses états financiers. Cependant, on a souvent plus de difficulté à accepter la communication ascendante quand elle porte sur des caractéristiques qualitatives, comme le climat de l'entreprise, le niveau de motivation, l'état des revendications, la qualité de la gestion ou l'état des communications dans l'entreprise. Pourtant, toutes ces données sont importantes et influent sur le rendement de l'organisation elle-même. Comme dans les relations interpersonnelles, des préjugés masquent et déforment les messages. Penser qu'un patron demeure insensible aux revendications légitimes de ses employés, ou croire que ce qui provient de la base n'est toujours que de la contestation ou de la paresse déforme les communications et engendre de sérieux problèmes.

Communication unidirectionnelle et «bidirectionnelle»

Lorsque les communications sont à sens unique, on dit qu'elles sont unidirectionnelles, mais si elles permettent la rétroaction, elles sont considérées comme étant bidirectionnelles.

Les communications unidirectionnelles sont extrêmement efficaces parce qu'elles sont très rapides. En fait, chaque fois que l'organisation doit préciser des directives ou annoncer des promotions et que la direction a un contenu d'information à présenter, elle n'est pas obligée de recourir à la communication bidirectionnelle qui, par nature, est plus lente et répond à d'autres objectifs. Cependant, lorsqu'une organisation a besoin de l'appui des employés, de leur collaboration, elle doit prévoir des canaux de rétroaction afin d'offrir aux employés la possibilité de réagir.

On peut choisir d'informer de manière unidirectionnelle, mais, quand il s'agit de consulter, de demander la collaboration ou la participation des employés, on doit utiliser la communication bidirectionnelle. Les employés sont souvent réticents à l'égard de la consultation et parfois encore plus à l'égard de la participation, car ils ont connu une direction qui, sous le couvert du partage, agit et communique de manière unidirectionnelle. Les exemples en ce sens sont nombreux : demander à des employés leur avis, puis n'en tenir aucun compte, tomber à bras raccourcis sur les personnes qui donnent leur avis ou encourager la communication en tenant de longs monologues constituent des illustrations de ce phénomène.

Communication latérale et diagonale

On parle de communication latérale, lorsque des personnes de même niveau hiérarchique établissent des rapports, par exemple, entre les chefs des différents services d'une entreprise, ou entre personnes de même statut (par exemple, une réunion de maires).

La communication diagonale s'établit entre personnes de différents niveaux. Une réunion de service ou un groupe de travail relèvent des communications diagonales. Ces communications ont pour but d'assurer une meilleure coordination entre les différents éléments d'une structure. Dans ces types de communication, la rumeur jouit d'un terrain propice. Cependant, ces formes de communication ont un effet considérable sur la prise de décisions, qu'elles accélèrent. Dans le cas des communications ascendante et descendante, bien souvent, les délais sont extrêmement longs. Ainsi, le processus décisionnel est entravé parce qu'il est trop structuré.

Les communications latérale et diagonale sont très prisées actuellement puisqu'elles permettent de tenir compte de la complexité croissante des problèmes avec lesquels les organisations sont aux prises et de les résoudre.

14.4.2 Le choix du canal

Le canal le mieux approprié à la communication dans l'entreprise est celui qui s'adapte bien à la situation de communication. On doit tenir compte de plusieurs facteurs liés à la nature de la communication, comme le temps dont on dispose, le récepteur, l'émetteur, de même que les coûts.

Les facteurs qui motivent le choix

La nature de la communication

Veut-on informer, convaincre, persuader, faire réfléchir, recueillir de l'information ou engager une action immédiate? Le canal choisi devra tenir compte de ces impératifs. On peut utiliser le canal descendant pour informer, tandis que l'on optera pour la communication diagonale ou latérale pour recueillir de l'information afin de prendre des décisions.

Le temps

Le délai disponible impose lui aussi une contrainte dans le choix du canal. Si l'on dispose de beaucoup de temps, on peut engager une consultation générale en employant les voies hiérarchiques, tandis que si l'on doit agir promptement, on pourra lancer un ordre unidirectionnel qui n'exige aucune discussion.

Les capacités des émetteurs et des récepteurs

Un ordre écrit peut constituer un moyen maladroit lorsqu'un employé maîtrise mal la langue écrite. Par contre, un individu qui éprouve de la difficulté à s'exprimer verbalement pourra préférer l'écrit, notamment.

La clientèle à atteindre

Selon qu'on veut atteindre tous les membres d'une organisation ou restreindre la communication à certains groupes, le canal choisi différera. Il est inutile de réunir tout le personnel ou d'envoyer un avis écrit à tous les employés, si la communication ne concerne qu'une unité ou un groupe de travail. Il peut paraître un peu simpliste d'affirmer ceci, mais souvent, on envoie des directives à tout le personnel, alors qu'elles ne s'adressent qu'à un petit groupe.

Les coûts

Une note de service, un avis écrit ou une note sur un tableau d'affichage ne coûtent à peu près rien, mais n'ont pas la même portée que des moyens plus raffinés qui exigent beaucoup d'argent et de ressources. Des choix s'imposent. Un feuillet qui informe les employés sur la vie de l'organisation ne représente pas la même dépense qu'une véritable revue spécialisée et n'atteint pas non plus les mêmes objectifs.

En fait, on pourrait multiplier les situations où le choix du canal est de première importance. S'il s'agit de convaincre un chef de service de participer à une activité de formation, la voie hiérarchique et formelle n'aura pas la même efficacité que la rencontre et l'échange interpersonnel. Dans l'organisation comme ailleurs, les bonnes relations entre les individus de différents secteurs facilitent les échanges et sont souvent plus efficaces.

14.4.3 Les réseaux de communication

Comme pour le choix du canal, le choix d'un réseau de communication dépend de la situation donnée, et le réseau le plus adapté sera celui qui permettra la communication la plus efficace. Un réseau de communication est une structure préétablie qui réglemente le nombre de personnes et les normes qui encadrent le sens des communications. La forme du réseau est donc fonction des besoins de l'organisation. Veut-on être rapide ? Doit-on respecter la structure hiérarchique ou cherche-t-on à faire partager aux employés la prise de décisions ? Chacune de ces situations justifiera l'utilisation d'un réseau particulier.

Il existe deux grandes formes de réseau, soit centralisé et décentralisé. Dans les réseaux centralisés, une seule personne communique avec toutes les autres et exerce ainsi un contrôle sur la communication, ce qui les distingue des réseaux décentralisés où les personnes peuvent communiquer entre elles.

Par ailleurs, on compte plusieurs modèles de réseaux, du plus simple au plus complexe, qui ont chacun leurs avantages et leurs inconvénients. Les réseaux centralisés englobent la roue, la chaîne ou le «Y», tandis que les réseaux décentralisés regroupent des modèles comme le cercle et la toile d'araignée.

Les réseaux centralisés

La roue

Dans ce réseau, les communications ont lieu grâce à une personne placée au centre, qui reçoit et donne des informations aux autres membres du réseau. Les membres ne peuvent communiquer entre eux. La configuration le rend particulièrement efficace lorsqu'il s'agit d'une prise de décision rapide. Le leader y détient le plein pouvoir. Par sa position il peut recueillir beaucoup d'information et n'a pas à être d'accord avec les autres ni à chercher l'unanimité.

Ce type de réseau se trouve dans les organisations classiques, caractérisées par une structure très rigide, où la valeur dominante est le respect de la hiérarchie. Ce réseau est une excellente illustration du lien qui existe entre un gestionnaire et ses subordonnés. Il s'avère très efficace lorsque les tâches sont simples et répétitives.

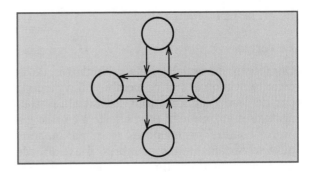

La chaîne

La forme linéaire de ce réseau fait qu'il ressemble aux transmissions de type militaire. Les directives passent de l'une à l'autre des parties sans que tous les membres du réseau puissent communiquer entre eux. À chaque extrémité, un individu ne peut retransmettre le message qu'il a reçu.

Ce réseau provoque la frustration et favorise la distorsion des messages. Ceux qui ont joué au «téléphone» savent qu'une fois transmis de l'un à l'autre, un message finit par ne plus ressembler à sa version originale. Le risque de déformer le message s'accroît avec le nombre de membres qui participent à la chaîne.

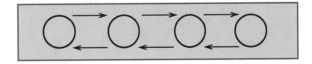

Le «Y»

La forme du réseau en «Y» est une variante de la chaîne. Un membre de la chaîne est en rapport avec une personne qui n'est pas membre. Ce réseau représente la relation qui existe entre un gestionnaire et un expert-conseil.

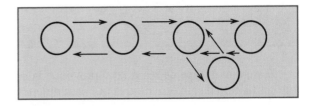

Les réseaux décentralisés

Le cercle

Un réseau décentralisé laisse l'initiative de la communication à tous les membres. Il n'y a donc pas de leader puisque tous les membres sont égalitaires et qu'aucun n'est affecté à ce rôle. En outre, comme les membres n'ont de rapports qu'avec certains autres membres, il est difficile d'y exercer un leadership.

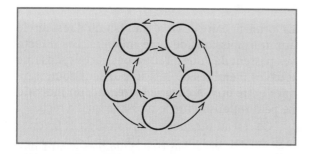

La toile d'araignée

Dans ce modèle, l'information circule dans tous les sens et entre tous les individus, ce qui en fait la forme de réseau la plus ouverte et la mieux adaptée à la participation. L'information y circule largement. Tous sont au courant de tout, ce qui laisse peu de place à l'apparition de rumeurs. On trouve cette forme dans les comités et équipes de travail de toute sorte, au sein des conseils d'administration ou des groupes de bénévoles.

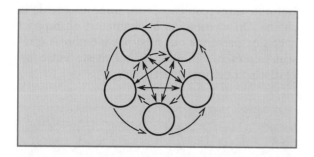

Il s'agit d'un type de réseau qui provoque la libre circulation de l'information et qui peut amener le gestionnaire à perdre du pouvoir ou du prestige au sein du groupe. Dans un tel réseau, le recours à une forme de communication plus structurée (ascendante, descendante) est parfois nécessaire à l'exécution de travaux, car son principal inconvénient demeure la lenteur qui découle du fait que l'on doit consacrer beaucoup de temps aux discussions.

À propos des réseaux

La forme des réseaux dépend de plusieurs variables, dont les objectifs du groupe, les conventions, le statut et les caractéristiques des membres, et l'aménagement physique. De plus, la forme du réseau influencera la gestion.

Certaines formes favorisent l'apparition de leaders, d'autres ne la permettent pas. Certaines sont propices à la prise de décisions parce qu'elles autorisent la libre circulation de l'information ou parce qu'elles permettent d'en accélérer le processus. Enfin, certaines formes de réseaux créent ou augmentent la satisfaction au sein de l'organisation.

Les canaux de communication ainsi que les différents réseaux existant à l'intérieur d'une organisation sont des outils qui visent l'atteinte optimale des objectifs. Les communications dans l'entreprise permettent d'informer les membres du personnel des attentes de l'organisation à leur égard. Elles assurent la libre circulation d'information entre les différents services et avec le sommet, afin de faciliter et d'améliorer la prise de décisions. Enfin, elles garantissent l'oxygénation dans l'organisation, car une bonne communication ouvre la porte à un climat de travail sain et augmente la satisfaction des employés. Ajoutons encore qu'il est absolument impossible de mobiliser du personnel sans accroître de façon satisfaisante la communication à tous les niveaux de l'organisation. Les groupes de travail et les cercles d'amélioration de la qualité, tout comme la gestion participative, ont en commun une amélioration importante de la qualité et de l'intensité des communications.

CONCLUSION

Dans le premier modèle, la communication est présentée comme une action où l'émetteur garde l'initiative et la responsabilité. Si l'on admet le fait qu'une bonne communication est impossible sans la rétroaction du récepteur, la compréhension de la communication a fait un nouveau pas. Cependant, ces modèles ne pouvaient rendre compte de la complexité de la communication. La communication est maintenant perçue comme un état et s'ouvre sur l'échange simultané de données multiples entre émetteurs et récepteurs.

Présentement, on en connaît davantage sur le fonctionnement des communications interpersonnelles. Des modèles et des théories comme l'analyse transactionnelle viennent schématiser ces relations et contribuent à les améliorer.

Nous admettons que les communications sont d'abord des échanges entre individus. Lorsque ces échanges ont cours dans des organisations, ils prennent des formes particulières parce qu'ils s'inscrivent dans des structures précises. Consciemment ou non, l'organisation privilégie certains canaux de transmission et utilise certains réseaux de communication qui, à leur tour, influencent cette même organisation dans son fonctionnement.

Nous ne nous éloignons que depuis peu des visions mécanistes qui ont jusqu'à maintenant dominé les études. Les raisons de cette ouverture tiennent au fait que la science du comportement, la psychologie et, en général, les sciences de l'administration se sont perfectionnées. Elles ont fait ressortir que l'être humain, comme l'organisation, ne sont pas des mécaniques dont on peut redresser les éléments ou changer des pièces sans que les «réparations» touchent l'organisation au complet. Les nouvelles connaissances acquises au cours du XXe siècle ne sont pas sans rapport avec les énormes difficultés rencontrées tant par les individus que les organisations. La communication et, surtout, la qualité de la communication, sont pointées du doigt comme étant la source de bien des problèmes relationnels et organisationnels. L'importance de la communication n'est plus à démontrer. Bien communiquer aujourd'hui est un impératif incontournable, et sans doute le seul moyen de continuer de progresser, de cheminer sur les plans personnel et organisationnel.

L'être humain sera de moins en moins isolé. Dans son travail, il devra s'adapter à un fonctionnement en groupe et à la multidisciplinarité. De plus, les richesses que l'on exploitera seront davantage celles de la créativité, de l'imagination et de l'ouverture. Dans sa famille comme au travail, l'individu est devant la nécessité de communiquer. Aujourd'hui, on gère de plus en plus d'information, donc des relations, alors qu'au début du siècle, on accordait beaucoup d'importance aux objets. On passe rapidement du quantitatif au qualitatif, du statique au dynamique. Dans ce nouveau contexte et pour le prochain millénaire, apprendre à réellement communiquer sera vital. Le capital humain ne peut fructifier que dans ces conditions.

QUESTIONS

1. Résumez dans vos propres mots les principales composantes du processus de communication. Selon vous, laquelle est la plus importante, et pourquoi ? Laquelle est la plus difficile ?

2. Que peut-on faire pour améliorer son habileté à communiquer ?

3. Une communication parfaite est-elle possible ? Pourquoi ?

4. Quelle barrière à la communication est la plus importante selon vous ? Laquelle est la plus fréquente ? Pourquoi ?

5. Qu'est-ce qu'un message trop chargé ? Pouvez-vous donner quelques exemples ? Quelles sont les conséquences possibles d'un tel message ?

6. Dans votre entourage, quelles sont les personnes avec lesquelles vous communiquez le plus régulièrement ? Comment expliquez-vous ce comportement ?

7. Parmi les différentes raisons qui rendent difficile de donner ou de recevoir une rétroaction, quelle est la plus importante selon vous, et pourquoi ?

RÉFÉRENCES BIBLIOGRAPHIQUES

AKTOUF, O., *Le management entre tradition et renouvellement*, Boucherville, Gaëtan Morin Éditeur, 1989.

AUVINET, J. M., BOYER, L., BUREAU, R., CHAPPAZ, P. et DE VULPIAN, G., *La communication interne au cœur du management*, Paris, Les Éditions d'Organisation, 1990.

BALISON, C., BIRDWHISTELL, R. L., GOFFMAN, E., HALL, E. C., JACKSON, D., SCHEFLEN, A. E., SIGMAN S. S. et WALZLAWICH, *La nouvelle communication*, Paris, Points Seuil, 1981.

BARTOLI, A., *Communication et organisation*, Paris, Les Éditions d'Organisation, 1990.

BERGERON, J. L., COTÉ, N., JACQUES, J. et BÉLANGER, L., *Les aspects humains de l'organisation*, Boucherville, Gaëtan Morin Éditeur, 1979.

BERNE, É., *Principles of Group Treatment*, New York, Oxford University Press, 1964.

BERNE, É., *Analyse transactionnelle et psychothérapie*, Paris, Payot, 1977. «Des jeux des hommes», *Psychologie des relations humaines*, Paris, Stock, 1966. *Que dites-vous après avoir dit bonjour?*, Paris, Tchou, Laffont, 1977.

CHARVIN, F. et MARHUENDA, J. P., *Communication et entreprises*, Paris, Éditions Eyrolles, 1991.

COSTLEY, D. L. et TOOD R., *Human Relations in Organizations* (3e éd.), St. Paul, Minn.,West Publishing Company, 1987.

COTÉ, N., ABRAVANEL, H., JACQUES, J. et BÉLANGER, L., *Individu, groupe et organisation*, Boucherville, Gaëtan Morin Éditeur, 1986.

COTÉ, N., *La personne dans le monde du travail*, Boucherville, Gaëtan Morin Éditeur, 1991.

DIONNE, P. et OUELLET, G., «Communication et gestion des ressources humaines», *Avenir*, juin 1991.

DUPUY, E., DEVERS, T. et RAYNAUD, I., *La communication interne*, Paris, Les Éditions d'Organisation, 1988.

FINN, E., *Stratégies de communication*, Boucherville, Éditions de Mortagne, 1989.

GIBB, J. R., «Defensive Communication», *Journal of Communication*, 31, 1971.

HALL, E. T., *La dimension cachée*, Paris, Éditions du Seuil, 1971.

HALL, E. T., *Le langage silencieux*, Paris, Points Seuil, 1984.

HURT, R., «T.A. for Managers», *Management World*, octobre 1973.

JAMES, M. et JONGEWARD, D., *Naître gagnant. L'analyse transactionnelle dans la vie quotidienne*, Paris, InterÉditions, 1978.

JOSIEN, M., *Techniques de communication interpersonnelle*, Paris, Les Éditions d'Organisation, 1991.

KELLY, J., *Organizational Behavior*, Richard D. Irwin Inc., 1974.

LANGEVIN-HOGUE L., *Communiquer: un art qui s'apprend*, St-Hubert, Les éditions Un monde différent ltée, 1986.

LARAMÉE, A., *La communication dans les organisations*, Sainte-Foy, Presses de l'Université du Québec, 1989.

MACCIO, C., «Pratique de l'expression», *Chronique Sociale*, Lyon, Bruxelles, 1989.

MAILLET, L., *Psychologie et organisations*, Montréal, Les Éditions Agence d'Arc., 1988.

NARBONNE, A., *Communication d'entreprise*, Paris, Les éditions Eyrolles, 1990.

ORGOGOZO, I., *Les paradoxes de la communication*, Paris, Les Éditions d'Organisation, 1988.

REGOUBY, C., *La communication globale*, Paris, Les Éditions d'Organisation, 1988.

REVON, A., *La communication ascendante*, Paris, Les Éditions d'Organisation, 1988.

RITZ, J. H., *Behavior in Organizations*, Homewood, Ill., Richard D. Irwin Inc., 1977.

L'ORGANISATION

15

LA STRUCTURE ORGANISATIONNELLE ET LE COMPORTEMENT

Laurent Bélanger

LA STRUCTURE ORGANISATIONNELLE

Madame Raku faisait de la poterie dans un atelier aménagé au sous-sol de sa maison. Cette activité comportait un certain nombre de tâches distinctes : préparation de l'argile, mise en forme, finition, application de vernis et cuisson au four. La coordination de ces tâches ne présentait aucun problème : madame Raku faisait tout elle-même.

Mais l'ambition de madame Raku et le succès de ses poteries causaient un problème : le volume des commandes dépassait sa capacité de production. Elle fut ainsi menée à embaucher mademoiselle Bisque, qui avait un vif désir d'apprendre la poterie, et il fallut diviser le travail entre elles deux. Comme les boutiques d'artisanat voulaient des poteries faites par madame Raku, il fut décidé que mademoiselle Bisque préparerait l'argile et les vernis, et que madame Raku se réserverait le reste. Ces tâches demandaient une certaine coordination du travail qui, en fait, représentait un problème mineur pour deux personnes travaillant dans un atelier de poterie : il leur suffisait de communiquer entre elles de façon informelle.

Cette façon de procéder donna des résultats tels que madame Raku fut de nouveau rapidement submergée de commandes. Il fallait d'autres assistants, mais cette fois, madame Raku décida d'embaucher des diplômés de l'école de poterie, prévoyant qu'il leur faudrait un jour faire eux-mêmes la mise en forme. Ainsi, alors qu'il avait fallu quelque temps pour former mademoiselle Bisque, les trois nouveaux assistants savaient d'emblée ce qu'il fallait faire et s'intégrèrent très rapidement ; même avec cinq personnes, la coordination ne présentait aucune difficulté.

Cependant, à l'arrivée de deux nouveaux assistants, des problèmes de coordination commencèrent à apparaître. Un jour, mademoiselle Bisque trébucha sur un seau de vernis et cassa cinq poteries ; un autre jour, madame Raku s'aperçut en ouvrant le four que les suspensions pour plantes avaient été vernies par erreur de couleur fuchsia. À ce moment, elle comprit que la coordination des sept personnes de son petit atelier de poterie ne pouvait plus être uniquement faite de façon informelle. (Dans un groupe de sept personnes, si l'on prend les membres deux à deux, il y a 21 paires différentes, donc 21 « canaux de communication ».) À cette difficulté s'ajoutait le fait que madame Raku, qui se faisait appeler présidente de la Société des Céramiques, devait consacrer de plus en plus de son temps aux clients ; de fait, on la voyait moins souvent en « blue jeans » qu'habillée d'une robe élégante. Elle dut alors nommer mademoiselle Bisque responsable de l'atelier, chargée à plein temps de la supervision et de la coordination des cinq personnes qui fabriquaient la poterie.

L'entreprise continua à croître. Des changements très importants se produisirent après qu'on eut fait appel à un consultant en organisation. Sur ses conseils, l'atelier fut réorganisé en quatre gammes de produits : pots, cendriers, suspensions et animaux en céramique. Chaque opérateur avait sa spécialité : l'un préparait l'argile, un autre faisait la mise en forme, et ainsi de suite. La production se déroula ainsi sous la dynamique de quatre chaînes de fabrication. Chacun travaillait en suivant des normes précises, à un rythme qui permettait la coordination de l'ensemble. Bien entendu, la Société des Céramiques ne vendait plus aux boutiques d'artisanat ; madame Raku n'acceptait que les commandes importantes qui venaient, pour la plupart, de chaînes de magasins.

Source : Mintzberg, H., *Structure et dynamique des organisations*, Paris, Les Éditions d'Organisation et les Éditions Agence d'Arc, p. 17-18, 1982.

INTRODUCTION

Au chapitre 2, qui traitait des organisations de types mécaniste et organiciste, nous avons fait état de certains traits structurels sans les expliciter ou leur accorder de traitement systématique. Le présent chapitre s'inscrit dans la continuité d'une réflexion sur les organisations et les comportements, en soulignant la nature, les composantes et les configurations des structures. De plus, nous aborderons l'étude des facteurs qui peuvent rendre compte des variations des configurations structurelles au fil du temps.

15.1 LES CARACTÉRISTIQUES DE LA STRUCTURE ORGANISATIONNELLE

15.1.1 Quelques notions clés

De nombreuses notions contribuent à nous faire comprendre les phénomènes organisationnels. La **structure** se présente comme «l'épine dorsale» de l'organisation, en offrant un mécanisme de coordination d'activités différentes et interdépendantes, et en permettant de mieux se représenter qui fait quoi, qui relève de qui et qui décide quoi. Elle se caractérise par l'aménagement traditionnel ou spontané des relations sociales, et tient compte des rôles que les personnes assument et des statuts qu'elles occupent. L'aménagement rationnel désigne les rapports entre les membres, définis au préalable, voire prescrits, ce qui leur confère un caractère utilitaire. Dans le cadre de leurs responsabilités et lors de l'exécution quotidienne de leurs tâches, les individus forment un réseau de relations sociales directes, basées sur des sentiments ou des affinités. Ce réseau de relations sociales spontanées acquiert avec le temps une certaine stabilité. Cette structure d'abord informelle devient donc peu à peu formelle.

Les **rôles** et les **statuts** sont également des concepts importants lorsqu'on étudie une structure organisationnelle. Les rôles renvoient à l'ensemble des droits, des devoirs, des obligations et des responsabilités qui décrivent en grande partie le comportement qu'un individu doit adopter dans une position donnée. Dans une perspective dynamique, le rôle se caractérise aussi par la nature des attentes formulées à l'endroit d'une personne en poste par d'autres, comme les collègues de travail, les supérieurs hiérarchiques et les subordonnés. Le statut désigne plutôt le rang qu'occupe une personne dans une organisation. Celle-ci peut bénéficier d'un statut plus ou moins élevé selon l'importance de sa position, qui varie en fonction notamment de la nature des responsabilités assumées, de l'enjeu des décisions prises et de l'autorité détenue.

Peters et Waterman (1982), auteurs de l'ouvrage *Le prix de l'excellence*, se sont interrogés sur les caractéristiques de l'**excellence des entreprises**, en ce qui a trait au rendement financier, à la croissance et à la part de marché. Les entreprises qui ont une structure simple et souple, laquelle comporte peu de niveaux d'autorité, donneraient un meilleur rendement dans un contexte de concurrence mondiale. En optant pour le principe de simplicité, les auteurs s'inscrivaient à l'encontre d'une idée qui gagnait la faveur, selon laquelle il n'y a pas de structure idéale et les organisations doivent se donner des structures qui conviennent à la stratégie retenue et aux exigences des milieux externe et interne. La position prise par ces deux auteurs vient donc relancer le débat sur les facteurs qui peuvent faire varier la configuration d'une structure organisationnelle. Une section du présent chapitre sera consacrée plus précisément à l'étude de ces facteurs.

15.1.2 La pyramide et l'organigramme

Que l'on s'appuie sur l'un ou l'autre des principes d'établissement des structures, ou que l'on fasse état des composantes et des configurations des organisations, on fait toujours appel à une pyramide. Même les adhocraties (structures mobiles, *ad hoc*) n'y échappent pas totalement. En effet, la pyramide illustre la présence ou l'absence de nombreux niveaux d'autorité. L'organisation comprendra plus ou moins de niveaux d'autorité selon la technique utilisée, la taille (nombre des personnes à son emploi), pour ne citer que ces variables. La représentation visuelle d'une pyramide d'autorité, qu'on trouve dans tous les bons volumes de gestion, nous est fournie à la figure 15.1.

FIGURE 15.1
La pyramide de l'autorité

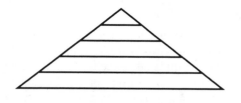

On constate que la base de la pyramide est beaucoup plus large que le sommet, puisqu'elle symbolise la présence de la masse des travailleurs qui sont, en général, dépourvus de toute autorité formelle. Les plus nombreux sont donc ceux qui disposent de peu ou pas d'autorité formelle. Le deuxième palier représente les chefs d'équipes, les contremaîtres : on l'appelle le premier niveau de supervision. Le palier du milieu symbolise les gestionnaires intermédiaires : chefs d'usines, chefs de sections, surintendants d'usines, par exemple. Ce sont les cadres intermédiaires. Les deux niveaux les plus élevés représentent la direction générale de l'organisation et la direction des grands services. On attribuera généralement à ces quelques personnes un pouvoir de décision considérable ou une autorité formelle beaucoup plus importante que celle qui est déléguée aux niveaux intermédiaire et subalterne. La réunion de tous ces niveaux constitue ce qu'on appelle la pyramide de l'autorité. Si celle-ci comporte une multitude de niveaux et une concentration du pouvoir de décision au sommet, on conclura à une structure escarpée. À l'inverse, on conclura à une structure aplatie. Lorsqu'on veut illustrer de façon plus précise le partage des grandes responsabilités et de l'autorité formelle, on recourt généralement à un organigramme.

Sans égard aux personnes détentrices de poste, l'organigramme reflète l'articulation des statuts, des rôles, des responsabilités, des voies de communication. L'exemple de la figure 15.2, forgé pour une entreprise fictive, est une représentation des grandes fonctions et des liens d'autorité d'une organisation.

15.1.3 Les principes d'établissement

Des auteurs comme Fayol (1966), Gulick et Urwick (1937), que nous avons introduits lors de l'étude de la perspective mécaniste, ont été qualifiés de « pionniers » en matière d'organisation et de gestion générale. De fait, on leur doit un premier énoncé des lignes directrices à suivre en matière de regroupement des grandes catégories d'activités d'une entreprise. Nous retenons quelques-uns de ces principes qui sont autant de critères de décision.

Le regroupement par fonction

Toute organisation comporte une certaine forme de division du travail. Le fait qu'une personne ne peut s'acquitter seule des différentes activités qui concourent à la réalisation d'un objectif entraîne la nécessité de faire appel à d'autres personnes qui maîtrisent à cette fin les connaissances et les aptitudes spécialisées adéquates. À mesure qu'une entreprise prend de l'ampleur, on voit s'ajouter à la fonction « production » d'autres fonctions de soutien comme la comptabilité et la finance, la mise en marché, les approvisionnements, les ressources humaines, la recherche et le développement. Toutes les activités qui relèvent

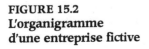

**FIGURE 15.2
L'organigramme
d'une entreprise fictive**

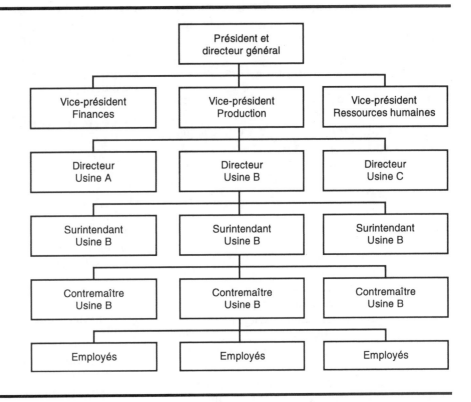

de l'une ou l'autre de ces fonctions sont généralement regroupées en unités administratives ou en départements spécialisés. La création de ces unités permet donc une meilleure utilisation des spécialités dont a besoin une entreprise quelque peu complexe.

Le regroupement par division

Également, l'organisation qui se donne pour mission la fabrication d'un éventail de produits différents, ou encore de plusieurs gammes de produits dans un même secteur (le transport, par exemple) procède à un regroupement d'activités selon la nature précise du produit et du service. Il s'agit du regroupement par division. Bombardier possède des divisions qui construisent notamment des rames de métro, des motoneiges et des avions.

Le regroupement par territoire

Les entreprises à produit unique, comme Bell Canada et Hydro-Québec, en raison de leur taille et de la population qu'elles desservent, font appel à un regroupement des activités par territoire ou par région, c'est-à-dire que toutes les activités de fabrication et de soutien administratif se trouvent sur le même territoire ou dans la même région. Un tel regroupement permet aux entreprises de se rapprocher de leur clientèle et d'offrir un meilleur service.

Le regroupement par procédé de fabrication

Une organisation dans le secteur manufacturier, par exemple, peut choisir de regrouper ses activités de fabrication selon la nature ou les étapes du procédé de fabrication. On distinguera les activités qui ont trait notamment à l'assemblage, à la peinture et à l'inspection.

Le regroupement par type de clientèle

Ce regroupement consiste à placer dans une même section ou un même service toutes les activités qui relèvent du service à fournir à une clientèle donnée. Une caisse populaire, par exemple, crée et dirige une section qui s'occupe des prêts aux particuliers; une autre, des prêts commerciaux, et ainsi de suite.

Le regroupement mixte

Bien qu'aux fins d'analyse, on traite séparément les principes d'établissement des structures administratives, il faut convenir que la réalité organisationnelle présente généralement une application simultanée de tous ces principes. On parle alors de structure mixte qui répond à deux critères ou plus de regroupement. Par exemple, une entreprise de taille moyenne ou grande peut présenter un regroupement d'activités par fonction, par produit et par division territoriale.

15.1.4 Les dimensions

Appliquer des critères uniques ou multiples de regroupement des activités et de répartition de l'autorité confère, comme nous venons de le constater, certaines caractéristiques à la structure d'une organisation. D'autres caractéristiques, présentées par les auteurs Dolan et Lamoureux (1990), viennent s'ajouter: l'autonomie des participants, le degré de formalisation et le degré de complexité.

L'autonomie des participants

Une structure organisationnelle comprendra un nombre élevé de niveaux d'autorité, notamment en fonction du nombre de personnes sous la supervision et le contrôle d'un gestionnaire. Les exécutants bénéficient d'autant plus d'autonomie qu'ils sont nombreux à relever d'un même gestionnaire. Par conséquent, deux entreprises de même taille, œuvrant dans le même secteur, adopteront, selon le degré d'autonomie laissé aux exécutants, une structure aplatie ou escarpée.

Le degré de formalisation

Cette caractéristique concerne la précision avec laquelle les tâches et les responsabilités sont définies. La présence d'un grand nombre de règles et de procédures accentue l'aspect bureaucratique de l'organisation, mais vise à uniformiser ou à standardiser les comportements des individus qui accomplissent les tâches ou assument des responsabilités.

Le degré de centralisation

Il s'agit de la répartition du pouvoir formel dans une organisation. Lorsque toutes les décisions sont prises au sommet de la pyramide, sans participation des intéressés, on conclut à la présence d'une structure fortement centralisée. Par contre, lorsque le pouvoir formel de prise de décisions est largement diffusé dans la pyramide et que les décisions se prennent avec la participation des intéressés, on conclut généralement à une structure décentralisée.

Le degré de complexité

La présence d'un éventail de fonctions spécialisées, qui apportent soit un soutien administratif à la fonction principale de production d'un bien ou d'un service, soit un complément à ces mêmes activités de la fonction principale, ajoute un certain degré de complexité à la structure. De fait, l'addition d'unités administratives spécialisées introduit une différenciation des regroupements d'activités. Ces derniers, à leur tour, supposent la présence de mécanismes de coordination. La structure connaît donc une expansion horizontale et complique l'organisation.

15.2 LES COMPOSANTES DE LA STRUCTURE ORGANISATIONNELLE

Pour une meilleure compréhension de la division du travail qui s'effectue généralement dans les organisations et pour une meilleure connaissance des mécanismes de coordination, Mintzberg (1987) a formulé l'idée d'une structure en « cinq points », qui fait allusion à trois regroupements de cinq éléments chacun, soit les composantes fondamentales, les mécanismes de coordination et les configurations structurelles possibles.

15.2.1 Les composantes fondamentales

Les composantes fondamentales, présentées à la figure 15.3, retiennent la notion de pyramide d'autorité, ainsi que les distinctions entre les cadres hiérarchiques et consultatifs, tout en introduisant chez ces derniers la distinction entre la technostructure et le personnel fonctionnel. On trouve donc les composantes fondamentales suivantes :
— Le **centre opérationnel** inclut tous les employés qui produisent eux-mêmes les biens et les services de base de l'organisation, ou en soutiennent directement la production.
— Le **sommet stratégique** est composé des cadres dirigeants de l'organisation et de leurs conseillers.
— L'**élément médian** comprend tous les cadres moyens qui occupent une ligne directe d'autorité formelle entre les membres du sommet stratégique et ceux du centre opérationnel.
— La **technostructure** est composée des analystes situés à l'extérieur de la structure d'autorité formelle. Ceux-ci utilisent certaines méthodes afin de concevoir et de maintenir la structure, et d'adapter l'organisation au milieu (par exemple, les comptables, les ingénieurs, les planificateurs à long terme).

FIGURE 15.3
Les cinq composantes fondamentales de l'organisation

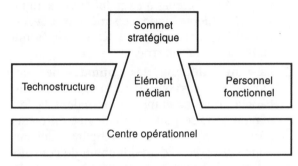

Source : MINTZBERG, H., «Structure en 5 points: une synthèse de la recherche sur les formes organisationnelles», dans Chanlat, J.F. et Séguin, F. *L'analyse des organisations*, Tome II: *Les composantes de l'organisation*, Boucherville, Gaëtan Morin Éditeur, 1987, p.214–215.

— Le **personnel fonctionnel** comprend tous les services qui fournissent un soutien indirect au reste de l'organisation (par exemple, dans la firme industrielle typique, le contentieux, les relations publiques, le service de la paye et de la cafétéria).

15.2.2 Les mécanismes de coordination

Pour assurer la coordination d'éléments aussi différents (les activités des membres de la technostructure sont nettement différentes de celles accomplies par le centre opérationnel), il faut concevoir ou s'appuyer sur cinq mécanismes de coordination appropriés :

1. L'**adaptation réciproque** : on fait allusion ici au réseau des communications informelles qui s'établit en cours d'exécution du travail. Plus précisément, il faut compter sur l'efficacité des communications latérales, c'est-à-dire les échanges entre les personnes qui œuvrent

à un même niveau d'autorité ou qui occupent des positions auxquelles sont attachés des statuts équivalents ou identiques.

2. La **supervision directe**: ce deuxième mécanisme de coordination est inhérent à toute structure hiérarchique. Le supérieur a la responsabilité de coordonner les employés qui relèvent de son autorité.

3. La **standardisation des aptitudes** des employés: il faut s'assurer, au moment de l'embauche, que les employés possèdent la formation requise pour accéder aux différents postes de la structure. Les employés doivent donc faire preuve d'un minimum de connaissances et d'habiletés nécessaires à l'accomplissement du travail. De plus, si la tâche nécessite des connaissances et des habiletés particulières, il faut prévoir du perfectionnement.

4. La **standardisation des méthodes** de travail: elle est assurée par la présence de règles et de procédures qui accompagnent l'exécution du travail. Bien sûr, il faut alors des définitions précises de tâches et de responsabilités.

5. La **standardisation des résultats**: cette dernière devient possible si on peut, au préalable, définir des objectifs de travail et s'en servir par la suite comme critères d'évaluation du rendement.

15.2.3 Les configurations structurelles

Les mécanismes de coordination et la division du travail en cinq composantes fondamentales permettent de circonscrire différentes configurations structurelles. Mintzberg en retient également cinq, susceptibles d'apparaître au cours d'une des étapes de l'évolution d'une organisation. Il soutient qu'il s'agit plutôt de configurations «idéales» ou «pures». Ce sont la structure simple, la bureaucratie mécanique, la bureaucratie professionnelle, la forme décomposée en divisions et l'adhocratie.

La structure simple

La structure simple constitue la plus ancienne des structures et elle existe déjà lors du démarrage de l'entreprise. Elle se caractérise par la présence d'un propriétaire unique, ou d'un dirigeant principal et de ses collaborateurs. La coordination est donc assurée par la supervision directe et le processus d'adaptation réciproque. La technostructure, les cadres intermédiaires et le personnel fonctionnel sont pratiquement inexistants, étant donné la taille et le stade d'évolution primaire de l'organisation.

La bureaucratie mécanique

La bureaucratie mécanique est une deuxième configuration structurelle que Mintzberg (1987) décrit de la manière suivante :

- des tâches fortement spécialisées ;
- des tâches opérationnelles routinières ;
- des procédures très formalisées ;
- des unités de grande taille au centre opérationnel ;
- une confiance dans le personnel fonctionnel pour regrouper les tâches au sein de la structure ;
- un faible usage de la formation et des mécanismes de liaison ;
- un pouvoir décisionnel relativement centralisé, avec un certain usage des systèmes de planification ;
- une distinction très forte entre les services hiérarchiques et consultatifs.

Comme on peut le voir, la coordination est assurée par une standardisation, mise au point par les spécialistes de la technostructure. Cette structure tend à apparaître dans les organisations de grande taille qui ont atteint un stade de stabilité et de maturité.

La bureaucratie professionnelle

Au point de vue structurel, la bureaucratie professionnelle comporte au départ une faible technostructure, mais compte à sa base un ensemble de professionnels de diverses disciplines assez imposant : c'est le cas des institutions d'enseignement comme les commissions scolaires, les cégeps et les universités. Les professionnels possèdent beaucoup d'autonomie, et la coordination des activités est assurée par la conformité à un code de discipline ou d'éthique dont les normes peuvent à certaines occasions entrer en conflit avec celles dictées par le sommet stratégique, en matière de protection de l'environnement, pour ne citer qu'un exemple. L'importance que l'on accorde à la maîtrise de connaissances et d'habiletés qui font l'objet d'un examen préparé par l'association professionnelle, assure la coordination d'une multitude de comités, de réunions de groupes, de déjeuners de travail, etc. et en limite l'utilisation parfois abusive.

La forme décomposée en divisions

On reconnaît la forme décomposée en divisions par la présence d'une technostructure et d'un soutien fonctionnel simple. Il s'agit de la structure divisionnelle que nous avons présentée plus haut. Celle-ci est plutôt décentralisée, lorsque les divisions se voient conférer beaucoup d'autonomie ou de pouvoir décisionnel. Chaque division, lorsque ses objectifs et ses critères de rendement sont clairement précisés, devient une sorte d'entreprise quasi autonome. Bien qu'elles n'échappent pas aux caractéristiques d'une bureaucratie, ces structures comportent généralement peu de niveaux d'autorité et se trouvent dans les entreprises à qui il faut une certaine souplesse structurelle pour répondre aux exigences d'un milieu turbulent.

L'adhocratie

L'adhocratie est la cinquième configuration à caractère généralement temporaire dont la mission réside dans la réalisation de projets précis. Il s'agit d'équipes provisoires constituées de spécialistes différents, et réunies pour la conception et la réalisation d'un projet. Ces équipes disparaissent une fois les travaux exécutés, ou bien elles sont restructurées pour entreprendre d'autres projets. Mintzberg (1982) en fait la description suivante :

– une spécialisation horizontale des tâches basée sur une spécialité bien établie ;

– une tendance à regrouper des professionnels dans des unités fonctionnelles pour atteindre les objectifs établis ;

– un tendance également à les disperser en petites équipes, selon les critères de marché, pour réaliser leur projet ;

– une décentralisation relative de ces équipes qui entraîne divers regroupements de cadres hiérarchiques et d'experts-conseils, et fonctionnels. Ce type de configuration semble appropriée au sein des grandes entreprises du secteur de la recherche et du développement, des entreprises de conseils, notamment d'ingénieurs-conseils et de conseillers en gestion.

15.3 LES DÉTERMINANTS DE LA STRUCTURE ORGANISATIONNELLE

Dans les paragraphes qui précèdent, nous avons mentionné des facteurs qui peuvent expliquer la présence de telle ou telle configuration structurelle, en faisant allusion notamment à la taille, à la mission et au stade d'évolution d'une organisation. La présente section aborde de façon systématique la nature et l'importance de quelques-uns de ces facteurs ou déterminants des structures organisationnelles. Toutefois, une mise en garde s'impose. Pour le moment, nous ne disposons pas de connaissances certaines sur l'influence d'un facteur donné, associé à la présence de telle ou telle configuration. La plupart des conclusions des travaux de recherche ne résistent pas à la critique. On verra de façon plus évidente qu'il est provisoirement difficile de généraliser dans ce domaine.

15.3.1 La technique et la structure

L'observation courante et la logique administrative nous permettent de croire qu'à une technique donnée correspond une structure organisationnelle particulière. Par exemple, à une technique artisanale (production par unité) correspondrait une structure simple, peu bureaucratisée, qui ferait largement place à l'autonomie et à l'initiative. Par ailleurs, à une technique de production de masse (en série) correspondrait une structure bureaucratique mécaniste, telle que nous l'avons décrite plus haut, puisque cette technique permet l'application intensive du taylorisme. Enfin, à une technique de procédé automatique, ou procédé en continu, correspondrait une structure où le contrôle exercé sur les personnes est plutôt faible, où la présence d'équipes de travail devient la caractéristique de la division même du travail. Sur ce point, deux auteurs, Woodward (1958) et Perrow (1967), ont effectué des travaux de recherche sur l'importance et l'effet de la variable technique sur les caractéristiques de la structure organisationnelle.

Les méthodes de production

Joan Woodward (1958) a effectué une recherche dans une centaine d'entreprises de 100 employés et plus, dans le sud-est de l'Essex, en Angleterre, pour découvrir que les méthodes de production constituent un des facteurs importants qui expliquent les différences de structure et de fonctionnement interne. Elle classe les entreprises observées en trois grandes catégories qui reflètent le degré de complexité de la technique de fabrication : les entreprises de production par unité ou en petite quantité (entreprise artisanale), les entreprises de production de masse (production en série) et les entreprises de production en continu (procédé automatisé).

Au point de vue des configurations structurelles, les entreprises de troisième catégorie (en continu) se rapprochent de celles de la première catégorie (par unité) :

- à mesure que la technique se complique, soit lorsqu'on passe d'une technique de production par unité à une production en continu, le nombre de niveaux d'autorité augmente de trois à six, ce qui fait que les entreprises de même taille acquièrent une structure plus escarpée lorsqu'elles utilisent la technique de la troisième catégorie ;

- dans les mêmes conditions, l'envergure de la supervision (la portée de commandement du premier niveau de supervision) est beaucoup plus élevée dans les entreprises de production de masse que dans les entreprises des autres catégories. Cette observation contredit la croyance selon laquelle une technique fortement automatisée devrait s'accompagner d'une très grande portée de commandement (nombre de salariés supervisés) au premier niveau de supervision. À ce sujet, Woodward a constaté que la relation se vérifie au sommet stratégique : à ce niveau, la portée de commandement s'accroît parallèlement au degré de complexité de la technique ;

- la proportion du personnel cadre (sommet stratégique et gestionnaires), relativement à l'effectif total, diffère dans les entreprises qui utilisent une production en continu. Pour des entreprises de même taille, celles où l'on trouve trois fois plus de cadres supérieurs appartiennent à la troisième catégorie (production en continu). On trouve également plus de cadres supérieurs dans les entreprises de production en série que dans les entreprises artisanales.

Woodward s'est aussi interrogée sur la structure organisationnelle qui serait reliée au niveau de rendement ou à la réussite en affaires. À l'heure actuelle, on soutient à ce sujet que les entreprises excellentes ont une structure aplatie, très souple, dans un milieu très concurrentiel. Woodward a plutôt constaté que les entreprises prospères affichent un profil structurel qui se rapproche de celui qui prévaut dans leur catégorie, en ce qui a trait à la complexité de la technique de production. De telles croyances et observations contribuent à alimenter le débat sur l'existence ou l'absence d'une structure organisationnelle idéale.

La technique

Charles Perrow (1967) s'est également interrogé sur l'importance de la technique dans le choix d'une structure organisationnelle appropriée, en donnant à ce concept une définition plus complète et plus large que Woodward. La technique est l'ensemble des moyens utilisés pour atteindre une fin. Appliquée à la production d'un bien ou d'un service, la technique comprend aussi bien la machinerie ou l'équipement que des méthodes propres à l'accomplissement d'une tâche. Sur ce plan, Perrow soutient que la technique possède deux caractéristiques principales : premièrement, le nombre de cas d'exception rencontrés dans l'accomplissement du travail : un nombre peu élevé correspondrait à un travail de caractère routinier, un nombre élevé, à un travail de caractère artisanal ; deuxièmement, la démarche entreprise pour trouver une solution à ces situations précises. La démarche empruntée sera différente selon que ces situations échappent ou non à un processus d'analyse logique et rationnelle. Le nombre de cas d'exception et la démarche soutenue, en plus de caractériser la technique, dépendent à leur tour de la variabilité de la matière première. En réduisant la variété de celle-ci, les directions d'entreprises cherchent en même temps à réduire le nombre de situations particulières ou inusitées.

En mettant en relation les deux grands volets qui caractérisent la technique, on obtient le schéma de la figure 15.4.

Le schéma permet d'échapper à une classification simple de type «travail routinier – travail non routinier». Le travail de caractère artisanal (cadran 1) se distingue du travail de transformation, car il n'entraîne pas nécessairement une routine (cadran 2 ; les entreprises de recherche et de développement, par exemple). Le travail de routine (cadran 4) se distingue aussi du travail propre à la construction mécanique (cadran 3). L'utilisation de ce modèle ne s'arrête pas à la comparaison des entreprises entre elles, mais permet également de reconstituer l'évolution d'une entreprise en particulier. À mesure que la taille d'une entreprise s'accroît, la nature de la technique utilisée change d'un cadran à un autre et accentue le caractère de complexité qu'acquiert la structure. Hage et Aiken (1969) arrivent à une conclusion presque identique lorsqu'ils constatent que la prise de décisions, relativement aux politiques organisationnelles, est d'autant plus centralisée que l'organisation a une activité routinière. Cette dernière est également associée à l'existence d'un manuel détaillé et précis de règlements, et de descriptions de postes. Il faut aussi convenir, par suite des conclusions de Perrow (1972), que la présence de caractéristiques techniques, associées à la structure organisationnelle correspondante ont une influence sur le comportement des gestionnaires au travail. En effet, les gestionnaires des niveaux inférieur et intermédiaire sont enclins à faire preuve de plus d'initiative et d'autonomie dans les systèmes non routiniers, alors que dans les systèmes qui le sont fortement, on leur accorde peu de pouvoir ou d'autonomie. Ils doivent alors s'initier à des procédures précises à suivre, au moment de dispenser des services à des centaines de personnes qui vivent des situations presque identiques.

15.3.2 Le milieu et la structure

Non seulement la variable technique peut-elle servir d'explication à la présence de structures organisationnelles rigides ou souples, mais d'autres variables jouent ce rôle, comme le milieu, l'évolution et la culture de l'organisation. À ce sujet, dans un chapitre antérieur qui traitait des différentes visions des organisations, nous avons décrit les caractéristiques des systèmes mécaniste et organiciste, en soulignant l'importance du milieu à titre de variable propre à expliquer l'émergence et la survie de ces systèmes.

FIGURE 15.4
Le nombre d'exceptions
et le choix de la
démarche

	Peu d'exceptions	De nombreuses exceptions
Démarche défiant l'analyse	1. Artisanat	2. Sans routine
Démarche susceptible d'analyse	4. Routine	3. Construction mécanique

Le raisonnement n'est pas différent dans le cas des structures organisationnelles. Les auteurs Burns et Stalker (1966), et par la suite Lawrence et Lorcsh (1967), distinguent trois types de milieu : la complexité (de simple à complexe), la diversité des marchés (de marché intégré à marché diversifié) et le degré d'hostilité (de bienveillant à hostile).

Ils observent que certaines structures sont plus efficaces que d'autres dans un milieu donné : plus celui-ci est stable, plus il est facile pour les gestionnaires d'accéder à des fonctions permanentes à l'intérieur de l'organisation. Par contre, plus le milieu est instable, plus il est opportun de mettre au point des structures temporaires et adaptables pour réagir aux changements. Ces observations correspondent à la situation actuelle puisqu'elles s'intègrent bien à une conception stratégique de la gestion des organisations. En effet, au moment du choix d'une stratégie, la direction supérieure doit tenter d'harmoniser les caractéristiques de la structure organisationnelle à privilégier avec la stratégie de son choix. La petite entreprise qui veut accaparer une part d'un marché dynamique et imprévisible doit préférer une structure simple, où la coordination se fait par un dirigeant qui exerce un contrôle personnel, sans recourir à une technostructure. Cependant, la grande entreprise, dont les produits sont diversifiés et qui œuvre dans un milieu turbulent et polyvalent, doit accorder plus d'importance aux rapports sociaux horizontaux qu'aux rapports hiérarchiques et s'accommoder d'une structure complexe fortement décentralisée.

15.3.3 La taille de l'entreprise et la structure

Nous avons déjà fait allusion à la variable «taille» (grosseur de l'entreprise) en traitant de l'importance de la technique et du milieu relativement à une structure organisationnelle plus ou moins complexe. L'observation quotidienne à ce sujet, mis à part la technique, invite à associer la structure bureaucratique mécaniste aux organisations de grande taille, c'est-à-dire à celles qui ont atteint un stade d'évolution marquée au coin de la maturité et de la stabilité. Les organisations de petite taille s'accommodent plutôt d'une structure souple, parfois centralisée lorsqu'elle est gérée par une seule personne, en l'occurrence, le propriétaire qui détient le pouvoir. Par ailleurs, lorsqu'on met en relation la taille de l'entreprise, et les taux d'absentéisme et de roulement chez le personnel d'exécution, on constate que les organisations qui ont une structure complexe et très élaborée, en vue d'encadrer un nombre assez considérable de personnes (500 et plus), présentent des taux plus élevés que les entreprises de petite taille à structure simple.

Les observations d'Indick

Indick (1965) soutient l'hypothèse qui veut que la taille, à titre de variable importante de l'organisation, agit indirectement par l'intermédiaire d'autres variables, comme la communication, le contrôle, la spécialisation des tâches et la coordination. À leur tour, ces variables devront avoir une influence sur la satisfaction intrinsèque, l'attachement à l'entreprise et la perception des structures du personnel en ce qui a trait à la rigidité ou à la souplesse. Connaissant ces effets plutôt négatifs, les directions d'entreprise peuvent les contrer en intensifiant les communications horizontales, en favorisant à l'interne l'éclosion de groupes de travail, où les personnes se reconnaissent des affinités et jouissent d'une plus grande autonomie, d'un pouvoir réel de décision sur la planification et le contrôle de leur travail.

Les observations de Pugh et de ses collaborateurs

Certains auteurs (Pugh, D. S. et coll., 1969, en Angleterre, pour citer un exemple) s'intéressent à l'importance de la taille, parmi l'éventail des variables qui peuvent avoir une influence sur la structure, comme l'origine de l'entreprise, la propriété, la charte, la technique, l'emplacement et la dépendance. Ces dimensions sont étudiées en relation avec trois grandes composantes de la structure organisationnelle : la structure des activités, la concentration de l'autorité et le contrôle hiérarchique du travail à la chaîne.

La structure des activités exige un degré de précision dans la définition des rôles de chacun et des comportements prévus. La concentration de l'autorité désigne le degré de centralisation de la prise de décisions au sein d'une organisation ou le degré d'autonomie décisionnelle que possède l'organisation par rapport à d'autres institutions. Quant au contrôle hiérarchique, il se définit par la manière dont il s'exerce : par l'intermédiaire des gestionnaires-cadres ou bien par le recours intensif à des procédures impersonnelles.

Les auteurs concluent qu'en général, les organisations de grande taille présentent une structure importante des activités et une forte concentration de l'autorité, et bénéficient d'une grande indépendance à l'endroit d'autres institutions. Ces

organisations sont qualifiées par les auteurs de « bureaucraties axées sur la production ». Les sous-divisions d'une grande organisation ou les petites usines appartenant à une société mère sont plutôt caractérisées par une forte concentration d'autorité au sommet, mais par une faible structure de ces activités. On peut croire que ces organisations, que les auteurs appellent « bureaucraties axées sur le personnel », laissent aux exécutants une certaine autonomie dans l'exécution du travail. Les auteurs de ce groupe soutiennent l'étude de relations possibles entre la structure, la taille et d'autres variables du contexte, de façon à circonscrire cinq autres types de configuration structurelle : la bureaucratie pure, le début d'une bureaucratie pure, le début d'une bureaucratie axée sur la production, la bureaucratie axée sur le cheminement de travail et l'organisation implicitement structurée.

Les observations de Child

Child (1972) effectua une étude de même nature que celle de Pugh, D. S. et coll (1969) et constata que la taille avait une influence considérable sur la structure d'une organisation, en ce qui concerne la spécialisation des rôles et des fonctions, la standardisation, la formalisation et le contrôle vertical. Cependant, la taille n'impliquait pas nécessairement un niveau très centralisé de prise de décisions.

Nous n'avons signalé que quelques-unes des nombreuses études qui ont été effectuées sur les liens possibles entre la taille d'une organisation et les caractéristiques de la structure. La présence ou l'absence de tels liens, voire leur nature exacte, demeurent aujourd'hui un sujet de controverse. D'autres facteurs comme la technique de fabrication et la nature du milieu externe ont également une influence sur la configuration structurelle d'une organisation. Il faut faire preuve de beaucoup de prudence au moment de conclure à la contribution d'un facteur en relation à un autre, lorsqu'on cherche à expliquer une structure organisationnelle, l'évolution de celle-ci et l'influence propre qu'elle peut exercer sur le comportement des personnes.

15.3.4 La stratégie et la structure

L'instabilité et la complexité du milieu des organisations actuelles se caractérisent par des changements sur le plan de la technique, de la concurrence et des valeurs. Ces changements ont créé une sorte d'engouement pour un renouvellement de la pensée stratégique en gestion générale des entreprises et en gestion des ressources humaines. La notion de stratégie désigne un ensemble de décisions qui mettent en jeu l'avenir et la survie d'une organisation, dans un contexte fortement concurrentiel. Comme nous l'avons déjà mentionné, le milieu a une influence sur le type de structure organisationnelle qu'on adopte, tout comme la stratégie de gestion qui est une notion intimement liée à celle du milieu.

La stratégie découle-t-elle de la structure ?

Déjà, en 1962, Chandler soutenait la thèse d'un lien possible entre la stratégie et la structure, cette dernière découlant de la première. Pour arriver à cette conclusion, il a effectué une recherche auprès d'une centaine d'entreprises américaines, dont quatre ont fait l'objet d'une étude plus approfondie. En reconstituant, par l'entremise de ces entreprises, l'histoire de l'évolution industrielle américaine, Chandler (1962) constata que ces entreprises à succès avaient délaissé une structure centralisée, pour adopter graduellement une structure décisionnelle décentralisée. On reconnaît cette dernière à la présence de divisions autonomes, où les chefs dirigent les opérations nécessaires à l'exploitation d'un type de produits ou d'un ensemble de services pour une région importante, et où chacun d'eux est responsable des résultats financiers de sa division et de sa réussite dans le marché. La direction générale forme un bureau central « qui planifie, coordonne et supervise un certain nombre de décisions, affecte le personnel, alloue les fonds, les installations et autres ressources ». L'auteur constate qu'au même moment où les entreprises adoptèrent cette structure divisionnelle, les directions générales

poursuivaient une politique de diversification des produits. Chandler en vient ainsi à la conclusion qu'une structure à divisions autonomes découlait d'une stratégie de diversification des produits et des marchés.

Le lien entre la diversification des marchés et l'établissement de divisions est confirmé par Wrigley (1970) et Rumelt (1974), par suite d'études effectuées dans cent grandes entreprises, tirées de la liste des 500 répertoriées par la revue américaine *Fortune*. La proportion des entreprises qui ont adopté le principe des divisions, par suite d'une diversification de leurs produits, est passée de 20 p. 100 en 1948 à 76 p. 100 en 1968.

Ces conclusions nous apparaissent discutables aujourd'hui puisque l'évolution de la technique, en particulier celle du traitement et de la circulation de l'information, pour ne citer que ce facteur, fait en sorte que d'autres configurations structurelles peuvent convenir à une stratégie de diversification. Chez les auteurs actuels en gestion stratégique des entreprises, on constate aussi la tendance à établir un lien entre la stratégie retenue et certaines caractéristiques structurelles. Selon la perspective de Porter (1980), une entreprise peut se donner un avantage concurrentiel en adoptant l'une ou l'autre des stratégies suivantes : stratégies de domination par les coûts (réduction de coûts), par la qualité ou par l'innovation. À chacune de ces stratégies correspondent les caractéristiques structurelles de la section suivante.

Les stratégies de l'avantage concurrentiel

La description fort détaillée des postes de travail, la standardisation des comportements, la centralisation des décisions au sommet de la pyramide et le nombre réduit de niveaux d'autorité s'accompagnent d'une stratégie de domination par les coûts. La décentralisation de la prise de décisions, l'enrichissement et la spécialisation du travail sont plutôt associés à une stratégie de domination par la qualité (Guérin et Wils, 1990), alors qu'une structure par projets (équipes spécialisées ou groupes de travail) est liée à une stratégie par l'innovation (Dyer et Holder, 1988; Guérin et Wils, 1990). D'autres auteurs se sont intéressés aux liens entre les étapes du cycle de vie d'un produit et les stratégies correspondantes. À chacune des étapes peut correspondre également une configuration structurelle particulière. Dans cette perspective, les liens que nous avons déjà décrits entre la croissance de la taille d'une organisation et la configuration structurelle réapparaissent.

15.4 LE REMPLACEMENT DE LA STRUCTURE PYRAMIDALE

Devant la nécessité de recourir à des structures organisationnelles souples en vue d'acquérir et conserver un avantage dans un contexte fortement concurrentiel, et de répondre à des attentes nouvelles chez les travailleurs et les travailleuses, il faut se demander s'il est possible de concevoir d'autres possibilités d'aménagement du travail et de distribution de l'autorité. L'époque est à la recherche de souplesse dans le monde du travail et, déjà, il y a au moins une vingtaine d'années, on annonçait la mort de la bureaucratie et l'avènement de structures temporaires ou *ad hoc*, mots latins signifiant qui convient à la situation, donc passager, éphémère.

De fait, Alvin Toffler (1971) rapporte les propos de Bennis (1966) qui entrevoyait l'effondrement des structures pyramidales en ces termes: « La bureaucratie, est à son avantage dans un cadre statique, uniforme, hautement compétitif, tel que l'était le monde dans lequel elle a fait ses premiers pas, lors de la révolution industrielle. Une distribution pyramidale de l'autorité, où le pouvoir est concentré entre les mains d'un groupe restreint était, et est encore, une formule sociale particulièrement appropriée à des tâches de routine. Toutefois, les changements qui ont affecté le monde sont précisément ceux qui pouvaient mettre le mécanisme bureaucratique en difficulté. La

stabilité s'est évanouie.» La réalité actuelle démontre que cette prophétie s'est réalisée partiellement, du moins dans le secteur privé de l'économie et particulièrement, dans les industries de pointe. De fait, la structure pyramidale se transforme pour faire place graduellement à ce que Toffler (1971) et par la suite, Mintzberg (1982) ont si bien décrit sous le vocable «adhocratie».

15.4.1 L'adhocratie

Une structure *ad hoc*, qui peut exister en parallèle à une structure existante ou intégrée, se présente généralement comme un regroupement de spécialistes de différentes fonctions, et de gestionnaires-cadres pour concevoir et réaliser un projet, ou pour procéder à l'étude et à la solution d'un problème complexe (équipes spécialisées, groupes de travail). Une fois le travail exécuté ou le problème réglé, les participants retournent à leur unité administrative, ou bien sont intégrés à un autre projet. La structure par projets se présente donc comme une première application d'une structure adhocratique. Cette dernière se caractérise par l'importance accordée aux échanges horizontaux, donc, aux adaptations réciproques comme mécanismes privilégiés de coordination.

L'autorité du directeur de projet est également beaucoup plus limitée que l'autorité déléguée à un cadre hiérarchique: le responsable d'un projet supervise, coordonne le travail des spécialistes ou des professionnels, sans prendre de décisions importantes quant à leur statut d'emploi dans la structure. Si les échanges ou les rapports sociaux sont beaucoup plus égalitaires dans la structure adhocratique que dans la bureaucratie classique, il est également intéressant d'observer des différences de comportements et d'attitudes au sein de ces structures. Toffler (1971) retrace ces différences de la façon suivante: «Là où l'attitude de l'homme de l'organisation (le bureaucrate) envers l'entreprise était servile, celle de l'adhocratie est presque insouciante. Le premier était paralysé par la peur du lendemain, pensée qui ne vient même pas à l'esprit du second. Autant l'un craignait le risque, autant l'autre lui fait bon visage (car il sait que dans une société riche et en mouvement, l'échec lui-même est éphémère). Alors que l'homme de l'organisation respectait la hiérarchie et recherchait statut et prestige à l'intérieur de l'entreprise, l'adhocrate les trouve ailleurs. L'un occupait un cadre déterminé à l'avance dans l'ordre social, alors que l'autre passe de porte en porte selon un schéma compliqué dicté en grande partie par ses aspirations personnelles. »

15.4.2 La structure en réseau ou polycellulaire

Une deuxième solution de rechange à la structure pyramidale consiste à aménager le travail sous forme de cellules ou de modules qui, à leur tour, se regroupent pour constituer un réseau. La notion et la réalité de réseau sont largement diffusées dans la société en général. Un mouvement écologique qui œuvre à l'échelle de la planète peut constituer un réseau, de même qu'une secte religieuse, comme l'*Opus Dei*, pour ne citer qu'un exemple. Il faut aussi convenir que la notion de réseau est parfois suspecte parce qu'elle est associée notamment à celle de clandestinité, de terrorisme. En éliminant ce caractère suspect, l'idée de réseau s'applique bien à une organisation qui fonctionne horizontalement en regroupant une multitude de modules. Une personne clé au sein de chaque module sert d'agent de liaison. On peut illustrer un tel regroupement de cellules ou de modules comme à la figure 15.5.

On peut aussi imaginer un certain nombre d'entreprises quasi autonomes qui se retrouvent dans un réseau, où chaque entreprise devient une cellule et où un centre de profit relève d'un groupe qui en constitue la société mère.

Devant l'ébranlement actuel des structures pyramidales (pour ne pas amorcer leur effondrement éventuel), Hubert Landier (1987) qualifie de polycellulaire la solution décrite plus haut, qu'il définit de la manière suivante :

FIGURE 15.5
Exemple d'une structure polycellulaire

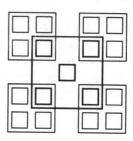

— Le petit groupe (ou l'unité sociale restreinte) constitue la caractéristique fondamentale de l'entreprise : « On y retrouve généralement un animateur, qui donne sa cohésion au groupe et le représente de l'extérieur ; les rapports interpersonnels sont intenses ; l'identité personnelle se construit par l'appartenance à un groupe ; le fonctionnement du groupe repose sur son autorégulation. »

— « L'agencement des cellules entre elles n'est nullement laissé au hasard (…) mais se fait grâce à la richesse de son réseau de communication interne. »

— « Le tissu cellulaire constituant l'entreprise est organisé selon un réseau maillé au sein duquel, d'une cellule à l'autre, existent plusieurs chemins de communication possibles. »

— « La cellule jouit d'une certaine autonomie et constitue en quelque sorte une micro-entreprise ; cela ne signifie nullement que la cellule puisse se permettre de faire n'importe quoi. Il faut se montrer efficace, selon les critères qui ordonnent globalement le projet et qui animent l'entreprise. »

La diffusion que connaissent ces substituts à la hiérarchie, même si cette dernière demeure la forme structurelle dominante, devient de plus en plus évidente dans le recours aux équipes temporaires et aux groupes de travail qui remplissent de multiples fonctions, notamment l'amélioration de la qualité et des procédés de fabrication ou de distribution, la conception de produit et celle d'équipements nouveaux. Ces groupements, que l'on qualifie d'éphémères, de temporaires ou de polycellulaires acquièrent avec le temps un certain caractère de permanence mouvante, en ce sens qu'ils disparaissent et réapparaissent continuellement sous une nouvelle forme, avec une vocation nouvelle. L'avenir des organisations et la nécessité d'une plus grande souplesse seraient en partie assurés par de nouvelles configurations structurelles, que sont l'adhocratie et la structure polycellulaire.

CONCLUSION

Nous avons effectué un rapide tour d'horizon des connaissances et des pratiques relatives aux structures organisationnelles, sous toutes les formes que celles-ci empruntent en passant de la bureaucratie aux structures en réseaux, en tenant compte des facteurs comme le milieu, la stratégie, la taille, la technique et la nécessité d'une plus grande souplesse. De ces observations, on peut conclure que les principes d'établissement des structures organisationnelles classiques en gestion demeurent toujours bien présents et s'accommodent d'une multitude d'applications diverses. Ils se manifestent dans des configurations structurelles qui sont autant de variantes de la bureaucratie de type « wébérien ». Cependant, il faut convenir que ces mêmes principes deviennent difficilement applicables dans leur forme actuelle, étant donné l'émergence de structures de type adhocratique ou polycellulaire, et du fait que ces dernières obéissent à des principes de division du travail, de répartition de l'autorité et d'unité de commandement passablement différents, qui se verront accorder une plus grande attention au cours des prochaines années. Grâce à ces expériences, dont on fait état de façon régulière maintenant, on constate que les organisations actuelles perdent de leur rigidité pour laisser la place à l'expression de l'initiative et de l'autonomie des personnes à leur emploi. La division traditionnelle entre le travail de réflexion (ou de planification) et d'exécution s'estompe graduellement et laisse apparaître des structures qui multiplient les occasions de faire preuve d'imagination, de créativité, et, ainsi, de favoriser le développement personnel.

Sur ce point, nous rejoignons les observations de Toffler (1991) sur la souplesse de l'entreprise : « Mais ce que les grandes sociétés n'ont pas encore compris, c'est que la souplesse doit pénétrer plus profondément et s'étendre aux fondements de l'organisation. La structure rigide et uniforme doit laisser la place à toute une variété d'agencements organisationnels. L'éclatement des grosses firmes en unités opérationnelles décentralisées ne représente qu'un tout petit pas, fait à regret, dans la bonne direction. »

QUESTIONS

1. Commentez l'affirmation suivante : « L'adhocratie est une forme structurelle incompatible avec celle de la bureaucratie. »

2. « En soutenant que les structures organisationnelles doivent être conçues en fonction des exigences de l'environnement externe, il faut en même temps soutenir que les principes d'organisation en sont pas d'une application universelle. » Commentez cette affirmation.

3. À titre d'analyste, dans le domaine des ressources humaines, à l'emploi d'une grande organisation, dans quelle composante de la structure vous situeriez-vous selon la typologie de Mintzberg?

4. L'autorité hiérarchique, c'est-à-dire le droit de donner des ordres, des directives et d'en assurer le suivi, constitue un mécanisme exclusif de coordination des activités différentes. Cette affirmation est-elle vraie ou fausse? Pourquoi?

5. Établissez un rapprochement entre Mintzberg et Weber au plan d'une configuration structurelle: celle de la bureaucratie.

6. «La structure organisationnelle d'un ministère tant au provincial qu'au fédéral serait plutôt stable étant donné qu'un tel ministère transige avec un environnement qui ne change qu'en très, très, longue période». Commentez cette affirmation.

7. «La structure en réseaux exclut toute forme d'autorité hiérarchique, également toute forme de pouvoir». Commentez cette affirmation.

RÉFÉRENCES BIBLIOGRAPHIQUES

BURNS, T. et STALKER, G. W., *The Management of Innovation*, (2ᵉ éd.), Londres, Tavistock Institute, 1966.

CHANDLER, A. P., *Stratégies et structures d'entreprises*, Paris, Les Éditions d'Organisation, 1972, traduction de *Strategy and Structure*, Paris, 1962.

CHILD, S., « Organizational Structure, Environment and Performance: The Role of Strategic Choice », *Sociology*, vol. 6, 1972.

DOLAN, S. L. et LAMOUREUX, G., *Initiation à la psychologie du travail*, Boucherville, Gaëtan Morin Éditeur, 1990.

DYER, L. et HOLDER, G. W., « *A Strategic Perspective of Human Resource Management* », dans Dyer, L., *Human Resource Management: Evolving Role and Responsabilities*, Washington, D.C., BNA Inc., 1988.

FAYOL, H., *Principes généraux d'administration. Administration industrielle et générale,* Paris, Dunod, 1966.

GUÉRIN, G. et WILS, T., « L'harmonisation des pratiques de gestion des ressources humaines au contexte stratégique: une synthèse », dans Blouin, R. (dir.), *Vingt-cinq ans de pratique en relations industrielles au Québec*, Cowansville, Les éditions Yvon Blais inc., 1990.

GULICK, L. et URWICK, L., *Papers on the Science of Administration*, New York Institute of Public Administration, N.Y., 1937.

HAGE, J. et AIKEN, M., « Routine Technology, Social Structure and Organization Goals », *Administrative Science Quaterly*, vol. 14, n⁰ 3, 1969.

INDICK, B. P., « Organization Size and Member Participation », *Human Relations*, vol. 18, n⁰ 4, 1965.

LANDIER, H., *L'entreprise polycellulaire: pour penser l'entreprise de demain*, Entreprise Moderne d'Édition, 1987.

LAWRENCE, P. R. et LORCSH, J. W., *Organization and Environment*, Homewood, Ill., Richard D. Irwin Inc., 1967.

MINTZBERG, H., *Structure et dynamique des organisations*, Paris, Les Éditions d'Organisation et Les Éditions Agence d'Arc, 1982.

MINTZBERG, H., «Structure en 5 points: une synthèse de la recherche sur les formes organisationnelles», dans Chanlat, F. et Séguin, F., *L'analyse des organisations*, Tome II: *Les composantes de l'organisation*, Boucherville, Gaëtan Morin Éditeur, 1987.

PERROW, C., «A Framework for the Comparative Analysis of Organizations», *American Sociological Review*, vol. 32, n° 2, avril 1967.

PERROW, C., *Complex Organizations*, Glenview, Scott Foresman, 1972.

PETERS T. S. et WATERMAN, R. H., *Le prix de l'excellence. Les secrets des meilleures entreprises*, Paris, InterÉditions, 1983 (trad. française de *In Search of Excellence: Lessons from America's Best-Run Companies*, New York, N. Y., Harper and Row, 1982).

PORTER, M. E., *Competitive Strategy*, New York, N. Y., Free Press, 1980.

PUGH, D. S., HICKSON, D. J., HININGS, C. R. et TURNER, C., «The Context of Organizational Structure», *Administrative Science Quarterly*, vol. 14, 1969.

RUMELT, R. P., *Strategy, Structure and Economic Performance*, Boston, Harvard University, Graduate School of Business Administration, 1974.

TOFFLER, A., *Le choc du futur*, Paris, Denoël, 1971.

TOFFLER, A., *Les nouveaux pouvoirs*, Fayard, Paris, 1991.

WOODWARD, J., «Management and Technology», dans Burns, T., *Industrial Man*, Norwich, Her Majesty's Stationary Office, 1958.

WRIGLEY, L., *Diversification and Divisional Autonomy*, Harvard Business School, D. B. A. Thesis, 1970.

16

LE CHANGEMENT ORGANISATIONNEL ET LE DÉVELOPPEMENT

Laurent Bélanger

FACE AU CHANGEMENT

Voici une conversation entre deux consultants en développement organisationnel, les frères Lippitt (1980), à propos de la motivation de changer, et de la collaboration qu'il faut établir et maintenir entre le consultant et l'organisation cliente.

Ronald : — Afin d'évaluer la disposition au changement, nous avons mis au point un procédé très utile qui consiste à dresser, de concert avec le client, une liste de bonnes raisons (en ce qui a trait au temps, à la motivation ou à l'incitation) de déployer des efforts de changement, ainsi qu'une liste de raisons parallèles de ne pas le faire. Nous présentons ensuite ces listes au client, sous forme de feuilles de contrôle, en lui demandant de cocher sur les deux listes les points qui s'appliquent à son cas, d'évaluer les éléments les plus importants en leur attribuant une cote selon une échelle préalablement établie et, enfin, de se servir des listes comme points de départ d'une discussion sur sa situation présente. Cette méthode permet de découvrir toutes les intentions cachées, et de clarifier les choses pour tout le monde afin que soient prises, par la suite, les décisions les plus judicieuses.

Gordon : — Je demande souvent à celui avec qui je négocie un contrat d'établir une liste des personnes clés qui seraient appelées à collaborer avec moi, et de les convier toutes à une réunion. Je puis ainsi me présenter à ces gens et leur expliquer clairement les raisons de ma présence au sein de leur organisme, ce qui les incite à leur tour à me demander des éclaircissements et à me faire toutes sortes d'observations qui expriment leur méfiance, leur appui, etc.

Ronald : — J'ai eu récemment à effectuer un travail pour un grand hôpital. Il m'a d'abord fallu chercher à savoir qui serait véritablement le client à aider. Cette exploration m'a fourni l'occasion de rencontrer plusieurs petites cellules de personnel ; par le fait même, ces gens ont pu m'examiner à loisir, apprendre de moi quel contrôle ils auraient sur le travail que j'effectuerais et, enfin, connaître mes propres aspirations et objectifs si jamais nous en venions à travailler ensemble. J'ai rencontré environ six de ces petits groupes avant de retourner auprès des administrateurs pour clarifier et définir les relations de travail possibles.

Gordon : — Il m'arrive parfois de donner un échantillon de ce que serait le travail de collaboration. Pour ce faire, je soumets les gens à certaines activités (séances de remue-méninges, d'observation de processus) en leur fournissant des renseignements sur les activités propres aux programmes de développement organisationnel, du genre de celui qu'ils veulent instaurer. Ce procédé permet de mettre au jour les divergences d'esprit qui existent sur le plan de l'orientation, de l'engagement et de la disposition au travail.

Source : LIPPITT, G. et LIPPITT, R., *La pratique de la consultation*, Victoriaville, Édition NHP, 1980, p. 30 et 31.

INTRODUCTION

La nécessité pour les organisations, tant du secteur privé que du secteur public de l'économie, de s'adapter ou de se transformer se fait de plus en plus pressante et évidente, au tournant de cette dernière décennie qui nous conduit à l'an 2000. Parmi les facteurs externes qui incitent les organisations à s'adapter à un nouveau contexte, voire à se transformer, on signale l'importance de la mondialisation des marchés, la segmentation de la demande des biens et services vers une plus grande personnalisation.

La présence de l'État se modifie dans l'activité économique, à la faveur d'un retrait de certains secteurs d'activités, par l'intermédiaire de la privatisation des entreprises, de nouvelles législations qui valorisent la personne et certains groupes cibles jadis sans moyens d'expression, et par l'entremise d'un effort de déréglementation qui vise à assurer une circulation plus libre des biens et services.

On ne saurait non plus passer sous silence les changements importants sur le plan de la technique de fabrication et de distribution des biens, ou de la circulation plus rapide et plus précise de l'information. Par ailleurs, sur le plan culturel, les aspirations des gens bifurquent désormais vers la poursuite de visées individuelles qui ont préséance sur des projets à caractère collectif.

Au même moment où ces forces externes se précisent et pèsent sur l'avenir des organisations, les forces internes reconnaissent l'importance d'effectuer des changements qui auront un effet sur le travail, sur l'organisation du travail, de même que sur le cheminement de carrière, les valeurs, les perceptions, les attitudes et les comportements des individus.

Les structures pyramidales qui mettent l'accent sur une division minutieuse du travail et une délégation précise de l'autorité sont de plus en plus contestées. Elles ne semblent plus représenter la forme idéale pour coordonner le travail différencié d'une multitude de personnes, ou encore l'aménagement structurel capable d'assurer la communication efficace et la mobilisation de ce personnel. Déjà, on s'achemine vers des structures aplaties qui comportent moins de niveaux d'autorité et qui donnent plus d'importance aux échanges horizontaux.

Par ailleurs, la mission, les objectifs et les stratégies des organisations renvoient de plus en plus à une démarche systémique, en ce qui a trait tant à l'énoncé qu'à la mise en application. On vise non seulement la mission, les objectifs existants et les structures, mais également les systèmes de gestion et les processus internes de fonctionnement, dont la communication, le leadership, la prise de décisions et la solution des conflits, pour ne mentionner que ceux qui sont d'ordre humain.

Cet éventail de facteurs externes et internes, déjà bien documenté et décrit dans d'autres ouvrages, révèle que les organisations actuelles œuvrent dans un milieu externe en mouvement qui, à son tour, impose des exigences d'adaptation ou de transformation à l'interne, si bien qu'on peut affirmer que le changement est inhérent aux organisations : il en devient une caractéristique essentielle. Alors, acquérir la capacité de changer ou encore, de produire le changement devient également important.

Le présent chapitre tentera donc de démontrer que les individus et les groupes qui composent les organisations actuelles sont en mesure d'acquérir et de développer cette capacité.

16.1 LA DÉFINITION ET LES PHASES PRINCIPALES DU CHANGEMENT

16.1.1 Le changement

Le changement est le passage d'un état actuel à un état désiré, d'une situation originale actuelle, jugée inadéquate, à une autre considérée comme étant plus adaptée, qui répond mieux aux exigences du milieu ou aux nouvelles aspirations des personnes concernées.

Ce passage implique, comme point de départ, une rupture avec un équilibre existant contesté, parce qu'il comporte un ensemble de caractéristiques qui créent une situation plus ou moins inconfortable. Ou encore, il s'agit d'une situation existante qui apparaît terne, peu mobilisatrice lorsqu'on la compare à une situation souhaitée qui représente un nouvel équilibre. On peut tout de suite entrevoir des facteurs qui pavent le chemin vers un nouvel équilibre et des facteurs contraignants, c'est-à-dire qui incitent à privilégier le statu quo.

Pour ne donner qu'un exemple, l'insécurité qu'engendre l'introduction d'une nouvelle manière de penser ou d'agir constitue un facteur qui retarde l'apparition d'un nouvel équilibre, lorsque les gens préfèrent la sécurité psychologique et matérielle qu'ils retirent d'une situation familière. Donc, le changement consiste en un ensemble d'activités qui s'inscrivent dans les phases connues qui marqueront le passage d'une situation d'équilibre existant à une situation d'équilibre recherché.

16.1.2 Les phases du changement

De façon générale, qu'il s'agisse d'un individu, d'un groupe ou d'une organisation, les phases principales de tout changement sont sensiblement les mêmes. À ce sujet, la typologie élaborée par Kurt Lewin (1951), un des pionniers du mouvement de la dynamique de groupe, nous apparaît celle qui convient le mieux à la description générale de tout processus de changement.

La première phase est celle du dégel, c'està-dire de la prise de conscience des inconvénients ou du caractère désagréable d'une situation existante, ou la prise de conscience de l'écart qui existe entre une situation prévue, beaucoup plus agréable, et la situation présente.

Cette prise de conscience peut se faire par l'observation, l'évaluation systématique des forces et des faiblesses de la situation actuelle, la lecture d'un ouvrage, le visionnement d'un film, la participation à un séminaire, une séparation ou la perte d'une personne qui nous est chère. Elle peut aussi se faire par un recadrage, c'està-dire en replaçant la situation actuelle dans un contexte ou dans un cadre de référence différent de celui qui nous est familier. Ce serait l'exemple d'un fumeur qui souhaite modifier son comportement pour emprunter celui d'un non-fumeur.

Au fur et à mesure qu'il prend conscience des conséquences de la consommation du tabac sur sa santé et celle de son entourage, le fumeur acquiert la motivation de cesser de fumer. Simultanément, le plaisir qu'il dit tirer du geste d'allumer une «bonne» cigarette cède le pas au plaisir futur de jouir d'un environnement sain et d'une meilleure santé.

La deuxième phase est celle du mouvement, c'est-à-dire du changement proprement dit. Il s'agit de déterminer les mesures à prendre pour acquérir de nouveaux comportements, établir un ordre de priorité et réaliser par la suite le plan d'action. Pour le fumeur, le temps est donc venu de s'aider, ou d'obtenir de l'aide s'il se juge incapable d'adopter par lui-même un comportement de non-fumeur. Un éventail de thérapies ou de traitements s'offrent à lui : il n'a qu'à choisir la démarche qui semble lui convenir.

Au cours de cette phase, les personnes en changement expérimentent de nouvelles valeurs, de nouvelles attitudes et adoptent les comportements appropriés. Si le changement s'effectue dans une organisation et qu'il en résulte l'acquisition de connaissances ou de compétences nouvelles, la direction, pour appuyer un tel résultat, verra à mettre sur pied un programme de formation et de communication pertinent. Pour diminuer le risque d'échec éventuel d'un changement à l'échelle de l'organisation tout entière, on pourra procéder d'abord par une expérience pilote, et s'assurer par la suite d'une diffusion adéquate des nouvelles attitudes et des nouveaux comportements qu'on voudrait voir adopter.

Enfin, la troisième et dernière phase consiste en une stabilisation des attitudes, des valeurs et des comportements nouvellement adoptés. C'est l'étape où l'organisation, les groupes et les individus qui la composent s'installent temporairement dans un nouvel équilibre. Il faut alors porter une attention particulière à l'établissement et au maintien des conditions de travail physiques, financières et humaines qui apporteront une sorte de renforcement positif aux personnes en changement, et qui confirmeront ces mêmes personnes dans la perception renouvelée qu'elles ont d'elles-mêmes.

Il s'agit là des principales phases de tout processus de changement, dont le contenu peut varier d'un niveau à un autre, de l'individu au groupe, et du groupe à l'organisation. La stratégie adoptée au moment de l'introduction d'un changement modifie également le contenu des principales phases, et la section suivante en traite.

16.2 CHANGEMENT ET DÉVELOPPEMENT ORGANISATIONNEL

16.2.1 Les stratégies de changement

Il est généralement admis que la manière d'introduire un changement importe beaucoup plus que la nature de celui-ci ; en d'autres termes, la démarche retenue pour effectuer un changement est plus importante que le contenu de ce dernier ou que ce sur quoi porte le changement. L'expression « stratégie de changement » désigne à la fois des choix de démarche et le contenu à privilégier au moment d'entreprendre le changement ou pour en assurer le succès. À ce sujet, les auteurs Chin et Benne (1981) distinguent trois grandes familles de stratégies de changement : la stratégie rationnelle empirique, la stratégie normative rééducative et la stratégie coercitive.

De plus, on verra que le changement planifié s'accommode de l'une ou l'autre de ces stratégies, alors que le développement organisationnel s'inscrit dans une famille particulière.

La stratégie rationnelle empirique

Une première famille, la stratégie rationnelle empirique, met avant tout l'accent sur l'intelligence et la rationalité dans l'orientation et l'explication de la conduite humaine. Elle repose sur le postulat selon lequel la personne agit avant tout en fonction de son intérêt, auquel cas un changement serait acceptable et désirable si les bénéfices qu'elle espère en tirer l'emportent sur les efforts à fournir relativement aux dépenses d'énergie, de temps et de ressources matérielles. En un sens, une telle stratégie s'apparente sensiblement au processus rationnel de résolution de problèmes, dont l'issue est un choix effectué après considération des différentes solutions. Ces dernières sont répertoriées après avoir cerné le problème et ses causes, qui reposent autant que possible sur l'observation contrôlée des faits ou encore sur des connaissances obtenues en respectant la démarche propre à la recherche de caractère empirique.

La stratégie normative rééducative

Une deuxième famille de stratégies de changement est celle de la stratégie normative rééducative. Comme l'expression l'indique, le comportement humain serait régi ou encadré par des normes sociales élaborées et appliquées à un groupe humain, que ce soit un petit groupe, une organisation ou la société. Dans la production d'un changement, on fait moins appel au calcul rationnel et impersonnel qu'à l'adéquation de la norme de comportement avec la nouvelle réalité. Le changement est possible dans la mesure où les personnes en cause acceptent de s'insérer dans un processus ou une démarche de rééducation, dans le cadre de laquelle les normes de comportement qui découlent des attitudes et des valeurs en cours sont remises en question, sur le plan du réalisme ou du caractère fonctionnel. Une telle stratégie met l'accent avant tout sur le cheminement des personnes dans un processus de rééducation qui débouchera sur l'adoption de nouvelles normes plus réalistes, c'est-à-dire plus conformes aux nouvelles aspirations des personnes et aux exigences d'un milieu modifié. L'exemple le plus connu est celui des ouvriers de certaines unités de production qui élaborent des normes de rendement en établissant ce dernier à un niveau qui leur permet de s'assurer du travail à long terme, tout en cherchant à satisfaire aux attentes de la direction quant au niveau de productivité qu'ils doivent maintenir. On voit immédiatement qu'une direction d'entreprise qui entend modifier une norme à un moment donné ne peut le faire sans la participation et l'assentiment des personnes concernées. Un tel assentiment ou consensus ne saurait s'obtenir si ces mêmes personnes refusent de procéder à un exercice de réévaluation de leurs normes, de leurs habitudes, de leurs attitudes ou de leurs valeurs.

La stratégie coercitive

La troisième et dernière famille de stratégies est celle de nature coercitive qui repose sur l'usage brut de la force ou du pouvoir pour imposer un changement ou un revirement de situation. À cela s'ajoute évidemment la possibilité, pour le détenteur du pouvoir, de recourir à des sanctions. Par exemple, un gouvernement peut adopter une loi qui oblige les décideurs à éviter certaines formes de discrimination, devenues intolérables dans le cours de l'évolution d'une société. Un syndicat peut recourir à la grève (cessation concertée de travail) pour obtenir une amélioration substantielle des conditions de travail des salariés. L'usage de cette stratégie débouche souvent sur l'imposition d'un changement, en ce sens que le groupe qui se croit en position de pouvoir à un moment donné prend conscience d'une détérioration de la situation, dégage des avenues de changement, effectue des choix et en impose la réalisation à ceux et celles qui ont été tenus à l'écart du processus de conception et de décision.

16.2.2 Le changement planifié

Sans offrir, pour le moment, une définition formelle du développement organisationnel, nous voulons souligner les similitudes et les différences entre le changement planifié et le développement organisationnel, afin de démontrer que ce dernier s'inscrit surtout dans une démarche normative rééducative.

Le changement planifié désigne généralement le passage intentionnel d'une situation à une autre, en respectant une séquence d'étapes qui comprend le diagnostic de la situation actuelle, l'élaboration et la réalisation des changements à effectuer, et l'évaluation de l'efficacité de ceux-ci. Ce grand courant de changement intentionnel s'accommode de l'une ou l'autre des familles de stratégies décrites plus haut.

En effet, on peut procéder à un changement en demandant ou non la participation des personnes concernées, en sachant bien que chaque stratégie entraîne des conséquences différentes au sein des organisations quant à l'efficacité et à la satisfaction des personnes. Le changement planifié peut porter sur une composante quelconque d'une organisation et du milieu externe. Il peut porter sur la mission, les stratégies, la culture, les structures organisationnelles, la technique de production et de gestion, ou les processus humains. Non seulement chacune des composantes est-elle examinée en vue d'y apporter des modifications, mais les relations d'interdépendance entre elles sont aussi considérées en regard des exigences du milieu externe. Par exemple, la direction d'une organisation qui s'apprête à procéder à une restructuration interne afin de réduire la multitude des niveaux d'autorité pourra ainsi diminuer ses frais d'exploitation et demeurer concurrentielle. Elle devra également examiner les liens qu'entretiennent les nombreux niveaux d'autorité avec les communications internes, la centralisation de la prise de décisions, les cheminements de carrière du personnel d'encadrement et le contenu du travail du personnel de base, c'est-à-dire les bureaux, les opérations et l'entretien.

Le développement organisationnel (D.O.), pour sa part, s'inscrit presque exclusivement dans une stratégie normative rééducative, en ce sens que le passage d'une situation originale jugée inconfortable à une autre plus agréable se fait avec la participation de toutes les personnes concernées et avec l'aide d'un conseiller qui joue un rôle d'agent de changement, c'est-à-dire qu'il fait appel davantage à des qualités d'animateur qu'à des connaissances et à une compétence dans un domaine donné.

L'agent de changement, ou le conseiller en D.O., accompagne les personnes dans leur cheminement, qui consiste au départ dans une remise en cause des structures et des processus de fonctionnement qui ont cours : processus de communication, de prise de décisions, de leadership et de résolution de conflits. Le résultat visé est l'instauration de modes de fonctionnement plus appropriés, plus efficaces et plus valorisants. L'agent de changement crée un milieu propice à la réflexion et à l'action, en mettant à la disposition des personnes les connaissances, les habiletés et les outils nécessaires pour effectuer les changements. En ce sens, le développement organisationnel s'apparente à une démarche de stratégie normative et rééducative parce que cette démarche :

– suppose l'engagement des individus et des groupes auxquels ils appartiennent dans un processus de renouvellement. Ces personnes en viennent à se prendre en charge et même à poursuivre par elles-mêmes, sans aide, leur effort de développement ;

– suppose que les changements effectués ne sont pas importés, imposés de l'extérieur, mais sont plutôt le produit d'une réflexion commune. L'agent de changement ne s'approprie pas le changement ;

– s'intéresse aux aspects non seulement cognitifs d'une situation, mais surtout aux aspects de caractère affectif, normatif, de l'ordre des perceptions, des attitudes et des valeurs ;

– suppose qu'une relation de collaboration s'instaure et se maintient entre l'intervenant (agent de changement) et l'organisation qui retient ses services ;

– privilégie le partage de l'information, la consultation, la co-décision, bref, implique un certain partage du pouvoir ;

– tient pour acquis que tout processus humain comporte une dimension rationnelle, consciente et articulée, mais également une dimension inconsciente, non exprimée.

Nous concluons donc sur ce point que le développement organisationnel s'inscrit dans le courant du changement planifié parce qu'il renvoie à la notion de changement intentionnel et parce qu'il privilégie une démarche particulière qui est celle de la participation active des personnes à l'élaboration et à la réalisation des changements à entreprendre et à effectuer.

16.2.3 La définition du développement organisationnel

En nous appuyant sur la définition qu'en donne Richard Beckhard, définition la plus diffusée et la plus connue, nous tenterons de repérer brièvement la nature et les principales caractéristiques du développement des organisations.

Beckhard (1975) définit le développement organisationnel comme étant « un effort programmé global, c'est-à-dire au niveau de l'ensemble de l'organisation, encadré et animé par les dirigeants au sommet, en vue d'améliorer l'efficacité et le bien-être des organisations, en modifiant les processus de fonctionnement de l'organisation et en faisant appel aux apports des sciences humaines ».

Un effort programmé global

En tant qu'effort programmé de changement, le développement organisationnel s'inscrit, comme nous venons de le voir, dans le courant du changement planifié ou intentionnel, qui implique une séquence logique d'étapes propres à produire le changement. Nous verrons dans une section subséquente chacune de ces étapes. Dans l'esprit de Beckhard (1969), le D.O. se voulait à l'origine un effort global de changement à l'échelle de toute l'organisation, ce qui impliquait qu'un changement particulier (le style dominant de gestion, par exemple) dans un secteur devait s'étendre à l'ensemble, pour ne pas créer d'incohérence sur le plan de la culture organisationnelle et de la philosophie de gestion. Cependant, ce n'est pas tout à fait ce qui s'est passé. Ce n'est que tout récemment que le D.O. a adopté comme objet du changement une dimension qui concerne l'organisation dans son ensemble, soit la culture, la mission et la stratégie, pour ne citer que ces exemples.

Par ailleurs, il n'était pas réaliste d'inviter en même temps toutes les catégories d'employés (salariés, cadres subalternes, intermédiaires et supérieurs) à procéder à une remise en cause de leur valeurs, de leurs attitudes et de leurs modes de fonctionnement, d'autant plus que le D.O., à ce moment-là, s'intéressait plus particulièrement à la qualité des relations interpersonnelles au sein des groupes et entre les différents groupes d'une organisation.

Avec le temps, il est devenu de plus en plus évident qu'un effort de changement susceptible de s'étendre à l'ensemble de l'organisation ne connaîtrait le succès que s'il était activement appuyé ou encouragé par la direction supérieure de cette organisation. On verrait mal, par exemple, une direction d'entreprise vouloir améliorer la qualité du produit ou du service par l'introduction de cercles de qualité, sans oser remettre en cause sa philosophie dominante de gestion, empreinte d'autoritarisme. La direction de l'organisation doit investir du temps et de l'énergie pour créer un contexte qui facilite les changements qu'elle juge nécessaires. On doit s'attendre à un appui et à un encouragement de sa part, et non à l'indifférence.

L'efficacité et le bien-être

Ce sont là deux objectifs généraux que vise tout programme de D.O. L'efficacité se définit théoriquement comme le degré d'atteinte des objectifs fixés pour une période donnée, alors que le bien-être organisationnel est un concept beaucoup plus abstrait, qui renvoie à la capacité d'une organisation de s'adapter à la turbulence d'un milieu technique, économique, politique ou socio-culturel changeant, tout en créant à l'interne un milieu de travail où les personnes ont l'occasion de se développer et de se réaliser, donc, un milieu de travail qui engendre la satisfaction personnelle et la valorisation de soi.

Les difficultés de définir ces objectifs de façon opérationnelle ont incité des chercheurs et des observateurs de la scène industrielle à répertorier les caractéristiques ou les traits que doit posséder une organisation pour qu'on lui reconnaisse les qualités d'excellence et d'avant-garde. Ces notions d'excellence et d'avant-garde ont graduellement remplacé celles d'efficacité et de bien-être organisationnel.

Le modèle d'excellence organisationnelle le plus diffusé récemment est celui qu'ont véhiculé les auteurs Peters et Waterman (1983), dans leur ouvrage *Le prix de l'excellence*. Selon ces deux auteurs, on reconnaît les entreprises excellentes aux caractéristiques suivantes :

- mettre l'accent sur l'action, c'est-à-dire agir vite et s'instruire au moyen de l'action. La réponse aux changements du milieu doit être rapide et créative ;

- être proche du client, c'est-à-dire apprendre avec et par le client, et insister sur la qualité, ce qui permet d'offrir en tout temps un bon service ;

- favoriser et encourager les innovations, ainsi que les gens qui acceptent et souhaitent prendre des risques, et veiller à ce qu'un nombre suffisant d'erreurs, grâce auxquelles il est possible d'apprendre, soient faites ;

- encourager les capacités créatrices du personnel ;

- se mobiliser autour d'une valeur clé ;

- le respect du métier, c'est-à-dire qu'il est nécessaire de redonner aux services de production une prééminence que les services fonctionnels avaient tendance à leur enlever ;

- maintenir des structures simples et peu de niveaux hiérarchiques ;

- centraliser un minimum de décisions nécessaires à la cohérence des opérations de l'entreprise, et décentraliser tout le reste (Larouche, 1986).

De son côté, O'Toole (1988), en observant les entreprises japonaises, celles qui fonctionnent d'après la méthode japonaise (théorie Z), et les entreprises nord-américaines, trace un profil des entreprises d'avant-garde.

- Le projet d'entreprise constitue un document important qui explicite les valeurs fondamentales susceptibles d'être partagées par l'ensemble des membres de l'organisation. Le projet renvoie également à la philosophie de gestion.
- Les plans d'équipe annuels sont élaborés et diffusés, et traduisent les objectifs de l'entreprise et de chaque unité.
- La gestion est conçue de façon à accorder le maximum d'autonomie individuelle à tous les niveaux, favorisant ainsi la créativité, l'innovation ou l'entrepreneuriat.
- Les séances d'évaluation ou d'appréciation s'inscrivent dans des relations paritaires entre supérieurs hiérarchiques et collaborateurs.
- La dimension intrinsèque du travail devient une source de motivation qu'on privilégie, au lieu de faire appel uniquement à des sources extrinsèques de satisfaction.
- Ces entreprises présentent des structures souples qui comptent peu de niveaux d'autorité et qui font appel à des regroupements temporaires de personnes de différentes spécialités.
- Ces entreprises sont à l'écoute du client : elles adoptent alors une orientation tournée vers l'extérieur, qui se manifeste dans un plus grand souci de qualité. La qualité totale devient donc un élément important de la philosophie de gestion.
- Ces entreprises reconnaissent le droit à l'erreur et adoptent avant tout un parti pris pour l'action.

Comme on peut le constater à la lecture des caractéristiques que nous venons de présenter, les entreprises dites «excellentes» se comparent à maints égards aux entreprises d'avant-garde.

Un programme de D.O. qui retient comme cible l'instauration d'une de ces caractéristiques se fixera les objectifs principaux suivants :
- une plus grande souplesse des structures organisationnelles ;
- une plus grande capacité d'adaptation de l'organisation à son milieu ;
- des possibilités pour les personnes concernées d'accéder à une plus grande autonomie de pensée et d'action.

À cause de leur caractère fort normatif, les modèles ainsi proposés d'une «bonne ou excellente» organisation ne s'imposent pas d'emblée à la plupart des consultants en organisation, surtout si ces derniers adoptent une attitude non directive. En effet, en s'appuyant en partie sur les travaux de Lawrence et Lorsch (1987), ces conseillers s'inspirent de la théorie de la contingence, à savoir que la forme souhaitable d'organisation n'est pas celle qui découle normalement d'une théorie, mais celle qui varie en fonction des caractéristiques du milieu externe dans lequel elle évolue et des aspirations de ses membres.

Le fonctionnement et les sciences humaines

Dans l'esprit de Beckhard, à l'époque où il a élaboré ce premier essai de définition, le développement organisationnel s'intéressait surtout à la qualité des relations interpersonnelles et à l'acquisition d'une compétence sur ce plan, qui devait se manifester par une plus grande authenticité des échanges. L'apprentissage s'en tenait alors à l'amélioration des processus de fonctionnement, tel que l'exercice d'influence ou du leadership, la prise de décisions en groupe, les communications et la résolution des conflits. Par la suite, les programmes de D.O. ont pris de l'ampleur et incorporé des interventions sur le plan de la structure, de la culture organisationnelle, des stratégies de gestion, des systèmes et de l'efficacité de ceux-ci (systèmes de gestion, de fabrication, de distribution et d'information).

En s'intéressant avant tout aux problèmes liés à l'aspect humain des organisations, les programmes de D.O. font une utilisation intensive des connaissances acquises dans des disciplines particulières, comme la sociologie des organisations, la psychologie, la psycho-sociologie des organisations et l'anthropologie culturelle. Il s'agit de connaissances qui sont véhiculées dans le présent ouvrage et d'autres qui abordent les mêmes thèmes.

Cependant, le concept clé ou le type d'intervention privilégié demeure celui du travail d'équipe. De fait, il existe un postulat selon lequel on ne peut amorcer et assurer la diffusion d'un changement important au sein d'une organisation sans passer par un groupe de travail, ce qui implique qu'il faut développer, au début et en cours d'intervention, la capacité de travailler en équipe. Cette constatation ne doit pas surprendre si on se souvient que le D.O. est issu de deux courants de pensée et d'action qui se sont succédé, à savoir la recherche-action et la dynamique de groupe (groupe de laboratoire).

La recherche-action consiste avant tout à mettre des connaissances au service de l'action. Il s'agit de recherche orientée qui doit également obéir aux normes de la recherche dite scientifique, dont les connaissances s'appuient sur des concepts, des hypothèses de recherche et des observations contrôlées. Par conséquent, le diagnostic préalable à l'action, dans un programme de D.O. qui adhère au modèle de la recherche-action, doit obéir autant que possible à ces normes. L'expression «recherche-action» comporte aussi un caractère dynamique si l'on pense au phénomène de rétroaction, qui sert autant à évaluer l'efficacité de l'action qu'à relancer la recherche à un autre niveau.

Le courant de la recherche-action, même s'il a connu son apogée au cours des années 1940 et 1950, demeure d'actualité puisque l'on conçoit mal un programme de D.O. qui ne ferait pas état d'une certaine forme de recherche (cueillette systématique d'information) pour dégager des avenues ou des priorités d'action.

Un deuxième courant, issu de la recherche-action et à l'origine du développement organisationnel, est celui de la dynamique de groupe, ou groupe de laboratoire, dont l'origine et l'évolution ont eu lieu au cours des années 1950 à 1970 (Tessier, 1990).

Le groupe de laboratoire est avant tout une méthode de formation en relations humaines qui consiste à apprendre à reconnaître des phénomènes qui se produisent au sein d'un groupe, notamment les perceptions, les attitudes, l'exercice de l'influence, l'authenticité ou la fausseté des relations, les communications et les conflits personnels et interpersonnels. Comme l'écrit Tessier (1990) : «En plus d'explorer les modes de partage du contrôle qui distinguent un groupe démocratique d'un groupe autoritaire, ou indifférent, on aborde aussi les dimensions du partage émotif, de l'affection et de la solidarité. Petit à petit, l'accent mis sur l'intimité conduira à la formulation d'une idéologie davantage axée sur la valorisation de la personne en situation interpersonnelle».

Il faut également souligner que les valeurs implicites qu'on trouve dans ces deux courants de pensée et d'intervention réapparaissent dans les programmes de D.O., dont elles sont la pierre angulaire. Il s'agit de démocratie, de partage du pouvoir, d'égalité d'accès aux connaissances et à l'information, d'authenticité des relations sociales, de compétence interpersonnelle et d'autonomie. La contribution des sciences du comportement à un programme de développement organisationnel demeure toujours importante, même si de nos jours, on fait appel à un éventail de concepts et de modèles qui découlent de la théorie des systèmes ouverts, de la biologie, de la cybernétique et des sciences de la gestion.

16.3 LE PROGRAMME DE DÉVELOPPEMENT ORGANISATIONNEL

En général, un programme de D.O. comporte au moins deux grandes étapes :

1. Le diagnostic, c'est-à-dire une cueillette d'information sur les problèmes qui ont cours dans la situation actuelle, en s'appuyant sur des concepts ou des apports théoriques; c'est aussi un ensemble de méthodes qui dispensent cette information, ou encore l'information sur l'écart qui peut exister entre la situation recherchée et la situation vécue.

2. L'intervention proprement dite, c'est-à-dire un ensemble d'activités qui consistent à dégager de l'information recueillie des priorités de changement, à mettre au point un calendrier de réalisation de ces priorités et à en assurer le suivi.

Cependant, un programme de D.O. fait généralement appel à un agent de changement externe, qui peut, si possible, former un tandem avec un agent de changement déjà membre de l'organisation. Nous décrirons les grandes étapes d'un programme de D.O. en gardant à l'esprit la relation de collaboration qui s'établit entre l'organisation cliente et l'agent de changement. Pour ce faire, nous ferons appel à des auteurs connus dans ce domaine (Lippitt et Lippitt, 1980; Lescarbeau, Payette et St-Arnaud, 1990).

16.3.1 Les principales étapes

Le premier contact

On peut définir cette étape comme étant un ensemble d'activités qui permet aux personnes concernées, le demandeur et le consultant, de circonscrire la nature de l'aide qui peut être fournie et de décider comment cette forme d'aide peut faire l'objet principal d'un projet d'intervention. De son côté, la direction générale de l'organisation cliente, consciente d'un certain nombre de problèmes (sur le plan notamment des communications, des structures, de la mission et du climat existant) s'adresse à un consultant pour lui en faire part. Ce dernier tente d'évaluer rapidement et sommairement la situation qui fait problème et communique sa réaction au demandeur.

Au même moment, le consultant cherche à savoir si le demandeur sera éventuellement la personne qui donnera le feu vert à l'intervention. Le consultant tente de délimiter les frontières de l'organisation cliente, c'est-à-dire les personnes en interaction constante qui forment l'ensemble de l'organisation, ou seulement un secteur (un grand service), une unité administrative à l'intérieur d'un grand service, ou encore un groupe naturel de travail (supérieur hiérarchique et collaborateurs immédiats).

Il s'agit là du découpage organisationnel original qui peut changer d'une étape de l'intervention à une autre. Si le consultant se sent incapable de circonscrire exactement le ou les problèmes qui ont cours, il doit:

— procéder à un diagnostic sommaire qui porte sur la mission, la structure, la culture et les processus humains de l'organisation cliente;

— vérifier dans quelle mesure la perception qu'il se fait de la situation est partagée par les cadres subalternes, intermédiaires et supérieurs;

— vérifier dans quelle mesure les personnes en cause au départ sont sensibilisées aux problèmes existants et motivées à y apporter des solutions.

Le projet d'intervention

Après avoir échangé sur la nature de la situation existante, sur la forme d'aide que serait capable d'apporter le consultant et sur le rôle qu'il entend jouer, le client et le consultant sont prêts à convenir par écrit d'un contrat qui décrit les modalités importantes de la relation de consultation, en tenant compte des différentes étapes du programme de D.O. Ce contrat comprendra habituellement les éléments suivants:

— un bref rappel de la demande originale;

— un résumé de la situation qui tient compte des reformulations;

— une description précise du client et du système client (ou de l'organisation cliente);

— des précisions sur l'objet particulier de l'intervention : la mission, la stratégie, la culture, la structure, les communications, la qualité des relations interpersonnelles, les compétences exigées des membres de l'organisation et la nature de la formation à dispenser pour les acquérir ;

— une présentation des indicateurs de réussite de l'intervention, par exemple, le taux d'absentéisme après une intervention en vue d'améliorer le climat organisationnel, où la mesure de réussite est l'écart entre les taux précédant et suivant l'intervention ; un autre indicateur de réussite serait le temps consacré aux réunions de travail, où le pourcentage de temps soustrait serait l'indice de mesure ;

— une brève description de la demande générale d'intervention, c'est-à-dire comment va se dérouler le programme, en quoi consistera le travail de cueillette d'information, de traitement et d'élaboration des priorités de changement ;

— une description sommaire des rôles et des responsabilités assumées au cours de l'intervention par le consultant et les membres de l'organisation cliente ;

— une estimation du temps que durera l'intervention et des frais occasionnés.

Le diagnostic

Lorsque les personnes concernées ont échangé à propos de leurs attentes réciproques et du rôle qu'elles sont prêtes à assumer au cours de l'intervention, et qu'elles en ont fait l'objet d'un projet ou d'un contrat d'intervention, elle sont prêtes à entreprendre l'étape la plus importante, soit celle du diagnostic.

Cette étape consiste d'abord à relever l'information sur les forces et les faiblesses de l'organisation cliente, à l'aide d'instruments de cueillette d'information : l'observation directe, l'observation participante, le guide d'entrevue et le questionnaire d'enquête, pour ne citer que les plus connus.

Ensuite, l'information ainsi recueillie est mise en forme et fait l'objet d'une présentation systématique et d'une discussion avec les membres de l'organisation cliente. On arrivera ainsi à dégager les avenues possibles de changement et à reformuler les résultats prévus, s'il y a lieu.

Cette étape exige donc au préalable le choix d'une méthode de cueillette d'information, et la préparation des personnes qui seront invitées à collaborer.

Un bon diagnostic devrait, autant que faire se peut, répondre aux critères énoncés ci-après (Bowers et Franklin, 1976) :

Un ancrage théorique adéquat

Le diagnostic, autant que possible, doit s'appuyer sur des concepts et des théories qui permettent d'appréhender la réalité et de la décrire adéquatement. Par exemple, pour effectuer une étude de la satisfaction et de la motivation au travail, il serait opportun de se référer à la théorie des deux facteurs de Herzberg (1959), c'est-à-dire les facteurs de motivation et les facteurs d'hygiène. On trouve un résumé de cette théorie au chapitre qui traite de la motivation.

Une étude de toute la réalité observée

Autant que possible, les théories retenues et les instruments utilisés doivent permettre de circonscrire toute la réalité qu'on veut observer, plutôt qu'un aspect en particulier.

Un certain degré de représentativité

La théorie retenue et le langage utilisé, qui soustendent l'élaboration des différents instruments de cueillette d'information, doivent correspondre au langage du milieu qu'on veut observer ou fournir aux personnes qui auront à communiquer l'information une possibilité de se familiariser avec ledit langage.

Une certaine capacité de prédire

Ceci signifie que les concepts, le cadre de référence retenu et la nature des instruments de cueillette vont livrer une information qui indique quel sens prendra l'effet produit par une cause quelconque, en l'absence d'une intervention.

Un certain potentiel de changement

Encore là, le diagnostic doit être conçu et effectué soit de façon à sensibiliser les personnes et à les inciter à changer, soit dans un secteur particulier de l'organisation cliente, à savoir, celui qui offre le plus de garanties de réussite au changement.

Le diagnostic doit précéder l'intervention

Le diagnostic doit précéder l'intervention, car on ne peut entreprendre cette dernière en croyant qu'il s'agit simplement de confirmer ce qu'on sait déjà et de justifier les redressements qu'on entend apporter.

Le diagnostic doit être conçu en fonction des malaises qu'on désire cerner dans l'organisation cliente

En d'autres termes, certains consultants seraient enclins à suggérer constamment le même diagnostic parce qu'ils en maîtrisent bien les concepts et le cadre théorique. On aurait alors un diagnostic conçu et réalisé en fonction du consultant.

Une certaine capacité de différencier des états

Le diagnostic, tant sur le plan de la théorie qui le sous-tend que de l'instrument de cueillette d'information, devrait permettre de bien différencier un problème de mauvais fonctionnement d'un autre. Par exemple, un questionnaire portant sur l'efficacité des communications doit chercher à rendre compte de ce phénomène, et non pas de celui du climat organisationnel. De fait, il existe de bons instruments de cueillette de données pour étudier ce dernier.

La planification et la réalisation

Essentiellement, cette étape porte sur la détermination des mesures à prendre et des ressources matérielles, financières et humaines qu'on veut y consacrer, en vue d'atteindre des objectifs précis de changement.

Une fois l'information recueillie et présentée de façon systématique et cohérente aux personnes concernées, l'organisation cliente est maintenant prête à passer à l'étape des priorités de changement ou à énoncer les résultats prévus pour chacune des priorités. On établit alors un calendrier qui présente les mesures à prendre, les ressources à mobiliser, le temps à y consacrer et les rôles à assumer.

Une fois arrêté le calendrier des mesures à prendre, le temps est venu d'effectuer les changements, c'est-à-dire de procéder à la réalisation des mesures retenues, en utilisant efficacement le temps et les ressources prévues à cette fin. Au premier abord, il s'agit d'une étape d'exécution qui ne devrait pas comporter d'embûches ou de grandes difficultés.

Toutefois, certaines mesures de soutien ou d'accompagnement doivent être prévues et réalisées, afin d'appuyer les personnes qui tentent d'apporter des modifications importantes à leur milieu. Par exemple, au moment où l'on effectue des changements, il faut prévoir une période de transition entre la situation nouvelle et la situation existante, ou encore il faut assurer pendant un certain temps une continuité des opérations existantes. Comme on ne peut tout changer en même temps, il faudra décider de commencer par une expérience pilote, quitte à assurer, par la suite, la diffusion du changement dans l'ensemble de l'organisation cliente, si le changement s'avère un succès.

Pour soutenir l'effort de changement, il faut aussi prévoir certains renforcements ponctuels et positifs, c'est-à-dire permettre aux personnes concernées de vérifier si elles sont dans la bonne voie ou non, ou encore prévoir certaines résistances chez ces personnes. Nous verrons plus loin que tout changement important, même si la sensibilisation a été bien faite au départ, ou que les personnes ont eu l'occasion de participer au diagnostic et à l'élaboration des priorités, s'accompagne également de résistance qui rend difficile la réalisation du changement.

La fin de l'intervention

Une fois les changements en partie effectués, le consultant doit songer à se retirer graduellement, et à permettre à l'organisation cliente d'utiliser les connaissances et les habiletés nouvellement acquises en introduisant les changements futurs.

Le consultant discutera avec les personnes concernées de la nature du suivi à effectuer. Est-ce qu'on procédera immédiatement à une évaluation du degré d'atteinte des objectifs de l'intervention, en s'interrogeant sur le temps et les ressources utilisées ? Ou alors est-ce qu'on attendra quelques mois pour procéder à ce suivi ? En voulant apporter une réponse affirmative à la première question, le consultant verra à préparer et à faire accepter un projet d'évaluation et de suivi, en prenant soin d'indiquer ce sur quoi il va porter et la méthode de cueillette d'information. Le consultant, une fois en possession de l'information recueillie sur les effets de l'intervention, préparera un rapport. Il fera état de la nature de la demande originale, de l'entente intervenue, du déroulement de l'intervention et des conclusions quant à l'évaluation et aux suites qu'on devrait y donner.

16.3.2 Les rôles d'un consultant en D.O.

Chacune des étapes d'une intervention de D.O. permet d'entrevoir la nature des rôles éventuels d'un consultant en D.O. D'autres facteurs influencent également le choix du rôle qu'un consultant entend jouer, notamment les valeurs auxquelles souscrit ce dernier et ses compétences.

À la limite, on peut regrouper sous deux grandes rubriques, ou deux pôles d'un continuum, les rôles qui caractérisent le type d'aide qu'un consultant en D.O. peut apporter à une organisation cliente (Gouldner, 1961) : soit un rôle d'expert, soit un rôle de facilitateur.

Le consultant en D.O. joue un rôle d'expert lorsqu'il assume la responsabilité de l'étude et de la résolution des problèmes avec lesquels une organisation est aux prises. Ce consultant fait des recommandations propres à accroître le rendement économique de l'organisation cliente ou la satisfaction des membres.

Le rôle d'expert, lorsqu'il domine tout au long de l'intervention, maintient l'organisation cliente dans un état de dépendance et de passivité à l'endroit des changements à effectuer. La démarche du consultant expert s'apparente donc à celle qui est inhérente au processus de résolution de problèmes.

Au lieu de se préoccuper du cheminement de l'organisation cliente, il préfère s'occuper des problèmes. Ce faisant, il se rapproche d'un modèle de consultation conventionnelle qui consiste presque exclusivement à vendre de l'expertise, dans un domaine particulier de la connaissance et de la pratique. Dans cette relation, c'est le consultant qui garde l'emprise sur l'ensemble de l'intervention, en dictant quoi faire à l'organisation cliente, ce qui procure à cette dernière un sentiment de sécurité, puisqu'en cas d'échec, il sera plus facile de désigner un bouc émissaire.

Par contre, le rôle de facilitateur, le deuxième pôle du continuum annoncé plus haut, cadre beaucoup plus avec la démarche et le contenu d'un programme de D.O., qui s'inspire d'une stratégie normative rééducative. En effet, le consultant animateur se préoccupe avant tout du cheminement de l'organisation cliente, en respectant son rythme d'apprentissage. Il voit à ce que, dans le cadre de la relation de collaboration qu'il entend établir et maintenir avec l'organisation cliente, cette dernière s'approprie des concepts, des théories et des instruments qui lui permettent de mieux prendre conscience des problèmes de son milieu, et des possibilités de solutions qu'elle entend elle-même créer et mettre en œuvre.

Le conseiller animateur joue un rôle de **formateur** (Lescarbeau et coll., 1990), en diffusant dans l'organisation cliente les concepts et les bases théoriques dont elle a besoin pour aborder par elle-même l'étude et la résolution de ses propres problèmes. Le conseiller animateur, comme son nom l'indique, joue un rôle de **facilitateur**, lorsqu'au cours d'une intervention, il aide un petit groupe à prendre des décisions, à s'organiser et à accomplir une tâche particulière. On voit donc qu'à l'enseigne de la facilitation, le conseiller en D.O. cherche à inculquer des connaissances et des aptitudes chez l'organisation cliente, de façon à ce qu'elle puisse par la suite procéder à l'étude et à la résolution de ses problèmes de fonctionnement ou d'adaptation au milieu, sans continuellement recourir à une aide extérieure.

Sans insister davantage sur la supériorité ou l'infériorité d'un rôle plutôt que l'autre, nous préférons souligner que le consultant doit exercer son jugement quant au rôle qu'il convient de jouer entre les deux pôles décrits plus haut. Il se situera sur le continuum expertise-facilitation en tenant compte des éléments suivants :

— l'étape du projet d'intervention ;
— la nature de la demande originale ;
— le degré de sensibilisation au changement ;
— la nature des problèmes décelés en cours d'intervention ;
— l'urgence d'agir, selon la nature des pressions créées par le milieu de l'organisation cliente.

16.4 LES PRINCIPAUX TYPES D'INTERVENTION

De nombreux auteurs et praticiens du développement organisationnel ont tenté de classifier la multitude des approches et des techniques qui sont couramment utilisées au cours des différentes étapes d'un programme de D.O. Nous retiendrons ici les approches ou techniques les plus employées, en les regroupant sous les trois rubriques suivantes :

— celles qui visent des modifications des processus humains, dont la prise de décisions, le leadership, la communication, la résolution de conflits et la qualité des relations interpersonnelles ;
— celles qui visent à apporter des modifications à la structure organisationnelle et à l'organisation du travail ;
— celles qui visent l'amélioration des systèmes, en particulier, de la dimension sociale et de la dimension technique.

16.4.1 L'amélioration des processus

La sensibilisation au travail d'équipe

Il s'agit d'une transposition du groupe de laboratoire en milieu organisationnel, qui comporte une préoccupation d'efficacité dans l'accomplissement d'un travail ou d'une tâche précise. En effet, les techniques de sensibilisation au travail d'équipe ou de constitution d'équipes de travail consistent en une réunion de huit à dix personnes d'un même département de l'organisation, ou de départements différents, ou encore de niveaux hiérarchiques différents. Ces personnes se rassemblent pour examiner la manière dont elles fonctionnent en groupe, c'est-à-dire qu'elles prennent conscience de la manière dont elles s'organisent, du jeu des perceptions, des attitudes, des préjugés, des valeurs et des affinités qui ont cours dans le groupe, au moment d'une décision à prendre ou d'un objectif à réaliser en commun. À cela s'ajoute une prise de conscience de l'effet que peuvent avoir la méthode de travail retenue et la dimension socio-affective sur l'efficacité du travail en équipe.

La réunion de confrontation

Cette technique d'intervention, mise au point par Beckhard (1965), vise à aplanir les différences ou à régler les conflits entre deux groupes d'une organisation. La technique consiste à demander à chacun des groupes en conflit de dresser deux listes, dont la première indique la manière dont le groupe « A » perçoit le groupe « B », et la deuxième, la manière dont « A » croit qu'il est perçu par le groupe adverse. Une fois les listes dressées sous forme de qualificatifs, elles sont échangées en silence. Ensuite, survient un échange face à face entre les participants de chaque groupe, pour obtenir des clarifications et des suggestions sur les changements à effectuer.

Par exemple, il nous est arrivé, dans une institution du secteur des affaires sociales, de demander aux participants du module médical (celui des soins) de dresser des listes semblables, en prenant comme vis-à-vis le module communautaire, et vice versa. Après l'échange, on constata que le module médical se percevait comme supérieur à l'autre, parce que les gestes médicaux que posaient les membres étaient facilement reconnus par les bénéficiaires, alors que les mesures préconisées par le module communautaire demeuraient difficilement perceptibles. À la fin de l'exercice, les deux groupes étaient capables de préciser des objectifs communs et de déterminer des occasions de collaboration étroite.

L'enquête diagnostic

Le questionnaire d'enquête, et l'information en retour, constitue la technique de cueillette d'information la plus utilisée et, apparemment, la plus efficace dans une entreprise de changement (Porras, 1989). Comme son nom l'indique, la technique comprend un questionnaire qui permet de rejoindre un grand nombre de personnes, à un coût abordable, en gagnant du temps. Le questionnaire est alors préférable à l'entrevue individuelle ou de groupe comme méthode de cueillette d'information. On élabore cet outil en s'appuyant sur des concepts et des propositions d'ordre théorique (par exemple, la définition et les dimensions de la qualité de vie professionnelle) qui permettent de circonscrire la réalité organisationnelle qu'on entend examiner. Il comporte un certain nombre de questions qui concernent la réalité sociale, bien définies et suivies d'une échelle qui permet aux participants de faire part de leur appréciation de cette réalité. Les réponses sont colligées, traitées et présentées de façon cohérente et systématique, sans proposer de suggestions

quant aux modifications à apporter. Les données sont habituellement communiquées en retour aux personnes qui ont fourni l'information (rétroaction), cependant, de façon sélective : chaque secteur de l'entreprise reçoit les données qui le concernent et un profil d'ensemble qui permet des comparaisons.

Les grilles de gestion

Ces grilles formées d'axes horizontal et vertical, dont les orientations sont précises (tâche ou production, considération à l'égard des personnes ou accent sur la structure) permettent aux différents groupes naturels de travail (supérieur hiérarchique et collaborateurs immédiats) de tracer un profil du style de gestion ou de leadership qui domine une équipe et de s'interroger ensuite sur la pertinence et l'efficacité de celui-ci.

Lorsque tous les groupes naturels de l'organisation cliente procèdent à cet exercice, il devient alors possible de reconnaître le style de leadership dominant et de s'interroger sur le degré de cohérence qui existe ou non entre les différents styles de leadership qui ont cours dans le milieu. Des programmes de D.O. sont conçus de façon à utiliser presque exclusivement l'une ou l'autre de ces grilles. Nous parlons ici évidemment des travaux largement connus et diffusés de Blake et Mouton (1978), de Reddin (1967) et de Blanchard et Hersey (1977) qui ont mis au point ces instruments d'intervention. Si la validité et la fiabilité de ces instruments peuvent apparaître douteuses, il n'en demeure pas moins que ce sont des outils pédagogiques qui favorisent la prise de conscience d'une situation et qui permettent d'y apporter des modifications.

16.4.2 Les interventions structurelles

Le modèle différenciation-intégration

Ce modèle, élaboré par Lawrence et Lorsch (1969), s'appuie sur le principe selon lequel il n'existe pas de structures organisationnelles idéales, mais des structures qui sont adaptées au caractère plus ou moins incertain du milieu externe. La norme qui sous-tend le modèle veut que la structure la plus efficace soit celle qui reflète un degré de différenciation et d'intégration approprié à l'interne, en tenant compte des exigences du milieu. Il s'agit d'une rupture importante avec la position de l'école classique de gestion qui s'en tenait au caractère soi-disant universel des principes d'établissement des structures.

Le degré de différenciation, d'une part, renvoie au caractère plus ou moins spécialisé des unités administratives qui composent l'organisation cliente. D'autre part, le degré d'intégration désigne la coordination des personnes au sein des différentes unités administratives, surtout entre ces unités, et met en évidence l'importance des objectifs communs à l'ensemble des unités. Par conséquent, la jonction entre l'organisation et le milieu devient le concept clé qui sous-tend le modèle.

L'application de ce modèle exige une stratégie d'ordre rationnel empirique : elle procède d'abord par une étude systématique du degré d'incertitude du milieu, en ce qui a trait au marché (demande du ou des produits), à la technique de fabrication et aux contraintes juridiques. Ensuite, à la lumière de cette information qui provient de l'extérieur, on se demande si, à l'interne, les degrés de différenciation et d'intégration existants sont appropriés ou non. Au cas où ils sont inadéquats, les personnes concernées doivent parvenir à un consensus quant au degré souhaitable, élaborer un plan d'action et s'assurer de sa réalisation.

L'application de ce modèle, même s'il laisse peu de place aux processus humains, à cause de sa nature plutôt cognitive et rationnelle, nous apparaît quand même un instrument valable d'intervention, qui oblige la direction générale à se donner une gestion qui s'inscrit dans une perspective stratégique.

La restructuration du travail

Il existe de nombreuses manières de repenser le travail, de façon à contrer les méfaits du taylorisme qui demeure la forme dominante d'organisation du travail. Sans entrer dans les détails, nous rappelons brièvement ici une méthode déjà décrite dans un chapitre antérieur : celle de l'enrichissement du travail.

L'enrichissement du travail consiste à insérer, dans une tâche qui en est dépourvue, des activités et des responsabilités qui exigent du titulaire des compétences variées, et à lui procurer des occasions d'apprendre et de se réaliser. L'enrichissement vertical du travail comporte également une addition de responsabilités qui font appel à plus d'autonomie décisionnelle chez le titulaire, notamment la planification de son propre travail, le contrôle de la qualité et le choix des méthodes.

16.4.3 L'école socio-technique

La gestion participative par objectifs

Essentiellement, la gestion participative par objectifs (Tremblay, Langevin et Bélanger, 1978) consiste dans une définition conjointe, par le supérieur hiérarchique et ses subordonnés, des objectifs de travail ou des résultats attendus d'un poste, qui tient compte des objectifs des unités administratives et de ceux de l'ensemble de l'organisation. Ces objectifs et résultats servent, par la suite, de critères de décisions quant à l'affectation des ressources aux différents postes et unités administratives, de critères de programmation des activités nécessaires aux résultats et de critères d'évaluation du rendement.

L'application de cette philosophie de gestion fait appel aux notions de système, et d'interface entre le système et le milieu. De fait, l'organisation tout entière, les diverses unités administratives qui la composent, de même que les postes individuels de travail sont envisagés sous l'angle d'un système, c'est-à-dire des entités composées d'éléments différenciés interdépendants qui exécutent et renouvellent un cycle d'activités, et qui utilisent des ressources en vue de produire des résultats prévus dans un milieu donné.

L'introduction de groupes semi-autonomes

Cette approche utilise également des notions de système, de système social ouvert et de milieu. Le fondement de cette approche consiste à concevoir et à instaurer des systèmes techniques et humains, de façon à réaliser une optimisation conjointe des objectifs de ces deux systèmes. Autrement dit, cette approche tente de réconcilier la poursuite d'objectifs opposés au préalable, soit d'une part, la réalisation des aspirations des individus dans leur milieu de travail et d'autre part, la réalisation des objectifs économiques de l'organisation, en ce qui a trait notamment à la productivité et à la profitabilité.

Cette approche puise ses fondements conceptuels dans des recherches menées au Tavistock Institute of Human Relations, à Londres, au tournant des années 50. Une des conclusions veut que la technique de fabrication ne soit pas une variable déterminante (même si elle est importante) de l'organisation du travail. En d'autres termes, on peut penser qu'à une technique de fabrication donnée, puissent correspondre différentes formes d'organisation du travail.

Les concepts et les enseignements de l'école socio-technique ont connu une large diffusion aux États-Unis et au Canada, en préconisant l'introduction de nouvelles formes d'organisation du travail, en particulier, les groupes semi-autonomes de production, les groupes d'amélioration de la productivité et de la qualité de vie au travail.

16.5 LES TENDANCES RÉCENTES

Nous avons vu que les programmes de D.O., au cours des dernières décennies, ont mis surtout l'accent sur l'amélioration des processus de fonctionnement des organisations, sur des modifications à apporter aux structures organisationnelles ou sur l'amélioration de la qualité de vie au travail. Tout récemment, le champ de préoccupation et de pratique du D.O., et du changement

prévu en général, s'est élargi à un point tel qu'on parle actuellement d'une deuxième génération. Pour en faire état, nous avons retenu, parmi ces orientations nouvelles (Huse et Cummings, 1985), deux grands champs de préoccupation : celui de la culture organisationnelle et celui du développement d'une vision stratégique de la gestion des organisations (une capacité de gérer le changement stratégique).

16.5.1 La culture organisationnelle

L'engouement pour la philosophie et les pratiques de gestion japonaises a mis en évidence l'importance de la culture organisationnelle dans l'instauration et le maintien d'une certaine cohérence des valeurs et des comportements au sein des organisations. La culture apparaît de plus en plus comme un élément important de la poursuite de l'excellence sur tous les plans, et plus particulièrement, sur le plan économique.

De fait, à tort ou à raison, on cherche, en s'appuyant de plus en plus sur des données empiriques, à établir un lien entre d'une part, une culture forte, dont les postulats et les valeurs qui en constituent les éléments fondamentaux sont largement partagés par les membres de l'organisation à tous les niveaux, et d'autre part, la capacité de cette même organisation de s'adapter à un milieu nouveau. L'intérêt ainsi renouvelé pour la variable « culture organisationnelle » ne doit pas nous faire oublier qu'il s'agit là d'un élément qui, avec le temps, confère à une organisation son identité. On ne saurait du jour au lendemain modifier les orientations et les valeurs d'une organisation sans créer un climat de confusion et d'insécurité chez le personnel, en exigeant de ce dernier d'adopter de façon précipitée de nouvelles façons de penser et de nouveaux comportements.

Puisqu'un changement culturel implique beaucoup de temps et d'effort, il faudrait prendre soin de répertorier les éléments de la culture existante, d'évaluer ceux qui ne sont plus fonctionnels, d'en introduire de nouveaux, plus appropriés et de former toutes les personnes concernées en conséquence. Pour faciliter la gestion d'un tel changement, nous présentons en premier lieu une définition de la culture organisationnelle, un essai de concept opérationnel de cette définition et des instruments de cueillette d'information. Par la suite, nous proposerons un modèle de démarche d'intervention à propos de la culture.

Un essai de définition

Actuellement, nous retrouvons dans la documentation de la gestion une multitude de définitions dont les éléments communs se concentrent dans la formulation suivante : la culture organisationnelle est avant tout une configuration plus ou moins homogène ou cohérente de représentations, de significations ou de postulats (généralisations qui ne se prêtent pas à des démonstrations) qui ont cours à un moment donné dans une organisation de travail, qui sont partagés par les diverses catégories professionnelles et qui orientent et donnent un sens à leur action, dans un contexte socio-culturel donné.

La présence de plusieurs catégories professionnelles au sein des organisations (dirigeants, spécialistes, techniciens, employés de bureau, ouvriers) signifie que si un ensemble de valeurs, de croyances, d'idéologies ou d'autres postulats est commun à un groupement d'individus, il n'est pas nécessairement perçu de la même manière par tous. Il faut donc tenir compte des sous-cultures à l'intérieur d'une même organisation. Par exemple, les spécialistes de la gestion des ressources humaines attachent une importance plus grande à l'aspect humain que ne le font les individus responsables de la recherche et du développement de produits nouveaux. Ainsi, la signification qu'un ouvrier donne à son travail est passablement différente de celle que lui donne un gestionnaire.

Parmi toutes les définitions de la « culture organisationnelle » qui existent, nous avons retenu celle de Schein (1990a), parce qu'elle peut être

aménagée de façon à recueillir des données empiriques sur cette dimension importante des organisations :

- « Une configuration de postulats ou de généralisations de base qu'un groupe donné a inventés, découverts ou acquis par apprentissage en cherchant des solutions à ses problèmes de fonctionnement interne ou d'adaptation à un milieu ;
- une configuration qui correspond suffisamment aux besoins des individus pour qu'elle puisse être considérée comme étant valide ;
- et partant, qu'elle puisse être enseignée au nouveaux membres comme étant la manière adéquate de penser, de sentir et d'agir en tenant compte de leurs problèmes. »

Pour faciliter la compréhension de cette définition, qui veut rendre compte de la réalité culturelle à la fois visible et invisible des organisations, nous reprenons les principaux éléments qui la composent.

Ces généralisations constituent une vision des êtres et des choses au sein du groupe, une vision qu'on tient pour acquise, difficilement observable et discutable. Par exemple, des dirigeants qui soutiennent que les idées originales viennent avant tout des individus et non des groupes créent à leur insu un contexte qui ne favorise pas le travail d'équipe. L'encadré 16.1 fournit une description d'une configuration de postulats.

Selon Schein (1990a), les généralisations que véhicule un groupe s'articulent autour de cinq propositions qui expriment ses principales conceptions, et concernent :

1. Les relations d'échange entre l'organisation et son milieu.
2. La réalité, la vérité.
3. La nature humaine et les individus.
4. Le travail ou l'activité humaine en général.
5. La nature des rapports sociaux : affrontement ou collaboration, autorité ou autonomie.

Lorsqu'on parle d'un groupe, on désigne généralement un certain nombre de personnes qui

ENCADRÉ 16.1
Postulats des entreprises d'avant-garde

Les entreprises d'avant-garde ont une culture fondée sur plusieurs postulats ou hypothèses de base :

– Les collaborateurs sont foncièrement bons, honnêtes et dignes de confiance et veulent contribuer au bien-être de l'organisation.

– La plupart des gens cherchent à donner un sens à leur vie professionnelle : ils ne travaillent pas uniquement pour des récompenses extrinsèques (notamment financières), mais recherchent l'occasion de poursuivre des buts collectifs «élevés» en accord avec leurs valeurs les plus profondes.

– Chaque individu peut apporter une contribution unique à la réalisation des finalités de l'entreprise, d'après une vision claire de ses propres finalités.

– Les problèmes complexes demandent des solutions locales : l'organisation exprime sa confiance dans le jugement et le sens des responsabilités de chacun de ses membres, et trouve la façon de redistribuer le pouvoir de décision en créant des unités les plus petites possible.

– La responsabilité des dirigeants est de formuler et d'entretenir la vision de l'organisation, de catalyser l'adhésion de la plupart des membres et de définir des politiques et des structures. Ils consacrent beaucoup de temps à leur activité de pédagogue (faire partager aux collaborateurs les finalités, objectifs et valeurs de l'entreprise) ainsi qu'à faire circuler très largement l'information. Ils reconnaissent qu'ils doivent lutter en permanence contre la tendance à l'autoritarisme et au contrôle a priori.

– La coopération au service des finalités de l'entreprise, une saine émulation selon des règles admises par tous (tous les membres de l'organisation sont gagnants à long terme) et une éthique d'honnêteté et d'intégrité remplacent la compétition interne perçue comme une fin en soi.

– La conscience (ou sens élargi des responsabilités) est cultivée à tous les niveaux : primauté est donnée à l'effet des actions individuelles sur les résultats d'ensemble, et non au strict respect des méthodes et procédures ; le degré d'intervention des fonctionnels centraux est limité, car le fardeau de la preuve incombe à l'intervenant. La responsabilité est étendue au bien-être des parties prenantes externes, notamment les collectivités locales d'accueil et autres institutions sociales qui bénéficient souvent de dons systématiques.

En résumé, la base philosophique de ce système de gestion est la triple croyance en :

– la quête de sens, en tant que préoccupation fondamentale de l'homme ;
– la capacité de l'individu de forger sa propre destinée ;
– la puissance considérable d'un groupe d'hommes et de femmes engagés dans la réalisation de finalités communes.

Le rôle des dirigeants est de créer les conditions dans lesquelles la plupart voudront s'engager au-delà d'une relation purement utilitaire ou instrumentale : la congruence entre valeurs individuelles et valeurs de l'organisation débouche sur des comportements «prosociaux» bénéfiques pour l'individu comme pour l'entreprise.

Source : GAUTHIER, A., «Vers un nouveau management», *Management et personnel*, n° 3, printemps 1987, p. 25.

ont une tâche collective à accomplir et qui, à cette fin, doivent établir et maintenir des échanges relativement stables entre elles. Le groupe constitue une référence de définition et de description d'une culture donnée. Par conséquent, pour rendre compte d'une culture, il faut prendre bien soin au départ de circonscrire le groupement des personnes auquel on fait allusion.

La troisième composante de la définition du concept proposée par Schein permet de comparer la culture à une sorte de mécanisme régulateur des échanges entre les individus d'une unité sociale donnée. De fait, la culture comporte une dimension positive en ce sens qu'elle propose des solutions aux problèmes de fonctionnement interne et d'adaptation à un milieu changeant que connaît l'unité sociale. Cette situation est si réelle que les individus sont enclins, une fois les solutions trouvées et vérifiées, à proposer ces dernières tant et aussi longtemps qu'elles seront jugées adéquates.

Par contre, la culture peut aussi comporter une dimension négative, qui se traduit par une sorte de frein ou de résistance au changement. Elle contribue à diminuer l'anxiété devant des situations nouvelles, pour lesquelles l'unité sociale ne dispose pas de solutions à ce moment. La validité d'une configuration de postulats constitue un corollaire de l'élément précédent, en ce sens qu'une fois appris, les postulats assurent une certaine stabilité aux rapports sociaux entre les membres d'un groupe.

Pour atteindre cette stabilité et pour que le groupe ait une vision commune de ce qu'est la réalité ou la vérité, les postulats doivent nécessairement être enseignés aux nouveaux membres. L'assimilation de la culture par les nouveaux membres pose un problème d'autant plus grave que ces derniers veulent apporter des idées nouvelles, une autre vision des choses, une façon différente de penser et d'agir.

Cette définition proposée par Schein veut rendre compte de façon globale du phénomène culturel au sein des groupements humains. Cependant, elle nécessite une reformulation pour lui conférer un caractère opérationnel, c'est-à-dire pour permette de tracer le profil culturel propre à une organisation de travail.

Un concept opérationnel

Pour effectuer un changement important d'une composante quelconque de la culture qui a cours à un moment donné dans une organisation, il semble logique de disposer d'un concept qui permet d'en déterminer les principales composantes et d'en tracer un profil.

En reprenant chaque composante déjà précisée par Schein (1990) dans sa définition plutôt théorique, et en s'appuyant sur des auteurs comme Allen et Dyer (1980) et Beaudoin (1990), nous pouvons envisager la culture organisationnelle comme étant une pyramide. La partie visible (premier niveau) correspond aux composantes visibles de la culture, alors que les trois autres niveaux correspondent à la partie cachée, invisible, plus ou moins consciente. Pour chacun de ces niveaux, il est possible de trouver des instruments de cueillette d'information qui seraient d'ordre quantitatif et qualitatif pour la partie cachée. En mettant en relation les composantes de la culture organisationnelle étagée par niveaux et les instruments de cueillette d'information, on obtient le tableau 16.1.

Reprenons chacune des composantes en y apportant des exemples.

Au niveau IV

On retrouve les postulats ou les généralisations sur la personne humaine, la société, l'action collective et le travail. Par exemple, une direction d'entreprise qui croit que les travailleurs et les travailleuses à la base peuvent et veulent prendre des responsabilités sera portée à leur faire confiance, alors qu'une direction d'entreprise qui juge que ces personnes doivent demeurer dans des rôles de simples exécutants sera portée à leur confier peu ou pas de responsabilités.

TABLEAU 16.1 Les composantes de la culture organisationnelle par niveaux et les instruments de cueillette d'information		Niveau	Instruments de cueillette d'information
	Partie visible	I. Les artefacts	– Observation – Observation participante – Entrevues avec personnes clés
	Partie invisible	II. Les normes et les comportements appropriés	– *Norms Diagnostic Index* (Allen et Dyer, 1980)
		III. Les valeurs	– *Organizational Values Congruence Scale* (Enz, 1986) – *Organizational Beliefs Questionnaires* (Sashkin et Fulman, 1985)
		IV. Les postulats fondamentaux	– Entrevues avec les fondateurs, la direction générale et les agents de changement

Au niveau III

Ce sont les valeurs et les croyances qui ont cours dans le milieu de l'organisation et qui sont largement partagées. Par exemple, l'authenticité dans les rapports sociaux, l'intégrité, la démocratie, l'égalité des chances d'emploi, l'équité et la qualité des produits et services fournis.

Au niveau II

Ce sont les normes qui prévalent et les pratiques qui en découlent. Les normes édictent ce qui est acceptable ou non. Ces normes concernent le langage, l'habillement (par exemple, le sarrau blanc pour tous les employés chez Hyundai Canada) et la façon d'aborder un supérieur hiérarchique. D'autres normes peuvent être dysfonctionnelles : faire semblant de travailler quand on n'a rien à faire, éviter de créer des remous (en d'autres termes, ne pas déranger, parce qu'il est admis que les organisations préfèrent la stabilité).

Au niveau I

Nous atteignons la partie visible de la culture qui se compose de symboles, d'objets ou d'événements qui ont une signification dans la vie des personnes et qui orientent ou renforcent leur conduite de façon positive : les cérémonies de remise de prix, les fêtes sociales, les souvenirs qui commémorent les moments importants de la vie de l'organisation, les artefacts comme l'emplacement des usines, l'aménagement des bureaux, les logos et la devise.

La cueillette d'information

À l'aide de quelques auteurs qui ont abordé le sujet, nous proposons, sans les décrire en détail, les moyens de cueillette d'information suivants, en tenant compte autant que possible du niveau de la culture.

Au **niveau I**, la partie visible de la culture, les moyens les plus appropriés seraient l'observation des symboles, des objets et des événements, et la lecture de documents (histoire de l'entreprise, procès-verbaux de certaines réunions). À cette observation doivent s'ajouter des entrevues avec les leaders naturels, les dirigeants en place et les salariés qui comptent plusieurs années d'ancienneté, afin de dégager la signification qu'ont ces symboles, ces objets et ces événements pour les personnes concernées.

Au **niveau II**, nous suggérons l'utilisation d'un instrument mis au point par les auteurs Allen et Dyer (1980), intitulé *Norms Diagnostic Index*. L'instrument permet de tracer un profil des façons de se comporter qui sont acceptées, encouragées et récompensées. Les auteurs ont dressé la liste des échelles suivantes :

— soutien de l'accomplissement du travail ;
— engagement au travail ;
— formation ;
— échanges entre supérieurs et subordonnés ;
— politiques et procédures ;
— confrontation ;
— climat de soutien.

Au **niveau III**, celui des valeurs et des croyances qui sont plus explicites dans l'organisation, un instrument de cueillette d'information mis au point par Enz (1986), *Organizational Values Congruence Scale,* permet de comparer les valeurs individuelles avec celles de la haute direction. Le questionnaire comprend 22 énoncés, à propos notamment du moral, de l'adaptabilité, des profits et du professionnalisme. Dans la même foulée, les chercheurs Sashkin et Fulman (1985) ont élaboré un instrument intitulé *Organizational Beliefs Questionnaires*, qui porte sur un ensemble de valeurs, dont l'innovation, le désir de primer, les profits, la qualité, les communications, la recherche du risque et la philosophie de gestion.

Au **niveau IV**, celui des postulats, la méthode la plus appropriée serait celle de l'entrevue avec les fondateurs (s'ils sont encore présents), la direction générale actuelle, des personnes choisies qui font partie de l'encadrement, des personnes influentes qui ont quitté l'organisation et qui y ont joué un rôle dominant. L'entrevue porterait, comme le suggère Schein (1990a), sur des points reliés aux problèmes d'adaptation de l'organisation au milieu extérieur : mission, objectifs, stratégies, systèmes de gestion, évaluation du rendement financier et social. À l'interne, elle porterait sur l'un ou l'autre des points suivants : le langage des différentes catégories socioprofessionnelles, les frontières qui séparent les membres de l'organisation des autres, les critères de répartition du pouvoir, la qualité des relations entre collègues et entre les sexes, les critères de récompense et de punition, l'idéologie et la philosophie de gestion dominante. L'information ainsi obtenue sera analysée de façon à expliciter les généralisations qui ont cours et qui soustendent les valeurs, les croyances et les normes de conduite appropriées. Ce sont là quelques instruments qu'on trouve dans des ouvrages récents et qui s'intéressent à la culture d'entreprise. À ce sujet, il existe un questionnaire traduit de l'américain qui porte sur les idéologies organisationnelles (Harrisson, 1972), regroupées sous quatre grandes rubriques :

1. L'organisation axée sur le pouvoir.
2. L'organisation axée sur les rôles.
3. L'organisation axée sur la tâche.
4. L'organisation axée sur les personnes.

Les données recueillies à l'aide de cet instrument permettent de tracer le profil culturel d'une organisation (ou de l'une de ses composantes), en ce qui a trait à l'idéologie dominante et à l'idéologie de soutien.

La modification de la culture

Parmi les démarches qui sont connues à l'heure actuelle, nous retenons celle de Dyer et Dyer (1986), adaptée par Beaudoin (1990), qui illustre assez bien la manière dont un programme de D.O. peut aider une organisation à évoluer, c'est-à-dire à expliciter et à diffuser des valeurs et des postulats mieux appropriés aux exigences du nouveau milieu et aux aspirations des personnes concernées par la survie de l'organisation. Cette démarche comprend les étapes suivantes :

1. Une crise suscite la remise en question des fondements du leadership actuel des dirigeants.

À ce stade-ci, il serait peut-être approprié de dresser un profil de la culture existante et de vérifier dans quelle mesure certains éléments (postulats, valeurs) ne sont plus du tout fonctionnels.

2. Une rupture a lieu pour ce qui est des symboles, des croyances et de la structure en place.

3. Apparition d'un nouveau leadership accompagné d'un nouvel ensemble de valeurs. Ce dernier doit être diffusé auprès des personnes concernées en explicitant les nouveaux comportements attendus. Par exemple, un directeur général vient d'être engagé et on lui confie, en particulier, la responsabilité de mettre en place un système de gestion intégrale de qualité. La qualité des produits ou des services à la clientèle devient alors une valeur dominante qui met en cause la poursuite exclusive de la rentabilité ou de la profitabilité.

4. Un conflit éclate entre l'ancienne et la nouvelle culture. Cette étape doit être habilement gérée puisque certaines résistances n'ont pas été décelées ni traitées. Ainsi, en poursuivant l'exemple précédent d'introduction de la qualité totale, il faudrait vérifier si la sensibilisation à un tel tournant a été bien effectuée.

5. Si la crise est résolue et que les nouveaux leaders en obtiennent le crédit, alors ceux-ci deviennent la nouvelle élite. À ce stade-ci du cheminement vers la nouvelle culture, la direction générale doit, par les décisions qu'elle prend, manifester qu'elle appuie les porte-étendard de la nouvelle culture.

6. Les nouveaux leaders établissent de nouveaux symboles, croyances et structures nécessaires pour faire émerger la nouvelle culture.

Il s'agit ici, entre autres mesures, de réviser le système de récompenses et de punitions de façon à ce qu'il expose la poursuite du nouvel idéal, qu'il s'agisse de qualité, d'innovation et d'entrepreneuriat. En d'autres termes, l'organisation doit, au cours de son évolution, appuyer les champions, porteurs d'idées, de valeurs et de réalisations nouvelles. À ce stade-ci, les nouvelles valeurs et croyances, et les comportements qui en découlent, acquièrent un caractère de récurrence et entrent dans une phase de stabilité renouvelée, jusqu'à l'apparition d'une nouvelle crise. À la faveur de ce processus de modification de sa culture, l'organisation, à l'aide d'un programme de développement, aura acquis les habiletés nécessaires pour gérer des situations nouvelles et imprévues. Évidemment, on ne saurait modifier uniquement la culture organisationnelle pour obtenir un changement d'envergure : il faut toujours garder à l'esprit l'interdépendance entre les principales variables qui rendent compte du fonctionnement et de la survie d'une organisation, à savoir la mission, les objectifs, les stratégies, la structure, la technique et les ressources humaines.

16.5.2 La gestion stratégique du changement

En plus de faire preuve d'un intérêt marqué pour la production de changements culturels importants, les programmes de développement organisationnel ont élargi leur champ de préoccupation et de pratique à l'acquisition de connaissances et d'habiletés propres à une vision stratégique de la gestion d'une organisation, plus particulièrement, la gestion stratégique des ressources humaines. Les connaissances et les habiletés à acquérir portent sur la démarche participative d'élaboration de stratégies d'entreprise et de ressources humaines, de même que sur un deuxième volet, soit la mise en œuvre ou la réalisation de ces stratégies.

Sans reprendre en détail la description des processus de planification stratégique de l'entreprise (mission, objectifs généraux, stratégies) et des ressources humaines, nous ne ferons qu'expliciter ici la nature des connaissances et des habiletés qui peuvent être acquises par un programme de D.O. qui veut favoriser l'instauration de ces processus.

— Les connaissances et les habiletés nécessaires pour prendre conscience des possibilités et des menaces du milieu externe, d'en faire une synthèse et d'en déterminer les répercussions sur la mission actuelle, les objectifs, les stratégies et les programmes d'action existants.

— Les capacités d'évaluer à bon escient les forces et les faiblesses de l'organisation actuelle, en ce qui a trait aux ressources humaines, matérielles et financières, et de faire une synthèse des possibilités internes.

— Les connaissances et les habiletés permettant de dégager de ces analyses et synthèses des options stratégiques aptes à être retenues.

— Les connaissances et les habiletés nécessaires à l'examen des avantages et des inconvénients d'une stratégie quelconque, et la capacité de décider d'une stratégie.

Pour le moment, nous sommes à mettre au point une démarche de changement planifié ou de D.O. qui permettra l'acquisition d'une perspective stratégique de gestion, et des habiletés nécessaires pour la mettre en œuvre. Il s'agit d'expériences isolées dont nous ne connaissons pas encore avec certitude les résultats obtenus à ce jour. Cependant, nous croyons être en mesure de faire bientôt état de nos résultats.

16.6 LES PHÉNOMÈNES DE RÉSISTANCE AU CHANGEMENT

16.6.1 Le jeu d'équilibre des forces

Qu'il s'inscrive dans une perspective nouvelle (changement culturel ou gestion stratégique) ou dans une perspective d'amélioration des relations interpersonnelles, le changement s'effectue presque toujours malgré une certaine résistance de la part des personnes concernées. En effet, le changement dérange, en ce sens qu'il entraîne une modification importante de notre manière d'envisager la réalité. La résistance au changement peut se

manifester de deux façons : ou bien les personnes en cause ne sont pas convaincues de la nécessité de changer, ou bien elles ne sont pas d'accord avec la manière dont le changement est effectué.

Dans une expérience conduite il y a de nombreuses années à la Société Harwood, Coch et French (1948), observèrent des changements de productivité, mesurée par le nombre de pièces par jour. En effet, par suite de changements importants dans les méthodes de travail et les taux à la pièce, la productivité était beaucoup plus élevée dans les groupes où les membres avaient participé à l'élaboration et à la mise en œuvre des changements, que dans les groupes où le changement avait été décidé de façon unilatérale par la direction. Dans le groupe sans possibilité de participation, on constata une certaine agressivité envers la direction, des mésententes avec les ingénieurs des méthodes et une absence de collaboration avec les supérieurs.

On peut donc parler de résistance au changement lorsqu'il se manifeste un ensemble de facteurs (perceptions, attitudes, préjugés, croyances) qui discréditent le changement et qui militent en faveur de la protection de l'équilibre existant. À l'aide de la figure 16.1, on peut concevoir une ligne d'équilibre temporaire qui reflète une situation où des facteurs favorables et des facteurs de résistance présentent des forces égales.

Puisque nous avons défini le changement comme étant une rupture avec un équilibre actuel pour en atteindre un nouveau, il faudra, pour effectuer ce passage, réduire les résistances et augmenter l'intensité des forces favorables, et ainsi atteindre un nouvel équilibre de niveau supérieur, représenté à la figure 16.1.

16.6.2 Les types de résistance

Parmi les auteurs qui ont décrit les forces de résistance au changement, nous retenons Dolan et Lamoureux (1990) qui en ont distingué quatre types :

FIGURE 16.1
La résistance au changement

- les objections logiques et rationnelles, notamment le temps requis pour s'adapter, l'effort demandé par un nouvel apprentissage, les possibilités de réduction des conditions de travail existantes et les coûts du changement;
- les causes d'ordre psychologique et émotif: la peur de l'inconnu, le peu de tolérance du changement, le manque de confiance dans les intervenants, le besoin de sécurité, l'anxiété, la peur de la perte d'autonomie;
- les facteurs d'ordre sociologique: «Une certaine coalition politique, perte de pouvoir pour le syndicat, opposition aux valeurs du groupe, normes, rites, désir de conserver ses relations interpersonnelles»;
- les facteurs d'ordre structurel et conjoncturel: «Les conditions de travail, le fonctionnement de l'entreprise, la bureaucratie synonyme de conformisme, la façon d'introduire les changements, avec ou sans la participation des personnes concernées».

CONCLUSION

Nous venons de tracer un profil de la nature et de l'évolution du développement organisationnel, en l'associant à une stratégie de changement d'ordre normatif rééducatif, c'est-à-dire une démarche qui fait participer les ressources humaines de tous les niveaux de la pyramide à la conception et à la mise en œuvre des changements nécessaires à l'amélioration du rendement d'une organisation. Au cours de ce long cheminement, nous avons

pu constater que le D.O., tout en étant fidèle à une démarche participative égalitaire, a élargi considérablement son champ de préoccupation et de pratique. De fait, fortement axé au départ sur l'amélioration des processus de fonctionnement de l'organisation, le D.O. s'est par la suite intéressé à l'interface de la structure organisationnelle et du milieu externe.

De nos jours, le D.O. se préoccupe également de la jonction entre la stratégie d'entreprise et la culture organisationnelle, de même que de l'émergence d'une vision stratégique de la gestion des organisations. Une nouvelle expression fait son chemin pour traduire cette deuxième génération du D.O.: le mouvement de transformation des organisations (Porras et Silvers, 1991). Ce nouveau paradigme en D.O. apparaît comme le prolongement d'une réflexion sur la culture organisationnelle, en ce sens qu'il cherche à inciter les leaders à adopter une vision de leur organisation qui englobe les valeurs explicites qu'on souhaite voir partager et la nature des nouveaux milieux de travail qu'on s'apprête à inventer.

Nombre d'organisations ont déjà fait l'expérience d'une modification sur le plan de la gestion, de la technique et de l'organisation du travail. Cependant, cette nouvelle génération du D.O. vise d'abord, en s'inspirant d'une configuration de valeurs explicites, à implanter une certaine forme de cohérence au sein des composantes, en mettant l'accent sur la souplesse nécessaire à l'adaptation des organisations à leur milieu.

QUESTIONS

1. Est-il juste d'affirmer que le développement organisationnel s'intéresse presque uniquement à la formation d'équipes de travail efficaces? Justifiez votre réponse.

2. «Puisqu'un programme de développement organisationnel s'intéresse aux perceptions, aux attitudes et aux normes qui ont cours dans un groupe à un moment donné, il serait plus juste d'associer ce courant à des séances de croissance personnelle.» Commentez cette affirmation.

3. «Le développement organisationnel et le changement planifié sont deux expressions identiques.» Commentez cette affirmation.

4. «La manière d'introduire un changement est beaucoup plus importante que la nature du changement lui-même.» Commentez cette affirmation.

5. Un consultant ou conseiller en gestion qui procède à un diagnostic systématique des forces et des faiblesses d'une organisation et qui fait des recommandations réalistes quant aux mesures à prendre peut-il être qualifié de consultant en D.O.? Commentez votre réponse.

6. Quels sont les objectifs visés par un programme de D.O.?

7. Comment peut-on caractériser les entreprises d'avant-garde?

8. Regroupez les étapes d'un programme de D.O. en utilisant les trois grandes phases du changement élaborées par Kurt Lewin.

9. Reprenez chaque étape d'un programme de D.O. et indiquez quel rôle devrait y jouer le consultant, soit le rôle d'expert, soit le rôle d'animateur.

10. En quoi le mouvement de transformation des organisations se présente-t-il comme le prolongement du courant de la culture d'entreprise?

RÉFÉRENCES BIBLIOGRAPHIQUES

ABRAVANEL, H., ALLAIRE, Y., FIRSIROTU, M., HOBBS, B., POUPART, R. et SIMARD, J.-J., *La culture organisationnelle: aspects théoriques, pratiques et méthodologiques*, Boucherville, Gaëtan Morin Éditeur, 1988.

ALDERFER, C., «Improving Organizational Communication Through Long-Term Intergroup Intervention», *Journal of Applied Behavioral Sciences*, 13, 1977.

ALDERFER, C. et BERG, D., « Organization Development : The Profession and the Practitioner », dans Mirvis, P. et Berg, D. (éds.), *Failures in Organization Development and Change*, New York, N. Y., Wiley Inter-Science,1977.

ALLEN, R. F. et DYER, C. F., « A Tool for Tapping the Organizational Unconscious », *Personal Journal,* mai 1980.

ARGYRIS, C., *Interpersonal Competence and Organizational Effectiveness*, Dorsey, Homewood, 1962.

ARGYRIS, C. et SCHON, D., *Organizational Learning : A Theory of Action Perspective*, Reading, Mass., Addison-Wesley, 1978.

BARTHOLOMÉ, F. et LAURENT, A., « Le cadre : maître et esclave du pouvoir », *Harvard-l'Expansion*, n° 45, 1987.

BEAUDOIN, P., *La gestion du changement*, Montréal, Libre Expression, 1990.

BECKHARD, R., «The Confrontation Meeting », *Harvard Business Review,* vol. 45, 1965.

BECKHARD, R., *Le développement des organisations : stratégies et modèles*, Paris, Dalloz, 1975 (traduction de *Organization Development : Strategies and Models*, Reading, Mass., Addison-Wesley, 1969).

BECKHARD, R. et HARRIS, R. T., *Organizational Transitions* (2e éd.), Reading, Mass., Addison-Wesley, 1987.

BEER, M., « A Social System Model for Organization Development », dans Cummings, T. D. (éd.), *System Theory for Organization Development,* New York, N. Y., John Wiley & Sons, 1980.

BEER, M. et SPECTOR, B., « Human Resources Management, The Integration of Industrial Relations and Organization Development », dans Ferris, G. et Rowland, K. (éds), *Research in Personnel and Human Resources Management,* Greenwich, Conn., JAI Press, vol. 6, 1988.

BÉLANGER, L., « La culture organisationnelle », dans Côté, N., Abravanel, H., Jacques, J. et Bélanger, L., *Individu, groupe et organisation*, Boucherville, Gaëtan Morin Éditeur, 1986.

BÉLANGER, L., BENABOU, C., BERGERON, J.-L., FOUCHER, R. et PETIT, A., *Gestion stratégique des ressources humaines*, Boucherville, Gaëtan Morin Éditeur, 1988.

BENNIS, W., Organizational Development and the Fate of Bureaucracy, *Industrial Management Review,* 7, 1966.

BENNIS, W. G. et SLATER, P., *The Temporary Society*, New York, N. Y., Harper and Row, 1968.

BENNIS, W. G., *Organization Development : Its Nature, Origins and Prospects*, Reading, Mass., Addison-Wesley, 1969.

BLAKE, R. R. et MOUTON, J. S., *Corporate Excellence through Grid Organizational Development*, Houston, Texas, Gulf Publishing, 1968.

BLAKE, R. R. et MOUTON, J. S., *The New Managerial Grid*, Houston, Texas, Gulf Publishing, 1978.

BLANCHARD, K. H. et HERSEY, P., *Management of Organizational Behavior : Utilizing Human Resources* (3e éd.), Englewood Cliffs, N. J., Prentice-Hall, 1977.

BOWERS, D. G. et FRANKLIN, J. L., « Survey-Guided Development : Using Human Resources Measurement in Organizational Change », *Journal of Contemporary Business*, 1972, vol. 1.

BOWERS, D. G. et FRANKLIN, J. L., *Data-Based Organizational Change*, La Jolla, Calif., University Associates, 1976.

BUCHANAN, P., « Laboratory Training and Organizational Development », *Administrative Science Quarterly,* 14, 1969.

CHIN, R. et BENNE, K. D., «Stratégies générales pour la production de changement dans les systèmes humains», dans *Théories du changement social intentionnel: participation, expertise, contraintes,* Tessier R. et Tellier Y. (dir.), Sainte-Foy, Presses de l'Université du Québec, 1991.

CHIN, R. et BENNE, K. D., «General Strategies for Effecting Changes in Human Systems» dans Bennis, W. G., Benne, K. D., Chin, R. et Corey, K. E. (éd.), *The Planning of Change* (3e éd.), New York, N. Y., Holt, Rinehart and Winston, 1976.

COCH, L. et FRENCH, J. R. P., «Overcoming Resistance to Change», *Human Relations,* vol. 1, no 4, 1948.

DEAL, T. et KENNEDY, A., *Corporate Cultures,* Reading, Mass., Addison-Wesley, 1982.

DELISLE, G. et COLLERETTE, P., *Le changement planifié,* Montréal, Les Éditions Agence d'Arc, 1982.

DESCHIETÈRE, J. C. et TURCOTTE, P. R., *La dynamique de la créativité dans l'entreprise: perspectives et problèmes psychologiques,* Paris, Dunod, 1977.

DOLAN, S. et LAMOUREUX, G., *Introduction à la psychologie du travail,* Boucherville, Gaëtan Morin Éditeur, 1990.

DYER, W. et DYER, G., «Organizational Development System Change or Culture Change», *Personnel,* février 1986.

ENZ, C., *Power and Share Values in Corporate Culture,* Michigan, Ann Arbor, 1986.

FRENCH, W. L., BELL, C. H. et ZAWACKI, R. A. (éd.), *Organization Development: Theory, Practice, and Research,* Dallas, Texas, Business Publications, 1978.

FRIEDLANDER, F. et BROWN, D. L., «Research on Organization Develoment: a Synthesis and Some Implications», dans Burke, W. W. (éd.), *Current Issues and Strategies in Organization Development,* New York, N. Y., Human Sciences Press, 1977 (Réimpression de *Annual Review of Psychology,* vol. 25., 1974).

GAGNON, D., *Le développement organisationnel dans une perspective d'excellence,* Montréal, Les Éditions Agence d'Arc, 1987.

GAUTHIER, A., «Vers un nouveau management», *Management et personnel,* no 3, printemps 1987.

GOULDNER, A. W., «Engineering and Clinical Approaches to Consulting», dans Bennis, W. G., Benne, K. D. et Chin R. (éd.), *The Planning of Change* (1re éd.), 1961.

GUÉRIN, G. et WILS, T., «*L'harmonisation des pratiques de gestion des ressources humaines au contexte stratégique: une synthèse*», dans Blouin R. (éd.), *Vingt-cinq ans de pratique en relations industrielles au Québec,* Cowansville, Les éditions Yvon Blais inc., 1990, p. 667-716.

HACKMAN, J. R., OLDHAM, G., JANSON, R. et PURDY, K., «A New Strategy for Job Enrichment», dans Luthans, F. (éd.), *Contemporary Reading in Organizational Behavior,* New York, N. Y., McGraw-Hill, 1977.

HACKMAN, J. R. et OLDHAM, G., *Work Redesign,* Reading, Mass., Addison-Wesley, 1980.

HARRISSON, R., «Understanding Your Organization's Character», *Harvard Business Review* (traduit et utilisé par le Groupe C.F.C.), 1972.

HARVEY, D. F. et BROWN, D. R., *An Experiential Approach to Organization Development* (3e éd.), Englewood Cliffs, N. J., Prentice-Hall, 1988.

HERZBERG F., *Work and the Nature of Man,* Cleveland, World Pub. Co., 1966.

HERZBERG, F., MAUSNER, B. et SNYDERMAN, B., *The Motivation to Work,* New York, N. Y., John Wiley & Sons, 1959.

HUSE, E. et CUMMINGS, T., *Organization Development and Change,* New York, N. Y., West Publishing Co., 1985.

JAYARAM, G., « Open Systems Planning », dans Bennis, W., Benne, K., Chin, R. et Corey, K. (éd.), *The Planning of Change* (3e éd.), New York, N. Y., Holt, Rinehart and Winston, 1976.

KANTER, R., *The Change Masters,* New York, N. Y., Simon and Schuster, 1983.

KETS DE VRIES, M., « Comment rendre fous vos subordonnés », *Harvard-l'Expansion*, n° 15, 1979.

LAROUCHE, V., « La mobilisation des ressources humaines : orientations récentes », dans Bélanger, L. et coll., *La mobilisation des ressources humaines : tendances et impact,* XLIe Congrès des relations industrielles, Québec, Presses de l'Université Laval, 1986.

LAWLER, E. E., *Pay and Organization Development,* Reading, Mass., Addison-Wesley, 1981.

LAWRENCE, P. et LORSCH, J., *Developing Organizations : Diagnosis and Action,* Reading, Mass., Addison-Wesley, 1969.

LAWRENCE, P. et LORSCH, J., *Organization and Environment,* Boston, Harvard University Press, 1987.

LESCARBEAU, R., PAYETTE M. et ST-ARNAUD, Y., *Profession consultant,* coll. Intervenir, Montréal, Presses de l'Université de Montréal, 1990.

LEWIN, Kurt, *Field Theory in Social Sciences,* New York, N. Y., Harper and Row, 1951.

LIPPITT, G. et LIPPITT, R., « Consulting Process in Action », *Training and Development Journal,* vol. 29, n° 5, 1985, p. 48-54 et n° 6.

LIPPITT, G. et LIPPITT, R., *La pratique de la consultation,* Victoriaville, Éditions NHP, 1980.

LIPPITT, G., *Organization Renewal : A Holistic Approach to Organization Development,* Englewood Cliffs, N. J., Prentice-Hall, 1982.

LORSCH, J. W. et MATHIAS, P. F., « Les professionnels et la gestion », *Harvard-l'Expansion*, n° 47, 1987.

MARGULIES, N. et RAIA, P., *Organization Development : Values, Process and Technology,* New York, N. Y., McGraw-Hill, 1972.

MÉLÈSE, J., *Approches systémiques des organisations,* Paris, Éditions Hommes et Techniques, 1979.

MINTZBERG, H., *Structure et dynamique des organisations,* Montréal, Les Éditions Agence d'Arc, 1982 (trad. française de *The Structuring of Organizations,* Prentice-Hall, 1979).

O'TOOLE, J., *Making America Work,* New York, N. Y., Continuum Publishing, 1981.

O'TOOLE, J., *Le management d'avant-garde,* Paris, Les Éditions d'Organisation, 1988.

PASCAL, R. et ATHOS, A., *The Art of Japanese Management,* New York, N. Y., Simon and Schuster, 1981.

PASMORE, W. A., FRANCIS, C. et HALDEMAN, J., « Sociotechnical Systems : A North American Reflexion on Empirical Studies of the Seventies », *Human Relations,* 1982, 35.

PASMORE, W. A. et KING, D. C., « Understanding Organizational Change : A Comparative Study of Multifacetted Interventions », *Journal of Applied Behavioral Science,* vol. 14, 1978.

PETERS, T. J. et WATERMAN, R. H., *Le prix de l'excellence. Les secrets des meilleures entreprises,* Paris, InterÉditions, 1983.

PORRAS, J. I., *Stream Analysis : A Powerful Way to Diagnose and Manage Organizational Change,* Reading, Mass., Addison-Wesley, 1987.

PORRAS, J. I., «The Comparative Impact of Different O.D. Techniques and Interventions», *Journal of Applied Behavioral Sciences*, vol. 15, 1989.

PORRAS, J. I. et BERG, P. O., «Evaluation Methodology in Organization Development : An Analysis and Critique», *Journal of Applied Behavioral Sciences*, vol. 14, 1978.

PORRAS, J. I. et BERG, P. O., «The Impact of Organization Development», *Academy of Management Review*, 3, 1978.

PORRAS, J. I. et HOFFER, S., « Common Behavioral Changes in Successful Organization Development», *Journal of Applied Behavioral Sciences*, 22, 1986.

PORRAS, J. I. et PATTERSON, K., «Assessing Planned Change», *Group and Organization Studies*, 4, 1979.

PORRAS, J. I. et ROBERTSON, P. J., «Organization Development Theory : A Typology and Evaluation», dans Woodman, R. W. et Pasmore, W. A. (éd.), *Research in Organizational Change and Development*, Greenwich, Conn., JAI Press, 1987.

PORRAS, J. I. et SILVERS, R. C., «Organization Development in the Eighties», *Annual Review of Psychology*, vol. 42, 1991.

REDDIN, W. J., «The 3-D Management Style Theory», *Training and Development Journal*, 1967.

SASHKIN, M. et FULMAN, R., *Measuring Organizational Excellence Culture with Validated Questionnaire*, Conférence présentée au Congrès annuel de l'Academy of Management, San Diego, Calif., 1985.

SCHEIN, E., *Plaidoyer pour une conscience renouvelée de ce qu'est la culture organisationnelle*, dans Tessier R. et Tellier, Y. (dir.), *Pouvoir et culture organisationnels*, Sainte-Foy, Presses de l'Université du Québec, Tome 4, 1990a.

SCHEIN, E., «Organization Culture», *American Psychologist*, vol. 45, n° 2, 1990b.

SCHEIN, E., «The Role of the Founder in Creating Organizational Culture», *Organizational Dynamics*, Summer 1983.

SCHEIN, E., *Process Consultation : Its Role in Organization Development*, Reading, Mass., Addison-Wesley, 1969.

SRIVASTVA, S., «Some Neglected Issues in Organization Development», dans Burke, W. W. (éd.), *Current Issues and Strategies in Organization Development*, New York, N. Y., Human Sciences Press, 1977.

TANNENBAUM, R. et DAVIS, S., «Values, Man and Organizations», *Industrial Management Review*, 10, 1969.

TESSIER, R., «L'intervention psychologique de 1940 à 1990 : historique et essai de clarification conceptuelle», dans Tessier, R. et Tellier, Y. (dir.), *Historique et prospective du changement planifié*, Sainte-Foy, Presses de l'Université du Québec, 1990.

TICHY, N., « Agents of Planned Social Change : Congruence of Values, Cognitions and Actions», *Administrative Science Quarterly*, vol. 19, 1974.

TICHY, N., *Managing Strategic Change : Technical, Political, Cultural Dynamics*, New York, N. Y., John Wiley & Sons, 1983.

TREMBLAY, R., LANGEVIN, J. L. et BÉLANGER, L., *La direction participative par les objectifs* (2e éd.), Québec, Presses de l'Université Laval, 1978.

WALTON, R. W., *Interpersonal Peacemaking : Confrontation and Third Party Consultation*, Reading, Mass., Addison-Wesley, 1969.

WALTON, R., «The Diffusion of New Work Structures : Explaining Why the Success Didn't Take», *Organizational Dynamics*, 3, 1975.

WEISBORD, M., *Organizational Diagnosis*, Reading, Mass., Addison-Wesley, 1978.

WHITE, S. et MITCHELL, T., « Organization Development : A Review of Research Content and Research Design», *Academy of Management Review*, vol. 1, 1976.

WINN, A., «Réflexions sur la stratégie du T-group et le rôle de l'agent de changement dans le développement organisationnel», dans Tessier, R. et Tellier, Y. (éd.) *Changement planifié et développement des organisations,* Paris, Éditions de l'Épi — IFG, 1973.

ZAND, D., «Collateral Organization: A New Change Strategy», *The Journal of Applied Behavioral Sciences,* 10, 1974.

INDEX